龙游年鉴

（2017）

龙游县地方志编纂委员会　编

方志出版社
Publishing House of Local Records

图书在版编目（CIP）数据

龙游年鉴. 2017 / 龙游县地方志编纂委员会编. --
北京 ：方志出版社，2017.12
ISBN 978-7-5144-2540-6

Ⅰ. ①龙… Ⅱ. ①龙… Ⅲ. ①龙游县-2017-年鉴
Ⅳ. ①Z525.54

中国版本图书馆CIP数据核字（2017）第323372号

龙游年鉴（2017）

编　　者：龙游县地方志编纂委员会
责任编辑：罗　滔
出 版 人：冀祥德
出 版 者：方志出版社
地址　北京市朝阳区潘家园东里9号（国家方志馆4层）
邮编　100021
网址　http://www.fzph.org
发　　行：方志出版社图书经销中心
电话（010）67110500
经　　销：各地新华书店
印　　刷：浙江江山鑫华印刷有限公司
开　　本：889×1194　1/16
印　　张：42
字　　数：997千字
版　　次：2017年12月第1版　2017年12月第1次印刷
印　　数：0001～1300册
ISBN 978-7-5144-2540-6　定价：220.00 元

龙游县地方志编纂委员会

《龙游年鉴》编辑部

单位审稿人名单

（按编稿顺序排列）

郑献丰	杨　琳	张永祥	许慧斌	余　鹏	欧阳锡龙
姜爱芳	王国军	唐　蕾	黄国平	金敏军	贾伶俐
钟宏亮	祝文波	叶　茂	王凉花	胡仁建	方土新
葛树印	田王健	江向东	郑玉香	袁小红	李华琴
吴幼平	蓝芝苇	吴红峰	钟爱红	赖　云	吴安春
何志军	王　苑	吕　燕	周巧萍	洪永健	郑松林
孙　强	徐根华	陈文化	吕元进	黄道奎	鲍胜桥
姜锋华	应红峰	方　星	赖国标	叶红锋	袁水平
王国军	李红英	方建林	钟金柱	傅锡柄	陈雪峰
彭彐华	祝立宏	胡炳银	王　璟	黄　琼	钱焱艳
吴建平	汪耀南	汪幸智	陈　岗	王　凌	王　飞
王小波	方凌冰	周松杰	江　震	楼　伟	龚庆治
赵　昱	胡小华	董永生	傅国汉	周叶青	程志辉
琚柏华	沈奕子	廖有勤	孙　斌	余　斌	叶　青
王晋阳	朱峻峰	宋洪斌	何　丹	柴孝宏	郑蓓蕾
陈忠民	刘扬华	王洪友	应庆峰	王　超	李灵辉
王仕伟	童晓东	姜俊毅	杜前强	陈建军	徐红斌
项小苗	袁鲁峰	吕菊岚	高　蕾	丁　峰	吕益鸿
邓晓桢	雷庆岳	李　娟	何　军	杨江红	黄志林
郑金荣	吴正兵	吴念平	朱明华	杨渐升	胡建良
祝颂平	吴焕斌	管陆云	郑利霞	蒋黎阳	郑连根
徐华喜	张永华	黄更青	杨志平	吴建军	余利民
叶建清	张曙华	余律星	徐永军	金添艳	李新云
杨　艳	董群燕	吴军俊	钟罗谊	钱菊红	张小花

2016年12月28日，中共浙江省委副书记袁家军（前排中）出席中浙高铁龙游高端轴承产业园项目开工典礼

（郑金修 摄）

2016年12月13日，浙江省人大常委会党组书记、副主任茅临生（右三）到龙游县模环乡许家村指导人大换届工作

（模环乡提供）

2016年6月9日，中共衢州市委书记陈新（右一）到龙游县调研“四边三化”工作

（东华街道提供）

2016年12月28日，中共衢州市委副书记、代市长徐文光出席中浙高铁龙游高端轴承产业园项目开工典礼并致辞

（郑金修 摄）

2016年12月16日，中共龙游县委书记刘根宏（前排中）到龙游经济开发区调研伊利乳业发展情况

（吴森邦 摄）

2016年12月15日，中共龙游县委副书记、县长张晓峰（左一）调研“龙游·龙游花海项目”建设情况

（章承月 摄）

2016年1月29日—2月1日，中国人民政治协商会议第九届龙游县委员会第五次会议在龙游国际电影城举行

（吴森邦 摄）

2016年1月30日—2月1日，龙游县第十二届人民代表大会第五次会议在龙游国际电影城举行

（吴森邦 摄）

2016年12月26日—29日，中国共产党龙游县第十一次代表大会在龙游国际影城举行

（吴森邦 摄）

中共龙游县第十一届委员会常务委员合影

左起：郑国华、王光华、汪史唯、张少华、刘根宏、张晓峰、应敏（女）、程立衡、徐宾、刘明鹤

（吴森邦 摄）

2016年6月30日，龙游县庆祝中国共产党成立95周年大会在龙游国际影城举行

（吴森邦 摄）

2016年7月1日，中共龙游县委、县人民政府在革命烈士陵园隆重举行“重温入党誓词·纪念建党95周年”集体宣誓活动，近500名机关党员在党旗下庄严宣誓

（吴森邦 摄）

2016年7月1日，龙游县举行《中国共产党龙游历史》（第二卷）首发仪式，并向基层党组织赠书

（黄国平 摄）

2016年2月，中共龙游县委认真贯彻中共中央印发《关于在全体党员中开展“学党章党规、学系列讲话，做合格党员”学习教育方案》，部署深入开展“两学一做”学习教育，提出把思想教育放在首位，抓实基层支部，进一步发挥领导干部带头作用、基层党组织战斗堡垒作用、党员先锋模范作用。全县各地掀起活动的高潮。

“两学一做”学习教育

（机关事务局提供）

2016年5月3日，龙游县召开“两学一做”专题党课暨学习教育部署会

（县委组织部提供）

2016年5月16日，龙洲街道召开“两学一做”专题党课暨学习教育部署会

（叶俊 摄）

2016年7月11日，模环乡召开“两学一做在行动”表彰大会

（模环乡提供）

2016年7月14日，县广电总台开展以“忆党史、讲党性、跟党走”为主题的“两学一做”系列主题活动

（县广电总台提供）

2016年5月12日，衢州市基层党建“整乡推进、整县提升”“学先进·找短板·树标杆”观摩会在龙游召开

（吴森邦 摄）

2016年5月20日，衢州市首个村级党建展览馆——龙游县湖镇镇地圩村党建展览馆开馆

（组织部提供）

2016年6月16日，龙游县举办第五届微型党（团）课大赛。图为大赛获奖选手

（吴森邦 摄）

2016年4月，龙游县庙下乡严村村开通党建微平台。图为党员利用党建微信平台进行工作交流

（吴森邦 摄）

（吴永建 摄）

2016年7月1日，龙游县庙下乡组织全乡老党员在县党史教育基地“傅氏故居”重温入党誓言，并重走红军路

（庙下乡提供）

2016年1月27日，特美股份、金昌股份、恒达新材、凯丰新材4家龙游企业跨入资本市场，“新三板”隆起“龙游板块”

（宣传部提供）

2016年4月1日，以“凝心聚力、创新回归”为主题的第二届龙商大会在龙游蓝天清水湾大酒店隆重开幕

（吴森邦 摄）

2016年4月1日，在第二届龙商大会电子商务发展论坛上，举行特色中国龙游馆合伙人招募发布仪式和“1688”特色站点上线启动仪式

（县商务局提供）

2016年7月12日，龙游县举办“知名浙商龙游行”投资环境推介会，浙江省工商联与龙游县人民政府签约战略合作协议

（郑金修 摄）

2016年7月18日，龙游县人民政府与苗夫控股有限公司举行“龙游·龙游花海项目”签约仪式

（县农业局提供）

2016年12月28日，中浙高铁龙游高端轴承产业园项目开工典礼在龙游县经济开发区举行

（郑金修 摄）

2016年5月15日，龙游县举行"龙和国际垂钓中心"奠基仪式

（县体育局提供）

2016年5月，龙游美食城建成并投入使用

（胡敏 摄）

建设中的衢宁铁路溪口镇周家村周家隧道施工现场

（兰土兴 摄）

2016年10月26日，龙游县"一路一桥"工程项目开工仪式在湖镇镇塘马村举行

（县交通运输局提供）

建设中的子鸣小区

（东华街道提供）

2016年6月15日，龙游县召开创建国家卫生县城动员会

（县创建办提供）

2016年9月29日，龙游县举行以“创建国家卫生县城，构建和谐美丽龙游”为主题的《龙游市民文明公约》发布仪式

（吴森邦 摄）

2016年8月12日，在龙游县创建国家卫生县城省级考核汇报反馈会上，龙游县获得了国家卫生县城的“入场券”

龙游县开展“创国卫，治脏乱”万人志愿者大行动

（县创建办提供）

2016年3月31日，在浙江省建设平安浙江工作会议暨G20杭州峰会维稳安保工作动员大会上，龙游县连续第10年被授予“平安县”荣誉称号。

平安银鼎
（县委宣传部提供）

（叶俊 摄）

2016年5月4日，龙游县举办万名志愿者平安巡逻活动启动仪式
（吴森邦 摄）

G20杭州峰会期间，龙游县公安民警在横山镇白鹤桥检查站对过往车辆开展例行检查
（县公安局提供）

2016年12月5日，龙游县公安系统举行首届颁奖典礼暨G20峰会安保先进典型颁奖典礼
（县公安局提供）

2016年8月26日，浙江省发改委会同浙江省水利厅在龙游县召开高坪桥水库初步设计审查会

（丰盛发 摄）

2016年9月13日，龙游县召开高坪桥水库工程建设征地搬迁安置工作动员大会

龙游县高坪桥水库建设是浙江省省级“五水共治”重大民生工程，涉及社阳乡红光村、大公村、连上村、凤溪村4个行政村及金华市婺城区莘畈乡的大立元村。2016年9月中旬，龙游县抽调108名党员干部进驻社阳乡，工作组干部不辞辛劳，深入农户，奋战在一线，并辗转安徽、江苏等省及杭州、金华等地，至12月10日，悉数完成库区560户共1400多名移民的征迁安置协议签订，征地151.07公顷，前后历时仅82天，创出征迁安置的“高坪桥速度”。

工作组干部跋山涉水开展征迁工作

政策宣传

丈量核算

协议签订

征求户型意见

（高坪桥建设指挥部提供）

2016年3月2日，龙游县网络作家协会成立

（吴森邦 摄）

2016年3月22日，“龙游大妈”和“爱在人间”协会QQ群两大爱心公益团队入驻龙游县为公益团队腾出的专门办公场所——“龙游市民爱心社”

（吴森邦 摄）

2016年3月25日，龙游县成立各乡镇（街道）、部门、企业党团志愿者服务组织

（吴森邦 摄）

2016年5月21日，龙游县旗袍协会成立仪式在龙游民居苑举行

（吴森邦 摄）

2016年5月27日，龙游县地方志学会成立大会在龙游国际饭店召开

（陈星名 摄）

2016年6月8日，龙游县新生代企业家联谊会成立

（郑金修 摄）

2016年3月20日，衢州市第二届“金花旅游节”开幕仪式暨“龙游·湖镇桃花节”活动在龙游县湖镇镇客路村国强桃花园隆重举行

（吴森邦 摄）

2016年4月8日，龙游黄茶文化旅游节暨龙游黄茶“中黄3号”新闻发布会在罗家乡罗家村举行

（吴森邦 摄）

2016年4月9日，龙游县沐尘畲族乡举办“三月三”畲族文化节暨龙游县第二届畲族山歌大赛

（吴森邦 摄）

2016年4月25日，龙游县举办第三届全民读书节开幕式暨“2016·龙游书展”

（吴森邦 摄）

2016年9月25日，龙游县首届大学生微拍节在龙天红木小镇开幕

（吴森邦 摄）

2016年1月13日，龙游县首届原创村歌大赛在龙游国际影城举行

（吴森邦 摄）

2016年4月17日，龙游县第二届“全民饮茶日”开幕式在龙游红木小镇举行

（吴森邦 摄）

2016年7月17日，“快拍浙江、创新之城，外国人看浙江摄影比赛”进入龙游县横山镇天池村拍摄。图为来自世界各地的摄影师

（横山镇提供）

2016年11月16日，“好水如歌，幸福龙游”2016衢州市百乡千村赛水赛歌巡回演出在龙游县溪口镇石角村举行

（吴森邦 摄）

2016年3月1日，龙游县“四通杯”庆“三八”第五届女子体育运动会在县体育馆举行

（吴森邦 摄）

2016年4月29日，龙游县首届黄泥房建筑文化旅游节暨庆“五四”美丽乡村奥运会青年越野跑比赛启动仪式在沐尘畲族乡举行

（吴森邦 摄）

2016年5月15日，“金龙”一战成王全国钓鱼巡回赛（衢州·龙游站）在龙和渔业园举行

（县体育局提供）

2016年11月15日，来自全县机关、企事业单位的900余名干部职工汇聚县体育馆，参加龙游县第九套广播操（工间操）展示比赛

（叶俊 摄）

2016年1月7日，龙游县委统战部、县工商联、民革龙游县支部、县义工总会及21家爱心企业、3家医院联合开展“关爱抗战老兵”走访慰问活动

（吴森邦 摄）

2016年4月21日，龙游县关工委走进学校，开展“青春健康，远离毒品”宣传活动

（县关工委提供）

2016年5月19日，由香港松峰慈善基金会捐建的龙游县小南海镇纳德医院举行揭牌仪式

（县卫计局提供）

2016年5月26日，新建的龙洲街道方门街社区大楼投入使用

（叶俊 摄）

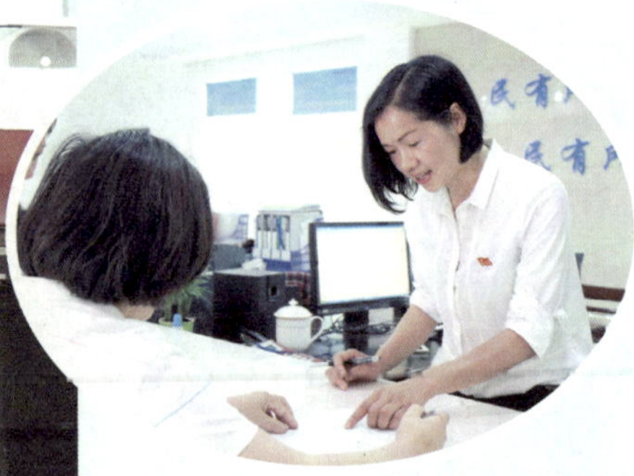

社区干部热情接待来访群众

（吴森邦 摄）

2016年9月28日，龙游县旅游集散中心举行揭牌仪式

（县旅委提供）

2016年12月7日，龙游县举行阳光小学迁建项目开工仪式

（吴森邦 摄）

2016年4月12日，龙游县开展营改增试点工作

（国税局提供）

2016年6月30日，龙游县发放第一份不动产权证书

（国土局提供）

2016年9月，总投资2.5亿元的龙游县职业教育中心建成并投入使用

（吴森邦 摄）

2016年12月，龙游县首个集购物、休闲、娱乐、商务、住宅为一体的城市综合体项目——东方商厦建成并投入使用

（县委宣传部提供）

2016年，龙游县一次性更新40辆新能源公交车，成为全省首个城区公交线路新能源公交车全覆盖县（市）

（县交通运输局提供）

2016年12月15日，龙游县为全县15个乡镇（街道）综合文化站举行集中授牌仪式

（郑远 摄）

2016“最美龙游人”年度人物。左起：刘益明、刘利仙、方蔚然、吴阿花、罗志明、徐欢、伍红慧、方永进、马庆喜、县规划局建设测绘队救人群体

（县委宣传部提供）

2月19日，中央电视台新闻频道报道龙游规划局测绘队救人英雄群体先进事迹

（县史志办提供）

2016年龙游县经济数据

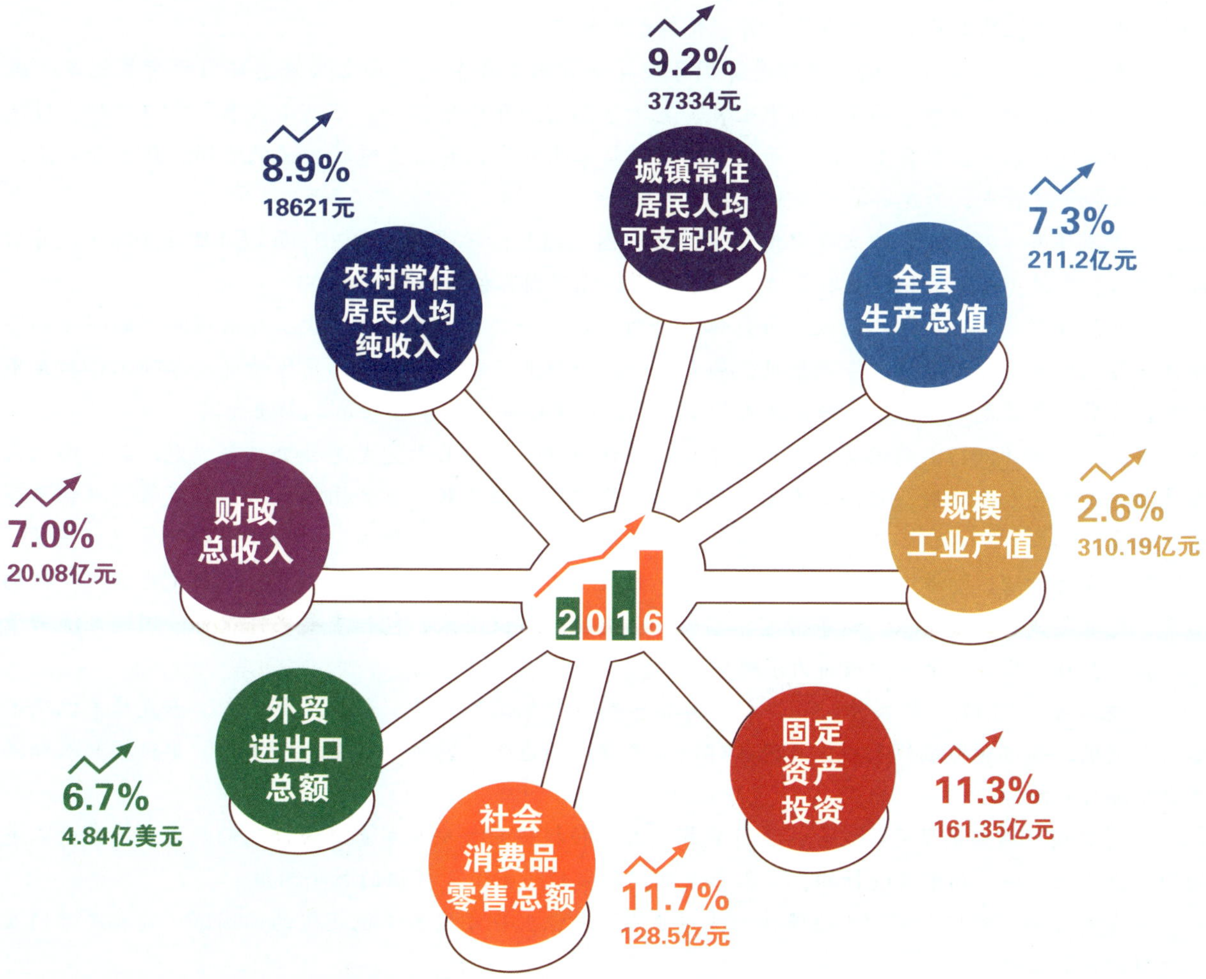

编辑说明

一、《龙游年鉴》是由中共龙游县委、县人民政府主办，县史志办公室组织编纂的地方综合年鉴，全面、系统、翔实地汇辑龙游县年度自然、政治、经济、文化、社会等基本面貌和发展状况。旨在为各级领导资政决策提供依据，为社会各界和中外投资者了解龙游提供丰富翔实的地情资料和信息，并为今后续修《龙游县志》积累资料，是一部政府公报性的工具书，是宣传龙游、介绍龙游的名片。

二、《龙游年鉴（2017）》编纂工作遵循国务院《地方志工作条例》和上级修志部门的有关规定，认真贯彻落实中共十九大精神，坚持以马克思列宁主义、毛泽东思想、邓小平理论、“三个代表”重要思想、科学发展观、习近平新时代中国特色社会主义思想为指导，坚持辩证唯物主义和历史唯物主义的立场、观点和方法，着力体现时代特征和年度特点，为龙游县经济和社会发展服务。

三、《龙游年鉴（2017）》以文字记述为主，辅以图表照片；记事时间从2016年1月1日至2016年12月31日；以县机关部门、乡镇（街道）和驻龙游单位为记述主体，记述内容按事物性质分类。

四、《龙游年鉴（2017）》体例采用条目体，分为类目、分目、条目三个层次，分别以不同的字号和字体表示。分目一般设概况、综合记事、专题条目，简要记述一个行业、事业、单位的总体情况、单项工作和大事、要事、新事、特事。条目是年鉴汇集资料信息的基本单元，以黑体字加【 】号表示，以便查阅。

五、《龙游年鉴（2017）》共设有特载、大事记、县情概要、中国共产党龙游县委员会、龙游县人民代表大会常务委员会、龙游县人民政府、政协龙游县委员会、民主党派、工商联·社会团体、法治、武装、社会事务与社会生活、农业·林业·水利、工业经济、基础设施、商贸服务业、财政·税务、金融业、经济管理与监督、国资管理、城乡建设与管理、资源·环境·气象、教育·科技、文化·旅游、卫生·体育、乡镇（街道）、机构与负责人名录、先进集体·先进个人、新事拾遗、艺文30个类目。另设附录，包括重要文件选目、国民经济若干统计资料、索引。类目、分目、条目的编排力求科学合理。

六、《龙游年鉴(2017)》的稿件、资料由龙游县各部门、乡镇（街道）和驻龙游的省、市直属单位确定专人负责撰写或提供，经编辑部编辑而成，再经各部门、乡镇（街道）、驻龙单位负责人审定。单位撰稿人和摄影者统一署名于条目和照片后。

七、龙游县统计局提供了全县综合性统计数据，各单位提供的数据与龙游县统计局的数据不一致的以龙游县统计局的数据为准。统计局未作统计的，以各专业部门和乡镇（街道）提供的数据为准。

八、《龙游年鉴（2017）》“先进集体·先进个人”收录2016年度各单位获得的由国家、省相关部门及市县党委、政府颁发的荣誉。

九、《龙游年鉴(2017)》卷首设有详细目录和英文要目，卷末编有表索引、图索引和主题索引，书眉标示类目名称。全书资料信息可由目录、书眉、索引等检索渠道获得。

目 录

中共龙游县委员会

龙游县人民代表大会常务委员会

龙游县人民政府

政协龙游县委员会

民主党派

工商联和社会团体

法 治

武 装

社会事务和社会生活

农业·林业·水利

工业经济

基础设施

商贸服务业

财政·税收

金融业

经济管理与监督

国有资产经营与管理

城乡规划建设与管理

环境·资源·气象

教育·科技

文化·旅游

卫生·体育

乡镇（街道）

机构与负责人名录

先进集体与先进个人

新事拾遗

艺 文

附录一：

2016年度龙游县重要文件选目

附录二：

2016年度龙游县国民经济若干统计资料

索 引

Contents

Longyou People's Government

Longyou CPPCC Committee

Democratic Parties

Federation of Industry and Commerce and Social Organizations

Rule of Law

Armed Forces

Social Affairs and Social Activities

Agriculture, Forestry and Water Conservancy

Industrial Economy

Infrastructure

Business Service

Finance and Tax

Banking Business

Supervision and Administration of Economy

Operating Management of State-owned property

Construction and Administration of Urban and Rural Area

Environment, Resource and Meteorology

Education and Technology

Culture and Tourism

Health and Sport

Villages and Towns (Streets)

Organization and the name of Person in charge

Advanced Collectives and Advanced Characters

News

Art and Culture

Collection of Important Files in 2016

Statistic Data of Longyou National Economy in 2016

Index

特　　载

实施四大战略　打好四场战役
为高水平全面建成小康社会而努力奋斗

——在县委十届十次全体（扩大）会议上的报告

中共龙游县委书记　方健忠

（2016年1月15日）

同志们：

这次县委全会的主要任务是：认真学习贯彻党的十八届五中全会、省委十三届八次全会和中央、省市系列重要工作会议精神，回顾总结2015年工作，研究部署“十三五”和2016年的重点工作，实施四大战略，打好四场战役，为高水平全面建成小康社会而努力奋斗。

下面，我代表县委常委会向全会报告工作。

一、简要回顾2015年工作

一年来，我们认真学习贯彻习近平总书记系列重要讲话精神特别是在浙江考察时重要讲话精神，紧紧围绕总书记提出的“八个方面”重点任务和省委“八八战略”，坚持“两化”引领，扎实推进新型工业化、新型城镇化、文化旅游和美丽龙游建设，各项工作取得了新成绩，顺利收官“十二五”。全县GDP突破200亿元大关，人均GDP达到8000美元；第三产业占生产总值比重稳步提高，新型工业化加快推进，现代农业发展较快，三次产业结构由2010年的8.8∶58.7∶32.5调整到2015年的6.8∶53.4∶39.8；社会事业发展迈上新台阶，基本公共服务水平和均等化程度明显提高，城乡居民收入差距由2010年的2.2∶1缩小到2015年的2∶1。尤为重要的是，党的十八大以来，我们按照“四个全面”战略布局要求，自觉践行“绿水青山就是金山银山”重要论述，坚持加快发展和生态保护互促共进，找到了一条符合龙游实际的转型跨越发展之路。2015年预计全县地区生产总值同比增长7.5%，一般公共预算收入增长11.8%，固定资产投资增长15%，社会消费品零售总额增长11%，城乡居民人均可支配收入分别增长9%和10%。归结起来主要做了以下工作。

（一）围绕“在适应和引领新常态中做出新作为”，坚定不移打好转型升级组合拳。我们切实加强党对经济工作的领导，运用市场思维看本质、判形势、作决策、谋实招，经济发展的质量和水平不断提升。坚持“大干项目、大抓招商”，134个实施类重点项目累计完成投资84.8亿元，招商引资实际到位资金45.9亿元，红木小镇跻身全省首批产业特色小镇。加强产业强县建设，明确十大重点产业主攻方向，新设立3亿元产业基金和财政控股的融资担保公司，全县10亿元以上销售企业增至4家；企业对接多层次资本市场取得重大突破，目前已有21家企业与券商签约，6家企业完成股改，5家企业在新三板挂牌上市；网络销售额突破14亿元，跻身全国首批“农村淘宝”试点县。扎实开展“腾笼换鸟”，盘活处置低效用地1136.6亩，淘汰11家企业落后产能，推进企业“零土地”技改和对外合作，被我省推荐为全国国土资源节约集约利用模范县。打好“5432”持久战，912家规模养殖场全部整改到位，在全市率先构建第三方治污监管机制，超额完成省定“三改一拆”任务，通过市级“清三河”达标验收。

（二）围绕“发挥全面深化改革牵引作用”，全力推进各项改革举措落地见效。我们始终坚持问题导向和效果导向，在重点领域和关键环节取得突破性进展。构建“1+1+9”国资运营管理体系，6家国资公司启动市场化改革，新增融资15.5亿元，在基础设施建设、资源开发、民生服务等领域发挥引领作用。推进政府自身改革，整合组建综合行政执法局等9个机构部门，在全市率先建成网上中介服务平台，实现政务服务网乡村代办点全覆盖，全面取消497项非行政许可审批事项。深化农村综合改革，农村宅基地登记发证率达92.3%，在全市率先搭建县乡村联通一体的农村产权交易平台，阳湖小区交付使用，翠竹小区主体完工，新增异地搬迁农户720余户2200余人。

（三）围绕“加快推进城乡发展一体化”，统筹城乡区域协调发展。我们坚持把新型城镇化建设作为转型跨越发展的重要引擎，推动城乡在资源配置、产业发展、公共服务等方面融合发展。围绕城市能级提升，扎实推进城东新区基础框架建设，小高山村整村搬迁完成签约80%以上，子鸣社区进场施工，大南门历史文化街区保护项目房屋收购工作有序推进，改造提升8个老旧小区，惠及群众6200多户。大力发展服务业，省级旅游度假区扩容提升初见成效，国际家居建材城、东方城市综合体、恩浩世贸城等一批重大服务业项目顺利推进，龙游电商城正式开业。加强美丽集镇、美丽乡村建设，湖镇镇列入全国中心镇建设示范试点，建成1个中国“淘宝村”和7个市级美丽乡村精品村。加大精准扶贫力度，全面消除9277户14980人“4600元以下”贫困现象。

（四）围绕“培育和践行社会主义核心价值观”，加快文化强县建设。我们始终把意识形态工作牢牢扛在肩上、抓在手上，大力培育和践行社会主义核心价值观，汇聚社会正能量、增强文化软实力。加强网络舆论正面引导，成功处置60多起涉龙网络舆情，不断巩固网上舆论阵地。开展“最美”系列活动，创建最美行业12个，推出“最美”典型近百个，1人获得全国道德模范提名，2人被评为全省道德模范。加强公共文化服务体系建设，启动龙游博物馆、档案馆项目前期，成功举办首届“龙游大厨”美食文化节和2015亚太汽车拉力锦标赛，新建22个农村文化礼堂和10个乡镇（街道）综合文化站，设立乡贤会引领乡风民风，2人入选省“百名新乡贤”，全省文化礼堂建设工作推进会在龙召开，相关经验得到省市充分肯定。

（五）围绕“不断提高社会建设水平”，着力增进民生福祉。我们始终紧绷维护社会和谐稳定这根弦，补短板、抓供给、促和谐，增强群众获得感。突出抓好民生实事，新增财力80%用于民生支出，鼓励大众创业万众创新，在经济下行压力加大情况下，城镇登记失业率低于控制指标；稳步推进低保扩面，城乡低保人数达8870人、占比2.2%以上，实现动态调整下应保尽保；深化医疗卫生和教育改革，与邵逸夫医院合作办医，完成39所义务教育标准化学校和县职教中心建设，成功创建义务教育均衡县；启动高坪桥水库项目前期；优化城市公共交通，新增20个公共自行车点和560个公共停车位。坚决守住平安底线，开展“百日维稳攻坚大会战”，圆满完成各项重大安保任务，“三治”融合修订完善村规民约实现全覆盖，“平安建设”有望获得十连冠。

（六）围绕“全面提高生态文明建设水平”，推进美丽龙游建设。我们坚持绿色发展理念，扎实推进生态县建设，为打造浙江生态屏障多作贡献。加快推进生产方式绿色化，深入实施工业企业综合效益排序和差别化激励政策，列入全省生态工业发展试点；积极开展整县域推进生态循环农业发展试点，推广提升“开启”“集美”等模式，得到全国生态循环农业现场会参会代表和农业部部长的充分肯定。农村“双治”工作走在全市前列，251个村复制“贺田”模式，120个村完成污水处理设施建设。扎实开展平原绿化工作，打造沿灵山江生态长廊，省级重点公益林扩面30余万亩，通过省级森林城市验收。持续开展环保“亮剑执法”行动，衢江出境水质Ⅲ类水100%达标，其中有四个月达到Ⅱ类标准，空气质量优良率提升至82.7%。

（七）围绕“认真落实全面依法治国”，全面深化法治龙游建设。我们不断健全县委领导法治龙游建设的制度和工作机制，大力推进依法执政、依法行政、公正司法、全民守法，连续两年获省“法治县”创建先进单位称号。建立健全县委科学民主依法决策机制，加强领导干部法治教育培训，提高运用法治思维和法治方式解决问题的能力水平。召开县委人大、政协工作会议，完善政策机制，制订落实措施，进一步加强人大、政协工作，支持人大、政协围绕中心、一线作为。密切与各民主党派和无党派人士的合作共事，围绕中心发挥工青妇等群团组织的优势作用，做好党管武装、侨务、对台、老干部等工作，凝聚推动发展的强大合力。

（八）围绕“坚持伟大工程和伟大事业协同推进”，坚决把全面从严治党要求落到实处。我们坚持把抓好党建作为最大政绩，进一步强化主业意识，落实主体责任，从严治党、从严执纪。高质量开展“三严三实”专题教育，县委常委会带头学习研讨，组织537名县管领导干部开展党章党规党纪集中轮训，组织992个党组织2.2万名党员学习贯彻《中国共产党廉洁自律准则》和《中国共产党纪律处分条例》。认真主动配合省委巡视工作，边巡边改、整转作风。坚持实绩比选、能上能下，提拔基层攻坚一线优秀干部44人，调整不适宜担任现职干部9人；加强劳光荣式“领头雁”队伍建设，18人入选浙江省千名好支书。树立大抓基层工作导向，培育80多个基层党建示范点，贺田、石角两村入选全国农村基层党建工作座谈会观摩点。严格落实“两个责任”，全力支持纪委“三转”，设置20个纪委派驻机构，开展正风肃纪行动50次，立案查处党员干部违纪案件144件，移送司法机关7人，营造风清气正的政治生态。

一年来，县委常委会高度重视自身建设，我们始终与中央和省、市委保持高度一致，严守党的政治纪律和政治规矩，强化责任担当，团结带领县级班子齐上一线，合力攻坚克难，狠抓工作落实。坚持民主集中制，严格按规则议事、决策、办事。带头廉洁自律，为全县党员干部作出表率。

同志们，以上是县委常委会一年来的主要工作。这些工作的开展和成绩的取得，是上级党委正确领导，县四套班子团结实干，乡镇部门一线拼搏，老同志和社会各界大力支持的结果。在此，我代表县委常委会，向全县广大党员干部群众表示衷心感谢！

在总结工作的同时，我们也深刻认识到，当前我县经济社会发展中还存在不少困难和问题，主要是经济总量小，产业基础比较弱，创新能力不足，发展的质量和效益有待提升；与新常态、新理念不相适应的体制性机制性障碍没有消除，决策决断迟缓、办事效率不高、项目推进不快等问题依然存在；在城乡规划建设管理、公共服务供给、居民持续增收等方面与群众期盼仍有差距，影响社会和谐稳定的矛盾问题多发；少数党员干部的纪律规矩意识、责任意识、担当意识还不强，“四风”问题尚未根除，作风建设长效机制还要不断完善。我们必须高度重视这些问题，采取有力措施认真加以解决。

二、深刻认识“十三五”发展背景和重大机遇

党的十八届五中全会专题研究了“十三五”时期我国发展的一系列重大问题，确立了创新、协调、绿色、开放、共享五大发展理念，描绘了全面建成小康社会的宏伟蓝图，对实现“第一个百年”宏伟目标下达了总动员令，吹响了冲锋号。省、市委全会围绕五大发展理念，对“十三五”发展作出了系统部署。这些都为我们下步工作指明了方向。我们要认真贯彻落实中央和省市委全会精神，全力推动五大发展理念在龙游落地生根，一步一个脚印把美好蓝图变为现实。

纵观“十三五”，最大的现实背景是发展处于“三期叠加”的转型期。以习近平同志为总书记的党中央，在综合分析世界经济长周期和我国发展阶段性特征及其相互作用的基础上，科学判断当前经济问题的主要矛盾在供给端，明确提出推进供给侧结构性改革，通过优化供给使企业更好地满足市场需求，政府更好地服务企业需求。随着供给侧结构性改革的全面推进，去产能、去库存、去杠杆、降成本、补短板等系列举措陆续出台，改革和政策红利将不断释放，倒逼经济转型的力度将不断加大，区域竞争也将更加激烈。我们要强化现有比较优势，挖掘潜在后发优势，抢抓国家重大发展战略、重大政策调整和新一轮科技革命机遇，以更高的要求、更大的力度、更实的举措，跑出转型跨越加速度。

一要抢抓区域一体化发展机遇。国家正在实施“一带一路”和长江经济带战略，对区域经济发展带来了重大调整和洗牌。我省大力推进四大都市区建设，实施万亿综合交通工程，构建内畅外联“四大交通走廊”。龙游是杭金衢丽四地交通节点和浙中城市群组成部分，战略位置十分特殊。在省内外区域一体化发展的大格局中，我们要积极谋划争取高速公路、铁路、航运和城际快速交通等重大“互联互通”项目纳入省级项目建设规划，打造立体式综合交通网络，积极对接周边发达地区的战略布局，融入杭州、金义都市区，主动承接多领域的辐射带动，实现借力发展。

二要抢抓新型城镇化发展机遇。“十三五”时期经济发展的最大增长点和扩大内需的最大潜力都在新型城镇化。中央城市工作会议提出“一个尊重、五个统筹”，力争到2020年基本完成现有城镇棚户区、城中村和危房改造。对于龙游来说既是机遇，更是倒逼。城镇化工作是我县群众最关注、短板最明显的中心工作。我们要抓住国家推进新型城镇化建设的金融政策机遇，加快城镇集聚发展、城乡统筹发展、产城融合发展，不断提升城市环境质量、居民生活品质和城市综合竞争力，共建共享美好生活。

三要抢抓资本市场化发展机遇。我国正从以银行为核心的传统金融体系转向以资本市场为核心的现代金融体系。对于企业来说，借助资本市场直接融资是解决资金难题、加快企业做大做强的重要途径。经过一年的努力，龙游已有一批企业成功挂牌上市，率先尝到资本市场的甜头。下一步，我们要继续坚持以市场思维配置资源，优化金融生态环境，扶优扶强龙头骨干和科技型创新型企业，全面深化国资改革，引导支持国资公司和优质民营企业对接融入多层次资本市场，在市场竞争中抢占先机，赢得主动。

四要抢抓信息化发展机遇。当前，以信息技术为核心的新一轮科技革命方兴未艾，国家把“互联网+”和“中国制造2025”上升到国家战略，我省把信息产业作为七大万亿产业的重中之重。龙游已拥有一批“两化”融合的科技型创新型企业，电子商务发展势头迅猛，这些都是引领未来发展的新兴

力量。我们要顺应产业变革大趋势，推动信息技术在社会各个领域的广泛运用，以互联网思维加快产业技术创新、商业模式创新、企业文化创新、管理制度创新，打造龙游经济“升级版”，开拓发展新“蓝海”。

三、准确把握“十三五”发展目标、发展战略和主攻战役

“十三五”是全面建成小康社会的决胜期，也是我县绿色发展、“摘帽”快跑的关键期。我们必须增强大局意识、忧患意识、责任意识，准确把握今后五年的发展目标、发展战略和主攻战役，集中力量干大事办实事，不断开拓转型跨越发展新境界。

根据省市委提出的目标要求，“十三五”我县发展的总目标是与全省同步高水平全面建成小康社会。主要目标是：综合实力显著提升，到2020年生产总值、人均生产总值、城乡居民收入比2010年翻一番，服务业增加值占GDP比重达50%以上；城乡统筹发展水平显著提升，户籍人口城镇化率进一步提高，建成全省美丽县城和美丽乡村示范县；生态文明建设走在前列，空气质量优良率85%以上，确保断面水质和出境水质达标率“两个100%”；群众生活品质显著改善，社会治理能力不断加强，重要领域和关键环节改革取得决定性成果；人民民主更加健全，法治政府基本建成，司法公信力明显提升，党的建设制度化水平显著提高。

理念引领战略，战略决定行动。随着发展阶段、发展理念、发展路径的改变，我们要承前启后、与时俱进，按照中央五大发展理念要求和省市对龙游的发展定位，丰富和完善县域发展战略，实施“生态立县、创新兴县、产业强县、富民安县”四大战略。

良好的生态环境是可持续发展的基础。龙游是全省生态屏障区，我们的优势在生态，约束在生态，今后的出路也在生态。要实现转型跨越发展，就必须实施生态立县战略，照着“两山”之路一直走下去，围绕重点生态功能区和钱塘江生态经济带建设，坚定不移治水治气拆违，大力实施环保基础网络工程、生态修复建设工程和环境保护治理工程，决不把违法建筑、污泥浊水和脏乱差带入全面小康，大力发展绿色低碳循环经济，把生态优势转化为经济优势，推动生态环境大改善、生态经济大发展、生态文化大繁荣，谱写美丽龙游建设新篇章。

创新是引领发展的第一动力，抓创新就是抓发展，谋创新就是谋未来。要实现转型跨越发展，就必须实施创新兴县战略，牢固树立创新首位意识，加快政府职能转变，切实形成有利于创新发展的体制机制，聚焦科技、聚焦人才、聚焦新产业新业态新模式，传承弘扬龙商精神，营造勇于探索、鼓励创新、宽容失败的社会氛围，激发大众创业、万众创新热情，让一切劳动、知识、技术的活力竞相迸发，让一切创造社会财富的源泉充分涌流。

产业是富民之本、强县之基。近年来，我县通过“两化两游”建设，产业发展取得了新成效，但产业结构不尽合理、主体实力不强、平台比较单一等问题依然存在。要实现转型跨越发展，就必须实施产业强县战略，在做大做强装备制造业、现代服务业等主导产业上下苦功，在倒逼建材、化工、竹加工和畜牧业等传统产业转型升级上出高招，在培育壮大新能源、新材料、电子信息等新兴产业上做文章，打造一批特色鲜明、链条完整、带动力强的产业集群，加快构建符合绿色化发展要求的现代产业新体系，推动产业结构向三二一优化升级。

富民惠民是发展的根本出发点和落脚点。按照高水平全面建成小康社会的标准来衡量，我们还有不少短板亟待弥补。要回应人民群众对美好生活的新期待，就必须实施富民安县战略，突出问题导向，把更多的财力、物力、精力聚焦到就业、教育、卫生、文化、养老、扶贫等社会事业短板，一年接一年办好民生实事，深入推进法治龙游、平安龙游和精神文明建设，让群众的收入水平不断提高、生活条件不断改善、精神世界不断丰富，获得感幸福感安全感不断提升，使“十三五”的五年成为群众得实惠最多的五年、朝着共同富裕的道路扎实迈进的五年。

战略明确之后，需要通过打赢一场场关键战役来确保战略落地，积小胜为大胜。“十三五”时期，我们要继续精准聚焦，集中优势资源要素，持之以恒打好新型工业化、新型城镇化、文化旅游和美丽龙游四场攻坚战，不达目标不松劲，不获全胜不收兵。一是打好新型工业化建设攻坚战。坚持新办工业企业一律进园区、化工企业一般不引进，加快产城融合发展，完善基础设施和服务配套，做强高端装备和高端家具制造两大支柱产业，做优特种纸和绿色食品饮料两大特色产业，培育新能源新材料为主的战略新兴产业，形成“2+2+1”工业体系。力争到2020年，规上工业企业达到220家以上，工业总产值突破500亿元。二是打好新型城镇化建设攻坚战。围绕生态型文化旅游城市目标定位，扎实开展美丽县城试点三年行动计划，基本完成城中村、旧城区改造任务，城东新区初具规模，“海绵城市”“智慧城市”建设成效明显，集镇功能显著提升，建成省城乡建设转型综合示范区和杭州、金义都市区的卫星城市。三是打好文化旅游建设攻坚战。围绕“文旅休闲、运动体验、康体养生”主题，主攻以红木小镇为龙头的36.8平方公里省级旅游度假区建设，创成国家5A级旅游景区，完成新加坡小镇、高山运动小镇等一批特色小镇建设，把龙游打造成长三角运动健康休闲目的地，着力创建国家体育公园和国家级文旅融合发展试验区。四是打好美丽龙游建设攻坚战。把“五水共治”和“三改一拆”进行到底，加强生态保护和环境治理，创成省“清三河”达标县和“无违建县”。加大传统村落民居和历史文化名镇名村保护力度，串点成线、连片成景，打造美丽乡村升级版。完善生态循环农业发展体系，大力发展以富硒农产品为主导品牌的现代高效农业，建成现代生态循环农业发展示范区和绿色生态农业强县。

四、全面落实八大举措，确保“十三五”胜利开局

2016年，是与全省同步高水平全面建成小康社会决胜阶段的开局之年，做好今年工作，意义重大、影响深远。

今年工作的指导思想是：以邓小平理论、“三个代表”重要思想、科学发展观为指导，深入贯彻习近平总书记系列重要讲话精神，按照中央和省、市委部署要求，坚持稳中求进工作总基调，牢固树立创新、协调、绿色、开放、共享五大发展理念，实施生态立县、创新兴县、产业强县、富民安县四大战略，扎实推进新型工业化、新型城镇化、文化旅游和美丽龙游建设，着力改革发展，保障改善民生，维护社会稳定，全面从严治党，确保“十三五”胜利开局。

今年主要预期目标是：全县生产总值增长7%左右；一般公共预算收入增长8%；固定资产投资增长10%以上；社会消费品零售总额增长10%；城镇居民人均可支配收入增长8%，农村居民人均可支配收入增长9%，节能减排完成省市下达目标。

根据上述指导思想和目标要求，今年我县经济社会发展的重点任务是：

（一）实施创新驱动战略，力促工业转型升级。坚持把工业作为产业强县的核心支撑，全面推进省级生态工业试点县建设。要加强平台建设，创新园区管理体制，加快“一区两块”资源整合，优化产业空间布局，推进土地集约高效利用，完善生产生活性服务配套，谋划建设小微企业创业园和科技孵化园。要继续实施招商引资“一号工程”，创新招商工作机制，大力开展以商招商、产业招商、集群补链招商、委托专业招商，确保“全员招商信息提供”和“专业招商力量配强”两手抓、两手硬，实现招商量质齐升。要突出扶优扶强，围绕5家总部企业、10家龙头企业、30家科技型创新型企业的“513”目标，整合干部、人才资源配强金融办、上市办、电商办、PPP办的力量，深化十大重点产业专项工作，开展“店小二”式精准服务。要加大倒逼力度，打好差别化激励措施、兼并重组、破产清算等组合拳，帮助企业降低成本，坚决淘汰高污染高能耗落后产能和“僵尸企业”。要加大财政投入，激励科技创新，引导企业深入实施“两化融合”“四换三名”，兴建企业研究院，加大研发

投入，打造产学研创新利益共同体。要助推企业上市，高效运作产业基金，探索天使投资、风险投资、股权投资等基金，引导社会和金融资本支持实体经济发展，加强挂牌上市企业后续服务，鼓励新三板企业转板，争取更多企业挂牌上市。

（二）围绕美丽县城建设，不断提升城镇化水平。坚持规划、建设、管理一起抓，推进以人为核心的新型城镇化，不断提高城镇发展的宜居宜业宜游水平。要突出规划引领，修编完善县域总规、控制性详规和镇村规划，做好与经济社会发展规划、土地利用规划和生态环境功能区规划衔接，实现多规融合，以规划强管控、定布局、带项目，确保集中集聚、有序建设。要加强以交通、水利为重点的基础设施建设，加快城东“三纵四横”道路框架建设，加快龙游港区、衢宁铁路、杭金衢高速拓宽等项目建设，新建和提升溪毛线等一批通景公路，启动G351项目前期、“一路一桥一堤”建设和高铁站前区综合交通枢纽项目建设，构建城市各组团间快速通道，形成内外联通的综合交通格局。要完善城市功能，完成小高山村整体搬迁和子鸣社区主体工程，启动医院、小学、幼儿园、金融中心等一批城东新区公共服务、市场化项目和老城区功能疏解项目，启动大南门历史文化街区保护工程，全面优化城区地下管网系统和菜市场布点。要加强城市综合执法力量，提升城市管理水平，以长效机制巩固专项整治成果。启动市民生态文化休闲公园规划建设，高品位推进入城口改造、城区绿道和景观亮化工程建设。完善城乡公交设施，打通城区南北向道路，规范停车管理，完善社区文化卫生等服务功能，规范小区物业管理。要深化山区集聚发展改革，加强美丽集镇建设，争取湖镇省级小城市培育试点，加强溪口商贸旅游中心镇建设，推进村庄规划全覆盖，引导人口向城区和中心镇集聚，完成翠竹小区建设，启动晨北小区、高坪桥水库移民安置小区建设，推进户籍人口城镇化。

（三）聚焦新产业新业态，大力发展现代服务业。坚持把现代服务业作为产业强县的努力方向和关键增量，挖潜力、补短板，培育成为新的经济增长点。以地方贡献论英雄，明确服务业发展重点领域龙头骨干企业名单，完善服务业专项扶持政策。推进旅游二次创业，把全县作为一个大景区来建设，突出特色小镇引领，力争中国红木文化园一期“五一”开园，三门源争创国家4A级旅游景区；加快新加坡小镇、高山运动小镇项目建设，争取纳入省级产业特色小镇培育创建，积极培育一批市级特色小镇；开发提升“三线七点”乡村旅游精品线路，扶持发展民宿经济；创新旅游营销模式，打造旅游特色产品，深挖体育赛会潜力，打响“龙之游”金字招牌。要顺应“互联网+”发展趋势，加快电子商务发展步伐，鼓励企业发展跨境电商，持续抓好电商产业园、电商城和农村电商平台建设，积极引进知名电商企业，推动形成跨行业、多层次、差异化的电商发展格局。要顺应消费升级趋势，提升商贸物流业，完成申通电商产业园一期，争取国际家居建材城开业，推进嘉溢金属市场二期建设，规划建设农批及冷链物流产业园，明确各市场功能定位，丰富业态，集聚人气。要积极推进生产性服务业发展，力争在物流园区设立海关、商检代办点。

（四）强化经营山水理念，打造美丽乡村升级版。紧紧抓住农村这个全面建成小康社会的难点、短板和关键，保护好经营好绿水青山，发展美丽经济，努力创建省级美丽乡村示范县。要从“一处美”迈向“一片美”，完善美丽乡村全域规划，以环灵山江区块为重点，连片谋划、连片整治、连片流转、连片整合、连片造景，打造美丽乡村风景线。谋划衢江岸线、水域及重点江心洲保护与开发，启动国家级水利风景区创建工作。要从“一时美”迈向“持久美”，坚定不移治水治气拆违，提升“四大模式”，加强农村生活污水处理设施建设，全面实施第三方运维监管，大力推进“五气共治”，加大环境执法力度，逐步改善大气质量，确保创成省级“清三河”达标县。要从“外在美”迈向“内在美”，围绕“一村一品”“一村一景”“一村一韵”主题，做好历史文化古村落保护、浙派民居和特色精品村建设，充分借助农村文化礼堂等平台，传承乡土文化，弘扬道德风尚。要从“环境美”迈向“发展美”，培育新型农业经营主体，推广多种形式的适度规模经营，完善“大中小”生态循环农业发展体系，全面推进种养业“接二连三”，提升农业竞争力和助农增收水平。

（五）全面深化重点改革，激发县域发展活力。按照“改革政策要实”的要求，以供给侧结构性改革为重点，力推改革项日落地，狠抓改革措施落实。要继续深化政府自身改革，坚持简政放权、放管结合、优化服务，全面开展公车改革，深化“四张清单一张网”建设和应用，加快政府流程再造，加强中介服务市场规范管理，推进市县行政审批层级一体化改革，降低市场准入门槛和创业门槛，用政府权力的“减法”换取创新创业的“乘法”。要加强人才队伍建设，完善柔性引才政策，大力发展“院士经济”，实施企业家素质提升工程，加大经济型复合型干部培养使用力度，围绕产业构建现代职业教育体系，推进产教融合、校企合作，培养新生代技术蓝领和紧缺人才，为创新兴县和产业强县提供强大智力支撑。要全面推进投融资体制改革，探索形成地方政府债券、企业债券、PPP等多种形式并存的融资模式。持续推进国资体制改革，坚持去行政化、去机关化，完善国资公司企业经营机制和绩效考核机制，健全市场化薪酬分配机制，力争在产业经营、市场化投资、对外合作、资产证券化领域取得新突破。要深化农村综合改革，推进农村“三权”确权、赋权、活权，推进乡镇农村产权交易分中心和村级服务站的规范建设，探索开展土地（林地）承包经营权、房屋抵押贷款等工作，加强信用农村建设，激活“沉睡”的农村资产，促进农业增效、农民增收。

（六）着力改善民生事业，提升群众幸福感满意度。按照“社会政策要托底”的要求，坚守民生底线，加大民生投入，办好民生实事，进一步提升龙游老百姓的获得感。要切实做好扶贫工作，以增强低收入农户自我发展能力为重点，高度关注最困难群体、因灾因病因残返贫群体和困难家庭下一代的教育，加大产业开发、就业帮扶、政策兜底力度，做到帮扶精准到村、到户、到人，确保小康路上一个不掉队。要加强民生社会建设，完善为民办实事长效机制，落实鼓励全民创业就业政策，健全覆盖所有城乡居民的社会保障体系，优化城乡教育、卫生、体育、文化等公共服务资源，支持和规范民办教育、民办医疗、民办养老。深入实施农民饮水安全工程，加快高坪桥水库项目建设，启动城市第二自来水厂前期和城市生活垃圾热解气化项目。依法组织实施全面两孩政策，提高计划生育服务管理水平。加强食品药品安全监管，确保人民群众“舌尖上的安全”。要加强文化建设，充分发掘人文资源，延续龙游文脉，完成龙游档案馆主体工程，启动龙游博物馆建设，谋划图书馆和文化艺术中心项目，深化“最美龙游人”系列创建活动，推动社会主义核心价值观教育。

（七）推进法治平安建设，维护社会和谐稳定。时刻绷紧安全稳定这根弦，不断深化平安龙游、法治龙游建设。要围绕创建省法治示范县目标，坚持依宪执政、依法执政，加强社会主义民主政治建设，提高党员干部法治思维和依法办事能力；推进法治政府建设，健全行政决策机制和程序，规范行政执法行为，加强综合执法队伍建设；积极稳妥推进司法体制改革，深化法治宣传教育，增强全民法治观念。要创新基层社会治理，开展“群防群治、共建共享平安年”活动，推进基层治理法治化、信息化、社会化、精细化，建立县级信息流转平台和乡镇（街道）综合信息研判平台，完善网上网下联动工作机制；深入推进多元化矛盾纠纷化解机制建设，健全“大调解”联动工作体系；巩固“三治融合”修订完善村规民约成果，发挥群众在基层治理中的主体作用。要完善立体化社会治安防控体系，紧扣G20杭州峰会等重要节点，实施安全隐患大排查大整治行动，严厉打击各类违法犯罪活动，做好平安信访综治维稳各项工作，确保社会大局和谐稳定，争创“平安建设”十一连冠。

（八）落实从严治党要求，提供坚强红色保障。牢固确立抓党建是最大政绩观念，以党建保障发展，以发展检验党建。严格落实《中国共产党地方委员会工作条例》，充分发挥县委统揽全局、协调各方的领导核心作用，履行好把方向、管全局、作决策、保落实、守底线的职责，形成党委领导下的人大、政府、政协各司其职、团结奋进的工作格局。守牢意识形态阵地，加强党员干部理想信念教育，从严落实意识形态工作责任制，构建完善“大宣传”工作格局，坚决打赢网上舆论主动仗。完善科学选人用人机制，做好县乡村三级换届工作，加强好班长好班子好梯队建设，突出整体效应优化班子配备，加强跨部门跨行业干部交流，继续开展“百狮争先·一线攻坚”行动，培养选拔优秀年轻干部，推进领导干部能上能下，打造劳光荣式“领头雁”队伍。要加强基层党组织建设，以“整乡推进、整县提升”为重点，完善“十个一”建设标准，争取2016年底全县示范村创建达到80%，推进基层党建全面进步、全面过硬。要严明党的纪律和规矩，尊崇党章，认真贯彻《中国共产党廉洁自律准则》和《中国共产党纪律处分条例》，抓好省委巡视反馈意见的整改落实，扎实推进作风建设常态化、纪律建设制度化。从严落实“两个责任”，营造以上率下逐级压实责任、逐级向上看齐的政治生态，运用好执纪监督问责的“四种形态”，健全不敢腐、不能腐、不想腐有效机制。坚持激励和约束并举，全面落实职务与职级并行制度和履职问责办法，健全干部量化考核体系，实行分类管理、精准激励和重点难点事项挂牌领办制度，完善容错纠错机制，为敢于担当者担当，激励各级干部比实干、比攻坚、比服务、比贡献，形成干事创业、勇于争先的良好氛围。

同志们，蓝图已经绘就，关键在于落实。让我们更加紧密地团结在以习近平同志为总书记的党中央周围，在中央和省委、市委的正确领导下，实施四大战略，打好四场战役，上下同心、真抓实干、虎口夺食、奋力赶超，为与全省同步高水平全面建成小康社会而努力奋斗！

龙游县人民代表大会常务委员会工作报告

——在龙游县第十二届人民代表大会第五次会议上

龙游县人大常委会主任 周中民

（2016年1月31日）

各位代表：

我受龙游县第十二届人民代表大会常务委员会委托，向大会报告工作，请予审议，并请列席人员提出意见。

过去一年的主要工作

2015年是全面推进依法治国的开局之年，也是五年规划的收官谋划之年。县人大常委会在县委的正确领导和省、市人大常委会的精心指导下，坚持以邓小平理论、“三个代表”重要思想、科学发展观为指导，深入贯彻习近平总书记系列重要讲话精神，紧紧围绕新型工业化、新型城镇化、文化旅游和美丽龙游建设，服务发展大局，依法履行职责，顺利完成了县十二届人大四次会议确定的各项任务。一年来，共召开常委会会议8次，听取和审议工作报告49个，作出决议、决定和审议、评议意见21项；召开主任会议24次，组织人大代表专题视察3次，执法检查2次，专题调研2次，对法官、检察官开展履职评议，依法任免国家机关工作人员65人次，决定接受辞职5人次，补选市人大代表1名、县人大代表5名，为加快推进我县经济社会转型跨越发展作出了应有的贡献。

一、坚持党的领导，切实增强政治定力

2015年，是我国社会主义民主法治建设具有重大意义的一年。党的十八届五中全会提出创新、协调、绿色、开放、共享五大发展理念，中共中央转发了《中共全国人大常委会党组关于加强县乡人大工作和建设的若干意见》（中发〔2015〕18号），省委发出《关于认真贯彻落实中央文件精神加强县乡人大工作和建设的若干意见》（浙委发〔2015〕21号），省、市、县委相继召开了人大工作会议，出台一系列文件，开启了人大工作的新时代。

一年来，县人大常委会坚持把思想政治建设摆在首位，深入学习贯彻党的十八届五中全会和习近

平总书记系列重要讲话精神，认真贯彻落实中发〔2015〕18号、浙委发〔2015〕21号文件及省市人大工作会议精神，全面把握人大工作的新要求。始终坚持党的领导、人民当家作主和依法治国有机统一，把握正确方向，增强政治定力，充分发挥人大常委会党组的核心保证作用。及时传达贯彻县委重要会议和文件精神，把人大的智慧和力量凝聚到县委的决策部署上来，常委会年度重要工作、履职中涉及的重大事项、工作中的重大问题及时向县委请示报告，确保人大工作与县委要求同心同向同力。坚持党管干部原则和人大常委会依法任免的有机统一，进一步完善任前法律知识考试、履职承诺和就职宣誓等制度，有序推进任免工作的制度化、规范化建设。

二、积极主动作为，着力服务发展大局

县人大常委会紧紧围绕全县中心大局来谋划、开展人大工作，在深化改革、服务发展中履职尽责、积极作为。

（一）围绕重大事项开展监督。听取和审议县政府关于2015年上半年我县经济社会发展情况和下半年政府工作的报告，分析存在的问题，提出意见建议。年末又听取和审议我县国民经济和社会发展计划执行情况及2016年计划草案的报告，提出了加快产业转型升级、持续优化发展环境、增进民生福祉等建议。主动介入“十三五”规划编制工作，将事后监督拓展为事前引导，成立5个调研组，把“十三五”规划纲要和水利、交通、教育、卫计、电网建设等15个专项规划作为监督重点，专题听取“十三五”规划编制情况汇报，并结合县情提出加强多规融合等一系列意见建议，扎实推进“十三五”规划编制工作的开展。专题听取我县土地整治工作情况的汇报，审议通过了龙游县土地利用总体规划调整情况的报告。重视生态环境容量问题，听取我县环境功能区划的报告，作出关于批准龙游县环境功能区划的决议。

（二）围绕转型升级开展监督。密切关注我县实体经济发展情况，分析研判经济形势和存在的问题，提出有针对性的意见建议，助推“两化两游”建设。聚焦“互联网+”，开展电子商务产业发展情况的调研，专题听取相关工作汇报，提出了做好顶层设计、强化扶持引导等意见建议，引导各类经济主体转变发展方式，助推线上线下融合发展。按照上级人大的统一部署，认真组织人大代表开展“转型升级十大组合拳落实情况”主题监督活动，着力推进“五水共治”“四换三名”“四边三化”“创新驱动”等工作。听取县政府关于旅游重点项目建设情况的汇报，要求政府依托旅游产业优势，丰富新内涵，培育新业态。视察红木小镇、国际建材家居城、县职教中心等一批重点项目，关注石窟休闲度假中心、农村淘宝等工程建设，就统筹协调和推进力度等方面提出意见建议。

（三）围绕财政国资开展监督。按照新预算法的要求，加强全口径预决算审查监督，提前介入财政预算方案制订，动态关注财政预算执行。听取和审议财政预算半年执行和2014年地方财政决算草案的报告，审查批准了2014年财政决算。针对审计监督发现的突出问题，以“回头看”的方式，督促问题整改落实，切实提升审计监督的实效。听取和审议县政府关于2015年财政预算调整方案的报告，审查批准了相关调整方案。听取和审议全年财政预算执行情况及2016年财政预算草案的报告，提出了推进财税改革进程、提高财政管理绩效等意见建议。加强政府性投资项目计划和执行情况的监督，突出预算编制、计划执行和绩效评价等重点环节的审查，有力提升了政府性投资项目的管理水平。听取和审议县政府关于国资改革及运营情况的报告，提出了创新国资保值增值模式、健全完善科学评价机制等意见建议，促进我县国资改革取得阶段性成效。

三、聚焦社会热点，努力促进民生改善

县人大常委会高度关注民生福祉，努力推动解决群众最关心、最直接、最现实的利益问题，通过重点监督、持续监督，加快社会民生事业发展。

（一）大力推进“五水共治”工作。县人大常委会继续以“五水共治”为监督重点，动态关注全县“五水共治”进展情况，不定期暗访督查存在的问题，听取县政府关于推进“五水共治”共建生态家园审议意见落实情况的报告，不断巩固和扩大“五水共治”成果。组织代表开展监督“已治理的河”主题活动，按照“一主任一工委一批代表一条溪”的“四个一”模式，通过查水质、找污染源等形式，对11条“已治理的河”开展专项监督检查活动，并向县政府反馈提交了60多条意见建议。坚持一周一巡查、一月一督查制度，加大灵山江生态环境整治的监督力度，要求政府及相关部门把握好环境整治与生态保护、生态修复与景观建设的关系，着力推进灵山江生态环境根本好转。坚持问题导向，继续组织省市县三级人大代表视察生猪养殖和炭化篾污染整治规范情况，并提出了加强日常巡查监管等意见建议，政府及相关部门积极采取措施，集中开展“三必拆”专项整治行动，生猪规范化养殖和炭化篾污染整治取得明显成效。听取和审议农村生活污水治理情况的报告，提出了增强干群治污能动性、强化项目建设全过程监管、建立长效维护管理机制等意见建议，并加强跟踪监督问效，着力推进“五水共治”工作向纵深发展。

（二）密切关注空气质量问题。在前期深入调研的基础上，县人大常委会听取和审议了我县城市空气质量整治情况的报告，针对存在的问题提出了厘清权责、加强监管、分阶段开展专项整治等意见建议，并动态监督大气污染整治工作，对审议意见落实情况开展“回头看”和满意度测评。县政府以“减煤、控车、降尘、少烟”为整治重点，坚持源头防治，配套开展了能源结构调整、工业污染治理、机动车污染防治、产业布局与结构调整、城市扬尘和烟尘整治、农村废气污染控制等六大专项行动，并建立综合防治机制，全面打响大气污染防治攻坚战。

（三）努力推动社会事业发展。高度重视社会关切、群众关心的民生问题，继续对小区物业管理工作予以跟踪监督，组织省市县人大代表视察小区物业管理工作，并提出了加强监管、完善部门联动执行机制、落实政策措施等意见。关注教育发展情况，专题听取城区学校规划布局情况的汇报，并提出科学规划、统筹布局等意见。听取和审议全县医药卫生体制改革运行情况的报告，对审议意见落实情况开展督查和满意度测评，督促政府及相关部门进一步优化医疗资源配置、完善运行机制、加强队伍建设，城市医疗资源“双下沉、两提升”工作取得阶段性进展。关注乡村旅游、无证幼儿园整治工作，调研中草药发展、粮食生产和安全等情况。

四、加强法律监督，扎实推进民主法治建设

县人大常委会认真贯彻依法治国方略，积极推进民主法治建设，促进依法行政、公正司法，保障我县经济社会和谐有序健康发展。

（一）推进依法行政。以贯彻新环保法为契机，与省市人大联动开展大气污染防治执法检查，督促相关法律法规执行到位。配合上级人大开展食品安全、安全生产、国防建设等执法检查工作，开展城乡建设与管理、环境保护、历史文化保护三个领域的立法调研，参与并协助做好审计、流动人口居住登记、农产品质量安全、农村集体资产管理等法律法规草案的征求意见工作。重视公共资源交易及监管工作，通过深入调研提出了改进措施与建议。组织开展宪法学习宣传教育活动，备案审查行政规范性文件14个。

（二）深化司法监督。修订监督司法工作实施办法，健全司法权力运行制约机制，推进规范执法公正司法。根据省市人大统一部署，对全县公检法司机关司（执）法工作人员依法履职、公正司（执）法情况，开展深化司法监督工作。制定实施方案，全面动员部署，开展自查自纠，广泛征求意见，梳理存在的主要问题，听取和审议县公检法司机关的自查报告，并认真监督审议意见的整改落实。同时，把深化司法监督与“两官”履职评议工作同部署、同落实、同推进，随机确定8名被评议的法官、检察官，通过自查自评、调查走访、民主测评等环节，对评议对象履职情况开展评议，并反馈评议结果，确定评议等次，表彰履职先进，促进了司法队伍素质的提高。

（三）重视群众信访。县人大常委会高度重视人大信访工作，认真贯彻信访条例，健全信访工作制度，加大重要信访件督办力度。去年共接收人民来信41件，接待来访22人次，督办重要信访6件，其中涉法涉诉信访2件，解决了一些事关群众切身利益的信访问题。

五、丰富活动载体，充分发挥代表主体作用

县人大常委会把尊重人大代表主体地位、提高服务代表水平作为重要基础性工作，创新工作载体，丰富活动内容，完善保障机制，充分发挥人大代表的主体作用。

（一）强化履职保障。重视代表培训工作，组织部分人大代表参加上级人大组织的人大业务培训班，组织县人大代表开展法律法规、代表履职、“十三五”规划编制等为内容的培训，增强法律意识和履职能力。坚持代表分批列席常委会会议、参加专题视察等做法，向代表通报重大事项和重点工作情况，进一步拓展代表知情知政渠道。扎实做好走访联系代表工作，完善常委会组成人员联系代表机制，坚持个别走访和集中走访相结合，全年共走访联系代表200余人次。注重发挥代表履职服务平台作用，规范运行管理，强化功能运用，为代表反映民情、学习交流提供保障。

（二）丰富履职活动。规范代表联络站建设，探索网上代表联络站的建设运行，全县16个代表联络站常态化开展代表接待选民活动，各级人大代表有675人次进站接待选民群众，协调解决问题412个。深化代表向选民述职活动，注重细节创新，增强活动实效，100多名县基层代表已完成本届内向选民述职一次的要求，人大代表的责任意识、民主意识进一步增强。根据省人大统一部署，开展查找“基层群众办事审批难事项”专题监督活动，召开企业、基层群众、人大代表等层面的座谈会14场次，走访企业400余家，原汁原味收集“审批难”事项300多条，经梳理汇总对82条“审批难”事项和49条非审批类的意见建议予以反馈并督促整改，涉及行政审批部门19个、公共服务类企事业单位7个，查找“审批难”专题监督活动取得明显成效。组织全县千名人大代表走村入户，视察核查年收入4600元以下贫困人口脱贫情况，按照“不少一村、不漏一户”的要求，圆满完成9277户14980人的核查任务，为实现精准脱贫奠定基础。组织代表参与民主评价、旁听重大环境污染案件、开展“百名代表评公诉”等活动，基层代表参与人大监督活动的广度和频度不断提高。

（三）认真督办议案建议。高度重视代表议案建议征集工作，鼓励代表积极开展会前调研，引导代表提议案建议要“控量提质”。继续实施县人大常委会领导督办和县政府领导领办议案、重点建议制度，坚持集中交办与重点督办相结合，并建立人大相关工委联系督办机制，及时掌握代表议案建议办理进度和办理质量。年初听取了关于解决沐尘村、双溪村农民饮用水工程实施方案的报告，并就意见落实情况开展督查；年中召开议案和重点建议办理工作评议会，组织代表面对面评议议案和重点建议办理工作；年末又听取和审议县政府关于议案、建议办理情况的报告，并对办理落实情况开展满意度测评。沐尘村、双溪村的农民饮用水议案工程已经完成。222件代表建议已经解决或基本解决的84件，占总数的37.7%；正在解决或列入计划逐步解决的有108件，占48.4%；因条件限制或其他原因一时难以解决，向代表作出说明的31件，占13.9%。继续开展议案建议办理满意度“回头看”和优秀议案、建议评选，表彰代表议案建议承办先进单位。

六、加强自身建设，不断提高履职服务水平

县人大常委会把自身建设作为一项长期性基础性工作抓紧抓实，始终保持昂扬向上的精神状态，不断加强思想、作风、队伍和效能建设，着力提升履职能力和工作水平。

（一）严守政治纪律。扎实开展“三严三实”专题学习教育活动，严格按照规定动作，认真召开专题民主生活会，开展批评与自我批评，对发现的不严不实问题即知即改、立行立改。继续抓好“四风”问题的整改落实，进一步巩固党的群众路线教育实践活动成果。定期召开县人大常委会理论中心组学习会，深入贯彻落实中央和省、市、县委作风建设有关规定，以及省委巡视组的相关要求。严守政治纪律和政治规矩，开展党章党规党纪集中轮训，认真学习“一准则一条例”，严格执行中央“八项规定”、省委“六个严禁”以及市、县委关于党风廉政建设的要求。

（二）改进工作作风。弘扬求真务实、真抓实干的工作作风，调研、监督等工作更加深入实际、深入基层，与人民群众的联系更加紧密。按照“一线”的要求，人大干部坚持干着监督，积极参与“五水共治”、城市建设、重点工程推进等工作。注重人大制度宣传，召开全县人大宣传工作会议，充分利用各类宣传平台，及时报道县人大常委会的重要工作、重大活动、履职成效及代表事迹。一年来在市级以上各类宣传平台刊出信息报道360余篇，县人大机关被评为2015年度全省人大信息工作先进单位。同时，努力办好龙游人大网站和人大常委会会刊，不断增强人大工作影响力。

（三）夯实基层基础。组织开展关于加强县、乡镇（街道）人大建设的调研，有针对性地提出了健全体制、完善机制、强化保障等意见建议。县委高度重视乡镇（街道）人大工作，出台了关于加强乡镇人大规范化建设的若干意见和推行街道居民议政会制度的意见，进一步健全了县人大常委会工作机构，各乡镇（街道）人大专职主席（主任）按要求全部配备到位。注重发挥乡镇（街道）人大在全县人大工作中的基础作用，指导乡镇人大全面实施政府实事工程代表票决制；定期召开乡镇（街道）人大工作季度例会，继续邀请乡镇（街道）人大负责人列席县人大常委会会议和各项重要活动，指导乡镇（街道）人大积极服务中心工作和落实各项工作部署，全县人大整体工作合力进一步增强。

各位代表，过去一年县人大常委会所取得的成绩，是县委正确领导、高度重视的结果，是常委会组成人员和全体人大代表依法履职、齐心协力的结果，是“一府两院”自觉接受监督、密切配合支持的结果，也是全县人民以及社会各界大力支持的结果。在此，我谨代表县人大常委会，向大家表示衷心的感谢！

回顾和总结一年来的工作，我们也清醒地认识到，县人大常委会的工作还存在一些薄弱环节，主要表现在：监督工作的针对性、实效性有待进一步增强；对代表议案建议的督办力度需进一步加大；代表的主体作用有待进一步发挥；常委会依法履职、创新作为还需进一步加强等。这些问题都有待于我们在今后工作中予以重视并切实加以改进。

2016年的主要任务

各位代表，2016年是“十三五”规划的开局之年，也是县、乡（镇）人大代表的换届选举之年，做好今年的人大工作意义重大。县人大常委会工作的总体要求是：**以邓小平理论、“三个代表”重要思想、科学发展观为指导，认真学习贯彻党的十八届五中全会精神和习近平总书记系列重要讲话精神，围绕县委“实施四大战略，打好四场战役”决策部署，增强依法履职的能动性，提高监督工作的针对性，提升服务代表的实效性，为实现“十三五”经济社会发展良好开局作出积极贡献。**

根据上述总体要求，今年县人大常委会工作的主要任务是：

一、把握人大工作新机遇，提升服务中心大局的效力。贯彻落实中央、省委关于加强县乡人大工作和建设的若干意见，抓好县委相关文件的落实，充分发挥人大在民主法治建设中的“一线”作用，推进基层政权建设和法治龙游建设。按照县委的决策部署，围绕“十三五”规划的贯彻实施、产业转型升级、重大项目推进等全县中心工作开展监督。深化国民经济和社会发展计划、政府重大投资项目、政府全口径预决算的审查监督，

探索开展预算执行全过程监督，注重发挥审计对财政预算执行的监督作用，督促政府及相关部门改进预算管理，严格预算执行，实施全面规范、公开透明的预决算制度。注重创新监督方式方法，完善工作机制，加强监督检查和跟踪问效，切实增强

人大监督实效。

二、立足民主法治新起点，凝聚推进依法治县的合力。加强对宪法和法律法规实施情况的监督，加大执法检查力度，保证宪法和法律法规在本行政区域内有效实施。结合普法工作，继续开展学习宣传宪法和法律法规主题活动，实施国家工作人员就职时公开向宪法宣誓制度；听取和审议“六五”普法规划实施情况和“七五”普法规划意见的报告，并作出相应决议，努力营造良好的法治环境。深化对司法工作的监督，抓好监督司法工作实施办法的落实，跟踪督查司法机关依法履职、公正司法的情况；配合上级人大开展立法调研和执法检查，加强行政规范性文件备案审查，全面深化“法治龙游”建设。

三、回应人民群众新期待，增添促进和谐发展的动力。充分发挥人大的优势和作用，强化对热点难点问题的跟踪监督，推动解决人民群众的现实关切，努力促进社会民生改善。主动适应经济发展新常态，加大对“五水共治”“四边三化”“三改一拆”和垃圾处理、大气污染防治等工作的监督力度，重点监督生猪养殖污染治理运行及监管、农村生活污水治理长效机制运行等工作，组织代表视察衢江、灵山江两江治理及生态修复情况，进一步推进“美丽龙游”建设。围绕解决社会热点问题，继续做好低收入农户增收、农村淘宝等工作的监督，继续关注小区物业管理、文化教育、卫生医疗等工作，听取和审议我县基本公共文化服务标准化建设情况。加强对政府工作报告承诺的实事工程完成情况的监督，全方位跟踪监督实事工程落实情况，推动政府将实事办好，好事办实。

四、拓展代表工作新思路，激发代表主体作用的潜力。改进代表议案建议办理机制，细化办理环节，规范操作流程，提高代表议案建议的质量，提高代表议案建议办理的满意率。丰富代表履职载体，制定代表小组活动指导性意见，提升代表小组闭会期间的活动质量。继续实施人大常委会领导联系代表、代表联系选民制度，深化代表联络站建设，逐步推广网上代表联络站建设，深入开展代表进联络站接待群众活动。继续做好代表向选民述职活动，全面完成基层代表在本届内向选民述职一次的目标。拓展代表主题活动的广度和深度，提高代表列席县人大常委会会议、参加视察检查等活动的频度，扩大代表知情知政渠道。提前谋划，采取有力措施，扎实做好县乡（镇）两级人大代表的换届选举工作，确保人大代表换届选举工作圆满完成。认真贯彻落实县委关于加强乡镇（街道）人大工作和建设的要求，加强对乡镇（街道）人大工作的指导，重视乡镇（街道）人大的自身建设，指导乡镇依法开好一年两次人代会，继续推行政府实事工程代表票决制，试行街道居民议政会制度，努力提高乡镇（街道）人大工作水平。

五、适应作风建设新常态，提高自身履行职责的能力。按照新形势和新任务的要求，进一步健全县人大常委会各项学习制度，努力提升人大干部队伍的理论素养和履职能力。要不断改进思想和工作作风，增强“一线”意识，提高能监督、敢监督、善监督的工作水平，提高为代表服务的自觉性和主动性。要密切与上级人大的沟通联系，加强与乡镇（街道）人大的协调配合，增强上下协同联动的监督合力。不断推进人大信息宣传工作，充分展现我县人大工作新气象。时刻绷紧廉洁自律这根弦，严格按照“一准则一条例”的要求，打造忠诚干净担当的干部队伍。

各位代表，龙游正处于深化改革、转型升级的关键时期，人大肩负着投身改革、服务群众、推动发展的历史重任。我们要更加贴近时代、贴近大局、贴近群众，在中共龙游县委的领导下，忠实代表人民利益，依法履行各项职责，为实现“十三五”经济社会发展良好开局作出新的更大的贡献。

政府工作报告

——在龙游县第十二届人民代表大会第五次会议上

龙游县县长 刘根宏

（2016年1月30日）

各位代表：

现在，我代表县人民政府向大会作政府工作报告，请予审议，并请县政协委员和其他列席人员提出意见。

一、“十二五”发展成就和2015年工作回顾

“十二五”期间，面对错综复杂的宏观环境，我们在上级党委、政府和县委的正确领导下，在县人大、县政协的监督支持下，坚持“两化”引领，注重实干创新，较好地完成了“十二五”规划确定的目标任务，为“十三五”发展打下了良好基础。

（一）致力产业优化升级，综合实力逐步壮大。2015年全县生产总值达到195.9亿元，“十二五”期间年均增长10%，分别快于省、市平均水平1.8个和1.5个百分点。实现财政总收入18.7亿元，其中一般公共预算收入12.7亿元，年均分别增长15.9%和16.8%。完成固定资产投资146亿元、社会消费品零售总额116.3亿元、外贸进出口总额4.6亿美元，较2010年分别增长1.8倍、1.9倍和2.2倍。工业经济扩量增效，工业总产值突破400亿元，年均增长12.6%，工业对一般公共预算收入贡献率、工业投入占固定资产投资比重均超过50%。现代农业发展态势良好，建成粮食生产功能区12万亩、省级以上无公害农产品基地1.4万亩，9个省级现代农业综合区、精品园通过验收，被列为省现代生态循环农业试点县。现代服务业加快发展，游客接待数和旅游总收入年均增长24%以上，网络零售额突破14亿元，浙西再生资源市场、龙游电商城等一批服务业项目建成运营，跻身全国首批农村淘宝试点县。服务业增加值80.7亿元，年均增长11.4%，对经济增长贡献率达52.3%，三次产业结构优化为7.0∶51.8∶41.2。上级下达节能减排目标全面完成。

（二）致力城乡区域统筹，环境面貌持续改善。修编完善县域总规、土地利用总规，编制美丽县城三年行动方案、城市建成区有机更新等规划。启动城东新区建设，打通龙翔东路，开展小高山村、原探矿厂区块搬迁改造，子鸣社区开工建设。实施大南门历史文化街区保护一期项目，国有土地

上房屋收购工作进展顺利，完成农民房屋征收安置，兴龙路延伸、太平路改造等相继竣工，整治提升阳光小区等老旧住宅区，五年完成“三改”面积358.8万平方米。设立综合行政执法局，城市管理得到加强。新增城区公共停车位1773个，建成运行城市公共自行车系统。新建农村联网公路287.1公里、林区道路485.4公里。创建国家级生态村、省级生态乡镇6个、省级美丽宜居示范村12个，成为省生态县、省美丽乡村先进县。打好城乡环境治理组合拳，五年拆违405.8万平方米，关停拆除1.3万余户生猪养殖场和69家炭化篾企业，修建堤防护岸87公里，治理河道247公里，整治山塘127个，除险加固水库38座，全县域禁止河道采砂，贺田、开启、集美、洁水养殖等治污模式在全国全省推广，出境水达标率100%，获得省“五水共治”大禹鼎。成功创建国家园林县城、省森林城市，入选首批浙江美丽县城试点县。

（三）致力深化改革创新，发展活力逐步释放。建立“1+1+9”国资管理体系，开展6家国资公司市场化改革，强化统一监管。建成全市首个综合性农村产权交易平台，260个村完成经济合作社股份制改革。开展省级山区集聚发展改革试点，晨东小区、阳湖小区交付使用，翠竹小区主体完工。率先启动户籍制度改革，取消城乡户口区别，全县城镇化率提高到43%。借助“四重双百”“三挂五竞赛”等载体，杭长高铁、平山桥至团石公路、维达纸业三期、华电热电、道明光学、伊利乳业一期等重大项目相继建成。健全项目招商机制，五年到位资金204.5亿元，实际利用外资8120万美元，引进亿元以上项目64个。完善园区管理服务体制，组建龙游-镇海山海协作产业园，平台配套功能逐步完善，产业新城形象初显。要素保障力度加大，五年报批建设用地1.2万亩，完成土地开发1.5万亩，储备熟地4260亩，成功创建全国国土资源节约集约利用模范县。夏金变、江家变、西柳变等工程投入使用，城乡电网优化提升。

（四）致力共治共建共享，民生事业全面进步。完善劳务对接平台，创业就业服务网络不断健全。实施全民参保登记，基本养老、基本医疗保险参保人数分别达到19万和28.9万，城乡低保实现动态调整下应保尽保。建成社会福利中心，成功创建全国残疾人社区康复示范县。新竣工保障性住房28.4万平方米，改造农村危旧房8132户。加快推进城乡供水一体化，完成横山、塔石水厂和城市二水厂扩建等工程，启动高坪桥水库建设，新增改善12.6万人饮用水条件。溪口小学、北辰小学等建成投用，县职教中心主体完工，教育布局持续优化，各类教育事业协调发展，中高考成绩稳居全市前茅，跻身省义务教育均衡县。在全省率先实施县级公立医院综合改革，13家乡镇卫生院完成迁改建，新建标准化村卫生室66家，城乡医疗服务体系逐步健全。加快农村双向网改造，有线电视数字化平移10.8万户。新建农村文化礼堂64个、乡镇综合文化站10个，村邮站和农家书屋覆盖所有行政村。连续承办亚太汽车拉力锦标赛，举办两届全民健身运动会，广泛开展全民健身活动，省体育强乡（镇）实现全覆盖。城乡宽带网络用户数9.7万户，小型汽车拥有量年均增长28%，城乡居民人均可支配收入分别达到34189元、17099元，年均增长12.4%和12.1%。

（五）致力优化服务效能，政府建设得到加强。认真开展党的群众路线教育实践活动和“三严三实”专题教育活动，切实加强作风及效能建设。推进政府职能转变，基本完成新一轮政府机构改革工作。推进“四张清单一张网”建设，全面取消497项非行政许可审批事项，政务服务网乡村代办点实现全覆盖。开展项目审批代办服务，推行多证联办，实施商事登记“一照一码”制。在全市率先建成涉批中介网上大厅，审批中介服务时限整体提速31.8%。落实“一岗双责”，严肃财经纪律，规范制度管理，“三公”经费年均下降14.7%。自觉接受县人大、县政协和社会各界监督，五年来办理代表委员议案、建议和提案2172件，“县长信箱”年均办复来信千件以上。大力推进依法行政，成功创建省法治县。深化“平安龙游”建设，完善矛盾纠纷调处化解机制，安全生产保持“三个零增长”，连续荣获省平安县称号。国防动员、统计审计、供销物价、人防气象、金融保险、民族宗教、台湾事务、外事侨务等工作取得新进展。

2015年是“十二五”收官之年。一年来，我们凝心聚力，扎实推进“两化两游”建设，县十二届人大四次会议确定的各项目标任务顺利完成，保持了经济平稳较快发展、社会和谐稳定的良好局面。一是主攻工业促转型。开展转型十大专项行动，设立产业发展基金，重点培育扶持主导产业和龙头骨干企业。加强技术创新，新增国家级高新技术企业3家，创建省级重点企业研究院、院士专家工作站、企业研发中心10家。推进“四换三名”，完成技改投资48.2亿元、“机器换人”项目投资6亿元，28个“腾笼换鸟”项目盘活闲置用地1137亩，93家规上企业开展电子商务。新增“浙江名牌”5个、省著名商标11件，3家企业成为省标准创新型企业。搭建“百名干部联百企”载体，成立政府性融资担保公司，财政周转金帮助84家企业还贷周转27亿元，为企业减负让利1.3亿元。组建上市办，引导激励企业对接多层次资本市场，拟挂牌上市签约企业达到21家，5家企业在“新三板”挂牌成功。“大咯大”品牌鸡蛋在浙商所挂牌上市。203家规上企业实现产值299.6亿元，10亿元以上企业达到4家。二是大抓项目增后劲。深化重点项目“三挂五竞赛”活动，强化“周协调月督办”机制，134个“四重双百”实施类项目完成投资84.8亿元，62个省市重点项目全部开工。吉恒家具、东飞轻纺、德洲五金、东方城市综合体、家居建材市场、世贸商业城等重点项目进展有序。新争取11个省重点项目，高坪桥水库入选国家首批PPP推介项目计划。六春湖运动休闲区、卓达竹木产业园、申通电商产业园等10亿元以上重大招商项目顺利签约。红木小镇跻身首批省级特色小镇，累计完成投入19.6亿元，中国红木家居文化园一期主体完工。三是合力攻坚优环境。强化“五水共治”，落实三级“河长制”，在120个行政村建成生活污水处理设施，912家规模养殖场全面完成工业化治污和生态化改造，在全省率先建立第三方运维监管机制，衢江水质持续改善，通过市级“清三河”达标县验收。推进“四边三化”，集中开展“两路两侧”整治，顺利完成公路“国检”验收。实行规划、国土“一乡一所”机制，强化违建管控，推行重点违建挂牌销号制度，8个示范乡镇及196个村（社区）通过“无违建”预验收。实施“煤改气”工程，淘汰高污染燃料锅炉102台（套），全面淘汰黄标车，空气质量优良率达到82.2%。四是尽心尽责惠民生。十方面实事基本完成，全年各类民生支出28.2亿元，占总支出的79.3%。规范低保管理，全面消除“4600元以下”贫困现象。灵江家苑、县学街家苑安居工程顺利启动。统筹推进省教育现代化县、省卫生强县、省基本公共文化服务标准化建设重点县、省体育现代化县等创建工作。龙游中学与镇海中学开展合作办学，成立邵逸夫医院龙游分院。完善社会治理体系，所有行政村完成村规民约修订。深化“大调解”体系，排查化解各类矛盾纠纷1.8万件，省级挂牌信访积案全部化解。常态化开展隐患排查整治，加强治安防控、禁毒反恐等工作，社会安全形势总体稳定。

各位代表，“十二五”发展所取得的成绩，是县委带领全县人民团结拼搏的结果，是县人大、县政协和社会各界监督支持的结果。在此，我谨代表县人民政府，向在各个领域辛勤劳动的广大干部群众，向人大代表、政协委员，向各民主党派、工商联、人民团体、驻龙部队、无党派人士和离退休老同志，向所有关心支持龙游发展的社会各界朋友，表示衷心的感谢并致以崇高的敬意！

当前，我县经济社会发展中还存在不少问题：“十二五”规划个别指标未能按要求完成；县域经济规模较小、质量偏低，新型工业化、新型城镇化水平亟待提升；新旧动力转换尚未完成，创新驱动水平不高，战略性新兴产业、高新技术产业占比较低，企业抗风险能力总体较弱；城乡建管、环境治理、公共服务等方面与群众期望仍有差距；少数政府工作人员精神状态不佳、担当意识不强、工作作风不实，行政效率有待提升。我们在今后的工作中一定会高度重视这些问题，并切实采取有效措施努力加以解决。

二、“十三五”时期的主要目标任务

“十三五”是龙游建设产业强县、加快转型跨越的关键期，也是实现“摘帽奔跑”的攻坚期，既充满难得的历史机遇，也面临许多困难挑战。根据县委《关于制定龙游县国民经济和社会发展第十三个五年规划的建议》，县政府认真研究并听取各方面意见，制定了《龙游县国民经济和社会发展第十三个五年规划纲要（草案）》，提请大会审议。

“十三五”发展的指导思想是：高举中国特色社会主义伟大旗帜，以马克思列宁主义、毛泽东思想、邓小平理论、“三个代表”重要思想、科学发展观为指导，深入贯彻习近平总书记系列重要讲话精神，以“四个全面”战略布局为统领，以创新、协调、绿色、开放、共享发展理念为引领，以“八八战略”为总纲，坚持发展第一要务，深入实施生态立县、创新兴县、产业强县、富民安县战略，把以生态文明建设力促转型升级作为中心任务，深化改革创新，促进新型城镇化和新型工业化相融合、现代工业和信息经济相融合、特色文化和旅游休闲相融合、健康养生与运动竞技相融合，走质量与效益并举、标准与品牌并重的绿色转型之路，高水平全面建成小康社会，把龙游打造成为生态美、休闲美、健康美、城市美、生活美的浙江美丽县城。

“十三五”发展的主要目标是：确保实现“四翻番”，高水平全面建成小康社会。地区生产总值年均增长7.0%以上，提前实现生产总值、一般公共预算收入、固定资产投资、城镇和农村居民人均可支配收入均比2010年“翻一番”，城镇化率达到50%左右，空气质量优良率85%以上，在26个加快发展县中位次前移，使龙游综合经济实力更强、城乡区域更协调、生态环境更优美、社会发展更和谐、人民生活更幸福。

推进“十三五”发展、实现“十三五”目标，必须集中力量抓好既该干又能干成的大事，主要突出六个方面：

（一）突出创新驱动，加快构建现代产业体系。一是做大做精现代制造业。做大做精高端装备制造和高端家具制造两大支柱产业，做优做强特种纸和绿色食品饮料两大特色产业，培育新材料新能源为主体的战略新兴产业，形成“2+2+1”工业体系。加快信息化和工业化融合，深入实施“四换三名”，鼓励企业开展兼并重组，扶持成长型中小企业发展壮大。整合提升“一区两块”平台，完善功能设施配套，推进产城融合发展。发挥产业基金导向作用，引进国内外优质资本、项目、技术。建成士元变、詹家变、红船豆电站等项目，增强电力保障。规上工业企业达到220家以上，工业总产值突破500亿元。二是做特做强现代服务业。有序推进龙游港区、商贸物流园区等项目建设，完善公铁水集疏运体系，打造金衢丽区域级流通节点城市。加快互联网与现代工业、休闲旅游、体育竞技、生态农业等产业融合发展，推进电子商务进乡村，吸引国内外大型电商平台入驻。支持金融保险、文化创意、养老健康等产业发展，推动服务业向专业化和产业链高端延伸，谋划建设一批专业市场、特色商业街区。服务业增加值占生产总值比重提高到50%以上，对社会就业贡献率达55%以上。三是做优做深生态农业。突出发展绿色有机农产品，实施一批生态精品农业、生态循环农业和休闲养生农业项目。培育现代农业经营主体，鼓励引导工商资本经营现代种养业，发展林下经济，促进农业规模化、集约化、特色化发展。加强农业“两区”建设，建成粮食生产功能区14.5万亩，推进高标准农田建设，强化粮食供给保障。完善富硒产业集聚区设施配套，开展富硒产品精深加工，打造长三角富硒产业集聚区。四是坚持创新引领发展。完善激励政策，引导企业加大研发投入，加强与高校院所对接合作，构建产业技术创新联盟。借助研发机构、创新平台、校企合作等方式，培养引进一批企业管理、科技领军和高技能操作性人才。建立中小企业孵化基地，优化创业创新环境，推进“大众创业、万众创新”。开展专利质押融资补助资金、贷款保证保险资金等业务，促进科技金融深度融合。

（二）突出功能完善，着力建设山水田园城市。一是优化空间布局。围绕“三大板块、主副融合”布局，中部是沿衢江中心城市板块，促进县城主核与湖镇副中心融合发展；南部形成生态休闲与特色农业板块，成为全县生态产品供给重要区域；北部打造文化旅游与现代农业板块，成为全县农产品生产和历史文化传承重要区域。优化城镇、农业农村、生态空间，推进多规融合，实现“一张图”管理，形成集聚集约、高效紧凑、精明开发格局。二是提升城镇能级。突出县城主核辐射功能，推动形成“两江四区”发展格局，积极打造“海绵城市”“智慧城市”，建成浙江美丽县城、省级城乡建设示范区和杭州、金义都市区卫星城市。完善城东新区路网框架，谋划实施总部基地、金融中心、文体中心等项目，提升公共服务功能。加快旧城改造，基本完成城中村、旧城区改造任务。优化龙北产业新区，完善功能配套设施，打造产业新城。推进湖镇国家级中心镇建设示范试点和农村综合改革中心镇试点，有序实施桥头江撤渡建桥、315省道湖镇至十里铺段改建等工程，打通湖镇至童家公路，升级商贸服务功能，争取列入省第三批小城市培育试点。抓住衢宁铁路建设契机，加快溪口省级中心镇建设，打造龙南商贸旅游重镇。扶持培育横山、塔石等龙北中心镇。三是升级美丽乡村。完善县乡总规和村庄建设总规，明确中心村、一般村和控建村，引导人口集中集聚，推动美丽乡村连线成片。推进村庄环境综合整治，升级城乡新社区公共服务设施，完成“四边三化”提升工程，优化农村人居环境。创新农村土地流转机制，深化“一村一品”，壮大村集体经济。

（三）突出融合发展，积极打造特色旅游目的地。一是提升文旅产业品质。加快发展休闲业态，形成龙南运动养生游、龙北历史文化体验游、“两江”水景观光游等功能板块。加快红木小镇、民居苑拓展等项目建设，挖掘商帮、姑蔑、南徐等特色文化，推进生态自然景观与地方文化深度融合。立足龙南竹林生态资源，打造竹海体验旅游模式。推进江心洲生态文化旅游区建设，开发滨江休闲产品。引入社会资本，培育民宿经济，打造长三角特色休闲与竹海民宿基地。二是完善配套设施功能。健全交通指引系统、智慧旅游平台等公共服务体系，加快年年红、绿春湖、天池等通景公路建设，谋划建设温泉城、三江口、三门源等旅游综合体。推进衢宁铁路（龙游段）建设，打造龙南交通节点。发挥市场主体作用，吸引社会资本投资景区建设。加强旅游品牌营销，办好重点节庆活动，提升龙游旅游知名度。三是打造国家体育公园。组织各类汽车赛事，谋划实施房车俱乐部、汽车露营基地、多功能汽车竞技场等项目。结合衢江航道开发，谋划建设码头设施和亲水平台，开展游艇、游船休闲体验，承接引进国际国内各类帆船、龙舟赛事。推进六春湖运动休闲区建设，开展高山滑雪、低空飞行等竞技赛事。建设龙和国际垂钓中心，举办全国垂钓锦标赛。加快建设“两江”沿岸多功能骑行绿道，打造休闲运动廊道。推进新加坡风情小镇建设，引进康复护理专科医院，促进医养融合发展。

（四）突出绿色循环，深入推进生态文明建设。一是加强城乡环境综合治理。持续深化治水拆违等专项工作，推广提升开启、集美、贺田等模式。结合环境功能区规划编制，科学划定生态红线，推进平原绿化、森林抚育等工作，打造生态屏障。开展防洪排涝和河湖生态系统修复建设，实施灵山港流域综合治理、衢江航道疏浚综合利用等工程。推进大气复合污染专项整治，提升大气环境质量。构建全方位生态环境社会监督体系，完善环境联合治理机制，提高环境违法处理能力。二是加快形成低碳增长方式。设定产业准入负面清单，严控高污染、高能耗项目落地。推进工业园区、湖镇工业区块循环化改造，实现废弃物交换利用、能量梯级利用和废水循环利用。实施单位生产总值能耗和能源消费总量控制，推行排污权、碳排放权交易，抓好污染源在线监控及刷卡排污等工作。建立差别化环境管理制度，开展节能减排考核机制改革试点。三是强化资源节约集约利用。落实城镇土地使用税政策，通过清理收回一批、“退二进三”一批、空间换地一批，推进城镇低效用地再开发。实行最严格耕地保护和水资源管理制度，建设一批节水型示范灌区、企业、学校和社区。完善资源回收再利用体系，推动再生资源开发利用。

（五）突出深化改革，不断增强区域发展动力。一是深化政府管理体制改革。深入推进“四张清单一张网”建设，建立健全清单动态调整机制。提升政务服务网功能，实行权力事项集中进驻、网上服务集中提供、数据资源集中共享。优化审批流程，完善联合审批机制，建立健全事中事后监管制度，提升工业园区、旅游度假区等平台运行效率。推进政府机构改革，探索政府职能转变，建立政府购买公共服务机制。二是深化城乡体制改革。加快农村确权进程，完善农村产权登记颁证制度。建立健全农村产权流转交易机制，探索宅基地“留权不留地”制度改革，推行宅基地跨村置换、有偿退出和市场流转，鼓励引导农民到县城和中心镇（村）落户。加强土地承包经营权流转管理服务，规范各类土地流转行为。创新涉农信贷产品，推进林权、农房等抵押工作。三是深化资源要素配置市场化改革。完善工业用地投入产出评价和闲置土地处置机制，健全差别化用水用电用能用地等价格政策。完善公共资源交易机制，整合招投标中心、政府采购中心和产权交易中心相应职能，探索推进工业资源要素交易。拓展公共资源交易服务功能，促进要素跨区域有序流动。四是深化投融资机制改革。推广政府和社会资本合作模式，加强PPP项目储备，建立滚动项目库。优化整合融资平台，推进国资公司对外合作。研究设立政府性基础设施投资基金。试行债券、区域性股权市场等直接融资方式。

（六）突出民生保障，持续提升公共服务水平。一是完善社保体系。落实就业创业扶持政策，加强培训服务和业务指导，拓宽就业创业渠道。推进精准扶贫，促进低收入群体增收。深化全民参保登记，加快社保人员全覆盖。推进机关事业单位养老保险制度改革，完善职工和居民基本养老保险制度。推进社会救助规范化建设，健全低保标准动态调整机制，完善医疗、住房等救助体系。实施高坪桥水库、沐尘水库引水等工程，新建城市第三水厂，形成城乡一体双水源供水体系。二是发展公共事业。优化教育布局，加强中小学校标准化建设，提升发展职业教育，促进教育优质均衡发展。深化医药卫生体制改革，谋划迁建县人民医院、县疾控中心，优化县域医疗卫生资源配置，建成省卫生强县。实施体育小康村升级工程，完善乡村公共体育设施。推进省基本公共文化服务标准化建设重点县创建，谋划图书馆、文艺中心等项目，整合农家书屋、农村文化礼堂等设施，健全公共文化服务网络，提升公民素质。三是加强社会管理。深化法治龙游建设，依托县乡村三级法律援助服务网络，推动全社会形成学法、守法、用法良好氛围。推进村务规范化建设，开展城乡社区协商民主试点，提升基层自治水平。健全矛盾纠纷预警、排查、调处机制，加强突发事件应急联动处置。强化生产安全和食品安全监管，切实保障社会安全。

三、2016年主要工作

2016年是实施“十三五”规划的开局之年。做好今年工作，对于顺利完成“十三五”奋斗目标至关重要。综合分析发展环境和自身条件，建议今年全县经济和社会发展主要预期目标是：全县生产总值比上年增长6.5%～7%；固定资产投资增长10%；一般公共预算收入增长8%；社会消费品零售总额增长10%；城镇和农村居民人均可支配收入分别增长8%和9%以上，节能减排工作确保完成省、市下达目标任务。根据县委十届十次全会精神，围绕实施“四大战略”、打好“四场战役”，结合政府工作项目化要求，今年主要抓好以下具体工作：

（一）围绕转型升级，注重量质并举，着力发展工业实体经济

加快产业提升。推进省生态工业试点县建设，完善产业发展规划，着力培育五大百亿产业。引导支持光明铁道、贝尔通信、禾川科技等企业对外合作，实现做大做强，确保吉恒家具制造一期主体完工，力争高端装备制造、高端家具制造产业产值增长10%以上。做优特种纸、绿色食品饮料两大特色产业，建成投产维达纸业三期、金龙纸业瓦楞纸箱等新项目，加快伊利乳业、德辉食品等企业技改扩能，争取特种纸产值率先突破百亿大关，绿色食品饮料年产值增长10%以上。加快道明光学、天顺生物科技、赛孚能源等企业发展，培育新能源新材料战略新兴产业。

助推企业做强。围绕供给侧结构性改革，推行企业单位要素综合效益排序，落实差别化激励措施，做好落后产能淘汰和“僵尸企业”清算工作。深化“四换三名”，争取实施技改项目100个以上，投资超过50亿元。围绕骨干企业培育，梳理完善精准服务政策体系，突出扶优扶强，争取新增规上企业5家以上，10亿元以上企业增至5家。发挥上市办作用，高效运作产业基金，继续强力推进企业上市和“新三板”挂牌工作，鼓励引导企业转板，支持更多企业对接多层次资本市场。

夯实发展平台。创新园区管理体制，整合平台资源，提高管理服务水平。完善“一区两块”道路管网、文化娱乐、生活消费等功能配套，优化产业布局，推动产城融合发展。加强技术创新平台建设，推进企业与高校院所对接合作，新建省市级企业研发中心4家。谋划建设科技孵化园，打造创业创新服务基地。借助中国网库及阿里巴巴“1688”平台，鼓励更多企业试水跨境电商。

（二）围绕业态发展，注重特色融合，着力培育服务业新增长点

繁荣商贸经济。完善服务业专项扶持政策，优化商贸服务布局，促进业态集聚更新。加快商贸市场建设和服务业企业发展，谋划农贸批发市场搬迁，确保东方城市综合体、人民广场地下空间开发（大润发）、家居建材市场建成运营，世贸商业城、金属贸易物流城等项目主体完工。抓好申通电商产业园、龙游电商城、淘宝龙游馆等平台建设，新增“淘宝村”2个，争创全国电商百强县。

深化文旅融合。加强城市核心景区建设，谋划实施“两江”夜游等项目，建成石窟度假中心和民居苑拓展一期工程，县博物馆基础完工。挖掘融入地方特色文化，提升“三线七点”乡村旅游精品线路，扶持发展民宿经济，加快开发南山古村、社里畲寨、偃王文化园等乡村旅游景点。办好亚太汽车拉力锦标赛、中华龙舟大赛等赛事活动，打响龙游旅游品牌。

建好特色小镇。立足县域资源特色，积极谋划省市级小镇，争取更多政策要素支持。强化全程服务，加快小镇建设，确保中国红木家居文化园一期开园运营，争取新加坡风情小镇一期尽早动工建设并列入省级特色小镇。深化与宝钢集团合作，完成六春湖运动休闲区项目前期，启动建设毛连里旅游集散中心、高山索道、溪毛线改造等项目，打造竹海风情小镇。有序推进开启能源小镇、现代商贸小镇、天池富硒小镇、三门源生态民俗文化小镇等市级特色小镇建设。

（三）围绕品位提升，统筹城乡发展，着力推进美丽龙游建设

提升城市品质。加强规划引领，强化多规融合，引领推进浙江美丽县城建设。完成小高山村及原探矿厂生活区整体搬迁、大南门历史文化街区保护一期房屋收购等工作，推进兰石村综合整治改造试点，深化高铁站前区改造提升前期工作。加快城东新区基础框架建设，建成文靖路、荣昌东路等路网，启动金融中心建设，子鸣社区一期主体完工。按照“六合一”模式，有序整治提升城市老旧小区。推进灵江公园、城区绿道、城市节点亮化等项目建设。探索智慧城管机制，强化综合执法管理，深化“脏乱差”等问题整治。

建设美丽镇村。推进湖镇、溪口等中心镇建设，实施一批集镇功能提升和商贸服务业项目，改善集镇面貌。修编美丽乡村全域规划，深化美丽宜居示范乡镇（村）建设，争创省美丽乡村示范县。以沿灵山江区块为重点，推进美丽乡村串点连线成片。深化生态循环农业省级试点，加快农业“两区”、富硒产业园区等项目建设，推动传统水产业、畜牧业和竹产业转型升级，打造绿色生态农业强县。加强乡村文明建设，营造优良村风民风。引导通过特色农业、休闲旅游、物业经济等途径，加快发展村集体经济。

深化环境整治。扎实推进“四边三化”，以高铁、高速、国省道沿线为重点，深化环境综合整治，建成一批样榜路、示范线。健全城乡垃圾分类处置终端体系，加强垃圾无害化处理，启动生活垃圾高温热解气化项目建设。落实生猪养殖全产业链污染排放监管机制，推进农村生活污水和生猪养殖污染整治，建成青龙山垃圾填埋场污水处理项目，确保成为省级“清三河”达标县。加强餐饮油烟、道路扬尘等污染治理，推进燃煤锅炉改造和高污染燃料禁燃区建设。全力拆除存量违建，发挥“一乡一站”“一乡一所”作用，规范农村建房管理，健全防违控违长效机制，加强巡查监管，创成省级“无违建县”。

（四）围绕夯实后劲，扩大有效投入，着力加快重点项目建设

积极谋划强对接。围绕国家政策导向，充实完善重点项目库，争取更多项目挤进国家和省市计划盘子。加大招商引资力度，整合招商力量，完善全员信息收集、驻外招商、委托招商、绩效考核等工作机制，推进浙商（龙商）回归和山海协作。加强与上市公司、央企省企、知名民企对接合作，拓展招商路径，争取新进亿元以上项目8个，招商到位资金40亿元以上。

齐心合力强攻坚。深入开展“三挂五竞赛”活动，强化协调督办推进与激励机制，及时协调解决项目实施中遇到的难题，促进项目早开工早建成早投产。改进项目审批方式，完善“零土地”技改项目绿色通道，提高项目运作效率。强化项目攻坚，有序推进衢宁铁路及龙游南站、杭金衢高速拓宽、高坪桥水库、小溪滩船闸等重大项目建设。推进“一桥一路一港”建设，做好湖镇至模环公路、龙游港区等项目前期工作，开工建设桥头江特大桥，力争完成“四重双百”项目投资136亿元。

集聚要素强支撑。探索政府债券、企业债券、PPP等新型融资模式，拓宽项目建设融资渠道。完善国资管理体制，促进6家国资公司对外合作，开拓市场化运作空间。落实企业帮扶政策，发挥财政周转金、政府性担保公司作用，帮助解决企业发展难题。实施育才引智工程，加大柔性引才力度，争取引进省“千人计划”等高层次人才4名以上。完成耕地垦造8000亩、“旱改水”800亩，力争盘活存量用地500亩，多渠道筹措用地指标。

（五）围绕惠民利民，办好实事工程，着力提升群众幸福指数

发展民生事业。优化就业服务机制，加强创业帮扶培训。落实各项社保政策，加大社保扩面力度，完善城乡低保和社会救助制度。加强低收入群体结对帮扶和精准扶贫，多渠道促进居民增收。有序实施县学街家苑、高坪桥水库移民安置小区等项目，确保翠竹小区建成投用。支持和规范民办教育、民办医疗、民办养老，依法组织实施全面二孩政策。推进教育教学改革，深化校长全员聘任制，谋划建设城南小学，完成柳村小学扩建等工程，争创2所省义务教育标准化学校。推进县档案馆建设，建成全民健身活动中心、全民健身户外拓展基地等工程。加快发展国防、统计、审计、物价、民族、宗教、档案、外事、侨务、妇女、儿童等各项事业。

维护社会稳定。创新社会治理模式，健全基层社会管理服务网络，发挥村规民约、市民公约作用，促进基层自治管理。落实信访工作责任制，有效化解各类矛盾纠纷。推进“平安龙游”建设，预防和打击各类违法犯罪活动。加强应急队伍建设和应急演练，提高突发事件和自然灾害防范应对能力。加强生产经营、粮食安全、道路交通、食品药品、消防等重点领域安全监管，深入开展隐患排查整治，防范重特大事故发生。

各位代表，今年我们要继续把为民办实事摆在政府工作的重要位置，重点办好以下十个方面实事：环境整治方面：新建56个村生活污水治理工程。整治山塘20座、渠道28公里。绿化河道30公里，建成城区骑行绿道7公里。实施城市入城口、城区干道、荣昌广场等13项重要节点亮化工程。城乡交通方面：完成农村公路等级提升50公里、农村公路大中修40公里。新建林区道路70公里。建成城乡临时客运换乘中心，新增港湾式停靠站30个。全面更换投用40辆纯电动公交车。新增200辆公共自行车。住房保障方面：开工建设晨北农整安置小区。建成灵江家苑一期安居工程。完成和新启动阳光小区三期、县府宿舍、老铁路新村等7个老旧小区改造提升。完成农村困难家庭危旧房改造400户。解决农村500户无房户和1500户危房户建房问题。用水保障方面：完成城区供水管网改造6.5公里，自来水一户一表改造4000户。城乡供水一体化管网延伸5个村。新建2个村饮用水工程。养老服务方面：新建城乡社区养老服务照料中心50家。改（扩）建龙洲、泽随、詹家敬老院。社会福利方面：县社会福利中心康复医院建成运行。做好残疾人康复和重度残疾人托（安）养工作。创业就业方面：建成村级电商服务站80家。新增城镇就业岗位5000个，实现再就业1600人。培训农民1万人次，转移就业3500人。教育卫生方面：启动西门小学扩建、阳光小学迁建工程。提升改造9个农村学校校舍，建成10所中小学塑胶操场。迁建县疾控中心，新增标准化村卫生室5家。文化惠民方面：新建农村文化礼堂15个。完成中央广电节目无线全覆盖，升级改造34个行政村有线数字电视网络。送100场演出、3100场电影、1万册图书到农村。公共安全方面：完成2座水库除险加固和1处滑坡地质灾害治理工程。创建2家城区放心市场、8家阳光快检室。建立见义勇为救助和自然灾害公众补偿机制。建成暴雨精细化监测预警系统。

（六）围绕效能提升，切实转变职能，着力加强政府自身建设

强化服务意识，坚持为民理政。始终把为民服务作为政府工作的出发点和落脚点，做到重大决策依民而定，工作措施依民而出，多办稳民心、得民心的实事。切实增强服务群众的能力与水平，用好“县长信箱”、政务服务网、“12345”服务热线等平台，方便群众办事，及时帮助群众排忧解难。深入实施走基层活动，更加注重倾听民声，尊重民意，虚心接受意见建议，确保政府工作符合广大人民群众的根本利益和普遍意愿。

强化法治意识，坚持依法行政。政府及各组成部门要自觉严格遵守法律、执行法律，严格按照法定权限和程序履行职责。认真执行向人大及其常委会报告和向政协通报制度，自觉接受县人大及其常委会的法律监督、工作监督和县政协的民主监督，加强与各民主党派、工商联、人民团体和无党派人士的联系沟通。全面推进政务公开，自觉接受群众监督和社会监督。严格执行“三重一大”制度，认真落实公众参与、专家论证、风险评估、合法性审查、集体讨论等决策程序，确保政府决策民主科学、公开透明。

强化效能意识，坚持高效施政。推进政府职能转变和机构改革，深化“四张清单一张网”建设和应用，完善涉批中介网上大厅功能，搭建投资项目在线审批监管平台，提升“一站式”办事服务水平。加强政府执行力建设，严格按照“三严三实”要求，大力弘扬真抓实干、攻坚克难的优良作风，对敲定的目标、议定的工作，紧盯不放，一鼓作气，坚决执行到位。完善激励考评机制，加强政策执行和措施落实情况督查，着力治理“庸懒散”现象，严肃追责有令不行、有禁不止、推诿扯皮等行为。

强化廉洁意识，坚持从严治政。严格遵守新《准则》和《条例》，落实中央、省市和县委要求，严格执行廉洁自律各项规定。深入推进政府系统惩防体系建设，认真落实党风廉政建设责任制，强化行政监察和审计监督，加强资金使用、工程项目、招投标等重点领域监管，把制度的笼子扎得更紧一些，从源头上遏制腐败。深化经济发展环境监察和政风行风评议活动，严查各类违纪违法行为，坚决纠正不正之风。倡导勤俭节约，严控一般性支出，认真落实公车制度等政府自身改革举措，加快建设节约型政府。

各位代表，回首过去，成绩来之不易，必须加倍珍惜；展望未来，前景催人奋进，必须加倍努力。让我们在上级党委、政府和县委的正确领导下，紧紧依靠全县人民，适应新常态，提振精气神，汇聚正能量，为推动龙游经济社会发展再上新台阶而努力奋斗！

附1：

2015年龙游县为民办实事项目完成情况

（一）治理黑臭河115.6公里。建成82个村生活污水治理工程。整治山塘20座、渠道31公里、农村河道3.4公里，绿化河道35公里。提升改造老城区污水管网2公里，西延城市污水总管4公里。全面淘汰黄标车。

完成情况：完成黑臭河治理116.8公里。120个村生活污水治理工程主体完工并试运行。整治山塘20座、渠道31公里、农村河道3.4公里，绿化河道35公里。提升改造兴龙路及华通小区污水管2.6公里，污水管网向灵江园区（广进路）延伸2.2公里，向兰石片区（龙洲南路）延伸2公里，合计4.2公里。淘汰黄标车1977辆，完成100%。

（二）新建城市慢行绿道2公里，新增公共自行车200辆。改造小区停车位396个、交通拥堵点1处，新建公共停车场1个、停车位130个。

完成情况：建成莲湖路慢行绿道2公里，新投放200辆公共自行车。改造阳光小区、华通小区、老铁路新村等停车位400个，完成兴龙路与龙翔路拥堵点改造项目，新建公共停车场1个（老法院地块），新增停车位共181个。

（三）完成5公里城区供水管网改造，城乡供水一体化管网延伸5公里。新建3个村饮用水工程。

完成情况：改造城区供水管网学士路0.6公里、兴龙路1.3公里、县府宿舍1.6公里、木材厂小区1.7公里，合计5.2公里。城乡供水一体化管道延伸模环白马1.7公里、徐家0.9公里、年年红2.2公里、雅塘1.4公里，合计6.2公里。新建沐尘乡沐尘村、双溪村和模环乡姚村村3个村的农村饮用水工程，受益人口5250人。

（四）新增城镇就业岗位4600个，实现再就业1500人。城乡居民社会养老保险、企业职工基本养老和基本医疗保险分别新增1500人、3000人和1300人，城乡居民合作医疗保险参保率保持在95%以上。

完成情况：增加城镇就业人数4930人，实现再就业2120人。城乡居民社会养老保险、企业职工基本养老和基本医疗保险分别增加1500人、4127人和1300人，城乡居民合作医疗保险参保率达95.2%。

（五）建成58个城乡社区养老服务照料中心，改（扩）建3个乡镇（街道）敬老院。推进残疾人无障碍设施进家庭、残疾人康复和重度残疾人托（安）养工程。农村五保和城镇“三无”对象集中供养率达92%和96%以上。

完成情况：建成71个城乡社区养老服务照料中心，龙洲敬老院主体完工；横山、詹家敬老院正在优化方案设计。173户残疾人无障碍设施项目落实到位；完成白内障复明手术340例、髋关节置换15例，配送助听助视器86台（部），安装假肢26条；6名失聪儿童、5名脑瘫儿童、16名智障儿童和2名孤独症儿童进入康复机构进行康复训练，新增140名托（安）养对象已审核完毕，现有986名重度残疾人纳入托（安）养服务。农村五保和城镇“三无”对象集中供养率达93.1%和100%。

（六）送100场演出、3100场电影、1万册图书到农村（社区）。新建18个农村文化礼堂。建成10个乡镇（街道）综合文化站。实施2座古桥修缮工程。

完成情况：送戏下乡110场，送电影下乡3140场，送书下乡1.2万册。新建22个农村文化礼堂。基本建成10个乡镇（街道）综合文化站。小南海镇新山水村鹤龄桥和溪口镇寺下村贺羊桥修复完成。

（七）扩建柳村和十里铺小学，新建4个农村学校塑胶操场，完成28所中小学校直饮水工程。新建20个体育小康村篮球场。

完成情况：完成柳村小学扩建工程，十里铺小学扩建一期工程完工。新建25个农村学校塑胶操场，完成46所义务教育阶段学校直饮水工程。建成20个体育小康村篮球场。

（八）建成2个乡镇计生服务站，新建10家标准化村卫生室。继续实施60岁以上老人免费健康体检。培训红十字应急救护员1600人。

完成情况：新建横山镇、湖镇镇2个计生服务站，10家标准化村卫生室通过验收。完成老年人健康体检4.6万余人次，体检率达70.5%。培训红十字应急救护员1600人。

（九）新建6个村渠道、机耕路等农业基础设施。新增高效节水灌溉面积3470亩。完成农村公路等级提升20公里、安保工程10公里。实施52个村公益事业建设“一事一议”项目。农村住房保险和政策性农业保险大户参保率达90%和50%以上。

完成情况：建成6个村农业基础设施。新增高效节水灌溉面积3470亩。完成农村公路等级提升30公里、安保工程45.5公里。完成村级公益事业建设“一事一议”财政奖补项目50个，总投资5060万元。农村住房保险和政策性农业保险大户参保率达90%和50%以上。

（十）完成2座水库除险加固工程。建立县乡村三级应急广播平台。建设交通事故处理中心，建成200个治安视频监控设施。新建55个农产品质量安全快速检测室、1家省级放心农贸市场。建成自动气象监测站。

完成情况：完成黄塘、胜塘、窑垅3座水库除险加固。建成县乡村三级应急广播平台。交通事故处理中心投入使用，治安视频监控设施完成安装。建成64家农产品质量安全检测室，湖镇新湖省级放心农贸市场待验收。大力山和塘泗气象监测站完工。

附2：

相关的名词解释

1.“1+1+9”国资体系：“1+1”指县国资委负责监管，1家母公司开展资本运作，“9”指9家子公司分别从事工业平台、城市发展、新农村建设、土地开发、商贸物流、旅游、交通和水务等板块投资建设。

2.“四重双百”：我县创新搭建的重点项目推进载体。“四重”即产业发展、城镇建设、基础设施、公共事业四个重点领域，“双百”即每年推进100个以上的重点建设项目，拉动100亿元左右的有效投资。

3.“三挂五竞赛”：我县创新的项目推进活动。“三挂”即筛选100个重点建设项目，落实县级领导挂帅包干、挂图竞赛、挂联考核推进责任；“五项竞赛”即在全县范围内开展项目谋划、征迁、投入、推进、服务等五个方面的竞赛活动。

4.“三严三实”：习近平总书记提出的重要论述，“三严”指严以修身、严以用权、严以律己，“三实”指谋事要实、创业要实、做人要实。

5.“四张清单一张网”：“四张清单”指政府权力清单、政府责任清单、企业投资负面清单和财政专项资金管理清单；“一张网”指浙江政务服务网。

6.“一照一码”：公司、个人独资企业、合伙企业、各类分支机构和个体工商户在申请设立或办理变更后，只发放记载统一社会信用代码的营业执照。

7.“四换三名”：省委、省政府部署实施的转型升级决策，包括腾笼换鸟、机器换人、空间换地、电商换市和培育名企名品名家。

8.“四边三化”：在公路边、铁路边、河边、山边等区域开展洁化、绿化、美化行动。

9.“四个全面”：是以习近平同志为总书记的党中央治国理政战略思想的重要内容，即全面建成小康社会、全面深化改革、全面依法治国、全面从严治党。

10.“海绵城市”：指城市在适应环境变化和应对雨水带来的自然灾害等方面具有良好的“弹性”，也可称为“水弹性城市”。

11.“智慧城市”：运用信息和通信技术手段感测、分析、整合城市运行核心系统的各项关键信息，从而对包括民生、环保、公共安全、城市服务、工商业活动在内的各种需求做出智能响应。

12.“PPP”模式：即公私合作模式，是公共基础设施中的一种项目融资模式。在该模式下，鼓励私营企业、民营资本与政府进行合作，参与公共基础设施的建设。

13.“六合一”模式：在小区改造中，对供电线路、雨污管网、屋顶翻修、外墙立面、道路绿化、物业管理等六个方面进行统筹谋划、统一改造、同步推进。

14.“三重一大”制度：即重大事项决策、重要干部任免、重要项目安排、大额资金使用必须经集体讨论做出决定的制度。

15.新《条例》和《准则》：即2015年10月18日中共中央印发的《中国共产党廉洁自律准则》和《中国共产党纪律处分条例》。

政协第九届龙游县委员会常务委员会工作报告

——在政协第九届龙游县委员会第五次会议上

龙游县政协主席 黄利荣

（2016年1月29日）

各位委员：

我代表政协第九届龙游县委员会常务委员会，向大会报告工作，请予审议，并请会议列席人员提出意见。

2015年工作回顾

2015年是“十二五”规划的收官之年，也是九届县政协工作务实创新、主动作为的一年。一年来，常委会深入学习贯彻中共十八大、十八届三中、四中、五中全会和习近平总书记系列重要讲话精神，认真落实中共龙游县委重大决策和县委政协工作会议部署要求，紧紧围绕“两化两游”建设，牢牢把握团结和民主两大主题，积极履行政治协商、民主监督、参政议政职能，顺利完成了县政协九届四次会议确定的各项目标任务，为推进全县经济社会转型跨越发展作出了应有贡献。

一、深入开展协商议政，全力助推转型跨越

常委会始终把协商民主贯穿履行职能全过程，就改革发展稳定重大问题和涉及群众切身利益的实际问题开展协商议政，为党委政府集思广益、科学决策发挥积极作用。

围绕产业转型建言献策。九届四次会议期间，委员们围绕我县工业经济破难解困、转型升级等事关发展全局的重大议题，在深入调研的基础上，运用提案、大会发言、委员小组讨论等形式，开展广泛协商建言。委员们提交的《关于以“四换三名”为抓手，加快推进产业转型，提升工业质量效益的建议》等涉及产业转型的20多件提案和《适应发展新常态，加快竹产业转型升级》等大会发言，为县委县政府谋划开展工业转型十大专项行动提供了广泛的民意基础和智力支持。常委会议先后听取全县

经济社会发展情况、“十三五”规划纲要（草案）等专题通报，进行协商议政，重点围绕推动产业强县建设、优化发展环境、“十三五”发展目标举措等方面提出对策建议，推动党政部门拓宽思路、深化研究、改进工作。

聚焦热点难点献计出力。围绕经济新常态下推进我县“大众创业、万众创新”的路径开展专题调研，形成《推进“大众创业、万众创新” 培育壮大新龙游商帮》调研报告，县委主要领导作出批示，报告许多建议被吸收到县委十届九次全会报告中，并在推进行政审批制度改革、电子商务发展、企业股改上市等工作部署中给予吸收采纳。常委会针对我县城市建设现有投融资模式难以适应新型城镇化建设需求这一客观实际，组织课题调研组就创新城市建设投融资体制机制专题开展深入的调查研究，形成并报送《关于创新城市建设投融资体制机制的调研报告》，为县委、县政府推进新型城镇化建设提供重要决策参考。坚持听取全县党风廉政建设、反腐败工作和综治维稳工作情况通报，就建立作风建设常态化长效化机制、打造廉洁高效政府、深化“平安龙游”建设等群众关注的热点问题提出建议意见。

紧扣重点工作双向协商。主席会议注重加强与党政相关部门的联系、沟通、协调，先后就安全生产监管、环境评价及对策、审计工作、财政预算执行和财经体制改革、城乡基本公共法律服务体系建设、农村综合改革情况、国资公司市场化改革及运行情况等议题，有计划地听取相关部门重点工作汇报，强化双向协商，为加快我县经济社会发展议政建言。其中县安监局、审计局就主席会议提出的协商意见，进行专题研究，落实整改措施，并及时将整改落实情况以书面形式反馈县政协。

突出“两化两游”视察议政。优化视察流程，注重视察前调研，增强视察协商意见的针对性和可操作性。先后就省级森林城市创建、城乡供水一体化执行情况、小餐饮、小作坊市场监管、衢江航道开发、城市社区建设、工业、城建、旅游重点工程项目建设等议题，组织委员开展视察议政活动，委员们通过听取通报、实地察看、协商讨论等方式，积极建言献策，推动有关部门完善政策、落实措施、提升绩效、加快进度。

二、切实加强民主监督，大力促进民生改善

常委会注重选择民生热点问题开展民主监督，丰富载体，创新形式，精准发力，努力促进民生改善和社会事业发展。

持续推进“五水共治”监督。认真贯彻落实“三级政协联动、万名委员同行、助推‘五水共治’长效机制建设”专项集体民主监督工作要求，一线参与，主动作为，聚焦县委、县政府有关“五水共治”工作一系列部署安排，以助推“清三河”达标县创建为总目标，以县域8条主要河道水源地保护为重点，坚持问题导向，采取暗访、视察、调研、联动等监督形式，扎实开展专项集体民主监督，取得了明显成效。《龙游县政协助推“四大网络”建设、构筑水源地长效管护新机制》做法，得到省政协王建满副主席的批示和肯定。省政协“水源地保护管治机制建设”专题调研座谈会在我县召开。

创新提案督办协商机制。坚持把民主监督贯穿于提案办理的全过程，不断探索提案督办的新方法、新途径。建立健全提案征集、交办、督办机制，共有13件提案得到县委、县政府主要领导的批示，推动了提案办理。坚持政府领导领办、政协领导重点督办、提案委综合督办、各专委会对口督办、政府政协联动督办和委员参与督办的“六位一体”提案督办工作机制，全年召开提案督办协商会20多次。常委会专题听取县政府重点提案办理情况通报。探索实施民主评议提案办理工作，分别组织评议组，对县交通运输局、旅游委等两个部门提案办理工作实行全面客观的民主评议，取得了较好成效。

重视做好社情民意工作。把反映群众呼声、维护群众利益作为政协工作的重要切入点，坚持在履职过程中认真倾听民声、广泛收集民意，全年编报《社情民意信息专报》69期，为党委政府掌握社情、了解民意提供重要渠道。其中《对“五水共

治”长效机制建设的意见建议》《食品药品监管体制改革后存在的问题与建议》等4篇信息被省政协采用，《生猪价格上扬警防猪农退养复养》等19 篇信息被市政协采用，得到省市领导批示各1件。我县在2015年全市政协系统社情民意信息工作考核中，名列全市前茅。

三、始终坚持团结民主，着力汇聚发展合力

常委会以巩固和发展最广泛的爱国统一战线为己任，注重发挥政协大团结大联合的组织优势，充分调动各党派团体、各族各界人士积极性，为加快我县经济社会发展凝聚人心、汇聚力量。

一线作为增助力。聚焦党委政府的中心工作，发扬“一线”精神，追求“一线”作为，倾力打造“一线”政协。县政协领导积极参与“大干项目、干大项目”“三挂五竞赛”活动，在29个所联系的“四重双百”项目建设和“三改一拆” “五水共治”“消除4600”等重点工作中勇于担当，主动作为，深入基层一线指导督促，为顺利推进全县中心工作发挥积极作用。认真履行“第一书记”职责，深入联系乡镇（街道）、村，积极开展“大抓基层”集中蹲点调研活动，了解村情民意，协调解决问题。

合作联动聚合力。坚持把多党合作的要求贯穿于政协工作的各个方面，以政协例会为平台、调研视察为载体、界别活动为纽带，加强与各民主党派、工商联和无党派人士、各人民团体的团结合作，努力营造民主和谐的履职氛围。主动征求党派、团体对县政协年度工作安排的意见建议，重点安排党派、团体在政协例会上发表意见。九届四次会议期间，党派、团体共报送大会发言材料22篇，党派团体和党派委员提交提案123件，列为重点提案的3件，提案建议得到有关承办单位的重视采纳，人民政协多党合作的组织优势得到进一步发挥。

团结联谊强动力。加强与民族宗教界代表人士的经常性联系，组织委员深入民族乡村就发展民族经济、“五水共治”、生态建设等进行调查研究，帮助协调解决有关问题。全力配合省市政协来龙开展有关课题调研、视察工作。加强与兄弟县市政协的横向联系和工作交流。各专门委员会注重加强与有关部门的对口联系与协作，努力拓展工作的覆盖面。完成《美丽龙游我的家》生态读本编写，于去年“六一”儿童节期间发放2万余册，作为全县各小学地方课程用书；支持县政协之友社开展视察考察活动，充分发挥政协老同志建言献策作用。组织县政协诗书画联谊会积极开展“书画下乡”活动，弘扬书画艺术。支持县茶文化研究会发挥自身作用，鼓励农户发展无性系良种茶园，推动政府制订“以奖代补”政策，促进我县茶产业转型升级。

宣传研讨添活力。坚持办好《政协信息》简报、《龙游政协》刊物、县政协网站，发挥宣传阵地作用。密切与各新闻媒体单位的联系与合作，广泛宣传我县政协工作取得的成效和政协委员的履职风采，进一步扩大了龙游政协工作的影响力。全年在《人民政协报》《联谊报》刊登宣传我县政协工作和委员履职风采的稿件20篇，宣传稿件录用数创历年新高。总结提炼我县政协在加强民主监督方面的创新实践，撰写并报送了《加强政协提案监督 推进政协履职能力现代化建设》创新案例。围绕“加强履职能力建设”开展理论研讨，共征集3篇论文报送省市政协。其中《推进县级政协履职能力现代化建设的实践和思考》荣获省政协理论研究会第七次理论研讨会优秀论文三等奖。做好省政协《百名新乡贤》文史资料征集，我县两名乡贤成功入选。

四、不断推进自身建设，努力提升履职能力

常委会以推进政协履职能力现代化建设为目标，全面加强政协自身建设，不断拓展履职思路，有力提升了政协工作的科学化水平。

健全履职制度体系。认真贯彻习近平总书记系列重要讲话精神和省市政协工作会议精神，协助县委顺利召开政协工作会议，制定出台《政协龙游县委员会关于政治协商、民主监督、参政议政的实施

意见》，并由县委文件转发， 进一步加强政协履职制度化、程序化、规范化建设，推进政协协商民主在龙游的具体实践。

发挥委员主体作用。尊重委员主体地位，建立健全委员履职考评机制，增强委员履职意识，提高委员履职能力，20名委员被评为2015年度优秀委员。举办政协常委读书会，传达学习全省政协主席读书会和县委十届九次全会精神，邀请浙江万花筒信息科技有限公司负责人作“互联网+县域经济新机会”电商讲座。举办委员学习培训班，学习贯彻中共十八届五中全会精神，邀请省财政厅专家就“加快推广运用PPP模式，改善基础设施供给”作专题辅导报告，帮助委员拓宽视野。丰富界别活动形式，坚持开展约谈走访委员活动，广泛听取委员们对加快经济社会发展和改进政协工作的意见建议，激发委员履职的积极性、主动性和创造性。引导广大委员立足本职岗位发挥带头作用，积极参与扶危济困等社会公益事业。其中，组织专业团队主动赴天津“8·12”爆炸事故现场协助处理危化物品的余一茅委员受到天津市委市政府来信赞扬。

加强政协机关建设。巩固和拓展党的群众路线教育实践活动成果，自觉接受“巡视”，切实增强政治纪律意识和政治规矩意识，推进政协机关作风建设常态化、长效化。认真贯彻中央“八项规定”、省委“六个严禁”、 市委“八条禁令”和县委“20条规定”，积极开展“三严三实”专题教育，认真学习《准则》、《条例》，不折不扣抓好各项整改措施落实，努力提升机关勤政廉政建设水平。争取县委的重视支持，不断完善政协机关、专委会机构设置，加强政协机关干部配备，积极探索和实践政协履行职能的新方法、新途径，着力推动政协工作创新发展。

各位委员、各位同志，县政协一年来取得的成绩，是中共龙游县委正确领导的结果，是县人大、县政府大力支持及各有关部门积极协作、社会各界密切配合的结果，是政协各参加单位和全体政协委员共同努力的结果。在此，我代表县政协常委会，表示衷心的感谢！

在肯定成绩的同时，我们也清醒地认识到，我们的工作与新形势新任务的要求，与广大委员和人民群众的期望，还存在一些不足。主要是：一些调研建言的质量还不够高，协商议政实效有待进一步增强；民主监督工作开展还不够深入，组织化程度仍需提高；界别民意通道功能和委员主体作用发挥还不够充分，服务管理工作有待加强等等。这些问题常委会将在今后的工作中认真加以改进。

2016年工作意见

2016年，县政协工作的总体要求是：高举中国特色社会主义伟大旗帜，认真学习贯彻中共十八届五中全会精神和习近平总书记系列重要讲话精神，围绕县委“实施四大战略，打好四场战役”决策部署，突出团结民主，认真履行职能，为实现“十三五”经济社会发展良好开局贡献智慧和力量。

一、把握新精神，着力夯实思想政治基础

加强思想理论建设，夯实共同思想政治基础，是人民政协事业创新发展的重要保证。要组织引导政协各参加单位和广大政协委员深入学习贯彻中共十八大和十八届三中、四中、五中全会精神，全面领会习近平总书记系列重要讲话精髓，深刻理解“十三五”发展的指导思想、目标任务和“创新、协调、绿色、开放、共享”五大发展理念，不断加强理论武装，切实增强政治共识，进一步巩固团结奋斗的共同思想政治基础。要坚持抓好政协机关和常委会、专委会、委员界别小组等不同层次的学习活动，学习贯彻县委十届十次全会精神，全面落实中央和省、市、县委重大决策部署，牢牢把握政协工作正确的履职方向，自觉把政协工作融入全县工作大局，与县委县政府在思想和行动上保持合心、合力、合拍，为全县改革发展凝聚更多的力量。

二、聚焦新任务，着力推动转型跨越发展

要按照县委、县政府的总体部署，精准聚焦“两化两游”四大战役，主动顺应新常态，树立发

展新理念，为顺利实施“十三五”规划建诤言、献良策。要关注产业结构优化，着重围绕我县“五大百亿”产业培育、企业股改上市、“互联网+”建设、实施“四换三名”工程等问题，组织开展调查研究和视察监督活动，提出对策建议，努力促进经济运行质量和发展效益的提升，推动产业强县。要关注新型城镇化发展，围绕生态型文化旅游城市目标定位，就加快旧城改造、推进智慧城市、美丽县城、特色小镇建设等专题，听取相关部门工作情况通报，进行双向协商，积极建言献策。要关注生态保护和资源利用，按照省政协的统一部署，持续深化开展“五水共治”长效机制建设专项集体民主监督，着力推动县域生态环境的再优化；围绕美丽乡村示范县创建、大气复合污染防治、国有土地节约集约利用等措施落实情况进行跟踪监督，为美丽龙游建设贡献力量。

三、顺应新期盼，着力促进民生事业改善

要牢固树立履职为民理念，坚持把维护人民群众的根本利益作为政协工作的出发点和落脚点，努力为民生福祉尽责出力。要突出建言献策，重点围绕城区教育布局优化、文化旅游项目建设、医疗卫生资源配置、社会救助制度建设等与群众利益密切相关的热点、难点问题，深入开展调查研究，积极提出意见建议，推动各项民生事业健康发展。要深化民主监督，深入研究“十三五”经济社会发展出现的新情况、新问题，选择事关社会和谐稳定的重大民生问题，积极开展监督、视察活动，协助党委、政府做好协调关系、化解矛盾、增进共识的工作。要推动提案落实，在提高提案质量的基础上，改进督办方式，完善提案办理“回头看”和民主评议提案办理机制，提高提案落实率。要关注民生福祉，积极组织委员开展文化医疗法律下乡服务活动和扶贫帮困、捐资助学等社会公益活动，真心诚意帮助困难群众反映和解决生产生活中的实际问题，努力使改革发展的成果惠及广大群众，增强广大群众的获得感。

四、营造新环境，着力凝聚改革发展合力

继续发挥政协组织大团结、大联合的优势，坚持多做协调关系、化解矛盾、解疑释惑、促进和谐的工作，广泛凝聚社会正能量，积极为龙游改革发展创造良好的环境。要积极助推社会治理，按照宪法法律规定和政协章程要求，更加准确地把握新形势下人民政协的性质特点、履职形式与国家治理体系现代化建设的契合点，在统筹社会力量、平衡社会利益、调节社会关系、规范社会行为中，发挥好“平衡器”“调压阀”“缓冲剂”的作用。要主动凝聚社会合力，进一步密切与各民主党派、工商联、人民团体和无党派人士的合作共事，注重加强同少数民族、宗教界和新经济组织、新社会组织、新社会阶层代表人士的沟通联系，为全县改革发展寻求最大公约数、汇聚改革正能量。要致力促进社会和谐，发挥人民政协独特优势，强化界别民意通道功能，畅通反映群众意愿和呼声的渠道，继续做好社情民意信息收集反映工作。大力宣传政协协商民主在龙游的实践，宣传政协履职成果和委员风采，增强政协社会影响力。支持县政协之友社、诗书画联谊会、茶文化研究会等开展形式多样、健康有益的活动，充分发挥政协社团在服务发展、促进和谐中的积极作用。

五、适应新形势，着力加强履职能力建设

人民政协是国家治理体系的重要组成部分，我们要以改革思维、创新理念、务实举措大力推进履职能力现代化建设。要进一步加强协商民主制度建设，认真贯彻落实县委转发的《政协龙游县委员会关于政治协商、民主监督、参政议政的实施意见》，在“制定实施协商年度工作计划”“拓展民主监督形式”“健全参政议政成果采纳落实机制”“发挥政协界别作用”等方面加强研究，推动我县协商民主制度化、规范化发展。积极探索向政府重点部门委派民主监督小组，增强民主监督的组织化程度，拓展政协工作向基层延伸的新途径、新方式，充分发挥政协在基层民主协商中的独特作用。要进一步加强专委会和界别建设，继续探索开展专

委会活动的内容和方式，加强与对口部门和各方面的交流与协作，切实发挥专委会在政协工作中的基础作用。不断完善界别活动的组织机制、联系机制和服务保障机制，彰显界别民意通道功能，切实提高界别履职的组织化水平。要进一步加强委员队伍建设，认真做好政协换届筹备工作，完善委员推荐提名机制，改进委员学习形式，拓展委员知情明政渠道，帮助委员把握国情、了解县情，提高委员整体素质和履职能力；要创新委员活动方式，健全委员履职考核机制，关心委员工作生活，增强委员履职的责任感和使命感，切实发挥委员的主体作用。要进一步加强机关作风建设，牢固树立“作风建设永远在路上”的理念，毫不松懈地落实好中央和省、市、县委关于作风建设的各项规定，守纪律，讲规矩，认真贯彻落实《准则》和《条例》，深入践行“三严三实”，切实改进学风、文风、会风，不断提高机关效能和组织协调、后勤保障、管理服务水平，切实发挥机关在政协工作中的保障作用。

各位委员，新常态呼唤责任与担当，新作为彰显智慧与力量。让我们更加紧密地团结在以习近平同志为总书记的中共中央周围，在中共龙游县委的领导下，奋发有为、积极进取，振奋精神、扎实工作，为开创人民政协事业新局面，助推“十三五”经济社会发展良好开局作出新的更大贡献。

大 事 记

1月

1月4日，龙游县举行2016年春季扩大有效投资重点项目集中开工暨招商引资项目集中签约仪式。

同日，龙游县十二届人大常委会召开第三十三次会议。

1月5日，衢州市检查考核组到龙游县检查考核2015年度落实党风廉政建设责任制和惩防体系建设情况。

同日，中共龙游县委副书记、县长刘根宏调研大南门历史文化街区保护项目。

1月6日，衢州市平安建设考核组到龙游县考核平安建设工作。

同日，龙游县组织相关单位领导参加全国安全生产电视电话会议。

1月7日，浙江省副省长孙景淼到龙游县调研交通建设工作。

同日，龙游县召开2016年服务业工作思路调研会。

同日，龙游县召开2015年度乡镇（街道）党（工）委书记抓基层党建工作述职评议会。

1月8日，中共龙游县委副书记、县长刘根宏率龙游县党政代表团赴遂昌县、松阳县考察美丽乡村、“四边三化”、文化旅游事业发展等经验做法。

1月8日—11日，中共龙游县委召开多个座谈会，就县委十届十次全体（扩大）会议报告（征求意见稿）征求县政府、县人大常委会、县政协、老干部、各乡镇（街道）、相关重点部门负责人及各社会团体、民主党派的意见与建议。

1月12日，中共浙江省委政法委副书记、省综治办主任刘树枝到龙游县开展结对帮扶活动。

同日，龙游县人大常委会召开主任扩大会议。

1月14日，中共衢州市委常委、宣传部部长诸葛慧艳到龙游县大街乡方旦村走访慰问困难群众，并落实送文化下乡活动。

同日，中共龙游县委召开常委会，传达上级农村工作会议精神。

同日，政协第九届龙游县委员会常务委员会第十八次会议召开。

1月15日，中共龙游县委十届十次全体（扩大）会议召开。

同日，衢州市副市长朱建华到龙游县召开座谈会，征求龙游县对市政府工作报告的意见与建议。

1月16日，中共龙游县委副书记、县长刘根宏调研大南门历史文化街区项目。

1月18日，龙游县十二届政府召开第九次全体(扩大)会议。

同日，龙游县召开政法信访工作会议。

1月19日，龙游县召开寒潮及雨雪冰冻天气预防应对紧急部署会。

同日，龙游县第十二届人大常委会第三十四次会议召开。

1月20日，龙游县政协主席黄利荣走访慰问困难家庭。

1月20日—21日，龙游县委副书记、县长刘根宏检查全县各地应对雨雪冰冻灾害的准备工作。

1月22日，龙游县召开2015年度咨询委全体会议。

1月24日，龙游县委副书记、县长刘根宏检查春运工作。

1月26日，龙游县召开“四边三化”整治年工作部署会。

1月27日，龙游县“新三板”上市企业在北京举行挂牌专场。

1月28日，龙游县委召开常委会议，传达贯彻浙江省“两会”精神。

1月30日，龙游县举行“最美龙游人”2015年度人物颁奖大会暨全县文化礼堂村歌展演。

1月29日—2月1日，政协龙游县委员会召开九届五次会议。

1月30日—2月1日，龙游县人大常委会召开十二届人大五次会议。

2月

2月2日，中共龙游县纪律检查委员会召开十届六次全体(扩大)会议。

同日，龙游县领导方健忠、刘根宏、周中民、黄利荣等分赴全县各地，走访慰问困难职工、特困残疾人、特困党员、低保户、优抚对象、敬老院老人及“最美”系列先进人物。

同日，龙游县召开大南门历史文化街区保护项目（一期）工作阶段性总结会。

2月3日，中共衢州市委常委、衢州军分区政委叶菁到龙游县开展春节走访慰问。

同日，中共浙江省委统战部副部长张润生到龙游县走访慰问结对帮扶村困难群众。

2月4日，龙游县组织相关部门领导参加全省安全生产电视电话会议。

同日，龙游县委副书记、县长刘根宏开展春节前走访，慰问困难群众。

2月14日，浙江省副省长、省政协副主席黄旭明到龙游县开展新春下基层调研活动。

同日，龙游县四套班子领导到龙游红木小镇参加义务植树劳动。

同日，衢州市副市长马梅芝到龙游走访慰问“全国农村青年致富带头人”傅智建。

2月15日，龙游县委、县政府召开全县干部大会暨“大干项目、大抓招商”工作推进会。

同日，浙江省政协党组副书记、省政协副主席陈加元到龙游调研。

同日，龙游县举行2016年春季人力资源交流会。

2月16日，龙游县召开农业农村暨“五四三”专项工作会议。

同日，龙游县召开组织、宣传、统战、武装工作会议。

2月17日，中共龙游县委书记方健忠调研小高山村整体搬迁工作。

2月18日，中共浙江省委第一巡视组向龙游县反馈巡视情况。

2月19日，龙游县召开一季度项目工作交办会。

同日，龙游县召开财政地税工作会议。

同日，龙游县召开安全生产及消防工作会议。

2月24日，龙游县召开2016年全县交通运输工作会议。

2月27日，中共龙游县委召开常委扩大会议，讨论省委第一巡视组对龙游县巡视情况的反馈意见，并研究落实整改措施。

3月

3月2日，中共龙游县委书记方健忠督查“大干项目”工作。

3月3日，浙江省防汛抗旱指挥部副指挥、省水利厅党组副书记、副厅长徐国平到龙游县调研防汛工作。

3月7日，龙游县召开“五水共治”工作推进会。

同日，衢州市人大常委会副主任童建中到龙游县调研乡村旅游项目建设工作。

同日，衢州市副市长陈锦标到龙游县调研民政工作。

同日，召开龙游县十二届人大五次会议议案、政协龙游县九届五次会议提案交办会。

同日，龙游县召开“三八”妇女节表彰大会暨深化“贺田模式”工作推进会。

3月8日，浙江省国土厅厅长陈铁雄到龙游县调研国土资源工作。

同日，浙江省编委办主任鞠建林到龙游县调研行政审批制度改革工作。

同日，浙江省人大常委会环境与资源保护工作委员会副主任谭庆华到龙游县考核验收“三改一拆”“无违建县”创建工作。

同日，龙游县召开“金融助推经济发展”恳谈会。

3月10日，龙游县召开2015年度党风廉政建设主体责任履行情况报告质询会。

3月11日，中共浙江省委常委、宣传部部长葛慧君到龙游县调研。

同日，浙江省“四边三化”“两路两侧”考核验收组到龙游县进行检查验收。

3月15日，龙游县召开全县人大信息宣传工作会议。

3月16日，共青团浙江省委副书记、党组副书记朱林森到龙游县调研农村电子商务、区域特色电子商务等工作。

同日，龙游县委书记方健忠调研柑橘产业转型发展工作。

3月17日，龙游县召开“五连片”工作推进会。

3月18日，中共龙游县委副书记、县长刘根宏调研“五水共治”“清千塘，美百河”春季治水大会战行动推进工作。

3月20日，衢州市第二届“金花旅游节”开幕式暨“龙游·湖镇桃花节”活动在客路村国强桃花园举行。

3月21日，龙游县委书记方健忠督查全县“清千塘，美百河”专项行动。

3月22日，衢州市政协副主席、市侨联主席吕玉茹到龙游县开展“三级政协联动、万名委员同行、助推‘五水共治’长效机制建设”专项民主监督。

同日，龙游县人大常委会组织人大代表调研龙游县移动通信运营和城市管道燃气工作。

同日，龙游县政协组织开展“五水共治”民主监督“万千行”活动。

3月23日，龙游县政协召开九届十九次常委会。

同日，衢州市人大常委会副主任童建中到龙游县开展“一季度主要经济指标‘开门红’”专项督查。

3月24日，衢州市委副书记江汛波到龙游县调研历史文化村落保护利用工作。

同日，龙游县委副书记、县长刘根宏督查“四边三化”工作推进情况。

同日，龙游县召开第十二届人大常委会第三十五次会议。

3月24日—25日，浙江省特色小镇第二次“比学赶超”现场推进会暨业务培训会在龙游县召开。

3月25日，衢州市人大常委会副主任傅炎康到龙游县督查“五四三”工作。

3月28日，衢州市旅游工作座谈会在龙游县召开。

同日，宁波市镇海区委副书记、区长魏祖民率镇海区党政代表团到龙游县考察。

3月29日，浙江省财政厅副厅长沈磊到龙游县开展第一批省级特色小镇创建考核工作。

3月30日，中共龙游县委召开常委会议，传达学习习近平总书记在全国政协民建、工商联界委员联组会上的重要讲话精神，在《关于青海省祁连山自然保护区和木里矿区生态环境综合整治情况的调研报告》上作出的重要批示精神和在党的新闻舆论工作座谈会上的重要讲话精神，以及省委相关会议精神，研究龙游县贯彻落实意见。

4月

4月1日，衢州市畜牧业转型升级现场会在龙游县召开。

同日，龙游县召开“凝心聚力，创新回归”第二届龙商大会。

同日，“创业创新闯天下，合心合力强龙游”中国制造2025高峰论坛在龙游召开。

同日，“龙游天下，互联世界”第二届龙商大会电子商务发展论坛举行。

4月5日，龙游县委书记方健忠督查生猪养殖“两化”整治工作。

同日，龙游县十二届人大常委会第九十四次主任会议召开。

4月6日，浙江省副省长郑继伟一行到龙游县调研特色小镇和电子商务发展情况。

4月7日，浙江省文教卫体分管副市长座谈会在龙游县召开。

同日，龙游县委书记方健忠率队督查全县“三改一拆”工作。

4月8日，2016龙游黄茶文化旅游节暨龙游黄茶“中黄3号”新闻发布会在罗家举行。

4月10日，新疆乌什县委书记王凯旋率乌什县党政代表团到龙游考察。

4月12日，龙游县委书记方健忠督查全县“四边三化”工作。

同日，浙江省经济和信息化委员会副主任徐焕明到龙游县调研工业发展情况。

同日，浙江省召开大气污染防治执法检查和“五水共治”专项监督视频会议龙游县设分会场。

同日，龙游县叶金中家庭成功入选全国“书香之家”。

4月13日，衢州市人大常委会主任居亚平到沐尘畲族乡社里村开展专题调研。

同日，衢州市政协副主席王建华到龙游县开展“加快美丽乡村建设，推进盆景变风景”课题调研。

同日，龙游县召开一季度“三挂”活动工作交流会暨经济形势分析会。

4月14日，龙游县召开建设平安龙游工作会议。

同日，龙游县委副书记、县长刘根宏率队督查“三改一拆”及“无违建”创建工作。

4月15日，衢州市委副书记、政法委书记江汛波一行到龙游县检查G20杭州峰会公安检查站建设情况。

同日，龙游县委书记方健忠邀请县内部分重点企业负责人召开座谈会。

同日，龙游县委副书记徐雄强率队开展全县生猪养殖污染治理督查。

4月17日，龙游县委副书记、县长刘根宏率队督查全县“四边三化”工作推进情况。

4月18日，中共衢州市委副书记、市长杜世源到龙游县专题调研工业经济发展情况。

4月19日，衢州市人大常委会党组副书记、市人大常委会副主任占跃平到龙游县调研农村生活污水治理设施长效运维管理情况。

4月20日，浙江省人大常委会副主任姒健敏率检查组到龙游县检查食品安全工作。

同日，龙游县召开生猪养殖污染整治工作推进会。

4月21日，龙游县委书记方健忠率队督查全县“五连片”工作。

4月22日，浙江省人民政府驻京办事处副主任张海萍到龙游县调研经济转型升级、“五水共治”、美丽乡村建设等重点工作情况。

同日，龙游县政协委员视察全县农村文化礼堂建设工作。

同日，祖籍龙游的台湾退役海军中将（曾任军备局长）吴伟荣到湖镇镇上下范村寻祖探亲，并参观龙游石窟和龙游红木小镇。

4月21日—22日，宁波市镇海区委常委、宣传部部长率考察团到龙游县开展“文化走亲”交流活动。

4月24日—26日，举行“第五届全国高校原创动漫环保创意大赛”暨“第八届中国（杭州）动漫游戏产学研合作讲坛·龙游站”活动。

4月25日，龙游县人大常委会组织人大代表视察衢江、灵山江环境治理及生态修复情况。

同日，衢州市副市长马梅芝到龙游县调研电子商务工作。

4月26日，龙游县十二届人大常委会召开第96次主任会议。

4月27日，中共龙游县委召开常委会议，并召开县委常委扩大会议。

同日，衢州市人大常委会副主任范根才率调研组到龙游县调研市、县、乡人大换届选举工作。

4月28日，三衢电商“翻番战役”推进会暨第二野战军授旗仪式在龙游县举行。

同日，龙游县人大常委会主任周中民率队对“三改一拆”“创无违”工作进行一周一督查。

同日，龙游县召开“五水共治”推进暨“清千塘，美百河”现场会。

4月29日，中共龙游县委理论学习中心组举行专题学习会。

5月

5月3日，龙游县召开“两学一做”专题党课暨学习教育部署会。

5月4日，龙游县委书记方健忠督查全县生猪违规复养专项整治工作。县人大主任周中民沿灵山江开展生猪养殖复养情况督查。县委副书记徐雄强调研全县美丽乡村“一县一带”建设工作，并对龙洲街道、东华街道、溪口镇的生猪养殖反弹处置工作开展督查。

同日，龙游县委书记方健忠参加“致青春，创未来”青年创业创新沙龙。

5月5日，浙江省林业厅副厅长王章明到龙游县调研耕地林地保护机制。

同日，龙游县委书记方健忠督查全县重点交通建设项目。

同日，龙游县委副书记徐雄强督查青垅山垃圾填埋场污水处理站改造提升工程。

5月9日—13日，浙江省督查组到龙游县督查“三改一拆”“四边三化”“五水共治”工作。

同日，衢州市委常委、宣传部部长诸葛慧艳到龙游县调研中小学德育工作，对龙游县中小学德育工作经验给予充分肯定。

5月10日，龙游县召开柑橘产业转型发展动员部署工作会议。

同日，龙游县委书记方健忠督查基层党建“整乡推进、整县提升”工作。

5月11日，龙游县委副书记、县长刘根宏调研全县防汛工作和“五水共治”工作。

5月12日，衢州市基层党建“整乡推进、整县提升”“学先进、找短板、树标杆”观摩会在龙游县召开。

同日，衢州市人大常委会党组副书记、市人大常委会副主任占跃平到龙游县督查县乡人大工作。

5月13日，衢州市政协副主席王建华到龙游县督查“五四三”工作进展情况。

同日，龙游县召开重点专项工作部署推进会，传达浙江省“五四三”督查反馈会、衢州市重点工作部署会、衢州市生猪养殖现场会精神，部署龙游县重点专项工作，交办推进“五水共治”工作中发现的重点问题。

5月15日，龙游县召开第一季度乡镇（街道）书记例会。

同日，“2016年‘一战成王’垂钓大赛全国巡回赛暨中国（龙游）龙和国际垂钓中心奠基仪式”在龙和渔业园举行，龙游县委书记方健忠、县委副书记徐雄强参加垂钓中心奠基仪式。

5月16日，龙游县委书记方健忠调研大南门拆迁工作和农户屋顶光伏发电项目进展情况。

5月17日，龙游县召开重点专项工作部署推进会，传达衢州市生猪整规工作汇报会和杭长高铁衢州段环境专项整治领导小组第一次会议精神，部署落实龙游县贯彻落实会议精神的具体措施。

5月18日，衢州市副市长朱建华到龙游县调研生猪养殖污染整治、柑橘退种、“五连片”等重点工作。

5月19日，衢州市人大常委会主任居亚平到龙游县视察柑橘产业转型发展工作。

同日，龙游县委书记方健忠，县委副书记、县长刘根宏督查高铁两侧“三化”工作。县委书记方健忠督查生猪养殖污染整治工作。

同日，衢州市劳动保障监察机构G20杭州峰会布置会暨全市监察“两网化”建设推进会在龙游县召开。

同日，龙游县十二届人大常委会召开第三十六次会议。

5月20日，浙江省人大常委会副主任任亦秋到龙游县调研《浙江省违法建筑处置规定》的立法评估工作，龙游县人大常委会主任周中民陪同调研。

5月23日，衢州市副市长朱建华到龙游县检查生猪养殖整治情况。

5月26日，中共龙游县委召开常委会议，传达学习衢州市委常委扩大会议关于落实省委书记夏宝龙在衢州调研时的重要讲话精神。

同日，龙游县委副书记、县长刘根宏督查全县生猪养殖整治工作。

同日，龙游县政协主席黄利荣视察“全国电商百强县”创建工作。

同日，衢州市政协副主席王建华赴龙游县塔石镇督查生猪整规“六个一律”落实情况，龙游县委副书记徐雄强陪同督查。

5月27日，龙游县委副书记徐雄强督查詹家镇、小南海镇生猪整规工作。

5月28日，龙游县委书记方健忠参加全县集镇污水治理协调会、生猪养殖转型升级政策研究会。

5月30日，龙游县召开重点建设项目政策处理推进专题工作会议。

5月31日，衢州市人大常委会主任居亚平、副市长毛建明到龙游县调研八项重点工作推进情况，县委书记方健忠、县人大常委会主任周中民陪同调研。

同日，龙游县委副书记徐雄强督查湖镇镇金龙纸业污水治理工作和詹家镇安仁农场片区生猪整规工作。

6月

6月1日，中共衢州市委常委、纪委书记李伯来到龙游县督查八项重点工作落实情况，县委书记方健忠陪同督查。

同日，龙游县委书记方健忠，县委副书记、县长刘根宏，县人大常委会主任周中民，县政协主席黄利荣，县委副书记徐雄强到各乡村小学开展“六一”走访活动。

同日，杭州市人大常委会副主任郑荣胜到龙游县考察农村电子商务工作。

同日，龙游县委副书记徐雄强调研全县农村生活污水第三方监管平台建设。

6月2日，龙游县委书记方健忠调研集镇建设管理工作。

同日，衢州市人大常委会副主任俞顺虎、市政协副主席吕玉茹督查龙游县生猪养殖整规工作。

同日，江西省抚州市人大常委会副主任谢祖鹏到龙游县考察畜禽养殖循环农业标准化工作。

同日，龙游县召开“四边三化”工作现场推进会，县委副书记、县长刘根宏与会并讲话。

同日，龙游县委副书记徐雄强督查生猪排泄物生态化处理模式运行治理情况。

6月2日—3日，浙江省政协副主席孙文友到龙游县督查全面推进户籍制度改革工作，市、县领导俞流传、方健忠、刘根宏、黄利荣等陪同督查。

6月3日，龙游县委书记方健忠检查全县防汛与地质灾害工作。

6月4日，衢州市委书记陈新督查龙游县八项重点工作及生猪养殖整规工作。

6月5日，龙游县召开深化生猪养殖整规促进转型升级动员部署会，县领导方健忠、刘根宏、周中民、黄利荣、徐雄强参加。

6月6日，衢州市政协副主席刘炳炎到龙游县视察“村规民约规范化建设”工作。

同日，县委书记方健忠督查全县生猪养殖整规工作，调研生态牧场建设和养殖场整合提升工程。

6月7日，龙游县委书记方健忠调研城市空间发展战略。

同日，龙游县召开创建省级“清三河”达标县工作推进会，县委副书记徐雄强参加。

6月8日，龙游县领导方健忠、刘根宏参加维达纸业（浙江）有限公司护理用品项目竣工典礼。

同日，中共龙游县委召开常委会议，传达全市治水办主任会议精神，研究部署龙游县贯彻落实意见。

6月9日，龙游县委副书记、县长刘根宏沿巨龙路、320国道、杭长高铁、龙丽温高速公路沿线督查龙游县“四边三化”工作推进情况。

6月10日，浙江省委政法委副书记、省综治委副主任、省综治办主任刘树枝到龙游县调研“两网融合”、社会服务管理中心信息化建设等工作。

同日，龙游县委副书记徐雄强调研横山镇、模环乡生猪养殖整规工作。

6月11日，龙游县召开生猪整规工作推进会，县委书记方健忠参加并讲话。

同日，龙游县委副书记、县长刘根宏调研生猪养殖深化整治工作。

6月12日，龙游县召开生猪整规转型推进会，县领导方健忠、刘根宏、徐雄强参加。

同日，衢州市副市长汤飞帆到龙游县调研红船豆水利枢纽项目推进情况。

同日，龙游县委书记方健忠走访詹家镇、湖镇镇生猪养殖场，督查生猪整规工作。

6月14日，浙江省旅游局副局长许澎到龙游县调研特色小镇建设工作，县委书记方健忠陪同调研。

同日，龙游县召开巩固“消除4600”成果暨防范扶贫领域职务犯罪工作会议，县委副书记徐雄强参加。

6月15日，龙游县召开创建国家卫生县城动员会，县领导方健忠、刘根宏、周中民、徐雄强参加。

同日，县委书记方健忠赴县防汛指挥部检查防汛工作。

同日，县委副书记、县长刘根宏前往地质灾害点巡查防汛工作。

6月16日，衢州市副市长陈锦标到龙游县调研创建国家卫生县城工作情况，县委副书记徐雄强参加。

同日，浙江省政协经济委员会主任陈正兴到龙游县调研降低实体经济企业成本政策落实情况，龙游县委副书记徐雄强陪同调研。

6月17日，衢州市人大常委会副主任汪惠芳、占跃平率市人大代表开化中心组到龙游县考察集镇改造提升、全域旅游发展等工作，龙游县人大常委会主任周中民陪同考察。

6月20日，龙游县委副书记徐雄强督查创建省“清三河”达标县交办问题整改落实情况。

6月21日，衢州市委副书记、政法委书记江汛波到龙游县督查G20杭州峰会维稳安保工作，市、县领导王建、方健忠参加督查。

同日，龙游县开展“创国卫，治脏乱”万名志愿者大行动，县委书记方健忠，县委副书记、县长刘根宏参加。

同日，县委副书记徐雄强调研全县垃圾分类减量化资源化利用和兑换超市建设工作。

6月22日，浙江省水利厅党组书记、厅长陈龙到龙游县调研河湖塘库清污（淤）工作和灵山港治理项目建设情况，县委书记方健忠陪同调研。

同日，省司法厅副厅长陈钟一行到龙游检查基层司法行政系统G20杭州峰会维稳安保工作。

6月23日，龙游县召开上半年经济形势分析会，县领导方健忠、刘根宏、徐雄强参加。

同日，浙江省编办副主任朱晓明到龙游县调研行政审批制度改革工作。省政府法制办副主任吴强军到龙游县作立法调研。

同日，县十二届人大常委会召开第99次主任会议。

6月23日—24日，衢州市“创国卫”考核组对龙游县创建国家卫生县城工作进行考核，并召开考核汇报反馈会。县委副书记、县长刘根宏，县委副书记徐雄强陪同考核并听取反馈意见。

6月24日，浙江省委政法委副书记、综治办主任刘树枝参加龙游县委理论学习中心组学习会，调研龙游县平安护航G20杭州峰会十大专项工作开展情况，县领导方健忠、刘根宏、周中民、黄利荣、徐雄强参加。

同日，龙游县委书记方健忠，县委副书记、县长刘根宏走访龙游中学，看望慰问高三任课教师。

6月27日，龙游县委书记方健忠督查全县生猪养殖转型升级工作，强调要守住生态环境容量底线，打好转型升级组合拳，推动生猪养殖走向规模化、专业化、生态化。

同日，龙游县委副书记徐雄强调研全县劣五类水质断面重点污染源治理情况。

6月29日，龙游县委书记方健忠赴各乡镇（街道）检查防汛救灾工作。

6月30日，龙游县举行庆祝中国共产党成立95周年大会，县领导方健忠、刘根宏、周中民、黄利荣、徐雄强参加。

同日，中共龙游县委召开常委会议，传达学习全市扩大有效投资工作推进会精神。

同日，县政协主席黄利荣视察生态循环农业省级试点县创建情况。

同日，衢州市农家乐休闲旅游工作会议在龙游县召开。

7月

7月1日，龙游县开展纪念中国共产党建党95周年党员集体宣誓活动。

同日，龙游县召开全县河长工作会议。

同日，县人大常委会主任周中民巡查灵山江河段，实地查看城区排污（水）管排放、河道保洁等情况。

7月4日，龙游县委副书记、县长刘根宏督查杭长高铁沿线环境整治工作。

同日，县委副书记徐雄强赴塔石镇、小南海镇调研生猪整规和集镇生活污水处理项目。

7月5日，龙游县召开G20峰会维稳安保工作推进会，县委副书记、县长刘根宏参加会议。

同日，龙游县人大常委会组织人大代表调研上半年国民经济和社会发展计划执行情况。

7月6日，龙游县召开第二季度社情民情分析会暨群防群治护航G20杭州峰会转段工作部署会议。

7月7日，龙游县政协召开九届二十次常委会议。

7月8日，龙游县委理论学习中心组举办学习会，学习习近平总书记“七一”重要讲话精神和衢州市委理论学习中心组学习会精神，并研究部署龙游县贯彻落实意见。

7月11日，浙江省移民办副主任陈金伟到龙游县调研钱塘江中上游衢江（衢州段）航运开发工程红船豆枢纽及船闸工程移民安置前期工作开展情况。

7月12日，龙游县召开生猪养殖转型工作会议。

同日，浙江省信访局副局长王宏到龙游县督查信访工作。

7月12日—13日，浙江省工商联十届七次常委会议暨“知名浙商龙游行”活动在龙游县举行。

7月13日，浙江省国土厅副厅长夏晓鸿到龙游县督查衢宁铁路项目庙下乡周家隧道和衢江航运红船豆枢纽工程建设情况。

7月14日，龙游县委副书记、县长刘根宏督查“创国卫”工作。

7月15日，中共浙江省委召开法治浙江十周年纪念大会暨“七五”法治宣传教育部署会，龙游县获颁省法治县建设示范单位荣誉。

同日，衢州市人大常委会副主任傅炎康督查龙游县“五四三”专项工作。

7月18日，龙游县开展应急处突（防暴恐）演练。

同日，龙游县举行“龙游•龙游花海项目”签约仪式。

7月20日，龙游县委书记方健忠赴罗家乡黄茶基地、溪口镇电商城、沐尘畲族乡三叶青基地调研农民增收工作。

同日，县委副书记、县长刘根宏到小南海镇、横山镇、模环乡实地调研集镇建设管理工作。

同日，县委副书记徐雄强率督查组开展“创国卫”工作专项督查。

7月21日，宁波市镇海区人大常委会主任张江华到龙游县考察“山海协作”工作。

同日，县委副书记徐雄强赴龙游工业园区、湖镇镇、溪口镇、横山镇、塔石镇督查城镇污水管网建设和终端设施提标改造工作。

7月22日，龙游县召开国家卫生县城创建工作推进会。

同日，龙游县参加全省扩大有效投资重大项目集中开工仪式衢州分会场活动。

同日，浙江省经信委副主任杜华红到龙游县调研企业管理提升试点工作。

7月23日，龙游县委副书记、县长刘根宏调研龙游县首条通往景区公路（通景公路）溪毛线建设推进工作。

同日，县委副书记徐雄强率县委办、县卫生计生局、县农办和龙洲街道、龙三中等单位开展"创国卫"联合整治行动。

7月24日，龙游县委书记方健忠率县委办、督考办、住建局、妇联、龙洲街道等单位开展"创国卫"卫生整治行动。县委副书记、县长刘根宏督查城区主要区域及路段"创国卫"工作推进情况。

7月25日，龙游县委书记方健忠调研城市东进项目推进工作。

同日，龙游县召开县十二届人大常委会第三十七次会议。

同日，龙游县政协主席黄利荣赴大街乡督查"五水共治"工作，巡查潼溪排污口情况。

7月26日，龙游县召开创建国家全域旅游示范区工作动员部署会。

同日，龙游县委召开常委会议，传达学习衢州市委常委扩大会议、浙江省扩大有效投资重大项目集中开工活动、衢州市"多规合一"试点推广工作动员会精神，研究部署龙游县贯彻落实意见。

7月27日，龙游县召开全县征兵工作会议。

同日，县委副书记徐雄强赴横山镇、詹家镇、沐尘乡、大街乡调研农村生活污水设施建设工作。

7月28日，龙游县委书记方健忠专项督查"五水共治"暨生猪养殖转型升级推进工作。

同日，中国特种纸产业带上线暨"腾计划助力产业发展"行动启动仪式在龙游举行。

7月29日，龙游县开展"八一"建军节走访慰问活动。

同日，龙游县委书记方健忠赴湖镇镇、小南海镇、詹家镇专项督查"五水共治"、生猪养殖转型升级工作。

8月

8月1日，中共龙游县委召开常委会议，传达学习衢州市委六届十次全体（扩大）会议精神。

同日，衢州市宣传文化系统专题读书会在龙游举行。

8月1日—2日，浙江省"五水共治""四边三化""三改一拆"督查组来龙督查"543"专项工作开展情况。5日，督查组在龙游召开第二轮督查情况反馈会。

8月3日，龙游县委书记方健忠率队前往龙游火车站、汽车北站、320国道横山检查站督查平安护航G20杭州峰会工作。

同日，浙江省粮食局副局长韩鹤忠一行到龙游县调研早稻收购工作。

同日，龙游县政协主席黄利荣带队视察食品安全工作。

8月4日，中共龙游县委十届十一次全体（扩大）会议、县十二届政府第十次全体（扩大）会议召开。

同日，龙游县委副书记徐雄强带队开展"创国卫"督查工作。

同日，浙江省民政厅党委副书记、副厅长俞志壮一行到龙游县调研民政建设工作。

8月8日，龙游县委书记方健忠实地督查"创国卫"工作。

同日，龙游县召开创建省"清三河"达标县创建工作座谈会。

8月9日，龙游县委书记方健忠督查全县交通重点项目工作。

8月10日，龙游县委副书记、县长刘根宏率队督查G20杭州峰会维稳安保工作。

同日，龙游县召开土地整治项目现场会。

同日，浙江省政府参事室领导到龙游县调研特色小镇建设工作。

8月11日，龙游县委书记方健忠督查“四张清单一张网”改革工作。

同日，县委书记方健忠率队调研龙南片“四边三化”暨竹加工整规工作。

同日，龙游县人大常委会主任周中民带队督查龙游县G20杭州峰会维稳安保工作。

8月12日，召开龙游县创建国家卫生县城省级考核汇报反馈会。

同日，浙江省山海协作产业园（示范区）建设现场会在龙游县召开。

同日，龙游县委副书记徐雄强带队督查龙游县G20杭州峰会维稳信访工作。

8月15日，龙游港区桥头江作业区开发建设合作框架协议签约仪式在龙游举行。

同日，龙游县政协主席黄利荣带队督查全县安保工作。

8月16日，浙江省副省长、省政协副主席黄旭明到龙游调研“加强农村惠民服务”工作推进情况。

同日，龙游县人大常委会第103次主任会议召开，专题听取县政府关于龙游县少数民族乡村社会经济发展情况的汇报。

8月17日，衢州市农村生活污水治理运维工作现场推进会在龙游县召开。

同日，衢州市委副书记、政法委书记江汛波到龙游县督查G20杭州峰会维稳安保工作。

同日，龙游县人大常委会召开读书会，专题研讨县乡人大换届选举工作。

8月18日，衢州市“四边三化”互看互学推进现场会在龙游县召开。

8月19日，浙江省人大常委会副主任、党组副书记程渭山带队到龙游县开展“四张清单一张网”改革推进情况专项督查。

8月21日，龙游县召开创建国家卫生县城巩固提升推进会、G20杭州峰会维稳安保行业监管工作推进会。

同日，县委副书记、县长刘根宏带队督查龙游县“四边三化”工作推进情况。

8月22日，龙游县召开大干项目攻坚和省市考核主要经济指标分析部署会。

8月23日，龙游县人大常委会组织在龙游的省、市、县三级人大代表视察“四边三化”改造提升工作。

8月24日，龙游县政协召开常委读书会。

8月25日，浙江省政协副主席、党组副书记陈加元 行到龙游县横山镇天池村、湖镇镇异地搬迁阳湖小区、龙游电商城走访调研。

同日，龙游县召开农民增收、农村生活污水治理、“三位一体”改革、“清三河”推进会。

8月25日—26日，高坪桥水库工程初步设计评审会在龙游召开。会议由浙江省发改委主持。

8月26日，龙游县政协主席黄利荣带领部分县政协委员视察全县“四边三化”工作推进情况。

8月30日，龙游县人大常委会主任周中民赴溪口镇督查G20杭州峰会维稳安保工作。

8月31日，衢州市政协主席俞流传到龙游督查G20杭州峰会维稳安保工作。

9月

9月5日，中国机械工业集团有限公司董事长任洪斌到龙游考察工业发展情况。

9月6日，衢州市副市长陈锦标到龙游县检查教育现代化创建工作。

同日，衢州市人大常委会副主任占跃平到龙游县龙洲街道清廉社区人大代表联络站开展接待代表活动。

9月7日，龙游县召开大南门历史文化街区保护项目拓展攻坚动员会。

同日，龙游县召开征兵定兵会议。

9月9日，龙游县委副书记、县长刘根宏调研县学街家苑安居工程和县疾控中心迁建项目。

同日，龙游县举行庆祝第32个教师节表彰会暨创建省教育基本现代化县工作推进会。

同日，衢州市人大常委会副主任傅炎康到龙游县开展主任接待代表月活动。

9月12日，龙游县委书记方健忠督查县“美丽牧场”建设工作。

同日，龙游县召开第三次农业普查领导小组扩大会议。

9月13日，浙江省政协副主席陈艳华到龙游专题调研龙游红木小镇建设工作。

同日，衢州市政协副主席王建华督查龙游县“五四三”工作。

同日，龙游县委召开常委扩大会议，传达学习浙江省委、衢州市委常委扩大会议精神和全市大干项目工作推进会精神，研究部署龙游县贯彻落实意见。

同日，龙游县召开高坪桥水库工程建设征地搬迁安置工作动员会。

同日，龙游县领导刘根宏、周中民、黄利荣、姜忠军参加新能源公交车发车仪式。

9月16日，龙游县委副书记、县长刘根宏调研龙游县家庭屋顶光伏项目示范点建设情况。

9月19日，龙游县召开大干项目和省市对县经济工作责任督查考核指标分析部署会。

9月21日，龙游县召开“一路一桥一港一枢纽”项目土地征迁工作动员会。

同日，龙游县召开全县农村土地承包经营权确权登记颁证工作动员部署会。

9月22日，中共龙游县委召开常委会议，传达学习习近平总书记关于G20杭州峰会重要指示及浙江省总结表彰大会精神。

9月23日，衢州市人大常委会主任居亚平到龙游调研光伏发电项目和古民居保护工作。

同日，龙游县召开乡镇党委换届工作会议。

同日，龙游县委副书记、县长刘根宏调研社阳乡高坪桥库区征地搬迁安置工作推进情况。

同日，县委理论学习中心组举行《国资国企改革问题的思考》专题报告会。

9月26日，浙江省副省长孙景淼调研龙游县现代农业发展工作。

9月27日，浙江省农水局副局长朱新峰到龙游县调研农田水利管护项目县建设管理工作。

9月27日，衢州市政协柯城委员小组跨区域视察龙游县创新发展与转型发展工作。

9月28日，浙江省交通运输管理局局长胡嘉临到龙游调研城乡交通统筹发展改革工作。

9月29日，龙游县举行《龙游市民文明公约》发布仪式，县领导周中民、黄利荣、徐雄强等参加。

9月29日—30日，浙江省工会创建劳动关系和谐企业活动经验交流会在龙游召开。

9月30日，龙游县举行护航G20杭州峰会总结大会。

同日，龙游县隆重举行公祭烈士活动。

同日，县委副书记、县长刘根宏检查国庆节前安全生产工作。

10月

10月7日，龙游县启动“河长巡河周”活动。

10月9日，龙游县四套班子领导开展重阳节走访慰问活动。

10月10日，浙江省政协副主席陈小平到龙游县调研现代生态循环农业发展工作。

同日，龙游县委书记方健忠调研乡镇党委换届工作。

10月10日—11日，浙江省卫计委巡视员叶真到龙游县督导“双下沉、两提升”工作。

10月11日，民革中央副主席、全国人大常委会委员、全国人大常委会外事委员会副主任委员修福金到龙游县调研“民革之家”建设情况。

同日，浙江省水利厅厅长陈龙到龙游县检查灌区渡槽除险应急加固工作。

10月12日，浙江省国土资源厅总规划师朱先高到龙游县检查全省“规范宅基地管理破解农民建房难”工作推进会筹备情况。

10月12日—14日，浙江省人民政府教育督导委员会办公室评估组到龙游县开展教育基本现代化县评估。

10月13日，衢州市人大常委会副主任俞顺虎到龙游县督查生猪污染监管体系和农村生活污水建设工作。

同日，衢州市金屋顶光伏富民工程现场推进会在龙游县召开。

10月18日，龙游县召开三季度综合治理例会。

10月18—19日，浙江省人大常委会委员、法制委员会副主任委员庄建南到龙游县开展立法调研。

10月19日，龙游县召开农民合作经济组织联合会成立大会。

10月20日，“2016中国•龙游黄龙玉赏石文化博览会”在龙游开幕。

10月25日，浙江省交通运输厅副厅长任忠到龙游县调研交通航运工作。

同日，龙游县召开“大干一百天、冲刺全年红”工作推进会暨三季度经济形势分析会。

10月26日，农业部农村经济体制与经营管理司原巡视员关锐捷到龙游县调研“政府购买农业公益性服务机制创新试点县”工作。

同日，国家林业局上海专员办副专员李军到龙游县督查打击非法侵占林地工作。

同日，浙江省国资委主任、党委书记冯波声到龙游县调研国资改革工作。

同日，驻浙江省海洋港口发展委员会纪检组组长徐志军到龙游县调研指导渔业工作。

同日，龙游县“一路一桥”工程项目正式开工。

10月27日，浙江省规范宅基地管理破解农民建房难工作现场会在龙游县召开。

10月27日—28日，浙江省财政厅党组成员、省金控公司董事长杜祖国到龙游县调研2017年财政工作思路。

10月28日，浙江省“三改一拆”办公室“四边三化”专项副组长张宇到龙游县考核省级精品示范道路创建情况。

同日，贵州省黔西南州委副书记、州长杨永英一行到龙游县考察。

10月29日，法国著名作家、2008年诺贝尔文学奖获得者勒克莱齐奥到龙游县走访。

10月31日，中共龙游县委召开常委扩大会议。

同日，浙江省红十字会到龙游县考核评估“省红十字会示范县”创建工作。

11月

11月2日，衢州市政协主席俞流传到龙游县调研乡韵庭院建设工作。

11月7日，中共龙游县委召开常委会会议。

11月8日，中共衢州市委常委、纪委书记李伯来到龙游县调研党风廉政工作。

同日，贵州省黔西南州委常委、兴义市委书记许风伦到龙游县考察红木小镇建设。

11月8日—9日，浙江省农办主任章文彪到龙游县调研村集体经济发展工作。

11月10日，浙江省委政法委副书记、平安办主任马以，省委政法委副书记、综治办主任刘树枝到龙游县调研“两网融合”和基层社会治理工作；浙江省公安厅副厅长华远平到龙游县调研禁毒和毒品监管工作。他们对龙游县的“两网融合”、基层社会治理工作及禁毒工作经验予以充分肯定。

同日，浙江省委政法委办公会议成员、政治部主任朱巧湘到龙游县参加省委政法委农村指导员人员交接仪式。

同日，衢州市政协副主席余广宇到龙游县视察民间信仰事务规范管理工作。

11月14日—18日，浙江省检察院副巡视员方建成到龙游县开展为期一周的“五四三”工作督查。

11月16日，衢州市委副书记、政法委书记江汛波到龙游县督查第三届世界互联网大会维稳安保工作。

同日，浙江省爱国卫生办公室领导到龙游县督查“创国卫”工作。

同日，龙游县在县体育馆举行全县机关部门第九套广播操（工间操）展示比赛。

11月17日，浙江省副省长熊建平到龙游县调研屋顶光伏利用项目和治危拆违工作。

同日，衢州市委书记陈新，市委常委、组织部部长陈玲玲，市委常委、市委秘书长李锋出席龙游县干部大会，宣布龙游县主要领导调整决定，原县委书记方建忠离任，刘根宏任龙游县委书记。

同日，衢州市人大常委会副主任傅炎康到龙游县开展“五四三”工作双月督查。

同日，中共龙游县委召开学习、宣传、贯彻《关于新形势下党内政治生活的若干准则》和《中国共产党党内监督条例》专题部署会。

11月18日，湖州市人大常委会副主任王勤到龙游县考察生态循环农业和农村电商工作。

11月18日，中共龙游县委召开十届十二次全体会议。

11月21日，320国道龙游段获评“浙江省精品示范道路”。

11月22日，龙游县召开加强政府性项目工程质量工作会议。

11月22日—23日，全国畜牧站长工作会议在龙游县召开。农业部党组成员、副部长于康震出席会议，对龙游的畜牧站工作、家庭牧场建设成绩给与充分肯定。

11月23日，浙江省委宣讲团成员、省委宣传部常务副部长胡坚到龙游县宣讲党的十八届六中全会精神。

11月23日—24日，浙江省卫生计生委员会党组成员、省计划生育协会专职副会长陶竞到龙游县调研计生协会工作。

11月27日，龙游县委书记刘根宏调研全县工业企业发展状况。

11月29日，中共龙游县委召开常委会扩大会议。

11月29日—30日，浙江省“两新”工委委员、省司法厅党委委员、省司法厅副厅长俞世裕到龙游县督查“两新”党建工作。

11月30日，国家林业局造林绿化管理司副司长王剑波到龙游县调研竹产业发展情况。

12月

12月1日，中共龙游县委副书记、代县长张晓峰调研全县旅游发展工作。

同日，龙游县召开创建“无违建县”工作推进暨业务培训会。

12月4日，龙游县委理论学习中心组学习会暨县四套班子务虚会召开。

12月7日，龙游县委书记刘根宏督查龙游花海项目推进情况。

同日，县举行阳光小学迁建项目开工仪式，县四套班子主要领导参加。

12月8日，中国银行浙江省分行行长郭心刚、纪委书记李楠到龙游县开展结对帮扶活动，走访慰问困难户。

12月9日，龙游县召开迎接省市考核工作部署会议。

12月12日，衢州市政协主席俞流传到龙游县走访慰问贫困对象及低保户。

同日，龙游县召开县乡人大代表选举工作会议，明确县乡人大代表选举工作纪律，对人大代表选举工作作出具体安排。

12月13日，县第十一次党代会筹备工作领导小组召开会议，决定于12月26日召开中国共产党龙游县第十一次代表大会。

同日，浙江省人大常委会党组书记、省人大常委会副主任茅临生到龙游县调研指导县乡人大换届选举工作，并召开座谈会，强调县乡人大换届选举工作的重要性和严肃性，对龙游县人大换届选举工作提出明确要求。

同日，龙游县委书记刘根宏到社阳乡看望高坪桥水库移民搬迁安置工作组全体干部。

12月14日，龙游县人民政府与浙江建设投资集团、建设银行浙江省分行、浙江基建投资管理有限公司签订PPP项目投资基金合作框架协议。

12月16日，龙游县委书记刘根宏调研东方商厦开业筹备工作。

同日，龙游县工商业联合会（总商会）第七次会员代表大会召开，浙江省工商联党组成员、省工商联副主席赵小敏出席大会并讲话，肯定龙游工商联工作的成绩，对进一步发挥工商联作用，推动龙游经济发展提出殷切期望。

12月19日，中共龙游县委员会召开县第十一次党代会代表履职培训会。

12月20日，衢州出入境检验检疫局与龙游县就筹建龙游出入境检验检疫现场办公室正式签订协议书。

同日，龙游县第十二届人大常委会第四十一次会议召开。

12月20日—21日，浙江省人大常委会党组副书记、省人大常委会副主任王辉忠到龙游县调研人大工作。

12月21日，龙游县政协组织部分政协委员视察集镇功能提升和商业综合体项目谋划情况。

12月23日，衢州市人大常委会党组副书记、市人大副主任占跃平到龙游县调研县乡人大换届选举工作，并督查参加全省集中开工重点项目推进情况。

同日，中共衢州市委常委、秘书长李锋率市平安建设考核组到龙游县考核平安建设工作。

12月26日—29日，中国共产党龙游县第十一次代表大会隆重举行。26日，县第十一次代表大会开幕，县委书记刘根宏作《抢抓机遇，实干担当，奔跑跨越，为与全省同步高水平全面建成小康社会而努力奋斗》报告。开幕会后，县委书记刘根宏分别参加第一代表团、第七代表团讨论，县委副书记、代县长张晓峰参加第二代表团讨论。27日，大会组委会组织出席第十一次党代会的党代表实地视察龙游年年红、维达纸业、龙游县职业技术教育中心、大南门历史文化街区、龙游化海等县重点项目建设情况。29日，大会选举产生中国共产党龙游县第十一届委员会。在随后召开的中国共产党龙游县第十一届委员会第一次全体会议上，选举产生了中共龙游县第十一届委员会常委、书记和副书记。选举刘根宏为县委书记，张晓峰、张少华为副书记。同日，中共龙游县第十一届纪律检查委员会举行第一次全体会议，选举产生书记、副书记。程立衡为纪委书记。

12月28日，中浙高铁龙游高端轴承产业园项目在龙游工业园区举行开工典礼。

12月30日，中共龙游县第十一届委员会召开常委扩大会议。

同日，龙游县委书记刘根宏专项检查全县年前安全生产情况。

同日，中国工程院院士、大连理工大学教授蹇锡高到龙游参加新材料产业发展恳谈会，并接受“浙江力源新材料有限公司院士专家工作站”授牌。

（赖建伟整理）

县 情 概 要

概　述

龙游县介于北纬28°44′～29°17′、东经119°02′～119°20′之间，地处浙江省中西部的金衢盆地中心，东毗金华市婺城区，南邻丽水市遂昌县，西接衢州市衢江区，北交杭州市的建德市，东北与金华市的兰溪市接壤。隶属浙江省衢州市，县人民政府驻县城太平西路。设2个街道、6个镇、7个乡。2016年年底，有居民16.44万户、40.68万人。境域东西宽29.37千米、南北长61.5千米，县域面积1143.5平方千米。县境最东为社阳乡寮山尖、最西为小南海镇九垄、最南为庙下乡桃源尖、最北为横山镇天池山。北距省城杭州直线距离167千米，西距衢州市区30千米，属于以杭州为中心的2小时交通圈。

建置沿革

【概况】 龙游县最早的可靠文字记载见于《左传》卷十二《哀公十三年》：“六月丙子，越子伐吴，为二隧。畴无余、讴阳自南方，先及郊。吴大子友、王子地、王孙弥庸、寿于姚自泓上观之，弥庸见姑蔑之旗，曰：‘吾父之旗也，不可以见雠而弗杀也。’大子曰：‘战而不克将亡国，请待之。’弥庸不可，属徒五千，王子地助之，乙酉战，弥际庸获畴无余，地获讴阳。越子至，王子地守。丙戌，复战，大败吴师，获大子友、王孙弥庸、寿于姚。”（杜预注：“姑蔑，春秋越地，今东阳大末县。弥庸父为越所获，故姑蔑人得其旌旗。”）讲的是姑蔑军队助越伐吴之事。哀公十三年按公元纪年为前482年，至2016年已达2498年。龙游也是浙江省境内最早设置县级建制的地区之一，在秦始皇推行郡县制时即设县，名为大末。具体时间未见明确记载，有秦王政二十五年（前222）、秦始皇二十六年（前221）两说。相对来讲，以秦始皇二十六年（前221）较为可靠，因为会稽郡即于是年设置，民国时余绍宋编纂的《龙游县志》（简称“民国志”）即持此说，《浙江通史》也持此说（浙江人民出版社2005年12月版第3卷8页）。以此计算，到2016年，建县历史已达2237年。自秦以降，除前后3次短时间撤县外，一直作为县级建制存在，县名则历经太末、龙丘等，吴越宝正六年（931）改为龙游，其后曾一度改名盈川，自南宋绍兴元年（1131）复名龙游后便一直沿用，至2016年已有886年。

【姑蔑国】 明万历年间编纂的《龙游县志》（简称“万历志”）卷一《舆地・沿革》引《元和郡县志》说：“周姑蔑国，子爵，越附庸也。”对“姑蔑国”的说法，余绍宋在民国志卷二《地理考・沿革》中持保留态度：“未知所据，未敢率录。”在民国志的行文中也都称“姑蔑”或“姑蔑地”。其实除《元和郡县志》外，《汲冢周书》孔晁注也有“姑妹国，后属越”的说法。2002年，龙游县人民政府和中国史学会在龙游共同召开“姑蔑文化研讨会”，与会专家在论文中也都以“姑蔑国”相称。清王先谦在《〈汉书〉补注》中说：“姑蔑故城在龙游，太末县亦治龙游，其地实兼有今西安、江山、常山、开化、遂昌、玉山及汤溪县之半。”这里所说的“西安”即衢县，说明当时姑蔑国的范围比现在的衢州市还大。也可以说，王先谦提及的那些县（市）和姑蔑国都有渊源关系，龙游的特殊地位则在于“姑蔑故城在龙游”，也就是说，龙游是姑蔑国的中心所在。所以，相关典籍在解释“姑蔑”一词时，都说是在今浙江龙游。至于姑蔑城的具体位置，《元丰九域志》卷第五有如下记载：“姑蔑故城在瀫水南三里，东门临薄里溪。”清顾祖禹《读史方舆纪要》卷九十三引《左传》杜预注，也说“相传瀫溪之南即其故城”。瀫水、瀫溪都是衢江的旧称，薄里也称泊里、泊鲤，是灵山江的古称，《元丰九域志》所载姑蔑故城方位基本上与现在的龙游县城相合。民国志卷二十四《丛载，古迹》记载姑蔑城：“东西二百一十二步，南北一百六十八步，高一丈七，厚四尺，周四百七十步，至今人犹呼寺城麓。”

【大末县】 民国志《地理考，沿革》：“秦置郡县，始列太末为县，属会稽郡。”查《汉书》卷二十八上《地理志》，在“会稽郡”条下说“县二十六”，其中也有“大末”。民国志《地理考·沿革》并有关于县名的考证：“顾祖禹《读史方舆纪要》引李留之语谓‘逆流多惊滩，以竹索引船乃可上。大读如达，义有取焉’其说非是。”

【末治】 民国志卷二《地理考·沿革》：“王莽改曰‘末治’。”《汉书》卷二十八上《地理志》“大末”下有夹注云“莽曰末治”，可作民国志的佐证。余绍宋并有按语：“至王莽改‘太末’为‘末治’亦属单举，盖‘大，者夸张之词，如‘大梁’、‘张楚’之例，‘治’犹‘县’也”。而在郦道元《水经注》卷四十中又写成为“末理”，对此民国志有说明：“殆避唐时讳，非唐时曾改称末理也。”

【太末县】 民国志卷二《地理考·沿单》：“至东汉复名太末。”《后汉书》志第二十二《郡国志》四“会稽郡”条下有“太末”的县名，可作民国志的佐证。民国志卷二《地理考·沿单》云：“‘大末’作‘太末’始于《后汉书·郡国志》，《汉书·地理志》尚作‘大末’。”实际上“大”字和“太”字历史上本可通用，其含义并无实质上之差异，所以旧籍中混用处甚多，如民国志就基本上都写成“太末”。自东汉开始，历经三国、两晋及宋、齐、梁、陈，太末县一直存在，在《晋书·地理志》《宋书·州郡》《南齐书·州郡志》等史籍中均有关于太末县的记载，民国志也有“晋、宋、齐、梁、陈因之”之语（卷二《地理考·沿革》）。到隋开皇九年（589），曾一度撤销县建制，唐武德四年（621）又恢复太末县，直至武德八年（625）。三国吴宝鼎元年（266）“分会稽为东阳郡”（《三国志》卷四十八《吴书·三嗣主传》），太末县自此由会稽郡改隶东阳郡。至于太末城的位置，民国志卷二十四《丛黍载·古迹》引《舆地纪胜》说是“在县治西”，余绍宋并有按语：“汤溪志云‘距龙丘山麓里许，即秦所立太末县旧址’，与是说相反，盖汤溪在县东也。”一般地讲，秦在姑蔑国基础上设大末县，其县城也应在原姑蔑城的基础上设置，从地理位置上讲，龙丘山一带偏于县境东部一隅。

【白石县】 白石县于唐武德四年（621）设立，武德八年（625）撤销。《新唐书》卷四十一《地理志》“衢州”条下说：“太末，武德四年置，以县置穀州，并置白石县。八年州废，省太末、白石入信安。”《旧唐书·地理志》和民国志卷二《地理考·沿革》也有相似记载。其县城所在，民国志卷二十四《丛载·古迹》有载：“白石县治在县南三十五里白石山麓，山石纯白，县以得名，至今有知县坂、城隍墩等处。灵山与白石山相距里许，人民聚为县南巨镇，或云即白石县故址。”这里所说的白石山以山色纯白、结构玲珑而成为历史上一处景点，1958年大炼钢铁时因采萤石而消失，所在地尚留有“白石山头”村名。关于白石县的范围，史书并无记载，根据其县城位置推测，应包括今龙游县的南部及相邻遂昌县、信安县的部分。

【龙丘县】 民国志卷二《地理考·沿革》：“贞观八年析信安、金华，复置县治，更名龙丘，隶婺州。此当为称龙丘之始，太末之名至此遂废。”并有按语引《名胜志》说明“龙丘”一名的来历为“以县东四十里龙丘山为名”。《旧唐书·地理志》和《新唐书·地理志》均有相似记载，《旧唐书》并说明“垂拱二年属衢州”，垂拱二年当为公元686年。民国志卷二《地理考·沿革》也有“垂拱二年置衢州，始与信安、常山并由婺州改隶焉”之语。民国志并云“大历十二年升龙丘为紧县”，大历十二年即公元777年，对此《旧唐书》未载，《新唐书》则在县名下注一“紧”字。

【盈川县（唐）】 《旧唐书》卷四十《地理志》“龙丘”条下有“如意元年分龙丘置县”的记载，《新唐书》卷四十一《地理志》“衢州信安郡”的“龙丘”条下更补充说明“元和七年省盈川入信安”。民国志卷二《地理考·沿革》也有相似语。如意元年即公元692年，元和七年为公元812年，先后共存在121年。关于盈川县城，民国志卷二十四《丛载·古迹》有载：“盈川故城在县西三十里，下临盈川潭，城址犹存。”并有按语：“《太平寰宇记》云‘在州南九十里’，误。盈川不在州南，距州城亦无九十里也。”

【武安县】 民国志卷二《地理考·沿革》有“证圣二年又析置武安县，武安至神龙元年仍省入龙丘”的记载。《旧唐书·地理志》未载武安县，《新唐书》卷四十一《地理志》“衢州信安郡”的“龙丘”条下有“证圣二年置武安县，后省武安”的记载。《中国历史地名辞典》468页（1986年江西教育出版社出版）则有“唐证圣元年（695）置，治所在今浙江衢州市东。后废”的记载。《中国历史地名辞典》将置县时间定在“证圣元年”是对的，因为“证圣元年”的下一年就是“万岁登封元年”，并无“二年”，《新害书》的“二”当是“元”之误。综上记载，当时曾析龙丘县地置武安县是有根据的。应该说明的是，关于武安县还有一些不同说法。《太平寰宇记》卷九十七“武安故城”条引《信安记》云：“证圣二年割常山、须江、饶州之弋阳三县置武安县，以地有武安山，因以为名。”并加按语：“此邑已废，故城存。”浙江人民出版社1984年出版的《衢州市志》第一章《建置沿革》中也有相似语。但查浙江人民出版社分别于1990年2月和6月版的《江山市志》《常山县志》及江西人民出版社1985年出版的《玉山县志》，则均云于证圣元年（695）析置玉山县，清康熙《衢州府志》卷十一也持此说，并另有“证圣二年分龙丘置武安县，后省”的记载。特录以备考。

【龙游县】 民国志卷二《地理考·沿革》：“五代时，龙丘县属吴越国。宝正末，钱镠以‘丘为墓不祥’，改曰龙游，属衢州如故。”上述记载新旧《五代史》均未载，故余绍宋特注明“据《太平寰宇记》及《十国春秋·地理表》纂”。改龙丘为龙游的时间，康熙《衢州府志》卷十一《郡县表》列为“宝正六年”，与民国志的“宝正末”相符，因为下一年钱镠即去世，由儿子钱元瓘袭封吴越国王。关于“丘为墓不祥”，一方面是因为这时的钱镠年已80，衰迈之人对此当然敏感；也因为吴越国疆域比现在的浙江省大不了多少，范围小了，对于境内的这个“龙丘”也就难免忌讳。

【盈川县（宋）】 《宋史》卷八十八《地理志》“衢州信安郡”的“龙游”条：“唐龙丘县，宣和三年改为盈川县，绍兴初复改。”宣和三年即公元1121年。民国志卷二《地理志·沿革》较《宋史》详细：“宣和三年因有诏讳‘龙’字，改为盈川，绍兴初复故名，属衢州信安郡。”并注明“据《宋史·地理志》及两旧志纂”。“绍兴初”当为绍兴元年，康熙《衢州府志·郡县表》便明言“绍兴元年”，即公元1131年。自此以后，县名便一直称“龙游”而沿用至今。

龙游建置沿革

表1

朝 代	建置名称	隶 属	备 注
秦	大末县	会稽郡	—
西汉	大末县	会稽郡	—
新	末治	会稽郡	—
东汉	太末县	会稽郡	—
三国（吴）	太末县	东阳郡	宝鼎元年（266）因分会稽郡设东阳郡而改隶
晋	太末县	东阳郡	—
南朝（宋、齐、梁、陈）	太末县	东阳郡	—
隋	（吴宁县地）	婺州	开皇九年（589）废入长山，并改长山为吴宁县，置婺州
	（金华县地）	东阳郡	开皇十二年（592）改吴宁为东阳，十八年（598）又改名金华。大业元年（605）置东阳郡
唐	太末县、白石县	穀州	武德四年（621）置穀州及太末、白石二县
	（信安县地）	婺州	武德八年（625）穀州废，省太末、白石入信安县
	龙丘县	婺州	贞观八年（634）析信安、金华复置县，更名龙丘
		衢州	垂拱二年（686）因置衢州而改隶
	龙丘县、盈川县、武安县	衢州	如意元年（692）分龙丘置盈川县，证圣元年（695）又析置武安县
	龙丘县	衢州	武安县神龙元年（705）省入龙丘县，盈川县元和七年（812）省入信安县
五代（吴越）	龙游县	衢州	宝正六年（931）钱镠以“丘为墓不祥”改称龙游
北宋	龙游县	衢州	—
	盈川县	衢州	宣和三年（1121）因有诏讳“龙”字，改名盈川
南宋	龙游县	衢州	绍兴元年（1131）复名龙游
元	龙游县	衢州路	元至元十三年（1276）改衢州为衢州路总管府
元明之际	龙游县	龙游府	韩宋龙凤五年（元至正十九年，公元1359年）朱元璋改衢州路为龙游府
		衢州府	韩宋龙凤十二年（元至正二十六年，即1366年）朱元璋改龙游府为衢州府
明	龙游县	衢州府	—
清	龙游县	衢州府	—
中华民国	龙游县	衢州军政分府	1911年11月—1912年2月
		浙江省	1912年2月—1914年6月，为县直属省
		金华道	1914年6月置金华道，道治初驻兰溪，1917年移驻衢州
		浙江省	1927年1月废道，实行省、县二级政区制
		浙江省第五行政督察区	1938年5月浙江省划分为9个行政督察区，本区专署驻衢县
		浙江省第三行政督察区	1948年4月浙江省划分为6个行政督察区，本区专署驻金华。7月全省又划为9个行政督察区，本区专署驻衢县，8月移驻江山

续表

朝　代	建置名称	隶　属	备　　注
解放初	龙游县	第三专区	1949年7月成立浙江省人民政府第三行政区专员公署
中华人民共和国	龙游县	衢州专区	1949年10月第三专区改称衢州专区
		金华专区	1955年3月衢州专区并入金华专区
	（衢县地）	金华专区	1959年12月撤销县制并入衢县，其中湖镇区于1960年2月从衢县划属金华县
		金华地区	1973年专区改称地区
	（衢州市地）	金华地区	1981年1月改衢县为衢州市（县级市）
	龙游县	金华地区	1983年12月恢复龙游县建制
		衢州市	1985年6月撤销金华地区，成立金华、衢州两个省辖市，龙游县划归衢州市

境域变迁

【概况】 秦置大末县，以姑蔑地为县境，约含今龙游县、衢江区、柯城区、江山市、常山县、开化县、玉山县东部、遂昌县及原汤溪县之半。其后由于析地置县，境域逐渐缩小，至明成化七年（1471）析置汤溪县后，总体格局基本定形。关于“玉山县东部”之说，有江西人民出版社1985年出版的《玉山县志》33页《历史沿革》可证：“秦朝，东部（金沙溪以东）属会稽郡太末县。”

【析置新安县】 民国志卷二《地理考·沿革》：“初平三年析太末置新安县。”初平三年即公元192年。查《后汉书》卷三十二《郡国志》，注中也有同样说法。当时的新安县范围约含今衢江区、柯城区、江山市、常山县、开化县及玉山县东部。至是年，太末县境约含今龙游、遂昌两县及原汤溪县之半。

【析置平昌县】 民国志卷二《地理考·沿革》：“三国吴赤乌二年，析太末置平昌县，太末遂为今龙游之专名。”赤乌二年即公元239年，平昌即今遂昌县。查《三国志·吴书》，并未见相关记载，光绪《遂昌县志·疆域》仅云“吴赤乌置平昌县”，时间未详。但《中国历史地名辞典》161页“平昌县”条则明言“三国吴赤乌二年（239）置，治所即今浙江遂昌县”，可见民国志定为赤乌二年当有所据。至是年，太末县境约含今龙游县及原汤溪县之半。

【省盈川入信安】 唐如意元年（692）分龙丘置盈川县，元和七年（812）省盈川入信安，盈川一带划出。盈川县境域史无明确记载，但今衢江区高家镇之盈川村地理位置紧邻龙游县之西境，估计当时划入信安县的当为盈川县之西部，东部仍属龙丘。浙江人民出版社1992年8月出版的《衢县志》第一章《沿革》中便说：“元和七年（812）盈川县建制撤销，并入信安、龙丘两县。”《太平寰宇记》卷九十七“废盈川县”条也持此说。

【析置汤溪县】 《明史》卷四十四《地理志》“金华府”的“汤溪”条：“成化七年（1471）正月析兰溪、金华、龙游、遂昌四县地置。”民国志卷二《地理考·沿革》则云：“成化八年（1472）析县之清阳乡入金华，别置汤溪县。”时间上相差一年。对此，民国志加有按语：“乾隆汤溪志《疆域》类云‘成化七年置县’，而《山川》类汤塘山下则云‘成化八年迁邑于汤塘市北隅，始名汤

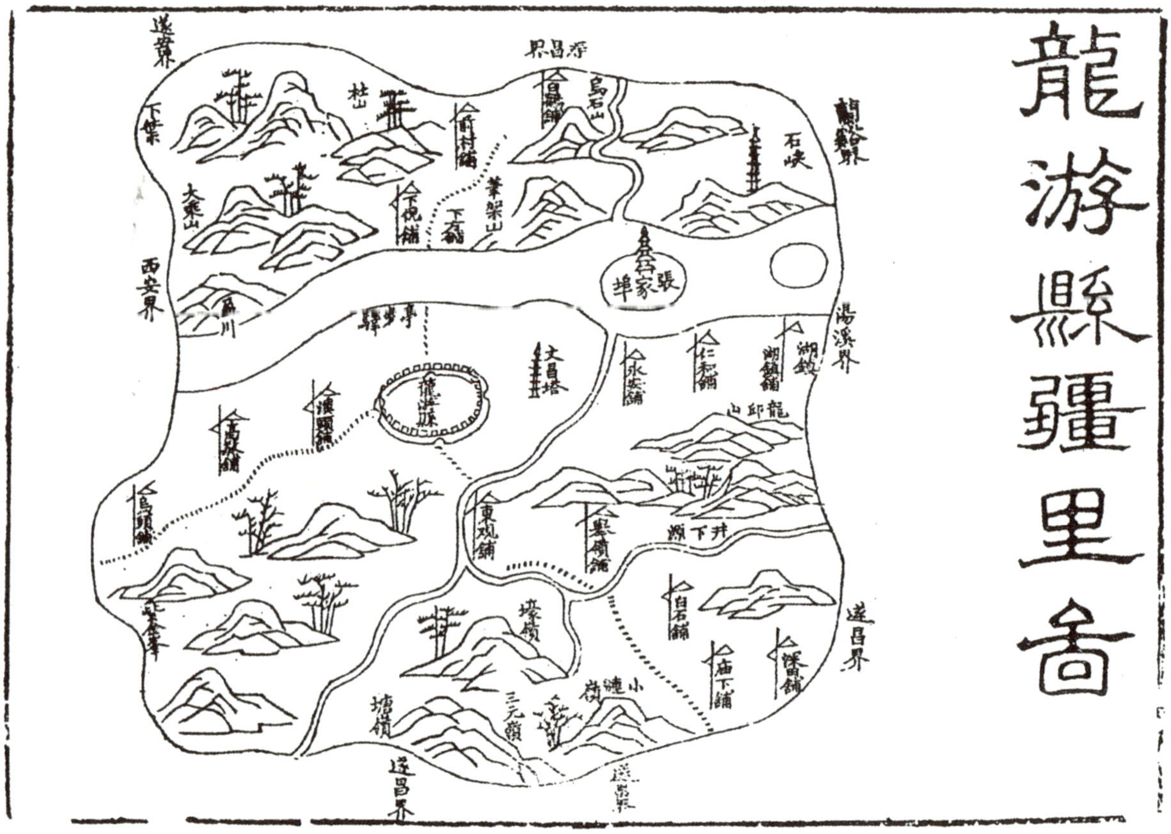

图1 龙游县疆里图（原载清康熙癸丑《龙游县志》卷首）

溪’，据此应以八年为是。”按语所说也不是没有道理，但从总体上讲，析汤溪县时间还是以成化七年为妥。至于清阳乡的范围，“大体上在今县境以东至金华县莘畈溪沿岸。”至是年，龙游县境域未再有大的变化。

【局部调整】 除前述土地析出设置新县外，小范围的调整颇为频繁。有的是因为勘定县界而变动，有的是为了解决一些“飞地”问题，也有的是因龙游县制的恢复而相应变动。其中可考的有下列几次：

1921年，将原属龙游县的分水坪、王坞、燕窝汪村划属遂昌县，将原属遂昌县的下旦（今属沐尘畲族乡马戍口行政村）划属龙游县。

1933年至1937年，龙游、衢县两县会勘县界，将马叶村东南部及张家村（今均属詹家镇）划归龙游县。

1936年11月12日，以珏塘村之半、梅岭村划属寿昌县，寿昌县以飞地张家村（今属横山镇）之半及上叶村（今属横山镇塔下叶行政村）划属龙游县。

1949年，将原属衢县的马叶村（今属詹家镇）西北部划属龙游县，使原分属龙游、衢县两县的马叶村得以完璧。

1952年3月，将龙游县士元乡的生塘徐、梅屏、小梅屏、柴埠江、山峰张村划属兰溪县，将原属兰溪县圣山乡（今水亭畲族乡）的兑门江、米筛垄（今属茶场新村行政村）、经堂（今属茶场新村行政村）、下畈（今名上畈）、西湖（今名西胡，属茶场新村行政村）划属龙游县（今均属模环乡）。

1954年6月，龙游和遂昌县界调整为以凹岭（即豪岭）为界，原属遂昌县白水乡第四村的芦头（今名路头，属沐尘畲族乡）及雷坞（今属庆丰行政村）、竹头底（今属沐尘畲族乡双戴行政村）、杨梅岭（今属庆丰行政村）、杨里（今属庆丰行政村）及原属遂昌县苏村乡（今北界镇）三村之岱岭（今名大头岭，属大街乡贺康行政村）自然村划属龙游。

1954年8月，将原属衢县大里乡（今峡川镇）之金村（今属石佛乡）划属龙游。

1983年，1980年将原属衢县外黄公社的黄村、上西两大队（今均属小南海镇龙丰行政村）划入当时的箬塘公社，复县时随箬塘公社改属龙游县。1960年随龙游县并入衢县的大路店、上大路、湖南山、上高敬、下高敬、里湖塍、外湖埕、尖竹桥村，1983年复县时留在衢县。湖镇区复归龙游县时，将原属金华县的东沙畈村改属龙游县（今社阳乡金龙村）。

1985年，将1960年析出的邵家、长元祝、叶家、童村（今均属湖镇镇）4个村划归龙游县。

山 川

【概况】 境内山脉沿金衢盆地南北两缘分布，成为县境的界山。北部属千里岗山脉余脉，由古生界及中生界褶皱山组成；南部属仙霞岭山脉余脉，由断裂构造控制断块山组成，以火山岩为主。县南最高山峰茅山坑（海拔1442米），县北最高山峰马槽山（海拔940.1米），县境最低处为湖镇镇下童村（海拔33米）。境内河流属钱塘江水系。除衢江外，各溪流均发源于南北山脉之中，成为雨源型山溪。主干流衢江，自西向东横贯县境中部，南北各有一级支流4条，呈树枝状分布。一级支流上又有集雨面积在5平方千米以上分支流17条，河流总长402.1千米，年均径流量10.78亿立方米，丰水年13.4亿立方米。支流河床比降大，水位易涨易落，枯洪变化悬殊。20世纪50年代以来，上游多有水库建成，对汛期的径流量有所控制，水位相对平稳，洪旱危害大为减轻。

【仙霞岭山脉】 分布县境南部、西南部及东南部，自县西南与衢江区、遂昌县交界处入境，成桃源尖山结。由此分两支：一北北东走向，沿衢江区与龙游县边界延伸，山势较高，自县境最高点茅山坑向北，依次有黄婆衣、麻洋岭、绿葱湖、老虎山、盘冲头、石角、东东尖、坞岩尖、树坞顶、将军帽诸峰，构成与衢江区的界山；复自坞岩尖分出一支，北东走向，有小溪表、天上洋、晓溪山、牛头石岗诸峰，成步坑源与晓溪水分水岭。另一支从桃源尖沿龙游县、遂昌县边界延伸，北东走向，有石角头、大加脑、羊头、金鸡石、大坪岗诸峰，跨过灵山江有老虎岩、猪凹岭、金竹坞、泥湾诸峰，构成与遂昌县的界山；复由大加脑分出一支，北北东走向，沿庙下溪东岸延伸，有湖口、杨树山、长生岭、曾家坞、大衣坞、长田丘、天福山、西山顶诸峰，成庙下溪三元岭水分水岭；大坪岗分出一支，北北东走向，有上山子、猴子铺、茂山诸峰，成三元岭水与大界源水（源出遂昌县飞连尖，东北流人县境，在坑口注入灵山江）分水岭；乌泥湾向北分出一支，沿龙游县至金华市婺城区边界延伸，有黄岗坛、寮山尖、五龙山诸峰，构成与金华市婺城区的界山。仙霞岭余脉在境内牛角湾成一山结，分出两支。一支东偏北走向，有蒲阳山、大虹顶、三爪坞、水底坞、白洋山、白石山、铜钵山、楼坞尖、螺蛳线诸峰，成山南潼溪与山北罗家溪、社阳港分水岭；白云山向北分出一支，有大山表、仰天湾、红南基、圣堂山、资福山诸峰，为罗家溪主流与支流马府源分水岭；铜钵山向北分出一支，有白岩山、白鸽、前山岗、大湾尖、好坑坞尖、船湾尖诸峰，为罗家溪与社阳港分水岭；楼坞尖向北分出一支，有老鼠坞、金坞尖、大列唐、横坞尖、老鹰岩、铁索尖诸峰，为后渠源水与大公溪分水吟。牛角湾山结另一支自牛角湾向东南行，有梓山、严家山、老虎岩诸峰，为潼溪与梓山水、小坑水、潘兵水分水岭，其北端延伸至十都、官村、上圩头、希唐、三叠岩一带，构成金衢盆地南缘。

【千里岗山脉】 分布在县北与建德市交界处，呈北东走向。最高峰马槽山位于县境西北角，自此沿

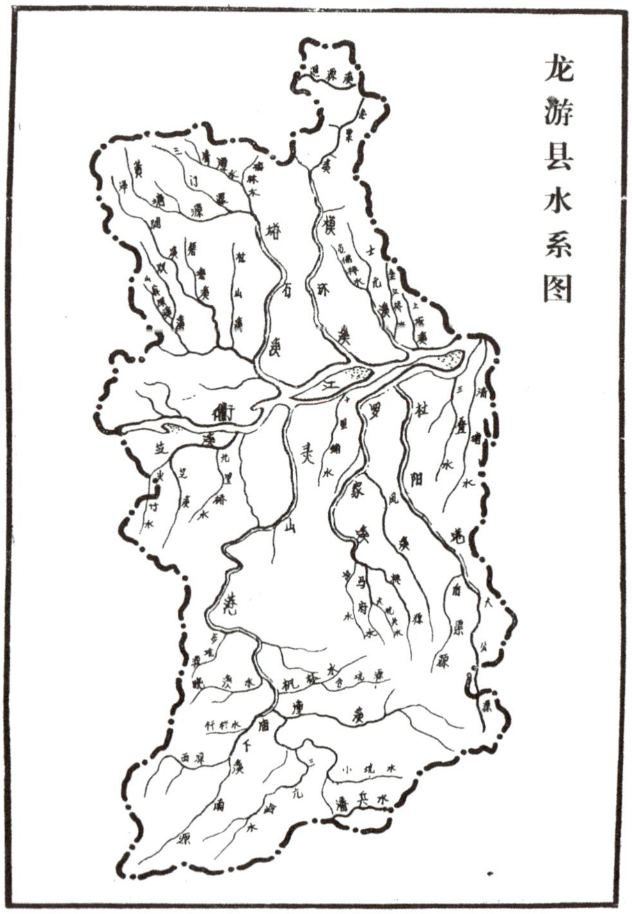

图2 龙游县水系图

龙游、建德边界向东北延伸，有十八湾、龙门、乌龟岗、乌石山、白岭、天池山诸峰，形成与建德市的分水岭。此线以南山峰有梅树坞、上东山、木瓜棚、黄梅尖、饭甑山、石口门、蝴蝶形、大湾等，多流纹岩及凝灰岩。再南从石佛至后徐至龙门桥至志棠一线，有 杜山、官山（旧称鹳山）、大山等山峰，北东走向，多石灰岩、白云岩等沉积岩。

【衢江】 境内衢江旧称瀫水，也有写成榖水、縠水的，为钱塘江上游主流之一。自衢江区盈川潭入境，至湖镇镇邵家村出境，入境口高程43米，河口高程32米，落差11米，平均坡降0.39‰。境内主流长28千米，流域面积1053.84平方千米，沿江有詹家镇、小南海镇、龙洲街道、东华街道、模环乡、湖镇镇。主河道入境至团石汪歧为南北两流，北流至大船头下游岩山折东南至泽基；南流在施家埠纳芝溪水，经姜家、张杨至泽基与北流重合。南北分流间成一沙砾滩，面积约1.5平方千米，滩北名翁家滩，滩南名下滩。主河道重合后，往东偏北流约6千米至驿前，纳灵山江水后再流约1千米，复歧为二：左流经后周笋墩山下纳塔石溪水，至张家埠、范家，在凤基坤纳模环溪水；右流经湖底叶、项家、槐王、中央滩、白地圩、布袋滩；分歧中孕育出江心洲，面积约8.66平方千米，洲上有张家埠、范家、杨家3个村。右流经白地圩又一分为二，左流至湖岩与原左流汇合，经小溪滩、马家、唐家圩、桥头江、后陈、下童，先后纳士元溪水、上畈溪水，至湖镇镇邵家；右流经青田铺至河村纳罗家溪、社阳港，经白革湖、河曲桥与三叠岩水汇合，经叶家至邵家与主流会合出境。分歧中又孕育出江心洲，称鼎新洲，面积约5.64平方千米，洲上有塘马、上溪头、新圆、后陈、下童等5个村。衢江河道横向为宽浅表状“U”形断面，主河道最宽400米，最狭350米。常水位时最大水深点约3米至4米，最小水深点约2米至1米。年平均径流量为每秒340立方米，年平均入境水量116.8亿立方米，出境水量124.3亿立方米。

【芝溪】 源出衢江区全旺镇尚伦岗，自詹家镇十都村入龙游境，至龙洲街道施家埠汇入衢江，入境口高程65米，河口高程45米，落差20米，坡降1.27‰。境内流长15.75千米，流域面积93.38平方千米，流经詹家镇、龙洲街道。入县境后北流，经胡家、芝溪、夏金至孙家纳尖竹桥水。折东流，经黄家至李家纳黄塘溪水。再流经后游至詹家，纳张严水、九里桥水，经水亭圩至施家埠汇入衢江。

【灵山江】 又名灵山港，旧名灵溪、灵源、灵源港、薄里溪、泊鲤溪等，为县境内衢江第一大支流。发源于遂昌县高坪乡和尚岭，自沐尘畲族乡马戍口村入境，至东华街道驿前村汇入衢江，入境口高程175米，河口高程38米，落差137米，坡降2.45‰。境内流长55.95千米，流域面积334平方千米，流经沐尘畲族乡、溪口镇、龙洲街道、东华街道。自马成口纳潘兵水（檀溪），北流至坑口纳山北桥水（楼坞坑水），再至渡头纳小坑水。转东北流，至坑头纳梓水。折西流纳三元岭水（同康水）、社里水。至沐尘折北流，至大虹桥纳潼溪水，至溪口纳庙下溪水，至小虹桥纳枫林溪水，至江潭纳晓溪水、大垄水，至灵山纳外高山水，至塔下折西北纳大安源水，至花坟前纳北山水，至步坑口纳步坑源水，至石角纳道士源水、考坑水。复折向北流，至渡贤头纳老鹰岩水。折西北至旗山脚下纳黄冠源水，经官潭折东偏北流，至官村纳寺坞水。出官村后折北，入寺后大畈。过寺后至白畈，纳大垄水，经县城东至驿前、湖底叶两村间汇入衢江。年平均径流深1.04米，径流量每秒20.8立方米，年来水总量6.12亿立方米。系典型山溪性源流，坡降大，流速快，遇暴雨破坏性大。旧时木船可从县城通至遂昌县北界镇，1958年后山区林木砍伐过量，加之河中拦水筑坝，造成河道泥沙淤积，至20世纪60年代后期舟筏已无法通航。

【罗家溪】 旧名马府源。源出铜钵山，河源大街乡岭根村，高程285米，河口湖镇镇下叶村，高程32米，落差253米，坡降8.6‰。主流长29.3千米，流域面积120.93平方千米，流经罗家乡、溪口镇、东华街道、湖镇镇。自岭根北流，经陆村入红塘坑水库。出水库后至傅家转西北，经茭塘金、桃源、荷村、罗家至大乘坞纳马府水。北流至席家折向西流，于鹁鸪头纳冷水。转东北经上圩头、岩头，至狮子山纳甘溪水。经墩头、西陈至新屋纳凤溪水。北流经方家至寺底袁纳横路祝水，经马报桥、上昌至七都西南，折向东流。经下潘至下叶与社阳港水合流，流至河村注入衢江旧支流，再流经湖镇白革湖至叶家汇入衢江。

【社阳港】 旧名竺溪水，又名长枝源。发源于龙游县与金华市婺城区、遂昌县交界处的社阳乡境内东长坪北麓，至湖镇镇河村注入衢江旧支流，河源东长坪高程450米，河口河村高程34米，落差416米，平均坡降13‰。主流长31.95千米，流域面积108.69平方千米，流经社阳乡、湖镇镇。源流经县内源头村、婺城区上阳村，又至社阳乡沙畈村南入境。北流经金钩至大公，纳塘泗水，经茶园至双溪口纳后渠水，再折西北流至桃园纳银坑水，至金鸡洞纳毛家坞水。至社阳，南纳好坑坞水，东纳园油坑水入社阳水库。出水库后经希唐、溪底杜、竺溪桥至湖镇镇下叶村，与罗家溪合流，再至河村注入衢江旧支流，再经湖镇至邵家汇入衢江。社阳港主要分支流后渠水源出社阳乡上堤村老鹰岩，自南往北经上堤、泽夫湾口、上后渠、连下桥至双溪口，注入社阳港。主流长7.6千米，流域面积17.31平方千米。河源高程400米，河口高程110米，落差290米，平均坡降38.16‰。

【塔石溪】 旧名锦溪，系县境内衢江北岸最大支流。主源为三门源水，源自石佛乡大力山村白佛岩，至小南海镇后周村汇入衢江，河源高程180米，河口高程38米，落差142米，平均坡降4.9‰。主流长29.2千米，流域面积220.28平方千米，流经石佛乡、塔石镇、横山镇、小南海镇。另有西源自梅树坞始，名黄塘源。三门源、黄塘源汇合于下洪村南成石佛溪，东南流至胡家纳清潭水、梅岭水，至贤求朋纳锦溪水，经脉元、西坦、李家至坞堪，再南出小溪，经王印图、横堰、西徐至张坞碓、山水碓，与泽随溪汇合于下高桥。合流后折向东南，流经地皮山、后周至笋墩山下汇入衢江。

【模环溪】 原名双溪。源出建德市宙坞坪，自横山镇塔下叶村入龙游境，至模环乡凤基坤村汇入衢江。入境口高程102米，河口高程35米，落差67米，坡降2.6‰。县境内主流长25.8千米，流域面积97.12平方千米，流经横山镇、模环乡。自塔下叶纳志棠溪水与翁坞底溪水成为主流，折南流经张家、上向徐至白鹤桥，纳珏塘溪水与龙门桥山溪水。向南流经会泽里，至叶野纳苗高水，至横山纳横山水。再流经湖涯溪边、下西山、五都桥、模环、金家、祝家、兰塘、大治至凤基坤汇入衢江。

【士元溪】 旧名斗山水。源出横山镇上下朱村，至模环乡桥头江村汇入衢江，河源高程76米，河口高程36米，落差40米，坡降3.48‰。主流长11.5千米，流域面积41.5平方千米，流经横山镇、模环乡。源流南行新王村、刘家村至湖塘殿，纳老佛水，东南经白马至前方西北汇合金江桥水，曲折南流至桥头江西北汇入衢江。

【上畈溪】 源出兰溪市圣山乡石孔头，至模环乡上畈村入境，流经米筛垄、兑门江、叶塘下，至前方村以东祠堂脚汇入衢江。境内流长3.5千米，流域面积5.48平方千米。入境口高程52米，河口高程32米，落差20米，坡降5.71‰。

矿 产

【概况】 龙游县的矿产资源以非金属矿为主，按成因分为两种类型。一种为岩浆期后中低温热液型，有黄铁矿、萤石等，分布在县南花岗岩发育地区；一种为沉积型非金属矿，有石煤、石灰石、白云石、黄蜡石等，分布在县北地区。全县已发现矿种23个，矿产地66处（不包括建筑黄沙）。矿产资源的基本特点是：能源矿产贫乏；金属矿产除灵山黄铁矿床伴生铜¬、铅、锌外，其余大多为矿点，不具备开发条件；非金属矿产矿种不多，但颇具特色，水泥灰岩、建筑用凝灰岩、砖瓦黏土、黄沙较丰富，为县内矿产资源开发利用的主要矿种，且分布集中，有利于矿业规模化经¬营和产品系列化开发。

【黄铁矿】 分布在县境南部，有溪口东矿、溪口西矿、灵山、牛角湾、凤凰山等5处矿产地，探明基础储量黄铁矿1565.74万吨，其中灵山矿区伴生铜¬金属量17372吨、铅金属量16921吨、锌金属量37877吨、银金属量102吨。含硫量较高。

【水泥灰岩】 分布在县境北部的石佛、龙门桥、志棠一带，控制基础储量为7303.4万吨。

【建筑用凝灰岩】 主要分布于石佛乡塘边—横山镇龙门桥—横山镇腰塘边、东华街道上圩头—罗家乡、詹家镇芝溪—龙洲街道岑山—龙洲街道后田铺一带。为侏罗系火山凝灰岩，潜在资源量大，可成条石、块石等品种，成材率高，是建造坝基、桥基及高档建筑物的良好基石。

【砖瓦黏土】 主要分布于横山镇白鹤桥、石佛乡下洪、塔石镇雅村—模环乡姚西塘、詹家镇浦山—东华街道大垄口及湖镇十里坪一带。为白垩系粉砂岩风化形成的黏土岩，黏结性好，露天开采方便，潜在资源量大。

【黄沙】 主要分布在衢江龙游段及其支流灵山江、社阳港、罗家溪、塔石溪、模环溪。预测资源量为1430.44万吨，年输砂量34.06万吨，为衢州市主要的商品黄沙基地。

【蛇纹岩】 分布于溪口镇灵山上北山，探明的基础储量为10.47万吨，已作为磷肥厂配料开发。

【石煤】 主要分布于县境北部的石佛乡杜山坞和横山镇龙门桥、东王及马山一带，矿体长约10千米，分上下两层，下层石煤质量较好，含硫量高，且伴生五氧化二钒。已经开采的有杜山坞、龙门桥、东王3处矿点。

（县史志办 劳乃强）

中共龙游县委员会

综　述

2016年，中共龙游县委在浙江省委、衢州市委的正确领导下，坚持以马克思列宁主义、毛泽东思想、邓小平理论、“三个代表”重要思想和科学发展观为指导，全面贯彻落实中共十八大和十八届三中、四中、五中、六中全会以及省委、市委全会精神，自觉落实中央“四个全面”（全面建成小康社会、全面深化改革、全面推进依法治国、全面从严治党）战略布局和省、市决策部署，牢固树立五大发展理念，扎实推进“两化”（新型工业化、新型城镇化）引领战略，主动作为，创新实干，加快走出一条符合龙游实际的发展之路。2016年，全县地区生产总值同比增长7.2%，财政总收入和公共财政预算收入分别增长7%和10.4%，固定资产投资增长11.3%，社会消费品零售总额增长11.7%，外贸进出口总额增长6.7%，城乡居民人均可支配收入分别增长9.2%和8.9%，综合考核位居衢州市前列。

【贯彻中央和省市系列精神】 坚持不懈强化思想理论武装，以县委理论中心组学习会为主平台，及时组织学习中共十八届六中全会、习近平总书记系列重要讲话精神及省委、市委全会精神，推动广大党员干部牢固树立“四个意识”（政治意识、大局意识、核心意识、看齐意识），坚决拥护和维护以习近平总书记为核心的党中央，做到任何时候、任何情况始终与党中央及省委、市委保持高度一致。坚持理论联系实际，将党中央和省委、市委精神与龙游实际紧密结合，及时提出龙游加快发展的战略目标。县委十届十次全会提出坚持“两化”引领，扎实推进新型工业化、新型城镇化、文化旅游和美丽龙游建设；县委十届十一次全会提出抓创新促转型、抓变革优环境，加快推进新型工业化建设；县十一次党代会对今后五年进行系统谋划，确立“五年打基础、五年求突破、五年争崛起”的“三步走”战略思路，并围绕“与全省同步高水平全面建成小康社会”的总目标，谋划实施省级工业强县、省级历史文化名城、省级美丽乡村示范县和长三角旅游目的地等“三县一地”创建工程，力争通过五年努力，接近甚至达到全省平均水平。

【加快经济转型升级】 切实加强党对经济工作的领导，面对严峻复杂的宏观经济形势和“十三五”发展的新形势、新任务、新要求，坚持以战略眼光、全局思维判形势、把方向、作决策、谋实招，坚定不移打好转型升级组合拳，经济发展的质量效益不断提升。打好项目投资攻坚战，完善县级领导挂帅包干机制，围绕204个“四重双百”（“四重”即产业发展、城镇建设、基础设施、公共事业等四个重点领域；“双百”即全力推进100个以上重点项目建设，拉动100亿元左右的有效投资）项目，以上率下，开展“三挂五竞赛”（“三挂”即筛选100个重点建设项目，落实县级领导挂帅包干、挂图竞赛、

图3 2016年6月12日，县委书记方建忠（左二）深入养殖场调研生猪整规转型工作

挂联考核项目推进责任；“五项竞赛”即开展谋划、征迁、投入、推进、服务五个方面的竞赛）、“大干一百天，实现全年红”等活动。举办第二届龙商大会，深化项目交流合作，全县148个实施类项目完成投资99.5亿元，6个省“411”（即“四大万亿”工程，包括万亿产业转型升级工程、万亿基础设施完善工程、万亿统筹城乡建设工程、万亿公共服务提升工程；建设1000个以上省重大项目，带动全社会固定资产投资超过10万亿元）项目完成投资21.27亿元，37个市重点建设项目完成投资49.8亿元；引进市外项目69个，累计到位资金55.05亿元，其中亿元以上项目26个，10亿元以上项目3个，投资30亿元的高铁轴承产业园项目、投资5亿元的龙游花海项目顺利开工，“一港一路一桥一枢纽”（即龙游港区桥头江作业区工程、 湖镇至童家公路工程、跨衢江大桥应急工程、游埠枢纽护岸护堤工程）、高坪桥水库等重大基础设施项目扎实推进，生活垃圾热解气化项目成为衢州市首个签约PPP项目。打好产业升级攻坚战，出台促进工业经济转型跨越发展的政策意见，扎实推进省级生态工业试点，大力培育百家“四优”（政治素质优、岗位技能优、工作业绩优、群众评价优）企业，积极深化政府、产业、学者、科研合作，加快“四换三名”（“腾笼换鸟”、机器换人、空间换地、电商换市，培育名企、名品、名家）步伐，25家企业与券商完成签约，其中7家企业在“新三板”成功挂牌；规模工业利税和利润总额分别增长13.12%和14.46%，新产品产值增长11.96%。构建整县域生态循环农业体系，深化开启、集美、龙珠三大模式，开展“双打、双控、双提”专项整治，积极创建美丽生态牧场，全县保留的养殖场100%达到生态牧场标准，50家美丽牧场通过验收。打好“拆治归”（即“三改一拆”“五水共治”“浙商回归”）攻坚战。完善以“流域河长制”为核心的基层治水责任体系，全面落实履职承诺、述职评议、媒体问询、考核问责4项机制，加快推进清塘美河、城镇污水处理、农村生活污水治理等治水工程，境内各交接断面水质得到持续改善，衢江出境水保持在Ⅲ类以上，氨氮、总磷分别同比下降42.77%、8.11%。围绕创建省级“无违建县”，实施集镇、“四边”、重点违建等专项整治，全年拆除违建3869起，总面积105.4万平方米，其中完成“三改”（旧住宅区改造、旧厂区改造、城中村改造）面积209.9万平方米。充分发挥生产、生态环境红利，鼓励企业强强联合，光明铁道与国机集团、贝尔通信与奥钢联、华邦纸业与德国古楼集团、赛孚能源与国能能源集团等达成合作关系，将引进战略投资40亿元。

【提升城乡统筹发展水平】 坚持把新型城镇化建设作为经济发展的最佳支点，以美丽县城建设为龙头，以全域旅游发展为重点，不断提升城市能级，打造田园景观，努力走出一条龙游特色的新型城镇化之路。打造现代化精品城市，加快城东新区4平方公里基础设施建设，“四横六纵”路网框架初步成型。已管控数十年的小高山村整体搬迁，期盼十余年的大南门历史文化街区保护一期工程收购基本完成，可集聚万人的城东子鸣社区一期工程结顶。以“创国卫”（即创建国家卫生县城）为契机，强化城市综合管理，常态化开展卫生保洁，“脏、乱、差”现象明显好转，顺利通过国家卫生县城省级考核。优化城市业态布局，东方城市综合体、龙游美食城正式开业，大润发超市、恩浩世贸城一期工程、嘉溢金属市场等项目基本完工，成功创建省级电子商务示范县。打造景观化美丽乡村，编制

“一县一带”建设总体规划，启动基础设施、环境美化、特色产业等“七个一批”（即发展产业脱贫一批、易地搬迁脱贫一批、生态保护脱贫一批、教育支持脱贫一批、兜底保障脱贫一批、转移就业脱贫一批、健康救助脱贫一批）项目建设，完成投资37.75亿元，新增三星级以上农家乐62个、农家乐综合体4个、AAA景区3个。全面推进龙游中部灵山江生态观光休闲旅游线、北部沿千里岗山脉历史文化体验旅游线和南部浙江大竹海乡村休闲旅游精品线路打造。完成130万平方米赤膊墙立面整治；谋划建设贯穿全县域的“美丽走廊”，投资2.5亿元的溪毛线通景公路启动建设，这是连接溪口镇和庙下乡毛连里的主要交通纽带，也是通往绿葱湖景区的重要通道。打造全域旅游示范区，主攻“一区三线四镇五连片”（“一区”即以36.8平方公里省级旅游度假区为核心的旅游功能区；“三线”即龙游北部沿千里岗山脉历史文化体验、南部浙江大竹海运动休闲养生、中部环灵山江生态景观三大乡村旅游精品线；“四镇”即红木小镇、新加坡风情小镇、高山运动小镇、江心洲片区小镇等特色小镇；“五连片”指加快推进“龙游康谷”健康运动休闲区建设，打造“一县一带”美丽乡村升级版）旅游核心项目，龙游石窟旅游度假区总体规划扩容可行性研究报告通过省级审查论证；红木小镇完成投资25亿元的一期工程，获评省级优秀小镇、省级“十大示范小镇”；新加坡风情小镇成功入围省级特色小镇培育名单；高山运动小镇完成毛连里集散中心土地征收，启动小镇通景公路建设；江心洲片区小镇已签订投资框架协议；“龙之游”健康运动休闲区30平方公里核心区的8个项目全面启动。全年旅游接待总人数、国内旅游总收入均同比增长30%以上。

【构筑体制机制新优势】 牢牢抓住关键环节和重点领域改革，破解难题、创新机制，有效激发各个领域的发展活力。稳步推进政府改革，扎实开展“四张清单一张网”（权力清单、责任清单、负面清单、专项资金管理清单和政务服务网）建设，推动跨层级联审联办，加快“一张网”向乡村延伸，扩容提升涉批中介网上大厅，探索“一窗受理”（即以受理和审批相分离为原则，按“前台综合受理、后台分类审批、统一窗口出件”的模式，进一步优化业务流程，精简申请材料，实现集成高效审批）和不动产登记改革，提升审批服务效率。在全市率先完成公车改革，所有参改单位除按规定保留的车辆外，实施全面封车，县公车管理中心按时投运。落实供给侧结构性改革，开展企业经营情况专题调查，落实“一对一”帮扶机制，兑现降本减负、税收优惠等1.76亿元，29家“僵尸企业”完成并购重组，盘活土地53.33公顷、厂房23.85万平方米、资产5.25亿元。创新国资运营机制，实行政府性和市场化项目分类管理，探索契约化项目管理方式，建立市场化项目经济性审查制度。强化国资引领服务经济功能，新增红木小镇专项建设资金1亿元，为棚改项目融资6000万元，县交通投资集团与光明铁道、国际能源的两个合作项目落地实施。全面深化农村综合改革，启动生产合作、供销合作、信用合作的“三位一体”农村合作体系改革，完成县、乡两级农合联筹建，吸纳会员800余个。全面取消城乡户籍划分，土地承包经营权、宅基地使用权、林权颁证率分别达99.6%、91%、98.3%。加快推进农村土地承包经营权确权登记颁证，至年底，全县承包土地测量任务完成过半。完善农村产权交易服务体系，县、乡、村三级交易额超过2000万元。加快农民人口集聚，推广宅基地换公寓、换“房票”等做法，启动兰石村综合整治改造试点。投入1.8亿元，实施光伏小康扶贫工程，全县低收入农户每人年均增收近千元。

【增强人民群众获得感】 坚持把人民群众对美好生活的向往作为努力方向，持续增加民生投入，倾力兴办民生实事，创新完善社会治理，不断增强群众的获得感、幸福感和安全感。持续改善民生，社会保障提标扩面。加大就业扶持力度，新增就业6000余人次，落实“五险一金”（养老保险、医疗保险、失业保险、工伤保险、生育保险、住房公积金）近万人次。优化教育资源布局，樾园小学、灵江幼儿园新建项目和阳光小学迁建项目顺利推进，投资2.5亿元的县职教中心建成并投入使用。龙游县顺利通过省基本实现教育现代化县督导评估。健全医疗服务体系，扎实开展“双下沉、两提升”（即城市优质医疗资源下沉、优秀医务人员下基层；提升基层医疗卫生服务能力和群众就医满意度），谋划启动县人民医院整体迁建等项目。龙游县被确定为浙江省综合医改先行先试县。提升公共文化服务水平，完成15个乡镇（街道）综合文化站定级申报，新建21个村（社区）文化活动中心、24家特色农家书屋，县文化馆被评为国家一级文化馆。创新社会治理，深化社会治安立体防控体系建设，修订完善村规民约、市民公约，建成67个村级乡贤会。完善公共法律服务体系，建立律师事务所与司法所、派出所“所所对接”机制，打造“半小时法律服务圈”。深化“大调解”体系，开启“全民调解”新模式，调解处理各类矛盾纠纷1.3万件，成功率99.1%。落实领导包案、下访接访等制度，推行阳光信访、访前调解等工作模式，化解矛盾问题14877件，化解率达99.1%，圆满完成G20杭州峰会等重要时段安保维稳。牢牢掌握意识形态工作领导权，推动传统媒体与新兴媒体融合发展，积极培育“智慧网军”队伍，“微龙游”平台综合影响力稳居全省前20名。深化“最美龙游人”主题实践活动，完善“最美”选树机制，10人入选“浙江好人榜”，31人入围衢州“身边好人”；“最美规划人”获浙江省委宣传部部长葛慧君的批示肯定；劳光荣入选“最美浙江人·时代的先锋”报告团，并随报告团赴全省各地巡回宣讲。

【从严治党迈上新台阶】 坚持把抓好党建作为最大的政绩，强化大党建的主角思想、主动意识和担当精神，推动龙游社会经济转型跨越发展。逐级压实党建责任，县委常委会先后12次专题研究部署基层党建工作，每季度召开乡镇（街道）书记例会，建立“4+8”（即每季度召开乡镇（街道）书记季度例会，其他8个月每月召开组织委员月度例会）党建督查调研机制；实施书记项目“321”清单（即县委书记牵头谋划、领办3个以上“书记项目”，乡镇（街道）党（工）委书记领办2个以上“书记项目”，村级和部门党组织书记领办1个以上“书记项目”），共完成“书记项目”715个；创新党建季度报表制度，对全县523个基层党建问题“短板”进行专案经营；牢牢抓住意识形态工作主导权，组建“智慧网军”，成功处置60多起涉龙游网络舆情。全域提升基层基础，开展“双百示范、整乡创强”活动，创新出台龙游县基层党建“农村二十条”经验、示范点创建“十个一”标准、抓乡强村“十八条”等机制，210个行政村完成党建示范点建设，26名党组织书记入选浙江省“千名好支书”；制定出台党员实事考评“零基积分法”，全面落实基层党建9项重点任务；落实村级组织建设“六大保障”经费，在2015年基层党建保障经费6845万元的基础上，县财政再追加投入615万元。加快建设龙游铁军，全面运用“互联网+”学习模式，创建党组织微信群1033个，1.8万名党员纳入微信群管理；树立实战实绩导向，开展“双百挂联”“百狮争先”系列活动，提拔重用实战一线优秀干部86人，创出征迁安置的“大南门、小高山精神”和“高坪桥速度”；调整不适宜担任现职领导干部24人，对30余名“不想干、不会干、不真干”的“三不”村干部进行严肃处理，对43名不合格党员干部予以除名，全县干部队伍精气神全面提升。认真落实党风廉政建设“两个责任”（党委负主体责任、纪委负监督责任），全力支持纪委运用好监督执纪“四种形态”（一是党内关系要正常化，批评和自我批评要经常开展，让咬耳扯袖、红脸出汗成为常态；二是党纪轻处分和组织处理要成为大多数；三是对严重违纪的重处分、作出重大职务调整应当是少数；四是严重违纪涉嫌违法立案审查的只能是极极少数），建立正风肃纪“一月一查一报告”联动工作机制，查处违反中央八项规定精神问题18件，处理党员干部23人次，党政纪处分18人次，实名公开通报曝光5批次19人；高标准严要求抓好农村基层作风巡察，问责处理党员干部218人次，其中党纪政纪重处分8人次、轻处分21人次、停职和诫勉谈话32人次、移送司法机关处理4人次，切实营造风清气正的政治生态。

在龙游召开的国家、省、市重要会议

【全国畜牧站长工作会议】 2016年11月22日—23日在龙游县召开。农业部党组成员、副部长于康震出席，全国畜牧总站，各省、自治区、直辖市及计划单列市、新疆生产建设兵团畜牧主要负责人，衢州市副市长朱建华、龙游县委书记刘根宏、龙游县代县长张晓峰参加会议。于康震指出，龙游县推进生猪产业转型升级的先进做法和工作经验为推进农业供给侧改革、加快绿色发展、实现现代畜牧业建设提供了重要支撑，值得全国学习借鉴。于康震强调，要瞄准“十三五”发展目标，打造现代畜牧产业体系，加快生猪产能恢复、畜禽粪便资源化利用、奶业全面振兴步伐，加快粮改试点示范、草原生态保护建设进程，实现畜禽牧草种业创新发展。

【浙江省规范宅基地管理破解农民建房难工作现场会】 10月27日在龙游县召开。全省国土系统负责人参加，省国土资源厅厅长陈铁雄，衢州市、龙游县领导杜世源、朱建华、方健忠、刘根宏、郑国华出席会议。与会人员实地走访晨东小区、溪口镇翠竹小区、沐尘乡社里村、大街乡新槽村等地。陈铁雄强调，要坚持因地制宜，做到农村建房与农村土地综合整治、下山脱贫、地质灾害搬迁、农房改造、坡地村镇建设（即在低丘缓坡上建“房在林中、园在山中”的山、水、林、田、城一体的生态型村镇和产业园区的“零占用耕地”土地利用开发方式）等工作相统筹，与房地产去库存、城乡建设用地增减挂钩及宅基地取得、流转、退出等政策相衔接，与全面小康、新型城镇化、美丽乡村建设、城乡环境综合整治等要求相适应，坚持大格局谋规划、大思路谋保障、大平台谋规范、大视野谋改革，全面完成各专项行动工作目标。

【衢州市基层党建观摩会】 5月12日，衢州市基层党建“整乡推进、整县提升”“学先进、找短板、树标杆”观摩会在龙游县召开。浙江省委组织部组织一处处长李强，衢州市委常委、组织部部长陈玲玲，龙游县领导方健忠、徐雄强、王光华参加会议。与会人员走访大街乡、庙下乡等地，了解基层党建工作落实情况，并召开座谈会。陈玲玲强调，要以“两学一做”（即学党章党规、学习近平总书记系列重要讲话，做合格党员）为契机，以党建工作服务中心大局为切入点，与“五四三”（即“五水共治”“四边三化”“三改一拆”）攻坚战、市委八大重点工作和服务保障G20杭州峰会紧密结合，抓好中心工作推进。

县委召开的重要会议

【县委十届十次全体（扩大）会议】 2016年1月15日召开。会议回顾总结2015年工作，部署2016年工作任务。县委常委会主持会议。县委书记方健忠代表县委常委会向全会作报告。县委副书记、县长刘根宏等县四套班子领导出席。会议要求，实施创新驱动战略，力促工业转型升级，全面推进省级生态工业试点县建设；围绕美丽县城建设，坚持规划、建设、管理齐抓，不断提升城镇化水平；聚焦新产业新业态，完善专项扶持政策，大力发展电子商务、商贸物流、生产性服务业等重点服务产业；强化经营山水理念，打造美丽乡村升级版，努力创建省级美丽乡村示范县和“清三河”达标县；全面深化重点改革，激发县域发展活力，力推改革项目落地，狠抓改革措施落实；着力改善民生事业，切实做好扶贫脱贫、公共服务、文化建设等工作，提升群众满意度与幸福感；推进法治平安建设，维护社会和谐稳定，争创“平安建设”十一连冠；落实从严治党要求，提供坚强红色保障。

【全县干部大会暨“大干项目、大抓招商”工作推进会】 2月15日召开。县委副书记、县长刘根宏主持会议。县委书记方健忠要求做好全年任务分解落实，挂好作战图，倒排时间表，签订责任书；对省、市、县各项重点专项工作进行再部署，努力形成攻坚之势；加快党委、政府职能转变，实施精准服务，按照供给侧结构性改革要求大力推动体制、机制创新，补齐发展短板；强化基层、基础工作，深化平安建设。县委副书记、县长刘根宏在部署项目和招商工作后强调，各单位、部门要迅速传达学习会议精神，把思想和行动统一到会议精神上来，激发全县人民开拓进取、克难攻坚的士气和斗志；各乡镇（街道）、部门要认真对照年初县委、县政府下达的目标任务，结合大会部署，进一步强化责任，细化措施，切实把会议提出的任务要求落到实处，确保全年各项目标全面完成。小南海镇、县交通运输局等单位作表态发言。

【全县农业农村暨“五四三”专项工作会议】 2月16日召开。县委书记方健忠强调，“十三五”时期，龙游县农业农村工作总的思路是围绕美村富民这一主线，通过典型开路、现场比拼、全方位督查等工作方式，建成全县域生态循环农业示范区和省级美丽乡村示范县。全县上下要牢固树立创新、协调、绿色、开放、共享五大发展理念，切实增强做好农业农村和“五四三”专项工作的责任感、紧迫感，打好转型升级组合拳，把绿水青山真正转变成金山银山。县委副书记、县长刘根宏主持会议，县领导周中民、黄利荣等出席。副县长陆寿泉、陆民、郑国华、姜忠军分别部署“五水共治”、“四边三化”、“三改一拆”、农业农村及乡村休闲旅游工作。部分乡镇（街道）代表签订农村生活污水治理责任书和农村公共安全工作责任书。龙洲街道、詹家镇、湖镇镇、小南海镇等单位作表态发言。

【全县组织、宣传、统战、武装工作会议】 2月16日召开。县委书记方健忠强调，新的一年，组织、宣传、统战、武装各线要增强工作的使命感和荣誉感，以改革创新和奋发有为的精神状态，抓主业、树标杆、守底线，努力开创党建工作新局面，为绿色发展提供坚强、红色保障。县委副书记、县长刘根宏主持会议，县领导周中民、黄利荣等出席。县委常委、组织部部长徐雄强，县委常委、宣传部部长应敏，县委常委、统战部长汪军，人武部部长韩建和分别部署新一年组织、宣传、统战、武装工作。县人武部与部分乡镇（街道）代表签订了2016年度基层武装工作任务书。

【县委常委会议（1）】 4月19日召开。会议传达学习衢州市工业大会精神和市委副书记、市长杜世源在龙游专题调研工业经济发展时的讲话精神，研究龙游县贯彻落实的意见。县委书记方健忠主持会议。会议指出，发展慢是龙游的最大短板，加快发展的关键是产业强县，产业强县的核心是工业强县，各级各部门要认真贯彻落实省委、市委会议精神，聚焦工业发展，打好新型工业化战役，助推龙游工业经济做大做强。会议强调，全县上下要牢固确立工业经济重中之重的战略地位，坚定信心，保持恒心，合力扶工，合力强工，进一步营造一切为了工业、一切服务工业、一切服从工业的浓厚氛围，坚持不懈抓工业，集聚、集群育产业。要在发挥市场主导作用的同时用好政府“有形的手”，创新“主动引领、精准服务”的工作机制，努力补齐平台整合提升、政策聚焦、人才集聚、环境优化等方面的短板，推动龙游县工业经济向高质、高效、高端迈进。

【县委常委会议（2）】 4月27日召开。会议传达学习中共中央、浙江省委、衢州市委“两学一做”相关会议的精神，研究龙游县“两学一做”学习教育活动实施方案和有关工作安排。县委书记方健忠主持会议并讲话。会议指出，在全体党员中开展“学党章党规、学习近平总书记系列重要讲话，做合格党员”学习教育活动，是党中央加强党的思想政治建设的一项重大部署，是协调推进“四个全面”战略布局，特别是推动全面从严治党向基层延伸的有力抓手。各级党组织和广大党员要增强政治意识、大局意识、核心意识、看齐意识，把思想认识统一到中央和省委、市委决策部署上来，认真组织和参与“两学一做”学习教育活动。会议强调，开展“两学一做”学习教育活动，县四套班子领导和各级党员领导干部既要牵头抓总，以上率下，发挥核心作用和表率作用，又要以一名普通党员的身份参与其中，学深学透。要创新学和做的方式方法，分行业、分群体，原原本本学、结合实际学、立足岗位学、针对短板学，坚持边学习、边查找问题、边整改，确保“两学一做”取得实效，不走过场。要坚持问题导向和效果导向，把“两学一做”学习教育与基层组织建设、党员干部队伍建设、龙游经济社会发展结合起来；既要选树先进典型，又要敢于动真碰硬惩处不合格党员，使广大党员争做讲政治、有信念，讲规矩、有纪律，讲道德、有品行，讲奉献、有作为的合格党员，不断凝聚发展正能量，推动各项工作攻坚破难，切实以发展实际成果检验学习教育成效。

【县委常委会议（3）】 5月26日召开。会议传达学习市委常委扩大会议关于落实省委书记夏宝龙在衢州调研时的重要讲话精神，县委书记方健忠主持会议。会议强调要认真学习、坚决贯彻夏宝龙书记讲话精神和市委常委扩大会议精神，进一步推进各项重点工作；要紧紧围绕夏宝龙书记重要指示精神，打好生猪污染整治组合拳，唱好退、整、提“三部曲”，推进规模化、集约化养殖，加快畜牧业转型升级。紧紧围绕市委、市政府部署的八项重点工作和“为官不为”专项整治行动要求，积极主动找短板、补短板；要倒排计划、主动作为，结合“两学一做”学习教育活动，深入开展“为官不为”专项整治行动，营造“人人狠抓落实、个个奋勇争先”的浓厚氛围。

【龙游县庆祝中国共产党成立95周年大会】 6月30日举行。县领导方健忠、刘根宏、周中民、黄利荣、徐雄强等参加。大会对省千名好支书、万名

图4 6月30日，中共龙游县委召开庆祝中国共产党成立95周年大会

好党员和市、县优秀共产党员、优秀党务工作者、先进基层党组织等优秀人物和先进集体进行通报表扬。会议强调要全面落实从严治党，把“两学一做”学习教育成果转化成推动龙游转型跨越发展的强大动力；要用实干检验党员，打赢“两化两游”建设、产业转型升级、“五四三”专项工作、G20杭州峰会安保攻坚战；要抓好基层党组织建设工作，以乡镇换届和村组织换届为契机，抓好班子队伍梯队建设。

【龙游县创建国家全域旅游示范区工作动员部署会】 7月26日召开。县领导方健忠、刘根宏、周中民等参加会议。县委书记方健忠指出，要围绕龙游县“生态文化旅游城市”的功能定位和“文化休闲、运动体验、康体养生”的旅游发展思路，做好“旅游+”文章，大力推进“旅游+农业”“旅游+工业”“旅游+服务业”“旅游+体育”“旅游+文化”，打造一、二、三产业深入融合的“第六产业”；要通过发展全域旅游，把良好的生态资源转化为旅游资源和消费资源，让全体民众成为旅游业发展的参与者和受益者，有效突破城乡居民的增收瓶颈。

【县委十届十一次全体（扩大）会议】 8月4日召开。全会认真贯彻落实浙江省委、衢州市委全会精神，动员全县上下抓创新促转型、抓变革优环境，加快推进新型工业化建设。县委常委会主持会议。县委书记方健忠代表县委常委会向全会作报告。全

会指出，龙游县新型工业化建设存在工业平台承载力不强、企业主体竞争力不强、科技创新驱动力不强、审批服务保障力不强等4方面短板。会议强调要着重聚焦平台短板、产业短板、人才短板、服务短板，补好4方面短板，为新型工业化建设提供坚强保障。

【县委常委扩大会议（1）】 10月31日召开。会议传达学习中共十八届六中全会精神、习近平总书记在纪念红军长征胜利80周年大会上的讲话精神及全省领导干部会议、市委常委扩大会议精神。会议强调，全县广大党员干部要紧密团结在以习近平同志为核心的党中央周围，大力弘扬长征精神，把学习贯彻十八届六中全会精神和习近平总书记重要讲话精神转化为干事创业的强大精神动力。会议要求严格按照“大干一百天、冲刺全年红”的行动目标，全力以赴冲刺重点工作、重点工程、重点项目，向上级党委和全县人民交出一份满意答卷。

【县委常委会扩大会议（2）】 11月29日召开。会议专题传达学习省委十三届十次全会精神。会议强调，要深刻领会省委十三届十次全会精神，打造一支勇立潮头的铁军，推动龙游经济社会高质、高效发展，各级领导干部要牢固树立“四个意识”，切实做到一级向一级看齐，率先垂范，争当表率。要干在一线、干中指挥，丰富、继承、发扬好党员干部在推进重点中心工作中涌现的“大南门精神”“小高山精神”“创国卫精神”和“高坪桥”速度，在今后工作中创造更加突出的业绩。

【中国共产党龙游县第十一次代表大会】 12月26日—29日召开。大会听取并审议中共龙游县第十届委员会工作报告、中共龙游县纪律检查委员会工作报告，一致通过上述报告的有关决议。大会选举产生中国共产党龙游县第十一届委员会、中国共产党龙游县第十一届纪律检查委员会及龙游县出席中国共产党衢州市第七次代表大会的代表。大会号召全县各级党组织和全体共产党员要紧密团结在以习近平同志为核心的党中央周围，在省委、市委的坚强领导下，抢抓机遇，实干担当，奔跑跨越，为高水平全面建成小康社会做出不负时代所赋、不负群众期盼、不负使命担当的更大贡献。今后五年，全县上下要严格按照“四个全面”战略部署，牢固树立“创新、协调、绿色、开放、共享”五大发展理念，坚持新型工业化、新型城镇化“两化”引领，努力实现经济发展更高质量、城乡建设更加协调、人民生活更加幸福、生态环境更加优美、社会治理更加完善的目标；打造一支信仰坚定、敢打敢拼、勇立潮头、为民务实、干净自律的龙游铁军，实干担当、奔跑跨越，奋力开创龙游各项事业发展新局面。

【县委常委扩大会议（3）】 12月30日召开。会议专题传达学习中共中央、浙江省委经济工作会议和衢州市委常委扩大会议精神，研究部署龙游县贯彻落实的具体意见。会议强调，全县各级各部门要深刻领会中央和省委、市委会议精神，正确研判当前经济形势，坚持稳中求进的工作总基调，坚持以新发展理念为指导，以供给侧结构性改革为主线，全力补齐发展短板。要按照“冲刺、调整、准备”的要求，各司其职，落实责任，全力做好岁末年初各项工作。要认真做好年终总结梳理工作，努力实现争先进位；要加强安全生产、公共安全隐患的排查整治，全力维护社会和谐稳定；要集中精力抓项目、抓开工，加大“两化”攻坚突破力度，推动各项战略部署真正落地，奋力夺取2017年经济工作“开门红”。

（县委办 杨文哲）

县委办公室工作

【概况】 2016年，龙游县委办公室领导班子在县委的正确领导下，团结带领全体干部，以服务保障县委工作为主线，认真履行“参谋、综合、督促、协调、服务”职责，优质高效地完成各项工作任务，有力促进县委的各项决策部署落地生根。

【立足大局善参多谋】 始终把做好参谋服务放在第一位，围绕大局，为县委出谋划策、贡献智慧。深入调查研究，站在县委角度和全局高度，协调整合全县的政研力量，把牵动全局的大事和领导、群众普遍关心的重点、热点、难点问题纳入工作视野，聚焦新型工业化、新型城镇化、生态环境、民生事业、加强党的建设等主题，坚持“走出去”与“走下去”相结合，探实情、接地气、学先进，深入谋划事关全局、长远发展的重大课题，形成《关于优化农村金融生态的实践与思考》《深化涉农资金整合改革工作的建议》《乡村治理机制研究》等一批专业性和建设性较强的重要文稿，及时向领导提供有重要参考价值的决策建议，加快推动成果转化和实践应用。充分发挥以文辅政的重要作用，坚持把起草文稿过程作为辅政促谋、以文辅政的重要形式和主要渠道，注重将领会领导意图与掌握工作规律相结合、贯彻上级精神与把握县情相结合、吸取专家意见与广泛听取社会各界意见相结合，坚持做到起草前深入调查研究、起草中认真思谋修改、起草后严格审核把关，努力提高文稿思想性、指导性、操作性，服务县委科学决策。积极倡导“短、实、新”的优良文风，以文风促政风、改作风，力求内容、形式、文风的统一。一年来，立足全县实际，起草质量水平较高的综合性文稿300多篇，特别是结合县委主要领导的战略思路，县委十届十一次全会提出“抓创新促转型、抓变革优环境”思路，为研判龙游加快新型工业化建设明确方向；县第十一次党代会在综合分析龙游产业基础、资源禀赋和现实短板基础上，提出“五年打基础、五年求突破、五年争崛起”的“三步走”战略思想，围绕“在未来五年努力达到全省平均发展水平”的目标，对加快新型工业化、新型城镇化“两化”建设，优化生态、城乡、发展三大环境，夯实改革、民生、党建三大基石作出系统全面部署。

【充分发挥党委信息主渠道作用】 完善信息工作网络和考核制度，注重跳出龙游看龙游，以服务决策、展示亮点、推动工作、反映民情为重点，时刻保持对国内外重大新闻事件、政治时事、政策热点的关注度和灵敏度，密切关注全县面上各项重点工作的进展情况。《调研显示当前金融业“营改增”存在一些问题》获李克强总理、张高丽副总理批示，《龙游县打赢“拆治归”组合拳，走出龙南“浙江大竹海”生态富民新路》获浙江省委书记夏宝龙批示肯定并在全省推广，《龙游县工青妇多年各磨一剑打造省内群团组织工作“拳头产品”》获省委副书记王辉忠批示肯定，领导参阅信息《国内外柑橘转型成功经验对我市的启示》获衢州市委书记陈新批示。至年底，共编发《龙游信息》300余期，处理紧急情况和突发事件信息200余件；累计上报省、市信息500余篇，被中共中央办公厅、浙江省委、衢州市委采用118篇，连续8年调研类信息被中办单篇采用；编办《每日要情》252期，得到县委主要领导批示26件。

【统筹协调重抓落实】 着力加强统筹协调，调动各方面积极性，构建上下快速反应、运转顺畅的工作机制，推动县委决策部署的落实。坚持事前勤沟通、事后多反馈，准确把握协调工作的分寸和火候，对重大事项及时呈报、请示上级领导，定期汇报工作情况，做好沟通衔接，积极争取上级党委政府的指导和支持。坚持原则性与灵活性相结合，加强与县四套班子及常委所在部门办公室的联席协调，对县委重大决策部署和全县重要事项及时汇报，互通情况，全力凝聚共识和合力。加强与部门之间的协调，编制下发每月工作要点，增强工作的计划性和目的性，构建更加灵敏高效、上下通达、左右贯通的运行机制，及时有效传达县委各项决策、部署和要求。认真做好全县各部门、乡镇（街道）紧急情况和重大突发事件信息反馈的处置工作，高效整合机要、信息、督查等科室力量，严格执行报告时限、范围和程序等规定，形成公安、政法、信访、乡镇等多部门联动协调的工作机制，确保重大突发事件能够及时、快捷、有效地得到处置，避免产生不良社会影响。密切联系基层群众，畅通社情民意通道，主动回应，积极作为，妥善处理群众来信来访，为县委领导分忧，为人民群众解难。积极协调法治县创建成员单位开展自查自评和台账资料收集整理等工作，全面梳理总结三年来法治龙游创建工作情况，在衢州市率先成功创建省级法治县工作示范单位。

【督查督办扎实有力】 围绕“两化”建设以及“五四三”、创国卫、项目建设、基层党建等中心工作，把落实常委会议定事项、领导批示、重点项目、生猪整规、城市管理及重点信访件督办等作为督查重点，充分整合县委、县政府督查室力量，注重与县纪委、县委组织部等单位的协同配合，加大定期督查、专项督查、随机督查力度，构建大督查格局。突出实干导向和问题导向，优化完善综合考评考核细则，进一步突出中心工作权重，向一线乡镇倾斜，做到任务清单、责任清单、问责清单“三单合一”，高效率开展考核评价。全年共开展督查活动286多批次，形成督查报告151篇，其中督查通报64篇、督查专报79篇、督查调研报告8篇，有53督查报告得到县委主要领导批示；跟踪督查县委主要领导批示420件，确保批示件件有着落、事事有回音，确保重大决策部署落到实处。

【稳步推进对台工作】 认真做好台湾各类团体和台胞到龙游交流服务工作，对台经济、文化、社会等各方面交流沟通持续深化。围绕台湾地区领导人选举，严格规范做好动员台胞返台参与选举和返台人员信息日报工作；加强感情联络，在台商、台企、台属中推广应用浙江省台办的“浙台微讯”，建立“龙台情深”微信公众号；组织开展全县台情调查工作，累计报送相关信息登记50多份；及时受理解决台属吕益军、傅和声等诉求问题；落实好困难台胞的困难补助，切实服务好县内台胞台属和台商台企。

【履职尽责优化服务】 坚持把提高服务质量作为第一要务，将全力构建服务型机关与建设节约型机关紧密结合，优化办事程序，提高工作效率，增强责任意识和创新意识，提升服务能力和水平。在办文办会上做到规范严谨，加强办文工作制度化和规范化建设，突出对公文内容合法性、规范性审查，严把政治关、文字关、质量关。严格执行中央关于精简文件、简报的要求，对没有实质内容、可发可不发的文件、简报一律不发。认真贯彻转变会风、厉行节约的要求，坚持提前准备，分工负责，层层把关，切实减少会议数量，控制会议规模，提高会议效率，建立、健全会议发文立项申报审核、部门和乡镇（街道）政策文件报备、县委常委会议题申报审核等一系列制度，强化制度约束力，增强制度执行力。全年阅办中央和省委、市委等上级公文3215份。因“五四三”、创国卫等专项工作较多，再加上县乡换届工作，相关会议文件与请示、批复较往年同期有较大幅度的增加，本级发文243件，办会216个。全年先后承担县委十届十次全会、第十一次党代会、全县干部大会等重要会议，高质量、高标准完成全国生态农业循环建设现场会龙游分会场、全省规范宅基地管理破解农民建房难工作现场会等重大会议服务和协调工作。接待服务细致周到，对上级领导到龙游视察调研等事项，上下对接积极主动，全力做好行程安排、后勤保障、安全保卫等相关工作，增强接待服务的前瞻性和主动性。严格执行中央和省、市规定，规范接待程序，坚决杜绝超标准、超规格接待的情况出现。全年共接待省部级领导到龙游视察指导10多次，其中包括中共中央政治局原常委贾庆林，民革中央副主席修福金，中国机械工业集团有限公司董事长任洪斌，农业部副部长于康震，浙江省委常委、副书记袁家军，省人大常委会副主任、党组书记茅临生，省人大常委会副主任王辉忠，浙江省副省长黄旭明、孙景淼，省政协副主席陈艳华、孙文友等中央和省、市重要领导。

【提升机要保密工作水平】 坚守安全底线，认真做好保密、机要工作，确保安全畅通。组织开展全县保密与信息安全检查，全年共检查125家单位，下发整改通知书22份，进一步提升全县保密安全工作水平。加强应急密码通信服务保障，科学制订《龙游县党政机要密码工作“十三五”规划》和《2016年龙游县党委密码工作要点》，及时做好各种文件、电报的接受和送达，较好地完成G20杭州峰会密码通信服务保障等各项任务。全年译传办理中共中央办公厅和省、市各级密码电报、明密传电报和公安维稳信息等2590份，做到无延迟、无差错处理。加强涉密会议信息技术服务保障，全年圆满完成57次重要涉密会议的保障任务。严格进行设备维护管理，高质量完成党、政涉密高清视频会议系统机房消防系统改造项目，圆满完成机房搬迁工作，确保通信联络不中断，确保人员设备的绝对安全。

【改进作风提质增效】 组织开展“两学一做”学习教育活动，强素质、转作风、树形象，积极发挥党员干部带头表率作用，全年有5名中层干部被提拔任用。坚持学以致用、用以促学，建立办公室年度学习计划和“周一夜学”、月度例会等制度，采取专家讲座、集中研讨、定期交流等多种形式，组织干部参加省委办公厅信息、机要培训12人次。认真学习贯彻中共十八届三中、四中、五中、六中全会精神和习近平总书记系列重要讲话精神，及时传达学习中央和省委、市委、县委重要会议和文件精神，切实把思想和行动统一到县委的各项决策部署上来。以开展“两学一做”学习教育活动为契机，严格执行党章、准则、条例等各项党内规章制度，改进工作作风，密切联系群众，完善作风建设长效机制。始终保持正风肃纪的高压态势，加大“四风”整治力度，加大明察暗访力度，坚决查处“牌局”“酒局”等问题，着力营造风清气正的政治生态，形成班子和全室干部职工思想上合拍、感情上和谐、工作上合力的同频共振局面。以对党和人民高度负责的精神，加强政治修养，弘扬爱岗敬业精神，努力向书本学习、向实践学、向群众学，耐得住生活清苦，受得了工作艰苦，熟练掌握业务技能，不断更新知识储备，练就过硬本领，做本职工作的行家里手和统揽办公室全局工作的“多面手”，不断提升工作质量和效能。

（县委办 杨文哲）

纪检监察工作

【概况】 2016年是推进全面从严治党的重要一年。中共龙游县委旗帜鲜明、立场坚定，严格落实管党、治党的政治责任，着力营造各级党组织敢抓敢管、严抓严管，切实把党风廉政建设主体责任扛在肩上、抓在手中的政治局面。全县各级纪检监察组织严格遵照党规、党纪，贯彻落实党风廉政建设和反腐败工作的一系列新思路、新要求，聚焦中心，突出主业，严明纪律，严纠“四风”，严惩腐败，为全县各项事业的发展提供坚强保障。

【严明党的纪律】 多形式、全方位抓好廉洁自律准则、新形势下党内政治生活的若干准则、纪律处分条例、问责条例、党内监督条例的学习宣传。坚持每周编发廉政短信、每月编发廉政期刊，使党规、党纪意识入脑入心。坚持把严守政治纪律、组织纪律体现在抓落实上，紧紧围绕“五四三”、G20杭州峰会保障、换届纪律执行等县委、县政府的重点工作，加强监督检查，全年共立项12个，开展监督检查34次，发现并整改问题638个，问责处理党员干部69名。

【层层压实责任】 在县委的示范带动下，形成明责、督责、问责的落实链条。各级纪检监察组织严格实施责任清单制度，强化党员领导干部按单履责意识，建立党员干部违规、违纪向分管县领导通报制度，督促领导干部主动履行“一岗双责”（即单位的领导干部应当对业务工作和党风廉政建设负双重责任）责任。继续抓好主体责任报告和评议工作，传导责任和压力，通过平时专项督查、年终县委常委带队检查、建立重点工作专项问责等方式方法，防止责任清单空转、虚化。制定《关于规范县纪委监察局机关办理党员干部问责工作的意见》，确保刚性问责、规范问责、及时问责，全年共问责主体责任和监督责任落实不力的领导干部30名。

【从严纠正“四风”】 结合“两学一做”学习教育活动，以永远在路上的恒心和韧劲，常态化开展正风肃纪工作。认真开展落实中央“八项规定”精神“回头看”，对发现的问题不遮掩，对整改不到位的不放过，坚决防止“四风”问题反弹、回潮，严肃查处公款吃喝、公款旅游、收送礼品、违规使用公务用车、违规发放津贴补贴和“酒局”“牌局”等顶风违纪行为。全年开展正风肃纪54次，处理违规违纪人员162人次，通报曝光6批21人次。

【践行“四种形态”】 以问题线索为着力点，形成党员干部违纪苗头及早发现、科学研判、规范处置的闭合回路。开展涉纪信访“大排查、大调处”活动，出台《关于规范问题和案件线索移送的意见》，对有关问题线索进行全面系统摸排。在全市率先制定出台《规范谈话函询实施办法》，并及时运用到具体实践之中，防止小问题变成大问题。全年开展谈话、函询62件（次），对反映失实的39件（次）予以澄清了结。按照“四种形态”的要求，坚持纪严于法、纪在法前，“零容忍”做好执纪审查工作。全年受理信访举报344件，立案查处党员干部违纪案件190件，为218名党员干部澄清问题。

【下移执纪重心】 始终坚持把提升群众获得感作为推动全面从严治党向基层延伸的基本目标，作为监督执纪问责的重点。紧盯群众关注的热点、焦点问题，集中力量、集中时间进行重点整治。按照“试点先行、分批推进、交叉巡查、确保成效”的工作要求，组建8个督导组，逐月明确工作任务，狠抓问题整改，全年完成92个行政村的作风巡查，发现问题747个，处理党员干部311人。通过作风巡查，对农村基层作风建设进行全面的体检，强化农村党员干部的纪律规矩意识，严明村级运行的制度规定，提振农村党员干部干事创业的激情。

【强化自身建设】 在全县纪检监察系统开展以“对标、看齐、补短”为主题的队伍建设年活动。严格落实派驻纪检组组长提名考察办法，出台派驻机构参加驻在部门会议等相关制度。建立任务交办机制，通过实战，提升纪检监察干部监督执纪水平。在县委的重视和支持下，稳妥有序地完成乡镇（街道）纪委（纪工委）换届。根据新形势、新任务、新要求，有针对性地举办全县纪检监察干部业务培训班。落实“打铁还需自身硬”的工作要求，强化内部监督管理，严明审查、信访、保密等纪律，防止出现“灯下黑”现象。

（县纪委 周坤）

组织工作

【概况】 2016年，中共龙游县委组织部全面贯彻党的十八大和十八届三中、四中、五中、六中全会精神，深入学习贯彻习近平总书记系列重要讲话精神，在县委的坚强领导下，坚持围绕中心，服务大局，认真履行管党、治党责任，聚精会神抓好干部工作、基层党建、人才工作三大主业，切实推进组织工作重点任务落实，各项工作成效明显。年度党建专项考核名列衢州市第一名。至年底，全县共有党员24822名，其中农村党员13501名、女性党员5098名、少数民族党员583名；35岁及以下4357名、60岁及以上7452名；研究生学历195名、本科学历4340名、专科学历3294名、中专学历1622名、高中（中技）学历4328名、初中及以下学历11043名。

【“两学一做”学习教育】 以“学”为基础、以“做”为关键，履行好牵头抓总职责，推动党性教育从“关键少数”向广大党员拓展、从集中性教育向经常性教育延伸。规定动作落实到位，实现全县1105个党组织、2.4万名党员学习教育活动全覆盖；自选动作特色鲜明，开展“龙游先锋”微视频大赛，创新“互联网+”学习模式，全县共创建党组织微信群1033个，1.8万余名党员纳入微信群管理。

图5 “两学一做”学习教育中，组织全县党员参加“五水共治”集中行动

紧密结合中心工作，充分调动党员在“五四三”专项工作和重点项目一线攻坚中的积极性、主动性，涌现出“小高山奇迹”“大南门精神”“高坪桥速度”等一批典型事迹。

【县乡换届】 坚持新时期好干部标准，务实有序推进县、乡领导班子换届工作，好班长、好班子、好梯队建设取得新成效。完成领导干部调配8批271人次，一大批“狮子型”“老黄牛型”干部被提拔重用，进一步树立重品行、重实绩、重公认、重基层的选人用人导向。严把“两代表、一委员”资格条件关、身份认定关、整体结构关，共审查县、乡党代表候选人1686名，否决38名；审查县乡人大代表候选人1724名，否决156名；审查县政协委员候选人246名，否决28名。严肃换届纪律，实现换届政策宣传教育全覆盖，并将换届风气巡察贯穿全过程。

【干部队伍建设】 加大干部上挂下派力度，开展“百狮争先、一线攻坚”行动，累计选派177名年轻干部到一线平台实战历练。开展“为官不为”专项整治，着力解决干部担当精神欠缺、办事拖沓等问题，调整不适宜担任现职的干部24人，其中降免职15人、调整岗位9人。强化干部日常监督管理，全面完成干部人事档案专项审核工作，完成97名领导干部个人有关事项抽查核实，对存在漏报情况的6名干部进行函询。扎实开展干部教育培训，确定62个主体培训班次，分“四大战役”（即新型工业化、新型城镇化、美丽龙游、文化旅游）专题培训班、任职培训班、业务培训班三大类型，提高干部政治素养和履职能力。加大关心关爱干部力度，认真落实省市有关政策，扎实推进职务与职级并行工作，259名公务员晋升职级。

【基层党建“整乡推进，整县提升”】 按照“三年行动计划”，扎实推进基层党建“整乡推进，整县提升”工作，基层基础不断夯实，涌现出以全国优秀党务工作者劳光荣、省优秀共产党员王红玲和省先进基层党组织县国土资源局党委等为代表的一批先进党员和党组织。强化党建责任落实，坚持“书记抓、抓书记”，县、乡、村三级层层签订党建工作承诺书，“点题”式谋划、高标准实施书记项目“321”清单。深化制度创新，推行“抓乡强村十八条”、“示范十个一”标准、“互学互看”观摩等行之有效的做法，创新季度党建报表制度，把年度党建工作指标进行季度分解，分季度考核乡镇（街道）、部门党组织季度党建工作开展情况，督促各级党组织把党建工作抓在平时。加快示范创建，至年底，全县212个行政村按照“十个一”标准完成党建示范点创建，占比超过80%。

【党员教育管理】 全面推行党员实事考评“零基积分法”，采取正向加分和反向减分相结合的方式进行考评，加强“三会一课”（即党支部的党员大会、支委会、党小组会和党课）、党员固定活动日等基本制度落实。根据上级的统一部署，认真做好党员组织关系集中排查工作，对全县党代会代表和党员违纪违法未给予相应处理的情况进行全面排查清理，推进基层党组织换届检查和整改工作；开展党费收缴工作专项检查，补缴党费303万元。开展“亮剑”行动，对81名违纪、违规党员干部给予处分，对30余名“三不”村干部进行严肃处理，对43名长期失联、参教信教、不支持不配合中心工作的不合格党员予以除名。

图6 10月14日，模环乡组织新当选党代表学习英雄洪冬先进事迹

【“两新”组织党组织排查】 对接县市场监督管理局、经济和信息化局、发展改革局等部门，对县域内“两新”组织（即新经济组织、新社会组织）党组织开展地毯式排查。重点排查已破产企业（或已注销的社会组织）或被兼并企业的党组织调整情况、新投产企业（或新成立社会组织）党组织组建情况、党员组织关系迁转情况以及未调整的党组织活动情况等。至年底，共撤销“两新”组织党组织19家，新成立“两新”组织党组织2家，有2家应建而未建的“两新”组织进行党组织筹建，另有党员人数不足3人的13个“两新”组织党组织将党员暂时纳入上一级党组织指定的党支部进行教育管理。

【新领域新业态党建】 打破“两新”党建示范点建设瓶颈，在原有示范点改造提升的基础上，聚焦新领域党建空白，积极打造“两新”党建新示范带。推进红木小镇党组织建设，实施党员人才工程，探索“党建+文化”“党建+管理”“党建+发展”模式，打造党建与国学文化共建平台。全面摸排农业合作社情况，详细掌握合作社的数量、分布、生产经营状况，确定詹家董红专农业合作社为党建试点社。以企业为“点”、协会为“线”、区域为“面”建设电商党组织，实现立体有效覆盖，打造县、乡、村三级示范。重点扶持培育龙洲街道方门街社区、清廉社区、阳光社区和东华街道东华街社区、灵江社区、晨东社区等党建示范点，探索新社区党建工作机制。龙洲街道方门街社区示范点成为浙西地区社区党建的标杆。

【人才引进与培养】 深化人才发展体制机制改革，在衢州市率先出台“人才新政17条”，制订《龙游县人才发展“十三五”规划》《“人才引领创新”三年行动计划（2017—2019）》。加大人才引进力度，全年引进高端人才21人，其中海外高层次人才2人，入围国家“千人计划”答辩1人、省“千人计划”答辩2人。强化平台建设，新建市级以上平台6家，其中浙江力源新材料有限公司与中国工程院院士蹇锡高共建院士专家工作站，克里特集团建立省级博士后科研工作站，公任电子院士专家工作站成功晋升为省级院士专家工作站。统筹推进各类人才队伍建设，晋升高级职称80人，完成企业家培训306人次、高技能培养899人、农村实用人才培训9605人次。

【人才“蓄水池”工程】 为破解产业转型升级与经济型人才缺乏的矛盾，实施人才“蓄水池”工程，以全额拨款事业单位龙游县产业发展研究院为载体，划拨30个编制用于培养经济型、项目管理类人才。县组织人事、发改、交通、住建、环保等部门联合成立专家招聘组，赴西安建筑科技大学、湖南大学等高校宣传“蓄水池”人才政策，引进优秀应届毕业生9名，其中有硕士研究生8名。“蓄水池”人才全部安排到发改、经信、交通、财政等经济、项目管理部门以及开发区、国资公司历练。

（县委组织部 徐少春）

机构编制工作

【概况】 2016年，龙游县机构编制委员会办公室在县委、县政府的领导下，认真贯彻落实中共十八大、十八届五中、六中全会精神，紧紧围绕中心，服务大局，以“五大发展理念”为牵引，以深入推

图7 6月23日，浙江省编委办副主任朱晓明（右四）到龙游考察行政审批制度改革工作

进政府职能转变和机构改革、部门职责体系建设、创新机构编制管理等工作为重点，强化部门自身建设，积极适应改革新常态，开创机构编制工作新局面。

【深化权力清单工作】 组织开展自定权力事项清理规范，经梳理，上报修改意见建议3条；组织开展乡镇（街道）、开发区权力清单编制工作，确定权力事项450条，并在浙江政务服务网向社会公布；会同县府办、县行政服务中心开展部门入库的行政权力事项信息规范比对工作，共清理规范与省、市、县三级行政权力事项基本目录不一致事项342条，确认入库事项4112条（不含行政许可事项），进一步规范权力清单。在比对规范工作中，同步做好入库事项的基本信息调整，及时做好相关权力事项入库和实施动态调整工作。

【完善责任清单】 召开培训会指导各相关部门对主要职责、具体工作事项、事中事后监管措施、直接提供的公共服务事项等进行修改完善，将年度重点工作目标（涉及35个部门）和基本公共服务事项（40条）列入责任清单，并向社会发布。确保基层管理服务“最后一公里”如期接轨，向社会发布主要职责（102条）、年度重点工作、职责边界（549条）、事中事后监管制度（321条）、基本公共服务事项（406条）、其他服务事项（190条）同时，完善工作机制，落实动态调整制度。

【综合行政执法体制改革】 9月，衢州市人民政府同步批复龙游县、江山市、常山县、开化县综合行政执法工作实施方案。根据省政府、市政府批复的综合行政执法工作实施方案及衢州市综合行政执法工作会议精神，龙游县细化工作目标和任务，加快推进综合行政执法体制改革。会后，就首批划转领域和事项与周边县（市、区）加强横向联系，加强与相关部门（单位）沟通，面向社会公开征求意见，并及时向市本级请示汇报，初步确定首批划转领域和事项。其中省市涉及划转领域22个，共有事项705项；首批划转领域10个，涉及事项471项。11月1日，经县第十二届政府第82次常委会议审议并下发《龙游县综合行政执法局主要职责内设机构和人员编制规定》和《龙游县人民政府关于划转综合行政执法行政处罚事项的通知》，并在龙游政府信息网、《今日龙游》等媒体发布《关于划转综合行政执法行政处罚事项的通告》。

【“12345”统一政务咨询投诉举报平台建设】 5月，按照《浙江省人民政府办公厅关于建设统一政务咨询投诉举报平台的指导意见》的要求，在全县范围内进行调查梳理，共上报28个部门的46条热线（网络平台），其中热线33条、网络平台13个，总受理量51528件（其中“7881890”承接48035件，其他单位承接3493件），“7881890”还受理涉及广电类业务5万余件。7月5日，县人民政府办公室印发《龙游县统一政务咨询投诉举报平台建设实施方案的通知》；7月18日，县机构编制委员会下发《关于建立龙游县统一政务咨询投诉举报平台的通知》，涉及全县23个部门25个领域的32条非紧急类政务服务热线统一整合到“12345”统一政务咨询投诉举报平台，同时依托浙江政务服务网整合各类网上受理投诉举报的渠道，实现投诉举报事项的统一流转、统一查询、统一督办等功能。凡已明确纳入整合范围的热线，原有的接收平台不再保留，原有的部门热线不再直接接收，由平台统一接收。9月，县统一政务咨询投诉举报平台正式投入运行。

【乡镇（街道）“四个平台”建设】 推进乡镇“四个平台”（即综治工作、市场监管、综合执法、便民服务）建设是完善基层治理体系的重要内容。前期就“四个平台”建设工作开展多轮次专项调研和座谈，重点征求部门、乡镇（街道）对“四个平台”运行机制的意见和建议，以及对部门派驻机构设置和人员管理的意见和建议，同时就重点示范乡镇的选取进行走访。11月初，下发《关于建设乡镇（街道）“四个平台”，完善基层治理体系的实施意见》，并建立领导小组。模环乡被确定为试点乡，率先开展“四个平台”建设。

【事业单位法人登记管理】 从开展宣传培训、严格报送审查、提升服务水平三方面着手，完成2016年事业单位法人年度报告工作。报送单位198家，均在龙游县人民政府网站上予以公示。全年办理设立登记6家、变更登记77次，并将现场核查与日常登记管理工作相结合。主动联系市场监督管理局，摸清全县已登记组织机构代码证的机关、群团底数，明确赋码对象、赋码流程和工作要求。通过QQ群与需办证单位联系，一次性告之工作流程与相关表格，指导填写，确保赋码发证当日办结。至年底，45个机关单位和5个群团部门已完成赋码领证工作。

【控编减编工作】 下发《关于开展机关事业单位机构运行及人员配备情况调查统计的通知》，对全县机关事业单位机构运行、人员配备情况开展摸底检查，进一步摸清全县各级机关事业单位机构设置运行、人员配备、中层职数配备、岗位职责等情况，结合各单位实际，有针对性地对部分单位编制进行调减，并结合政府职能转变和经济社会发展需要，加强统筹规划，合理结构布局。对职责相近、设置重复分散、规模过小的事业单位进行撤并整合，对任务不足、长期未开展工作或不出成果、社会效益差的事业单位及时予以撤销，并对减编控编精简的

图8 9月27日，县编委办举办机构编制业务培训班

事业编制实行县级集中管理，统筹使用于加强事关中心工作、全局工作、重大民生保障等方面的人员力量。

【行政审批提升改造】 从推进全县经济社会更好更快发展的全局高度出发，积极谋划行政审批制度改革。10月，县人民政府办公室印发《行政审批（服务）改造提升实施方案》，全面实施行政审批（服务）改造提升工作，重点对行政审批流程进行优化改革，精简办事程序，减少办事环节，缩短办理时限，改进服务质量，方便群众办事。以“互联网+政务”的思路，发挥政务一张网优势，加快政务服务网改造升级。

【检验检测机构整合】 按照政府职能转变和事业单位改革的要求，科学界定龙游县检验检测认证机构的功能定位，对市场监管、卫生计生、农业等部门的检验检测机构、检验检测职能进行整合。按照“六个统一”的运行机制（即统一配置检测设备、统一制定检测计划、统一检测标准、统一检测检验、统一共享检测结果、统一信息发布）组建“龙游县检验检测研究院”。以政府引导和市场驱动实现检测资源及信息共享，推进跨行业、跨部门整合，优化布局结构，创新体制机制，推动龙游县高技术服务业的发展。

【职业教育培训资源整合】 为解决龙游县职业教育培训机构散乱、办学规模小、竞争力不强的现状，按照“攥成拳头打品牌”的思路，以“科学整合、优化配置、多方共赢”的原则，依托县职业技术学校，打破条块分割，将除行政性培训之外的分散在各部门面向社会的各种职业技能和职业资格培训职能进行归并、整合，组建“龙游县职业教育中心”，主要负责政府部门、群团组织职业技术教育培训的组织实施工作。打造以县委党校为依托的行政性培训平台和以县职业教育中心为依托的职业教育培训平台，形成两大培训平台齐头并进的“1+1”大培训格局。

【配合做好公务用车制度改革】 积极配合县车改办做好前期单位和人员测算、后期涉改单位名单和在编、在职、在岗人员名单审核等相关工作。依托机构编制实名制管理系统，联合县委组织部对涉改人员的身份信息、职务信息、级别信息等基础信息进行核对，确保严格按标准发放公务交通补贴。通过审核，确定全县符合参改条件的人员2209人，其中处级32人、科级1553人、科级以下567人、后勤服务人员57人。

（县编办 翁单芸）

宣传思想工作

【概况】 在县委的正确领导和上级宣传部门的指导下，全县宣传思想文化战线深入贯彻习近平总书记系列重要讲话精神，着眼“两个巩固”（即巩固马克思主义在意识形态领域的指导地位、巩固全党全国人民团结奋斗的共同思想基础）的根本任务，奋力有为、开拓创新，积极做好宣传思想文化领域各项工作，许多工作取得新突破、新进展，打造新亮点、新经验，为“十三五”开好局、起好步提供强大的思想保证、舆论支持、道德滋养和文化条件。

【深化习近平总书记系列重要讲话的学习】 把学习宣传贯彻习近平总书记系列重要讲话精神作为重中之重，广泛开展党中央治国理政新理念新思想新战略重大主题宣传。县委理论中心组通过常委（扩大）会、专题学习会、双休日党校等开展集中学习16次，被评为衢州市党委理论学习中心组先进单位。精心组织开展中共十八届五中、六中全会和习近平总书记“七一”重要讲话精神主题宣讲活动，组建县委宣讲团赴乡镇（街道）、部门巡回宣讲。全年编印《理论学习活页》12期。

图9 举办县委理论学习中心组暨双休日党校专题报告会

【落实意识形态工作主体责任制】 贯彻落实中共中央办公厅和浙江省委办公厅颁布的《党委（党组）意识形态工作责任制实施办法》和《党委（党组）意识形态工作责任制实施细则》，提高意识形态工作考核在乡镇（街道）、部门综合考核中的权重，选优配强乡镇宣传委员，对乡镇（街道）综合文化站进行重新挂牌，明确宣传干事、综合文化站站长任职期间的待遇问题。组织力量对党委（党组）意识形态工作责任制落实情况开展全面检查。

【理论宣讲教育】 组织开展“百堂党课送基层”活动。劳光荣入选“最美浙江人·时代的先锋”报告团，赴全省各地巡回宣讲。以“最美”微讲堂为载体，组织“最美宣讲团”“红色宣讲团”“草根宣讲团”等深入学校、社区和农村文化礼堂，开展各类分众化、互动化宣讲500多场（次）。成功举办以“十三五，话担当”为主题的第五届“微党课”大赛，全县500多名党员干部走上演讲台。

【社科普及】 精心组织2016年社科普及周系列活动，各学会、协会及各级社科普及示范基地推出活动30多项，编印《龙游县青少年社科普及读本》。加强历史文化研究，《〈龙游文库〉综述篇》正式出版发行。创设“龙游人文大讲堂”，打造没有围墙的大学，全年共举办专题讲座4期。

【主题宣传】 精心组织大干项目、“543”攻坚、创国卫、“两学一做”学习教育等10多个重大主题宣传活动，在《今日龙游》上先后开设《治国理政·龙游留痕》《两化两游·我的获得感》《五水共治·家书》等特色栏目，推出一批有“温度”、有“深度”的正面报道，先后得到县委、县政府主要领导批示肯定4次。继续保持舆论监督的力度，通过《今日关注》等栏目，全年曝光80多期，新闻的监督作用得到进一步发挥。

【对外宣传】 积极对接中央和省级主流媒体，讲好龙游故事。成功举办“流淌的故事——来自‘五水共治’的报告”主题采风、快拍浙江——外国人看浙江摄影比赛走进龙游、《浙江行》杂志龙游采风等重大外宣活动。联合《都市快报》《钱江晚报》《交通之声》等都市媒体推出系列高端访谈节目；在萧山国际机场国内国际出发点举办“文化古都·山水龙游”摄影图片展。2016年，上级主流媒体共刊播有关龙游的稿件800多篇，其中《浙江日报》《浙江新闻联播》用稿量均位居衢州市各县（市、区）前列。《人民日报》报道了龙游县整县制推进生态循环农业的做法，中央电视台军事·农业频道《科技苑》栏目聚焦龙游“开启模式”，龙游石窟、天鹅湖、荷花山遗址等元素登上中央电视台《话说钱塘江》大型专题片，努力提高龙游知名度。

【网上宣传】 加大网上正面宣传力度，做大做强“微龙游”微信公众平台，“微龙游”的知名度、阅读量、关注度不断提升，综合影响力稳居全省微信公众平台的前20名。“骄傲，龙游出了首个世界冠军，这是要火的节奏！”一文，15小时阅读量突破“10万+”，是衢州市县级政务发布平台唯一一个10万+；“5.7亿！这个龙游人出手真壕！”等3篇文章阅读量突破5万人次，浙江权威舆情监测机构在分析文章中给予特别点赞。龙游新闻网每月均名列全省十佳明星支站行列，全年共有300多条新闻被浙江新闻客户端采用，新闻推送量名列全市前茅。

【网上舆论引导】 加强网军建设，成立龙游县网络作家协会和教育系统网军小分队，举办新媒体运营研修班，提高网评员政治素质和引导、处置能力。圆满完成G20杭州峰会、第三届世界互联网大会等舆情应急一级响应3次、二级响应12次，开展网上舆论引导200余次。舆情管控平稳有序，全年共编发《舆情专报》56期、《舆情交办单》66件、《舆情提示单》29份，成功应对、处置部分养猪户聚众抗议事件和横山卫生院、中医院、妇保院医疗纠纷等30多起负面舆情事件。龙游县网信办被评为衢州市6个县（市、区）中唯一的网络舆论引导工作先进单位。

【“最美龙游人”系列活动】 深入实施“最美龙游人”主题宣传实践活动，常态化选树“龙游好

图10 “最美龙游人·2016年度人物”颁奖晚会

人”，其中10人入选“浙江好人榜”，31人入选“衢州好人榜”。分行业推进最美培育创建工作，推出“最美平安使者”“最美国土人”等12个行业100多位“最美人物”。组织开展第五届“最美龙游人”十大年度人物评选，参与人次达6万多人次，并举办“最美龙游人”颁奖晚会，龙游电视台、浙江新闻APP进行现场直播。坚持让好人上头条，广泛宣传龙游“最美”，“最美规划人”先进事迹在中央电视台播出，得到浙江省委常委、宣传部部长葛慧君的批示。建成龙游“好人广场”，将历届“最美龙游人”典型事迹以公益广告形式进行集中展示。

【创新志愿者服务】 大力推进志愿服务常态化，成立“市民爱心社”，以“爱在龙游·美在龙游”为主题，开展“万人治污大行动”、护水行动、护航G20平安巡逻、礼让斑马线等志愿服务活动。成功承办浙江省“文明出行”巡回宣传月活动。围绕打响“龙游大妈”品牌，设计统一形象标志，创作队歌，制作MV，拓宽延伸“龙游大妈”服务组织和服务项目，把一个松散组织上升到群体品牌，得到省委常委、宣传部长葛慧君的点赞，并荣获2016年度衢州市宣传文化系统创新奖。

【群众性精神文明创建】 以创建国家卫生县城为抓手，修订《市民文明公约》，公开招募市民监督团，编印《市民文明手册》，并免费发放到城区居民手中。广泛开展“万户家庭传家风”活动，评选产生“十佳好家风”家庭户，其中2户入选省级文明家庭，12户入选市级文明家庭。启动新一轮文明村镇、文明单位创建，有10个单位（村）成功创建县级文明单位（村）。建成乡村学校少年宫3个，开展青少年假期剪纸、乐器、舞蹈、书画等培训，寓教于乐，扎实推进未成年人思想道德教育。

【公共文化服务建设】 坚持“建、管、用、育”一体化，全年新建成农村文化礼堂21个。大力培育礼堂文化，组织开展“我们的村晚”系列活动；成功举办第二届全县农村文化礼堂精品节目展演，200多名演员（绝大部分是村民）和40多个文化礼堂建设村的书记、主任踊跃上台表演。举办纪念红军长征胜利80周年系列活动、包辰初包遂初山水画展、法国诺贝尔文学家勒克莱齐奥龙游采风、衢州市百乡千村赛水赛歌巡回演出、“543在行动——相约最美乡村”主题巡演等系列活动。成功举办第三届全民读书节，策划推出10多项活动，叶金中家庭被评为全国第二届“书香之家”。命名县档案馆等3家单位为县级爱国主义教育基地。

【文艺精品创作】 实施文化精品扶持奖励政策，小说《古瓷谜云》、歌曲《等我回家》获衢州市“南孔奖”，入围数位居全市各县（市、区）首位。《花开的时候》等15件作品入围“余绍宋奖”，第三批文艺精品扶持项目《龙游影像日记》画册（8件作品）正式出版，龙游文化名人专题片《余绍宋》正式推出。

【文化产业发展】 围绕纸、木、石、食、玉等主题文化产业，组织专门团队，主动对接年年红、辰港宣纸、德辉食品等文化企业，开展系列精准服务。成功组织浙江省文化产业投资考察团到龙游考察；积极组织文化企业参加深圳、义乌、衢州等文化交流会，展示龙游特色文化产业和创意产品。

（县委宣传部 余鹏）

图11 “2016我们的村晚”走进沐尘畲族乡社里村

2016年龙游县对外宣传成果“华岗奖”获奖情况

表2

	作品标题	媒体版面	作者或组织单位
新闻作品类（18件）	浙江龙游：测绘队员火海中车底救人	中央电视台新闻频道《24小时》	周琲、游佳
	【打好五大战役 冲刺全年目标】龙游：改造老旧街区 打造“美丽县城”	浙江卫视《新闻联播》	秦久兴、求张锋、周琲、汪旭威、刘王超
	龙游“108将”用82天完成1400多名移民征迁安置	浙江卫视《新闻联播》	汪旭威、求张锋、周琲、王麒成
	百姓喜爱的好支书：胡孝成——为了村庄美丽再累也心甘	浙江卫视《新闻联播》	周琲、求张锋
	喜看环保成自觉，留得清江予后，龙游企业主众筹攻关治污技术	《浙江日报》1版倒头条	毛广绘、赵峥琳、巫小凤、蓝正伟
	龙游大南门片区整治啃下硬骨头，千年古城迎重生	《浙江日报》1版倒头条	钱祎、蓝正伟
	助力家乡治水，投资生态旅游，百名龙游商人回乡当“河长”	《浙江日报》1版倒头条	吕苏娟、蓝正伟
	八旬老党员方海姣热心公益20余年——龙游大妈：做好人永远都有好年华	《浙江日报》7版	沈吟、蓝正伟
	生态养殖培育出西湖醋鱼优质原料鱼，龙游小草鱼“游”进杭州名菜谱	《浙江日报》14版	钱祎、蓝正伟
	为了一库清水润万家	《衢州日报》1版倒头条	蓝正伟、冯伟旭、黄丽芬
	全省37家特色小镇同台竞争，龙游红木小镇进入“优等生”行列	《衢州日报》1版头条	汪江渔、蓝正伟
	灵山江畔听新潮——龙游小高山村整体搬迁中的故事	《衢州日报》1版头条	蓝正伟、欧阳锡龙
	奋战184个日日夜夜 ——龙游大南门历史文化街区房屋收购攻坚纪实	《衢州日报》3版	葛志军、蓝正伟、欧阳锡龙
	“互联网+”农村工作好处看得见	半月谈	欧阳锡龙、祝轶群
	火海中车底救人，壮哉“最美规划人”系列报道	微龙游	余柏成、章承月、林晨
	衢州龙游出了个世界冠军，还破了两项世界纪录	微龙游10万+点击率	余柏成、邵美霞、章承月、林晨
	中新网系列报道（共5篇）	中新网	柴燕菲、奚金燕、赵晔娇、王逸飞邵燕飞、李婷婷
	龙游是什么意思？已传疯	龙游微生活	陈立群
外宣制品类	文史书籍《万年龙游—龙游史前文化探源》	—	龙游县文广新局
	外宣画册《龙游影像日记》	—	中共龙游县委宣传部
	文史书籍《龙游文库》	—	中共龙游县委宣传部
	杂志及公众号《龙商行》	—	饶峰
活动项目类	首届黄茶节暨“中黄三号”新闻发布会	—	龙游县罗家乡人民政府
	龙游县首届大学生微拍节	—	龙游县旅游委员会
	外国人看浙江摄影采风活动	—	中共龙游县委宣传部
	萧山机场“美丽浙江之文化古都 山水龙游”图片展	—	中共龙游县委宣传部

龙游县第二届文艺精品“余绍宋奖”获奖情况

表3

获奖类目	获奖作品	作者（创作单位）
文艺类图书	纪实文学《光荣足迹》	张水祥
	长篇小说《古瓷谜云》	陈佳宁
	短篇故事集《石佛故事》	邓根林
电影（动画电影）	故事片《花开的时候》	余刚
戏剧（话剧）	话剧集《伍大妈治水》《三改一拆谱新章》《打赢治水攻坚战》	龙游县老年大学艺术团
歌曲（舞蹈）	歌舞《龙游大妈》	皮丽霞等
	舞蹈《亲爱的小孩》	龙广
	歌曲《等我回家》	李红、龚稼慧等
	组曲《平安之夜》、《扁石是个好地方》	龙游县老年文艺爱好者协会
	歌曲《大沃口，美丽家园》	胡新贤等
书画（摄影）	书画《雨.荷》	包美珍
	书画《爱和平——人民的力量》	郑苏勇
	书画《桐江赋》	蓝忠胜
	摄影《满载而归》	陈水和
	摄影《“三门源古村”组照》	郑金修

新闻报道工作

【概况】 2016年，龙游县委新闻宣传中心深入贯彻县委、县政府的总体部署，围绕中心，服务大局，以新闻业务为核心，以事业建设为重点，以强化管理为手段，为龙游县经济社会发展提供有力的舆论支持。全年印发《今日龙游》250期，主办龙游新闻网、龙游新闻网微博和“微龙游”微信公众号，组织策划“治国理政·龙游留痕”“从严从实推进‘两学一做’”“补齐工业短板，支撑产业强县”等专栏和系列报道50多个，形成强大正面、服务大局的舆论声势。宣传报道工作得到县领导的关注和肯定，全年对中心报道作出重要批示4条。获浙江省县（市、区）域报好新闻奖热点引导类一等奖和媒体融合案例奖、衢州新闻奖通讯类一等奖，被评为“浙江在线2016年度先进支站”。

图12 县委新闻宣传中心组织全体干部职工学习习近平总书记“七一”讲话精神

【主题报道】 《今日龙游》第一、二版开设“供给侧改革·龙游实践”“奋起抓开局，拼搏开门红”“聚智协力补短板，同心砥砺谋新篇”“聚焦产业强县”“攻坚‘543’”“从严从实推进‘两学一做’”“补齐工业短板·支撑产业强县”“发力农业供给侧”“社会治理‘微创新’”“两化两游·我的获得感”等专栏30余个，策划“治国理政·龙游留痕”“五水共治·家书”“小高山的担当旗帜”“创卫先锋”等系列报道近20组。其中“治国理政·龙游留痕”“五水共治·家书”等主题报道，紧紧围绕县委、县政府的中心工作，推出一批反映时代精神、体现时代价值的典型人物、典型事例，并注重与读者互动，将读者的评论选编刊发，使典型更突显、形象更清晰、报道更有力。县委主要领导作出“县新闻宣传中心陆续推出‘治国理政·龙游留痕’和‘五水共治·家书’等栏目，体现出强烈的创新意识和服务大局的意识，值得充分肯定”的批示。同时，新闻中心记者深入乡镇（街道）、企业、部门，报道转型升级、加快发展的成功典型和先进经验，为推进龙游经济转型升级提供舆论支撑，取得较好的宣传效果。

【民生报道】 推出“两化两游·我的获得感”“夜幕下的文化礼堂”“民生二人转”等专栏，刊发稿件80余篇，生动报道普通百姓的生产、生活状况，具有鲜活性和感染力。积极挖掘“最美龙游人”先进事迹，及时报道规划人火海中车底救人、休假医生救治老人、给送医病婴开道、龙游公益救援队参加浦江大搜救等一批“最美”典型，得到社会各界广泛关注。“最美规划人火海中车底救人”事件引起市、县主要领导的高度关注，先后批示3次，央视网、中国网、凤凰网等20多家主流网站纷纷采访或转载。

【舆论监督】 在《今日龙游》第一、第二版开设“今日关注”“记者在您身边”“攻坚543”等专栏，刊发反映“五水共治”“四边三化”“三改一拆”“生猪整改”“创国卫”等中心工作的稿件100多篇（条）。在第三版刊出“重点关注”“晒晒不文明行为”等问题报道专版20多个，对群众来电反映的各种问题及时进行走访调查，予以曝光，并通过跟踪报道、新闻回访等方式，促使问题得到及时有效的解决。

【新媒体发展】 抓好龙游新闻网、“微龙游”微信公众号等新媒体平台建设，加强网上舆论引导，聚焦网上舆论热点，化解网上舆论难点和问题，形成网上舆论强势。新媒体每日刊登原创新闻50条以上，精心制作“治国理政·龙游留痕”“‘两学一做’学习教育”“最美龙游人”等大型专题；开设龙游新闻、看龙游、遇见龙游、龙之游、微龙游等20多个专栏；推送“唱出农民好声音”“最美规划人”“生猪养殖转型升级”“‘两学一做’典型”等系列报道；设置热点评论，推出“转型升级，我们别无选择”“以转型升级为核心，抓好产业强县”等系列评论。全年网上刊登的新闻中有700多条被“浙江在线”网站采用，在“浙江在线”58个支站考核中，几乎每月均名列十佳明星支站行列。组织开展网民互动活动，使“微龙游”微信公众号粉丝数量持续增加，在县内外获得较高知名度和影响力。至年底，“微龙游”关注人数超18万人，在浙江省97家市、县（市、区）两级政务微信公众号影响力榜单中排在前25名之内，其中3次取得前10名的佳绩。

【互动活动】 发挥中心党员志愿者服务的带头作用，组建党员记者公益服务队，与读者、网友、微

图13 5月14日，县委新闻宣传中心《今天》公益栏目党员志愿者到詹家敬老院开展公益服务活动

友、社会爱心志愿者互动，开展一系列关爱关注留守儿童、孤寡老人、一线工作者等活动。先后到社阳、模环、詹家、大街、大南门等地开展“给孤单留张影”公益活动10余次，打造公益品牌，引领社会志愿活动。

【业务建设】 健全完善每周集中学习和中心组学习长效机制，坚持每周一学，组织专题交流讨论，定期组织采编人员交流稿件采编情况，布置报道重点。通过完善各类制度，明确岗位职责，严格执行采、编、审、排流程，确保新闻质量。邀请上级媒体专家担任《今日龙游》质量顾问，每月对中心采编的稿件进行点评，推荐好新闻作品，并收集整理专家的意见，定期编发《〈今日龙游〉新闻业务》内部刊物，供采编人员学习。组织新进记者、编辑、排版员、信息业务员等岗位工作人员，到上级新闻单位上挂培训，提升采编人员的业务技能。

【作风建设】 结合“两学一做”学习教育活动和采编工作实际，继续深化“走基层、转作风、改文风”活动，引导采编人员走进基层、走进群众，深入采访调研，及时了解、反映基层动态和群众需求，全力做好新闻服务。开展“深化‘走转改’，党员记者走进联系点”“党员记者公益服务队”两项主题活动，定期组织党员记者到各联系点访民情、采民意，及时了解、反映基层动态和群众需求，协助村党组织为村级经济发展出谋划策，努力做好党委、政府和人民群众之间的沟通桥梁。

（县委新闻宣传中心 姜毅）

统战工作

【概况】 2016年，龙游县统一战线工作部在上级统战部门的精心指导下、在中共龙游县委的领导下，把握统战工作特点，紧紧围绕县委、县政府的中心开展工作，借势借力，合力推进龙游统一战线工作创新发展。较好地完成了为龙游经济社会发展汇聚人才、汇聚智慧、汇聚力量、汇聚人心等任务。龙游县获衢州市2016年度民族宗教工作综合考核第一名，县工商联被评为浙江省“五优”工商联和省级工商联先进集体。

【政治思想教育彰显同心圆】 全面完成各民主党派换届工作后，在民革龙游支部开展党派政治思想教育阵地建设试点工作的基础上，以点扩面，结合全县其他五个党派和知识分子联谊会的特色，开展场所教育、网络教育、主题讲堂等形式多样的政治思想教育阵地建设，补齐各党派政治思想教育之短板。树立党派成员画好同心圆的强烈意识，达到“和”“兴”两大效果，“和”即党派内部团结，协助中共龙游县委、县人民政府做好社会稳定工作，帮助县委、县政府解决相关难题；“兴”即党派成员参与党派工作、本职工作热情高涨，党派工作兴旺了，党派成员的事业也兴旺了。

图14 5月18日，九三学社龙游县基层委员会召开第四次社员大会

【教育阵地建设各显特色】 民革龙游县支部委员会形成“1+2+3”阵地平台体系，即一个民革之家，二个教育、实训基地，以及中山苑、锦鲤文化苑、婺剧文化苑三个实践场所。其教育成果得到民革中央、浙江省委会、衢州市委会的高度重视，经验在全省推广，阵地被列为浙江省社会主义学院教学基地。九三学社龙游县基层委员会的“九三讲堂”不

仅为社员提供了“发声”的平台，还与中共龙游县委理论学习中心组联合邀请中国工程院院士、中科院老科学家作专题讲座，既使社内社员受到了教育，也扩大了教育面。民主党派政治思想教育阵地建设突出教育活动内容的政治性、理论性和互动性，注重政治理论效果、参政议政效果和社会效果的统一，将阵地建成党派成员的思想教育平台、参政议政平台、交流互鉴和历练成长的平台。

【社会服务品牌化取得突破】 龙游县民盟总支部委员会积极响应中共浙江省委、省人民政府提出的优质资源“双下沉、两提升”活动要求，主动出击，争取省民盟的支持，在溪口卫生院成立省、市、县三级联动的“民盟名医·同心服务站”，用一年多时间，集中全省民盟名医优质资源，在溪口镇建成全省首个贴心、便民的名医服务站，各级民盟组织安排专家70余人次到龙游开展名医蹲点医疗服务活动26次，接诊患者2000余例，开展行政教学查房100余例、疑难病例分析与讨论30余例、医学知识讲座12场次，为龙游南部山区的百姓带来实实在在的健康和福利。

【院士专家工作站成绩显著】 龙游县九三学社基层委员会着力发挥九三学社与科技界联系广泛的优势，实施院士专家与企业家手握手工程，致力于院士专家工作站建设，5年来，先后成立3家院士专家工作站，引进院士6名（其中加拿大院士1名）、国千人才2名（“国千人才”即入选“千人计划”的人才。“千人计划”是中央人才工作协调小组关于实施“海外高层次人才引进计划”的简称）。院士专家工作站已开展合作项目21项，转化成果3项，申请发明专利15个、实用新型专利8个，累计培养5名硕士研究生，保证院士工作站的人才培养与输送，在龙游县引进人才、解决技术瓶颈等方面做了大量工作，取得良好的社会效益。

【力促宗教与民间信仰和谐稳定】 建立宗教界与宣传、教育、文化、共青团、妇联等部门的联动机制，助推宗教政策法规落实。全年召开宗教会议和举办宗教培训班共计15场次，向社会各界传达G20杭州峰会期间安保维稳工作、全国宗教工作会议精神和涉宗法律法规等，有效提升宗教教职人员以法传教、依法信教活动。提升广大党员、干部对宗教工作政策把握能力和方法，增强信教群众正信正见、维护平安的观念，全力服务“平安龙游”建设。查补短板，做好重点时段宗教领域服务保障工作。由县民宗局牵头，会同电信、公安等部门在衢州市率先完成全县45处宗教场所电子监控安装工作，有效提升宗教场所防火、防盗、防事故的“三防”水平。深入开展“和谐寺观教堂”创建工作。认真落实创建标准，明确工作任务，全县45个宗教活动场所均建立财务管理、财务公开、财务监督制度。做好民间信仰活动场所登记编号工作，结合“三改一拆”专项工作，按照“承认一批、合并一批、改造一批、处置一批”和合理布局的原则，抓好民间信仰活动场所的综合整治，全县新登记民间信仰活动场所11家。

【多样化发展“一村一品”经济】 加强民族村经济建设，突出民族村“一村一品”特色产业发展，严把项目申报关和项目实施监管工作，形成雅塘村果蔬产业、茶场新村浙贝母产业、项家村生态渔业、浦山村苗木产业等10多个特色产业。围绕“环境生态化、文化特色化、旅游产业化”民族文化建设的总要求，与浙江农林大学和丽水学院合作，开发低中高端民宿，发展畲家乐。民宿经济、特色畲家乐、农产品展销、运动养生等项目已成为畲族群众新的增收点。“三月三”畲族风情文化节暨畲族民歌大赛吸引海内外观光旅客超过1.6万，为进一步弘扬、传承畲族文化，丰富畲族群众的文化生活营造良好氛围。

【奏响海外游子同心曲】 搭建联谊新平台，开拓海外联谊新局面。抓好同乡社团建设，成立香港龙游青年联谊会，关注在港年青一代的工作和生活，加强对新生代的教育引导；完善在港同乡数据库，加强联络联谊，讲好龙游故事，通过联谊传递亲情。

审核申报“三侨生”（指归侨青年、归侨子女、华侨在国内的子女）2例。邀请“浙江高层次留学回国人才志愿团”、浙江省侨商会考察团等到龙游开展考察和帮扶指导，为龙游奔跑发展献计献策。

【非公有制经济“两个健康”工作】 建立信息发布新阵地和诚信教育新载体，做好非公有制经济“两个健康”（即非公有制经济健康发展和非公有制经济人士健康成长）文章。发行《龙游商帮·龙商行》会刊杂志12期，每期的“封面人物”文章和重点文章被20多家国家级网站及“浙江在线”、《衢州日报》等媒体采用转发。“龙商行”微信移动互联平台发布的封面人物、龙商好故事、匠心龙游、人杰龙游、龙商大汇、家乡发展新闻美景美图等热门信息，龙商转发转播速度超快，浏览阅读数量惊人。收集龙商回归有效投资信息10多条，达成意向3个，项目落地2个。

【扩大“龙商行”微信公众号影响力】 至年底，龙游总商会“龙商行”微信公众号已有各地龙商5000余人加入，发布信息6000多篇。介绍龙游旅游资源的微信初页《六春湖·杜鹃花开·万山红遍》点击阅读量超151万人次，转发11901条次。“龙商行”微信公众号每天发布的原创文章全部被“今日头条”转发，促进龙商的信息沟通和情感联络，及时传达龙游县委、县政府的各项政策和重大决策事项，为龙商知政、助政搭建便捷通道。“龙商行”微信公众号被衢州市委宣传部评为2016年度“衢州首届正能量微信号”，并获衢州市“十佳文化创意产品”优秀作品奖。

（县委统战部 雷忠根）

老干部工作

【概况】 2016年，龙游县委老干部局在县委、县政府的正确领导和县委组织部的指导下，认真学习贯彻中共中央办公厅下发的《关于进一步加强和改进离退休干部工作的意见》（简称《意见》）和浙江省、衢州市老干部工作会议精神，贯彻落实县委十届十次全会精神，以深入开展“两学一做”学习教育活动为契机，以“让县委放心、让老干部满意”为目标，围绕中心，服务大局，坚持建班子、带队伍、强管理、优服务、促发展的工作理念，较好地完成年初制定的各项工作目标和任务。至年底，全县有离休干部79人，受县委委托，代为管理服务享受县处级待遇的退休干部23人。

【老干部政治待遇】 县委、县政府坚持定期或不定期召开各类情况通报会或专题座谈会，坚持向老干部通报工作情况，并邀请离退休老干部代表列席县人大会、政协会、党代会等重要会议，让老同志及时了解本地区改革发展的重要情况和上级的重大决策部署，更加理解和支持县委、县政府的工作。全面领会《关于进一步加强和改进离退休干部工作的意见》精神，准确把握离退休干部工作职能职责的新定位。在组织学习领会《意见》精神的同时，结合龙游县工作实际，草拟龙游县《为离退休干部办实事、做好事、谋大事汇报材料（草案）》。6月，县委召开常委会议，听取县老干部工作情况汇报，就老干部工作作了专题研究，确定全县统一离退休干部慰问与活动的标准，主动作为，积极推进老干部工作转型发展。实施“寻找最美老干部”行动，

图15 4月19日，举办全县离退休党支部书记学习培训会

传递正能量，成功推选龙游中学离退休党支部书记吴正章、县卫生计生局机关离退休党支部书记夏诚为省级“最美老支书”，评选县市场监管局退休干部方海姣、县疾控中心离休干部吴云高为衢州市首届“最美老干部”，县广电总台退休干部吴雪文获市首届“最美老干部”提名奖。协调相关单位及时落实离退休老干部提出的一些政策待遇问题，老年大学宣传窗、走廊雨棚改造及路面积水开排水沟等实事得到落实，360多平方米的多功能活动场所简易装修工程启动实施。同时，提前谋划老干部（老年）活动中心、老年大学活动场所建设项目，给老干部学习、活动创造优良环境。坚持为离退休干部赠订学习资料，全年为离休干部党员免费征订《共产党员》杂志和中共十八大知识读本，为每位离休干部和县处级退休干部免费赠订《浙江老年报》和《中国健康报》，满足老干部尤其是身体不便的老干部的学习需求。

【老干部生活待遇】 为进一步巩固离休干部“三个机制”（即离休费保障机制、医药费保障机制、财政支持机制）成果，积极协调县委组织部、县财税局、县人劳社保局等部门按照中《意见》精神，落实到位离退休干部的生活待遇，推进人劳部门离退休干部咨询服务中心、卫生部门离退休干部医疗服务中心、民政部门离退休干部综合服务中心的建立，为全县离退休干部提供统一的政策待遇和医疗、综合服务，充分体现县委、县政府对离退休老干部的关心和爱护。5月中下旬，分别组织离休老干部、实职处级退休老干部进行一年一度的身体健康检查，使老干部了解自己的身体状况，增强保健意识，提升晚年生活幸福指数。做好走访慰问工作，做到重要节日全面访、老干部生日当月访、生病住院及时访，在春节、老年节对易地安置和长期居住在外地的11名离退休干部进行走访慰问，帮助老干部家属妥善处理老干部丧后事宜。全年走访慰问离退休老干部248人次，其中生日慰问102人次，到医院探望生病住院老干部68人次，帮助解决诊疗就医27人次，帮助老干部家属妥善处理老干部丧后事宜4次，并对县7名离休干部进行帮扶救助，落实救助帮扶资金9000元。自4月起，组织离退休干部开展“走基层、看变化、促发展”主题实践活动，至年底，组织老干部开展县内就近、就地参观考察3次，共有112位离退休老干部参加；组织县处级退休老干部、离退休党支部书记代表先后3次调研全县的电子商务发展、“五四三”专项工作和镇海山海协作产业园建设情况，深入了解龙游的经济发展变化，激发老干部为党的事业呐喊助威的正能量，积极为龙游县的社会经济发展建言献策。

【老干部作用发挥】 县委老干部局利用老干部的政治优势、经验优势、智力优势、威望优势，根据老干部不同的专业特长，搭建不同的平台，鼓励和支持老干部在经济社会各方面发挥余热，组织引导老干部在参政议政、政策宣讲、科技致富、关爱下一代、维稳等方面发挥重要作用，实现自我增值。通过召开情况通报会、座谈会，参加重要会议和重大活动，参观各种展览，进行视察调研等多种方式，对龙游经济社会建设的热点、难点问题进行调研，为经济社会的发展出谋划策。结合老干部工作实际，注重发挥“五老”（即老干部、老专家、老军人、老教师、老模范）优势。在县城大南门拆迁改造中，县老年摄影协会组织50多人的庞大摄影队伍，多次走进老城区、老胡同，拍摄风景、人物、风俗，倡导互助友爱的邻里关系，见证城市历史变迁。在收集的5000余幅作品中，共筛选出珍藏作品30件、资料作品50件、优秀作品120件，为传承传统文化、强化历史记忆保存了珍贵的历史影像。聘请有专长的离退休老同志组成宣讲团、关爱团，深入全县各中小学校开展党史、国史教育，深化以“爱学习、爱劳动、爱祖国”为主题的爱国主义、心理健康、文化知识教育活动，受教育学生达6000余人次；开展助学帮困活动，帮扶结对困难学生200多人，筹集扶持资金20多万元。组织老干部积极参与创建文明城市、G20杭州峰会维稳等活动，担任“多城同创”活动督导员、各行各业的“行风监督员”、司法调解员，及时反映社情民意和广大群众的呼声，在和谐社会建设中起到很好的作用。

【老干部活动开展】 结合建党95周年、长征胜利80周年等重大节庆纪念日，组织老干部开展丰富多彩的活动。在县老年大学演艺大厅举行“纪念庆祝建党95周年、长征胜利80周年”文艺汇演。县委组织部部长、宣传部部长参加活动并组织老党员重温入党誓词。老年节期间，与县民政局、县体育局、县老年体协联合举办“第四届庆祝老年节老年人体艺展示活动”，县老年大学30多名学员参加展演。依托县老年活动中心开展丰富多彩的老干部活动，举办老干部垂钓比赛、游“农家乐”等活动20多次；县老年书画研究会、县老年摄影协会还开展下乡书写春联、参加市县书画展演、摄影比赛、摄影采风等活动，部分优秀摄影作品在老年大学宣传栏逐期进行展示。通过各项活动，老干部们既锻炼了身体，又丰富和活跃了精神文化生活。

（县委老干部局 毛晓东）

图16 9月20日，退休老干部赴镇海市考察当地的经济社会发展情况

机关党建工作

【概况】 2016年，龙游县机关党建工作以中共十八大、十八届四中、五中、六中全会和习近平总书记系列重要讲话精神为主线，牢牢把握“服务中心、建设队伍”两大核心任务，以“两学一做”学习教育活动为抓手，加强县直机关党的思想、组织、作风、反腐倡廉和制度建设，提高机关党建工作的整体水平。

【紧扣县委中心工作】 抓好理论中心组学习，全年举办县直机关支部书记、新党员及入党积极分子（发展对象）等各种培训300余人次，接受党规党纪、党员发展实务等方面教育。县机关党工委发挥优势，努力探索新常态下县机关党建工作的新途径，认真落实省、市、县关于消除农村家庭人均年收入4600元以下贫困现象的重大决策部署，全面完成“消除4600”工作任务。县直机关工委的《走活‘结对帮扶’一步棋，盘活‘精准扶贫’一盘棋》和“四个千万精准扶贫”做法经验在全国第四届机关党建研讨会上作交流。

【抓实党建理论研究】 加强机关党的建设重点和难点问题的研究，深化对新形势下机关党建工作的规律性认识，提出建设性的理论研究成果。完善“分片区”党课教育，加大机关部门党建资源整合力度，进一步发挥牵头部门的辐射带动作用。以党员集中轮训和党务干部培训为平台，专门设置党风廉政教育培训课程，以点带面，发挥辐射效应，靠前打牢防腐思想基础。全面建立机关党组织书记季度例会制度，组织各级党组织书记抓好基层党建工作专项述职试点工作，推进常态化开展机关部门党组织之间“互学互看”活动，积极营造比学赶超的浓厚氛围，推动基层党建工作周周有进展、月月有变化、季季有成效。

【创新机关党建工作】 探索建立《县级机关党建工作三方“责任清单”》，明确县直机关工委、县级机关部门党委（组）、机关各基层党组织（党总支）抓基层党建工作的职责和重点任务，严格落实管党治党责任，强化主业意识，不断提升机关党建工作科学化水平。龙游县创新施行的《三方“责任清单”》，得到衢州市直机关工委书记的充分肯定，在市、县机关工委书记例会上多次表扬，并要求全市其他县（市、区）借鉴推广这一做法。推行“季度党建报表”制度，变年度大考为平时小考，促使各级党组织把机关党建工作抓在平时。创新探索县直机关党员考评管理办法体系，全面推行县直机关党员实事积分考评 “零基积分法”。党员实事积分考评“零基积分法”实行有力地推动“深改革、强规范、提能效”作风建设专项行动，龙游县专项行动“三部曲”（深化改革有作为、强化规范重严实、提升能效出实招）的特色做法经验得到省、市工委的充分肯定，并在全省作风建设现场会上进行了书面交流。

【加强党建文化建设】 会同有关部门组织举办“十三五·话担当”第五届微党课大赛，100多名党员干部踊跃参加。“七一”期间，牵头在全县机关部门组织开展“两学一做”在龙游推进“五四三”之建党95周年党员集体宣誓活动。积极发挥党员和党组织在“五四三”、创国卫、护航G20等中心工作、重点项目中发挥作用。组织50余名入党积极分子培训班学员到塔石镇雅村对村内500余户农户进行上门宣传。县机关党工委充分发挥党员先锋模范带头作用，组织全县机关单位大力开展创卫工作，直接参与清理垃圾270余吨。组织近200名机关党组织书记和县直入党积极分子培训班学员参加平安护航G20万名志愿者平安巡逻启动仪式。

（机关工委 包锋）

图17 7月1日上午，县直机关党员在龙游革命烈士纪念碑前重温入党誓词

党史和地方志工作

【概况】 2016年，龙游县史志办公室认真落实县委、县政府关于加强史志工作的意见精神，深入贯彻落实《龙游县党史和地方志工作规划（2016—2020年）》，紧紧围绕全县经济社会发展大局，积极作为，发挥党史、地方志“存史、资政、育人”的作用，深入开展党史、地方志基础研究，推动全县史志工作再上新水平，各项工作都取得较好成效，为龙游加快经济文化强县建设发挥重要作用。

图18 7月1日，龙游县举行《中国共产党龙游历史》第二卷首发仪式

【党史著作编纂出版】 完成《中国共产党龙游历史》第二卷的编纂出版工作，并与7月1日在龙游烈士陵园举行党史二卷首发仪式，县四套班子主要领导悉数参加。首发仪式后，结合县委“两学一做”活动，在全县各基层党组织掀起党史二卷学习高潮。着手《龙游县改革开放纪事（1978—2015）》的编纂工作，对中共十一届三中全会以来龙游的历史事件进行认真整理，理清历史脉络，为下一步编纂《中国共产党龙游历史》第三卷做好准备。支持、参与《中国共产党浙江省龙游县组织史资料》的编写工作。

【党史资料征集研究】 启动建国以来在龙游工作过的县处级领导干部党史资料与实物征集工作。县委下达文件成立中共龙游县党史征集研究委员会，由县委书记方健忠任委员会主任，下设党史资料征集研究办公室，配备2名专职人员开展党史资料尤其是改革开放后党史资料、实物的征集工作。至年底，已采访老干部45人，征集书面资料、录音、图片、实物等569件，并按规范要求及时整理归档。

【党史胜迹开发利用】 重视对党史胜迹的研究和宣传，积极参与红色旅游开发，协助打造红色景区，有效保护和开发革命胜迹。协助县民政局做好“龙游革命（烈士）纪念馆”布展工作。协助庙下乡完成“傅氏故居”布展和傅春龄资料的收集归档，参与长生桥村开发乡村红色旅游，开展“重温入党誓词，重走红军路”活动；协助庙下乡做好华岗故居的保护与展览工作，整理华岗生平事迹，为庙下乡全域打造红色景点做好前期工作。

【《龙游县志》编纂工作】 5月31日，召开《龙游县志》稿复审会，中国地方志工作指导小组联络处处长、副研究员张英聘，浙江省地方志办公室主任潘捷军，省地方志办公室原主任、龙游乡贤杨金荣等13名省内外方志专家应邀参加。龙游县县长刘根宏、副县长陆寿泉参加会议并讲话。与会专家、领导畅所欲言，在肯定《龙游县志》编纂成绩的同时，提出部分修改、完善的意见和建议。会后，县志编辑部根据专家意见，对县志稿进行认真的修改补充，努力提高县志的编纂质量。县志编纂进入终审程序。

【专业志编修工作】 加强与有关单位的联系，重视对专业志、部门志编纂的业务指导，做好志书的评审工作。配合县民政局完成《龙游县地名志》初稿的编纂，至年底，已进入审稿程序。配合龙游县第二次地名普查暨古地名保护工作，完成资料提供等相关工作。

【《龙游文库》文化工程】 围绕龙游县委提出的“文化强县”建设目标，为推进文旅融合的全面发展、提升地方文化软实力、增加龙游的知名度，启动《龙游文库》文化编纂工程。“十三五”期间，计划整理、出版龙游古今经典文献资料系列书籍约25辑121册，其中地方文献整理类（包括经部子部影印类、集部诗文类、史部旧志类、谱牒类）17辑75册、专著编纂类（包括名人传记、余绍宋研究、华岗研究、文物专辑、非遗专辑、历史文化专辑、旅游专辑、古村落专辑）8辑46册。至年底，经过公开招投标，影印部分《重刊民国龙游县志》已进入出版印刷程序，交印刷厂制版。

【《龙游年鉴（2016）》编纂工作】 12月，《龙游年鉴（2016）》完成编纂出版工作。该部年鉴由龙游县地方志编纂委员会编，县长张晓峰任编纂委员会主任，委员会下设办公室，黄国平任办公室主任及主编；由方志出版社出版，杭州富春电子印务有限公司印刷，各地新华书店经销。全书共964千字，彩页112页，开本889×1194，彩印，精装，共35印张，印数1300册。

【《龙游史志》编纂工作】 《龙游史志》停办4年后复刊。11月，龙游县史志办主办、龙游县地方志学会承编、黄国平主编的史志期刊《龙游史志》2016年第一期（总第15期）出版发行，期刊共13万字，标准16开本，印数2000册，包括特载、传记、人文关注、史海钩沉、姑蔑春秋、红色记忆等栏目内容。

【龙游县地方志学会成立】 5月27日，龙游县地方志学会召开成立大会。会议通过《龙游县地方志学会章程》，选举产生第一届理事会，劳乃强任会长，吴土根、余久一、陈捷、鄢卫建为副会长，陈捷兼任秘书长。地方志学会的成立，有利于构建龙游县地方志工作新网络，营造大史志工作新格局，更好地开展地方志理论研究和学术交流，推动龙游县地方志工作再上新台阶。

【服务县委中心工作】 切实做好联系乡、联系村工作，根据单位实际情况，及时调整农村生态指导员人选，指导、协助联系村做好“五水共治”、“贺田模式”复制等工作。深入基层乡村，应邀参加罗家乡举办的“龙游县第二届黄茶节”、沐尘畲族乡举办的“三月三畲族风情节”等活动，参与指导社阳乡大公村大公殿祭祀、社阳乡源头村徐氏祭祖等活动，助力乡村休闲旅游的发展。切实做好低收入农户的脱贫工作，与石佛乡三和村3户低收入农户结对扶贫，走贫访苦，帮助他们实现脱贫目标。主动介入农村文化礼堂建设工作，为全县文化礼堂工作做好参谋，参与、指导大沃口村、社阳村、源头村、梅林村、地圩村文化礼堂建设，并赠送相关图书资料。做好创建全国卫生城市工作和社区夜间巡逻工作。

（县史志办 钟红芳）

党校工作

【概况】 2016年，中共龙游县委党校高举中国特色社会主义伟大旗帜，以党的十八大和十八届三中、四中、五中、六中全会精神为指导，深入学习贯彻习近平总书记系列重要讲话精神，以创新、协调、绿色、开放、共享等“五大发展理念”为主线，以学习贯彻全国党校工作会议精神为契机，紧紧围绕县委十届十次全会、县政府十二届九次全会提出的实施“四大战略”、打好“四场战役”的决策部署，坚持“党校姓党”的工作原则，进一步加强和改进党校工作，切实履行干部教育培训工作职能，为培养造就一支具有铁一般信仰、铁一般信念、铁一般纪律、铁一般担当的干部队伍做出新的贡献。

【干部教育】 围绕县委、县政府中心工作，充分发挥党校干部教育培训的主渠道、主阵地作用，自觉找准定位，突出党校特色，发挥党校优势，牢牢把握理论教育和党性教育两大核心，服务干部队伍建设和经济社会发展大局，干部教育培训的主渠道作用进一步凸现。根据《中国共产党党校工作条例 》和中央党校“一个中心、四个方面”（即以学习中国特色社会主义理论体系为中心，夯实学员的理论基础、拓展学员的世界眼光、培养学员的战略思维、加强学员的党性修养）的教学布局，结合县情和校情，加大党性教育力度，形成以学习马克思主义理论、中国特色社会主义理论为中心，以理论武装、县情县策、能力提升、党性锻炼为重点的党性教育课程体系，并注重将党性锻炼贯穿培训全过程。严格按照中央“八项规定”、中组部《关于在干部教育培训中进一步加强学员管理的规定》和“四风”（即形式主义、享乐主义、官僚主义以及奢靡之风）整治精神，结合干部教育培训工作实际，贯彻从严治校、从严施教、从严管理方针，加强教学管理，服务队伍建设，不断加大干部教育培训工作的管理创新力度，努力实现培训管理的规范化、制度化、科学化。全年举办主体班次22期，培训2095人次。

【社会培训】 牢固树立“看齐意识”，为确保党的方针政策和省、市、县委决策部署在基层落实到位，延伸、拓展党校教育的职能范围，注重“资源整合”，创新对外培训模式，着力拓展新的办学渠道。在完善传统课堂教学模式的基础上，立足县情，积极开发现场教学资源，建立贺田模式、开启模式、集美模式、龙和渔业等多个现场教学基地，探索“引进来”“走出去”、现场变课堂、实践者变教育者等教学方式，拓展教学空间，增强干部培训的灵活性、体验性和直观性，扩大党校社会培训和办学的影响力。全年先后组织安排计划外培训班次45期，参加培训4003人次。充分发挥党校作为全县宣讲主力军的作用，助力“五四三”和“全域旅游”等中心工作，先后进行专题宣讲50多场次，辅导党员干部 4000多人次，为广大干部群众创建积极健康的“精神家园”。

图19 举办全县校长、书记培训班

【县情调研】 坚持“三贴近”（即贴近生活、贴近群众、贴近实际）理念，围绕县委、县政府的“四大战略”和“四场战役”，引导全校教师紧紧围绕全局性、战略性、前瞻性的重大问题，盯住县域经济的热点、难点问题开展调查研究。坚持“教学立校、科研兴校”的指导思想，努力为党委政府科学决策服务、为教学服务、为社会服务，主动适应县域经济社会发展的形势，针对科研工作的短板，不断提高科研咨政（服务）能力和水平。完善科研管理制度，出台《中共龙游县委党校教师科研绩效考核办法》，充分发挥制度的导向和鼓励作用。研究确定重大调研课题，做到“带着问题下基层，深入实际搞研究”，加强科研工作的现实性、针对性。坚持突出重点、立足教学，注重科研成果的转化，实现教学科研的良性互动，使科研成为教学改革、教学创新的强大动力。先后组织教师深入基层开展社会调研60余人次，成功申报省级课题1项、市级课题3项，有10多篇论文在省、市、县刊物上发表或获奖。

【队伍建设】 坚持“党校姓党”原则，强化从严治校方针，立足党校实际，以教师队伍建设为核心，以行政后勤干部队伍中的骨干人才、管理人员为重点，加强队伍建设，努力打造一支理论功底扎实、善于联系实际、勇于开拓创新的高素质教师队伍，推进党校事业的科学发展。优化教师资源配置，实施“人才强校”战略，进一步优化人才队伍结构。同时，党校还聘请县领导、部门主要领导及知名教授、学者担任兼职教师，完善党校师资库建设。注重师资培训，进一步提高人才队伍素质，形成职责明确、充满活力、有序高效的工作机制，造就一支政治强、业务精、作风正的高素质教学科研人才队伍，为龙游县干部教育培训工作提供师资保证。注重发挥老教师的“传帮带”作用和新教师的“新动力”优势，形成互帮互助、共同进步的良性发展局面。同时，积极创造条件，通过业务培训、教学实践、进修学习、外出考察、教学观摩等多种形式，提高教师的业务水平和整体素质。年内先后有30多人次参加中央党校、省委党校、省社院、省委宣传部和市委党校主办的各类研修班、培训班和理论研讨班，拓宽教师的理论视野，提升教师的理论水平。

【综合工作】 针对培训的新要求和办学的新格局，以管理科学化和服务社会化为导向，积极争取财政支持，筹建录播教室，购置远程视频互动教学高清录播教室联网系统，加大硬件投入，改善教学条件，提升干部教育培训服务水平。注重校园文化建设，利用校区内走廊、绿地等空间，开辟党建文化长廊，定期更换内容，营造浓厚的党建文化氛围，提升校园文化品位。围绕中心，服务大局，始终把党校工作融入县委、县政府的中心工作中，以实际行动服务全县经济社会发展。积极参与招商引资、“五四三”、全域旅游、创国卫、平安护航、高坪桥水库征迁等重点工作。充分发挥党支部作用，建立健全有关制度，规范管理，积极建设学习型、节约型机关；严格党内政治生活，切实履行好党风廉政建设的主体责任，狠抓党风廉政建设责任制的落实，进一步密切党群、干群关系，展现党校良好形象。

（县委党校 林利平）

龙游县人民代表大会常务委员会

概　述

2016年是龙游县十二届人大常委会的收官之年，是“十三五”规划的开局之年。龙游县人大常委会在县委的正确领导和省、市人大常委会的精心指导下，在县“一府两院”（即县政府、县人民法院、县人民检察院）的大力支持和各位代表的参与监督下，坚持以邓小平理论、“三个代表”重要思想、科学发展观为指导，全面贯彻中共十八大和十八届三中、四中、五中、六中全会精神，深入学习贯彻习近平总书记系列重要讲话精神，围绕中心、依法履职，聚焦民生、务实创新，顺利完成县十二届人大五次会议确定的目标任务。全年共召开常委会会议9次，听取和审议工作报告19个，作出决议、决定和审议意见29项，召开主任会议20次，组织人大代表开展专题视察5次、执法检查3次、专题调研6次，依法任免国家机关工作人员69人次，为早日实现与全省同步高水平全面建成小康社会做出应有的贡献。

日常工作

【围绕中心服务大局】 听取和审议县政府关于2016年上半年龙游县经济社会发展情况和下半年政府工作的报告，分析存在的问题，提出意见建议。年末又听取和审议龙游县国民经济和社会发展计划执行情况及2017年计划草案的报告，提出加快产业转型升级、持续优化发展环境、增进民生福祉等建议。密切关注实体经济发展情况，调研工业经济运行情况，分析研判经济形势和存在的问题，提出有针对性的意见建议，助推“两化两游”建设。聚焦“优化行政审批，提高办事效率”，开展行政审批制度改革的调查研究，专题听取工作汇报，提出精简事项、整合职能、规范程序、创新提效、完善监督等意见建议。组织代表视察重点企业技术改造项目建设情况，提出抓项目库建设、抓政策引领、抓招商合作、抓技术创新、抓环境优化等意见建议。对国资改革及运营情况的审议意见落实情况开展督查和满意度测评。

【聚焦民生热点】 县人大常委会听取和审议生猪养殖污染治理及监管情况的报告，并组织常委会人员开展实地调研，通过分组审议、集中审议、专题视察、专题询问和满意度测评等方式，了解与解决生猪养殖过程中存在的各类问题，不断巩固和扩大“五水共治”成果。组织代表视察衢江、灵山江两江治理及生态修复情况。坚持一周一巡查、一月一督查制度，加大灵山江生态环境整治的监督力度，要求政府及相关部门把握好环境整治与生态保护、生态修复与景观建设的关系，着力推进灵山江生态环境的根本好转。听取和审议全县农村生活污水治

图20 4月13日，衢州市人大常委会主任居亚平（右二）到龙游县沐尘畲族乡调研乡村休闲旅游工作

理长效管理机制运行情况及青垅山生活垃圾填埋场渗滤液处理厂提标改造项目情况的报告，提出相应的意见建议，推进“五水共治”工作向纵深发展。密切关注大气污染防治问题。深入开展大气污染防治“一法一条例”（即《中华人民共和国大气污染防治法》和《浙江省大气污染防治条例》）执法检查跟踪督查工作，坚持源头防治，配套开展能源结构调整、工业污染治理、机动车污染防治、产业布局与结构调整、城市扬尘和烟尘整治、农村废气污染控制等六大专项行动，并建立综合防治机制，全面打响大气污染防治攻坚战。听取和审议关于基本公共文化服务标准化建设情况的报告，提出加强组织领导、加速补齐短板、加大保障力度等意见建议。组织代表视察城区学校规划布局实施情况，建议优化规划布局，促进资源均衡，强化要素保障，合力推进落实。听取少数民族乡（村）社会经济发展情况的汇报和养老保险基金管理工作情况的汇报。继续关注小区物业管理、卫生医疗等工作。

【依法行政】 听取和审议县政府关于“六五”普法规划实施情况和“七五”普法规划意见的报告，并作出《关于切实做好“七五”普法宣传教育工作的决议》。配合上级人大开展预算审查监督条例、电动自行车管理、城市市容和环境卫生管理等方面的立法调研活动。以贯彻新环保法为契机，继续与省、市人大联动开展大气污染防治的执法检查，督促相关法律法规执行到位。继续高度重视群众信访工作，加强规范性文件备案审查工作，全年备案、审查规范性文件31件。

【充分发挥代表作用】 积极开展代表换届选举工作，出台《中共龙游县人大常委会党组关于做好县乡两级人民代表大会换届选举工作的意见》，通过宣传动员、选区划分、选民登记、提名推荐、协商和确定代表候选人等流程，圆满完成县乡人大换届选举工作。强化履职保障，组织县人大代表开展法律法规、代表履职等内容的培训，增强法律意识和履职能力。扎实做好走访联系代表工作，完善常委会组成人员联系代表机制，全年走访联系代表200余人次。注重发挥代表履职服务平台作用，强化功能运用，为代表反映民情、认真督办议案建议提供保障。继续实施县人大常委会领导督办和县政府领导领办议案、重点建议制度，坚持集中交办与重点督办相结合，建立人大相关工委联系督办机制，及时掌握代表议案建议办理进度和办理质量。继续开展议案建议办理满意度“回头看”和优秀议案、建议评选，表彰代表议案建议承办先进单位。

【加强自身建设】 严守政治纪律，扎实开展“三严三实”专题学习教育活动，严守政治纪律和政治规矩，认真学习党章和“一准则一条例”（即《关于新形势下党内政治生活的若干准则》和《中国共产党党内监督条例》）。改进工作作风，保持人大工作的一线标准、一线状态、一线作为，按照“一线”要求做好人大工作。人大干部坚持边干边监督，积极参与“五水共治”、城市建设、重点工程推进等工作。注重人大制度宣传，获浙江省人大信息宣传工作先进单位荣誉。认真贯彻落实中央18号和省委21号文件关于加强县乡人大工作和建设的精神，扎实推进乡镇（街道）人大的规范化建设。

重要会议

【十二届人大五次会议】 1月29日至2月1日举行。会议听取和审查县长刘根宏所作的《龙游县人民政府工作报告》、县人大常委会主任周中民所作的《龙游县人民代表大会常务委员会工作报告》、县人民法院院长方永新所作的《龙游县人民法院工作报告》、县人民检察院检察长刘建华所作的《龙游县人民检察院工作报告》，审查《龙游县2015年国民经济和社会发展计划执行情况和2016年国民经济和社会发展计划草案的报告》《龙游县2015年财政预算执行情况和2016年财政预算草案的报告》，并通过相应决议。会议期间共收到代表议案、建议、批评、意见212件，经议案审查委员会审查、大会主席团审议、大会通过，确定《关于加大对旧住宅区进行“六合一”改造的议案》为大会议案，其余211件作为建议、批评、意见，交由“一府两院”办理，办理结果报告县人大常委会。

【十二届人大常委会第34次会议】 1月19日召开。会议听取和审议《龙游县国民经济和社会发展第十三个五年规划纲要（草案）》、《龙游县人民政府关于2015年国民经济和社会发展计划执行情况及2016年国民经济和社会发展计划（草案）》的报告、《龙游县人民政府关于2015年预算执行情况及2016年预算（草案）》的报告。

【十二届人大常委会第35次会议】 3月24日召开。会议听取和审议《龙游县人民政府关于生猪养殖污染治理及监管情况的报告》，常委会通过分组审议，提出相关意见建议。会议还审议通过有关人事议案。

【十二届人大常委会第36次会议】 5月19日召开。会议听取和审议县政府《关于“六五”普法规划实施情况的报告》，对“关于国资改革及运营情况的审议意见落实情况”开展督查和满意度测评；听取和审议县政府《关于提请将衢宁铁路（龙游段）项目借款本息列入县财政预算的报告》。会议还审议通过有关人事议案。

【十二届人大常委会第37次会议】 7月25日召开。会议听取和审议县政府《关于2016年上半年龙游县经济社会发展情况和下半年政府工作的报告》《关于龙游县2016年上半年国民经济和社会发展计划执行情况的报告》《关于龙游县2015年财政决算和2016年上半年财政预算执行情况的报告》《关于龙游县2015年度财政预算执行及其他财政收支审计的工作报告》，审查、批准龙游县2015年财政决算（草案）；听取和审议《龙游县人民政府关于提请审议龙游县2016年地方政府债务限额及新增债务预算调整方案的议案》《龙游县人民政府关于提请将子鸣社区安居工程（一期）项目政府购买服务资金列入县财政预算的报告》。会议还审议通过有关人事议案。

【十二届人大常委会第38次会议】 9月21日召开。会议听取和审议龙游县人民政府《关于龙游县基本公共文化服务标准化建设情况的报告》《关于龙游县“七五”普法规划编制情况的报告》，并作出《关于切实做好“七五”普法宣传教育工作的决议》；听取和审议龙游县人民政府《关于提请将龙游县青垅山生活垃圾填埋场渗滤液处理厂提标改造工程BOT项目政府购买服务资金列入县财政预算的报告》。会议还审议通过有关人事议案。

【十二届人大常委会第40次会议】 11月29日召开。会议听取和审议县政府《关于县十二届人大五次会议议案和代表建议、意见办理情况的报告》，并对议案和重点建议办理情况开展满意度测评；听取和审议县政府《关于2016年财政预算调整方案的报告》；对“关于龙游县生猪养殖污染治理及监管情况的审议意见”的落实情况开展督查和满意度测评。

（县人大　黄丽芬）

附：县人大优秀议案

关于对旧住宅区进行“六合一”改造的议案

老旧小区整治改造工作是一项涉及百姓的民生工作，也是提升城市品质的有效举措。近年来，县政府大投入、强力度、持续性推进旧住宅区改造工作，如推进翠光四区、翠光五区、阳光小区、竹景花园等旧住宅区改造，使百姓得到了实惠，得到了百姓的拥护。但是，以前的旧住宅区改造工作还存在以下一些问题。

（一）改造范围偏小。目前全县每年推进的旧住宅区改造约2个左右（每年约投入资金2000万元），相对于数量较多的老旧小区需要改造而言，范围还太小，力度仍需加大。同时，当前旧住宅区改造主要侧重于老旧管网改造、道路绿化修复、停车位停车棚建设等，对杆线落地、立面改造等综合整治不够。

（二）融资渠道单一。资金筹措主要以财政为主，多元化的投入机制不足，基本没有居民的自筹，影响旧住宅区改造的可持续性，政府财政压力巨大。

（三）政策保障不足。未出台相应的旧住宅区改造政策，改造模式比较单一。特别是还没有出台危旧房改造政策，相关单位、个人的职责不明确。

（四）施工难度较大。如对房屋进行房顶翻新、外墙立面改造，居民居住在里面，统一群众思想工作较难；施工过程中，老百姓对施工安全、财务安全、房屋质量安全等存在较大的担心。同时，部分居民大局意识欠缺，只顾个人利益，存在抵触情绪，甚至出现阻碍施工的情况。

（五）建后管理不够。目前主要侧重于建设，建后管理严重不足。一是监管的力量比较薄弱，主要以社区为主，没有充分发挥小区业主委员会或者物业的作用，有的小区甚至未选举小区业主委会，没有物业管理，缺少一定的强制手段，后续维护管理问题无法解决。

旧住宅区改造是省委、省政府“三改一拆”的重要内容，是改善民生的重要举措，针对全县旧住宅区量多面广的现状，建议继续加大旧住宅区改造工作，根据“六合一”改造要求，统筹谋划，抓住重点，有序推进。

（一）明确改造标准。按照“六合一”的标准进行整治改造，即对强弱电线路、管网改造、屋顶翻修、外墙立面、道路绿化、物业管理等六个方面进行综合治理、统一改造。同时，要有一定超前性，如增设一定的汽车充电桩，实施杆线落地，配置一定的居家养老设施、智能化设施，按照海绵城市要求进行改造等。

（二）明确改造计划。开展调查摸底工作，列出当前急需改造的一批旧住宅区项目，根据改造需求和居民要求，分年度实施。房地产开发的小区由开发商、物业管理进行维修改造；单位自建房、房改房、无小区零星住宅等列入政府改造计划。经初步统计，当前急需改造的区域主要有县府宿舍、东苑小区、华西园小区、光华厂宿舍、龙化宿舍、农行小区等。建议2016年率先推进县府宿舍小区、福泰隆广场等区域改造。

（三）明确申报条件。进行旧住宅区改造的小区必须同时符合以下几个条件：一是小区居民自愿申请；二是需成立小区业主委员会；三是需实行一定的物业管理，收取相关的物业费用；四是提出建后正常运营维护的专项方案；五是创建“无违建”小区，将违建拆除作为必要条件。每年政府根据实际情况排出一批（约3～4个）旧住宅小区名单，对社区居民改造积极性较高、基础工作扎实的区域优先列入改造计划。

（四）多方筹集资金。除财政出资外，还要积极整合项目，做好全省供电系统旧住宅区配电设施改造工程包装和资金争取工作；整合住建部门、通讯单位等资源，积极筹措资金。同时，按照“谁受益，谁出资”的原则，探索改造小区内的居民筹集一定的改造资金，提高主人翁意思，变“要我改”为“我要改”。

（五）强化政策保障。一是出台“六合一”

改造的相应扶持政策，明确游戏规则，形成长效机制。二是细化完善、及时出台《龙游县城镇危旧住宅房屋治理改造工作若干意见》，分类推进危旧房治理工作。三是制定建后管理机制，实现长效管理，住建部门、街道要指导好小区选举成立业主委员会，指导业主委员会做好物业企业的引进等工作。

（提案人 劳方等）

2016年度人大代表议案建议承办先进单位

表4

代表议案建议承办先进单位	县财政局、县规划局、县公安局、县教育局、县水利局、县农业局、县交通运输局、县国土资源局、县卫生和计划生育局、县住房和城乡建设局、县农业和农村工作办公室、县文化广电新闻出版局

2016年度龙游县人大代表优秀议案、建议

表5

获奖类别	名　称	提案人
优秀议案	关于加大对旧住宅区进行“六合一”改造的议案	劳方等
优秀建议	关于加快城区绿道建设的建议	吴锡平
	关于解决庙下乡集镇饮用水问题的建议	储建峰等
	关于安装詹家镇马叶村、姜家村自来水工程的建议	叶柏林
	关于龙游县东、西大门公路两侧绿化改造提升的建议	邱继成
	关于提高农村卫生保洁经费的建议	杨晓平
	关于加快公共交通基础设施建设的建议	李一清
	关于加强生猪屠宰管理切实让人民群众吃上放心肉的建议	陈连寿
	关于要求加强工程项目标后监管的建议	李海银
	关于在龙游县新建垃圾焚烧场的建议	胡锡清
	关于加快龙南山区“绿水青山”向“金山银山”转型的建议	汪颖俊等

2016年度龙游县人大先进代表小组和履职先进个人

表6

获奖类别	获奖名单
先进代表小组	湖镇镇代表小组、塔石镇代表小组、龙洲街道代表小组、模环乡代表小组、东华街道代表小组
代表履职先进个人	劳　方、戴锡康、姜荣清、李雪仑、杨晓平、李海银、杨水明、李一清、刘寅业、邓如祥、储建峰、吴永生、许金荣、徐　法、傅新林、徐志华

龙游县人民政府

综 述

2016年是“十三五”发展的开局之年。一年来，面对新常态、新挑战，龙游县人民政府在上级党委、政府和中共龙游县委的正确领导下，在县人大、县政协的监督支持下，强化责任担当，奋力克难攻坚，各项工作扎实推进，经济社会保持良好发展态势。全年实现生产总值209.9亿元，同比增长7.2%；完成财政总收入20.1亿元，其中一般公共预算收入14.0亿元，同比分别增长7.0%和10.4%；固定资产投资161.4亿元，同比增长11.3%；社会消费品零售总额128.5亿元，同比增长11.7%；城镇和农村居民人均可支配收入同比分别增长9.2%和8.9%；节能减排完成上级下达任务。

【工业扩量提升】 围绕“工业强县”总体目标，相继出台加快“五大百亿”（即省政府提出的“百亿基础设施建设”工程、“百亿信息化建设”工程、“百亿科教文卫体建设”工程、“百亿生态环境建设”工程、“百亿帮扶致富建设”工程）产业培育、加强“百家四优”企业管理、促进工业经济转型跨越发展等政策意见，明确空间、要素、服务等要素保障，积极推动工业提质增效。全县203家规模工业企业实现产值309.1亿元；高端装备制造、高端家具制造、特种纸、绿色食品饮料和新能源新材料等五大重点培育产业实现产值215.3亿元，占全县规模工业的69.6%；加快“四换三名”（“四换”即腾笼换鸟、机器换人、空间换地、电商换市；“三名”即名企、名品、名家），实施技改项目228个，完成投资54.1亿元，同比增长12.2%，占工业总投资的71.4%。做好企业帮扶工作，发挥产业基金、融资性担保公司、助保贷、“转贷通”等资源的作用，帮扶企业渡过难关，促进企业做大做强。深化“五个一批”（即一批重点产业发展、一批核心技术突破、一批重大创新项目落户、一批名牌企业产生、一批产业基地建设），完成“腾笼换鸟”（即集中力量扶持高科技、高附加值的产业和产品，淘汰高能耗、高排放、低产出的产业和企业）企业9家，盘活土地533.33公顷。推进企业上市，恒达、特美等8家企业在“新三板”成功挂牌。

图21　8月15日，龙游县人民政府与浙江省海港集团签订战略合作框架协议

图22 9月28日，龙游县旅游集散中心举行揭牌仪式

【优化三产业态】 2016年，龙游县第三产业实现增加值91.5亿元，同比增长10.5%。新增25家服务业规模企业，服务业投资82.6亿元，同比增长25.7%；推进国家全域旅游示范区创建，龙游民居苑拓展、三门源古村落保护等项目进展顺利，龙游花海项目开工建设；红木小镇累计完成投资26亿元，先后获评全国优选旅游项目、省级优秀小镇，入选省级十大示范特色小镇；启动高山运动小镇索道建设，新加坡风情小镇入围省级培育名单；提升商贸服务平台，大润发、恩浩世贸城等项目有序推进，东方城市综合体、家居建材市场建成运营。加快电子商务发展，新设立电商办，启动申通电商产业园建设，建成农村淘宝村级服务站120个，“1688”特色站点入驻企业500多家，与中国网库合作建设中国特种纸产业带上线运营，全县网络零售额突破23亿元，龙游县被命名为浙江省第三批电商示范县。

【做大做强现代农业】 借助省级整县域推进生态循环农业改革试点契机，探索高效生态农业发展模式，成为全国生态循环农业现场会考察点之一。推进农业“两区”建设，新增粮食生产功能区9066.67公顷，开展笋竹产业转型升级行动，加快富硒产业服务中心和富硒产品试验示范基地建设；培育现代农业经营主体，规范化合作社增至139家，新发展家庭农场1205家，吉祥家庭农场登上央视《新闻联播》；积极创建省级农产品质量安全放心示范县，建成64家农产品质量安全可追溯示范点和快速检测室。

【加快项目建设】 建立并完善项目前期经费管理、部门联席会议等制度，加快项目实施，148个“四重双百”实施类项目完成投资109.7亿元，吉恒家具、维达三期、高得宝利等6个省“411”项目按计划实施，桥头江港区、游埠库区堤防等33个重大前期项目正常推进。建立健全驻外招商、以商招商、委托招商等对接洽谈机制，以“大、好、高”项目招商为龙头，健全以商招商、中介招商、平台招商等机制，新引进项目41个，实到资金38.6亿元，其中投资30亿元的高铁轴承项目顺利开工，投资3.1亿元的李子园饮料顺利签约，康保世能源等10个亿元以上项目通过决策。龙游县连续10年位列全国最具投资潜力百强县（市）行列，位次升至第15名。开展“龙游好项目”谋划活动，征集项目99个，8个项目列入省重点项目计划，在衢州市居第2名，总投资达37亿元。探索推行PPP模式（又称为公私合营模式，即Public-Private-Partnership的字母缩写）运作项目，已谋划PPP项目10个，高坪桥水库入选国家发改委第一批PPP推介项目计划。

【加强城镇建设与管理】 坚持旧城改造与新区拓展并重，城市功能布局进一步优化。大南门区块一期房屋收购工作基本完成。完成小高山村整体搬迁，子鸣社区一期主体结顶，“三横四纵”新区道路框架基本形成。做好国家卫生县城创建工作，通过创国卫省级考核。建成城乡客运临时换乘中心，40辆新能源公交车购置到位。新投入公共自行车500辆，全面淘汰黄标车，新增公共停车位1500多个。筹集4000余万元专项资金用于乡镇建设，实施一批综合整治提升项目，模环集镇改造模式得到上级充分肯定。完成油烟净化设施安装326家，集中整治占道经营、乱搭乱建等行为，顺利启动高坪桥水库移民安置小区建设，衢宁铁路（溪口站）项目有序推进。开展美丽乡村精品线、精品村建设，9个节点村完成市级美丽乡村创建目标任务。

【攻坚“543”专项行动】 深化“五水共治”，开展“清千塘、美百河”系列治水专项行动，整治水塘477个、沟渠441条、河道9条，完成清淤60.4万立方米；建成生活污水处理终端163个，铺设排污管道246.7千米，全县农村生活污水治理主体工程基本完工；在全省率先实施农村生活污水和生猪养殖污染第三方运维监管，衢江出境水质保持在Ⅲ类以上。加快生猪养殖转型提升，退养、关停、拆除养猪场479家，拆除面积55万平方米；完成32家美丽生态牧场试点，兴泰农场被评为浙江省首批美丽生态牧场。推进“四边三化”行动（指在公路边、铁路边、河边、山边等区域开展洁化、绿化、美化行动），高铁沿线煤炭堆场、十里铺及九里立交入城口等重点区域整治成效明显，320国道龙游段通过省级精品示范道路创建验收。高铁、高速、国省道沿线和灵山江、衢江两岸赤膊房基本消除，前四批排查的2028个问题点整治完成率达100%，28个省级交办的问题全部整改到位。强化“三改一拆”，制定农村建房管控政策，理顺“一乡一所”运行机制，落实“两违”曝光和挂牌销号等制度，新增违建拆除46起，拆除面积12000平方米，239个村（社区）通过县“无违建”预验收。编制城镇危旧房治理改造规划，推进阳光小区、亚伦小区、老铁路新村等老旧小区“六合一”改造（指政府对老旧小区的强弱电线路、管网改造、屋顶翻修、外墙立面、道路绿化、物业管理六个方面进行综合整治），完成“三改”面积超过209.9万平方米。

【提升服务效能】 推进“四单一网”建设，调整、取消497项非行政许可审批事项，35个部门权力事项精减率近57.5%，238个审批事项实现网上申报，政务服务网乡村代办点实现全覆盖。扩容提升涉批中介网上大厅，新增中介服务事项24项，新引进中介机构120家，累计发布业务2642项。建立项目审批“三员”（指法定代表人、财务负责人、办税员）合办机制，推行营业执照、组织机构代码证、税务登记证、社会保险登记证、统计登记证“五证合一”，完成企业“一照一码”（指公司、个人独资企业、合伙企业、各类分支机构和个体工商户在办理设立登记时，不再发放商事主体的组织机构代码证、税务登记证、社保登记证、刻章许可证，只发放记载统一社会信用代码的营业执照。“一照”即营业执照，“一码”即统一社会信用代码）3732件。完成公车改革，严控公务支出，三公经费年均下降19.6%。

【办好民生实事】 公共财政民生支出33.4亿元，增长20.6%，占总支出的79.3%。加快社保、教育、卫生等事业发展，扩大低保覆盖面，设立华岗中学，启动阳光小学迁建、樾园小学新建等工程，建成县职教中心，顺利通过省教育基本现代化县督导评估。新建24个农村文化礼堂，推进疾控中心、标准化村卫生室等项目。开工建设晨北农整安置小区，翠竹小区主体完工，建成灵江家苑保障房1.1万平方米。完善社会救助机制，推出全市首个见义勇为和自然灾害民生保险产品。

图23 7月28日，龙游县召开半年度安全生产（消防）工作例会暨G20峰会安保推进会

【维护社会和谐】 组织维稳安保百日攻坚大会战，落实清单交办、联片包干等制度，全力护航G20杭州峰会。发挥“大调解”体系作用，成功化解各类矛盾纠纷1.4万多件，化解率达99.1%，保持进京“零非访”（指没有发生上访人不按法定程序、不到指定场所反映问题，而是到敏感地区和重要场所聚集甚至滋事的行为）。加强食品、药品、道路交通、消防、生产等安全管理，完善治安预警、应急

联动等机制。常态化开展隐患排查整治，加强治安防控、禁毒反恐等工作，维护社会和谐稳定，连续十一年荣获省级“平安县”称号。

重要会议

【十二届政府第六十五次常务会议】 1月13日召开。会议原则通过《关于〈浙江龙游工业园区工业项目引进实施意见〉的补充意见》《龙游县“十三五”重点建设项目规划》《2016年“四重双百”重点建设项目推进计划》《2016年政府性投资项目计划》《2016年国民经济和社会发展计划主要综合指标计划》《关于龙游县2015年国民经济和社会发展计划执行情况、2016年国民经济和社会发展计划草案的报告》《2016年全政府性资金收支计划情况》《2016年各国资公司收支计划测算情况》《关于龙游县2015年财政预算执行情况和2016年财政预算草案的报告》《2015年土地要素安排计划》《县十二届政府第九次全体（扩大）会议工作报告（送审稿）》《2016年政府工作报告（送审稿）》《2016年龙游县烟花爆竹禁限燃放行动方案》，同意整合、组建政府统一热线电话平台“12345”。

【十二届政府第九次全体（扩大）会议】 1月18日召开。会议贯彻落实中央、省、市各项决策部署和县委十届十次全会精神，回顾总结2015年及“十二五”期间的政府工作，研究部署2016年度工作。会议要求务实创新，追赶跨越，为“十三五”经济社会转型发展开好局起好步。2016年，重点做好六个方面工作：一是在转型升级中提升工业经济，打造五大百亿产业，坚持产业集聚、集群、集约化发展，加快打造高端装备制造、高端家具制造+特种纸、绿色食品饮料+新材料新能源的“2+2+1”五大百亿产业。二是在培育扶持中做大新兴业态，优化商贸业态布局，建好申通电商产业园、龙游电商城、物流园区等商贸平台，争创全国电商百强县。三是在品质提升中建设美丽龙游，完善城镇发展规划，实现总规控规、土地利用及专项规划等多规融合。四是在投资驱动中引项目、建项目，加强项目谋划对接，深入开展“龙游好项目”谋划活动，充实重点项目库，以规划定项目、以项目争投资。五是在环境治理中实现生态有序。抓长效治水，巩固提升贺田模式、开启模式、集美模式和洁水养殖“四大模式”；完善“河长制”，推行治水网格分片包干；抓“四边三化”，改造提升城市入城口、干道沿线集镇等重要交通节点；抓建房治违、大气治霾、治拥治堵等，加大执法力度，发挥“一乡一站”“一乡一所”作用。六是在优化改革中办好民生实事。深化重点改革，加强“四单一网”建设，完善涉批中介网上大厅功能，构建项目在线审批监管平台，整合开通“12345”服务热线，提升“一站式”办事服务水平。

【十二届政府第六十六次常务会议】 2月5日召开。会议原则通过《龙游县2016年“大干项目、干大项目”领导干部“三挂”活动工作方案》《龙游县“四边三化”整治年行动方案》和2015年“五项竞赛”年终考评结果、2015年度相关表彰事项、2015年度龙游县人民政府质量奖评审事项、衢江龙游段河道疏浚资源综合利用项目部分工程由国资公司自行承建事项、晨北小区工程邀请招标事项。

【十二届政府第六十七次常务会议】 3月1日召开。会议原则通过《衢宁铁路龙游南站周边规划设计方案》《关于进一步加强我县农村居民建房管控工作的意见》《关于推进责任医生签约服务工作的实施意见》《龙游县企业还贷周转专项资金管理办法》《龙游县2016年经济社会发展指标、政府重点工作和政府实事工程责任分解表》和撤销龙游县8个自然保护小区等事项。

【十二届政府第六十八次常务会议】 4月25日召开。会议原则通过《龙游县河道疏浚规划（2016—2025）》《关于加快推进特色小镇培育建设的若干政策意见》《关于建立龙游县政府投资项目契约化管理制度的若干规定（试行）》《2016年“五项竞赛”活动细则》和船厂沙洲规划建设事项、2015年六家市场化国资公司绩效考核情况、浙江吉恒家具有限公司向农行融资事项。

【十二届政府第六十九次常务会议】 3月21日召开。会议原则通过《龙游县通信基础设施专项规划（2013—2020）》《龙游县城镇危旧住宅房屋治理改造三年行动专项规划》《大南门历史文化街区保护规划》《龙游县垃圾热解气化PPP项目实施方案》《关于进一步鼓励龙商回归促进企业并购重组的若干意见》《关于鼓励企业加快进入多层次资本市场的实施意见（试行）》，原则通过给予陈樟华、余惠军等人个人嘉奖事项和全县机关事业单位编外用工清理规范事项。

【十二届政府第七十次常务会议】 5月6日召开。会议原则通过《关于新常态下办好龙游县职业技术学校的若干意见》《龙游县重点项目前期推进部门联席会议制度》和六春湖运动休闲区索道建设事项、红木小镇基础设施项目建设主体调整及融资事项。

【十二届政府第七十一次常务会议】 5月16日召开。会议原则通过《关于促进民办教育发展的实施意见》《2016年龙游县招商引资暨浙商回归工作考核办法》《龙游县2016年度“三改一拆”专项工作考核办法》《关于支持大众创业促进就业的实施意见》《2016年度乡镇（街道）、部门综合考核办法》《龙游县人民政府重大事项决策程序规定》，原则通过城南小学（城南幼儿园）新建、阳光小学迁扩建事项和高铁轴承项目投资框架协议。

【十二届政府第七十二次常务会议】 5月30日召开。会议原则通过《关于进一步深化生猪养殖整规工作，加快建设美丽生态牧场的若干意见》《龙游县生猪养殖场拆除补助政策执行标准》《国资公司2016—2018年三年任期目标》《关于聘任国资公司高管人员政策待遇的补充规定》《龙游县公共交通专项规划（2016—2030）》和香溢市场予以关闭事项、新增龙游港互通及年年红下穿通道改建事项。

【十二届政府第七十三次常务会议】 6月29日召开。会议原则通过《2016年度“四边三化”行动工作考核办法》《龙游县通信基站布点规划（2015—2030）》《关于加快“五大百亿”产业培育的实施意见》《关于加强“百家四优”企业培育管理工作的意见》《G20峰会企业停限产方案》《龙游县政府和社会资本合作（PPP）模式规范管理实施细则》《龙游县中小企业“转贷通”管理办法（试行）》《龙游县收回国有土地使用权管理暂行规定》《2016年度“大干项目、干大项目”专项考核办法》《关于推进乡镇（街道）统计基础规范化建设的实施意见》《龙游县水利工程标准化管理实施方案（2016—2020）》《龙游县企业人才集合年金试行办法》《关于加快民宿产业发展的若干意见》《关于实施全域旅游发展创建试点工作的意见》《龙游县基础测绘“十三五”规划（2016—2020）》《龙游县2016年度经济建设综合部门执法及社会事务管理部门履行职能考核办法》和给予洪冬追记个人三等功事项、关于对县水务集团等四家国有公司实行工程承包商预选入围事项、上海黄浦集团在龙游建立招商平台事项。

【十二届政府第七十四次常务会议】 7月22日召开。会议原则通过《龙游县城市智能停车收费管理项目实施方案》《龙游县金屋顶光伏富民工程实施方案》《关于“12345”政府热线服务中心运行方案》《龙游县耕地保护补偿机制实施方案》《龙游县养老设施布局专项规划》《龙游县关于深化供销合作社和农业生产经营管理体制改革，构建“三位一体”农民合作经济组织体系实施方案》《龙游县电子商务“十三五”发展规划》《龙游县促进散装水泥发展和应用管理办法》《龙游县关于推广应用预拌砂浆的实施意见》。

【十二届政府第七十五次常务会议】 7月31日召开。会议原则通过《龙游县城市公共交通客运价格调整方案》《县十二届政府第十次全体（扩大）会议工作报告（送审稿）》和龙游县公务用车制度改革相关事项。

【十二届政府第十次全体（扩大）会议】 8月4日召开。会议贯彻落实中央、省、市各项决策部署和县委十届十一次全会精神，回顾总结上半年工作，安排部署下阶段任务。会议要求动员全县干部群众，以良好的精神状态，精准施策补短板，凝心聚力促发展，确保完成年初确定的各项目标任务，加快龙游经济社会转型发展、创新发展。重点做好五个方面工作：一是推进新型工业化建设，做强高端装备和高端家具两大支柱产业；加快特种纸和绿色食品饮料两大特色产业集聚发展；培育发展新能源、新材料产业，确保“五大百亿”产业产值保持较快增长，全年规模工业产值增幅与上年持平。二是深化“543”专项攻坚行动，狠抓治水治污，完善河长制，深入开展“清千塘、美百河”行动，推进河流、湖泊、水库、池塘的清淤工作。三是发展全域旅游，按照“文旅休闲、运动体验、康体养生”的定位，以“一区三线四镇五连片”为核心，引进实施一批文旅项目。四是办好民生实事。公共财政支出继续向民生倾斜，办好就业、社保等实事工程，做好浙江省教育基本现代化县、省基本公共文化服务标准化建设重点县等工作，推进阳光小学、城南小学、县博物馆、疾控中心等改（迁）建项目，新建农村文化礼堂15个，加快灵江家苑、翠竹小区、晨北小区等安居工程建设。五是强化担当作为，依托“两学一做”活动契机，加强政府工作人员“三观”（即世界观、人生观、价值观）改造，激发想作为敢担当的内生动力，保持良好的精神状态，牢记岗位职责，对工作和事业上心、专心、用心，全面形成贯彻落实县委决策部署的思想自觉和行动自觉。

【十二届政府第七十六次常务会议】 8月17日召开。会议原则通过龙游花海项目相关事项和湖镇至童家跨衢江大桥工程合作建设方案。

【十二届政府第七十七次常务会议】 8月29日召开。会议原则通过《关于进一步加强集镇建设管理工作的实施意见》《龙游县“集镇建设”项目专项补助资金管理办法》《2016年度全县集镇建设管理工作考核办法》《关于加快推进残疾人全面小康进程的实施意见》《龙游县生猪养殖第三方监管摄像监控安装实施方案》《龙游县科技型中小微企业保险保证贷款办法》《龙游县县级机关工作人员公务出行经费预算管理暂行办法》《龙游县县级机关执勤执法用车和行政执法用车管理暂行办法》《龙游县机关社会化租车管理办法》《龙游县党政机关车辆定编情况》《龙游县政府特邀行政执法监督员制度实施办法（试行）》《龙游县职业技术学校合作办学实施意见》和划定县保单位保护范围和建设控制地带事项、土地行政划拨价款标准事项、直接委托国资公司发债中介服务事项、龙游工业园区北斗大道（桥头至外衣山道路）及相应供水排水管网工程变更及工程路基塘渣回填直接委托事项。

【十二届政府第七十八次常务会议】 9月6日召开。会议原则通过《高坪桥水库工程建设征地移民搬迁安置办法》《奔康三期异地搬迁翠竹小区住房安置办法》《国家开发银行红木小镇公共基础设施基金及配套贷款使用协议》和县奔康公司收购丹芙伦商住小区事项。

【十二届政府第七十九次常务会议】 9月20日召开。会议原则通过红木小镇申报农业银行贷款事项。

【十二届政府第八十次常务会议】 9月28日召开。会议原则通过《关于积极落实全面两孩政策，改革完善计划生育服务管理的实施方案》《龙游县国有企业采购管理暂行办法》《龙游县新北建设有限公司组建方案》《龙游县行政审批（服务）改造提升实施方案》《关于建设乡镇（街道）“四个平台”完善基层治理体系的实施意见》《年年红吉恒家具公司贷款回购协议》《湖镇至童家公路（一期）项目PPP模式实施方案》引进高端幼教集团联合创办龙游县阳光幼儿园事项。

【十二届政府第八十一次常务会议】 10月28日召开。会议原则通过县学街26号紧急排险事项。

【十二届政府第八十二次常务会议】 11月1日召开。会议原则通过《关于促进工业经济转型跨越发展若干意见》《龙游县城区犬类管理暂行规定》《龙游县小城镇环境综合整治行动实施方案》《龙游县住宅小区配套幼儿园建设管理办法》《龙游县文化发展“十三五”规划》《龙游县临时救助实施办法》《龙游县综合行政执法局主要职责内设机构和人员编制规定》《2016年度出租汽车经营权到期重新配置工作方案》《关于创新体制机制推进人才集聚，加快新型工业化发展的实施意见》和光伏小康工程项目、加强“十三五”期间年森林采伐限额管理事项、划转综合行政执法行政处罚事项。

【十二届政府第八十三次常务会议】 11月28日召开。会议原则通过《龙游县污水处理收费标准调整方案》《龙游县城区机动车停放服务收费方案》《龙游县工业经济杰出贡献企业家和优秀创新型企业家评选办法》《龙游县服务业发展“十三五”规划》《关于开展“龙游石窟凤凰山古洞室群地球物理探测”项目的请示》《关于要求收藏余绍宋书画等相关文物的说明》。

【十二届政府第八十四次常务会议】 12月20日召开。会议原则通过《龙游县治危拆违攻坚行动方案》《龙游县河长制管理信息系统终端配置方案》《关于加快推进普惠型儿童福利体系建设的实施意见》《龙游县突发事件预警信息发布管理办法》《关于全面实施分级诊疗制度的实施意见》《筹建衢州出入境检验检疫局龙游现场办协议书》。

（县府办 吴旭东）

县政府办公室工作

【概况】 2016年，龙游县人民政府办公室紧密围绕县委、县政府工作部署，着眼全局，紧扣中心，认真履行参谋、协调、督查、服务等各项职能，在辅佐政务、管理事务、做好服务上狠下功夫，促进政府工作高效运转，圆满完成全年各项工作任务。

【发挥参谋助手作用】 牢固树立“服务为本”理念，强化参谋助手作用，努力提高服务水平。凡是县委、县政府决定的工作部署，凡是关系全局的中心工作，都坚持集体讨论决定，做到分工不分家、帮手不插手，切实做到民主集中、科学决策。不断强化班子工作责任制建设，规范工作流程，做到事事有人管、人人有担子、人人有责任，确保政务工作高效运转。班子成员在工作上主动沟通、相互协作、相互补台、相互信任，自觉维护“班长”的威信和班子集体的团结，参与政务，管理事务，保障服务，全力维护大局稳定。坚持把服务好政府领导作为工作的首要职责，积极为领导创造良好的工作环境。以开展“两学一做”活动为契机，积极向身边的优秀党员学习，开展干部作风集中整顿，进一步强化作风建设。建立健全相关规章制度，进一步落实工作责任，细化工作职责，提高工作效率，充分发挥办公室综合协调和中心枢纽作用。

【各项职能履行到位】 立足本职，真抓实干，办文办会、督查督办、信息调研、政务服务等各项职能履行取得新成效。提高办文办会水平，积极倡导简洁、明快的文风，围绕全县各阶段中心任务，深入调研，掌握实情，紧贴上级精神和领导意图，认真做好文字材料起草工作，文稿质量和整体水平有较大提高。全年共编制下发县政府文件197件、办公室文件160件、各类会议纪要133期。严格规范会议制度，精心组织，周密安排，做到会前充分准备、会中积极组织、会后抓好落实，全年组织召开各类专题会议150余次，均无差错。健全督查工作机制，创新督查方式，强化督查手段，加大工作力度，在狠抓落实、力求实效上下功夫，促进县委、县政府各项重大决策部署和重要工作事项的落实。全年办理县长信箱来信827件，为群众解决问题431个，电话回访107次。加强“两会”议案提案办理跟踪，提高办理质量，全年办理县人大议案、建议212件，办理政协提案231件，办结率100%。组织或参与各类督查97次，形成督查专报39份，下发督查通报18期，形成督查建议书4份、交办单12份，编写政务督查快报19期。信息调研成绩明显，全年向省、市报送信息220余篇，其中省级直报采用14篇，被省领导批示4篇；市级采用57篇，被市领导批示2篇；编辑龙游政务信息36期。深化“四单一网”工作，浙江政务服务网龙游平台已开设企业办事、个人办事、行政审批、便民服务、阳光政务、公共数据开放等6大板块共20余项实用功能，30个行政部门、15个乡镇（街道）、1个园区入驻平台，全年累计发布行政处罚结果信息9000余条，平台点击率超过20万人次，办理业务5000余件。建立、健全依法决策制度，全年收到拟出台的县政府行政规范性文件30件，其中28件通过合法性审查，提出审查意见191条。严格依法办理行政复议案件，共承办行政复议案件17件，不受理7件，审结8件（其中确认违法3件、驳回3件、撤销2件）。抓好行政调解工作，全年受理调解案件1.5万件，其中行政争议案件192件、民事纠纷案件1.5万件，调解成功1.3万件，涉案金额681万元。

【优化队伍整体形象】 严格执行党风廉政建设和反腐败的各项规定，认真落实党风廉政建设责任制，努力将党风廉政建设和反腐败的各项要求落到实处。落实主体责任，强化一岗双责意识，按照“谁主管、谁负责”的要求，党组主要负责人认真担负起党风廉政建设“第一责任人”责任，做好表率，带好队伍，落实廉政谈话制度，消除廉政风险隐患，并督促其他班子成员切实承担起主体责任。深化党风廉政建设宣教工作，把廉洁从政教育纳入民主生活会重要内容。坚持落实周四夜学制度，专题学习《中国共产党廉洁自律准则》和《中国共产党纪律处分条例》等党规党纪，结合“两学一做”学习教育活动，开展以理想信念、党性党风党纪、政治品质和道德品行为主要内容的专题大讨论，引导全体干部树立正确的世界观、价值观和权力观，自觉抵制金钱诱惑和各种腐朽思想的侵蚀，做到自警、自省、自律。注重监督制约，自觉接受纪检组监督，把反腐倡廉工作融入办公室日常工作之中，一并部署、检查、落实。充分发挥派驻纪检组在党风廉政和惩防体系建设中的监督作用，保证各项制度落在实处。做好党务、政务公开工作，按规定做好“三重一大”（即重大事项决策、重要干部任免、重要项目安排、大额资金的使用）、重点工作、干部选拔使用、“三公”经费等事项的处理过程和结果的公开，扩大覆盖范围，提升公开效果。落实年度政府信息公开要点，通过政府网站等渠道，主动公开各类政务信息1.8万余条。完善运行制度，加强内部管理，明确相关流程和规定，严格按制度和纪律操作，提升整体水平。加强财务管理，严肃财经纪律和审签报销流程，厉行勤俭节约，做到公私分明、严格规范。抓好办公室干部队伍建设，严格执行组织人事纪律和程序规定，通过选调年轻干部和落实基层干部顶岗制度，充实办公室后备力量。全年组织进办公室顶岗培训8人，新调入工作人员4名，新提拔中层干部4名。

（县府办 吴旭东）

民情沟通

【概况】 2016年，龙游县信访局共受理群众来信、来访、来电6881件（人）次（包括来信220件、来电4436件、来访1061批2225人次），其中集体来访90批1255人次、初信初访1491人（件）次，初信初访占来信、来访总量的60.98%。省市“两会”、全国“两会”、G20杭州峰会、十八届六中全会、第三届

图24 8月3日，县委召开平安护航G20领导小组（扩大）会议

“世界互联网大会”等重点时段未发生越级集体上访和恶性事件，成功创建“三无县”。信访工作目标管理考核位列衢州市第一名，获县2016年度综合考核二等奖。县信访局被评为衢州市G20杭州峰会维稳安保先进集体、建设“平安龙游”先进集体和龙游县先进基层党组织。

【责任落实】 年初，县主要领导与乡镇（街道）、部门党政主要领导签订2016年度信访工作目标管理责任书，明确责任目标和工作要求。坚持把信访维稳的成效作为领导班子和领导干部考核的重要内容，加大信访维稳工作在乡镇（街道）和部门年度综合考核设置中的权重，强化管理责任，促进社会和谐稳定。

【专项治理】 开展“大排查、大化解、大稳控”、矛盾纠纷源头治理年、矛盾纠纷调处百日攻坚大会战、初信初访办理质量年、信访督查“百千万”（即省级督查近百件、各市督查近千件、全省督查近万件）专项行动等活动。4月初，从备战、临战、实战到决战G20杭州峰会，在全县范围内开展地毯式、滚动式排查，建好问题清单，落实稳控责任，做好归类建档。县信访局梳理近三年来访来信人员信息1264条，排查全县各类重点人员320名，对其中49名重点人员开展“大走访”活动。建立政府、社会、家庭三位一体的重点人员稳控机制，落实疏导关爱措施。制定下发《关于做好2016年度不稳定因素和重点信访问题化解稳控工作的通知》，在80件重点信访问题和不稳定因素的基础上，新增26件重点信访问题，严格落实县领导包片包系统、乡镇（街道）领导包属地、部门领导包职责范围、各级领导包案处理的“五包”责任制，化解疑难信访问题23件。加大对无理闹访、缠访的打击力度，全年依法处置违规信访2批共10人次，引导群众依法信访、理性维权。2016年，龙游县未发生非正常上访事件。

【领导接待】 县委办公室、县政府办公室下发《关于2016年度县领导接待日安排的通知》，在重点敏感期间，每天安排县领导轮流到县信访局值班，推动领导干部下访约访活动常态化、机制化和长效化。积极开展“无会日”“集中带案下访”“书记百姓面对面”、民情体验等活动，增加接待群众频率，最大限度地将信访人员吸附在当地，矛盾解决在基层。县委书记方健忠带头到信访局接访，29位县领导参加接访，共接待群众938批1659人次，有力促进了社会面的稳定。

【制度建设】 按照信访事项网上办理工作规程的要求，规范群众来信、来访和督查督办、诉访分流等业务，构建绿色信访生态环境。制订峰会期间信访工作方案，研究建立源头化解、属地稳控、应急处置、分流劝返4项工作机制。9月20日，“12345”政府热线开通，25个单位32个热线电话全部并入12345政府热线平台。政府热线严把受理交办、核实处置、问题整改和“五四三”奖励兑付四道关口，完善联络员AB角、“三方通话”等工作机制。全年共受理问题4436件，现场答复2957件，三方通话7件，下派工单交办1472件。继续推行乡镇（街道）党（工）委书记群众工作专题述职制度，并把测评结果与领导干部评价使用直接挂钩。结合“两学一做”活动对党员实行“责任清单”管理和“零基积分法”考评管理，将党建与信访维稳相挂钩，量化

图25 县信访局组织机关干部参加警示教育

指标，严格考评。通过考核机制、倒逼机制的实施，营造信访管理的良好环境。

【信息工作】 全年编写《龙游信访》69期。调研报告《加强农村信访工作，构建和谐新农村》获省信访系统调研文章优秀奖，《浅析村级涉纪信访的现状及对策》等11篇信息被省、市、县采用。

（县信访局 沈海燕）

机关事务管理

【概况】 2016年，龙游县机关事务管理局认真学习习近平总书记系列重要讲话和中共十八届六中全会精神，深入践行“两学一做”，贯彻落实《关于新形势下党内政治生活的若干准则》和《中国共产党党内监督条例》。以《浙江省机关事务管理办法》施行工作的进一步推进为契机，在县委、县政府的领导下，本着“主动参与、认真谋划、细致服务”的工作宗旨，持续创建学习型、高效型、节约型机关，扎实推进服务保障和管理创新上新台阶。

【服务保障抓管理】 3月，县机关食堂正式投入运营，县机关后勤服务中心落实“三抓一促”工作要求，积极打造县级机关样板食堂。抓安全，食品卫生重细节严监督，打造放心食堂；抓制度，考核测评多机制赢好评，打造规范食堂；抓公开，机关食堂从工作人员招聘，到食品用料采购，再到厨房卫生操作，做到各环节公示公开，打造阳光食堂；抓节俭，厉行节约，减少浪费，打造节约食堂。在为400余次大小会议提供服务的过程中，进一步规范管理，做到细致耐心、热情周到、服务到位。明确安保人员职责与分工，严格执行来访人员登记制度，及时对群众上访进行疏导并通知相关部门，切实加强大院安保力度。稳步推进服务设施建设，相继完成立体机械式车库工程、露天停车场工程、非机动车停车棚及人行道工程等车改配套设施建设，有效缓解车改后大院的停车压力。开展老财税大楼改建工程，新增车辆停车位。由甲醛检测中心对装修后的人大、政协办公场所进行多次检测，检测结果均达标合格。

【公务接待抓特色】 加大公务接待的改革力度，内强素质，外树形象，着眼保障，立足服务，主抓特色品牌，创新工作方式，较好体现“第一窗口”的职能，全年共接待来宾234次。紧扣“两新两化一平台”思路开展接待工作。“两新”即报销制度新规范与公务卡结算新制度。根据县委办《关于印发〈龙游县党政机关国内公务接待管理实施意见〉的通知》的相关精神，规范龙游县党政机关国内公务接待管理，厉行勤俭节约，反对铺张浪费，加强党风廉政建设。除因大型活动开支超出公务卡支付额度不能使用公务卡结算等特殊情况外，不得随意签单、转账。“两化”是指接待精细化，服务人性化。“一平台”即搭建龙游特色食品展示平台。公务接待中充分发挥龙游县丰富的饮食文化资源优势，积极推出龙游特色饮食，将饮食接待作为宣传龙游县特色食品的窗口，也将接待工作视为全县招商引资的软环境。

【公车改革抓创新】 9月10日，龙游县公务用车集中保障管理中心正式投入运行，与局车管科实行“两块牌子、一套人马”，开展公车改革及车改后公务车辆保障工作。在落实车改工作的过程中，以人为本，分类、分步解决司勤人员的安置问题，实现平稳过渡。首先，通过内部转岗、变更合同、在约续聘三种方式完成原有司勤人员安置，其次，面向社会进行公开招聘，补足平台所需司勤人员。车改后向社会购买服务，确保信息化平台高效运行，化繁为简，为公车派收提供科学、简捷的管理。全县公务车辆统一由车管平台调度，按照“统筹兼顾，规范运行”的原则，合理调度并登记使用，实行三线管控，做到大框架与细考评相结合，确保平台规范化操作。

【机构节能抓宣传】 公共机构节能工作在顺利完成节能宣传周、能耗数据统计、节能工作培训等常规工作的基础上，重点开展节水型单位创建工作。根据《龙游县节水型社会建设工作方案》的安排及2016—2019年创建计划部署，由机关事务管理局牵头，负责行政大院17家单位的节水创建工作。经过一个多月的努力，通过实地勘查、节水改造、水平衡测试及资料台账整理，12月12日，成功通过衢州市水利局等有关专家的评审验收，县委办等17家单位荣获“龙游县节水型单位”称号。积极引导开展节能宣传活动，按时、按质完成全县公共机构2016年能源资源消费统计工作。继续抓好以节水、节电为重点的节能宣传，推进公共机构节水型示范单位建设。

图26 县机关事务管理局组织党员开展手抄党章活动

【队伍建设抓廉政】 10月，县机关事务管理局党组严格按照《党政领导干部选拔任用工作条例》和《龙游县乡镇（街道）、机关部门中层干部选拔任用工作实施细则》的相关要求，从年轻干部中培养推选4名骨干为局中层干部，为局机关管理团队补充新鲜血液。在积极搭建年轻干部平台的同时，狠抓廉政教育，促进机关后勤队伍党风、政风、作风不断改进。在领导干部层面，坚持把党风廉政建设与业务工作同研究、同部署、同检查、同落实，层层签订党风廉政建设责任书，把落实党风廉政建设责任制作为硬任务。在干部职工层面，坚持开展党课教育、警示教育、专题研讨、廉政谈话等形式，全面构建反腐倡廉教育新格局，进一步完善惩治和预防腐败机制，切实筑牢廉洁从政的思想根基，增强廉洁从政的自觉性和坚定性。

（县机关事务管理局 吴霖燕）

档案工作

【概况】 2016年，龙游县档案局（馆）在县委、县政府以及省、市档案业务部门的正确领导和关心下，认真贯彻习近平总书记系列重要讲话精神，紧紧围绕县委、县政府各项重大决策部署，以开展“两学一做”学习教育活动为契机，转变机关作风，认真履行本职工作，强化档案服务，夯实档案业务，各项工作取得较好成效。新档案馆建设项目列入2016年县政府重点建设项目计划。县档案局连续三年获县综合考核三等奖。

【编制“十三五”档案规划】 在全面分析评估“十二五”规划实施效果的基础上，认真分析研究“十三五”时期档案工作面临的新情况、新问题，深入基层开展档案工作调研，广泛征集社会各界建议意见。12月，会同县发改局制定印发《龙游县档案事业发展“十三五”规划》，确立“十三五”时期档案工作目标任务和重点建设项目，统筹推进规划实施。

图27 衢州市村级档案规范化建设现场推进会在龙游召开

【档案服务】 县档案局（馆）把服务作为档案工作的第一导向，把服务中心、关注民生作为义不容辞的责任。做好“五水共治”、“三改一拆”、“四边三化”、农村经济合作社股份合作制改革及农村土地承包经营权确权登记颁证等档案工作，继续跟进历史文化村落保护、农村文化礼堂建设建档工作，指导原始材料的整理归档。5月，县档案局与县委宣传部联合下文《关于认真做好文化礼堂资料征集工作的通知》，促进完善文化礼堂建设文字材料、照片、表格等基础资料的收集和存档工作。对模环乡五都桥村、湖镇镇地圩村二个试点村民情档案进行再深化，推动动态信息化管理，为资政惠民提供高效服务。县档案馆全年共接待查档人员3149人次，提供利用档案4502卷次，取证复制6163页次，其中跨馆服务20人次。

【法治档案建设】 全年分3次对不同部门、不同领域的档案工作进行法治检查，增强各单位规范管理行政执法档案的意识，促进行政执法档案的规范和科学管理。1月，对“50省道沐尘至马戍口段公路改建工程”进行档案专项验收；6月，对“龙游县平山桥至团石公路工程”进行档案专项验收。年初，重点抓好高坪桥水库项目建设档案管理，及时介入水库建设的各个环节，派驻业务科长长驻库区，随时提供征地、拆迁等档案业务的服务指导。

【智慧档案建设】 全年导入馆藏数字化成果5030卷、目录204370条，刻录光盘20个。完成备份数据5.05TB，其中出生医学证明档案共备份数据126GB。完成《田氏宗谱》电子版制作及光盘刻录工作。为县委办、县编办2家单位新安装博通档案管理软件，为县房改办、县交通局等15家单位导入新扫描数据，推动各单位开展数字档案室创建工作。

【民生档案建设】 5月底，编制《龙游县重要民生档案查阅指南》，为人民群众免费查档提供“一站式”服务，方便老百姓查阅利用民生档案。

【平安档案建设】 进一步加强档案安全基础设施建设，对档案工作人员开展经常性的安全教育，强化安全防范意识和责任意识，完善档案管理规章制度，加强对规章制度执行情况的监督检查，做好安全配套措施。按照要求对档案馆库的温湿度进行记录，多次对档案库房进行安全大检查，及时开展梅雨季节、汛期等重要节点档案安全检查和巡查，排除安全隐患，确保档案库房和实体安全。

【活力档案建设】 6月16日，在大街乡贺田村召开衢州市村级档案规范化建设工作现场推进会，全市各县（市、区）档案局负责人、业务科长及龙游县各乡镇（街道）分管领导、档案员共百余人参加会议。龙游县档案局作档案工作经验介绍，以“6·9”国际档案宣传日及“12·4”普法宣传日为契机，借助档案展板、微信、QQ等宣传渠道，让档案法律法规进机关、进乡村、进社区、进学校、进企业，提高全社会的档案意识，拉近档案与公众的距离。

【档案队伍建设】 2016年，县档案局（馆）选派5人参加省级培训、2人参加市级培训。7月19日，县档案局与县委党校联合举办为期2天的全县档案干部集中培训班，各乡镇（街道）、县机关各部门档案工作人员100余人参加。针对各单位的不同需求，县档案局还采取以会带训、上门一对一指导等形式进行档案业务培训，提高基层档案干部的理论水平和业务素质。

图28 举办全县档案干部培训班

【“两学一做”学习教育活动】 以开展“两学一做”活动为契机，教育引导党员干部牢固树立理想信念，弘扬优良作风，践行习近平总书记“两学一做”要求。抓实“学”这个基础，着力提高认识，增强学习的自觉性。每个星期五下午，局党支部统一收齐学习笔记本，检查学习内容，并在笔记本上盖检查章。抓准“改”这个核心，坚持突出问题导向，根据档案信息化滞后、县级重点建设项目档案管理规范化建设不够等问题，不断实现自我完善和自我提升。抓牢“做”这个关键，立足实际，结合本职工作，将“两学一做”的内容具体化，提炼出“忠诚担当、创新开放、敬业守真、淡泊清廉”的档案人职业精神，不断提高全体档案人解决问题的能力和服务群众的能力，真正实现“两学一做”学习教育的目的，把县档案局建设成为党和政府放心、满意的部门。

【其他工作】 认真开展“创国卫”活动。牵头组织全局干部职工及县电信局、县史志办、工行龙游县支行3家单位坚持每周参加城角坊社区、方门街社区的卫生整治，帮助解决“创国卫”经费2万元。对联系的横山镇后徐村、塔石镇、灵江社区开展精准扶贫、结对帮扶，筹集帮扶资金32.5万元，其中省级经费补助30万元，协助解决道路建设、办公场所建设、安全巡查等问题。

（县档案局 阮红霞）

民族宗教事务管理

【概况】 2016年，在县委、县政府的正确领导下，在省、市民宗部门的具体指导下，龙游县民族宗教事务局认真学习贯彻全国、全省民族宗教会议精神，全面贯彻党的民族宗教政策和法律、法规，进一步促进民族团结、宗教和睦、社会和谐、大局稳定，为全县各项事业发展营造和谐环境。县民宗局获2016年度衢州市民族宗教考核先进单位荣誉。

【民族经济建设】 2016年，全县开工的民族村基础设施建设项目为66个，至年底，已完成项目48个，其中“五水共治”项目18个；已完成项目总投资11324万元。向浙江省民宗委争取少数民族扶持项目12个，其中种植类项目7个、民族特色畲寨类项目3个、电子商务类项目2个，共争取资金235万元，比2015年增加30万元。争取到1个“五水共治·五教同行”项目——浙江省光盐爱心基金会、省道教协会与庙下乡陈村村结对帮扶的污水处理工程项目，争取补助资金30万元。积极发展来料加工业，大力培育和扶持来料加工经纪人、专业村，加强培训力度，转移闲散劳动力，带动农户增收致富。至年底，少数民族乡（村）共有来料加工点39个，有来料加工经纪人36个，发放来料加工劳务费983万元。积极发展民宿经济，将民宿发展与乡村旅游规划等有机融合，以“节日经济”带动“民宿经济”发展，不断提升各类基础设施，逐步融合乡土特色文化。至年底，全县民族村共有农家乐16家、民宿13家，共有民宿床位216张。积极发展农村电商，至年底，全县民族村中有电商12家，全年销售农特产品453万元。

【民族文化建设】 以“特色畲寨”建设为平台，充分挖掘畲乡特有的元素，以点成线，以线扩面，以畲族彩带、凤凰图腾、民族旗杆等元素打造“畲族文化长廊”。办好一年一度的“三月三”畲族风情文化节庆活动，进一步展示畲乡的风土人情。成功举办“三月三”畲歌大赛，吸引国外游客、台湾同胞及上海、杭州等国内游客1.6万多人。大力弘扬乡土文化，如庙下乡少数民族村结合省级农家乐精品村创建，培育提升乡村旅游农家乐经营户（点）、特色点、特色村，引导经营户将“庙下酒”、“舞龙”表演等传统乡村文化风俗引入“农家乐”发展之中，助推乡村旅游发展。沐尘畲族乡提炼出畲乡特色菜肴“十大碗”，并将民间故事、畲族传统文化融入菜肴中，丰富畲族传统饮食的文化内涵，吸引更多人关注龙游、走进龙游。

【社会公共服务】 在中考和高考前，为全县232名少数民族考生完成民族成分审核工作，提供民族成分加分证明。依法依规办理少数民族成分更正事务，按照新出台的中国公民民族成分登记管理办法，严把审核关，全年为符合条件的6位群众更正了民族成分。开展各类少数民族群众培训工作，全年共举办少数民族培训班340期，培训学员1127人次；举办少数民族干部培训班1期，培训学员52人。

图29 6月，召开全县佛教场所负责人会议

【宗教界人士思想建设】 4月—6月，全国、全省宗教工作会议相继召开。龙游县依托各宗教团体和宗教场所，引导宗教教职人员共同参与学习宣传活动，贯彻落实全国、全省宗教工作会议精神，引导宗教与社会主义社会相适应。开展宗教界人士教育培训工作，定期组织宗教界代表人士、堂点负责人、骨干分子开展宗教法律法规、党的宗教理论、爱国爱教等学习培训，全年共举办培训班5期，培训学员600人次。

【宗教领域安全维稳】 做好节假日、“两会”、G20杭州峰会等敏感时段的维稳工作，制定应急预案，及时掌握动态，确保宗教场所的安全、稳定、和谐。在G20杭州峰会召开之际，坚持“周巡、月访、季评”制度，对全县宗教场所和民间信仰场所进行巡查和信息通报研判，及时发现问题，及时解决问题。提早谋划，部门联动，及时取消小南海竹林禅寺地藏旦庙会活动，庙会期间前来拜佛香客从原来的3万多人降至不足百人，安保工作圆满完成。努力做好消防安全工作，按照属地管理原则，与全县45个宗教活动场所签订安全生产工作责任状，并定期开展检查，发现问题及时整改，加强在重大节庆日和佛事期间的值班和防范工作。全年没有宗教人士上访、聚集闹事等事件发生，各宗教场所未发生一起火灾事故。

【宗教场所内部视频监控安装】 为维护宗教场所和信教群众安全，进一步加强宗教场所的安全防范工作，优化宗教场所治安环境，确保场所和谐稳定，按照省、市相关工作部署，结合公安部门天网行动工作要求，积极做好龙游县45个宗教活动场所视频监控安装。6月，衢州市宗教场所视频监控现场推进会在龙游县召开。龙游县作为全市宗教场所视频监控安装行动最迅速的单位作典型经验交流。至年底，已全面完成全县宗教场所内部视频监控安装任务。

【抵御宗教渗透和反邪教工作】 组织开展龙游县少数民族流动人口和新疆籍少数民族情况调查，联合县公安局治安大队、国保大队对新疆籍少数民族人员的数量、就业情况、比较集中的社区及人数等情况进行摸底排查，做到手中有底、心中有数。联合县委防范和处理邪教问题领导小组办公室，积极开展法制教育，使各级干部、少数民族群众和信教群众了解境外敌对势力利用宗教进行渗透的方式、方法，区别合法与非法的界限，自觉抵御宗教渗透。把“反邪教”工作和农村文化礼堂建设结合起来，让老百姓认识、了解邪教的危害，为“平安龙游”建设尽力尽职。

【宗教及活动场所规范化管理】 结合“三改一拆”专项整治工作，按照“承认一批、合并一批、改造一批、处置一批”的原则，抓好民间信仰活动场所的综合整治，形成民间信仰活动场所的合理布局。全年在“三改一拆”“四边三化”等工作中处置涉宗教违章建筑8处，面积600平方米。完成民间信仰活动场所登记编号11家，至年底，全县共有45家民间信仰场所完成登记编号工作。

【承办会议及调研工作】 4月28日，龙游县政协主席黄利荣率队专题调研全县宗教工作。8月15日，龙游县人大常委会专题听取少数民族乡村发展情况报告。11月10日，衢州市副市长马梅芝、市政协副主席余广宇带队到志棠红殿和胡公殿调研民间信仰场所规范化管理，对龙游县民间信仰场所规范化管理工作表示肯定。

（县民宗局 吕凯悦）

外事侨务和港澳同胞工作

【概况】 2016年，在县委、县政府的正确领导和省、市外事侨务部门的指导下，龙游县外侨办、侨联深入学习贯彻中共十八大、十八届历次全会和习近平总书记系列重要讲话精神，认真落实上级外侨部门部署的各项任务，充分发挥外事职能作用，扎实推进各项工作。

【加强因公出国（境）管理】 贯彻中央“八项规定”，严格执行因公出国（境）制度。根据省、市、县因公出国（境）审批文件精神，在授权范围内，办理因公出国（境）的审批手续。全年初审因公出国（境）11批17人次。 加强因公出国（境）的监管，认真执行行前公示和回国公示，按规定做好情况报告，及时收缴护照。

【提升涉外服务能力】 全年办理邀请外国人来华初审23批39人次，办理APEC卡10人次，办理华侨回国定居1人次。积极创新服务模式，在企业负责人备案取样上，以实时录像补充当面备案，简化程序，提高效率，得到企业好评。G20杭州峰会期间，认真做好外国人来华审批工作，为龙游县社会平安有序出力。

【配合市侨商会做好换届工作】 2016年是衢州市侨商会换届年。为配合抓好此项工作，龙游县外侨办、侨联专程上门走访上届侨商会会员企业及理事企业，动员他们支持并参与市侨商会的换届工作，针对本届侨商会要增加2名副会长人选，为获得侨企的支持，多次上门沟通，取得理解和支持。本届衢州市侨商会龙游县有会员企业12家、理事企业1家、副会长企业2家。

【开展关爱活动】 1月，结合“进侨家、访侨情、结侨亲”大走访、大调研活动，龙游县外侨办、侨联工作人员带上春联，走进侨家。在侨界空巢老人家中，与老人拉家常，访侨情，贴春联，在谈笑中拉近与侨胞间的距离。8月，与有关部门一起，带上血压仪、蛋白粉、饮料等，上门走访20多名抗战老兵。

图30 1月7日，县侨联组织开展“贴春联，送祝福”活动

【联络联谊工作】 4月中旬，组织重点归侨侨眷17人赴江山市开展联谊交流、学习考察活动，考察内容包括民宿经济、侨企发展、美丽乡村建设等。归侨侨眷们先后参观江山市峡口镇枫石村峡里风特色民宿，走访贺村镇耕读村及千红蜂业、四宝藤器 2家侨企。通过考察，增进了解，拓宽思路，扩大视野，有利于下步工作的开展。9月12日（中秋节），组织归侨侨眷代表、留学生家长代表、县侨联班子成员在县法院会议室召开“喜迎中秋、共叙情怀”茶叙会，与会人员围绕“爱国爱乡、亲情友情”主题，畅所欲言，归侨侨眷代表、留学生家长纷纷介绍子女在国外的工作、生活情况，在中秋来临之际，表达对他们浓浓的关爱之情。

【依法护侨】 始终把实现好、维护好侨界群众的根本利益作为工作的出发点和落脚点，强化为侨民服务理念，完善为侨民服务制度，全年共收到来信来访7件（次），内容涉及回国定居落户、房屋修建、华侨子女入学及涉外婚姻等问题。远嫁土耳其的毛某某父母两次上门反映其女儿在涉外婚姻中受到伤害，请求外侨部门给予帮助，经多方沟通，并通过与毛某某本人电话沟通，在了解相关情况后，向毛某某提出相关建议，使问题得以平息。

【对外宣传】 利用外侨工作联系广泛、华人华侨遍布全球的优势，充分利用对外窗口的功能，讲好龙游好故事，传播龙游好声音。利用华人华侨回乡或赴香港的机会，发放《龙游印象》等形象宣传片，利用微信平台向海外华人社团推送家乡好消息。至此，美国、南非、西班牙等国家和中国香港地区等地均有宣传龙游的声音。

【民间交流】 10月24日，龙游中学的杰出校友、2010年“美国青年科学家总统奖”获得者钱卫军博士回到了阔别多年的母校。钱卫军博士通过自己的人生经历和龙中学子一起聊人生、聊事业、聊“中国梦”。10月29日，龙游籍寓外人士、浙江大学资深教授许钧，茅盾文学奖获得者毕飞宇先生，法国大文豪、2008年诺贝尔文学奖获得者勒克莱齐奥三人到龙游考察交流。

（县外侨办 余敏豪）

对台工作

【概况】 2016年，龙游县台湾事务办公室（简称“县台办”）在省、市台办的指导帮助下，紧紧围绕县委、县政府中心工作，扎实开展对台交流与交往，努力做好对台各项工作，特色亮点纷呈，工作成效明显。

【涉台项目】 通过审核批复，6月与12月，龙游县农办组织由农业经营主体71人组成的考察团分批赴台湾考察乡村休闲旅游和精品农业产业。

【涉台案件】 受理台属吕益军租赁国资仓库因拖欠资费被断电，请求县台办帮助协调的诉求；受理台胞傅和声请求罗家乡政府帮助其老家荷村自然村解决村道浇筑涉及的土地政策处理问题的诉求。经努力，以上2起诉求均已处理完毕，受到台胞台属的好评。在国际汽车拉力赛期间，台湾车手谢承勋翻车身亡。龙游县台办撰写的应急事件处置报告《台湾车手谢承勋翻车身亡事件处理经过》经由衢州市台办转报浙江省台办。

【交流联谊】 办理、接待台湾南投等地教育界、围棋界台胞7批次到龙游县考察交流。6月29日，龙游县台办率领由县电子信息产业协会60多人组成的团队赴昆山花桥国际博览中心参加第六届昆山电子电机暨设备博览会。

【涉台宣传】 在台商、台企、台属中推广省台办“浙台微讯”，建立“龙台情深”微信公众号，为增进台商、台企、台属相互了解创设平台。

【台情调查】 按照《关于在全县开展台情调查工作的通知》精神，部署开展县域台情调查工作，委托乡镇（街道）和龙游工业园区就地开展普查，总计报送相关信息登记表50份，结合走访活动，了解、帮助和协调台商、台企、台胞、台属在工作、生活中碰到的问题和困难。

【帮扶慰问】 全年出具未因公赴台湾省学习考察及开展其他公务活动证明、台湾籍考生身份证明20人次。服务台胞联谊工作，组织人员参加衢州市台联会举办的联谊活动。陪同衢州市台办领导走访慰问龙游县的10位台胞、台属，为困难台胞拨付生活补助经费。

（县委办 田王健）

图31 3月8日，浙江省编委办主任鞠建林（右3）到龙游县行政服务中心调研

行政服务工作

【概况】 2016年，龙游县行政服务中心在县委、县政府的正确领导下，围绕全县工作大局，按照行政服务中心年度工作计划，扎实推进，狠抓落实，圆满完成全年各项任务。全年共受理业务102800件，其中即办件73894件，事项按时办结率达100%。收到表扬意见67条、群众评议表13695张，群众测评满意率100%。荣获衢州市行政服务综合考核优秀奖及单项改革创新奖、县综合考核三等奖、县2016年度最满意单位、县2016年度履行全面从严治党主体责任优秀单位、县重点建设项目服务竞赛前3名、县直机关“两优一先”先进基层党组织、县政府信息公开工作一等奖等荣誉。

【浙江政务服务网龙游平台建设】 依托浙江政务服务网统一平台，龙游县建立乡镇（街道）、村（社区）政务服务事项库，建立乡镇（街道）网上服务站，全面公开办理指南，规范事项信息输入，扩大跨层级联审联办事项范围。先后对乡镇（街道）、各相关部门进行浙江政务服务网系统应用培训3次，共计400多人次，着力提升应用水平。推动部门自建系统与浙江政务服务网龙游平台数据同步共享，探索开发建设电子证照库，采集证件样式40多类，同时积极开发和运用电子印章，完成框架性建设。至年底，浙江政务服务网龙游平台办件量达28427件。

【涉批中介网上大厅扩容提升工作】 围绕打造“全流程投资中介平台”目标，对龙游县涉批中介网上大厅进行扩容提升，着力推动网上大厅服务触角“三个延伸”，即由市场投资项目向政府和集体投资项目延伸；由县中心大厅窗口向未入驻县行政服务中心的部门延伸；由县级部门向各乡镇延伸。涉批中介网上大厅新增设24项中介服务事项，新引进120多家中介机构入驻服务，至年底，实际运行的中介服务事项为58项，入驻涉批中介网上大厅的中介机构有391家，累计发布业务信息2932条。

【村级便民服务中心升级版建设】 编印《龙游县村级便民服务中心建设参考手册》，发行到全县272个行政村（社区）。将村级便民服务中心建设与书记党建项目、基层党建“整乡推进，整县提升”项目和县财政局为民服务综合站试点项目相结合，加

图32　6月30日，衢州市行政服务中心党组书记徐中华（中）到龙游县调研村级便民服务中心建设工作

大“为民服务综合站”试点力度，拓展综合服务内容，提高服务事项在村级便民服务中心进驻比例，推进浙江政务服务网向乡镇（街道）、村一级延伸，提供村级便民服务中心“一站式”服务。设立村级便民服务中心升级版建设专项资金，按“以奖代补，奖优补强”的原则进行激励，为示范型村级便民服务中心建设常态化运行提供资金保障。全年建成示范型便民服务中心119个，占总村数43.75%；普通型便民服务中心占比逐步减少，低于衢州市下达的要求4个百分点。投入建设资金1831.9万元，新建办事大厅7353平方米，改造办事大厅3848平方米，购置各类设备125台（件）。增加服务事项115项，有156个村实现专职代办员常态化值班服务，全年共计办件42.71万件。

【服务竞赛和项目审批代办工作】 深入开展服务竞赛，根据《2016年“四重双百”重点建设项目计划的通知》要求，与经信局、发改局、招商局、“一区两块”（即龙游工业园区、城南工业区块、湖镇工业区块）等部门对接，仔细了解项目内容及进展情况，明确审批代办和服务竞赛项目，制定工作方案，成立代办员组、承办员组、导办员组等服务小组，明确工作职责，建立“项目服务竞赛群”，各审批窗口在群内上报审批进度，做到“一周一汇总，一月一通报”。积极组织业务培训，提高办事人员的项目审批代办水平和效率。全年列入重点代办项目22个，其中已办结项目7个，列入服务竞赛项目204个，办理各类涉及项目审批400余件（次）。

【行政审批制度改革】 落实市、县审批层级一体化改革，加强全县各部门统筹协调，共承接下放事项51主项、81子项。成立不动产登记中心，加强业务整合，统一业务标准，设前台窗口15个，有工作人员28名，全年办理不动产权证书、证明10106件，不动产登记中心总办件量23993件。对工业企业不涉及新增建设用地的技术改造项目实行“零土地”审批，全年共办理工业项目备案227个，其中实施零土地技改备案137个，占同期工业项目备案总数的60%。梳理进驻中心审批和服务事项，优化审批流程，压缩审批时限，进驻中心审批服务事项共有342项，法定时限为5498个工作日，经过梳理精简，承诺时限共计压缩2463个工作日，压缩比例达到44.8%。做好“一窗受理，集成服务”改革试点工作，借鉴先进地区经验，科学认真谋划方案，因地制宜务实推进，出台配套制度文件8个，完成框架性建设。做好设立开发区企业服务中心相关筹备工作。

【加强日常管理和督查协调】 严格管理考核，坚持每日多次巡查制度，加强动态管理，及时发现和解决问题，把问题化解在萌芽状态。强化服务意识，通过组织集中学习、主题教育、专题讲座等方式，利用窗口负责人例会、邀请专家讲课等形式开展培训教育。树立为民导向，开展服务优胜窗口、群众最满意服务员、文明岗位等创建活动，把群众的需求视为工作的第一信号，提倡换位思考，真诚为群众服务。严格实施绩效量化考核办法，突出绩效，突出作风纪律建设，突出细节落实，将日常考核与工作人员的奖惩、评先直接挂钩。全年共通报问题25次，扣分处理25人次。同时加强对部门分中心、乡镇行政服务中心和村级便民服务中心的日常督查、业务培训和工作指导。

【深入开展党风廉政建设】 制订并实施年度反腐

倡廉建设和作风建设工作计划，积极履行主体责任，层层签订党风廉政建设目标管理责任书。严格执行民主生活会、“三重一大”集体讨论决定、个人重大事项报告等制度。防范党员干部插手工程建设、土地出让、房地产开发、失职渎职以及发生在群众身边的不正之风和腐败案件，注重实效、强化问责，以高度负责的态度开展“大排查、大调处”活动。抓好《中国共产党廉洁自律准则》和《中国共产党纪律处分条例》的贯彻落实，及时组织开展廉政警示教育，经常利用各种会议、培训、谈心谈话等机会，学习党风廉政知识，结合自身实际查不足，积极完善措施抓落实。强化政务公开，一年来中心网站更新信息146条，投递“两办”信息24条（其中被录用4条），刊出中心简报22期。

（县行政服务中心 姜洋冬）

公共资源交易工作

【概况】 2016年，龙游县公共资源交易中心在县委、县政府的正确领导下，按照抓规范、强服务、提效率的工作思路，紧紧围绕县委、县政府确定的目标任务和工作部署，全力服务于项目建设和重点工作推进，在提升招投标工作效能，规范招投标管理秩序，加强招投标信息化应用，强化内部管理方面求突破，着力打造“公开透明、公平竞争、公正诚信、廉洁高效”的阳光交易平台，成效显著。全年共完成交易项目1397宗，成交金额41.62亿元，节约支出3.8亿元，增加收入3.45亿元，增资节资率为17.42%。

【公共资源交易平台整合】 积极推进市、县一体化公共资源电子化平台建设，按照上级关于整合建立统一的公共资源交易平台的工作要求，立足实际，整合资源，起草《龙游县整合建立统一的公共资源交易平台实施方案》，在不改变隶属关系、人员编制、管理体制的基础上，将龙游县公共资源交易中心调整为衢州市公共资源交易中心龙游分中心，作为衢州市公共资源交易中心延伸的平台，在交易平台依法、依规、独立开展交易活动。

【其他行政和社会性公共资源进场交易】 在交易中心网站建立部门小额工程及采购活动公告公示栏，为部门代发公告公示，既规范了部门小额工程采购行为，又为部门小额工程及采购活动提供方便。配合相关部门起草国有企业采购管理办法，将国资公司大宗货物和服务采购纳入平台交易，进一步规范国有企业采购行为，提高采购资金使用效益。

【强化交易服务】 以业务建设为抓手，充分发挥公共资源交易的职能，围绕中心，认真做好交易服务。在建设工程交易方面，主动服务、主动协调、主动担责，为重大项目建设提供切实有力的招投标保障服务。围绕“五水共治”“三改一拆”“四边三化”及垦田造地等重点项目以及时间紧急项目，积极参加各类协调会，及时提供政策、业务咨询等服务；主动与建设单位联系对接，虚心听取他们的意见和建议，不断改进工作方法，按照“能快则快、能简则简、能优则优”的原则，试行容缺机制（即对尚未完全具备发包条件的招标项目，在满足法定的招标条件前提下，先行办理进场交易项目登记手续和开展招投标活动，项目建设单位在中标通知书发放前补齐相关手续即可），实行平行作业，加班加点做好交易服务。全年共完成各类建设工程招投标项目440宗，成交金额21.57亿元，节约建设资金3.7亿元，助推重大项目建设顺利进行。在政府采购方面，以规范采购现场管理、提高采购质量和效率为出发点，着力培育公开、公平、公正的竞争机制和市场环境，全力做好全县行政事业单位的采购服务，圆满完成生活垃圾热解气和建筑垃圾处置PPP项目公开招标。全年共完成政府采购项目915批次，成交金额7.82亿元，比预算价节约资金671.48万元，有效降低财政支出，最大限度地发挥资金使用效益。在土地产权交易方面，认真贯彻执行上级关于土地、产权市场建设的各项政策要求，积极参

图33 8月8日，龙游县公共资源交易中心组织党员干部到龙翔路参加创国卫劳动

与协调处理土地产权交易过程中出现的矛盾和问题，为交易各方提供政策咨询、程序引导、业务指导等服务，努力维护良好的市场交易秩序。全年共出让国有土地使用权19宗，出让面积69.51公顷，成交金额12.1亿元，比起始价增值3.43亿元；产权交易和店面招租23宗，成交金额1296.37万元，增值211.96万元。重视农村产权交易平台建设，实行三级交易联动运作模式，全年发布农村产权交易信息248条。

【立足规范加强交易管理】 根据交易运行中暴露的新老问题，积极运用科技和制度手段，加强内部管控，规范交易行为。针对招标代理机构责任心不强、业务参差不齐、操作不规范等问题，配合和协助县监管办起草招标代理管理办法，对招标代理机构作出明确、具体的要求，规范办理流程，努力实现招标代理的规范化操作。根据《浙江省政府采购活动现场组织管理办法》的要求，结合实际，对照岗位，制定采购开标和评审现场管理制度，明确政府采购开标、评审活动现场组织管理的具体规范和标准，提升采购管理规范化、标准化建设水平。开通微信公众号，让企业随时、随地获取招标资讯。引入“互联网+”的工作思路，实现网上发布招标公告、网上报名、网上上传下载招标文件、网上缴退保证金，实行专家评委网上抽取制度，进行电子竞价和电子辅助评标；根据招投标的具体程序，让“公开”与“屏蔽”各就各位，在开标前使各方无法知晓投标人情况，最大限度地减少招投标活动中的人为干预，防止发生围标、串标等违规行为。

【推进队伍建设】 扎实开展“两学一做”学习教育活动，以“四讲四有”（即讲政治、有信念；讲规矩、有纪律；讲道德、有品行；讲奉献、有作为）合格党员为标准，当先锋，作表率，为交易工作的开展提供强有力保障。把解决党建工作和招标采购业务的具体问题贯穿于学习教育活动的全过程，强化服务意识，突出问题导向，力促效率和服务质量双提升。认真贯彻从严治党要求，紧扣交易工作的新形势、新常态，围绕预防职务犯罪和失职渎职，运用专题教育、上廉政党课、学原文原著、廉政谈话、警示教育等形式，在干部职工中开展岗位廉政风险防范教育，督促干部职工不断增强拒腐防变能力，降低发生不廉洁行为和乱作为、不作为、慢作为等违规违纪风险。在贯彻落实上级各项规定要求的基础上，修订完善财务、公务接待、保密管理、物资采购、资产管理、日常考勤等有关规章制度，规范内部管理，明确责任主体与职责分工，加强科室协调，保持政令畅通。加强干部队伍建设，运用干部平时考核、党员实事积分考核、责任追究等手段，规范办事行为，提高服务水平和办事效率。

（县公共资源交易中心 魏瑛）

政协龙游县委员会

概 述

2016年，政协龙游县委员会在中共龙游县委的正确领导下，深入学习贯彻习近平总书记系列重要讲话精神，高举爱国主义和社会主义两面旗帜，突出团结和民主两大主题，团结动员广大政协委员和社会各界人士，紧紧围绕中共龙游县委、县人民政府的中心工作，积极履行政治协商、民主监督、参政议政职能，为全面推进龙游县转型跨越发展做出积极贡献。县政协全年召开常委会议4次、主席会议12次；开展2个重大课题的调查研究，形成调研报告2篇；组织政协委员视察10次；继续开展政协委员“五个一”活动，切实发挥政协委员主体作用。主席会议听取9个部门重点工作汇报，进行专题协商。县政协九届五次会议以来，共收到以提案形式提出的意见建议231件，审查立案223件，全部按时办复。征集县政协九届五次会议委员大会发言材料48篇。整理编报《社情民意信息专报》58期。

日常工作

【协商议政】 九届五次会议期间，政协委员们运用提案、委员大会发言、分组讨论等形式，就新型工业化、新型城镇化、“五四三”专项工作、文化旅游、社会保障等重大问题，在深入调研的基础上，进行集中协商议政。政协各参加单位和广大政协委员共提交提案形式的书面意见建议231件，大会发言48篇，为县委、县政府科学决策提供广泛的民意基础和智力支持。充分发挥县政协各专门委员会、研究室的组织、联络、协调等职能作用，先后就创建国家农业公园和美丽县城建设2个重点协商课题，组织政协委员深入基层调研，外出考察取经，开展分析研究，经常委会专题协商，形成并报送调研报告2篇，提出建议意见18条。坚持完善主席会议听取部门工作通报协商制度，先后就宗教工作、建立和完善分级诊疗制度、企业上市、生态家庭农场培育和建设、招商引资和“山海协作”、老旧小区改造提升、“五大百亿产业”培育、重大交通项目实施、特色小镇培育和建设等9项重点工作，听取政府相关

图34 2月15日，浙江省政协副主席陈加元（左二）到龙游三门源调研古建筑保护工作

部门专题汇报，开展协商议政，提出建议意见30多条，推动政府部门拓宽思路、深化研究、改进工作。

【民主监督】 按照省政协的统一部署，坚持问题导向，继续开展“五水共治”专项集体民主监督，出台实施意见，各专委会、界别组广泛参与、积极行动，组织6个监督小组、40多批小分队共200余人次政协委员，实地查看江河300多千米，发现和反馈问题78个，努力推动“五水共治”长效机制建设。3名政协领导担任河道长，定期深入河道现场检查督导，部分政协委员积极参与农村生活污水集中处理、生猪污染两化整治验收和企业排污检查的民主监督。其中《龙游县政协全程监督、全力助推农村生活污水治理设施建好更用好》的做法得到省政协领导的批示肯定。县政协常委会充分运用委员视察监督形式，对工业、城建、交通、旅游等重点工程项目建设情况进行视察，通过听取汇报、实地察看、协商讨论等方式，了解工程进展情况，针对视察发现的问题，提出监督意见，做到理性有度、合法依章。坚持听取全县党风廉政建设、反腐败工作和综治维稳工作情况通报，就加强干部作风建设、打造廉洁高效政府、深化“平安龙游”建设等群众关注的热点问题提出建议意见。

【团结联谊】 把加强思想理论建设作为推动政协事业发展的基础性工作来抓，通过县政协常委读书会专题学习、机关集中学习、举办政协委员培训班等载体，鼓励和推动各民主党派、工商联、无党派人士和广大政协委员深入学习中共十八大、十八届历次全会和习近平总书记系列重要讲话精神，进一步深化对经济建设、政治建设、文化建设、社会建设、生态文明建设“五位一体”的总体布局和全面建成小康社会、全面深化改革、全面推进依法治国、全面从严治党“四个全面”战略布局的政治共识，增强贯彻落实的思想自觉和行动自觉，致力服务龙游县经济社会转型跨越发展的具体实践，凝聚起团结奋斗、克难攻坚的正能量。注重加强同各民主党派、工商联、无党派人士和社会各界人士的联系合作，邀请他们积极参加政协组织的调研、视察、考察等活动，积极搭建知情议政平台，认真听取和反映他们的意见建议。2016年，各民主党派、工商联、无党派人士提交的大会发言、集体提案和社情民意信息分别占总量的42.1%、24.3%和80.8%。认真落实党的民族宗教政策，切实加强与民族宗教界代表人士的团结联谊，组织民族界别委员开展畲族民俗文化保护研讨。加强与兄弟县（市、区）政协的联系，开展跨区域视察、课题考察、工作交流等活动，促进友好交往。组织政协诗书画联谊会开展为群众写春联、为文化礼堂送书画等文化下乡活动。支持县政协之友社和茶文化研究会开展考察、视察活动，充分发挥政协老同志建言献策作用。

【一线作为】 坚持领导班子带头，以上率下，敢于担当，增强机关干部政治意识、大局意识、核心意识、看齐意识，组织引导政协机关干部主动“一线”作为，积极参与城市东进、大南门历史文化街区保护项目房屋收购、“四重双百”项目推进、高坪桥水库移民搬迁安置、“创国卫”等各项中心工作，发挥了重要作用，赢得各界赞誉。其中，6名政协领导共联系“四重双百”项目10余个，注重深入项目一线督促指导，协调解决项目建设难题，加快项目建设进度；4名政协机关干部参与大南门项目房屋收购工作，3名机关干部参与高坪桥水库移民搬迁安置工作，会同工作组其他成员，合力克难攻坚，按时完成县委交办的任务，彰显政协机关干部与党委、政府同心同向的履职自觉和责任担当。

【履职为民】 畅通信息渠道，引导政协委员在履职过程中深入体察民情，认真倾听民声，广泛收集民意，共整理编报《社情民意信息专报》58期，被省、市政协录用34篇，得到省领导批示1篇。《加快浙江省民宿经济发展的几点建议》《正确引导，综合施策，积极应对近期猪价上涨引发的生猪养殖反弹》等信息，为党委政府掌握舆情、了解民意提供有益参考。坚持遴选重要民生提案报送党政主要领导阅批制度和政府领导领办、政协领导督办重点提案制度，完善协商督办、对口督办、联合督办、跟踪督办等督办机制，探索实施民主评议提案办理工作，把提案办理列入部门年度工作目标综合考核体系，推动承办单位“开门办案”，与委员“面对面”协商办案常态化、制度化，切实提高提案办理质量和提案落实率。全年有13件政协提案得到县委、县政府主要领导的批示，已解决或列入计划解决的提案有211件，占提案总数的94.6%。其中《关于加快推进灵山江沿线休闲步道建设的建议》等一批涉及民生问题的重点提案得到有效落实，切实发挥提案协商办理在关注民生、体现民意、维护民利方面的重要作用。坚持“履职为民”宗旨，主动谋事、积极干事、努力成事。县政协党员领导干部认真履行“第一书记”职责，深入联系乡镇（街道）、村，积极开展蹲点调研，指导抓好村级组织建设和“五四三”专项工作，帮助联系村理思路、想办法、促发展；组织政协委员中的专家、学者、技术人员深入农村、社区开展医疗、文化、科技、教育、法律等下基层活动，促进民生改善；组织政协委员就农村文化礼堂、全国电商百强县创建、“生态循环农业省级试点县”创建、食品安全、重度残疾和精神智力残疾人托安养工作、乡村休闲旅游景点开发等6个民生议题进行视察，委员们积极资政建言，提出建议意见30多条，促进相关部门落实民生工程。

【自身建设】 本着“启迪心智、增长知识、提高素质”的目的，充分利用政协网站、政协委员培训班、赠阅《联谊报》等途径，积极搭建学习平台，促进政协委员业务学习常态化。开设“当前宏观经济形势分析”专题辅导讲座，提升政协委员的整体素养和履职能力。认真贯彻县委批转的《政协委员管理办法》，落实政协委员激励机制，注重政协委员履职实绩考评，增强政协委员履职的使命感和责任感。组织引导广大政协委员开展“五个一”履职活动，充分发挥政协委员主体作用，评出2016年度优秀政协委员21名。坚持办好每月一期的《龙游政协》会刊和政协网站，主动与有关媒体的联系沟通，多渠道、全方位宣传政协重要活动、亮点工作和委员创业履职事迹。重视政协理论研究，报送的《基层政协协商成果采纳落实和反馈机制建设探析》论文在省、市获奖。认真贯彻中央“八项规定”和全面从严治党、落实“两个责任”的部署要求，突出教育在先、挺纪在前，加强廉洁从政和法律法规教育，认真学习党章党规党纪，建立健全各项规章制度，坚决纠正“四风”，努力营造风清气正的政协机关。

重要会议

【政协九届十八次常委会议】 2016年1月14日召开。会议协商讨论《龙游县国民经济和社会发展第十三个五年规划纲要（草案）》；讨论审议《九届县政协常委会工作报告（征求意见稿）》和《提案工作报告（征求意见稿）》；审议通过县政协九届五次会议有关事项；审议通过县政协九届四次会议优秀提案、提案办理先进单位、优秀大会发言和优秀委员。会议审议决定，古新民、陈日明、祝凯、钱小林等4位同志不再担任政协第九届龙游县委员会委员职务。

图35 1月14日，政协龙游县委员会召开九届十八次会议

【政协九届五次会议】 1月29日至2月1日举行。出席会议的政协委员共195名。县委书记方健忠在开幕会上作重要讲话。会议听取并审议通过黄利荣代表政协第九届龙游县委员会常务委员会所作的工作报告和杨铁荣代表政协第九届龙游县委员会常务委员会所作的提案工作报告。会议表彰县政协九届四次会议以来的20件优秀提案、12个提案承办先进单位、10篇县政协九届四次会议优秀大会发言、20名2015年度县九届政协优秀委员、6名2015年度县政协优秀社情民意信息员。会议安排10名政协委员进行大会发言。会议补选吴惠忠、陈金新、黄宝林为政协第九届龙游县委员会常务委员。政协委员列席县十二届人大五次会议，听取并讨论县长刘根宏所作的《政府工作报告》和其他报告。会议听取并审议通过县政协提案委员会关于九届五次会议提案审查情况的报告和县政协九届五次会议决议。县政协主席黄利荣致闭幕词。

【政协九届十九次常委会议】 3月23日召开。会议审议通过《政协第九届龙游县委员会常务委员会、主席会议2016年履职议题》；审议确定县政协九届五次会议重点提案，部署持续深化开展“‘五水共治’长效机制建设”专项集体民主监督工作。会议审议决定：汪国华任政协龙游县委员会港澳台侨委员会主任；华英任政协龙游县委员会提案委员会副主任；叶翠任政协龙游县委员会办公室副主任。免去徐智慧兼任的政协龙游县委员会“三胞”联谊委员会主任职务；免去华英的政协龙游县委员会人口资源环境委员会副主任职务。

【政协九届二十次常委会议】 7月7日召开。会议听取县政府关于《培育新型农业主体，促进农业转型升级》情况的通报和县政协调研组关于《创建国家农业公园，补齐农业发展短板》的专题调研汇报，并进行协商讨论。

【2016年度政协常委读书会】 8月24日召开。会议传达学习全省政协主席读书会精神，学习贯彻中共龙游县委十届十一次全会、县十二届政府第十次全会精神，听取中共浙江省委党校李炯教授所作的“当前宏观经济形势分析”讲座。

【政协九届二十一次常委会议】 10月27日召开。会议听取县政府《关于美丽县城建设进展情况的通报》和县政协调研组《关于补短板、强特色，共建美丽县城》的专题调研汇报，并进行协商讨论。

（县政协　王国清）

附：县政协九届五次会议优秀提案

关于优化财政政策加快龙游县实体经济发展的建议

当前，宏观经济“三期叠加”，龙游县实体经济同样面临前所未有的挑战，在供给侧改革发力的关键时期，发挥财政政策的杠杆引导作用，优化实体经济的发展环境，对实现科学发展转型跨越具有重大意义。

一、龙游县实体经济发展现状和企业困境分析

近年来，县委、县政府坚持保增长与调结构、存量提升与增量发展、即期效果与长远发展一起抓，逐年完善政策支持体系，取得阶段性成效，实体经济总体运行健康。但从外部环境看，全球需求萎缩导致实体经济竞争环境“白热化”，西方发达国家以科技创新为内生动力，提出“再工业化”和“实体经济回归”。从企业发展欲望看，不少实体经济人认为“实业难做”，产业忠诚度下降。

企业具体困境和成因主要表现在：一是实业兴企认识不足。企业信奉“一本万利”，资金、资本转投金融、证券和房地产等行业，过度投机的“抽血”效应挤压实体经济生存空间。二是成本结构多元约束。工业原材料和成品“高进低出”，持续“剪刀差”导致企业效益严重缩水；企业融资困

难，实际利息远高于正常贷款利息；用工成本和资源成本高。三是升级机制尚未形成。过度依赖传统外向型发展模式，产业结构变动慢，产业演进不够快，关键环节依赖他人，多数产业被挤压在价值链低端，抵御风险能力薄弱。四是政策引导激励不明显。

二、扶持实体经济发展的基本思路和方向

坚持“虚”与“实”协调，补实不可废虚。把再造实业精神作为壮大实体经济的必要前提，高调褒扬实干为本的企业家，营造实业兴企强县的社会氛围。同时，也不摒弃虚拟经济，底线是必须在实体经济发展限度内发展，并始终服务于实体经济。比如，针对全县金融业创新不足，对实体经济资金配置功能不足，影响其转型升级效率的问题，要努力推进金融改革创新，引进培育互联网金融，完善各层次金融服务体系。

坚持“新”与“旧”融合，升级还要育新。龙游县实施“生态立县”战略，推进绿色低碳发展，必须告别传统的“三高一低”产业。“十三五”期间，在做优特种纸和绿色食品饮料两大特色产业、做强高端装备制造和高端家具两大支柱产业的同时，要重点抓好新兴业态培育，大力发展以新材料、新能源为主体的战略性新兴产业，特别是现代物流、电子商务等生产性服务业，推动三次产业融合发展。要坚持科技创新驱动，借助现代信息技术改造提升传统产业，努力实现“数字化、信息化、智能化”；对新兴产业，要在“大数据、云计算、物联网、互联网”上下功夫。通过科技创新“顶天立地”，实现先进制造业强筋健骨；通过业态创新“铺天盖地”，实现现代服务业蹄疾步稳；通过草根创业“欢天喜地”，实现群众就业海阔天空。

坚持“大”与“小”共享，做大还要抓小。国家提出深化国有企业改革，意味着将有大量企业和资源需进行重组、优化和拼盘，特别是轨道交通、航天航空等高端先进装备。而在我国，中小企业占比很高，国家提出这项改革措施，对中小企业来讲，就有可能参与零部件制造，走专业分工化、产业集群化发展之路，就一定能形成大中小企业融合发展、合作共赢局面。因此，要毫不动摇地鼓励、支持县域中小企业发展，保证其依法平等使用生产要素，公平参与市场竞争。

三、加快实体经济发展的财政政策建议

近几年，全县经济政策资金规模不断扩大，但类多面广的“撒胡椒粉”方式难以形成聚合效应。此外，政策手段单一，如对企业自主创新主要实施一次性直接投资和无偿补助，对股权投资、担保风险补偿、技术买断、政府采购等间接式扶持做法较少。特别是政策奖补兑现方面，由于缺乏有效宣传，难以保证企业全面、准确掌握政策。政策执行操作平台仅限于几个经济部门应用，乡镇（街道）应用不足，且未接通企业，造成部门和乡镇街道、政企之间沟通不够畅通，制约政策效应发挥。受人手、技术所限，相关部门对兑付资金使用情况和效果监督不够。结合调研思考，提出对策建议如下：

一要统筹资源，细化政策。一是整合财政资源，创新支出分配机制。如对照现行扶持政策，涉及高新技术产品多达8项，可整合集中、重点扶持。二是调整支持方式。如以奖代补，可按企业税收大小确定奖励比例，间接支持企业扩大再生产。对财政贴息，视企业税收和利润情况，实施分层次贴息扶持，对科研投入越大的企业，可扩大贴息比例和期限。对发展越好的企业，倾斜支持力度越大。如当年纳税销售收入或实现利税增幅超过20%～30%的重点、成长型企业，其增值税、企业所得税地方留成，财政需按一定比例返补奖励。

二要突出重点，凸显杠杆。加快制定扶持战略产业发展的倾斜政策。对特种纸、新能源、装备制造、新材料、环保型产业和绿色食品饮料等支柱产业，在用地、用电、上市融资等方面予以倾斜。建立服务业引导资金，将物流、金融、服务外包等重点服务产业纳入支持范畴，并与国家和省引导资金相衔接。着力扶持关键产业链条中的核心企业，推动中小企业联盟，提高企业抗御风险能力。如湖南省工程机械产业，就是靠三一集团、中联重科等世界级行业龙头企业支撑。因此，要完善龙头企业扶

持办法，在专项资金、要素供给和行政服务等多方面予以倾斜，以打造更多"小型巨人"和"单项冠军"。加大"引进来"力度，着力吸引建成先进制造基地、配套基地、服务外包基地，以及研发、分销、采购中心和地区总部，配套引入其生产、销售的关联性公司。

三要虚实结合，优化融资。建立财政与金融互动机制，如实行财政性存款动态分配和财政存款服务竞标等办法，引导金融机构合理把握信贷投放总量和投放节奏，加大实体经济支持力度。拓宽企业融资渠道，建立产权交易平台，通过股权转让和股权质押融资。强化中小企业金融服务，通过财政奖励等形式，激活民间资本进入银行业的积极性，鼓励民间资本组建或引进面向小微企业的资金互助社、融资租赁公司、中小企业风险投资公司等金融组织。

四要构建机制，强化绩效。以经济政策资金管理软件为统一平台，构建集政策发布、企业申报、部门审核、资金拨付、政策咨询于一体的资金管理机制，优化从申报到兑现的全流程。具体框架是：一是建立一个经济政策资金管理信息系统平台，实现资金管理信息化、动态化、一站式服务。二是满足企业、职能部门和财政部门三类不同需求，企业达到政策咨询、资金申报、结果查询目的；职能部门满足政策发布、申报受理和审核、结果公示、服务企业需求；财政部门实现申报复核、结果公示、资金拨付、查询统计、追踪管理目的。三是形成对接工商企业登记系统、网上行政服务中心、数字监察系统、国库支付系统、财政综合业务平台五个系统，实现企业信息及时更新、服务企业及时到位、政策资金及时下达、权力运行及时监管、资金管理及时跟踪的目的。四是实现七大功能，即政策发布、政策申报、部门受理审核、财政部门复核、结果公示、资金拨付、查询统计七大功能，最终实现政策资金的动态、高效、阳光管理。

（提案人 农工党龙游总支部）

龙游县政协九届五次会议优秀提案基本情况

表7

提案编号	提案名称	提案人
8	关于加强龙北工业园区交通设施建设，保障职工便捷、绿色出行的提案	姜爱芳
10	高起点规划龙游高铁站，打造城市门户新形象	蓝芝苇
30	积极化解"僵尸"企业困境的几点建议	洪霞琴
44	关于加强历史街区保护，传承龙游城市文化的建议	王胜
45	关于加快推进灵山江沿线休闲步道建设的建议	余柏成、吴惠忠
62	关于竹产业转型升级，促进竹农增收的建议	胡小华
77	关于加强全县农贸市场建设与管理的建议	陈文化
84	关于优化财政政策加快全县实体经济发展的建议	农工党
90	关于加快全县农村电商发展的几点建议	李华琴
92	加快办公资源整合，促进县域经济转型发展	叶菊贞
104	关于筹建我县生活垃圾热解气化项目的建议	方土新
129	关于推进海绵城市建设，科学治理城市内涝的建议	吕凯悦
133	关于完善服务业分区块集中、合理布局的建议	民建
135	关于治理主城区交通拥堵的几点建议	民革
138	关于加快发展全县乡村民宿经济的建议	余柏成、郭建军
141	关于复建灵山塔，重现九塔胜景的建议	教文卫体和文史委

续表

提案编号	提案名称	提案人
142	关于加强龙游县域内职业教育资源整合重组，推进县职教中心发展的建议	余小明
144	关于在溪口建设徐偃王文化园的提案	民盟
154	关于有效激活龙游商帮文化，提升龙游旅游文化内涵的建议	徐洪、吴安春
186	关于加快中国（龙游）国际垂钓中心建设，推进国家体育公园进程的建议	知联会
231	要把提升市民素质放在更高的位置	包美珍

龙游县政协九届五次会议提案办理先进单位

表8

单位名称	提案办理数（件）	重点提案数（件）	单位名称	提案办理数（件）	重点提案数（件）
财税局	8	1	经信局	7	1
文广新局	16	1	住建局	40	—
公安局	19	1	民政局	14	—
水利局	7	1	旅游委员会	18	—
规划局	15	1	市场监管局	9	—
国资委	7	1	人力社保局	13	—

2016年度县九届政协优秀委员

表9

姓名	所在单位	姓名	所在单位
胡晓芬	龙游县人民医院	蒋土军	龙游联达机械公司
洪霞琴	龙游县妇联	徐兆云	中共龙游县委宣传部
王忠明	浙江科力印业新技术发展有限公司	周巧萍	龙游县政协
晏海军	浙江求是工程咨询监理有限公司	黄瑞清	龙游县文联
汪惠英	龙游杉水旅游有限公司	余柏成	龙游县委新闻宣传中心
李文杰	龙游金秋园时尚餐厅	刘利仙	龙洲街道城角坊社区
黄利新	龙游县国税局	方君军	浙江君军律师事务所
金卫东	龙游县电信分公司	陈文化	龙游县司法局
施竹筠	龙游康龙线路器材有限公司	姜爱芳	中共龙游县委统战部
张双其	浙江龙和水产养殖开发有限公司	蓝忠胜	龙游县文联
陈宏伟	龙游县农业局		

民主党派

概　述

2016年，龙游县各民主党派紧紧围绕中共龙游县委、县人民政府的中心工作，深入开展思想政治学习，认真履行参政议政、民主监督职能，发挥自身优势，深入调查研究，撰写提案、议案，反映社情民意，为县委、县政府及有关部门决策当好参谋。根据自身特点，加强基层组织建设，创建民革之家“中山苑”，创办“民革城市书吧”，成立“同心·民医服务工作站”，举办“九三讲坛”，积极开展“送温暖、献爱心”、“同心基地”建设、健康服务、送教下乡、“送文化、送春联”到农村、送服务到企业、结对帮扶、医疗扶贫、走访慰问等活动，服务社会，服务民生。主动参与“五四三”专项工作，助推大南门征迁，围绕“五水共治”“创国卫”“G20安保”和旧城改造等中心工作，多次开展调研和督查活动，组织科技服务团开展科技助力“五水共治”等活动。积极运用新媒体，通过微信、网站、QQ群等方式，推送学习资料，强化理论学习，与中国共产党在思想上同心同德、目标上同心同向、行动上同心同行，增强履行参政党职能的使命感和责任感，为推进新型工业化、新型城镇化、文化旅游和美丽龙游建设而努力，为龙游经济社会发展做出贡献。

中国国民党革命委员会龙游县支部委员会

【概况】 2016年，中国国民党革命委员会龙游县支部委员会（简称“民革龙游县支部”）全体党员凝心聚力，牢牢把握团结、民主两大主题，着眼全县发展大局，认真开展调查研究，积极建言献策，认真履行参政议政和民主监督的职能。至2016年年底，支部共有党员15名，其中县政协常委1人、党员上挂下派2人。龙游县“民革之家”被授予“浙江省社会主义学院现场教学基地”“龙游县爱国主义教育基地”，民革衢州市委员会已准备将其列为“衢州市‘民主党派之家’建设示范基地”。

【组织建设】 随着民革龙游支部影响力的不断扩大，支部开展活动的功能场所受丞需扩充。支部向当地党委、政府提出拓展功能场地的要求，得到大力支持。全体党员群策群力，在一个星期之内完成民革之家“同心阁”的拓展工作，其中包括“民革城市书吧”“书画习作区”等场地，为进一步服务社会打下扎实基础。“民革之家”引起广泛的关注与好评。10月10日，全国人大外事委副主任、民革中央副主席修福金考察“民革之家”，并高度肯定支部工作。已有全省11个市及上海、江苏、深圳、青海等地的民革组织、其他民主党派前来视察，学校、机关单位、部队、公安、社会团体等社会各界也来参观，共接待70批次、3000多人次。支部的一些经验、做法，在《人民政协报》《团结报》《联谊报》等媒体上报道。进一步提升民革组织的社会影响力，并通过多种渠道展示龙游、宣传龙游。同时，支部注重提升党员素质，党员岗位履职成效明显。每月15日，支部进行集中学习交流。培养发展新党员2名，增添新生力量，优化党员结构。每位党员签订廉洁自律承诺书，明确自律要求，提升自身素养。多名党员被评为省、市、县先进工作者，成为本职工作岗位的业务能手和标兵。

【参政议政】 支部紧贴重点工作和热点问题，进行深入调查研究，撰写政协大会发言和政协提案，其中多则被评为优秀大会发言和重点提案。《关于治理城区交通拥堵的几点建议》被列为重点提案，《关于加快发展农村电商发展的几点建议》得到时任县长刘根宏的批示，《关于落实、贯彻〈条例〉加强基层党派组织建设的几点建议》得到衢州市政协副主席、市委统战部部长余广宇的批示，《关于加快特色小镇建设的几点建议》被民革浙江省委会采用。

【参与中心工作】 为助推大南门征迁和“创国卫”活动、G20安保工作，支部帮助和解决1位副主委的实际困难，促使他位于大南门的房子首批签订协议，完成征迁，并由此带动邻居的征迁。在“创国卫、G20杭州峰会安保”期间，组织支部党员每天抽出1到2个小时参与社区大扫除、搞卫生，参与G20杭州峰会安保巡逻活动，尽到支部的一份力量。为助推“五水共治”，支部组织党员多次开展调研和督查活动，如对灵山江、衢江和罗家溪等流域进行实地督查，深入乡村调研农村污水处理等。支部利用党员的企业资源，开展“青山绿水龙游美、民革锦鲤添光彩”活动，浙江省工商联书记李剑飞、浙江省工商联主席南存辉和时任龙游县委书记方建忠等领导也参与该活动。

【服务社会】 积极作为，服务社会。尽心关爱抗战老兵，联合县工商联，组织本地企业、医院、社会爱心组织等爱心人士，继续每年2次的走访慰问活动。面对偏僻的农村和留守儿童，会同县律师协会、教师志愿者，送法律、送文化进乡村、进校园，帮助解决实际困难，传递社会爱心与正能量。

（民革龙游县支部 颜运珍）

中国民主同盟龙游县总支部委员会

【概况】 2016年，中国民主同盟龙游县总支部委员会（简称“民盟龙游县总支部”） 积极建言献策，认真履行参政议政和民主监督职能，取得较好成绩。民盟龙游县总支部下设支部4个，盟员48人，其中40人具有中高级以上专业技术职称，占盟员总数的83.33%；有研究生1人；有女性盟员23人，占盟员总数的47.92%；有退休盟员21人，占盟员总数的43.75%；盟员中来自教育界12人、医卫界18人、机关18人。盟员中有市人大代表1人、市政协委员2人，有县人大代表1人、常委1人，有县政协委员9人、常委2人。

【组织建设】 通过微信、网站、QQ群等方式，推送学习资料，重点学习中国特色社会主义理论体系、多党合作的光辉历史和民盟的优良传统以及中央统战工作会议精神，组织学习县委、县政府相关会议精神和报告。积极组织盟员参与各类培训：3月9日，4位盟员参加县政协信息员培训；4月18日—22日，2名总支部委员参加民盟基层组织主委轮训班培训；4月23日，组织在职盟员赴红色教育基地——上饶集中营，开展爱国主义教育学习活动；5月28日，召开社情民意信息写作培训暨青年盟员座谈会，20多名盟员参加培训；7月，组织盟员参加衢州市民主党派中青年骨干培训班。在中国民主同盟成立75周年、浙江民盟省级组织成立70周年、民盟衢州市委会成立30周年之际，根据省市安排并结合龙游实际，总支部组织开展“五个一”（即一次名医义诊、一次爱国主义教育考察、一次青年盟员座谈会、一次信息撰写培训、一次主题征文）纪念活动。同时，完成龙游民盟30年资料收集、整理和编辑，以供汇编《衢州民盟30年》。4月15日至16日，民盟上海市委会宣传部部长王海波，民盟中央委员、上海市政协常委、民盟上海社科院委员会主委马驰，上海社科院统战部副部长陈庆安等一行到龙游交流盟务工作，总支部重点介绍龙游民盟组织建设和社会服务工作经验。总支部还组织人员探望生病住院的老盟员；在重阳节到来之际，组织退休盟员到建德新叶古村参观，共度重阳佳节。春节之际，总支部领导代表总支部对部分离退休老盟员逐一登门走访慰问。老盟员病逝，由副主委代表总支部上门慰问其家属。

【参政议政】 县“两会”期间，民盟龙游县总支部9名政协委员和4名特邀信息员参加会议。盟员们围绕龙游县“两化两游”重大议题以及群众普遍关注的民生问题，在前期深入调研的基础上，共提交《关于发挥寓外证券业专业人才作用，服务我县经济发展的建议》《关于在溪口建设徐偃王文化园的提案》《建议大力扶持儿科医生发展》等28件提案，以及《创新机制健全覆盖城乡的社会救助体系》《整合资源，打造“创意景区”升级乡村旅游》《政策创新助创业，政企合作引活力》等大会发言3篇。主委吴幼平代表民盟龙游县总支部作题为《创新工作机制，健全城乡社会救助体系》的县政协大会发言，盟员撰写的《关于促进退养户转产转业，巩固整治成果的建议》《关于对我县各社区重新调整，提升服务质量的建议》《关于规范我县城区幼儿园教育的建议》等3篇提案获县政协优秀提案，《关于在溪口建设徐偃王文化园的提案》获县主要领导批示办理。盟员们立足各自学术领域和工作实际，从各角度各层次撰写社情民意信息，全年向县政协、民盟衢州市委会提交社情民意信息10余篇，多篇信息被民盟浙江省委会和民盟衢州市委会采用。

【服务社会】 “省市县三级联动 共建同心名医服务站”在1月揭牌，每月开展2次名医服务，全年直接服务群众2000余人次，现场业务指导20余人次，培训医护人员6班次。盟员名医还根据自己的业务专长，为基层医务工作者开展业务技能综合知识培训，进一步提高基层医务工作者的业务水平和服务能力。同时，还在名医服务站开展医疗扶贫。山村儿童小熠航，因意外受伤救治不及时出现右腿屈曲畸形不能行走，在详细了解情况后，总支部和民盟浙江省委会以及省人民医院到名医服务站来义诊的骨科专家，一同到小熠航家上门义诊。在各级民盟组织的关心和省人民医院医疗团队的努力下，小熠航已成功完成手术并返回家中。3月12日，民盟龙游县总支部的2名医学专家和来自民盟宁波市委会的3名医学专家，共同组成“民盟名医团”，为80多名山区群众提供义诊服务、指导科学就医。11月23日，民盟龙游县总支部一行，前往沐尘畲族小学开展“同心”送教活动。

图36 4月19日，浙江省副省长成岳冲（右二）在龙游县调研时到民盟同心名医服务站考察

（民盟龙游县总支部 叶雨盟）

中国民主建国会龙游县基层委员会

【概况】 2016年，中国民主建国会龙游县基层委员会（简称“民建龙游县基层委员会”）下设6个支

部，有会员79人，其中具有大专以上学历68人，占会员总数的86.1%；高、中级职称48人，占会员总数的60.8%；经济界人士47人，占会员总数的59.5%。会员中有市人大代表1人、市政协委员3人、县政协委员18人。2016年，被评为民建全省社会服务先进集体。

【思想建设】 始终把思想建设摆在各项工作的首位，多次召开会议组织学习，每个支部坚持两月一次的集中学习，持续开展以“坚持和发展中国特色社会主义”为主题的学习实践活动。学习习近平总书记的系列重要讲话和中共十八大、十八届三中、四中、五中、六中全会精神，学习《中共中央统一战线工作条例》、纪念红军长征胜利八十周年大会精神、民建会章会史等，以“四个全面”布局、“五大”发展理念为引领，不断增强“四个自信”（即中国特色社会主义道路自信、理论自信、制度自信、文化自信）。积极运用新媒体，在QQ、微信上发布学习资料。组织会员参加省、市、县各级培训，赴江西上饶开展爱国主义教育活动等。

【组织建设】 通过换届调整选拔一批年富力强、政治素质高、参政议政能力强、热心会务的骨干会员，充实到基层委员会和支部领导班子中，保证支部的活力和战斗力。严格规范支部建设，确保支部建设程序化、规范化、科学化、制度化。年初各支部制订出本年的工作计划，年末开展支部综合目标考核，奖励优秀的支部和支部主委，对连续排名靠后的支部主委进行约谈，以激发支部争先创优的活力。推动支部之间横向交流，与民建全国先进基层组织东阳市基层委员会进行互访，学习交流基层组织建设经验。继续完善浙江省基层组织学习交流基地建设，民建衢州市委会为龙游基地授牌，为基层组织之间的交流提供平台。全面加强会员培训，提升会员整体素质，全年组织会员参加民建浙江省委会主委培训班2人次、民建企业家培训班1人次、市委统战部骨干会员培训班5人次、市委会主委培训班12人次、县委统战部党外人士培训班11人次，进一步增强基层委员会的发展后劲。

【参政议政】 2016年，共向市、县人大、政协会议递交议案、提案49件，大会发言3件。《完善服务业分区块集中、合理布局的建议》《高起点规划龙游高铁站、打造城市门户新形象》等3件提案得到县委、县政府主要领导的批示。以《推进海绵城市建设，科学治理城市内涝》为题，作县政协九届五次会议大会发言。开展常态化参政议政，及时倾听群众诉求，反映社情民意。全年共报送社情民意信息35条，各级采用16条。会员修敏、曾焕总被县政协、县委统战部评为优秀信息员，修敏被市政协聘为特约信息员。

【社会服务】 春节、三八妇女节、重阳节等节日，组织活动及慰问。关心关爱老会员和患病、困难会员，老会员过世，基层委员会以及所属支部及时上门，送去民建的关心和温暖。关心浙江001、浙江环达、浙江再生方、龙游巨鹏等会员企业，力所能及地为企业提供服务。共建同心基地品牌，基层委员会为沐尘畲族乡积极争取项目资金、捐资助学、扶贫帮困，参与“五水共治”“三下乡”活动等，为当地的经济社会发展做出贡献。如会员吴美清为沐尘畲族乡争取小流域项目资金2000多万元，组织会员为沐尘乡坑头村村民送去手写春联、年画等。组织医卫界会员赴湖镇镇竺溪桥村义诊80余人次，免费为村民体检、测血压、验血糖，发放卫生宣传资料100册。会员冯进利用龙游名厨协会平台，在全国各大酒店推广龙游土特产品，带动农民增收。会员陈德轮创办“龙游爱在人间协会”，每月开展一次活动，如捐赠敬老院电视机、资助贫困户、结对困难学生等。G20杭州峰会期间，会员周庆红参与杭州现场工作，圆满完成任务，树立良好的社会形象。

（民建龙游县基层委员会 吕凯悦）

中国民主促进会龙游县总支部委员会

【概况】 2016年，中国民主促进会龙游县总支部委员会（简称“民进龙游县总支部”）团结依靠广大会员，切实加强自身建设，认真履行参政议政、民主监督职能，积极开展社会服务，各项工作再上一个新台阶。总支部下设4个支部，共有会员45人，其中具有中高级以上专业技术职称的有32人，占会员总数的71.1%。2016年吸收新会员2人。

【思想建设】 学习中国特色社会主义理论体系、中共十八大以来的系列讲话精神，定期开展组织生活。积极参加市委会、县政协组织的报告会、座谈会、研讨会、培训班。1月，组织会员参观县中医院体检中心；4月，组织会员参加“三月三”畲族文化节采风活动；5月，组织会员开展“奔腾的凯马”采风活动，学习龙游凯马国际学校先进管理经验；7月，组织会员学习“万少华团队”先进事迹活动，在会员中营造讴歌时代楷模、礼敬时代楷模、学习时代楷模的浓厚社会氛围；7月，总支部及各支部分别开展学习中共十八届五中全会及习近平总书记在建党95周年大会上的讲话精神主题活动，会员们结合“不忘初心，继续前进”主题交流自身学习体会，交流学习心得。通过学习更加自觉和坚定地做到与中国共产党在思想上同心同德、目标上同心同向、行动上同心同行，增强会员对中国特色社会主义的道路自信、理论自信和制度自信，增强自觉履行参政党职能的使命感和责任感，为在各自的工作岗位上尽责出力提供精神动力。总支部有意识地为骨干会员提供学习锻炼平台，推荐会员参加2016年市民主党派中青年骨干培训班、新会员培训班；会员吴益良参加“百狮争先 一线攻坚”行动，到县招商局挂职锻炼；会员周巧萍抽调到大南门历史文化街区保护项目（一期）参与旧城改造。

图37 4月9日，民进龙游总支部组织会员赴沐尘畲族乡开展支部活动

【组织建设】 坚持“集体领导、民主集中、个别酝酿、会议决定”的工作原则，推进民主建设。每个班子成员都能自觉维护班子的团结，切实履行好自己的职责，积极参与集体领导，营造齐心协力干事业、促发展的良好局面。配合完成民进衢州市委会的换届工作，多次讨论市委会工作报告征求意见稿，积极提出意见和建议，多轮慎重推荐参会代表，对推荐到市委会的候选人进行充分民主协商和严格考察，保证新一届参加市委会会议成员不仅具有代表性和较高公信度，还能取得广大会员的信任和支持。加强基层支部建设，充分发挥各基层支部的特色，积极开展各项活动，让年富力强、能力突出的会员在参政议政舞台上展现风采。继续完善《民进龙游总支部年度支部考核办法》，通过量化评分，形成争先赶超的良好氛围。组织会员赴衢州、江山等地开展活动，增强组织凝聚力。热情接待来自民进湖南宁乡县总支部、金华市委会、建德新安江总支部等同仁前来交流联谊。由于在基层组织建设方面扎实有亮点，5月20日—21日，民进浙江省委会副主委张宝珍、省委会宣传处处长高岚、民进衢州市委会主委金召卫等专程到民进龙游县总支部专题调研，对龙游民进工作给予高度评价，并在“浙江民进”网站上作专题报道。

【发挥“龙游民进”网站作用】 加强对“龙游民进”网站的维护，及时、准确地传达上级的工作部署及有关精神，为会员和支部开展自身建设搭建学习交流平台，为会员履行参政议政职能、参与社会服务做好宣传报道工作。以“龙游民进”QQ群、微信群等新媒体作为加强与会员之间沟通联系的桥梁，及时发布各种会务信息和学习资料，提高思想宣传工作的针对性和实效性。总支部专门召开信息宣传会议3次，鼓舞会员踊跃向“龙游民进”网站及相关媒体投稿。

【真情履职】 2016年，会员共提交提案、议案27件。其中市议案3件，市提案2件，《关于复建灵山塔重现九塔胜景的建议》被县政协九届五次会议列为重点提案。建立信息员例会制度，强化信息员队伍的责任意识。注重业绩考核，将社情民意工作任务分解到各支部，并列为年度工作考核内容，作为评先的重要依据。《基层期盼将癫痫病纳入门诊特殊病种》等2篇被民进中央采用，《完善家庭过期药品回收体系的几点建议》等4篇被民进浙江省委会《浙江民进信息》采用；《迎接G20峰会，学校卫生安全隐患自查“三短板”亟待补齐》等11篇被民进衢州市委会采用；《基层期盼将癫痫病纳入门诊特殊病种》在《联谊报》上发表；《加快把衢州打造成全省职工疗休养的首选地》被评为市政协六届六次会议重要大会发言；《关于进一步提升我省农村学校生活饮用水安全的建议》被民进浙江省委会作为2016年参政议政立项课题，在自由申报课题项目中名列第一；《我省新高考改革需要有积极的配套举措》社情民意信息获副省长郑继伟批示。由于在参政议政工作中较为突出，总支部被推荐参评全省社情民意先进集体。

【服务社会】 组织会员参加“关爱抗战老兵”走访慰问活动，走访慰问21位抗战老兵。牵线杭州“沐蓉”慈社向龙游县实验小学贫困学生捐助“爱心”物品。组织会员开展“礼让斑马线你我共尽力”学雷锋志愿者文明劝导活动。组织书法骨干会员积极参加“春泥计划—书法进校园”帮扶活动，到全县各乡镇12所小学进行书法讲座及现场指导。

图38 12月29日，民进龙游总支部组织会员到塔石镇开展送春联活动

“八一”建军节期间，组建书法慰问团赴驻龙游武警部队开展警民书法联谊活动。积极组织书法骨干参加“三下乡”活动，春节前组织5批次的书法工作者到农村为群众义务书写春联，送出近5000幅（对）春联。深化“五水共治”民主监督，3次组织开展监督调研活动，分别到石佛乡、塔石镇、小南海镇、沐尘乡等地实地察看，并召开座谈会。组织会员对农村文化礼堂建设情况进行调研视察，分别到溪口村、大沃口村、后田铺村的文化礼堂进行视察，为进一步推进文化礼堂建设、丰富文化礼堂内涵发挥积极作用。

【建功立业】 总支部积极倡导会员充分发挥自身优势，树立民进会员良好的社会新形象。会员周巧萍在旧城改造指挥部参与大南门收购工作，与龙游电视台一起策划制作20余期反映收购工作的信息节目，在《浙江日照》《衢州日报》《今日龙游》等报刊刊登收购事迹、信息等20余篇，在“浙江新闻客户端”“微龙游”等微信平台推送信息10余篇，编写《收购工作简报》15期，编辑《城南纪事》一书。会员方圆利用县人大代表的身份，为群众解决欠薪、土地纠纷、专利保护等问题，为担任生态指导员的联系村送医送专家送资金，成为县委宣传部签约作家，为宣传龙游出力。会员金向民获全国和谐杯第四届“七说”比赛特等奖，书画作品入展省女花鸟作品展、“余绍宋杯”衢州市首届书法展、衢州市女书法协会精品展。会员何梅芳在第十七届“新世纪”杯全国中学生作文大赛中获作文指导二等奖。会员祝玉珠获衢州市师德楷模称号。会员蓝耀作品参加浙江画院“红色走廊丹青尽染”走近长兴中国画展，参加省文化馆“美丽乡村行”奉化写生中国画展，扇面作品参加“禾城清风”全国中国画名家扇面展。

（民进龙游县总支部 吴红峰）

中国农工民主党龙游县总支部委员会

【概况】 2016年，中国农工民主党龙游县总支部委员会（简称“农工党龙游县总支部”），进一步加强自身建设，不断提高贯彻科学发展观、构建和谐社会的能力和水平，在思想建设、组织建设、参政议政、社会活动等方面，发挥自身优势，出色地完成年初制定的各项工作计划，在县委统战部7个党派年度工作评选中名列第二。总支部共有党员32人，其中省人大代表1人、省政协委员1人、市政协常委1人、市人大代表1人、市政协委员3人、县政协常委3人、县政协委员10人。

【思想建设】 注重党员的思想政治业务学习，提高党员自身修养。重点学习中央“八项规定”，将中央的精神内化于心、外践于行。以多种形式开展学习贯彻《中国共产党章程》和社会主义荣辱观教育，参加农工党衢州市委会组织的中共十八届六中全会精神学习会。选派近3年新入党党员参加县委统战部组织的新党员培训班，积极参加农工党市委会组织的“走进基层、贴近党员”培育和践行社会主义核心价值观主题宣讲活动，组织学习《中国共产党廉洁自律准则》和《中国共产党纪律处分条例》，树立良好的党外干部形象，使总支部党员努力做到和执政党思想上同心同德、目标上同心同向、行动上同心同行。

【组织建设】 坚持围绕中心、服务大局，经常性地开展契合县委、县政府中心工作的丰富多彩的社会服务活动，凝聚人心，增强广大党员的组织归属感。3月5日，县总支部委员会妇女干部、社会志愿者10余人自发组织“学雷锋”环保行动，在助力“五水共治”、美化龙游活动中度过一个别样的“三八”妇女节。8月，组织部分党员到灵鹫峰红色旅游基地开展社会实践活动，既开阔眼界，又增进党员之间的感情。下半年，总支部全力配合农工党衢州市委会做好换届工作，充分发挥民主，听取党员意见，做到思想重视、组织有序。8月30日，农工党衢州市第七次代表大会召开，选举产生新一届农工党衢州市委会。农工党龙游县总支部主委钟爱红当选市委会副主委。始终把加强组织建设作为一项基础性工作来抓，按照“抓党建、带队伍、促发展”的思路，加强思想政治工作、发展党员、培养入党积极分子，2016年吸收新党员2名，农工党龙游县总支部被农工党浙江省委会评为优秀基层支部，4名党员获市优秀党员称号，2名党员被县委统战部评为优秀党员。

【参政议政】 围绕新型工业化与新型城镇化“两化”引领、科学转型跨越、共建生态家园等县委、县政府中心工作，开展调研，建真言、出实招、献良策。共提交县政协提案21篇、省人大议案3篇、省政协提案3篇、市政协提案6篇、市政协常委会大会发言1篇、县政协大会发言3篇，被评为县优秀政协委员2人。农工党龙游县总支部撰写的《优化财政政策　加快我县实体经济发展》，被县政协列为2016年优秀大会发言和重点提案，主委钟爱红的大会发言被评为2016年市政协优秀大会发言，1篇提案被评为市政协优秀提案。《关于对僵尸企业处理的几点建议》被列为重点提案。

【党员风采】 党员吴树良荣获第五届“浙江慈善奖”个人捐赠奖，以自己的善心善行传播正能量，同时被省政协评为2015年优秀政协委员。党员蓝雪敏执教的《小数的意义》荣获中国教育学会小学数学教学专业委员会举办的第九届全国小学数学优化课堂教学录像课评比二等奖，承担的《几何直观在小学乘法中的运用研究》获衢州市课题评比一等奖，承担的《借助几何直观促进问题解决的教学策略研究》获衢州市课题评比二等奖。党员李美被评为2015年度全国百佳班主任，获2016年衢州市首批“五星志愿者”，《学生社团+反转课堂—提升中职学前教育专业学生教学技能的实践研究》获省课题研究一等奖，《企业元素进课堂 工业文化入校园—职高生校企文化融通下好习惯养成的实践研究》获全国专业论文一等奖，《内外交融 自我约束修身养性—职高生良好行为习惯的养成教育实践》德育论文获衢州市二等奖。

（农工党龙游县总支部 洪霞琴）

九三学社龙游县基层委员会

【概况】 2016年，九三学社龙游县基层委员会按照参政党“思想上坚定，履职上坚实，组织上坚强”的目标要求，不断强化思想建设、组织建设、制度建设和参政能力建设，发挥科技优势，凝聚社员智慧力量，切实履行参政党职能，为推进新型工业化、新型城镇化、文化旅游和美丽龙游建设做出新的贡献。县基层委员会下设支社3个，有社员30人，其中27人具有中高级职称，占社员总数的90%。社员中有衢州市政协委员1人、龙游县人大常委会副主任1人、县人大代表1人、县政协常委2人、县政协委员9人。2016年发展新社员2人。

【思想建设】 以“九三讲坛”为思想建设的重要阵地，不断丰富讲坛内涵，着力将讲坛打造成社员的思想教育、参政议政和历练成长平台。构建“四个三”（三紧贴、三平台、三层次、三成效）的讲坛模式，发挥讲坛在政治理论辅导、专业学术交流和科学知识普及等方面的作用，提升“九三讲坛”实效。2016年，共举办“九三讲坛”6期，首期与县委理论学习中心组合办，邀请中国工程院院士、发展中国家科学院院士、省农业科学院院长陈剑平作《关于特色农镇农庄的研究与实践》专题讲座。同时，与县科协合作，邀请中国科学院2位老科学家作科普讲座。

【组织建设】 召开专题会议，研究部署换届工作，制定《九三学社龙游县基层委员会2016年换届工作方案》，成立换届领导小组，按照方案，严肃纪律、严格标准、严密程序，精心组织实施，并编印《换届手册》和《九三印迹》画册。5月18日，顺利召开龙游县基层委员会四届一次社员大会，并圆满完成换届选举工作，产生新一届基层委员会班子，一批德才兼备的年轻社员被推选到领导岗位。以基层委员会换届为契机，修订完善《基层委工作制度》《基层委支社工作职责》等7项制度和《基层委支社考核办法》《基层委社员履职评价》等4项考核办法。创新建立社员履职登记、支社述职制度，进一步健全基层委员会档案管理和大事记制度，并开展优秀社员、优秀信息员、参政议政先进工作者评比。按照“四有”（即有能力、有学历、有潜力、有影响力）标准，发展优秀年轻人才，吸收2名新社员。建立基层委员会、各支社、各专委会工作机制，确保组织有序高效运行。注重社员素质提升，通过选派社员参加培训班，奔赴实地考察学习等，有效提升社员履职能力。

【参政议政】 着力探索“党派+部门”“五个一”（即一个主委、一个课题、一个小组、一次论坛、一批成果）调研机制，通过紧扣当前形势、党委政府中心工作和民生需求选题，形成《关于新媒体从业人员统战工作的调研报告》《硝化棉自燃自爆危险特性分析及隐患治理建议》《浅谈如何发挥党外律师作用 服务基层社会治理》等5篇调研文章。同时，将调研成果转化为调研报告、大会发言、提案建议等。在县政协九届五次会议上，提交大会发言5篇、提案19件，被列入县政协2016年重点提案1件，获评优秀提案2件。其中，基层委员会提交的《加强基本公共文化服务标准化建设 提升城乡居民生活品质》列入大会发言，《关于加强全县法律顾问体系建设的建议》《关于我县发展养老服务业的建议》等列入大会书面发言。社员撰写的《加快办公资源整合 促进县域经济转型发展》获时任县委书记方健忠批示，《关于加强我县农贸市场建设与管理的建议》获时任县长刘根宏批示。

【畅通社情民意渠道】 进一步完善社情民意信息宣传工作机制，设置1名总信息员，各支社在明确1名信息员的基础上，增设1名信息联络员，负责信息动态上传下达，及时报送动态信息和时效信息，并实施社情民意信息报送情况月度通报制度和信息员季度例会制度，总信息员每月在QQ群和微信群上公布各支社社情民意信息报送情况，督促各支社保质保量完成社信息宣传工作。2016年报送各级社情民意信息共60篇，其中《九三学社龙游第四届基层委员会举行首次全体社员大会》被社中央采用，《建议关注抑郁症患者 减少自杀悲剧》《关于严密防控爆恐案件的建议》《防止涉军新闻报道泄露军事秘密的建议》等3篇被省委统战部、社省委采用。

【助推经济社会发展】 继续实施院士专家与企业家手握手工程，与县科协等部门一起走访克里特集团、光明铁道等12家企业，帮助企业对接4名院士专家，为新建院士专家工作站牵线搭桥。指导帮助金昌院士专家工作站，创建一流创新团队和省级站绩效考核。深入公任电子院士专家工作站了解“互联网居家养老”项目进展情况，并成立项目实施小组，选点清廉社区建设“智慧居家”养老体验馆，帮助公任电子成功创建第七批省级院士工作站，并获得50万元的奖励。为善蒸坊发糕生产引进江南大学专家团队，建立善蒸坊发糕食品研究中心，发糕产业的标准化工作取得突破性进展。组织克里特集团、力源新材料等2家企业参加中国工程院化工、冶金与材料工程第十一届学术会议，与有关院士专家就企业需求进行洽谈对接，并取得初步成效。12月，成功引进大连理工大学蹇锡高院士，建立龙游县第三家力源化工院士专家工作站。

图39 九三学社龙游县基层委员会组织社员调研“五水共治”工作

【服务中心工作】 与县科协、农业局、文化馆等单位合作，组织科普大篷车走进横山小学等10余所学校开展科普活动，受益师生6000余人次。联合县教育局举办龙游首届青少年信息学竞赛、中科院老科学家科普讲座进校园活动，2名老科学家深入中小学开展4场报告会，惠及师生1200余人次。参与组织全国科普日、科技活动周、科技文化卫生“三下乡”、科普“五进”（进企业、进社区、进学校、进乡镇、进机关）等大型品牌活动，开展主题活动23项，参与人数达5万人次。围绕“五水共治”“三改一拆”“创国卫”等中心工作，组织科技服务团开展科技助力“五水共治”等活动。组织医卫、法律、司法界社员开展“送法送医下乡访民情”活动，通过解答法律咨询、发放宣传材料、悬挂宣传挂图、义诊、讲座等形式，向群众提供免费医疗和法律服务，共发放各种法制宣传资料300余份、接受群众义诊和法律咨询230多人次。同时，积极参加所在单位组织的结对帮扶活动，主动为帮扶对象提供技术、知识和法律等服务。

【服务社员】 创新活动内容，丰富活动载体，开展中心组学习、九三论坛、专家报告会、调研座谈、考察交流、学习取经、联络联谊等形式多样的活动。依据主题、学术领域、年龄层次、职责分工的不同开展专题活动，加强社员间的联系和互动，增进社员感情，增强归属感和集体荣誉感。2016年，累计组织调研、社会服务、培训学习等活动约20次。年底走访社员单位，了解和交流社员在单位工作生活情况，努力为社员营造良好的工作环境。在社员生日和传统节日，通过短信、电话、微信等形式为社员送去祝福和关爱，增强组织凝聚力。2016年，实地走访社员单位和家庭17人次，重阳节慰问老社员5人次。

图40 重阳节，九三学社龙游县基层委员会领导看望老社员

【社员风采】 全体社员立足本职，勤奋工作，获得全国、省市县各级部门的充分肯定。社员叶菊贞作为项目负责人推进浙江省医药卫生科技计划项目，成功开办浙江省继续医学教育学习班，被评为第二届衢州市名医。社员陈文化围绕中心工作主抓社区矫正执法，荣获全市政法系统“十佳”带兵执法一线指挥员。社员吴琼在平安护航G20杭州峰会维稳安保工作中表现突出，荣获浙江省司法行政系统个人三等功表彰。社员徐彦参加衢州市老年人体育健身展示活动比赛荣获优胜奖。社员包美珍在衢州文化馆成功举办个人画展，其作品得到众多知名画家和市县领导的赞赏。社员吴月建、余旭彪等利用业余时间到社区、农村义诊，并开展健康科普宣教、专家送医下基层等公益活动。

（九三学社龙游县委员会 马骏）

工商联和社会团体

概　述

2016年，龙游县工商联和各社会团体紧紧围绕县委、县政府的中心工作，深入开展思想政治学习，创新发展模式，强化自身建设，助推“五四三”行动，服务社会、服务民生，为龙游的经济建设和社会发展做出重要贡献，各项工作取得良好的效果。县工商联搭建龙商（浙商）大会平台，凝聚龙商，推荐龙游，促进龙游经济发展。工会组织以维护职工合法权益为基本职责，以构建和谐劳动关系为工作主线，着力规范基层工会组织建设和工会干部作风建设，推动建功立业活动，强化维权服务建设。共青团工作以强化青少年思想引领为目标，推进青年创业人才梯队化建设，构筑青年创业、就业服务体系，推动青年创业创新。妇联组织着重抓好“贺田模式”复制、乡韵庭院创建、万户家庭传家风等形式多样、内容丰富的社会活动，发挥广大妇女在经济社会建设和家庭建设中的重要作用。县文联带领文学艺术工作者“深入生活、扎根人民”，以文艺活动助推中心工作。县科学技术协会充分开发和利用社会科普资源，推进全县社会科学普及工作，服务经济社会发展，推进公民科学素质提升。

龙游县工商业联合会（总商会）

【概况】 龙游县工商业联合会（简称“县工商联”）是县委、县政府授权主管全县经济性行业协会和异地“双会”（即异地龙游商会、促进龙游发展联谊会）的业务单位，是龙游县对外联系的重要窗口。2016年，龙游县工商业联合会（龙游县总商会）共有会员3000多人；有机关干部9人，其中公务员编制4人，事业编制2人；有科室2个（机关综合办公室、非公企业服务中心）；有各类行业协会16家、商会3家；有北京、上海、杭州等异地商会6家。至年底，县内有民营企业3888家，有个体工商户1.65万户。县工商联（总商会）按照《关于印发〈浙江省工商联关于创建“五好”县级工商联建设工作实施方案〉的通知》要求，紧紧围绕“两个健康”（即非公有制经济健康发展和非公有制经济人士健康成长）工作主题，履行职能，搭建平台，努力推进工商联事业的科学发展，为加快龙游转型跨越发展贡献力量。获2016年度浙江省工商联系统先进集体、省“五优”县级工商联、全国“五好”工商联等荣誉，被评为2016年度龙游县招商引资先进集体。

【创新“互联网+商会”新模式】 《龙游商帮·龙商行》杂志及“龙商行”移动互联平台品牌初步形成，“互联网+商会”成为龙商工作助推器。为适应手机互联网“微时代”即时性、移动性和互动性的特点，做好新媒体、“微时代”形势下的非公有制经济和非公有制经济人士工作。自2014年10月以来，县工商联积极探索创新“互联网+商会”工作，委托“龙商行”文化投资管理有限公司创办《龙游商帮·龙商行》内部杂志及“龙商行”移动互联平台，打造引导宣传、凝聚龙商、推荐龙游、筑巢引凤、招商引资的新平台，“互联网+商会”影响力逐步扩大。2016年发行会刊12期，其中“封面人物”文章和重点文章分别被20多家国家级网站及“浙江在线”网站、《衢州日报》等媒体采用转发。“龙游总商会”“龙商行”微信公众号共发布信息6000多篇。介绍龙游旅游资源的微信初页《六春湖，杜鹃花开，万山红遍》点击阅读量超151万人次，转发1.19万条次。“龙商行”微信公众号被衢州市委宣传部评为“衢州首届正能量微信号”、2016年度衢州市“十佳文化创意产品”优秀作品奖。搭建“天下龙游人”“各异地商会”“各行业协会”N个微信群，龙商交流联谊进入手机移动互联网新时代。协会商会活动、交流信息在微信群第一时间发布，天下龙商的创业经历、创业感想在微信群进行相互交流和学习借鉴。“2+N”移动互联平台已有各地龙商5000余人加入，收集龙商回归有效投资信息10多条，达成意向3个，项目落地2个，捐资捐款30余万元。“互联网+商会”移动互联平台建设的独特创新得到省工商联的高度认可和赞赏。

【搭建龙商（浙商）大会平台】 县工商联紧紧围绕“两个健康”工作主题，挖掘龙商资源，发挥现代新龙商资源优势，搭建“异地商会”“龙商大会”“龙游名厨协会”“知名浙商龙游行”等平台，全面深化龙游与各地的交流合作，为全面促进“龙游经济”与“龙游人经济”融合发展贡献智慧和力量。开展全县寓外人才调查，建立寓外人才（龙商）数据库，不断丰富龙商资源。通过异地“双会”模式的运行，形成外联工作专业管理、人脉资源有效整合、政商资源携手共进、龙商资源优势互补、会员服务拓宽领域的优势。异地“双会”建设架起龙商与家乡交流的联心桥。异地“双会”年会、换届、会员重大活动等均邀请县四套班子领导参加，并进行招商推介。建立商会、重点龙商走访制度，组织异地龙商回家乡考察龙游的投资环境，参加龙游县人大、政协“两会”等重大活动。春节期间，举办寓外人士和“光荣父母”新春座谈会，县四大班子领导走访慰问寓外人士和光荣父母，体现组织温暖，增进龙游人的情谊。激发异地龙游商会创业、创新活力，杭州市龙游商会被评为杭州市优秀商会、全国浙江商会十强。4月，召开第二届龙商大会，以“凝心聚力·创新回归”为主题，展示龙商回归成效，注重新思路、新观念的碰撞，累计签约招商项目21个，协议总投资135亿元。6月，县旅游委员会与县名厨协会联合召开龙游名厨协会杭嘉湖分会暨龙游旅游推广会，签订旅游推荐战略合作协议，携手推进龙游美食与旅游融合发展，龙游大厨酒店成为龙游旅游推荐的对外窗口和信息平台。7月，以“凝聚浙商力量，给力龙游发展”为主题，省工商联十届七次常委会议暨“知名浙商龙游行”活动在龙游县举行，邀请省内外200多名知名浙商考察横山镇天池村、省示范特色小镇年年红红木小镇，实地感受龙游深厚的人文底蕴和良好的投资环境。活动期间，举行龙游投资发展环境推介会，省工商联和龙游县政府签订战略合作协议，推出20多个“知名浙商龙游行”招商引资推荐项目，在各地浙商的关注和支持下，龙游县逐渐迈向“龙游经

图41 7月12日，知名浙商到龙游年年红考察

济”与“浙商经济”的融合发展新征程。

【激发行业协会（商会）创新活力】 2016年，新成立龙游新生代企业家联谊会。县工商联以全县16个经济性行业协会和龙游温州商会、龙游永康商会为平台，不断完善制度，丰富活动内容，激发行业协会（商会）创新活力。建立“业务指导部门+牵头部门+行业协会”的运行模式，既做到“政会分开”，又整合部门力量支持协会壮大成长，相关行业协会有效承接相关部门的职能转移，为会员提供有效服务，形成“部门支持协会，协会凝聚企业”的良好局面。统一规范协会（商会）的各项制度，确保活动正常开展。建立秘书长季度例会制度，制定《龙游县行业协会（商会）年度考核办法》，加强对商会、行业协会的服务和管理，鼓励先进，鞭策后进。县工商联分别与县工商银行、中国银行签订金融战略合作框架协议，县装饰行业商会与县信用联社开展“商创通”自助贷款金融合作，县电子信息行业协会与温州银行建立金融合作，组织金融系统列席行业协会秘书长会议和行业协会会员大会，为银企对接牵线搭桥。开设“龙商大讲堂”，组织法律培训和会员企业办公室主任培训，提升企业家素质。至年底，各商会、协会组织会员外出学习、培训1500人次以上。与县检察院合作，建立共同保障和促进非公有制经济健康发展协作机制，开展“加强协作，服务非公有制经济”走访活动，召开非公有制经济人士座谈会，出台《龙游县人民检察院、龙游县工商业联合会共同保障和促进全县非公有制经济健康发展的工作方案》，成立县检察院驻县工商联检察服务站，为民营企业强身健体、转型升级提供政策支持和法律保障。

【提升参政议政工作实效】 充分发挥商会协会作用，组织工商界“两代表、一委员”（即党代表、人大代表和政协委员）围绕经济转型升级、企业文化建设、科技人才培养等课题，深入调查研究，形成一批质量较高的调研报告和建议提案。完成省工商联部署的非公有制经济网上调研平台建设，按时完成各项调研任务。高质量完成全国民营企业抽样调查。在县政协大会上的发言《打响龙游发糕区域公共品牌》被评为优秀大会发言，《新常态下，运用新媒体创新工商联工作的实践》《支持龙商创业创新，助力龙游转型发展》分别获衢州市统战理论调研优秀成果一等奖和三等奖。

【自身建设迈出新步伐】 以开展省“五好工商联”“全国五好工商联”创建活动为契机，县工商联班子树立“有为有位”“小部门、大平台，小机关、大服务”的理念，扎实开展党的群众路线教育实践活动、“两学一做”学习教育活动，坚持理论中心组学习、定期组织干部学习培训，完善机关各项规章制度，以“互联网+商会”为创新手段、以异地“双会”和行业协会为主要抓手、以服务龙商回归为主要宗旨，从工商联的实际出发，找准工作切入点，积极探索新时期工商联工作的新途径、新方法。商会、协会班子建设不断加强，活动机制更加完善，凝聚力明显增强。商会、协会在助推龙游经济社会发展中的地位和作用日益突出；县工商联作为县委县政府联系寓外龙商和寓外乡贤的桥梁和纽带作用发挥明显，成为对外联谊的重要窗口。

【换届工作有序推进】 根据《中国工商业联合会章程》的规定和《中共浙江省委办公厅转发〈省委统战部关于工商联（民间商会）换届工作的意见〉的通知》精神，按照衢州市委统战部要求和龙游县委《关于同意召开龙游县工商业联合会第七次会员代表大会的批复》的精神，决定于12月上旬召开龙游县工商业联合会第七次会员代表大会，进行换届工作。会议召开前，由各行业协会、基层商会、异地“双会”、龙游经济开发区及相关乡镇（街道）推荐第七届工商联执委初步名单。其中非公有制经济代表人士执委初步名单由县委统战部牵头15个评价单位进行综合评价，将综合评价合格的非公有制经济代表人士推荐为执委人选，实际安排县工商联（总商会）第七届执委候选人建议人选71名；安排县工商联（总商会）副主席（副会长）初步人选24

图42 12月16日，龙游县工商联合会第七届会员代表大会胜利召开

名，其中驻会副主席（副会长）2名，兼职副主席（副会长）21名（其中金融系统2名、非公有制经济代表人士13名、异地“双会”代表人士6名）。11月中旬，由县委统战部牵头，对主席、副主席候选人进行考察，报县委审批。县工商联共安排第七次会员代表大会代表157名。12月16日，龙游县工商业联合会（总商会）第七次会员代表大会召开，省工商联党组成员、副主席赵小敏出席。

【积极参与光彩事业】 鼓励民营企业树立社会主义荣辱观，在义利兼顾的同时，承担社会责任，支持“五水共治”、新农村建设、扶贫开发和公益慈善等社会活动。省工商联牵头正泰、娃哈哈等8家知名浙商企业联系结对龙游县横山镇，开展“千企联千村、合力治污水”专项行动，共资助横山镇“五水共治”经费近300万元。县工商联组织会员企业建立爱心企业关爱抗战老兵长效机制；运用微信群，发动企业为残疾人家庭烧伤病人奉献爱心；龙商多次参与浙江狮子会奉献服务队龙游助学活动；新生代企业家联谊会与贫困大学生建立关爱帮扶助学机制；龙游温州商会设立10万元残疾人爱心基金，连续10多年走访慰问龙南敬老院。各行业协会、装饰商会、永康商会广泛开展扶贫结对帮扶行动，累计向孤寡老人、贫困学生、新农村建设捐款300多万元。

（县工商联 马玉仙）

龙游县总工会

【概况】 2016年，龙游县总工会紧紧围绕全县工会工作要点，全面落实各项重点工作任务，取得较好成绩。至年底，全县有基层工会工作委员会16个，镇（街道）、工业园区总工会7个，产业工会2个，共建立工会组织3825家，有工会会员82179人，其中包括农民工57758人。

【推动建功立业活动】 完成省级“工人先锋号”评选工作，龙游烟草公司送货部获浙江省“工人先锋号”荣誉称号。开展各种形式的职工技术比武、劳动竞赛等经济技术创新活动，广泛开展群众性劳动竞赛，举办县第五届职业技能比赛。经过基层工会层层选拔推荐，共有139人参加车工、钳工、焊工、维修电工及电子商务5个工种的比赛，有30人分获一、二、三等奖，整个活动职工参与率达80%以上；围绕县重点项目，开展申通产业园立功竞赛活动，职工参与率达95%。建设好职工学校，组织职工技能培训4期，共有652人参加培训。创新载体，开展“护航G20，平安进班组”活动。发动广大工人参与“安全生产、劳动保护分级管理”等管理工作，加强企业参加平安龙游建设等中心工作的宣

图43 8月16日，衢州市总工会“护航G20，平安进班组”工作现场会在龙游工业园区召开

传、贯彻、落实力度。通过发放倡议书和“平安进班组三必读、三必讲”宣传资料、组建工人志愿者服务队、指导企业利用车间（班组）晨会向员工宣讲“安全生产、劳动保护、平安龙游”等形式，提高“平安龙游”建设的知晓率、参与率和满意率。全县有120多家企业工会参与活动，职工参与率达90%，获“衢州市G20杭州峰会维稳安保先进集体”荣誉称号。

【开展“安康杯”竞赛活动】 按照“零容忍、全覆盖、严问责”的要求，全面推进企业安全生产管理、安全文化建设和职工安全健康培训教育等工作。为保障职工安全健康权益，组织开展“安康杯”安全知识竞赛，有845家企业共7.38万名职工参加，企业参赛面、企业班组参赛率在90% 以上，规模企业参赛率达100%。举办“守护职工平安回家路”交通安全知识培训，共有1648名职工参加培训，发放资料2000余份。

【投身“五水共治”工作】 指导、督促各企业工会加强对联系的115口清洁塘进行清理、绿化。加大对县总工会联系村、清洁塘的整治，全年共投入27万元。开展深化“五水共治”植树劳动竞赛活动，组织劳模代表、“金银锤奖”获得者、基层总工会主席、工委主任及企业职工共260余人参加罗家溪沿岸植树劳动，参加共建美丽家园活动。组织参加全县“清千塘、美百河”活动，发挥工会组织的主力军作用，在“五一”节前举办“清千塘、美百河”劳动竞赛。10月底，进行全县植树成果表彰活动。

【助推职工疗休养建设】 出台政策，完善职工疗休养制度，建立龙游县职工疗休养基地，宣传职工疗休养基地环境。县总工会力推疗休养政策的出台，并到开化县古田山庄进行实地考察。全县各级工会组织积极开展职工疗休养，参加疗休养的职工超过万人。同时，引进6000余人次外地职工到龙游县疗休养。

【开展“基层组织建设年”活动】 调研全县中小工业企业和商贸流通企业，收集相关资料，为全面建会入会做好准备。至年底，全县新建工会组织37家，其中单建工会37家，联合工会中覆盖企业252家，发展会员5295人。县总工会干部多次深入基层工会，指导创建“六有”（即有机构、有人员、有阵地、有经费、有制度、有活动）工会，“六有”工会覆盖面已达85%以上。深化“职工之家”建设，各企业工会推荐30家企业参与星级评定，评出“五星级”职工之家14家。进一步规范县工会会员的管理和服务工作，为“互联网+会员服务工作”打下坚实基础。开展全县工会会员重新登记入册大排查，登记在册会员人数达61305人，2016年发放新会员证31607本，完成率达80%。推进厂务公开、民主管理试点和职代会工作，并在贝尔通信、维达纸业、光明铁道3家企业进行试点。指导全县961家单建工会开展职代会工作，每年至少召开一次职代会的企业达85%。

【弘扬劳模精神】 认真做好全国劳模、市“五一劳动奖章”评选工作，推荐省（部）级劳动模范1名、市“五一劳动奖章”获得者2名。组织劳模代表到东华街道境内的罗家溪植树，共建美丽家园。植树后，召开庆“五一”劳模先进座谈会。组织40名退休劳模参加健康体检和疗休养，向全县劳模赠送《浙江工人日报》。为98名退休劳模落实津贴发放政策，慰问困难劳模20名，送上慰问金20.98万元，帮助他们解决实际困难。

【服务职工】 对在档的407名困难职工进行帮扶全覆盖，共发放帮扶资金68.5万元。关心、关爱困难女职工，帮扶慰问110名困难女职工，帮扶总金额达25.15万元。“六一”儿童节前夕，走访20名困难女职工子女，共发放慰问金1万元。关怀10名爱心透析职工，共发放慰问金4.5万元。唱好帮扶“四季歌”。春送岗位：共举办各类培训班9期，培训770余人；分别与县人力社保局、东华街道总工会联合举办专场招聘会2次，免费提供咨询210人，与用人单位达成就业意向9032人，发放宣传资料5000多份；夏送清凉：到26家工业企业和重点工作岗位慰问一线工人1300多名，送上价值6万余元的清凉用品；金秋助学：全年共资助困难职工子女50人，其中36名大学生每人资助5000元、14名高中生每人资助3000元，共发放助学金22.21万元；冬送温暖：2016年，帮扶系统新录入困难职工档案407户，累计录入帮扶信息8355条，元旦春节期间，县总工会走访慰问困难职工385户，累计发放慰问金68.5万元。职工医疗互助活动稳步推进，全县参加职工医疗互助23254人，筹资116.27万元，同比增长2.2%；全年享受报销政策519人，报销金额69.55万元。另外，按照市总工会医疗互助保障理事会报销待遇的补充规定，对全县36名2015年度的大病人员进行二次补助，补助资金9.3万元。龙游县总工会的帮扶工作受到省、市总工会的好评，2016年11月，在湖州召开的全省工会精准化帮扶工作推进会上，龙游作为全省4个代表县之一作典型发言。

【强化维权服务建设】 全年共举办各类现场法律咨询6场，发放《中华人民共和国工会法》《中华人民共和国劳动法》《职工维权读本》《女职工保护条例》《农民工就业指南》等宣传资料4600份，接受咨询2300多人次，获浙江省法治宣传教育先进单位荣誉。抓好区域性和行业性工资协商工作，共签订区域性集体协议16个、行业性集体合同3个。至年底，全县新签订协议21家、续签512家，涉及职工3.8万多人，签订率100%。推动全县500多家企业参与和谐企业创建活动，共创建和谐企业66家，其中省级6家、市级32家、县级28家。全县工会组织共受理群众来信来访182件，涉及职工1347人次，涉及资金1861万元。其中拖欠工资34起，涉及资金1200余万元，涉及职工112人；劳动合同纠纷赔偿105起，涉及职工839人，涉及资金119万元。为进一步推动集体协商、民主管理、监督预警、法律维权“四位一体”工会维权维稳机制和机构规范化建设，调动基层工会组织及调解人员化解职工矛盾纠纷的积极性，2016年，龙游县总工会出台《龙游县总工会职工法律援助和劳动争议奖励办法》，加大基层工会调解组织建设，明确在工会组建中必须要有调解委员会、经费审查委员会、女职工委员会，各级工会调解组织在调解矛盾纠纷中发挥积极作用。

图44 龙游县总工会组织全体职工参加县广播操比赛

【深化职工文体活动】 充分发挥工会文体活动的影响力、吸引力、凝聚力作用，组织安排一系列丰富多彩的文化体育活动。开展百场电影进乡镇（园区）活动，利用播放电影小憩时间播放教育宣传片，教育职工提高安全防范意识，提高全民文化素养。在全县基层工会特别是机关事业单位和国有企业工会中，大力推广社会主义核心价值观工间操，以多样化的文化体育活动丰富职工的业余文化生活。加强职工文化建设，重点抓好“农民工文化家园”建设，努力打造标准化职工书屋，购置图书近2万元，免费赠予规模以上企业和企业职工书屋。开展对现有职工书屋的调研，加强对现有文化资源的维护。组织好职工体育活动，与县体育局联合举办全县象棋、围棋比赛，乡镇（街道）工会以多种形式组织开展乒乓球、跳绳、踢毽子、拔河、篮球赛等职工文体活动。编印《龙游工运》10期，被市级刊物采用28条。积极开展“职工书屋”建设、送书下企业、送电影到基层等一系列活动，切实保障职工群众的文化权益，提高职工队伍的思想道德和科学文化素质。全县有“职工书屋”31家，场地总面积达1623平方米，有各类藏书27682册、报刊444种、电脑32台，努力满足阅读者的需求。为全县企业的“职工书屋”赠送《光荣足迹》等书籍，引导企业职工积极向劳动模范学习，争创先进。

【加强自身建设】 以“两学一做”活动为载体，结合工会实际情况，分阶段、分步骤组织开展形式多样、富有成效的工作。县总工会干部职工深入基层，走访联系企业100家，通过与基层工会干部和职工的交流沟通，帮助解决困难。“互联网+工会工作”迈出新步伐，建立并逐步完善龙游工会公众号；99%的基层工会建立微信群，工会工作渠道越来越畅通。开展有利于职工身心健康的文体活动，举办女职工大讲堂、“智慧女性·书香家庭”读书活动、“三八”趣味运动会等活动，全县1000多名女职工参加。组织职工做好工间操、广播体操，职工参与率达100%。以纪检组立项监督为契机，开展清产核资，完善财务制度，规范疗休养管理，共追缴文化宫、职校历年旧欠的租金、水电费等8万余元。整改职工疗休养管理方式，取消外包、收费模式，出台职工疗休养管理的《指导性意见》和《补充通知》。收回工会职校、疗休养中心经营权，实行统一管理。按时保量完成工会经费上缴任务，认真贯彻落实《浙江省总工会关于加强和规范乡镇（街道）工会经费管理的意见（试行）》精神，召开专题会议，商议乡镇（街道）工会经费管理事项，设立专项补助，本级工会资产比上年同比增长8.5%。经审工作正常开展，全县7个基层总工会和2个产业工会的审计覆盖率达55%，并延伸2家企业工会审计。围绕县委、县政府中心，做好“创国卫”等各项工作。

（龙游县总工会 王志娟）

共青团龙游县委员会

【概况】 2016年，共青团龙游县委员会（简称“团县委”）紧紧围绕龙游县新型工业化、新型城镇化“两化”建设的主旋律，密切关注青年发展需求，聚焦重点、突破难点，推动团的各项工作取得新的进展。

【青少年思想引领工作】 组织全县各乡镇（街道）、机关部门开展学雷锋系列活动。开展以“随手志愿·情系公益”为主题的便民青年服务岗、微心愿认领、青年网络文明志愿行动、学雷锋文明劝导、清明节植树等活动。“五四”青年节期间，开展“致青春·共担当·创未来”系列纪念活动，举办“致青春·创未来”暨迎“五四”龙游青年创业创新沙龙、团的领导机关主题团日等活动。在国际志愿者日、世界防治艾滋病日、国际禁毒日等与相关部门共同开展宣传活动。表彰2015年度市（县）团工作先进集体和个人。依托学校开展“红领巾相约中国梦——听党的话，做好少年”“五水共治”“红领巾，我为你骄傲”等主题教育活动，各学校将1课时的少先队活动课排进课程表，切实加强少年儿童的思想政治教育。

【发挥青少年宫优势】 县青少年宫分春、秋两季举办培训班，开展道德实践、才艺培训、文体娱乐等活动。举办“童声唱响中国梦”少儿声乐比赛、“童心·童梦”少年儿童现场书画赛、“小梅花奖”戏曲比赛等。开展冬令营、夏令营、流动少年宫、少儿游戏节等活动，覆盖全县10余所小学，惠及学生1000余名。开放童玩空间，新增培训场所，充分发挥县青少年宫的作用。

【推动青年创新创业】 评选青年创业创新示范基地，挖掘青年人才，宣传创业典型。评选青年创业创新大讲堂，配合打造电商城、大学生创业园等创业创新平台，定期开展各种沙龙和讲座。多部门联合开展创业创新大赛，配合大赛开设创业培训班、导师讲座等活动，带动青年创业热潮。规范龙游县青年创业协会管理制度，借助协会集聚创业青年，及时做好换届工作，调整领导班子，进一步完善协会服务创业青年的能力。争取县邮储银行、县信用联社等金融部门的支持，先后为1420名创业青年发放贷款9800余万元，其中发放信用贷款9120万元，发放青年创业小额贷款1236笔共680万元，有力推动青年创业；以县青年创业协会为载体，争取县信用联社的支持，培育“商创通”扶持项目，加强金融部门对青年创业的资金帮扶。

【开展公益志愿维权活动】 深入推进青年志愿者队伍建设，组建县青年志愿者协会新班子，每月举行工作例会。积极吸纳志愿者入会，与各社会公益团体合作，注册志愿者5万余人。大力推广志愿汇APP，将志愿活动与网上平台相结合，打通信息渠道，通过志愿汇招募志愿者参加平安护航G20杭州峰会服务活动，100余名志愿者参与龙游火车站护航G20安保工作，80余人参与护航G20龙游县公交客运安保工作。充分利用龙游共青团、青年志愿者协会、青年创业协会、网商协会、11路青年论坛等团属QQ、微博、微信等新媒体平台及“7881890”心理咨询热线、“7012345”助学热线等进行宣传，唱响平安建设主旋律。推进共青团浙江省委“青年之声”权益维护工作，通过完善维权网络平台、吸纳社会组织共同参与维权活动、引入专业社工进行维权解答，积极构建社会化网络维权体系。大力推广团省委“青年之声——亲青筹”网上公益平台，每季度在乡镇（街道）征集公益项目，通过平台发布，发动社会力量帮扶困难青少年，至年底，成功救助困难青少年3人，累计扶助金额3万余元。整合县公安、司法、检察院、法院等相关职能部门的力量，继续开展闲散青少年、有不良行为和严重不良行为青少年、流浪乞讨青少年、服刑在教人员未成年子女、农村留守儿童等五类重点青少年的帮扶工作，抓好、抓实预防青少年违法犯罪工作。

【统筹“龙游美食”项目】 结合年初开展的龙游小吃调研，由县政府领衔、团县委统筹“龙游美食”项目建设。成立“龙游美食”推广领导小组，成功举办“龙游美食”LOGO形象设计征集大赛及首届“龙游美食”大赛。

图45 7月29日，共青团龙游县委牵头召开“龙游美食”股份有限公司总经理推选会

【巩固“农村淘宝”项目】 完成104个村级服务点建设，覆盖160个行政村，招募专职、兼职合伙人104人。帮助村民代购物品，总金额达5200余万元，订单36万余单，在浙江省21个建制县中稳居综合能力前三名。培养“农村淘宝”讲师5人，其中有全国十佳优秀讲师1人。摸索上行模式，引进宁波运营商1家，培育本土上行团队3个，帮助本地商家开展网络销售。

【加快电商项目建设】 抓好龙游电商城招商工作，至年底，共入驻企业50家，年营业额达2亿元。接待各级政府部门、高等院校、知名企业、媒体等访问团48个，策划、开展各类活动30余场，培训电商人才1500余人。加快申通电子商务产业园项目建设，2号楼、3号楼已进场装修，4号楼、5号楼基本完成主体建设，1号楼已建至第四层。

【基层团组织建设】 4月，举办团干培训班暨共青团龙游县第十五届二次全体会议，就群团工作会议精神解读、党风廉政建设、信息写作要点等内容进行授课座谈。开展“微党团课”活动，定期举行团干部季度工作例会，部署季度工作，听取基层意见，加强团干部间的联系。根据群团工作的改革要求，继续深入开展“三进三服务”［即进农村（社区）、进企业、进学校；服务中心、服务基层、服务青年］、“团干部深入基层一线解难创优”、

图46 4月25日，共青团龙游县委召开第十五届二次全体（扩大）会议

“1+100”（即每名团干部直接联系100名普通青年）等活动，发动广大团干部和企业青年骨干走村、入户、进企业，联系群众，提升团干部服务群众的能力，增强团组织的凝聚力和影响力。

（团县委 周哲）

龙游县妇女联合会

【概况】 2016年，龙游县妇女联合会（简称“县妇联”）贯彻中央和浙江省委、衢州市委、龙游县委群团工作会议精神，找准“党政所急、妇女所需、妇联所能”的工作切入点，发挥妇联组织优势，创新工作载体，动员和组织广大妇女积极参与龙游经济社会建设，取得良好成效。全县共有乡镇（街道）妇联组织15个、机关单位妇委会41个、村（社区）妇代会262个，有新经济组织、新社会组织妇工委62个，共有妇工联络员184人。县妇联获衢州市G20杭州峰会维稳安保先进集体、龙游县“五水共治”先进集体、“七五”普法工作先进集体、防范和处理邪教工作先进集体、全县宣传思想文化工作先进单位等荣誉，并获全县综合考核二等奖的好成绩。

【“贺田模式”复制】 推进“贺田模式”深化提升工程，加快农村生活垃圾分类减量化、资源化、无害化处理，相关经验做法在衢州市深化农村生活垃圾分类工作推进会上做交流。至年底，全县有“贺田模式”达标村176个、示范村101个。县妇联制订出台《2016年深化“贺田模式”工作考核办法》，召开4次工作现场会、推进会、部署会，确立每个村“规定动作”的规范样本，全面推进“贺田模式”深化提升工程。全县建成47个垃圾资源化减量化终端处理设施、118个垃圾兑换超市。多层面多次召开垃圾分类培训会500余场，14万余人次参加。“贺田模式校园工程”持续推进，4万余名中小学生参与垃圾分类行动。持续开展县评乡、乡评村、村评户的“一月一评比”机制，启动“十佳洁净村”“十差卫生村”评比，并在《今日龙游》上公布结果，形成“比、学、赶、超”的浓厚氛围。

【乡韵庭院创建】 下发《关于开展乡韵庭院创意大赛的通知》，全县35个机关妇委会和“巾帼文明岗”与后田铺村农户结对，参加比赛。按照净化、序化、绿化、美化、德化的要求，35个参赛团队就地取材，综合利用废旧物品，打造出35个主题鲜明、设计富有创意、功能布局合理的乡韵庭院。通过乡韵庭院创意大赛现场评比观摩活动，评出15个综合奖和30个单项奖。乡韵庭院创意大赛提供了低成本、可复制的“贺田模式”升级版。

图47 10月25日，龙游县召开乡韵庭院创意大赛现场推进会

【发展来料加工业】 2016年全县有来料加工经纪人872人，年发放加工费5.1亿元，有4万余人从事来料加工。年初，召开来料加工行业总会会员大会，分析来料加工的新形势，研究来料加工发展的新思路，加强与经纪人的联系沟通，促进行业健康有序发展。提早谋划以奖代补项目，下发《关于2016年度来料加工以奖代补项目申报的通知》，鼓励经纪人通过银行代发工资，实行来料加工专业村年初申报制度，促进以奖代补项目实施的科学化、规范化。组织经纪人骨干参加省、市来料加工经纪人培训，鼓励经纪人参会参展，对接来料加工信息，做好加工业务调剂10余起，涉及产值1200余万元。

【提升妇女素质】 县妇联与团县委联合举办全县农村淘宝培训班，为“村淘”提供助力。举办全县妇女干部培训班，提高基层妇联干部的业务水平和履职能力。结合县农办农民素质培训、县人力社保局就业培训等项目，组织妇女参加初级家政服务员（月嫂）培训，为优秀家政服务员联系就业单位，输送到有需要的地区扩大就业。发动并组织妇女参加转移就业、农村实用人才、农业实用技术等项目培训共2260余人次。

【“巾帼文明岗”创建】 积极探索岗位建功的新途径、新载体、新举措，把创建活动向一线班组倾斜。县国税局申报全国“巾帼文明岗”，中国移动龙游分公司政企客户部和城区区域营销部、县农村信用合作联社桥下分社、县青少年活动中心、县法院立案一庭、温州银行龙游支行、寺后小学高段教研组等7家单位成功申报衢州市“巾帼文明岗”。

【传承良好家风】 年初，召开全县“万户家庭传家风”动员部署会。会后，各乡镇（街道）广泛开展宣传发动，进村入户做好摸底调查工作。发动群众自发整理本村、本族、本户家风家训，探求家风家训背后的故事，共整理具有文化底蕴和地方特色的家风家训500余条。定时向省、市妇联上报“最美家庭”候选人，并联合县新闻中心等单位对“最美家庭”典型事迹进行挖掘和宣传。社阳乡金龙村张素梅家庭获“全国五好文明家庭”荣誉，塔石镇王本文家庭、詹家镇吴雪文家庭被评为浙江省“最美家庭”，严福香等12户家庭被评为衢州市“最美家庭”，小南海镇新山水村刘菊英、汀塘圩村吴阿花被评为衢州市首届“孝心好媳妇”，170户农村家庭被评为衢州市“洁美家庭”。

【廉政文化建设】 以“倡清廉家风，建最美家庭”为主题，与县纪委、县委组织部、县委宣传部联合开展“廉政文化进家庭”主题教育会，组织各乡镇（街道）、县机关各部门、国资公司等党政主要领导干部家属近100人参观浙中预防职务犯罪警示教育基地，观看廉政教育微电影，签订《助廉承诺书》，聆听廉政建设主题报告，营造浓厚的反腐倡廉和廉洁齐家氛围。

【关爱妇女儿童】 举办龙游县“四通杯”庆“三八”第五届女子体育运动会，全县54支代表队共1024名运动员参加。“六一”节期间，县委书记方健忠、县长刘根宏等县四套领导班子走访7所农村学校，与孩子们一起庆祝儿童节。县妇联与“浙江狮子会”对接，结对龙游100余名贫困中小学生，每名学生每年资助4000元。来料加工协会走访6户贫困儿童，发放慰问金7200元。女企业家协会走访6户贫困儿童，发放慰问金5000余元。积极申报贫困妇女“两癌”（乳腺癌、宫颈癌）筛查救助，14名妇女列入救助范围，发放救助金4.4万元。

【维护妇女权益】 与县民政局达成会议纪要，将受家暴请求庇护的妇女全部安排到县救助站，实行统一管理。由1名专职婚姻家庭纠纷调解员全天候负责婚姻家庭纠纷调解委员会事宜，切实发挥婚调委作用。推动龙游县性别平等咨询评估机制，全面落实《龙游县人民政府法制办公室、龙游县妇女联合会关于建立龙游县政策文件性别平等咨询评估机制的通知》的要求，切实保障妇女合法权益。继续实行专人接访制度，妥善处理妇女信访案件，全年接待来信来访26件，结案率97%。

【“十二五”终期监测评估】 2016年是妇女儿童“十二五”规划的最后一年，县妇联、县统计局根据5年来龙游县妇女儿童发展情况，撰写完成妇女儿童“十二五”规划终期监测评估报告。同时，县妇联拟定妇女儿童“十三五”规划，为龙游县妇女儿童未来5年的发展指明方向。

【护航G20杭州峰会】 开展“护航G20，家家见行动，岗岗展风采”活动。262个村妇代会发放“护航G20，巾帼见行动”倡议书，巾帼志愿者积极参与村里组织的平安巡防活动，及时发现、报告各类安全隐患，积极配合做好安全保卫工作。各机关妇委会、巾帼文明岗每人参与一次平安巡逻和一次文明劝导，人人争当平安使者，以实际行动护航G20。

图48 5月19日，县妇联召开“两学一做”动员大会暨农村淘宝培训会

【“两学一做”学习教育活动】 按照县委统一部署，县妇联成立“两学一做”学习教育活动领导小组，每名党员都纳入党组织有效管理并参加学习教育。机关党支部把开展“两学一做”学习教育活动作为重大政治任务来抓，明确学习教育重点，结合实际制订学习教育计划，从严从实抓好学习教育。充分运用县妇联微信公众号、微信工作群、QQ群等，大力宣传“两学一做”学习教育活动，营造良好的学习氛围。

（县妇联 徐真俊）

龙游县文学艺术界联合会

【概况】 龙游县文学艺术界联合会（简称“县文联”）成立于1986年，至2016年已六届，有编制3人（2016年10月起增加为5人），下设1个办公室。拥有会员680人，其中国家级会员20人、省级会员53人、市级会员219人。县文联对所属会员按艺术门类分别成立作家协会、戏剧曲艺家协会、音乐舞蹈家协会、摄影家协会、书法家协会、美术家协会、民间文艺家协会、电影电视艺术家协会8个协会，另有丹青女社和龙游画院两个团体会员，并拥有衢州市最早建立的两个乡镇基层文联——湖镇镇文联和龙洲街道文联，有会员400余人。2016年，成立龙游印社和龙丘琴社。县文联按照“抓学习、抓阵地、抓创作、抓活动”的思路，努力出作品、出人才，为繁荣文学艺术事业做出应有的贡献。编辑发行《龙吟》4期、《龙游风情》4期，刊发《龙游文联动态》4期。“文艺之家”举办主题性展览8场。出版书画摄影作品集10册、文学作品集14册，拍摄微电影5部，开展文娱和戏曲巡演80余场次。各类文艺作品在全国和省级专业大赛中入展、获奖50余人次。

【文学艺术界思想建设】 根据县纪委、县委组织部《关于召开领导班子专题民主生活会的通知》精神，研究制定民主生活会方案，并及时上报县纪委和县委组织部。班子成员之间、正职与副职之间开展谈心沟通，并广泛征集各协会主要负责人的意见和建议。1月15日，召开以查找“短板”为主要内容的领导班子民主生活会，组织学习《中国共产党党章》《中国共产党廉洁自律准则》《中国共产党纪律处分条例》和习近平总书记系列重要讲话精神，根据县委关于查找“短板”的要求，开展批评与自我批评，查找领导班子存在的主要问题及“短板”，针对存在的主要问题和工作“短板”，提出改进措施及对策，并明确责任人和责任科室。12月

图49 7月13日，县文联举办“万少华团队”事迹巡回展，县领导方建忠（左一）、刘根宏（左二）、周中民（左三）、黄利荣（左四）、应敏（右一）等前往观展

12日，组织文联全体干部、文联下属8个协会的主席和秘书长认真学习习近平总书记在中国文联第十次全国代表大会、中国作协第九次全国代表大会上重要讲话精神。贯彻落实中央“八项规定”，针对存在的突出问题，逐一对照检查。以“三严三实”和党章、党纪学习教育活动为载体，加强对干部党员理想信念教育和党纪条规教育，加强廉政文化和作风建设，筑牢拒腐防变的思想防线。组织党员干部认真研读《论群众路线——重要论述摘编》等必读书目，组织机关党员干部收看《焦裕禄》等纪录片，开展向劳光荣同志学习活动，树立正确的世界观、人生观、价值观。运用反腐败刊物和县纪委下发的有关学习教育资料，开展每月一次的反腐倡廉学习教育活动，以县纪委通报和短信微信为主要内容，深入开展案例警示教育，以案说纪、以案说教、以案促防。配合县政法委、县司法局、国税局等部门，组织书法、美术两大协会精心创作以廉政文化、平安龙游、遵纪守法为主题的书画创作和展览展示活动，组织漫画家创作反腐倡廉主题作品集。加强对各协会团体的财务监督检查，营造县文学艺术界良好的廉政文化氛围。

【文艺助推中心工作】 发挥文联特点和优势，助推“五水共治”。《龙游风情》季刊紧密结合“五水共治”重点工作，刊登有关文章60多篇、照片50多幅。组织文艺家深入经济建设第一线和社会生活最基层，到重大建设工程和“五水共治”行动、“美丽乡村”建设、乡村旅游开发第一线蹲点采风创作。县作协、县网作协积极开展乡镇主题实践活动，先后组织骨干会员到小南海镇雅塘民族村、天鹅湖、开启能源、红船豆水利枢纽工程、翠光岩及横山镇等地乡村感受“五水共治”“四边三化”“美丽乡村”建设带来的巨大变化。作家们聚焦新时期典型人物、最美人物等时代群像，创作更多的精品力作，《龙吟》《龙游风情》等刊物则专版刊登主题采风的创作作品，营造助推重点工程建设的浓厚氛围。组织开展村歌创作大赛，已创作《我的故乡在源头》《大沃口，美丽的家园》《幸福移民家》《追梦泽随》等26首村歌，唱出乡村美景、乡村美食和乡村风情，引领乡村文化新风尚。县书协、美协为“五水共治”、乡村旅游创作书画精品，并与全县各乡镇（街道）联合开展系列文艺活动10余场次。做好“清洁塘”整治工作，落实资金1.3万元。县摄影家协会与县旅游委员会联合开展大型风光摄影活动，用摄影图片反映县“五水共治”取得的成就，助推乡村休闲旅游发展。

【开展“深扎”主题实践活动】 按照“深入生活、扎根人民”主题实践活动要求，大力开展“走基层、转作风、改文风”活动，组织作家会员进工厂、进企业、进监狱、进校园6次，创作饱含正能量的散文、诗歌、报告文学等作品。通过演讲、小品、相声等才艺表演，为群众送上“精神食粮”，取得良好的社会效果。配合“钱塘江抒怀”采风团采访活动，创作表现龙游“五水共治”成效文艺作品，唤起群众亲水、爱水、节水、富水的积极性，营造赞美家乡水、爱护家乡水的社会氛围。“唤醒”休眠作家，发现培养文学人才，对优秀作者及作品进行扶持和宣传推介。重点策划“龙游本土作家文化丛书”编撰与出版工作，正式出版由5位本土作家作品构成的“龙游地方文化丛书”。同时，充分发挥作协团体服务职能，推进服务型学习型和

图50 书协的艺术家们开展“扎根生活、扎根人民”主题实践活动

谐型作协建设，努力把县作协建成龙游“作家之家”。坚持“跳出作协发展作协”的思路，加大县作协会员与全县各部门、乡镇（街道）的合作力度，先后策划并参与编纂《龙游人文》月刊、《民居苑的故事》、《万年龙游》等作品，并领衔编写龙游县历史文化丛书。举办“作家进村写村歌”活动，由县作协组织作家作词、谱曲，并由农民在村文化礼堂传唱，繁荣群众文艺生活，打响作协服务美丽乡村建设的品牌。县作协充分发挥设在石佛乡、庙下乡、大街乡、溪口镇、龙洲街道等乡镇（街道）的创作基地的平台作用，积极开展地方文化挖掘、家乡风景采撷、会员走村入户、文化创意助企、作品诵读进校等活动，进一步凝聚人气，并吸纳一批新会员，拓宽作协阵营。

【艺术进校园试点】 县影视艺术家协会分别在县实验小学、北辰小学及神木教育设立青少年影视表演培训基地，由协会负责对学校师生开展影视拍摄、制作及影视表演培训，通过学生参与影视制作，让学生参与角色的塑造，以艺术实践助力学校德育教育。3月21日，县影视艺术家协会组织部分会员走进县实验小学，就德育微电影拍摄的取材问题与学校进行探讨。县戏剧曲艺家协会在县龙商学院开设“小品创作与表演”兴趣班，经过面试考核，招收学员20余名，对学生进行30课时的培训。县书法家协会积极开展书法进校园活动，组织懂教学的骨干会员到西门小学、实验小学等学校开展书法普及教育试点工作。

【艺术展出】 1月23日—3月5日，“‘野性非洲’新龙商李晓明个人摄影展”在县文联“文艺之家”展出。李晓明为中国摄影家协会会员。展出的80余幅作品展现了李晓明在肯尼亚采风期间所拍摄的非洲的风土人情，内容丰富多彩，吸引众多市民参观，并得到业内人士的好评。3月8日，龙游县丹青女社“逐梦丹青”第三回画展在县文联“文艺之家”举办，市县有关领导和嘉宾及书画爱好者近200人出席开幕式，并参观展览。丹青女社有30多名成员，其中有20多人次作品在省、市级书画展览中入展并获奖，有近10人加入浙江省中国画家协会、省女花鸟画家协会、省女书法家协会。3月31日，由浙江省书法家协会、省教育书法协会、浙江农林大学与县委宣传部联合主办的“难忘桑梓——汪士华书法展”在龙游清水湾国际大酒店开展，省书协、浙江农林大学的专家教授和省、市、县各级领导及书法爱好者观摩了展览。汪士华，1956年出生于龙游，浙江农林大学教授，习书40余年，对隶书情有独钟，其作品在国家、省书画展赛中多次入展、获奖。本次展出作品近100幅，受到参观者的好评。4月6日，“龙游情、 金石缘”龙游县首届篆刻展在县文联“文艺之家”展出，西泠印社金石名家张根源、吴莹等和市、县有关领导出席开幕式，展出的46幅篆刻作品代表了龙游的篆刻水平。7月1日，龙游县“庆祝建党95周年”书法展在县文联“文艺之家”开幕。书法展共征集作品200余件，从中选出40幅作品予以展示。作品紧紧围绕主题，弘扬主旋律，具有较高的思想性、艺术性和观赏性。11月26日，“朱玉铎先生山水画展”在县文联“文艺之家”开幕，来自吉林、金华以及县美术家协会、县书法家协会、县老年书画研究会的广大书画爱好者共200余人参观展览。朱玉铎是吉林长春人，文化部华夏文化遗产中国画院委员会委员、中国国画创作研究院理事、国家一级美术师、中华诗词学会会员，其美术作品《瑞雪兆丰年》被人民大会堂收藏。

【龙游印社成立】 3月10日，龙游印社成立。龙游印社是龙游篆刻爱好者自愿组成的非营利性学术团体，以保存金石、研究印学、兼及书画为宗旨，组织和依靠广大社员，广泛联系社会各界，深入开展印学研究，挖掘地方金石文献，推动乡邦文化建设。印社注重培养优秀艺术人才，鼓励会员积极从事篆刻和书画创作，助力龙游当代文化发展。陈星名为龙游印社首任社长，聘请包正彦、张耕源、吴莹等为艺术顾问。首批社员为27人。

【“舞动衢州”舞蹈比赛】 10月30日，由县文联、县教育局、团县委、县文广新局联合主办，由县青少年活动中心及音乐舞蹈家协会承办，县文化馆协办的“舞动衢州”舞蹈比赛龙游选拔赛在龙游县文化馆举行，百余名选手参加比赛，共选出12名选手参加衢州市第四届“舞动衢州”舞蹈大赛暨第三届“小梅花奖”戏曲大赛。11月26日，在衢州市第四届“舞动衢州”舞蹈大赛中，龙游县获一等奖2个、二等奖11个，龙游青少年宫及龙游飞韵文化艺术培训学校获优秀组织奖。

【书法创作成绩显著】 金向民、张秀等8人作品入展纪念中国共产党成立95周年暨红军长征胜利80周年衢州—绍兴两地女书法家作品联展。郭裕文、徐荣伟、蓝忠胜的作品入展第九届“沙孟海奖”全浙书法大展。蓝忠胜作品入选第七届“陆维钊奖”浙江省中青年书法篆刻展。林秀贞、钱梦醒等7人作品入展“新农村·新农民”衢州市首届农民书法暨“浙江书法村”作品展，其中钱梦醒、徐美芳和杜永静作品获奖。郭裕文入选“浙江省书法家协会青年人才培养‘新峰计划’”。在衢州市“余绍宋奖”首届书法展中，龙游县有20人的作品入展，其中郭裕文、冯静作品获奖。在衢州市书法美术“柯山奖”评选中，郭裕文、蓝耀作品分别获奖。2016年，全县被吸收为征集省书法家协会会员1名、省女书法家协会会员6名、衢州市书法家协会会员11名。

图51 桑仁书院女学员们在探讨交流书法艺术

【桑仁书院书法普及工作】 桑仁书院成立于2014年3月。2016年，书院围绕“推广普及传统书法艺术，让书法走进寻常百姓之家”的宗旨，扎实开展各种书法活动，扩大社会影响力和美誉度。举办“贴近传统，走进书法”桑仁书院首届精品展，并出版作品集；组织书院师生作品参加县慈善嘉年华书画作品义拍活动，所拍的善款全部捐献给县慈善总会，用于资助贫困儿童；组织开展第四期学员佛缘斋写心经活动和“龙天雅集”活动、第五期提高班学员溪底杜村迎新送福活动和秀峰寺送佛教书法活动、第六期学员结业作品汇报赛和写福送福活动；组织学员赴青田、丽水参观学习活动；举办省展、市展作品点评加工会，组织学员赴衢州观摩书画展览；鼓励有条件的学员利用各自的场地举办各种书法小沙龙活动；组织开展第四期年会活动。参加“新农村·新农民”衢州市首届农民书法展暨“浙江书法村”作品展，龙游入展的7人全部是桑仁书院学员；参加2016年绍兴、衢州两地女书协联展，龙游桑仁书院有7人入展；参加“余绍宋奖”衢州市首届书法展，龙游入展20人，其中桑仁书院师生就占10人，并有1人获奖；参加衢州市首届女书展，龙游送展作品20幅，桑仁书院学员作品就占14幅。

（县文联 蓝忠胜）

2016年度龙游县文艺作品创作基本情况统计

表10

所在协会	姓名	发表、获奖、入展、演出等
	钱梦醒	入展衢州市“巾帼墨缘”女书家作品展、余绍宋杯书法大展、“新农村·新农民”首届农民书法暨“浙江书法村”作品展并获奖
	金向民	入展衢州市“巾帼墨缘”女书家作品展
	冯 静	入展衢州市“巾帼墨缘”女书家作品展、余绍宋杯书法大展并获奖
	杜永静	入展衢州市“巾帼墨缘”女书家作品展、余绍宋杯书法大展、“新农村·新农民”首届农民书法暨“浙江书法村”作品展并获奖
	钟慧芳	入展衢州市“巾帼墨缘”女书家作品展
	钟美芳	入展衢州市“巾帼墨缘”女书家作品展
	蓝忠胜	入展衢州市余绍宋杯书法大展、沙孟海奖浙江省第九届全浙书法大展
	饶慧卿	入展衢州市“巾帼墨缘”女书家作品展、余绍宋杯书法大展
	钟金莲	入展衢州市“巾帼墨缘”女书家作品展
	李燕群	入展衢州市“巾帼墨缘”女书家作品展
书法家协会	郑智慧	入展衢州市“巾帼墨缘”女书家作品展
	张 秀	入展衢州市“巾帼墨缘”女书家作品展
	林秀贞	入展衢州市“巾帼墨缘”女书家作品展、“新农村·新农民”首届农民书法暨“浙江书法村”作品展
	孔小珍	入展衢州市“巾帼墨缘”女书家作品展
	李冬君	入展衢州市“巾帼墨缘”女书家作品展、余绍宋杯书法大展
	周彩凤	入展衢州市“巾帼墨缘”女书家作品展
	陈 塗	入展衢州市“巾帼墨缘”女书家作品展
	姜敏蓉	入展衢州市“巾帼墨缘”女书家作品展
	王秋红	入展衢州市“巾帼墨缘”女书家作品展
	安 妮	入展衢州市“巾帼墨缘”女书家作品展
	徐华军	入展衢州市“新农村·新农民”首届农民书法暨“浙江书法村”作品展
	徐美芳	入展衢州市“新农村·新农民”首届农民书法暨“浙江书法村”作品展并获奖
	舒红波	入展衢州市余绍宋杯书法大展、“新农村·新农民”首届农民书法暨“浙江书法村”作品展
	周柏清	入展衢州市首届“新农村·新农民”农民书法暨“浙江书法村”作品展
	叶建刚	入展衢州市余绍宋杯书法大展
	徐华军	入展衢州市余绍宋杯书法大展
	陈星名	入展衢州市余绍宋杯书法大展
书法家协会	蓝耀	入展衢州市余绍宋杯书法大展，获衢州市书法“柯山奖”
	雷金标	入展衢州市余绍宋杯书法大展
	汪纪军	入展衢州市余绍宋杯书法大展
	张文	入展衢州市余绍宋杯书法大展
	徐荣伟	入展衢州市余绍宋杯书法大展、沙孟海奖浙江省第九届全浙书法大展
	徐君萍	入展衢州市余绍宋杯书法大展

续表

所在协会	姓名	发表、获奖、入展、演出等
书法家协会	江林春	入展衢州市余绍宋杯书法大展
	吴涛	入展余绍宋杯全市书法大展
	郭裕文	入展衢州市余绍宋杯书法大展并获奖，入展沙孟海奖浙江省第九届全浙书法大展；获衢州市书法"柯山奖"；入选"浙江省书法家协会青年人才培养'新峰计划'"
	郑志良	入展衢州市余绍宋杯书法大展
美术家协会	金向民	入展衢州市女花鸟精品展
	邵雪芳	入展衢州市女花鸟精品展

龙游县作家协会

【概况】 2016年，龙游县作家协会有会员60名，其中中国作协1人、省作协会员9名、市作协会员25名，建有作协微信群和"龙游作协"公众号，其主办的《龙游文学》《龙游风情》是会员发表作品的园地。龙游作协认真贯彻习近平总书记在全国文艺工作座谈会上讲话的精神，按照文学界"深入生活、扎根人民"主题实践活动要求，立足龙游实际，组织引导会员开展系列文学活动，力促本土文学发展，相继推出为人民群众喜闻乐见的作品，内容更接地气，精品不断涌现，开创了龙游县文学事业繁荣发展新局面。

【服务中心工作】 县作家协会配合龙游县委、县政府的中心工作，聚焦"拆治归"、共建生态家园、休闲文化旅游年等行动，组织会员深入基层，创作表现龙游"五水共治"成效文艺作品，营造爱护家乡水、赞美家乡水的社会氛围；开展"最美龙游人""创建国家生态城市""浙水千秋 水之梦"等主题征文活动；牵头"作家进村写村歌"，深入乡村，了解村情风貌、人文历史，让写农村、唱农村成为新时期文化领域的亮点，通过不同类型作品呈现加强中心工作舆论引导力。至2016年年底，龙游作协已在石佛、庙下、大街、溪口、龙洲等乡镇（街道）设立创作基地，积极开展地方文化挖掘、家乡风景撷英、会员走村入户、文化创意助企、作品诵读进校等活动，先后为庙下乡、大街乡、小南海镇、詹家镇、横山镇、石佛乡三门源村、溪口镇石角村、畲乡社里等镇（乡）村量身定制了一批文艺采风作品，这些作品经网络、报刊传播后提高了龙游的知名度。

【倡导全民阅读】 推动"书香龙游"工程，通过创立"五月天书吧"读书基地，评选"书香使者""书香家庭""书香校园""书香机关"等形式，将读书的触角延伸到家庭、机关、社区、企业和学校。会员先后走进湖镇启明小学、北辰小学，引领学生阅读经典、开阔视野；在本地媒体开辟读书栏目，使电视上"见"书、广播里"听"书、报刊上"读"书，微信上"转"书，形成浓厚的全民阅读

图52 龙游县作家协会组织会员到塔石镇采风创作

氛围。连续几年承办全民读书节暨年度龙游书展，创建“谷雨诗会”等文化品牌，邀请寓外作家柳营、林峰等知名文化人士为获奖单位、个人赠书，为群众开设阅读写作讲座，演绎读书创作故事，邀请作家毕飞宇、文学翻译家许钧、诺贝尔文学奖得主勒克莱齐奥到龙游举办读者见面会；组织开展会员进工厂、进企业、进监狱、进校园等活动，创作饱含正能量的散文、诗歌、报告文学等作品，通过演讲、宣讲、小品、相声等才艺表演，为群众送去“精神食粮”，取得了极好的社会效果。会员曲波为全县各级各类部门及监狱系统开办励志讲座10场。作协会员走进十里坪戒毒所，辅导戒毒学员写作，并参与“心怀感恩 砥砺前行”国际禁毒日朗读会。通过努力，不少会员在省级以上文学刊物发表了作品，部分作品获得了国家级、省级大奖，多名会员出版了长篇小说、散文集等书籍。

【搭建成长梯子】 县作家协会先后组织作家策划、参编《风雅龙游》《龙游人文》《民居苑的故事》《万年龙游》等书籍，并领衔编纂龙游县历史文化丛书。重点策划“龙游本土作家文化丛书”的编撰与出版工作，先后向县委宣传部和市委宣传部申报创作项目，积极争取项目资金，已编撰出版由5位本土作家胡炜鹏、余怀根、欧阳锡龙、李慧、杜明福撰写的“龙游情怀”系列丛书以及邓根林的小说《石佛故事》等。“唤醒”休眠作家，发现培养文学人才，对优秀作者及作品进行扶持和宣传推介。为冯莉、陈佳宁、曲波、邓根林、“陌上桑”等新锐作家创造条件，争取进修培训的机会，会员欧阳锡龙、胡炜鹏先后参加由省作协主办的第二期、第三期全省作协系统干部培训班，会员冯莉参加由省作协主办的鲁迅文学院浙江作家高级研修班，拓宽会员的视野。基本形成小说、散文、诗歌三大板块的创作格局。作家陈佳宁的长篇小说《古瓷谜云》入选由国家新闻出版广电总局推介的“2015年优秀网络文学原创作品”名单。

【知名会员及主要作品】 徐均生，1962年出生于诸暨，笔名徐寅，2005年12月加入浙江省作家协会，2014年7月加入中国作家协会，现为衢州市作家协会副主席。大学毕业后在龙游工作，现为浙江省十里坪强制隔离戒毒所医院的主管药师。20世纪80年代后期开始业余写作，1988年12月在《衢州日报》文学副刊上发表处女作《两杯咖啡》，先后在《小说选刊》《百花园》《微型小说选刊》《杂文选刊》等报刊发表小小说500多篇。2007年12月，由河南文艺出版社出版其第一部小小说集《因为爱你》，至2016年，已出版长篇小说《失忆人》和《实名制天堂》《婚姻有效期》等10部小小说故事集。微型小说《模拟应聘》《天塘山的咒语》分获2006年和2010年中国微型小说学会年度评选一等奖，有10篇作品被选为语文辅导教材和高中语文阅读试题，小小说集《灵魂的颜色》获2009年冰心儿童图书奖，短篇小说《麦芽糖的香味》获2016年冰心儿童文学新作奖。

（县作协 邓根林）

冰雪绿葱湖 （吴永建 摄）

2012—2016年龙游本土作家发表和获奖的部分作品

表11

作者	作品	发表时间	发表刊物	获奖情况
邓根林	《断腿母狼》	2013年3月	《新故事》	
	《杨梅果酒》	2012年	《故事会》	
	《亲近母亲河》	2014年7月	《浙江作家》	
	《家乡的香樟树》	2015年1月		第二届“美丽中国”征文大赛三等奖
陶百妍	《端午粽》	2015年		中外诗歌散文邀请赛一等奖
	《梦里红豆杉》	2016年5月		“中华情怀旅游故事”全国首届旅游美文征文大赛三等奖
祝左军	《结发夫妻》	2012年3月	《民间传奇故事》	
	《白沙绿水白鸽湖》	2014年	《浙江作家》	
李慧	《醉荷》	2013年9月	《散文选刊》	
	《翠光晚霞映龙游》	2014年7月	《浙江作家》	
	《天鹅之恋》	2016年	《真小说》	
杨红萍	《我在这里，你在哪里？》《他的笑一起玉春光明媚》	2014年	《中国美文欣赏》（羊城晚报出版社出版）	

2012—2016年龙游县村歌创作获奖情况

表12

年份	作品	作者	获奖情况
2013年	《雪花飘飘 外婆炊糕》	词：李红 曲：龚稼慧	浙江省第十二届音乐新作大赛创作银奖
2014年	《等我回家》	词：李红 曲：龚稼慧	浙江省新农村题材音乐新作展演暨第十三届音乐新作大赛创作银奖、衢州市第二届文艺精品“南孔奖”
2015年	《醉美严村》		衢州市首届村歌大赛金奖
	《芬芳社里等你来》《我的故乡在源头》	词：李红 曲：龚稼慧	衢州市首届村歌大赛银奖
	《老街时光》		衢州市第七届群众文艺汇演创作金奖
2016年	《红豆杉轻舞林间》	词：李红 曲：龚稼慧	浙江省第二届村歌大赛创作兰花金奖
	《我的故乡在源头》	词：李红 曲：龚稼慧	浙江省第二届村歌大赛创作兰花铜奖
	《红木缘》	词：李红	浙江省特色小镇题材歌词大赛金奖

龙游县科学技术协会

【概况】 2016年，龙游县科学技术协会（简称“县科协”）认真贯彻全国“科技三会”（即全国科技创新大会、中国科学院第十八次院士大会和中国工程院第十三次院士大会、中国科学技术协会第九次全国代表大会）精神，按照“强基础、抓重点、创特色、优服务”的总体思路，坚持“四服务”（即服务科技工作者、服务创新驱动发展、服务提高全民科学素质、服务党委和政府科学决策）的工作定位，积极建设“五大工程”，为加快推进经济社会转型跨越发展做出应有贡献，被浙江省、衢州市科协评为科协工作先进单位。

【科技人才支撑工程】 按照“扩面、提质、增效”的工作思路，积极实施“创新驱动助力工程”，加强院士专家工作站的规范化建设。以企业技术、人才需求为导向，继续深化院士专家工作站建设，为力源新材料公司新建蹇锡高院士专家工作站，全县形成3家院士专家工作站、6名院士的格局。其中，公任院士专家工作站成功创建浙江省第七批省级院士专家工作站，获省财政经费支持50万元；金昌院士工作站省级绩效考核为“优秀”。3家院士专家工作站累计解决产业发展方向难题9个、产业关键技术难题47项，其中3个项目通过国家检测机构检测并申报国家重点新产品项目和国家创新基金项目。开展“百企调研”活动，走访克里特集团、光明铁道等多家企业，摸清企业人才引进、技术瓶颈等方面的需求与问题，按照问题导向，为新一轮人才政策制定做好前期准备。组织克里特集团、力源新材料等2家企业参加中国工程院化工、冶金与材料工程第十一届学术会议，与有关院士专家就企业需求进行洽谈对接。组织江南大学专家与德辉食品有限公司负责人进行面对面的交流洽谈，促成签订产、学、研合作协议，“院士经济”发展渐成气候。

【农民科技致富工程】 抓好科技扶贫，在助力精准扶贫上取得新实效。实施精准帮扶，以“农民专家”为龙头，以农函大培训为载体，要求每位农民专家与8～10户贫困户结成科技帮扶对子，带领贫困农户共同致富。按照“一业一品一专家”的评选思路，积极实施“农民科技增收致富工程”。注重发挥农民专家、技术人员、农函大、农技协在推动农业产业发展方面的作用，促进农业产业增产增收。围绕龙游的特色农业产业，紧贴农民需求，制定详细培训计划。5所农函大龙游教学点全年培训农民2000余人，均被评为2016年农函大衢州市分校优秀培训项目。注重产业带头人培训，组织15个乡镇29名人员参加省级科普惠农项目带头人知识更新培训班。邀请10多位浙大博士生先后在小南海镇、塔石镇开展农业技术讲座等活动。开展农民职称评审工作，有111位农民获得职称，其中高级职称10人、中级职称18人、初级职称83人。通过《今日龙游》对县第二届“农民专家”开展专题宣传，召开农民专家座谈会，为新形势下农业产业发展出谋划策。

【全民科学素质提升工程】 创新科普工作机制，以信息化建设为引擎，改革完善组织体系。按照“一季一题一重点”的工作思路，全面实施“全民素质提升工程”，着力构建立体宣传网。充分履行全民科学素质工作领导小组办公室职责，制定纲要实施工作要点，明确成员单位各自职能职责。开展重点人群科学素质行动，努力扩大科普活动覆盖面。针对未成年人、城镇劳动者、领导干部和公务员、社区居民四大重点人群，围绕生态、安全、健康、防灾四大主题，组织各成员单位唱好“四季歌”。上半年，县减灾委员会牵头开展以“减少灾害风险，建设安全城市”为主题的防灾减灾专题宣传，县安全委员会牵头开展以“强化安全发展观念，提升全民安全素质”为主题的“安全生产月”宣传“小组唱”。先后组织科普“大篷车”走进横山小学等10余所学校，受益师生6000余人。组团参加衢州市第13届青少年科技创新大赛，联合县教育局举办龙游县首届青少年信息学竞赛。承办中科院老科学家科普讲座进校园活动，2名老科学家深入中小学开展4场报告会，惠及师生1200余人。邀请中国工程院院士陈剑平作《关于特色农镇农庄的研究与实践》专题学习报告会，为龙游培育新型农业主体、加快农业产业集聚、发展现代农业提供新思路。

【学会能力提升工程】 完善学会治理方式，扎实开展学会调研建言、科普宣传、学术交流、技术攻关、人才服务“五个一”工作，统筹加强学会组织管理。定期召开学会秘书长会议，加强对所属团体的业务辅导。通过座谈走访、征询意见等方式，对全县37个正常开展工作的学会进行专题调研，基本掌握全县学会发展现状、工作情况、存在的问题。强化与学会的沟通联系，构建纵横向联系网络，及时交流工作情况，把握学会发展动态，引导学会创建工作特色。3月，指导县癌症康复协会完成理事会换届工作；10月，协助县老科协召开会员大会暨祝寿会；12月，指导成立中草药协会。提升学会活力建设，组织学会积极参与大型主题科普活动，通过科技文化卫生“三下乡”、博士生服务团、义诊下乡、全国科普日等活动载体，支持学会服务基层。在每月的20号定期开展“中医药健康知识大讲堂”活动，邀请省、市、县专家进行科普宣传，增强群众自我保健意识。

【科技工作者献智工程】 深入实施“科技工作者献智工程”，不断加强科技智库建设，开展以“集聚人才智慧，服务创新发展”为主题的征文活动。组织学会、科协系统、科技工作者就龙游县经济社会发展中的工作重点、转型升级难点、民生关注热点问题及县委、县政府关注的短板问题开展专题调研，共收到征文141篇，评出一等奖2名、二等奖6名、三等奖12名，形成一批有影响力的决策咨询报告和建议。推动学（协）会主动开展调研工作，涌现出一批质量高、立意远、有影响力的建言献策文章。如《关于建立文明卫生城市管理长效机制的建议》《关于进一步加强农村留守儿童关爱保护工作的建议》《城市公交滞后，是龙游城市发展的短板》《龙游县柑橘产业转型升级的几点建议》等调研文章均获得县领导的肯定和批示。

【服务创新创业】 开展龙游县首届“最美科技工作者”评选活动，评出最美科技工作者10名、提名奖12名。举办最美科技工作者颁奖晚会，通过《今日龙游》《龙商行》对最美科技工作者进行系列报道，起到示范引领创新之效。6月，与县人才办、县人力社保局等单位联合举办“新材料、新技术、新发展”龙游县特种纸行业青年科技人才交流会，加快特种纸企业青年人才的培养和建设，提升人才队伍的协同创新能力，更好地为龙游特种纸产业发展服务。全县40余家造纸企业的80多名青年技术人才代表参加交流会。

【科普宣传】 强力推进科普信息化建设，在主要公共办公场所安装首批6台全媒体科普阅览屏，构建起电视、电脑、手机“三屏联动”的科普宣传网络。运用微信新载体，在推广“龙游科普”微信公众号的同时，与《龙商行》合作，在重大活动、赛事上及时予以宣传，加大科普微信精准推送力度。对电视台的“科普之窗”栏目进行内容改编，提升质量，紧跟形势、紧绕中心、紧贴需求，做到科学普及与重点工程互促共进。充分运用传统宣传形式，扎实开展全国科普日、科技活动周、科技文化卫生“三下乡”、科普“五进”（进企业、进社区、进学校、进乡镇、进机关）等大型品牌活动，仅全国科普日期间，就开展主题活动23项，参与人数达5万人次。县科协被衢州市科协评为全国科普日活动优秀组织单位和优秀特色活动奖。

【科普单位创建】 启动省级科普示范县创建工作，牵头制订《龙游县科普示范县创建方案》，全面部署创建工作。建立省级科普示范县创建领导小组，明确目标任务责任、措施时限，全方位开展创建活动。按照创建标准，推动乡镇（街道）、村、社区、基地等示范体系建设，加大科普设施建设力度，建立健全科普工作运行机制。整合社会科普资源，积极推动科普基础设施建设。溪口竹文化科普馆正式建成并对外开放，龙和水产企业科普馆、科力印业科普馆以及由县科协直接投资布展的清廉社区科普馆等运行良好，方门街社区科普馆于9月正式开馆。扎实开展基层科普惠农兴村计划项目培育工作，其中，龙和水产技术推广协会、山野土鸡养殖示范基地被评为国家级“基层科普行动计划”项目，各获资金补助20万元；龙游县柑橘协会荣获国家级基层农技协转型升级试点，获项目资金补助10万元。东华街道、詹家镇等5个单位被评为2016年衢州市基层科普示范单位。

【青少年科技教育活动】 12月，为进一步贯彻落实《全民科学素质行动计划纲要》精神，结合学校课程改革需要，县科协与县教育局、体育局、团县委共同组织以“放飞科学梦想，创新伴我成长”为主题的龙游县首届“青少年科技嘉年华”评选活动。45所中小学校的1200多名学生参与比赛类、展评类、体验类、观摩类等四大类46项活动，并与县“青少年科技创新英才奖”评选颁奖结合，激发广大青少年学科学、爱科学的浓厚兴趣，引导学生走科技创新之路，努力培养学生成为创新型人才。

【科协自身建设】 在全县科协系统开展“两学一做”学习教育活动，组织广大科技工作者认真学习党的十八大和习近平总书记系列讲话精神，强化学习《中国共产党党章》、中央“八项规定”、《中国共产党廉洁自律准则》、《中国共产党纪律处分条例》和《关于新形势下党内政治生活的若干准则》、《中国共产党党内监督条例》。全面落实从严治党主体责任，及时研究、部署党风廉政建设和反腐败工作，制定党风廉政建设年度工作计划和主体责任清单，对重点任务和工作责任分解细化、责任到人，层层签订《党风廉政建设责任书》，形成“分工明确、责任具体，一级抓一级、层层抓落实”的责任体系。主动适应新形势下科协系统改革创新发展的需要，深入学习贯彻中国科协“第九次全国代表大会”、浙江省科协“第十次代表大会”精神，着力谋划全县科协系统的改革工作，全面推进“平台型、枢纽型、服务型”组织建设。加强科协组织的能力建设，结合年度工作实际，制定科协领导班子和领导干部年度实事计划，明确责任分工。加强乡镇（街道）、工业园区科协组织和学会能力建设， 扎实推进科协基层组织参与农民职称评审、农函大培训、科普进文化礼堂、建言献策等工作。规范“五五”工作法，完善“科协常委”“农民专家”“最美科技工作者”等8个微信工作群，做到交流经验无障碍、比拼工作零距离。全年有40余条宣传信息被省、市网站录用，有效提升龙游县科协的影响力。

（县科学技术协会 徐志震）

法 治

概 述

2016年，龙游县法治工作坚持稳中求进的工作基调，着力改革发展，保障改善民生，维护社会稳定，社会治理能力不断加强，重要领域和关键环节改革取得决定性成果。加强社会主义民主政治建设，提高党员干部法治思维和依法办事能力，司法公信力明显提升，法治政府基本建成。各系统根据本单位实际，大力推进法治平安建设，维护社会和谐稳定。深化“平安龙游”“法治龙游”建设，围绕创建浙江省法治示范县目标，坚持依宪执政、依法执政，健全行政决策机制和程序，规范行政执法行为；积极稳妥地推进司法体制改革，深化法治宣传教育，增强全民法治观念；开展“群防群治、共建共享平安年”活动，推进基层治理法治化、信息化、社会化、精细化，完善网上、网下联动工作机制；完善立体化社会治安防控体系，紧扣G20杭州峰会等重要节点，实施安全隐患大排查大整治行动，严厉打击各类违法犯罪活动，确保社会大局和谐稳定，为龙游社会经济发展保驾护航。龙游县连续11年获浙江省“平安县”称号。

法治政府建设

【概况】 2016年，龙游县法治工作紧紧围绕贯彻国务院《全面推进依法行政实施纲要》《关于加强法治政府建设的意见》等文件精神这一主线，通过加强谋划监督，强化素质提升，狠抓制度建设等举措，精心组织、全力落实年度工作任务，不断规范政府行政行为，全县各行政机关依法行政水平明显提高，法治政府建设深入推进，为全县经济社会发展创造良好的法治环境。

【当好参谋助手和法律顾问】 积极参与政府重大决策的研究制定，围绕中心、服务大局，积极参与“三改一拆”“五水共治”和招商引资等重点领域相关决策的研究制订，切实加强决策的合法性、合理性和可行性的审查把关，使决策更具针对性，更好地服务中心，解决问题。积极参与行政机关合同的订立，以县政府招商引资合同的合法性审查管理为重点，建立健全对以县政府或以政府部门名义对外签署的合同、协议、意向书的合法性审查、专家咨询等机制，切实防范法律风险。稳步开展法律事务工作，通过法律事务咨询委员会的努力，法律顾问工作逐步走向成熟。

【推进科学民主决策】 建立健全依法决策制度，

深入贯彻实施政府常务会议议题审查机制，将公众参与、专家论证、风险评估、合法性审查、集体讨论决定作为提交政府常务会议审议的必经程序。积极发挥法律顾问的作用，全面推行行政机关法律顾问工作制度，将法律顾问制度的建立及法律顾问工作的开展情况纳入法治政府建设考核内容，至年底，实现各部门、乡镇（街道）法律顾问全覆盖。充分发挥政府法律事务专家咨询组和法律顾问在制定重大决策、推进依法行政中的法律参谋和智囊团作用。健全规范文件管理机制，全面落实规范性文件统一登记、统一编号、统一发布的“三统一”制度，并在法定时间内进行备案，及时率、规范率均达到100%。同时，进一步加强部门规范性文件的备案审查，将所有的规范性文件均纳入备案审查范围，全年向衢州市政府、龙游县人大常委会备案规范性文件34件，收到部门报备的规范性文件3件。认真准备、积极参与省市立法调研4次，结合工作实践提出合理建议。

【推进行政执法规范化建设】 强化行政执法主体资格管理，对新成立单位行政执法主体资格及时进行清理审查，及时换发因工作变动或新进执法人员行政执法证件，组织全县82名需申领（包括新申领和原证已过期两种情况）“浙江省行政执法证”的行政执法人员参加衢州市法制办统一组织的申领行政执法证考试。为龙游县综合行政执法局举办综合法律知识培训，其中41人参加了“浙江省行政执法证”考试，为推动综合执法体制改革打下良好基础。突出重点，开展行政执法案卷评查，组织开展2014年1月1日至2016年5月31日办结的“三改一拆”案件案卷评查，并报送部分案卷参加衢州市范围内的集中评查，强化重点领域行政执法监督。认真贯彻落实《浙江省人民政府办公厅关于印发2016年浙江政务服务网建设工作要点的通知》精神，推进行政处罚结果信息网上公开；举办浙江政务服务网行政处罚系统操作业务培训，推进浙江政务服务网行政处罚事项的实施。强化执法监督检查，根据《龙游县2016年度行政执法监督检查计划》要求，共组织餐饮服务业监管职责落实情况、政府信息公开情况、行政执法案卷、责任清单制度落实情况等4次专项执法监督检查。加强行政执法监督力量，根据《浙江省县级以上人民政府行政执法监督条例》和《浙江省建设法治政府（依法行政）工作领导小组办公室浙江省人民政府法制办公室关于推行特邀行政执法监督员制度的指导意见》的有关规定，起草《龙游县人民政府特邀行政执法监督员制度实施办法（试行）》，面向社会公开选聘政府行政执法监督员11名。

【提高预防化解矛盾纠纷的能力】 积极做好应诉工作。2016年，县人民政府共收到行政应诉案件6件；法院受理行政应诉案件28件，开庭12件，机关负责人出庭应诉12件，无1例败诉。强化行政复议职能，以“慎审”的专业态度积极办理行政复议案件。认真履行行政复议职责，严格依法办理行政复议案件，全年共收到行政复议案件17件，其中不受理7件、已审结8件、未审结2件。审结的8件案件中，3件确认违法，驳回3件，撤销2件。已办结的案件中，行政复议听证率达50%。同时，按要求做好行政复议决定书的报备及网上公开工作。充分发挥行政调解的重要作用，通过整合人民调解、行政调解和司法调解的资源力量，坚持重心下移、关口前移，建设社会矛盾纠纷“大调解”工作体系，努力将矛盾纠纷化解在基层、解决在一线，全年共受理调解案件15232件，其中行政争议案件192件、民事纠纷案件15039件，调解成功12801件，履行率为85.12%。

【加大法治宣传力度】 加大法治信息宣传报送力度，充分利用政府网站及微博等网络平台，及时报道县政府法治工作情况和动态，切实做好法治信息宣传的基础性工作。深入开展法治宣传工作，根据实际情况，及时做好政策法规信息公开，加大法治新闻宣传力度，宣讲法治政府和依法行政工作。及时宣传好经验、好做法，提高政府法治工作的透明度，树立政府法治工作良好形象。

（县法制办 卜启丰）

政法委及综治工作

【概况】 2016年，龙游县政法系统以服务保障G20峰会为主线，以法治化、社会化、系统化、信息化为基本要求，以开展“群防群治，共建共享平安年”活动为抓手，防控风险、服务发展，破解难题、补齐短板，持续推进平安龙游、法治龙游建设，圆满完成G20杭州峰会期间安保维稳工作任务，保障社会大局平安稳定。全年有效刑事警情数1819起，同比下降6.77%；信访总量1768人（件）次，同比下降8.72%；无较大以上安全生产事故发生；未发生影响稳定的重大群体性事件、重大公共安全事件和重大恶性刑事案件。

图53 1月18日，龙游县召开政法信访工作会议

【保障“十三五”良好开局】 精准发力、精心保障、精细服务，全力维护政治安全和社会稳定，服务保障“十三五”良好开局。G20杭州峰会期间，坚决承担起“保障环杭州护城河、看好杭州西大门”的重任。进一步完善工作格局和运行机制，把社会稳定风险评估作为重大决策项目的必经程序，对涉及群众切身利益的重大改革事项、重要决策项目、大型节会活动等提前介入，全程跟踪。服务保障“大众创业、万众创新”的发展环境，密切关注电子商务领域、食品药品安全、环境污染、电信网络诈骗、金融诈骗等犯罪的新趋势、新动向，创新有效打击与防范方式，加强针对性执法办案和法律政策研究。严厉打击非法集资、传销等涉众型经济领域违法犯罪，加强市场规范整治工作，依法保护各类市场主体的合法权益和发展秩序，努力营造公平、公正、透明、稳定的创业创新环境和法治环境。

【着力提升平安建设水平】 深入开展平安校园、平安医院、平安交通等平安创建活动，以基层平安促进大局平安。护路护线、易肇事肇祸精神障碍患者监护及汽油、柴油、燃气、烟花爆竹、食品药品、邮寄快递等行业安全监管能力逐步提升；通信、长途客运、邮寄快递等行业相继实现实名制；形成包括审批许可、监督考核、信用管理、安全追溯等一整套长效管理机制，完善应急响应机制和重点难点问题联合执法管控机制，行业监管规范化水平明显提升。拓宽平安综治宣传渠道，发挥平安龙游微信公众号、官方微博的宣传效应，推广使用“平安浙江”APP网络平台。全年制作发放“平安宣传倡议书”“安全感调查问卷”等4万余份。开展平安书画展、万名志愿者评百名平安使者等活动，切实增强广大干部群众参与平安建设的积极性和主动性。

【探索基层社会治理新模式】 推动“网格化管理、组团式服务”两网融合工作，推动乡镇（街道）调整网格员队伍，优化网格设置，食品药品网格员、消防网格员、人力社保网格员、安监网格员均统一纳入村（社区）级网格管理。深入推进村规民约修订完善工作，根据村级管理和村民自治实际需要，进一步修订符合自治要求的村规民约，推进新农村社会治理中法治、德治、自治“三治”融合。创新发展乡贤会，通过“乡贤力量+民主决策、矛盾调解、弱势群体、模范引领”等社会治理内容，引导社会组织主动参与基层社会治理和平安建设。深入开展“群防群治，共建共享平安年”活动，开展“我志愿、我参与、我平安”万名平安使者平安巡逻、文明劝导主题实践活动，发挥好“龙游大妈”、青年志愿者等社会力量的作用。至年底，全县有平安志愿者1.2万余人，进村入户开展平安宣传8万多户。加强社区、农村、企业义务巡逻队建设，全年开展平安巡逻10万余人次。

图54 “平安护航G20”龙游县万名志愿者平安巡逻活动启动仪式在龙洲街道举行

【推进法治建设和法律服务】 积极做好法治建设工作，连续三年成功创建浙江省法治县，并获颁省级法治县建设示范单位荣誉称号。稳步推进司法体制改革，积极做好法院、检察院司法体制改革的服务保障工作。加大公共法律援助力度，加强县、乡两级法律服务平台建设。积极推行律师事务所与司法所“所所对接”机制，打造“半小时法律服务圈”。建立律师调解制度，鼓励和规范律师以法律顾问、法律服务者身份参与矛盾纠纷化解工作。启动“护航G20 普法在行动”、《中华人民共和国反恐怖主义法》等主题宣教活动，发送普法微信、短信20万条，发放宣传资料12余万份，出动宣传车50次，受教育群众达3万余人，为全面依法治县营造良好的法治氛围。

【建设素质过硬的政法队伍】 以“两学一做”为抓手，通过组织参加全国政法系统电视电话学习讲座、县委党校听党课、书记讲党课、清明扫墓祭英烈等活动，强化政法干部党性修养和底线意识，进一步培养政法干部的忠诚意识、纪律意识、规矩意识和法治观念。积极探索与专业化要求相适应的队伍教育管理模式，加强对互联网、金融等领域新知识及现代科技手段应用能力的培训，提高干警运用新知识、新技术做好政法工作的本领。认真落实党风廉政建设责任制，坚持抓工作纪律不放松，经常性开展明察暗访和督查巡查，做到发现苗头及时提醒、有了问题就谈话诫勉、严重违纪就立案查处，确保政法队伍工作作风不断好转。

（县委政法委 朱庆宵）

公 安

【概况】 2016年，龙游县公安局紧紧围绕做好G20杭州峰会安保工作这一主线，以“平安龙游”建设为引领，以“无限忠诚·走在前列”和“两学一做”学习教育为载体，深入推进立体化社会治安防控体系建设，在护航G20、服务群众等方面取得显著成效。全年共立刑事案件1894起，侦破1230起，移送起诉犯罪嫌疑人608名。命案发生5起，破案5起，连续12年实现命案全破；查处治安案件2489起，处理违法人员894名；处理道路交通事故161起，死亡35人，受伤182人；发生火灾261起，死亡2人，受伤1人，直接经济财产损失113万元。连续3年获浙江省公安队伍正规化建设优秀单位荣誉称号，连续7年被评为全省公安机关执法质量优秀单位，连续5年获县机关部门综合考核一等奖，连续4年被县人民政府授予集体三等功。

【信访工作紧抓源头】 按照矛盾纠纷“滚动排查、动态管理、五个一”（“五个一”一次接访、一名领导、一套班子、一个方案、一抓到底）工作要求，深入推进局领导接待日、领导包案制、所队一把手负责制，全力打好疑难信访案件攻坚战，重点化解一批疑难信访件，圆满完成G20杭州峰会信访维稳任务。全年共接待群众329批634人次，同比下降5%；受理、办理信访58件，其中信访类6件、涉法涉诉类52件；申请司法救助金15.9万元，化解信访事项32起，其中“一把手”骨头案1起、疑难案件6

起。被浙江省公安厅评为2016年度公安信访工作考核县级优秀单位，连续19年被龙游县政府评为信访工作先进集体。

【反恐应急能力建设】 清醒认识反恐维稳高压形势，对照省公安厅反恐标准，全面增强反暴恐和应急处突力量。科学建立“135”快速反应圈（即1分钟快速反应、重点区域3分钟赶到现场、人员密集场所5分钟赶到），在龙游县主城区构筑“棋盘布警、集约用警、动态布防、全时流动”的防控格局。按照省厅“做强刑侦犬、做大巡逻犬、做精搜毒犬”的发展思路，投入专项资金100万元，建成占地30亩的警犬训练中心，组建一支由11名训导员和12只警犬组成的初具战斗力的专业化队伍，参与突发性事件处置32次，携犬巡逻重点部位235次。整合各类社会资源，联合相关部门在全县范围内开展反恐怖应急处置演练。面向青年民警扩充突击小组，定期开展脱产集训，强化业务技能培训，有效提升应急处突水平。

图55 开展警犬常态化巡逻执勤

【完善应急联动工作机制】 进一步明确全县三级联动单位工作职责，制订《警情分流处置暂行规定》，把警情区分为公安机关职责、联动部门职责、共同职责三种类型；创建3个应急联动工作微信群，为全县37个联动单位配备对讲机，便于直接向责任单位分流非警务警情；建立覆盖全县城乡基层的应急联动工作体系，有效借助民间力量参与应急救援。全年共接有效报警48469起，合理分流非警务警情11028起，占总警情的23%，初步实现“减负基层民警、化解社会矛盾、优质服务民生”目标。

【建立“警律衔接”机制】 积极探索法治工作新思路，聘用资深律师为法律顾问，共同参与部分警务和法制培训活动，有力推动执法质量和效率双提升。开展“定制式”培训，邀请律师从专业法律角度对常用法律法规进行解读，以案说法，打破民警思维定式；当民警正当执法权益受侵害时，从专业律师角度出发，为民警提起刑事附带民事诉讼，保障民警执法权益；建立“疑难纠纷调处”机制，共同参与疑难矛盾纠纷和非正常死亡事件调解，为矛盾双方开展释理说法、调解或引导进入诉讼途径，提高调解效率。2016年，律师团队共开展专题法制培训17场共1000余人次，提供法律咨询服务300余次，成功化解各类矛盾纠纷215起、非正常死亡事件16起，6起妨碍公务案的当事人被追究法律责任。

【开展执法素质提升工程】 以全面推进执法规范化建设为目标，盯紧执法工作中存在的突出问题，用全新的培训模式，推进执法主体素质提升。挑选各警种业务骨干担任兼职教官，制定“案件审核技巧”“如何做好涉访群众工作”等22个培训课题，按集中授课或点单式模式进行培训，全年共授课35次，有400人次参加培训；组织基本法律知识考试，面向一线执法民警开展办案区使用比武、案件审核比武等活动，促进民警主动学习，提高民警学习效率，提升民警案件审核能力和执法办案水平；完善激励机制，把执法能力纳入年终等级化评定，评选出年度执法优秀单位、季度执法先进和年度执法标兵，及时予以表彰奖励，激发民警执法原动力，营造争先进、树典型、办精品、学能手的浓厚氛围。

【开展“僵尸车”整治行动】 以创建国家卫生县城、清除道路交通安全隐患为目标，在城区范围内开展为期一年的“僵尸车”整治工作。对城区实行

图56 G20杭州峰会期间，公安民警在白鹤桥检查站对过往人员车辆进行例行检查

网格化管理，确定重点整治区域和车辆，加大对主次干道、小区等公共场所的巡逻检查力度，对长期停放车辆进行全面摸排，建立“一车一档”。利用车辆登记信息，主动联系车主进行清理或配合开展工作，严厉查处各类“僵尸车”乱停乱放交通违法行为。依托微信、微博、移动E管家、电视台等发布整治清理“僵尸车”公告，曝光“僵尸车”占道停车违法行为以及典型案例，告诫广大市民珍惜道路公共资源，全面规范城区路面停车秩序。行动期间，共出动警力3500余人次，警车2500余辆次，拖移汽车类“僵尸车”200余辆，各类摩托车、电动自行车类“僵尸车”500余辆，畅通全县道路交通环境。

【圆满完成G20杭州峰会维稳安保任务】 树立“G20打不赢，一切等于零”的工作理念，围绕维稳、反恐两项中心任务，夯实基础，强化两手抓，确保杭州不去人，本地不出事。通过基层党支部推荐和政治审查，挑选65名精干警力增援杭州主战场；建成白鹤桥公安检查站，在实战、决战阶段驻守警力120余名，全天候执勤，守好衢州入杭最后一道防线；对全县42家网吧、174家旅馆酒店、12家寄递公司等重点行业开展不定期暗访检查，发现需整改的隐患问题253处，关停娱乐场所8家，吊销许可证2家；督促长途客运中心和龙游火车站增加安检人员，增设查验通道，更新安检设备，确保相关安检制度落实到位；督促反恐怖重要目标和内保单位等责任主体从严落实各类安全防范措施和防恐怖措施。G20杭州峰会安保期间，共破获刑事治安案件337起，查处违法犯罪嫌疑人840名，刑事案件发案数同比下降15.58%。龙游县公安局被浙江省委、省人民政府评为G20杭州峰会安保工作突出贡献集体。

【全力护航高坪桥重点项目】 主动将公安工作融入大局谋划，立足公安职能，夯实警务基础，灵通情报信息，全面推进重点项目跟进服务。抽调4名警力派驻高坪桥水库项目移民工作组，全面开展信息摸底调查、政策宣传、矛盾纠纷排查化解等工作，先后走访群众2000余人次，调取登记资料3200余份，为党委决策当好参谋；开通户籍“绿色通道”，将户籍窗口设在高坪桥水库建设指挥部驻地，为群众现场答疑解惑，核对信息资料1700余条，提供政策、法律咨询4000余次；成立项目建设执法保障小组，对严重阻挠项目建设的事件进行专案经办；盘活村级巡逻队，加强项目所在地的常态化治安巡逻，净化库区社会治安环境，及时化解因搬迁引发的矛盾纠纷80余起，与全县各单位一起，创造了仅用82天完成移民100%签约的“高坪桥速度”，创造了征迁奇迹。

【创新户籍管理的便民服务措施】 优化户籍管理方法，创新服务群众措施，努力打造群众满意窗口单位。开展浙江省户籍人员居民身份证省内就近补领和异地采集人像、指纹信息等业务，为在龙游的外省群众受理异地身份证130张。开通短信、电话提醒服务，累计发送户口办理结果、证件到达信息等短信、电话通知5700余条，方便群众，让群众少跑冤枉路。组织开展无户口人员清理核查，按照有关规定，及时为51名无户口人员办理落户手续。推进户籍档案电子化扫描工作，将存留的各类档案全部扫描入库，实现永久留存，方便群众查找。树立“互联网+服务群众”理念，打造“龙游公安”微信平台新功能，推出群众“预约”办证服务，实现办证“零等待”。

【打造“五位一体”绿色生态警营】 主动适应新形势、新常态，以“五位一体”（即将生态文明建设与经济建设、政治建设、文化建设、社会建设并列，五位一体地建设中国特色社会主义）建设为切入点，推动公安工作提质增效。坚持政治建警，开设“实景党课”，鼓励基层党支部自主研发党建项目品牌，东华派出所“五型党支部”建设获得市级优秀基层党支部荣誉。坚持改革强警，建立全科体检式队伍评估体系，制定民警轮岗交流管理办法，打破警力流动壁垒，盘活警力资源，让88.3%的老同志回到派出所一线岗位，让中坚力量更有担当。坚持从严治警，完善民警工作、学习、生活的制度体系，全面落实党风廉政建设主体责任，搭建“六层五级”层级责任框架，严格落实“一案双查”“一岗双责”制度。坚持从优待警，分流非警务性报警，推行“112模式”（即1个平台、1个机制、2个网络）“三联机制”（即县、乡、村三级联动机制）等警务社会化项目，减轻一线民警的警务负担；建立心理干预中心，建立健康档案，关爱民警身心健康。坚持文化育警，推行容错免责机制，为每位民警量身定制职业发展规划，鼓励民警成才；开展党委班子集体送奖上岗、邀请家属观礼授奖授衔仪式，及时肯定民警的每一点进步。

图57 6月4日，龙游县公安局开展首届警营亲子开放日活动

【侦破“2016·1·2”故意杀人案】 2016年1月2日，龙洲街道后厅村衢江岸边发现一具无名尸体，经法医初步检验，疑为他杀。县公安局迅速启动命案侦破机制，抽调专业警力组成专案组，开展案件侦查工作。因死者死亡时间久，尸体已高度腐败，通过反复技术比对，最终查明死者身份为文某（男，42岁，贵州人），常年生活在衢州柯城一带，以捡垃圾为生，居无定所，交往人群流动性大，侦破难度极大。在浙江省公安厅和衢州市公安局刑侦部门的大力支持下，同步使用视频侦查、现场勘查、法医检验、DNA检验等侦查手段，最终锁定犯罪嫌疑人陆某（男，54岁，云南人）和“哑巴男”（身份信息不详）。4月6日凌晨，专案组在柯城城区将2人抓获。在大量的证据和强大的审讯攻势下，犯罪嫌疑人陆某和“哑巴男”如实供述作案过程：2015年12月中旬，犯罪嫌疑人因琐事与文某发生争执，在扭打过程中，陆某和“哑巴男”用木棍击打文某致其死亡，并抛尸于溪中。

【侦破“2016·6·2”特大网络非法买卖枪支案】 2016年5月，民警在网络排查中发现一条涉枪线索。县公安局秉承“涉枪无小事、涉枪必深挖”的工作思路，立即成立合成作战小组，全力开展案件侦办工作。通过2个月的努力，查明犯罪嫌疑人陈某（男，龙游人）通过微信、QQ联系上下家，交易枪支配件900余笔，涉案金额40余万元的犯罪事实，查清省内外部分代理商和购买枪支者身份。6月27日，在浙江省公安厅的协调下，浙、苏、赣三省公安机关协同作战，7个抓捕小组统一收网，成功抓获犯罪嫌疑人13名，现场查获成品枪支19支、子弹8000余发，并将案件申报为公安部督办案件，陆续抓获其余犯罪嫌疑人6名，现场查获成品枪支17支、子弹4744发、核心配件30余套及大量散装配件，在G20杭州峰会前夕摧毁了这条跨越多省的枪支贩卖渠道，清除了一个重大的社会安全隐患。

（县公安局 叶恺）

2012—2016年度龙游县刑事、治安案件统计

表13

年　份	刑事案件		治安案件	
	发生（起）	破获（起）	发生（起）	破获（起）
2012	2839	1349	3709	3380
2013	2263	1100	4398	4287
2014	2237	1122	4861	4628
2015	2327	1151	3355	2959
2016	1894	1230	2511	2489

检　察

【概况】 2016年，龙游县人民检察院在县委和上级检察院的领导下，在县人大及其常委会的监督下，在县政府、县政协及社会各界的关心支持下，深入贯彻中共十八大及历次全会精神和习近平总书记系列重要讲话精神，紧紧围绕全县经济社会发展大局，忠实履行宪法和法律赋予的职责，不断强化法律监督，强化队伍建设，坚持改革创新，继续规范司法行为，各项工作取得新的成绩。

【刑事检察】 坚持依法从严从快打击各类严重刑事犯罪，维护社会稳定。全年共办理审查批捕案件186件247人，办理审查起诉案件471件596人。健全提前介入侦查和引导取证机制，深化客观性证据审查，落实非法证据排除机制，严防冤假错案。认真贯彻宽严相济的刑事司法政策，落实刑事和解与检调对接制度，在依法独立行使检察权的同时，从政治效果、法律效果和社会效果相统一的高度出发，将部分民商事申诉案件中符合调解的案件采取委托调解或者共同调解的方式，与人民调解建立信息互通、相互协作的工作机制，从而妥善地止讼息诉，化解社会矛盾，促进社会和谐。加强未成年人刑事检察工作，坚持教育感化挽救方针，安排专人办理未成年人刑事案件，落实分案办理、犯罪记录封存和附条件不起诉等制度。

【控告申诉检察】 落实下访巡访、检察长接待日等制度，实行领导包案制度，引导群众在法治轨道上反映诉求，全年办理群众来信、来访121件，均得以落实。开展以“加强举报人保护，惩治群众身边腐败”为主题的举报宣传周活动。积极探索新机制、新模式，化解信访矛盾。办理司法救助案件1件，发放司法救助金1.8万元。

【诉讼监督】 加大对司法执法活动的监督力度，防止司法执法权滥用，促进严格执法、公正司法，保障国家法律正确实施。继续加强对刑事立案监督的审查力度，全年共发现该立案而未立案线索13件14人，审查后均向公安机关发出通知书，要求说明不立案理由，公安机关在规定时间内已全部立案。开展两个专项立案监督（即破坏环境资源犯罪专项立案监督和危害食品药品安全犯罪专项立案监督）5件5人，其中1人被判处有期徒刑11年，建议行政机关移送涉嫌犯罪案件1件2人，纠正漏捕3件8人。提起抗诉2件，均获改判。对应起诉而未起诉的，追加起诉16人，其中被判3年以上漏犯1人。开展“基层民事行政检察工作推进年”专项活动，办理虚假诉讼监督1件，提出再审检察建议，由法院裁定再审；对23条行政违法线索开展调查核实，发出5份检察建议，均被采纳；对14条审判或执行活动的案件线索

进行调查核实，发出检察建议2份，监督1名执行法官调离执行岗位。

【职务犯罪查办与预防】 认真贯彻中央和各级党委关于反腐倡廉的决策部署，发挥侦查一体化优势，积极开展线索的排查、筛选及分析研判，拓展办案领域，深挖行业性、系统性窝案、串案。全年共立案查处职务犯罪案件6件6人，侦查终结并移送审查起诉4件4人；提起公诉5件6人，法院判决16件18人，撤案2件3人，不起诉1件1人。查处领域涉及拆迁安置小区建设、工程项目预算审核、市政园林工程建设等，同时追缴赃款30余万元。在坚决惩治职务犯罪的同时，加大职务犯罪预防力度，有力提升预防工作成效。推动行贿犯罪档案查询结果应用，为工程建设、物资采购等领域提供查询289次，帮助相关单位堵塞漏洞、完善管理。全年开展预防宣讲、以案释法、警示教育活动9次，800余名干部群众受到教育。

图58 6月14日，龙游县召开预防扶贫领域职务犯罪工作会议

【检务公开】 打造开放、动态、透明的阳光检务，拓展检务公开的深度和广度。建成集案件受理、管理、查询、统计、监督“五位一体”的检察服务大厅，全面推进案件信息公开，全年公开案件程序性信息576条、重大案件信息15条、法律文书486份。适应全媒体发展的新形势，加强检察宣传工作，完善检察门户网站，大力推进“两微一端”（官方微信、微博和新闻客户端）的建设与运行，全年向社会发布信息135条。组织开展检察开放日、“走基层、进企业”等活动，发放各类宣传手册2000余份，主动宣传检察职能，强化普法教育，加强涉检民意的沟通、收集、研究和转化，提高检察工作的透明度和群众参与度。

【司法体制改革】 按照司法体制改革的统一部署，坚定不移地抓好各项改革任务的落实，坚持高水平目标定位，坚持在继承中谋发展、在改革中谋发展、在创新中谋发展、在特色中谋发展。以检察人员分类管理改革为基础，稳妥有序完成首批19名员额检察官（指从具有助检员以上法律职务的人员中，经过统一遴选标准和程序，择优选任，依法行使检察权的检察人员）的遴选工作，迈出司法体制改革的实质性步伐。以完善司法责任制为重点，逐步形成符合司法规律的制度机制，优秀人才向办案一线流动趋势明显，80%以上的司法人力资源配置到办案一线，办案力量逐步增强，队伍活力不断迸发，办案质效稳步提升，案多人少矛盾有所缓解。同时，引导检察人员理解改革、支持改革、参与改革，确保思想不散、工作不松、秩序不乱，有效推进检察队伍的职业化建设，为改革的深入推进打下坚实的基础。

【队伍建设】 全面落实党建工作责任制，坚持以理论武装为核心，补足精神之钙，筑牢政治之魂，全面从严治检。深入推进“两学一做”学习教育，引导检察人员坚持理想信念“高线”，守牢纪律规矩“底线”。深化党风廉政建设，严守各项铁规禁令，严格落实“两个责任”，加强检察队伍日常监督管理和廉政教育，改进司法作风，对违法、违纪行为保持“零容忍”。狠抓队伍专业化建设，围绕省检察院教育培训五年规划，以全员轮训为基点，辅以案件质量评查、法律文书制作比赛、庭审观摩评议等形式，对检察人员进行全方位培训。通过开展青年干警控申部门轮岗、实战练兵、业务竞赛等活动，推动检察人员熟练掌握岗位专业知

图59 县检察院签订党风廉政建设责任书

识、岗位技能和工作规范。以“丰富检察人员文化生活、凝聚检察正能量”为内涵，以开展“建设学习型党组织、创建学习型检察院”活动为载体，大力推进检察文化建设，组建青年学友会，开办“龙检讲坛”。2016年，1 人被评为浙江省万名优秀共产党员，1 人荣立省个人二等功，3 人荣立市个人三等功，4个科室荣立市集体三等功。

（县检察院 林建平）

2012—2016年度龙游县人民检察院主要检察业务统计

表14

主要检察业务	2012年	2013年	2014年	2015年	2016年
受理审查批捕	185件261人	216件285人	227件285人	203件278人	186件247人
受理审查起诉	461件635人	456件526人	574件807人	544件754人	471件596人
提起公诉	413件515人	420件594人	470件641人	458件626件	414件511人
立案查办职务犯罪案件（件）	11	13	13	19	6
立案监督	7件10人	17件17人	9件9人	11件11人	13件14人

法 院

【概况】 2016年，龙游县人民法院在县委领导、县人大及其常委会的监督和上级法院的指导下，在县政府、县政协和社会各界的关心支持下，深入学习贯彻中共十八大和习近平总书记系列重要讲话精神，牢牢把握司法为民、公正司法工作主线，忠实履行宪法、法律赋予的职责，各项工作取得新的进展。全年受理各类案件8016件，办结7999件，同比分别增长26.02%和27.94%，一线法官人均结案211件。

【刑事审判】 全年受理刑事案件443件，同比下降6.14%；审结464件，同比上升5.22%。判处罪犯548人，其中判处5年以上有期徒刑16人。突出打击重点，保护人民群众生命财产安全，审结强奸、抢劫、故意伤害等暴力犯罪案件64件共71人，审结涉毒品案件36件共43人，审结盗窃、抢夺、诈骗等侵财型犯罪121件共150人；保持反腐高压态势，审结贪污、受贿等职务犯罪13件共16人，其中科级以上6件7人。坚持依法从宽，对237名罪行轻、社会危害小的被告人依法判处缓刑。加强司法人权保障，为53名没钱请律师、可能被判处3年以上有期徒刑的被告人，通过法律援助律师出庭辩护，辩护率达96.36%。认真做好涉未成年人案件审判工作，积极开展回访帮教等工作。

【民商事审判】 受理民商事案件4431件，同比增长28.62%；审结4421件，同比增长30.80%。切实保障民生，审结人身损害、婚姻家庭、继承抚养、交通事故、医疗纠纷等案件1016件。依法规范劳动关系，审结劳动争议、劳务合同纠纷案件147件。着力规范市场交易秩序，审结买卖、租赁合同案件589件。探索简繁分流，一审民事案件简易程序适用率达82.41%，710件案件通过小额诉讼程序实现一审终审。加强诉讼调解化解矛盾纠纷，全年以调解、撤诉等方式审结案件2614件，民事调撤率达61.40%，继续位居衢州市基层法院第一名。推进诉调对接，委托各类调解组织成功调解案件313件，办理人民调解协议司法确认461件，努力将矛盾化解在基层。

【执行工作】 受理执行案件2954件，同比增长31.29%；执结案件2940件，同比增长31.90%，执结到位金额3.24亿元，同比增长1.25%，实际执行率同比增长3.87%。增加执行协助员2名，配强执行实施力量。建成执行事务接待中心，专职接待，前置办公，方便当事人。依托“点对点”网络查控系统查控银行存款、股票、证券、支付宝及其他理财产品6300余万元，查封房产80处，控制被执行人车辆63辆，查询房产、车辆、身份信息3965条。实行24小时执行备勤机制，借助公安网上布控系统布控被执行人364人，协控到位245人，执结案件65件，执行到位金额130万元。共将350余名失信被执行人纳入失信名单，通过LED显示屏、法院微博、微信等平台曝光老赖126人，限制乘坐飞机、高铁等高消费350余人，限制出境63余人。集中开展强制腾房专项活动，共强制腾房5起，交付拍卖标的物2件，拍卖成交金额533.73万元。畅通终本案件（指因无财产可供执行而终结本次执行程序的案件）恢复执行途径，恢复执结终本案件442件，执结标的金额1.7亿元。推广应用“一人一案一账号”执行案款管理系统，发放执行款1689笔共2.33亿元，让执行款发放更加便捷高效。清理执行暂存款，发放371笔共1222.24万元。严厉打击拒不执行判决、裁定的行为，用足用好查封、扣押、冻结、拘留等各项强制执行措施，共拘留141人、追究刑事责任2人，有效维护法律尊严和司法权威。

【服务中心工作】 把护航G20杭州峰会作为首要的政治任务，全面排查涉稳风险案件，强化领导包案化解稳控，牢固铸就护航G20杭州峰会的强大司法防线。着力将涉诉信访纳入法治轨道，畅通浙江省高级人民法院、最高人民法院远程视频接访渠道，依法对11起无理访、重复访案件报备终结。坚持院领导接待日、日常接访、下访约访等工作制度，至年底，共接待群众来信、来访330批共498人次。强化环境资源审判，审结非法采矿等涉环境资源保护类案件2件，判处罪犯3人；审结因生猪养殖关停退养引发的案件100余件。全面推行“裁执分离”工作机制，依法审查涉土地违法、环境污染等行政处罚案件161件，全部裁定执行；继续依法妥善处理“三改一拆”“五水共治”和大南门历史文化街区保护改造等重点工程及城市化进程中的拆迁、拆违等涉案纠纷。

【为经济建设保驾护航】 差异化处置涉困企业，共审理各类涉企纠纷案件1889件，结案标的额14.17亿元。推进“僵尸企业”司法处置，推动成立龙游县促进企业并购重组领导小组，并派专人进驻重组办，开展日常工作；成立破产合议庭，加大破产案件审理力度，新接手破产案件9件，审结2件，处置不良资产1.21亿元。重视打击恶意逃废金融债务行为，审结金融借款纠纷案件391件，涉案标的7.67亿元；审结民间借贷纠纷案件1196件，涉案标的4.06亿元。

图60 12月2日，县法院举行首批员额法官宪法宣誓仪式

【深化改革】 积极稳妥推进司法体制改革，制定配套的实施细则，严格执行员额比例和法官入额标准，首批26名入额法官选任工作顺利完成，使优秀法官资源向审判一线集聚。推行大民事改革，将涉及民商事案件审理的业务庭全部打通，组建“大民庭”，成立4个审判业务组，实行扁平化管理和电脑随机分案，并建立专业法官会议制度，提升法官综合能力和办案效率，保障司法公正。

【司法便民】 积极推进“大立案、大服务、大调解”三大机制建设，不断满足人民群众的多元司法需求。严格落实立案登记制，推行邮寄立案、网上立案、预约立案等服务，确保有案必立、有诉必理，当场登记立案率达99.6%。改造升级诉讼服务中心，设置八大功能区块，承担服务30余项。推行数字诉讼档案远程查阅和自助查阅，为当事人、律师提供档案电子查阅服务1326人次。会同县司法局在诉讼服务中心设立法律援助工作站，实行律师轮岗值班，有17名律师为81名当事人无偿提供法律咨询服务。加强“两庭”（指人民法院审判法庭、人民法庭）建设，湖镇人民法庭审判综合楼投入使用。加大司法救助力度，为确有经济困难的当事人缓交、减交、免交诉讼费29.22万元，发放司法救助金38.6万元。

图61 6月，新建的湖镇人民法庭综合楼投入使用

【阳光司法】 运用互联网思维，继续深化审判流程公开、裁判文书公开、执行信息公开三大平台建设。利用改造升级的高清数字法庭，积极推进庭审记录改革，以录音录像代替书记员庭审笔录961件。网上公布生效裁判文书2321件，方便当事人查询。在中国庭审公开网、新浪网、浙江法院公开网、官方微信微博等同时推行案件庭审直播19件，让公正以看得见的方式实现。坚持推行司法网络公开拍卖，拍卖标的物66件，总成交额1.83亿元，平均溢价率为16.61%，为当事人节省佣金271.94万元。

（县法院 黄马强）

2012—2016年度龙游县人民法院案件收结统计

表15

年份	刑事案件				民事案件					
	收案		结案		收案（件）			结案（件）		
	件	人	件	人	婚姻家庭继承纠纷	合同纠纷	权属侵权纠纷	婚姻家庭继承纠纷	合同纠纷	权属侵权纠纷
2012	425	538	422	537	461	1226	538	466	1235	544
2013	423	605	425	593	457	1387	636	453	1341	655
2014	464	626	458	610	506	1582	769	505	1605	762
2015	472	648	441	634	514	2131	965	493	2002	941
2016	443	554	464	584	727	2941	747	698	2939	671

司法行政

【概况】 2016年，龙游县司法局在县委、县政府的正确领导和县人大、政协的监督支持及上级主管部门的大力指导下，全面贯彻落实中共十八大和十八届三中、四中、五中、六中全会精神，以“两学一做”活动为载体，以“平安护航G20”为主线，以提升司法行政工作法治化水平为目标，集中精力“找短板、补短板”，实现了基层工作上台阶、法治宣传有创新、法律服务见实效、法律援助有保障、干部素质得提高的工作目标，为全县经济社会发展营造良好的法治环境。

【深化人民调解工作】 做到“三个早”，按照矛盾早发现、问题早解决、思想早引导，开展全面排摸；抓好“三个一”，对矛盾纠纷村（社区）每周一排查、乡镇（街道）每半月一梳理、指导中心每月一汇总研判。全年共排查各类矛盾纠纷10527件，调处10204件，调处成功10045件，成功率为98.4%。将矛盾纠纷“三个一”排查化解和案件信息录入纳入“平安龙游”考核，全年各乡镇（街道）司法所共录入各类矛盾纠纷案件5100件，平均录入率为93.5%，对录入率为0的司法所予以通报批评，并责令录入到位。开启“全民调解”，指导“龙游大妈”“夕阳红”参与“护航G20”行动，化解矛盾纠纷；通过优化人员结构和宣传推广，形成调解品牌，提升社会影响力。借力万人巡防活动，将专业维稳队伍、机关干部、村（社区）干部、农村“三小”组长（指党小组长、村民组长、妇女组长）、志愿者等社会力量囊括进巡防队中，把矛盾纠纷化解在基层。

【深化“大调解”体系建设】 建立律师调解制度，规范律师以法律顾问、法律服务者身份参与矛盾纠纷化解，锦林律师团队以公安局法律顾问形式成功化解矛盾纠纷215件，化解非正常死亡纠纷36件。建立远程调解平台，强化县乡两级社会治理综合指挥平台实战功能，县“大调解”指挥中心指派专家库成员远程参与乡镇（街道）、村调委会受理的现场调解，共化解疑难纠纷12起。成立县首家警调衔接工作室，6名成员参与调处民间纠纷，接受法律咨询。选聘有专业背景的人员担任调解员，改善调解员队伍的知识结构和专业结构。指导各行业调解委员会规范工作流程，加强各调委会间的交流，提出经验性的对策建议。至年底，各行业调委会共排查矛盾纠纷4955件，调处4724件，调处成功4590件，成功率为97.16%。6月，成立县人民调解委员会，化解不属于交通、医患、劳资等特定领域的重大疑难复杂纠纷，成功调处晨东小区“5・5”爆炸案引发的人身损害补偿纠纷。

【全面启动“七五”普法】 “六五”普法完美收官，“七五”普法全面启动。组织表彰“六五”普法先进单位和先进个人，推广普法和依法治理经验。制定龙游县“七五”普法规划和年度普法要点，成立县“七五”普法领导小组，修订完善县“七五”普法工作年度考核标准。全面推行法治、自治、德治“三治”融合的升级版村规民约，全县262个行政村和9个社区均已修订完成并予以实施。收集村规民约执行优秀案件99个，通过规约执行，提升农村的民主法治水平，溪口镇石角村、沐尘畲族乡康源村申报市级民主法治村，石佛乡大力山村申报省级民主法治村。

【创新社会普法载体】 坚持普法先行，服务中心工作。大力开展形式多样、主题鲜明的法治宣传活动，联合职能部门，在“护航G20”、“三八”妇女节、“3・15”消费者权益日、“6・26”禁毒日、“12・4”全国法律宣传日等重点活动中，通过现场法律宣传、提供法律咨询、受理举报等方式，普及法律知识，引导群众以合理合法的途径表达诉求，为G20杭州峰会顺利举行营造氛围。打造普法微信平台，开通“司法行政”微信、微博公共账号，开通手机短信，通过网站、电视、报社，利用重要路段、LED显示屏、公交车视频广告、法治文化长廊等开展法治宣传。全年共开展各类法治宣传17846次，发放宣传资料91166份，解答法律咨询12952人次，展出法治宣传展板9868块，发送普法短信50万条。指导乡镇（街道）开展法治宣传，重点宣传《中华人民共和国村民委员会组织法》《村民委员会选举办法》等法律法规，组织精干力量指导各村修订完善各项规章制度。出动法律宣传车40余次，发放宣传单2万余份，拉横幅标语88条。

【抓好重点对象法制宣传】 落实领导干部、公务员学法用法制度，组织领导干部、后备干部及全县干部职工8200余人参加学法用法考试。全年组织全县新任领导干部任前法律知识考试7次，122名新任县管干部参加。联合县教育局在全县中小学开展校园平安法治宣传活动，利用高三学生18岁成人仪式，开展《中华人民共和国宪法》《中华人民共和国刑法》《中华人民共和国民法通则》等法律法规的宣传教育活动；组织全县中小学生开展“法在心中”普法活动；引导中小学利用校园广播、板报等载体，开展法制宣传，营造法治氛围。面向规上企业（即规模以上企业），组织法制宣讲团为企业开展“法律体检”，为企业经营决策、风险防范等提供法律服务。深入全县各行政村，以法律服务进村、培养法律明白人、充实法律图书室等形式开展法制宣传，共发放普法宣传挂图6500余张。

图62 组织全县新任领导干部进行法律知识考试

【打赢G20安保工作大会战】 成立龙游县社区矫正“护航G20”安保工作领导小组。全县16个司法所分为4个责任区，县司法局班子成员每人包干一片。召开全县“社区矫正”G20安保动员会，部署具体工作，并签订责任书。开展“三项教育”“安全稳定排查月”“监管安全形势研判”“两个八小时”等活动。全年开展集中教育活动3次，受教育监护人285名、社区服刑人员842人次。落实值班备勤每日报告制度，24小时全时在位；实行社区服刑人员“周报告”“日报告”制度。对全县8名“社区矫正”人员开展走访活动，全年共走访社区服刑人员1000余人次。以“社区矫正”公、检、法、司联合执法专项检查为主，阶段性任务落实为辅，分3次大规模开展重点人员的摸底、排查，走访95人次，个别谈话教育97人次。组织社区服刑人员参与辖区平安巡逻3240人次，开展“创国卫”公益劳动688人次。

【社区矫正管理规范化】 建立“社区矫正”工作优劣评价体系和督查通报制度，从案卷规范、信息化核查、指纹签到、平台报表及资料录入、考核奖惩等方面对各司法所进行规范检查并予以通报。做好首次报到教育工作，对社区服刑人员认罪伏法意识、罪犯身份意识等进行教育引导。利用“技防”手段，发挥信息化监管作用，通过社区矫正管理系统手机定位，每日两次对社区服刑人员进行核查，发现异常，督促司法所及时处置，防范监管对象越界、脱管。完善公、检、法、司大检查制度，定期对社区矫正情况进行督查。建立每月与公安、法院、司法所信息核对制度，杜绝因法律文书交接脱节而造成社区服刑人员脱管的情况发生。加大对违反社区服刑监管规定行为的处罚，对违反报告规定、信息化核查规定、外出管理规定的社区服刑人员及时给予处罚。2016年，全县累计接收社区服刑人员565人，累计解除矫正285人。至年底，全县还有在册社区服刑人员280人，其中缓刑238人、假释36人、暂予监外执行6人；另有警告处罚28人、治安管理处罚4人、撤销假释1人、撤销缓刑2人。全县1314名刑满释放人员的安置率为93%，帮教率为96%。

【法律服务保民生促发展】 积极推行“所所对接”机制，将全县5家律师事务所与16个司法所对接，组织律师深入乡镇（街道），提供零距离法律服务和法律咨询。全年共参与乡镇（街道）法制宣传136场次，提供法律咨询4800余人次，参与化解矛盾纠纷218起。实施百名律师进社区、为百家社区提供法律服务的法律服务“双百”行动，开展法律服务进园区活动，提升律师服务重点项目建设、化解涉法涉诉矛盾纠纷能力。2016年，律师共参与企业法律宣传53场，提供法律咨询280余人次，参与化解矛盾85件。启动新一轮为期3年的行政村（社区）法律顾问聘请工作，全县262个行政村和9个社区均已完成法律顾问聘请和合同签订工作，为村务管理、承包合同、修订完善村规民约等提供法律意见160余条，调解纠纷480余起。组织律师和法律工作者参与每月21日的县信访接待工作，定期参与政府信访法律咨询，协助有关部门依法处理信访问题，做好信访群众的法律帮助和疏导工作。组建资深律师团，全力服务“护航G20”，积极参加大南门拆迁、高坪桥水库移民等重点项目工程建设的法律服务活动。

【法律援助和公证服务】 完善《援前调解工作实施办法》，规范援助流程，落实听庭、回访、意见反馈制度。全年提供法律咨询799人次，办理法援案件839件，其中刑事案件126件、民事案件574件。开展2015年法律援助案卷质量评查活动，完善法律援助案件质量监督和管理体系，切实提高法律援助服务质量。降低法律援助门槛，确保应援尽援，为更多的弱势群体撑起保护伞，县法律援助中心成功办理一起涉及23人的农民工欠薪案件，为当事人挽回经济损失80余万元。全县共设23个法律援助工作站、29个法律援助联络点，形成县局、乡镇（街道）、行政村三级法律援助服务网络，实现群众申请法律援助不出乡镇（街道）的目标。积极服务中心工作，办理民生公证，做好民间借贷抵押协议公证，对生活困难的弱势群体提供法律援助公证。全年办理各类公证1860件，其中经济类599件、民事类836件、涉台类41件、涉外类384件，同比增长18%。

图63 举办全县司法所所长和司法助理员培训班

【司法行政队伍建设】 以“两学一做”活动为契机，深入学习党章、党规和习近平总书记系列重要讲话精神，加强学习和专题培训。组织参加全国政法系统电视电话学习讲座，组织开展“信仰法治、守护公正”和“严明纪律、严格履职”等警示教育活动。严控“三公经费”，严查上班纪律，认真贯彻中央“八项规定”、省委“六个严禁”、市委“八条禁令”和县委“二十条规定”，落实局主要领导“一岗双责”，层层抓实党风廉政建设，建立健全《干部职工实事量化考核》等制度，增强干警为民服务意识，重点围绕社区矫正、人民调解、法律援助、法治宣传等业务工作，开展各种学习活动，引导党员干部学以致用，不断加强理想信念教育，努力打造一支“想干事、会干事、干成事”的司法行政队伍。

（县司法局 邹敏辉）

2016年龙游县人民调解工作基本情况

表16

人民调解单位	调解纠纷（件）									调解结果（件）				
	婚姻家庭	邻里	赔偿	劳动	土地承包	征地拆迁	房屋宅基地	交通损害	其他	累计数			非正常死亡纠纷	疑难复杂纠纷
										排查	调处	成功	累计	累件
龙洲街道	11	18	—	—	1	—	5	—	—	502	477	477	4	8
东华街道	—	6	8	3	—	—	4	—	1	822	810	792	6	13
湖镇镇	6	10	1	25	—	2	17	—	—	506	458	458	3	10
小南海镇	7	10	4	—	13	—	15	—	1	644	644	639	6	10
溪口镇	3	4	1	—	—	—	1	2	—	216	216	216	5	5
塔石镇	1	26	1	—	—	—	—	—	—	373	373	373	1	3
横山镇	4	12	—	—	—	—	2	—	—	168	168	168	—	1
詹家镇	21	14	10	—	3	—	16	—	2	755	755	755	2	10
模环乡	2	14	2	—	—	—	—	—	—	233	233	233	3	10
沐尘乡	5	4	2	1	—	5	5	—	1	281	281	281	—	—
石佛乡	—	6	6	—	—	—	5	—	6	277	277	275	—	—
庙下乡	1	1	—	—	4	—	—	—	—	118	118	118	—	—
罗家乡	4	22	1	—	1	—	2	—	—	296	292	292	—	—
社阳乡	2	1	1	—	2	—	—	—	—	83	83	83	—	—
大街乡	—	14	1	—	—	—	1	—	2	228	228	228	3	3
工业园区	—	—	1	3	—	—	—	—	—	70	67	67	3	12
小计	67	162	39	32	24	7	73	2	13	5572	5480	5455	36	85
行业调委会	28	—	1	27	—	1	—	55	84	4955	4724	4590	1	41
合 计	148	180	177	79	50	15	75	66	111	10527	10204	10045	37	126

道路交通安全管理

【概况】 2016年，龙游县公安局交通警察大队以深入学习中共十八大、十八届四中、五中全会和习近平总书记系列重要讲话精神为抓手，紧紧抓住G20杭州峰会安保这一中心工作不放松，以“建一流队伍、创一流业绩、树优良警风，让人民满意”为工作目标，依托“美丽中队”创建 ，奋力拼搏，扎实工作，队伍建设和交通管理工作取得了一定成效，为全县社会稳定和经济发展创造安全、有序、畅通的交通环境。全年共查纠各类违法行为166831起，其中现场处罚67109起、非现场处罚99722起，现场处罚中采用一般程序处罚2144起；查处的重点违法中，有超速行驶14063起、饮酒后驾驶393起、醉酒后驾驶99起、无证驾驶193起、货车超载160起、行人及非机动车违法13042起；暂扣驾驶证312本，吊销驾驶证148本，行政拘留63人。全县共发生交通事故161起，同比下降4.17%；死亡35人，同比下降2.78%；受伤182人，同比下降6.19%；直接经济损失74.25万元，同比下降5.85%，总体保持稳中有降的态势。共受理普通摩托车、低速车、轻便摩托车类的新车注册419辆，补牌41辆，补行驶证178辆，转移登记176辆，补登记证书31辆，变更165辆；办理汽车新车注册6402辆，补牌439辆，补行驶证685辆，抵押登记1342辆，变更登记1185辆，补换合格标志43辆，办理临时牌照9333辆；办理摩托车年审4276辆、汽车年审7712辆。汽车科目一考试9333人，科目四考试9012人，驾驶证扣满12分重新学习1360人；摩托车驾驶证初领29人、增驾65人、转入506人、换证11115人、转出302人。

【春运安全管理】 春运期间，交警大队以预防重特大道路交通事故为中心，采取强有力措施，强化源头管理，加强道路指挥疏导，狠抓交通安全宣传，开展春运道路交通秩序整治，确保春运道路交通安全有序，为全年交通安全管理奠定坚实的基础。自春运开始以来，交通事故共接警1939起，发生上报交通事故11 起，死亡3人、受伤11人，直接经济损失22000元，4项指数同比分别下降21.43%、0.00%、45%、16.03%。全县交通安全形势总体平稳，未发生一次死亡3人以上的交通事故，未发生重大交通拥堵事件。

图64 龙游县交警大队召开2017年春运工作动员会

【交通秩序整治】 以G20杭州峰会交通安保为主线，以精细建队为抓手，以技能提升为支撑，以狠抓落实为保证，着力管理创新，实现交通管理精细化、智能化。积极落实早晚高峰岗勤务制度，推进主城区治堵、治违工作；深入开展校园周边交通秩序管理和校车安全隐患排查整治工作，有效维护城区道路的畅通和校园周边的交通安全。完成G20杭州峰会交通安保、“两会”交通安保等一系列重大活动的保卫任务。开展城市道路严重交通违法行为集中整治行动，积极开展“僵尸车”“四小车”“清声行动”“迎接G20，人人讲文明——不礼让斑马线”等专项整治，预防和遏制重特大道路交通事故的发生。

【交通源头管理】 按照“逐一检查、逐一消除”的原则，加强“两客一危”（指从事旅游的包车、三类以上班线客车和运输危险化学品、烟花爆竹、民用爆炸物品的道路专用车辆）车辆检查，组织民警每月对“两客一危”企业进行检查，督促企业切实履行安全主体责任，切实重视对驾驶人的交通安全教育。会同交通等部门深入客运、出租车、物流、危化品等运输企业，检查重点车辆、档案和GPS等情况，发现问题后责令限期整改，并要求各运输企业负责人做好安全防范工作，确保全县交通安全、畅通、有序。制订完善符合本地实际的管理办法及相关责任书，和全县26户二手车租赁商家、41户二手车交易商家、60户新车交易经营业主签订责任书，并将业主组建为3个微信群，要求各业主将每日的情况上传至微信群，安排专人对相关人员和车辆信息进行汇总排查，挤压高危人群通过二手车行业进行违法犯罪的空间。

【交通隐患排查】 年初联合规划、交通、建设等相关部门，按照事故多发路口和路段，对全县进行一次全方位、无空隙、拉网式的排查摸底，确定33处交通安全隐患点，并及时落实整改到位。根据省厅“清雷”行动的统一部署，进行第二轮交通隐患大排查、大整治工作，新排查出交通隐患点29处。针对脱检的客运车辆、货运车辆数量居高不下的现

图65 龙游县交警大队组织警力护航秋游学生出行

状，安排人员查询相关车辆的运行轨迹，制订专门的工作计划，并安排专人上门，做到逐车见面，实行“一车一档”，将交通安全隐患扼杀在萌芽状态。

【交通执法建设】 围绕执法规范化建设，规范执法功能区使用，配备完整的执法执勤装备，进一步提高全体民警依法行政的能力和水平。加强对办案功能区使用的检查督促，合理配置警力，努力减少执法环节存在的安全隐患。组织民警开展法律知识学习，每月定期组织执法民警开展执法素质培训和岗位执法测试。进一步完善警力配备和防护装备配备，全年未发生因防范不到位而造成民警、协辅警受伤或执法对象非正常死亡等执法安全事故。

【交通安全宣传】 以“五进”“爱心妈妈”等活动为载体，以开展查处重点违法行为、礼让斑马线等一系列交通安全宣传教育活动为契机，以宣传交通安全常识为重点内容，以重点驾驶人、学校、重点企事业单位为重点群体，在创新和拓展宣传领域上做文章，开展全方位、多层次的交通安全宣传教育活动。会同县机关党工委组织党员志愿者队伍、老年志愿者开展文明劝导主题实践活动；积极推广西门小学“爱心妈妈”活动，在实验小学开展“争做交通安全小卫士”活动；与县电视台联合创办“珍爱生命，平安出行，龙游交警与您一路同行”宣传栏目，分别在龙游电视台新闻综合频道（曝光台）、生活娱乐频道等栏目播出；利用微博、微信等新媒体，及时发布微提醒、微警务等信息，全年共发布微博136条、微信597条，通过移动E管家等平台发送短信500余条，在省级媒体上发表文章23篇，在市级媒体上发表文章23 篇、在县级媒体上发表文章105篇，开展“五进”宣传活动67场。

（县交警大队 潘彩云）

2012—2016年度龙游县道路交通事故统计

表17

年 份	上报交通事故（起）	死亡人数（人）	受伤人数（人）	直接经济损失（万元）
2012	210	40	236	83.51
2013	209	40	235	83.31
2014	188	36	210	79.29
2015	168	36	194	78.86
2016	161	35	182	74.25

浙江省十里坪监狱

【概况】 浙江省十里坪监狱成立于1952年，地处龙游县湖镇镇境内，占地面积799公顷，2008年被司法部命名为部级现代化文明监狱。2016年，十里坪监狱认真贯彻落实“两学一做”要求及上级有关监狱工作会议等精神，紧紧围绕智能化现代文明监狱创建工作目标，突出安全稳定主职能，坚持稳中求进总基调，以“干在实处、勇立潮头”为指引，圆满取得G20杭州峰会安保和“十三五”开局两场战役的胜利，全面实现场所安全和队伍安心的“两安”目标，有效提升刑罚执行的能力和水平，监狱各项工作成效显著，年初预定目标和任务圆满完成。至2016年12月底，监狱已连续18年4个月无罪犯脱逃、连续17年7个月无重大生产安全事故发生，创历史最好成绩。

图66　5月23日，浙江省司法厅厅长马柏伟到十里坪监狱调研

【夯实安全稳定基础】 顺利打赢G20杭州峰会安保攻坚战。G20杭州峰会期间实现罪犯零脱逃、狱内零死亡、零上访；持续推进物防、技防、人防、联防“四防一体化”建设，全面完成了监狱围墙、大门、封闭物流仓储区的专项整治工作，完成罪犯人数清点和劳动工具清点的智能化系统、监门车行通道人体生物识别系统等重点项目建设；深入推进监狱管理标准化建设，梳理完善监狱管理十项核心安全制度；扎实开展查补短板活动，修订完善各类应急处突预案，构建设施完备、网络健全、制度完善、衔接紧密的现代立体防控体系，不断提升安全防控能力；深入开展安全生产标准化与劳动现场规范化建设，安全生产水平得到新的提升。

【提升教育改造效能】 全年共完成政治课308课时、文化技术课322课时，有499名罪犯获得成人初中毕业证书、391名罪犯获得职业高中毕业证书、2106名罪犯通过初级技术等级的培训考证工作、200名罪犯通过相应技能等级证书考试。创新教育改造工作方法，浙江省监狱管理局专门刊发《浙江省十里坪推进个别教育+基础阵地建设》的专题简报，推广十里坪监狱个别教育谈话录音系统和“三走进”工作。深化心理矫治工作，建立心理咨询协会，创新开展“心结心解”心理访谈和调解栏目，有效解决同类型罪犯的心理问题，最大限度发挥心理咨询各类资源的效能。监区文化建设成效突出，2016年，获省监狱管理局组织的“三贴近”教育改造纪录片评比十佳纪录片第二名，在南片监狱集体点名教育大比武中获二等奖和最佳设计奖，工艺品比赛获总分第二名。

【提高执法管理水平】 深化监地协作，与地方司法局建立“互帮共建”交流协作机制，常态化选派监狱民警到地方司法局挂职锻炼，全年共安排16名民警到8个司法局交流学习。通过开展刑罚执行工作座谈、经验交流会和案件自评自查等活动，切实提高民警刑罚执行能力与水平。通过编制执法流程，统一办案行刑尺度，强化罪犯减刑假释信息公开，完善减刑假释远程视频系统，规范执法行为，提高工作效能。全年开展执法督查4次，下发执法督查通报4期。通过开展案件评查、罪犯刑满释放前书面测评及个别谈话全覆盖，切实加强对民警贯彻落实执法责任制情况的监督，减刑评查率、保外就医材料抽审率均达到100%。根据司法部《关于进一步深化狱务公开意见》和省监狱管理局指导意见的精神，细化工作要求，畅通公开渠道，深化狱务公开，确保阳光执法。

【创建智能化现代文明监狱】 建成面积近150平方米的智能化数据中心，建立监狱管理信息库、罪犯信息库、民警职工信息库，建成一级网络；在监狱的4个关押点建成二级分控平台，建成以关押点为中转的二级网络；在43个分监区建成三级监控平台，建成覆盖所有分监区的三级网络。注重数据集成应用，以监狱指挥中心为龙头，部署集成安防智能管理平台多维协同指挥调度系统，实现信息互联互通、指挥调度协调、智能推送报警等功能，有效提高信息化安全防范水平。加强内部管理，出台《监狱信息化系统设施管理运维工作管理办法》和《十里坪监狱2016年信息安防设施管理考核条例》，以制度规范监狱安防设施运维管理工作。制定《十万以下小额信息化项目的管理办法》，切实加强监狱信息化项目的管理。12月，顺利通过浙江省司法厅、省监狱管理局的联合验收。

【强化劳动改造职能】 强化监狱企业的内部管理，积极开展劳动改造主题竞赛活动，用好绩效排位和集体约谈机制，积极开展QC攻关，抓好质量信得过班组和精品车间建设，查补影响发展的短板问题32个，实现经济运行稳中有升。做好2016年度国库集中支付和政府采购申报工作，强化固定资产管理，完成1200多项待报废资产相关资料的查找整理工作。全年新增耕地面积10.33公顷，完成“旱改水”（即在农田建设时将旱地改造为水田）66.67公顷，确保国有资产的保值增值。制定出台《浙江省十里坪监狱项目需求审查管理办法》和《浙江省十里坪监狱工程、货物和服务项目采购方式管理办法（试行）》，完成采购项目118个。

【健全后勤保障体系】 全年续建和新建监内外工程项目45个，累计完成投资3251万元。前期准备项目19个，投资预算4100万元。开工建设第二备勤小区，续建完成东恒大道道路及镜湖周边景观提升、

图67 11月18日，十里坪监狱举行第二备勤小区奠基仪式

东恒山庄北侧环境整治等重点项目，新建二三分公司外围环境整治工程，农业生态园区已完成3.33公顷水塘的塘坝改造、周边环境整治及隔离网墙建设，各关押点改扩建工程有序推进。积极推进健康促进单位创建，成为全省监狱系统首家通过创建验收的单位。顺利完成疗休养工作，完成“温暖之家”建设。开展走访慰问和扶贫帮困工作，发放各类补助131万元。清理腾退违规占用备勤房15套，调整分配113套，维修510套。贯彻落实省监狱管理局《关于平安护航G20工人队伍管理的若干意见》精神，强化工人队伍管理，确保工人队伍的安全稳定。

【队伍建设】 至年底，有3000人次接受各种培训、900多人参加网络学院学习，109名新招录民警参加“新警风采展示周”活动，有效提升民警职业素养。深化基层党建工作，制订下发《十里坪监狱党支部规范化建设工作实施方案》，通过开展星级党组织创建活动，完善《党员星级量化考评机制》，开展党员查补短板活动，进一步发挥基层党组织战斗堡垒作用和党员先锋模范作用。健全完善人事管理制度，完成全监狱干部调整和选拔任用工作，对民警进行优化组合，部署开展岗位大练兵活动，不断激发队伍活力，增强团队凝聚力和战斗力。大力加强党风廉政建设，落实好“两个责任”，保持正风肃纪高压态势，全年开展专题正风肃纪15次，通报问题120个。

（十里坪监狱 傅晓敏）

2016年度浙江省十里坪监狱获得的省局级以上集体荣誉

表18

获奖荣誉	获奖单位	颁奖单位	颁奖时间
浙江省质量管理活动优秀企业	浙江省十里坪监狱	浙江省监狱管理局	2015.12
2015年度东联集团先进集体	浙江省十里坪监狱	浙江省监狱管理局	2016.02
浙江省监狱系统财务管理规范运行年活动考核验收表扬	浙江省十里坪监狱	浙江省监狱管理局	2016.03
2015年度浙江省监狱系统协会工作先进集体	浙江省十里坪监狱	浙江省监狱管理局	2016.03
2015-2016年度浙江省东联集团公司通联工作优秀单位	浙江省十里坪监狱	浙江省监狱管理局	2016.08
浙江省监狱系统“武林杯”第七届生产管理技能（服装）大比武团体第三名	浙江省十里坪监狱	浙江省监狱管理局	2016.12
2016年浙江省质量管理小组活动优秀企业	浙江省十里坪监狱	浙江省监狱管理局	2016.12

浙江省十里坪强制隔离戒毒所

【概况】 2016年，浙江省十里坪强制隔离戒毒所全面贯彻中共十八届五中、六中全会和习近平总书记系列重要讲话精神，围绕平安护航G20和《浙江戒毒工作纲要》（简称《纲要》）规范运行达标两大中心任务，扎实推进“找短板、补短板”、百日隐患排查专项整治行动、“两学一做”学习教育等活动，坚决打赢平安护航G20攻坚战，提高《纲要》规范运行速度，提升民警职业素养，夯实基层基础，加速推进戒毒工作定型发展步伐，使戒毒工作格局基本形成。

【确保场所持续安全稳定】 整合所政管理、队伍管理、安全生产管理、消防安全管理等各方资源，成立十里坪强制隔离戒毒所安全委员会，负责全所涉及场所安全事项的决策，集约利用维稳资源。健全“一把手”负责制、“分线包干制”、联系点领导挂钩责任制、所领导每周汇报联系点情况制度，层层压实责任，形成上下同欲、协同推进的工作格局。牢固树立大局意识，完善与公安协作对接机制。突出人防主体地位，聚焦防止戒毒人员脱逃、自杀、猝死和违禁品流入等工作，出台所政管理14项工作意见，建立重点项目日检查销号式管理制度和安全隐患“日检查、周分析、周通报”机制，修订完善《戒毒场所“五重”管理工作规定》《重点戒毒人员管理工作规定》等制度，扎牢制度篱笆。进一步健全所值班组督查、职能科室检查、护卫人员巡查、大队自查、监控倒查的“五位一体”检查机制，确保制度落实到位。组织开展警戒护卫组织二级达标工作，并顺利通过验收；修订应急处置预案，并及时组织演练，有效提高处突能力，强化应急处置力量。提升技防水平，完成省属戒毒系统综合安防信息化项目的节点建设，完善所区和十二大队周界监控、红外报警系统及二大队、七大队厂房监控系统等。建立指挥中心运行模式，提高信息化应用水平。积极搭建载体，开展“喜迎G20峰会，文明从我做起”主题教育、“平安百日，喜迎G20”主题竞赛和“康复运动月”等活动，弘扬正能量和主旋律，助力平安护航G20和第三届世界互联网大会工作。健全普查级、预警级、巡诊级、会诊级、专管级五级医疗防控体系，加强“二级病房”人员的排摸、管控，抓好心血管疾病和季节性传染病防治，降低安全稳定风险。加大生活物资保障力度，抓好防暑降温和防寒保暖工作。落实“互联网+消防安全”模式，安装“智慧用电”监管系统，确保问题事先发现和及时处置。通过不懈努力，十里坪强制隔离戒毒所实现了第26个安全生产年和无所内逃跑、无非正常死亡、无重大所内案件、无重大疫情、无重大安全事故、无所内吸毒的场所“六无”目标。

【夯实戒毒模式基础】 以省戒毒管理局《纲要》规范运行达标100条为标准，对达标开展自查整改，推进纲要落实。进一步完善机构设置，成立诊断评估委员会。加强专业中心考核，突出创新项目认定。制作“四四五”模式动漫宣传片、“四区”学员读本和《纲要》规范运行100条图文手册，为《纲要》落地生根打下扎实基础。严格四式管理要求，完成探访、亲情电话的审核和系统设定，与戒毒人员分级处理严密挂钩，共同推进四区实体流转，实现分类管理、分级处理；印发《关于涉刑戒毒人员考核衔接等诊断评估工作的实施意见》，解决诊断评估难点，促进《纲要》规范运行，以首批4个申请达标单位中的最高分顺利通过省局的达标验收。推进戒毒医疗工作，推广姚氏脑康复治疗法和戒毒5+治疗法，探索经颅磁脑康复治疗；完善中心和大队两级心理矫治网络，打造戒毒心理训练、心理健康服务、心理危机干预“三位一体”的心理矫治工作体系；规范工间操、早康复训练内容，编制推广康复训练操，加强康复训练项目考核，提升康复训练质量。举办大型戒毒康复展示会，引起强烈的社会反响；紧扣矫治对象需求，推行“小班化”教学模式和“微课堂”活动，提高授课质量；开展职业技术培训以及就业推荐会；弘扬“两子文化”（即孔子文化、棋子文化），规范特色工坊建设，编订戒毒歌曲，完成2幢新宿舍楼文化设计，完成心理矫治中心改造、病残管理专区改造等工程，体现戒毒文化特色。发挥戒毒公益大使作用，无缝衔接社区戒毒康复工作，成立龙游、衢州2个戒毒康复指导站，实施打通戒毒康复“最后一公里”项目，实现精准帮扶。成立家属学校，广泛开展多层次、多角度戒毒宣传，营造良好的社会舆论氛围。

【提升基础保障能力】 以建立统一、系统、完善的制度标准化体系为目标，制订标准化建设责任清单，明确责任部门、责任人、完成时限。分政工、管教、生卫、生产、后勤等业务线，针对制度漏洞，查漏补缺，举一反三，完成标准化目录编制，完善制度体系。扎实开展“找短板、补短板”活动，以问题为牵引，分类整改，建章立制，补齐短板，为标准化建设提供助力，切实拉长长板，形成发展新优势。坚持目标导向，修订生产组织管理考核办法，强化目标完成情况考核。完善专业化生产模式，完成七大队产业结构转型和车间布局调整。每季开展车间规范化管理专项考核评比，促进车间管理的规范化和标准化。注重新客户开发，做好优质订单的衔接，拓宽市场；进一步开展生产成本的核算和考核，统一使用标准，强化水电成本核算，做到开源节流。坚持需求导向，通过定期通报表扬、组织脱产学习、知识能力充电、外出考察学习、服装生产技能比武等，定向激励管理民警，营造浓厚的管理氛围；通过进一步加大劳动报酬的考核发放，组织开展习艺劳动主题竞赛活动，提高戒毒人员习艺劳动积极性。坚持效益导向，通过开展“星级流水线”创建活动，切实做好产品提档升级，提高生产效益。规范财务管理和政府采购，制定《培训费、劳务费管理规定》《采购管理办法》等制度。开展“审计整改落实年”活动，分类对2014年、2015年审计发现和披露的问题进行自查梳理，开展往来款清理、账套合并等整改。加强食堂、小区、车队管理，顺利完成车改。落实从优待警，对备勤区、备勤用房续签闭路电视、网络宽带业务，对新招录民警配置必需的家具，做好“开心农场”的进场使用和后续管理。启动所属土地复垦工作，努力为单位创造资产性收益。加强基础设施建设，进一步优化场所硬件设施。巩固“三改一拆”和“五水共治”成果，加强日常巡查，维护场所良好生态环境。

【打造过硬队伍】 扎实推进“两学一做”学习教育活动。通过开展“学党章党规、学系列讲话”活动、微党课竞赛、“党徽在胸前闪耀”等活动，使学习教育活动覆盖到全体党员。认真学习十八届六中全会精神，增强政治意识、大局意识、核心意识、看齐意识。运用好监督执纪的“四种形态”，抓好“两个责任”向支部延伸。建设“廉政专栏”，加强常态化廉政教育，开展“守纪律、讲规矩”专题教育等活动，绷紧思想之弦。强化监督力度，开展安全隐患专项督导和戒毒执法、物资采购专项监察等，发挥震慑作用。加强纪律作风建设，严格落实请销假、重大事项报告、值备勤、舆情排查等各项制度。适应戒毒工作发展要求，健全培训模式和导师帮扶制，筑实新民警的从警基础。组织相关民警参加教师资格、二级心理咨询师等专业知识培训，提升民警队伍职业化、专业化建设水平。以“经颅磁”戒毒治疗项目、姚氏脑康复治疗项目和脑体双优康复项目为代表，加强对戒毒创新人才的扶持力度。结合场所实际，深入推进“创业、创新”主题系列活动，通过“找短板、补短板”主题讨论、系列警务技能竞赛、警体运动会等，激发“干在实处、走在前列”的工作热情。加大典型选树力度，开展“最美禁毒人”、省直机关第四届道德模范、“十大百优”、“寻找身边最佳”等评选活动。抓好党建带团建工作，发挥团员生力军作用。加强警力资源配置，建立女民警值班模式，开展机关科室和专业中心人员公开遴选，使警力使用更为集约、到位。重视民警职工文化生活，通过举办羽毛球比赛、乒乓球赛、气排球赛，承办全省戒毒系统第四届民警职工篮球赛等运动，激发活力，搭建舞台。

（十里坪强制隔离戒毒所 姜志军）

2016年度浙江省十里坪强制戒毒隔离所获得的省局级以上集体荣誉

表19

荣誉称号	获奖单位	颁奖单位	颁奖时间
全国“六无”强制隔离戒毒所	十里坪强制隔离戒毒所	司法部	2016.03
浙江省属监狱戒毒系统“三改一拆”“五水共治”成绩显著单位	十里坪强制隔离戒毒所	浙江省司法厅	2016.03
集体三等功（G20峰会维稳安保工作）	十里坪强制隔离戒毒所	浙江省司法厅	2016.10
浙江省戒毒纲要规范运行达标单位	十里坪强制隔离戒毒所	浙江省戒毒管理局	2016.12
浙江省司法行政戒毒系统先进集体	十里坪强制隔离戒毒所	浙江省戒毒管理局	2017.01
浙江省属戒毒系统五四红旗团支部	十里坪强制隔离戒毒所第四联合团支部	浙江省戒毒管理局	2016.04
G20平安峰会安全无事故大队	十里坪强制隔离戒毒所一大队、二大队、四大队、九大队	浙江省戒毒管理局	2017.01
浙江省属戒毒系统康复训练优胜大队	十里坪强制隔离戒毒所五大队	浙江省戒毒管理局	2017.01

武 装

概 述

2016年，龙游县军事工作围绕紧紧围绕“打得赢”的根本要求，深入落实新时期军事战略方针，加大军事工作谋划指导力度，凝聚力量，改革创新，狠抓落实，圆满完成各项任务。推进法治平安建设，维护社会和谐稳定，为龙游政治、经济、文化建设保驾护航。坚持“抓大事、干实事、不出事”的总体思路和“稳中求进”的工作基调，着眼新阶段、新体制、新要求，适应改革大形势，瞄准侦察预警前哨、联合作战前线、防抗强敌前沿、东海应对前锋的“四前”战略定位，确保部队的高度集中统一和安全稳定。立足创新基层社会治理，紧扣G20杭州峰会等重要节点，实施安全隐患大排查大整治行动，严厉打击各类违法犯罪活动。武警衢州市支队四大队坚持以强军目标为统领，用习近平总书记的重要讲话精神武装官兵，以G20杭州峰会安保任务为抓手，坚决贯彻上级党委部署要求，按照“稳中求进、强基固本、精准落实和保持齐短板、争创先进”的目标思路，突出抓班子、抓实战、抓风气、抓稳定，确保部队调整改革圆满完成，确保部队的高度集中统一和安全稳定。

人民武装

【概况】 2016年，龙游县人民武装部党委深入学习贯彻习近平总书记系列重要讲话，以党在新形势下的强军目标为统揽，坚持政治建军、改革强军、依法治军，突出铸牢军魂，聚力练兵备战，紧扣样板试点，注重夯实基础，坚持“抓大事、干实事、不出事”的总体思路和“稳中求进”的工作基调，着眼新阶段、新体制、新要求，适应改革大势，瞄准侦察预警前哨、联合作战前线、防抗强敌前沿、东海应对前锋的“四前”战略定位，以构建战备建设转型体系、“智慧动员”信息支撑体系、海上动员政策保障体系、应急力量“四队”（战斗队、工作

图68 3月10日，龙游县人武部开展“国防知识进校园”活动

队、宣传队、专业队）兼备体系、军民融合推动体系等“五大体系”为抓手，顺应形势，积极作为，扎实推进军事斗争各项准备， 在强化重要目标防卫、动员支前、保交通、护道路等传统能力的基础上，探索网络保障、频谱管理等新型作战能力建设，确保部队的高度集中统一和安全稳定，全面完成全年的各项工作。

【龙游县武装工作会议】 2月16日召开。龙游县委书记、县人武部党委第一书记方健忠强调：“新的一年，要增强武装工作的使命感和荣誉感，以改革创新和奋发有为的精神状态，抓主业、树标杆、守底线，努力开创全县武装工作的新局面，为龙游经济社会的绿色发展提供坚强保障。”县委副书记、县长刘根宏主持会议，县领导周中民、黄利荣、徐雄强、应敏、汪军、雷建明等出席会议。县人武部部长韩建和作2015年全县武装工作总结，肯定取得的成绩，找出工作中存在的差距，布置2016年的主要工作，明确基层武装工作的要求。人武部党委第一书记方健忠与乡镇（街道）代表签订2016年度基层武装工作任务书。

【加强政治思想工作】 县人武部党委大抓改革强军主题教育和干部专题教育，着力强化官兵的政治意识、看齐意识、忧患意识、责任意识，让官兵的思想观念合上新体制、新使命的节拍。结合衢州军分区党委中心组理论学习计划，采取领导宣读、个人自学、学习讨论等形式，全面领会习近平总书记关于改革强军的重要论述和军委国防动员部、浙江省军区、衢州军分区党委扩大会议精神，进一步凝聚改革共识，坚定改革信心。针对作风从严、提升晋职难、任务加重等给武装干部带来的巨大压力而造成的消极懈怠情绪，扎实做好干部的思想工作。开展谈心交心活动，及时解答干部职工关心、关注的问题，强化政治意识、大局观念和担当精神。组织开展“进退走留听党的，担当尽责看我的”干部专题教育，着力破除思想物质化、庸俗化的不良倾向。

【开展安全竞赛活动】 大力开展以“条令学习月”和“百日安全竞赛”为主要内容的安全竞赛活动，突出加强民兵武器装备、涉密载体管理和人员安全管理工作，结合年初的教育整顿，按照人武部各项管理规定，落实民兵装备安全管理措施，确保民兵武器装备管理正规有序，以《中国人民解放军纪律条令》和各种安全管理规定为依据，加强对人、车、枪、弹、密的管理，确保人武部机关的正常秩序。深化隐患排查整治，围绕“两个以外”（即八小时以外、营区以外）人员管理、车辆管控、保密办公、武器弹药管理、网络防范、财经管理、重大活动安全管理、自然灾害防御等工作，每月组织一次形势分析和隐患排查，做好台账，建立隐患排查和整改清单；每季度组织一次“回头看”，倒逼各项工作的落实。

【民兵整组工作】 民兵调整改革工作从1月开始至5月初基本结束，分筹划部署、全面展开、检查验收三个阶段，在时间紧、人员少、任务重、矛盾多、要求高的情况下，高起点筹划，做到统筹兼顾、程序规范、突出重点，正确处理“工、学、训”矛盾，较好地完成民兵整组工作任务。经过整组，全县基干民兵队伍结构更加合理，专业配备更加全面。

图69 4月18日，浙江省军分区副政委单秀华（左一）到龙游调研“四队合一”工作

【专武干部基础业务培训】 针对全县专武干部队伍的调整比较大的实际情况，3月12日—18日，县人武部组织为期7天的专武干部业务培训，培训的主要内容包括业务理论、识图用图、步枪射击等课目。通

图70 4月25日，龙游工业园区召开民兵应急排点验大会

过专武干部集训，各乡镇（街道）、工业园区专武干部队伍的素质得到进一步的提高。

【县属应急连训练】 分4月26日—28日、5月3日—6日两个时段，结合“训练月”活动，组织县属民兵应急连森林防火分队、水上救援分队、应急维稳分队开展训练。通过扎实有效的训练，县民兵应急分队遂行多样化军事任务的能力得到较大提高。

【参加全省民兵专业骨干跨区联训】 7月4日—10日，在浙江省军区和衢州军分区的统一安排下，组织高炮手参加全省民兵专业骨干跨区联训，成绩比较突出。通过跨区联训，增强骨干民兵的荣誉感和使命感，强化民兵骨干的专业基础水平，为全县民兵树立标杆。

【参加遂昌县北界镇泥石流灾害救援】 9月28日，遂昌县北界镇苏村发生大规模的山体滑坡，爆发严重泥石流灾害。接到灾情报告后，龙游县人武部紧急行动，连夜组织骨干民兵50余人，由人武部政委雷建明带队，赶赴遂昌县北界镇参与抢险救援备勤，达到民兵应急分队在遂行非战争军事行动中迅即能动的要求，有效促进后备军事力量建设，在完成抢险救灾任务的同时，锻炼了队伍。

【组织“三个现地”演训】 5月30日至6月3日，以《“三个现地”整组训练组织实施指导手册》为依据采取编组作业、现地演练的方法，围绕重要目标防卫与阵地管制行动，按照防卫作战“一个过程”的要求，组织浙江省军区二分库开展“三个现地”（现地点验、现地明确任务、现地组织训练）协防演练。演练坚持实战化要求，重点突出练指挥、练协同、练战法、练保障，训练成效明显。

【完成年度兵员征集任务】 7月27日，龙游县召开征兵工作领导小组会议。会议由县人武部政委雷建明主持，县委副书记、县长、县征兵工作领导小组组长刘根宏作重要讲话。会议对全县征兵工作提出明确的要求，确保全县征兵工作顺利完成。会后，围绕征集高质量兵员的目标，全县各乡镇（街道）加大宣传发动的力度，严把标准条件，严格廉洁纪律，圆满完成目测初检、进站体检、政治审查、走访调查、集体定兵、欢送新兵等工作，完成征兵任务182人。兵员去向包括陆、海、空、警等多兵种，其中大学学历达68.68%，创历史新高；高中学历占31.32%，圆满完成征兵任务。

【圆满完成G20峰会安保护航任务】 围绕“四个不出”（即G20峰会期间不出事，筹备期间不出事、少出事、不出大事）总体工作目标，认真制订G20杭州峰会期间的安保计划和预案，并组织开展演练。8月23日至9月6日G20杭州峰会举行期间，军地双方精密筹划、精心组织，县人武部以开展G20杭州峰会安保护航为契机，组织民兵数百人，在龙游主城区开展安保巡逻，营造良好的社会治安环境，推动平安龙游、美丽龙城建设。

【机关效能建设】 努力提高机关业务能力，在抓机关效能上求突破。针对机关工作任务多、工作人员经验不足的实际情况，人武部党委及时调整工作策略，深刻领会上级的指示精神，从提高军事机关各类人员自身业务素质抓起，按照年度训练计划，逐项落实。通过交任务、结对子、压担子等方法，提高全体机关工作人员的办事效能。牢固树立“有为才有位”的思想，提高各项工作的落实力度。加强对基层工作的指导，始终把工作重心放在基层第一线，帮助基层落实工作。加强与基层专武干部的交流，掌握影响、制约基层军事工作开展的瓶颈问题，为做好军事工作打下扎实的基础。工作任务有布置、有检查、有讲评，确保各项军事工作落到实处。

（县人武部 吴丹）

人民防空

【概况】 2016年，龙游县人防办认真贯彻落实浙江省、衢州市人防工作会议精神，紧紧围绕“战时防空、平时服务、应急支援”的职责使命，以推进应急应战能力建设为重点，加强指挥体系建设，重视宣传教育，推进人防工程建设，努力实现人防建设更好质量、更高效益、更可持续的发展。

【编制人防“十三五”规划】 按照第七次全国人防工作会议提出的人防改革发展新思路、新要求、新举措，积极对接相关部门，确立“十三五”期间全县人防建设的总体目标、主要任务及保障措施。而后，广泛征求相关部门意见，结合衢州市人防办“十三五”规划，对内容进行进一步的补充完善。10月，印发龙游县人防“十三五”规划，并报衢州市人防办及龙游县发改局备案。

图71 8月2日，龙游县召开人防专项规划部门研讨会

【编制人防专项规划】 启动第二轮人防专项规划编制，按照“多规合一”要求，借力规划部门，全面参与城市总体规划及地下空间开发利用的规划编制，将人防专项规划融入城市总规划和城市重要区块控制性规划中，对连片开发建设的中心商业区、城市综合体、旧城改造等重点区域，明确人防工程的规模、功能布局及其他人防设施的配置要求。

【完成工程增量目标】 全年竣工人防工程5个，合计新增人防工程面积31471平方米，其中东方广场11816平方米、国际建材家居城6801平方米、溪口华亿广场1031平方米、阳光水岸二期5973平方米、华都首府5850平方米，并提供车位约600个，大大超过年度竣工人防工程面积2000平方米的目标。至年底，吸纳社会资金投资建设、兼顾人防工程要求的人民广场综合改造利用工程（即大润发龙游店）地下主体结构已完工，项目地下二层兼顾人防，建筑面积为13440平方米。

【健全人防指挥体系】 按照考核要求，完成通信岗位练兵工作，确保每周通过视频会议、短波电台及指挥车卫星设备与省、市人防办联通。完成第三代军用短波电台组网建设并投入使用。落实重点镇应急指挥中心规范化管理，完成溪口镇、湖镇两个重点镇人防网络建设，通过县指挥中心实现与市指挥中心的互联互通。完成县级综合应急疏散场所建设，在湖镇三叠岩建成一处完全由人防部门掌握、随时可用、能满足200多人居住、生活的疏散场所。

【推进宣传教育工作】 深化人防宣传教育工作，把学校列为全县人防宣传教育的重点，在全县初级中学全面普及人防教育的基础上，人防宣传教育逐步向小学延伸。2016年，向7所中小学赠送中小学防空防灾教材3000余册，报送龙游西门小学的优秀课件参加浙江省小学人防教育公开课评。利用“3·1”国际民防日、“5 ·12”防灾减灾日、“九一八”事变纪念日开展防空、防灾宣传教育活动，在荣昌广场进行集中宣传展览，在社区及学校举行人防讲座，并结合警报试鸣，组织疏散演练。

【加强人防训练演练】 完成对人防专业队的整组，优化专业队结构，提高人防实战化训练水平，切实提升履行使命任务的能力。按照《人民防空训练与考核大纲》的要求，组织开展城镇居民和学生的防护技能培训演练，对坊门街社区居民和龙游第三中学学生进行了防空防火知识及个人防护技能培训。邀请县红十字会专家讲授现场救护知识，进行心肺复苏、骨折固定、伤口包扎及各种防护救援器材使用的教学实践；邀请部分退伍军人走进龙游第三中学，指导学生开展队列训练、内务整理、教唱军歌等活动。

【建成人防科普展馆】 9月初，坊门街社区科普馆竣工，设有健康运动、人民防空、安全生产、智慧生活、绿色环保等5个展馆，其中，人民防空馆整体建筑风格模拟人防工事，通过文字、图片、模型、沙盘、影像等，展示世界战争史上空袭与反空袭的历史现状和人民防空的发展历程，并通过互动环节学习防空袭知识。至年底，已有居民与学生1000余人次在专业讲解员的带领下到坊门街科普馆参观，接受国防、人防知识教育。

【印发人防政策汇编】 贯彻落实省人大常委会新修订的《浙江省实施〈中华人民共和国人民防空法〉办法》，统一政策标准，做好法规衔接，并将有关人防建设的法律、法规和政策文件编订成册，向房地产开发企业及政府部门发放，加大人防政策宣传力度。

【规范基层人防建设】 溪口镇、湖镇镇2个重点镇和10个社区建立人防机构及志愿者队伍，并常态化开展人防工作。2016年，县人防办协同县民政局积极推进民防、民政应急疏散避难场所双挂牌工作，为15个乡镇一级的避灾安置中心挂牌。

【开展人防工程安全检查】 对竣工的人防工程和在建人防工程开展安全隐患排查，重点检查工程是否存在塌陷、渗水、雨水倒灌等安全隐患。排查防汛应急措施、安全措施、安全巡查制度是否落实到位。对发现的安全隐患，责令相关主体立即整改。

图72 3月1日，在县城荣昌广场开展“国际民防日”宣传活动

【人防队伍建设】 推进人防“准军事化”建设，参加衢州市人防办组织的“衢州金盾—16”演习暨“人防军事周”活动，通过人防工程平战转换、队列训练、队列会操、实弹射击、野外徒步拉练团体竞赛、移动指挥车联训等项目的训练，提升人防干部职工的大局意识、国防意识和责任意识，提高人防队伍的军事素养、业务水平和工作能力。扎实开展学习党章、党规活动，组织全体党员参加《中国共产党廉洁自律准则》和《中国共产党纪律处分条例》知识考试，定期开展夜学，集中上专题党课，增强党性修养。防汛及G20杭州峰会期间，严格执行上级命令，认真做好值班和巡查工作，展现了人防干部的纪律素养。

（县人防办 郑方明）

龙游县消防大队

【概况】 2016年，龙游县公安消防大队共出警325起，出动警力2714人次，抢救疏散人员37人，保护财产价值2480余万元，先后完成“9·28”遂昌增援、G20杭州峰会、第三届世界互联网大会等重大救援安保任务，急难险重的任务检验了消防大队官兵“能打仗、打胜仗”的能力，受到县委、县政府的充分肯定，得到人民群众的高度赞扬。大（中）队被公安部消防局授予“全国执法质量达标基层单位”，被浙江公安消防总队评为2016年度基础建设先进大（中）队；大队领导班子被中共武警衢州消防支队委员会评为“衢州市消防部队基层班子建设好班子”。

【健全基层消防组织】 推动乡镇（街道）落实《衢州市乡镇（街道）消防组织建设标准》，明确人员职责，确保机构设置、人员配备到位，实现消防工作站的实体化运行。推动政府加强龙游工业园区、湖镇镇、溪口镇专职消防队伍的建设，尤其是工业园区专职消防队按照正规化、规范化建设要求，严格落实各项执勤备战制度，提高专职消防队各项建设和日常管理水平，加大训练强度，不断提高专职队业务素质和协同作战能力，为确保园区及周边消防安全发挥应有的作用。全面推广消防安全网格化管理信息系统，完成乡镇（街道）消防安全网格员业务培训，建立乡镇（街道）消防分管领导、消防工作站站长、信息员及行政村网格员系统账号，实现基层消防工作的信息化、网格排查常态化、隐患督查流程化。

图73　对新落成开业的东方商厦新进员工进行消防知识培训

【完成冬春火灾防控工作】 根据公安部《2015年冬春火灾防控工作方案》的要求，贯彻落实“11·18”省政府冬春火灾防控工作暨居住出租房消防安全综合整治工作动员部署电视电话会议精神。全县15个乡镇（街道）及有关部门结合本辖区、本部门、本行业实际，制订切实可行的冬春火灾防控工作方案，对冬春火灾防控工作进行专题部署。广泛发动综治办、安监办、居（村）委会、专兼职消防队等基层力量，全面开展火灾防控工作。通过政府领导亲自带队、多部门联合行动等形式，开展以人员密集场所、居住出租房、易燃易爆单位等重点对象的排查整治，逐一登记造册，综合采取“换、添、搬、建”的整治举措，有针对性地整治一批火灾隐患。重点整治人员密集场所堵塞、安全出口锁闭、常闭式防火门长期处于开启状态、违规使用易燃可燃材料装修、违规搭建使用燃烧性能达不到A级要求的彩钢板建筑、单位消防安全主体责任不落实等问题。

【开展居住出租房消防安全综合治理行动】 “11·18”全省冬春火灾防控暨居住出租房消防安全整治视频电视电话会议后，龙游县消防安全委员会迅速下发《全县居住出租房屋消防安全综合整治工作的方案》，各乡镇（街道）和消安委成员单位积极开展本辖区、本部门出租房屋消防安全的检查整治，明确工作内容，落实属地管理和行业管理责任。各部门分工负责、密切配合，形成工作合力。加强对居住出租房消防安全工作的宣传，充分发挥媒体作用，重点抓好《浙江省居住房屋出租登记管理办法》《居住出租房消防安全基本要求》（DB33/T976-2015）等法律法规和标准的宣传，普及消防安全知识，提高群众消防安全意识。至年底，全县共有居住出租房屋354家，发现并督促整改出租房消防隐患42处。

【强化重点时期专项行动】 1月—3月，在元旦、春节、元宵及“两会”“五一”五个重点时段开展专项行动及“零点”统一行动，各有关部门积极开

图74 全县万民中小学生“进红门，学消防”，观摩消防官兵灭火演练

展消防安全检查。2月4日，中共龙游县委副书记、县长刘根宏，副县长姜忠军率县政府办、安监、工商、商务、公安、消防、环保、市场监管、交通运输等部门负责人深入东方商厦、北门农贸市场、紫金烟花爆竹仓库、年年红紫檀博览馆、龙游伊利乳业有限公司等地开展春节前消防安全大检查。4月28日，县政府组织旅游、工商、公安、安监、卫生、消防等部门组成联合检查组深入辖区旅游景点和宾馆饭店开展“五一”消防安全检查，检查了龙游石窟、龙天红木小镇、民居苑、国际饭店等人员密集场所，确保辖区消防安全。

【重大火灾隐患挂牌整治】 经认真排查，发现位于湖镇镇沙田湖大道2号的浙江雪伦服饰有限公司存在重大火灾隐患，县消防大队马上上报龙游县公安局，提请县人民政府对雪伦服饰有限公司进行挂牌督办。3月7日，县政府于批复同意将雪伦服饰有限公司列为挂牌督办单位。随后，该单位立即搬迁，隐患消除，8月提前予以销案。7月初，全县启动新一轮重大火灾隐患摸底排查，发现浙江龙游三晟家居有限公司存在诸多火灾隐患。7月4日，县消防大队于提请县政府进行挂牌督办，限期整改。鉴于该单位隐患整改难度较大，整改时间紧、任务重，为保证G20杭州峰会期间的安全，经湖镇镇和县安监局、县消防大队等监管部门的全力协调，对该单位实施临时关停，8月17日提前销案。

【护航G20杭州峰会】 根据省、市统一部署，自3月底起，龙游县积极开展G20峰会消防安保工作，部署全县各辖区、各行业系统的火灾隐患检查整治工作。4月7日，龙游县消防大队成立消防工作领导小组，组织召开乡镇（街道）、部门会议和重点单位会议，明确安保工作目标、任务措施、工作步骤及工作要求，部署和推进G20杭州峰会期间的安保工作。县消防大队认真贯彻市消防支队下达的峰会安保工作指令，落实“每日一查”制度，共检查单位333家，发现火灾隐患243处，消除火灾隐患238处，下发责令改正通知书170份，送达消防行政处罚决定书13份。8月11日，中共龙游县委副书记、县长刘根宏率公安、交通、商务、消防等部门负责人督查护航G20杭州峰会的安保工作，县旅游局、县林业局、县商务局、县公安局及各派出所先后对旅游景点、竹木企业、汽油柴油等油品经营销售点、星级酒店、液化气储存（销售）配送点、民宿（农家乐）进行检查，消除一批火灾隐患。G20杭州峰会期间，消防大队共检查人员密集等场所539家，发现火灾隐患1049处，消除火灾隐患1054处，办理消防控制室未持证上岗处罚案件7起，办理临时查封案件12起，为护航G20杭州峰会奠定扎实的基础。

【开展微型消防站建设】 为深入推进冬春火灾防控工作，有效整合基层火灾防控力量，自2015年12月起，县消防大队按照工作要求，组织辖区内设有消防控制室的重点单位和社区开展微型消防站建设，实现微型消防站效能最大化。引导、鼓励单位、社区结合实际，参考建设标准，建成微型消防站121个，其中有设置消防控制室的微型消防站23个，配备人员155名，配备消防车1辆，配备消防器材、装备配置5508件；有社区微型消防站7个，配备人员45名，配备消防器材、装备配置1291件。

（龙游消防大队 方舟）

武警衢州市支队四大队

【概况】 武警衢州市支队四大队位于龙游县湖镇镇，隶属中国人民武装警察部队衢州市支队，下辖第十中队、第十一中队、第十三中队、第十四中队和龙游县中队5个建制单位，主要担负十里坪监狱看押任务和龙游县看守所看守勤务，肩负维护龙游地区社会面稳定、保障人民安居乐业的神圣使命。2016年，武警四大队在武警总队、支队党委和龙游县委、县政府的正确领导下，坚持以强军目标为统领，用习近平总书记的重要讲话精神武装官兵，以G20杭州峰会安保任务为抓手，坚决贯彻上级党委的部署要求，按照“稳中求进、强基固本、精准落实”和“保持清醒、补齐短板、争创先进”的目标思路，突出抓班子、抓实战、抓风气、抓稳定，扎扎实实打基础，一心一意谋发展，确保调整改革圆满完成，确保部队高度集中统一和安全稳定，以优异成绩迎接党的十九大胜利召开。站在改革强军新的历史起点上，大队官兵认真贯彻《军队基层建设纲要》和《武警部队正规化管理规定》，全面落实“听党指挥、能打胜仗、作风优良”的强军目标，铸牢强军之魂，扭住强军之要，夯实强军之基，继续追寻前辈的英雄足迹，继承前辈的光荣传统，牢固树立科学发展理念，与时俱进，开拓创新，不辱使命，以更加优异的业绩铸造文明之师、威武之师的光辉形象。

图75 武警官兵积极做好抢险救援准备

【组织建设】 大队党委牢固树立“打铁还需自身硬”的建队观念，巩固深化“两学一做”学习教育成果，扎实开展“真学实做、知行合一”的学风整顿，深入学习中央军委新修订的《民主集中制读本》和武警党委“三个规范性文件”，及时规范议事决策程序，提高党委决策质量。始终把严格落实组织生活制度作为加强自身建设的首要环节，增强党委的核心领导作用。开展党委班子岗位练兵活动，着眼增强党委班子的战斗力、凝聚力和创造力，建设过硬队伍，以职责使命为牵引，以本职岗位为平台，以练好“四个基本功”为主要内容，以经常性自学自练、应用性集中培训、检验性评比竞赛为基本方法，兴起岗位练兵热潮。着力在抓经常、抓细节、抓苗头上下功夫，发挥财务检查、离任审计、纪检监督作用，开展基层风气专项整治，彻底纠治侵占士兵利益问题，严肃查处发生在官兵身边的不正之风。

【政治工作】 坚决把维护权威、维护核心、维护和贯彻军委主席负责制作为首要政治任务，以高度的政治责任感做好迎接中共十九大召开的各项工作。紧密联系所担负的任务、所处环境和官兵的思想实际，加强教育引导，确保官兵经受住复杂环境和繁重任务的考验，始终做到绝对忠诚、绝对纯洁、绝对可靠。认真组织官兵学习习近平总书记系列重要讲话精神，坚持党对军队的绝对领导，依法从严治军。扎实开展“维护核心、听从指挥”系列主题教育活动，严密组织建党、建军纪念日庆典和“我与改革同行”专题征文活动，坚持把专题教育和群众性自我教育结合起来，坚定中国特色社会主义的道路自信、理论自信、制度自信，确保官兵高举旗帜，听党指挥。丰富官兵文化生活，充分发挥部队文化娱乐设施齐全的优势，开展官兵喜闻乐见的文化活动，缓解工作压力，陶冶官兵情操。结合中共

图76 武警官兵向湖镇镇牛头山村老人捐赠生活用品

十九大召开和庆祝中国人民解放军建军90周年，广泛开展“学强军思想、讲强军故事、干强军事业”主题实践活动和忠诚卫士系列文化活动，组织书画摄影、篮球赛、文艺巡演等活动。

【职责使命】 践行能打仗、打胜仗职能，常态落实系列执勤工作会议精神，深入开展“学法规、查隐患、找问题、补漏洞”执勤教育，研究新环境、新任务的特点规律，加强勤务管控，开展战法研究，官兵遂行任务能力不断提升，各项任务圆满完成。坚持科技强勤，抓好监控系统“三化”改造，对大队执勤系统进行全面升级，建立通信、监控和执勤指挥系统，配备网络控制、报警、应急照明、语音对讲和指挥器材，具备视频监控、有（无）线通信联动报警等功能。坚持以勤务法规为依据，全面规范执勤秩序，加大执勤检查的监督力度，切实治理执勤隐患，确保执勤目标万无一失，保证执勤目标绝对安全。常态落实战备规定，规范常态维稳，完善处突应急预案，组织两警对抗训练和防暴反恐联合演练，确保遇有情况能够依案高效处置。

【军事训练】 始终把军事训练作为提高部队战斗力的根本途径，依据《军事训练与考核大纲》，狠抓人员、内容、时间、质量、摩托（飞行）小时、弹药、教练员、训练场地的八落实，提高军事训练质量。着眼“能打仗、打胜仗”要求，坚持从实战需要出发，从难、从严训练，提高官兵遂行多样化军事任务能力。加大军事训练奖惩力度，与评功评奖、职务晋升相挂钩，营造“训练有为、训练有素、训练有功”的氛围，培养官兵过硬的军事素质和优良的战斗作风，强化部队战斗力。

【拥政爱民】 践行全心全意为人民服务的宗旨，平时服务，战时应急，始终捍卫人民群众的根本利益。弘扬拥政爱民的光荣传统，与驻地人民同呼吸、共命运、心连心，视人民如父母，把驻地当故乡。大队与龙游县湖镇中心敬老院建立挂钩帮带机制，利用“雷锋日”“主题团日”等活动时机，开展爱民助民敬老活动，激发官兵的服务热情；积极帮助附近学校开展国防教育，12名官兵被地方学校聘请为校外辅导员，全年开展国防巡讲6次；积极开展“学雷锋”活动，向牛头山村2户孤寡老人捐赠生活用品，帮助当地群众清扫卫生。大队多次被驻地政府评为“警民共建先进单位”和“双拥活动先进单位”。

（武警四大队 赖国标 沈伟峰）

社会事务和社会生活

概 述

2016年，龙游县社会事业以着力强人才、保民生、促和谐为工作重点，加大创新治理力度。强化创业就业服务意识，进一步实施就业援助，全县城镇新增就业5689人。加大社会保障体系改革力度，实施社保扩缴，推行档案经办一体化，为健全公平、公正、公开的社会保障体系做好辅助工作。注重人才引进与培养，积极搭建人才建设平台，打造人才“蓄水池”。健全人事招聘与职级晋升制度，实现信息化平台管理。以维护劳动者合法权益为终极目的，努力建设社会劳动保障关系网。完善低保兜底功能，做到应保尽保。增强养老服务体系意识，转变创新养老服务运行模式。切实做好慈善救助工作，为全县1599多户特困家庭发放慰问金142.79万元。落实残疾人两项补贴政策，至年底，共有10677人享受困难残疾人生活补贴和重度残疾人护理补贴。顺利完成县红十字会换届工作，成功创建“浙江省红十字会示范县”。

图77 7月28日，龙游县举办夏季招聘会

创业就业

【概况】 2016年，根据县政府《关于支持大众创业促进就业的实施意见》（龙政办发〔2016〕46号）的要求，龙游县人力与社会保障局与龙游县财政局联合下发《关于印发〈申领创业补助等促进就业资金实施办法〉的通知》（龙人社〔2016〕47号），修订完善创业补助、创业服务补贴、创业贷款贴息、创业服务平台管理等相关内容。全县城镇新增就业5689人，实现城镇失业人员再就业2315人，其中就业困难人员就业612人；城镇登记失业率为2.84%，低于4%控制指标。失业保险新增参保1128人，参加创业培训557人，保持零就业家庭的“动态消零”。

【招聘活动】 全年举办春夏大型招聘会、劳务集市、专场招聘会及外出招聘等29场，累计有780家企业提供2万余个就业岗位，达成初步就业意向1.3万余个。

【电商服务】 开展“下基层、送服务、促发展”活动，指导创业就业特色村和村级电商服务站建设，探索“孵化基地+”创业服务模式，至年底，已建成县级创业孵化园2个、乡镇电商服务中心2个、村级电商创业带动就业示范点30个。

【创业氛围】 举办第二届创业创新大赛，共征集创业创新项目85个，新增项目入库80个，全县大众创业氛围更加浓厚。对大学生创业园一次性建园的企业给予不超过100万元/家的资金补贴，对企业运行给予每年不超过50万元/家的资金补贴。发放稳岗补贴资金324万元，惠及企业125家。失业保险费率从2%下调至1.5%，惠及企业2165家，共为单位降低成本480余万元。

【就业帮扶】 出台《大众创业促进就业实施意见》，修订完善创业补助、创业服务补贴、创业贷款贴息、创业服务平台管理等相关配套政策。完善高校毕业生就业见习基地建设，申报建立高校毕业生见习基地41家，开发就业见习岗位107个，安置高校毕业生42人。完善社保补贴发放流程，从6月开始，灵活就业人员社保补贴的发放由原个人携带税票上门申报改为由地税提供税票、县就业局直接通过社保卡发放；12月，对连续享受社保补贴的灵活就业困难人员，由地税部门统一出具缴费证明，汇总录入，核定发放金额，无需本人到窗口办理相关手续。全年城镇就业困难人员灵活就业社保补贴惠及4403人次，补贴资金487.54万元。开展就业帮扶精准惠民工程，调查低收入农户2198户共6080人，确定帮扶对象63人，推荐岗位102人次，完成就业帮扶30人。

（县人社局 官磊）

社会保险

【概况】 2016年，龙游县按照浙江省、衢州市社会保险工作会议精神，以保障群众切身利益为出发点，围绕“建立更加公平可持续的社会保障制度”的总思路，坚持社会保险“全覆盖、保基本、多层次、可持续”的工作方针，多措并举，促进社保扩面征缴工作有序推进；落实新政，推动社保各项制度改革；强化监管，构筑社会保险基金流失防护墙；创新“经办模式”，提升社保服务效能。

【社保扩面征缴】 全县新增基本养老保险参保7986人、城乡居民养老保险2723人、医疗保险3781人、失业保险1128人，社保卡持卡人数达40余万人，“五费”合征率达81.49%，职工人均缴费基数达2810元，全年各项基金收入达20.89亿元。社保扩面征缴工作成效显著。

【社会保险政策】 推进机关事业养老保险制度改革，做好基础信息采集审核、基金结算、系统整合等工作。至年底，全县机关事业单位全面上线征缴养老保险并发放待遇，涉及在职缴费人员8224人、退休人员3780人。实现衢州全市定点医疗机构、定点零售药店医疗保险同城互认。调整机关事业退休人员待遇水平，惠及退休人员3661人，平均月增加额度311元。全年新核定被征地农民参保2276人，累计核定24634人，办理一次性转保职工基本养老保险2550人，累计转保16724人。开展企业人才集合年金试点工作，制定出台《龙游县企业人才集合年金试行办法》，并授权中国人寿龙游分公司负责人才集合年金管理工作；进一步的简化优化工伤认定流程，完善工伤预防制度。

【社会保险经办管理】 全面推行“档案经办一体化”服务模式，经办一体化平台延伸至各乡镇（街道）。加强社保服务平台建设，服务大厅增设排队叫号系统；完善医保总额控制付费政策，健全医保定点医药机构协议管理；搭建定点医疗机构视频监控平台，加强医保协议医师管理，建立定点医疗机构医保总额控制付费情况定期通报制度。全面实施城乡居民医保银行代扣代缴，开展医疗保险反欺诈

"亮剑"等专项行动，持续强化社保基金运行监管，确保各项社保业务经办安全准确。

（县人社局 官磊）

人才引进与培养

【概况】 2016年，龙游县人力资源和社会保障局聚焦人才发展体制机制改革，组团开展系列人才招聘活动，在重视人才基础工作的同时，积极搭建培养企业骨干人才平台，创新人才智力引进方式，人才引培工作持续加强。

【人才引进与开发】 参与制订《关于创新体制机制推进人才集聚加快龙游转型跨越发展的实施意见》，推出17条人才新政。创新"重点院校+一般院校、主导专业+一般专业"的组合式赴外招聘模式，构建高层次人才集聚平台，全年累计引进国内高层次人才（含柔性引进）160余人次，其中教授以上职称48人次、硕士以上研究生学历110人次（含博士31人次）、国外专家22余人次。

【人才"蓄水池"】 制订出台《关于加强经济型人才"蓄水池"建设的意见》，首批安排30名事业编制用于紧缺、急需的经济型和项目管理类人才的引进。全年从湖南大学、长安大学、西安建筑科技大学等名校提前招聘签约规划、环保、金融等专业的优秀应届毕业硕士生8名（其中"985""211"院校4名）、本科生1名，为龙游县人才"蓄水池"蓄得第一桶水。

【专业技术和留学人员管理】 积极推进人才工作平台建设，新建省级博士后工作站1家、市级专家工作站3家，实施国外引智项目6个。

【职业能力建设】 加强企业人才自主培养工作，新开办"机械设计制造及其自动化"专升本学历班，举办2期企业培训师培训。进一步加强技能人才队伍建设，全年培养高技能人才1406人，高技能人才新增取证 933人，企业累计实行技能人才自主评价143家，开展职业技能鉴定7201人次。组织开展浙江省首席技师、衢州市第六届拔尖人才、衢州市首席技师、金蓝领出国培训、龙游县首席技师、"高技能人才以师带徒"优秀师傅评选等多项技能人才评选推荐活动，带动行业企业广泛开展岗位练兵技能大比武。成功举办龙游县2016年第五届职工职业技能大赛，荣获衢州市职业技能大赛优秀组织奖。

【国外智力引进】 申报国家和浙江省引智项目43项，其中取得国家外专千人计划项目1 项、国家高端项目1项、重点外国专家项目立项1项。引进外国专家54人次，1人获省政府"西湖友谊奖"。实施出国（境）培训项目3个。

（县人社局 官磊）

2016年度龙游县正高级专业技术职称获得者

表20

姓 名	工作单位	专业技术职称	审定单位
蓝晓玲	龙游县人民医院	主任医师	衢州市人力资源和社会保障局
李志江	龙游县人民医院	主任医师	衢州市人力资源和社会保障局
施雪芬	龙游县人民医院	主任医师	衢州市人力资源和社会保障局
蒋钢琴	龙游县中医院	主任技师	衢州市人力资源和社会保障局
章先富	龙游县湖镇中心卫生院	主任中医师	衢州市人力资源和社会保障局

人事管理

【概况】 2016年，龙游县规范人事招考（聘）工作，完成机关事业单位工作人员和大学生的招考（聘）录用工作，全面推进“日志式”管理的平时考核，全面实施县级机关及以下公务员职务与职级并行制度，完成公车改革涉改单位司勤人员分流安置工作，创建和运行人事信息化管理平台。平稳、有序推进人事招考和人事管理等各项工作，进一步提升政策制度的规范化建设水平，创新人事管理方式。

【人事招考（聘）工作】 圆满完成公务员、事业单位工作人员、大学生村官的招考招聘工作，严格规范程序，严密制定工作方案，强化组织协调和责任落实，确保零差错、零投诉。2016年全县招考招录情况为：公务员公开招考录用99人（不含公安院校毕业生招录10人、2015年人武专干学员招录1人、机要招录1人），综合事业单位工作人员招聘91人（含3名提前批招聘），教育系统招聘186人（含提前批招聘34人），卫生系统招聘62人（含提前批招聘16人、定向培养毕业生聘用6人）。进一步完善全县事业单位工作人员分类招聘、高层次人才引进和提前批招聘教育、卫技专业人才做法，规范招聘适合全县社会事业发展需要的各类专业人才。

【公务员及参公人员职级晋升】 结合全县实际，研究建立公务员及参公调任、选任人员的职级晋升办法，并有序实施，完成7批次共436名公务员及参公人员的职级晋升。

【工资福利】 完成2200余名机关工作人员和5300余名事业工作人员按年度考核正常晋升工资及2016年7月的基本工资调标工作，完成168名机关事业单位到达退休年龄人员的退休审批工作。办理县以下公务员职级晋升工资审批600余人次；办理县内外人员调动260余人次；完成2015年新录用人员转正定级380余人次；办理职务（职称）晋升、岗位等级晋升等工资调整审批700余人次；完成警衔津贴调整审批445余人次；办理2016年新录用人员工资审批450人；办理机关事业工作人员工龄更正审批230余人。联合卫计局做好护龄满30年已退休护士退休费按100%计发调整工作；做好580余名享受精减退职及遗属补助人员的补助费调整。建立优秀公务员健康休养制度，组织完成2016年度3批次健康休养工作。

【“日志式”管理平时考核】 会同县委组织部制定出台龙游县乡镇（街道）、部门机关干部平时考核办法，积极推进干部的平时考核工作，使干部管理工作制度化、常态化，客观、准确评价干部的德才表现和工作实绩。

【人事综合信息化管理平台建设】 完成全县机关事业单位工作人员信息采集、数据核对、信息录入等工作。在数据统计、网上办事等方面进行系统调试和试运行的基础上，建立快捷、安全、功能齐全的人事、工资、专技综合管理系统，发挥信息化对业务工作的引领作用，提高工作效率，逐步实现“人社信息化”到“信息化人社”的转变。

【公车改革】 率先完成全县公车改革涉改单位司勤人员分流安置工作，保证全县公车改革工作平稳推进。

（县人社局 官磊）

劳动保障

【概况】 2016年，龙游县劳动保障工作以强化网格化管理、建立长效机制和完善部门联动为突破口，以规范劳动用工、清欠农民工工资、查处各类违法案件、处置群体突发事件为工作重心，努力发展和谐劳动关系，切实维护劳动者合法权益，较好地完成各项劳动保障监察工作任务。

【劳动关系】 全县规模以上企业劳动合同签订率达96%，小企业劳动合同签订率达92.4%。至年底，全县有845家企业已建立工会组织，集体合同签订率为100%，涉及职工3.09万人。全县最低工资标准调整为1530元，非全日制工作最低小时工资标准调整为13.8元。

【劳动保障监察】 制订出台《龙游县G20峰会期间欠薪问题防范处置工作实施方案》和《关于防范处置劳资纠纷群体性事件分阶段工作职责的通知》，开展农民工工资支付情况、劳动合同签订情况和清理整顿人力资源市场秩序等专项检查行动，主动监察用人单位512家，涉及劳动者2.89万人，查处欠薪单位22家，追回欠薪612万元。全年共受理欠薪案件292起，追发、补发工资1568.94万元，涉及劳动者1537人（其中处置劳资纠纷群体性事件21起、向公安机关移送拒不支付劳动报酬案件5起），结案率为99.3%。累计筹集建筑施工企业工资保障金1629万元，各级政府筹集欠薪应急周转金460万元。

【调解仲裁】 2016年，新建的标准化仲裁庭投入使用。借助数字高清庭审系统，龙游县劳动人事争议仲裁委员会进一步提高了庭审效率和质量，全年共立案处理劳动争议案件177件，涉及劳动者494人；结案177件，结案率达100%。双方当事人申请仲裁的经济标的为2212.84万元，通过仲裁委调解裁决，维护双方当事人合法权益1282.27万元，为劳动者挽回损失1136.22万元。

图78 5月18日，县人力社保局开展“护航G20”人力社保政策咨询活动

【阳光政务建设】 推动阳光政务向基层延伸，进一步简化业务流程，精简办事手续，提高服务效率。继续加强村级劳动保障平台建设，在原有8个示范点的基础上，新增12个村级劳动保障平台示范点，确保服务送到群众“家门口”。

（县人社局 官磊）

民政工作

【概况】 2016年，龙游县民政局以加强为民解困、为民服务的能力建设为重点，以“贴心民政”“法治民政”“阳光民政”为抓手，进一步提升民政工作和民政人的社会形象。基本民生不断改善，基层治理不断创新，社会活力不断增强，专项事务管理水平不断提升，全面完成年度各项目标任务。民政整体工作取得了较明显的进展，在2016年度考核中被浙江省民政厅评为先进单位，获衢州市民政工作考核第一名；获市民政系统“最美集体”、龙游县2016年度“最满意单位”荣誉，被评为龙游“七五”普法先进集体、扶贫攻坚先进集体、建设“平安龙游”先进集体。

【社会救助】 以“托底线、救急难、可持续、保基本、补短板”为目标，着力完善以最低生活保障为主的社会救助制度体系，全面开展低收入农户的社会救助工作，落实补齐低收入农户增收致富的短板工作，全面提高民生保障水平。提升低保规范化管理水平，规范居民收入核定机制，开展社会救助家庭经济状况认定，将支出型贫困对象、低收入农户纳入低保范围，把困难家庭医疗费自负部分和就学刚性支出列入收入核减项目，使家庭经济收入的核定更加规范，低保兜底功能更加完善，做到“应保尽保”；进一步做好低保复核工作，对核查中发现的不符合低保条件的对象予以清退，死亡人员及时予以注销，确保“应退尽退”。至年底，全县有城乡低保对象11072户共13135人，人数占比为3.24%。全面开展医疗救助工作，确保低收入农户不因病返贫。对低收入农户家庭中持证的精神病人在县内定点医院住院发生的基本治疗费用实现个人就医零负担，全年累计医疗救助31874人次，补助资金1967.64万元。提请县政府出台《龙游县临时救助实施办法》，首次将持有“浙江省居住证”的在龙游工作的非本县户籍人口和发生困难的流动人口列入临时救助范围，打破临时救助工作属地管理的局限。在细化救助标准、规范内部审批审核流程的基础上，将临时救助数额小（额度在2000元以下）的救助审批权限下放乡镇（街道），重点向家庭年均收入4600元以下低收入农户倾斜，保证救助措施及时到位，实现临时救助的高效率和快反应。至年底，全县共拨付重大临时救助申请对象救助资金335万元，拨付乡镇（街道）临时救助资金150万元。建立完善“一门受理，协同办理”工作机制，精简规范业务程序，使救助对象的申请以及审批机关的调查、审核、审批、核对等程序实现一表式管理。全面实施残疾人两项补贴制度，2016年6月，开展残疾人单独施保、困难残疾人生活补贴和重度残疾人护理补贴工作，把3916名重度残疾人全部纳入最低生活保障，进行单独施保，享受全额补助；对916名三、四级精神、智力残疾的成年人实行单独施保，享受差额补助。

图79 民政局志愿者到敬老院开展志愿服务活动

【防灾减灾】 分批分层次实施避灾安置场所改造升级工程，完成县救灾物资储备中心建设方案的编制工作，建立、健全县乡两级救灾物资采购、储备、管理等制度。加强乡镇（街道）、村（社区）级灾害信息员培训工作，共培训灾害信息员272名。扎实推进自然灾害救助工作，保证困难灾民的基本生活，确保低收入农户不因受灾而返贫，全年共下拨救济款52 万元，解决“6·16”“6·28”洪涝灾害等自然灾害中紧急转移的灾民、因灾造成居住房屋受损的临时生活困难灾民的基本生活需求。组织参加沐尘乡马戍口村抗台救灾工作，紧急转移受灾群众281户共678人。继续开展综合减灾示范社区创建工作，申报灵江、城角坊社区2家综合减灾示范区。完善县、乡、村三级救灾应急预案，提升自然灾害应急反应能力。

【“双拥”工作】 牵头组织开展节日拥军优属慰问活动，在元旦、春节和“八一”建军节期间走访慰问军分区、驻龙部队，共走访慰问4支部队、10个单位，慰问优抚对象189户，发放慰问金、慰问品22万元。认真贯彻落实《浙江省军人抚恤优待办法》，及时调整各类优抚对象的抚恤标准，全面落实优抚待遇，完善优抚医疗费“一站式”结算服务系统和结算办法，做好义务兵家庭优待工作，落实现役军人立功奖励政策。共为全县30名荣立三等功及129名荣获“优秀士兵”称号的军人发放奖金5.58万元，发放义务兵优待金570万元，发放高学历人员入伍奖励210万元，发放退役士兵一次性退役金743万元。引导社会力量参与优抚服务，促进优抚创新工作体制创新，全面形成社会力量关心关爱服务优抚对象的工作态势。完成烈士陵园主体工程、内部装修及景观工程建设，实施龙游县革命烈士纪念馆布展文案设计和招投标，有序推进烈士遗物和烈士纪念史料征集工作。

图80 9月30日，县领导在烈士陵园与抗战老兵话家常

【优抚安置工作】 全年共发放优抚安置保障经费3261.5万元（其中安置金851.5万元、优抚金2345万元、烈士褒扬金及其他65万元）。做好2001年至2011年选择自谋职业转业士官的就业情况调研工作；完成2015年10名冬季转业士官安置工作，通过考核、考试，安置到事业单位3人、国企3人、公益性岗位4人。全年接收退役士兵168人，根据相关要求，开展退役士兵职业技能教育培训，有118人自愿参加免费职业技能培训，有培训意愿退役士兵的参训率达100%。

【婚姻登记和收养登记】 为进一步提升婚姻登记工作水平和服务能力，满足办事群众对婚姻登记服务需求，按照“便民、为民、惠民”的要求，做好婚姻登记处新址装修工作。全年共办理结婚登记2877对、离婚登记1108对，其中补领结婚证1293本，补领离婚证46本。全年依法办理收养登记17例。

【民政执法】 加强执法教育培训，在坚持行政执法资格全省民政系统统考制度的基础上，积极参加市民政执法支队举办的专题培训，全面提升民政执法人员的综合素质和服务水平。在“全国法制宣传日”开展民政法律、法规和规章的宣传活动。大力推行节地生态安葬和绿色殡葬，建立、健全日常监管和源头控制，抓好“三沿五区”（即”沿公路、铁路、航道，水源保护区、文物保护区、风景旅游区、住宅区、经济开发区）违规墓地整治，助推“四边三化”。针对全县46处整治点，建立“一点一表一策”制度，明确一个整治点、细化一张表格、制定一项对策，明确整改期限，细化责任清单，完成46处违规坟墓的整治，绿化覆盖率达100%，“禁新”率达100%，从源头杜绝出现新的乱埋、乱葬现象。开展节地生态安葬的宣传活动，发放《关于推行节地生态安葬、倡导文明低碳祭扫的倡议书》《浙江省殡葬管理条例》等宣传资料6000余册，接受群众咨询3000余人次。分北、中、南三个片区，召开2016年乡村公益性墓地规划建设互看互学互比现场推进会议，各村支部书记通过观看乡村公益性墓地示范点，学习乡村公益性墓地建设的标准和要求，因地制宜开展公益性墓地绿化工作。完成乡村公益性墓地建设规划，有序推进乡村公益性墓地建设和骨灰存放堂建设，全年已建成乡村公益性墓地91处，另有20处在开工建设中；建成骨灰存放堂4个。

【区划地名工作】 继续做好第二次全国地名普查工作，全县共采集地名信息5053条，在衢州市率先通过第二次地名普查市级核查。提请出台《龙游县第一批地名文化遗产保护名录》（龙政办发〔2016〕17号），共收录古镇、古村落、古街、著名山川、古迹遗址、近现代重要地名、历史街区等第一批地名文化遗产保护名录40条。开展不规范地名清理整治工作，制订《加强地名文化保护清理整治不规范地名工作实施方案》（龙地名普查组发〔2016〕1号），对存在“大、洋、怪、重”等不规范地名开展调查摸底和清理整治，共排查出不规范地名47条。开展地名标志清理整治，加强地名标志设置、管理和维护，及时增设地名标志，清理破损标志6条，新增设地名标志63条。加强地名管理工作，重点抓好湖镇、溪口2个集镇地名设标。结合“创国卫”，对城区的A型路牌宣传画进行更新，对破损的路牌及时进行更换，共新设置路牌52块。完成杭衢线龙游建德段行政区域界线联检工作，与毗邻衢江区、遂昌县开展平安边界建设定期互访活动，深化平安边界建设，全年未发生因边界引发的纠纷事件。

【基层组织建设】 组织开展城乡社区建设“对口见学”活动，全县245个城乡社区（村居）参与活动，覆盖率达90%。推动“三社联动”的渗透融合和协调发展，以社区建设、社会组织培育和社会人才队伍建设为“三大着力点”，通过三者之间的联动，尝试形成社区、社会组织和专业社工之间资源共享、优势互补、相互促进的良好局面。完成“96345”信息平台整合，充分发挥社会组织服务平台的枢纽作用，让居民享受到丰富便捷的公共服务。做好第十一届村（居）委会换届选举的指导工作，起草、制定村（居）民委员会选举各类范本，积极参与大街乡村民委员会换届选举试点工作。深化社会组织管理制度改革，依法依规完善县社会团体、民办非企业、基金会的审批程序，有序扩大直接登记，取消“一业一会”限制，允许“一业多会”。2016年，全县共有依法登记的社会组织350家，其中民非单位176家、社会团体174家。全面完成2015年度社会组织年度检查工作，332家社会组织通过年检，取消不合格社会组织5家。做好第二轮浙江省现代社会组织体制建设创新示范观察点工作，健全和完善公共财政和福彩公益金支持社会组织开展社会服务的扶持机制，公益慈善类、社会福利类、社区社会服务类社会组织开办资金由3万元降低至1万元。推动以政府购买服务的方式，为老年人、残疾人、困境儿童提供福利服务。“龙游县水上救助协会”列入首批承接政府购买服务的社会组织，在全县水域开展了水上救助、打捞等相关业务，填补了民间水上救助工作的空白。加快社会工作人才队伍建设，培育和发展龙游县爱在人间协会、龙游县滴水公益服务中心、龙游大妈志愿服务协会、龙游县水上救助协会等一批公益性社会组织，共有爱心志愿者200余名。不断增强社区社会组织服务功能，登记成立“龙游县一家亲社会工作室”“龙游县好邻居互助工作室”等一批社区社会工作室。推动社区工作者向专业社会工作者转型，提高社会工作的专业化、职业化水平，至年底，全县已有社会工作职业水平资格持证人员22人。

【移民扶持】 保障移民合法权益，推动水库移民创业致富，促进水库移民尽快融入当地社区。精准调研，强化政策研制，规范2016年移民项目实施计划的审批，制定出台项目扶持管理实施办法和县级报账制实施细则，完成龙游县水库移民“十三五”规划报批。精准谋划，推进创业致富，对全县15个移民乡镇（街道）177个移民村开展产业发展规划调查，明确重点移民村基础设施建设和创业致富发展思路，用好、用足水库移民资金。以“厅市合作”创业致富精品示范基地建设为载体，以物业经济、来料加工、生态特色产业等为创业致富项目重点，2016年安排550万元为詹家8个整体安置移民村购置物业用房，拨付创业致富项目资金2105.18万元，占资金总量的53.58%。精准管理，强化资金监管，提高移民项目完成率和资金拨付率，共收回无法结报项目22个，涉及资金677万元；拨付资金5871.75万元，资金拨付率90.4%。精准服务，完成征迁工作，提前介入、主动作为，全力服务新建水库，游埠枢纽处于实物调查阶段，红船豆枢纽在编制移民安置规划大纲，高坪桥水库在短短的82天内完成移民搬迁安置协议的签订工作，涉及移民560户共1400多人。

（县民政局 吴敏）

老龄工作

【概况】 2016年，龙游县老龄工作委员会（简称“县老龄委”）扎实推进养老服务体系建设，深入开展“孝亲敬老”系列活动，认真开展“敬老月”庆祝活动，全县老龄工作取得新进展。至年底，全县有养老机构13家，其中县福利院1家、农村敬老院9家、民办敬老院2家、公建民营养老机构1家；共有社会养老床位3025张，每千名老人拥有机构床位32.9张；有城乡居家养老服务照料中心265家，覆盖率达97.4%；有206人新取得养老护理员职业资格证书；有百岁老人26名；有县老年电大教学点55个。

【加强社会养老体系建设】 在全市率先完成《龙游县养老设施布局专项规划（2016—2030）》编制工作。《规划》以龙游县社会福利中心为龙头设置服务全县的养老服务设施，具有规模大、服务功能全、专业分工明确的特点，在县域范围内起辐射和示范作用，引领和带动乡村社会养老体系建设，并为建设跨区域、跨国界的养生养老目的地建设夯实基础，打造龙游养老品牌。

【养老服务项目建设】 加大农村敬老院改造提升的力度，加快龙洲、横山、泽随、詹家4所敬老院改造提升工程进度。致年底，龙洲、詹家2家敬老院完成主体工程建设，泽随、横山2家敬老院完成项目招投标。县社会福利中心作为衢州市首个县级采用PPP模式运营的医养结合的养老机构，于2016年11月正式开业运营，新增养老床位530张，已有45位老人入住。创新城乡社区居家养老服务照料中心的运行模式，在全市率先对4家社区居家养老服务照料中心进行民办非企业注册登记，并通过政府购买服务、社会捐赠等方式，为老人提供餐饮、日间照料、生活护理、精神慰藉等形式多样的服务，发挥较好的示范引领作用。2016年，新建城乡社区居家养老服务照料中心60个，新增城乡社区居家养老服务照料中心示范点15个。

【农村敬老院消防安全整治】 投入377.26万元用于全县农村敬老院的消防改造。配齐、配全消防器材，小南海、模环、詹家、龙洲、塔石、泽随6家敬老院共安装独立烟感报警器260个，县福利院和9家乡镇敬老院安装了智慧式用电安全隐患监管系统，进一步消除安全隐患。通过努力，泽随、詹家、模环敬老院通过县消防备案与验收；对暂时达不到消防要求的龙洲、塔石、横山等3家敬老院，经县民政局和敬老院所在乡镇（街道）协商，决定予以关停，并完成人员安置。

【“银龄互助”活动】 继续开展关爱贫困老人送光明行动，为全县48名老人免费提供白内障手术。积极开展老年人意外伤害保险活动，活动惠及老人4.3万名。扩大养老服务补贴对象的范围，将孤寡优抚对象、“五保”对象、百岁老人等特殊老人群体纳入养老服务补贴范围，发放养老服务补贴23.85万元。加强“敬老文明号”创建，丰富老年人精神文化生活，组织开展形式多种的敬老助老活动。组织干部职工和社会志愿者（包括义工总会、龙游大妈、爱在人间协会）5000余人次，定期到各敬老院开展义工活动20余次。对养老服务补贴的申请对象开展核实、调查，做好养老服务补贴发放工作，全县享受养老补贴服务人数为1775人。联合龙游县义工总会、龙游爱在人间协会为敬老院、福利院的孤寡老人捐赠收音机、电视机，给老人包水饺，并邀请医生上门问诊。与太平洋人寿保险公司联合，开展全县60周岁以上老年人意外伤害保险工作，其中80周岁以上（含80周岁）老人参保12392人，参保金额24.78万元，参保率为100%；60周岁至79周岁老人参保19582人，参保金额39.16万元，参保率26.5%。理赔金额达10余万元。为400名城乡困难老人、独居老人、空巢老人等特殊群体配备一键通手机，赠送手机和话费共计金额17.6万元。

【“敬老月”活动】 开展“敬老与月”活动，联合县老干部局、县老年人体育协会在县体育馆举办“庆祝全国第四个老年节暨龙游县老年体艺展示活动”，全县各乡镇（街道）11支老年人健身操参赛队伍（约300人）进行了各具特色的汇报演出，展示了全县老年人的活力风采。重阳节前夕，县四套班子领导走访慰问县福利院和9所农村敬老院，看望老人800多人（其中包括24位百岁老寿星），为老人们送上慰问金、慰问品和节日的问候，送去党和政府的关怀。

【规范日常工作】 完成老年电大县级分校民办非单位法人登记，完成春秋两季招生。全年共办理老年优待证1800本。确保兜底型养老，扩大普惠型养老，支持社会化养老。进一步完善养老服务补贴制度，全力保障特困人员生活，集中供养城镇“三无”人员23人、农村“五保”人员562人，集中供养率分别达到100%和93.09%。组织22人参加衢州市养老护理员培训班学习；委托县总工会职业技术学校举办2期养老护理员培训班，共参加培训184人次，全部取得初级养老护理员职业资格。通过各种培训，全面提升养老服务能力，为全县养老服务业发展提供人才保障。

（县民政局 吴敏）

表21

2016年度龙游县百岁老人基本信息

姓名	性别	出生年月	年龄	补助时间	补助标准（元）	家庭住址
徐银娣	女	1912.09	105	2012.02	800	塔石镇舒村村
汪会田	男	1913.05	104	1012.04	800	石佛乡夏家村
陈根有	男	1913.11	104	2013.01	800	石佛乡三门源村
裘根美	女	1914.06	103	2013.04	800	龙洲街道红星社区
徐冬香	女	1914.09	103	2013.04	800	塔石镇前夏村
傅银娣	女	1914.08	103	2013.09	800	小南海镇汀塘圩村
余云香	女	1915.11	102	2014.01	800	龙洲街道红星社区
冯金兰	女	1915.08	102	2014.01	800	龙洲街道红星社区
林金弟	女	1915.09	102	2014.04	800	湖镇镇希塘村
王阿凤	女	1915.09	102	2014.10	800	模环乡湖塘殿村
郑美香	女	1915.10	102	2014.10	800	小南海镇翠光岩
聂四美	女	1915.04	102	2014.04	800	詹家镇石亘村
周　香	女	1915.12	102	2016.01	800	詹家镇詹家村
叶福弟	女	1916.01	101	2015.01	800	社阳乡金龙村
赖以安	男	1916.06	101	2015.04	800	东华街道十里铺村
陈裕泰	男	1916.10	101	2015.04	800	小南海镇傅家新村
张奶奶	男	1916.12	101	2015.11	800	小南海镇汀塘圩村
雷玉美	女	1916.11	101	2015.11	800	庙下乡芝坑口村
范珠凤	女	1916.08	101	2016.08	800	庙下乡庙上新村
杨金美	女	1917.07	100	2016.07	800	庙下乡陈村村
吴凤美	女	1917.04	100	2016.04	800	溪口镇溪口村
张春高	男	1917.01	100	2016.01	800	罗家乡荷村村
徐招文	男	1917.05	100	2016.05	800	罗家乡罗家村
杨清寿	男	1917.09	100	2016.09	800	小南海镇傅家畈村

老年大学

【概况】 2016年，龙游县老年大学遵照“政治建校、平安立校、质量兴校”的办学原则，按照“教、学、乐、为”的教学方针，开设文学班、绘画班、书法班、旅游文化（实验）班、歌咏班、越剧唱歌班、越剧二胡班、婺剧二胡班、婺剧唱歌班、胡琴初高级班、月琴班、葫芦丝班、太极拳班、舞蹈综合班、广场舞班、卡拉OK班等21个班级，聘请教师16名，另有兼职教师2名。至年底，有学员1200多名。全体学员在各专业教师耐心细致的辅导下，勤奋努力学习，达到“老有所学、老有所乐、老有所为”的目的，为构建和谐校园、平安校园奠定基础。

【合理设置教学课程】 根据老年人的特点和老年人与社会的双向需求，拓展渠道，以活动为载体，丰富老年人的精神文化生活，扩大老年教育的影响力。老年教育的本质是对老年进行生命教育，它同职业教育的区别在于通过教育帮助老年人提高生命质量，完善第二人生。这就决定了老年教育必须运用不同于职业教育的教学方式，按照老年人的学习需求，结合县委、县政府的中心工作，有针对性地办校施教，以贴近时代、贴近社会、贴近老同志的特点，适应社会发展形势和老同志要求。在开设课程时，学校坚持政治性与知识性、思想性与趣味性的统一，努力满足老同志学习知识、开阔视野、陶冶情操的需要。2016年学校开设的舞蹈、文学、摄影、婺剧、歌咏、音乐、葫芦丝、书法、旅游文化等班级都是根据老同志的爱好而设置的。

【成立老年人爱好者协会】 在办学过程中，注重在龙游特色上下功夫，尽力把龙游县老年大学打造成具有龙游语言、龙游风采、龙游文化的老年大学。龙游县老年大学根据学员各自的爱好，成立老年书画研究协会、老年摄影协会和老年文艺爱好者协会，3个社团共有成员350多人。各社团配合县委、县政府中心工作，开展丰富多彩的社会活动。

【开展文艺宣传活动】 老年文艺爱好者协会配合县政府开展“五水共治”“三改一拆”“四边三化”等重点中心工作，创作《打赢治水攻坚战》《三改一拆谱新章》《伍大妈治水》等文艺节目，与宣传、文化部门一起送戏下乡，到全县各个乡镇、街道、社区巡回演出30多场次；与此同时，老年大学舞蹈班的教师和学员还参加由县文广新局主办的30场“相约最美，携手同行——‘543’专题文艺巡演”，参加在全市各县（市、区）举行的“百乡千村赛水赛歌比赛”。为庆祝建党95周年，组织全体师生开展“庆祝建党95周年暨长征胜利80周年”文艺演出活动，演出紧紧围绕“红色精神、长征精神”为主题精心编排节目，内容丰富，精彩纷呈，其中《重温入党誓言》《翻雪山过草地》《十送红军》《忠魂曲》等节目无不传递着军民同心的满满正能量。重阳节期间，为了庆祝全国第四个老年节，与县体育局、县民政局及县老年体协联合举办老年人体艺展示活动，县老年大学艺术团的30多名文艺爱好者参加了演出，展示老年人乐观向上、充满活力的精神风貌。老年大学婺剧座唱班由原来的婺剧二胡班的老年学员组成，成员平均年龄在65岁左右，在2016年的龙游县农村文化礼堂婺剧（徽戏）座唱班大赛上取得大赛铜奖的好成绩；9月，县老年大学婺剧座唱班由毛根清老师带队，参加衢州市中老年人“我们正年轻”才艺大赛，喜获二等

图81　6月25日，龙游县老年大学举行庆建党95周年暨长征胜利80周年文艺汇演

奖；老年大学婺剧座唱班学员常年活跃在广大农村，通过自娱自乐的方式，营造浓郁的婺剧氛围，丰富群众的精神文化生活，同时也成为农村文化礼堂最接地气的代表，为推动地方戏曲的发展发挥重要作用。

【开展书画“三进”等活动】 老年书画研究会与县委宣传部一起开展书画文化“三进”活动（即书画文化进校园、进乡镇、进军营）。通过活动，传承和弘扬中华优秀传统文化，以书法、绘画为载体，搭建师生、书画爱好者和书画家交流平台，引导中小学生、部队官兵树立正确的历史观、民族观、文化观，促进校园文化、军营文化建设，使中国传统的书画艺术继续发扬光大。与此同时，书画进乡镇也加强了乡镇之间的相互学习和交流，提高城乡老年书画水平，促进美丽乡村建设，助推乡镇的经济社会发展。为纪念长征胜利80周年，县老年书画研究会组织会员书画展，精选书画作品80多幅，作品题材广泛、主题鲜明、内容丰富，表现了生态文明的自然之美、科学发展的和谐之美，充分展示老同志对书画艺术孜孜以求的好学品质，体现老年学员热爱祖国、热爱生活的真挚情感和“活到老、学到老”的乐观向上的精神风貌。

【摄影创作服务中心工作】 在老城南拆迁改造中，县长刘根宏要求县老年摄影协会组织一次“大南门旧城风貌摄影比赛”。县老年摄影协会组织由50多人组成的庞大摄影队，多次走进老城区、老胡同，拍摄风景、人物、风俗照片，见证城市历史变迁。在收集的5000余幅作品中，筛选出珍藏作品30件、资料作品50件、优秀作品120件，为龙游县传承传统文化、强化历史记忆保存珍贵的历史影像。老年摄影协会会员积极参与县内“美丽乡村建设”“五水共治”等重大活动拍摄任务，为宣传龙游、保护龙游环境起到一定的作用。这些活动的开展，在配合县委、县政府做好中心工作宣传的同时，丰富了学员的精神文化生活，提高了学员的学习兴趣，发挥了他们的余热，展示了老年人的风采，为促进社会的和谐发展做出应有的贡献。

【老有所学、老有所为】 老年教育不以单纯的健康快乐为目的，而是把学习、快乐、有所作为有机结合起来，引导在老年大学学习的老年人既追求健康快乐、又实现老有所为的目标。县老年大学坚持课堂教学与实践相结合，根据老年人特点，不断改进教学方式和讲授方法，实现一二三课堂“讲、读、做”相结合，在精心安排课堂教学的同时，利用一切机会和条件，组织学员开展校内实践活动和社会实践活动，配合县委、县政府的中心工作开展宣传和教学展演，促进学员把知识转化为能力，在学习中提高自我，使很多老同志开发了自己的潜能，实现知识转变所带来的价值，涌现出一大批大器晚成的老年人才。书画研究协会集中140多名创作人员，他们的书画作品在国内获得众多的奖项，其中有10多人出版了个人书画集，20多人举办了个人书画展，47人被全国和省、市书画协会吸收为会员；老年摄影协会还参加国家和省、市、县组织的各类摄影比赛活动，仅2015年创作的作品就获国家级奖励4个、省级奖励7个、市级奖励2个、县级奖励12个。

图82 6月29日，县老年大学书法班第二批学员结业

【发挥老同志的“三大作用”】 老同志是党和国家的宝贵财富。老年大学充分发挥老同志的优势，引导他们积极参与社会实践，发挥好三大作用。首先是发挥安定一方、稳定社会的作用。学员们通过学习和实践，讲政治、讲文明、讲科学、求知识，培养高尚情操和健康的生活方式。通过发挥老年学

员的政治优势和个人威望，起到一人上学，全家受益，再由家庭辐射到整个社会的作用，全力做社会正能量的传播者。其次是发挥弘扬先进文化、丰富群众文化生活的作用。比如举办书画展览、摄影大赛等。通过送演出到街道、社区、敬老院等活动，推动基层群众文化活动的广泛开展。再次是发挥老同志的示范、榜样作用。老年大学组织搭建好平台，充分利用老同志经验丰富的优势，号召他们参与龙游经济建设、新农村建设和社会主义和谐社会建设，承担起对下一代进行社会主义核心价值观教育等责任。

（县委老干部局　毛晓东）

慈善和社会福利事业

【概况】 2016年，龙游县慈善总会围绕“安老、扶幼、助学、济困”宗旨，积极开展筹募工作，努力做好慈善救助工作。全年共募集资金565万元，援助资金243.27万元。

【实施慈善项目】 县慈善总会坚持募捐与救助并举，围绕赈灾、助老、助残、助学、助医、救孤、扶贫济困等内容，认真做好慈善救助工作。实施万向慈善基金“四个一万工程”（即资助一万名孤儿成长、一万名特困生读书、一万名残疾儿童生活、一万名孤寡老人养老）项目，受助学生24人，援助资金为5.96万元；实施衢州市慈善总会助学项目，扶助特困大学生21名，每人一次性援助资金5000元，共计10.5万元；实施“福彩儿童慈爱基金”大病救助项目，共捐助6人，发放救助资金12万元。

【开展慈善活动】 认真做好慈善定向捐赠活动，全年共接收定向捐赠45.3万元。开展春节送温暖活动，帮助困难家庭欢度春节，为全县1599多户特困家庭发放慰问金142.79万元，把慈善的温暖送到千家万户；中秋佳节为敬老院610位老人发放中秋月饼，给老人带去节日的问候。开展慈善嘉年华活动，成功组织全县各爱心团体进行义卖、义拍、义演、义诊、免费理发等活动，开展爱心助学和赠送电视机、洗衣机等扶贫公益项目，200多名义工参加活动，活动当天共筹得义卖善款1.38万元，全部用于贫困帮扶活动。

【爱心慈善超市建设】 龙游县彩虹之家是衢州市首家正式试营业的慈善超市。按照成立登记非营利性社会组织的模式，彩虹之家实现由超市借柜台向自己设柜台转变。慈善超市占地150多平方米，投资20万元，德辉食品、舜浦纸业、网商联盟、毛源昌眼镜等12家进驻企业均设立爱心专柜，改善了原先慈善超市无店面、无场地，慈善物资无处接收的状况。同时，以解百超市为慈善购物平台，对县内所有非农户口低保户发放慈善超市爱心卡，并对慈善爱心卡让利部分做出调整，非农户口低保户可享受慈善超市商品价格的6折优惠。

【创新义工活动方式】 县慈善总会充分调动义工志愿者的积极性，集思广益，积极开展敬老、助老等慈善活动，一改以往慰问模式，真正从感情上给予老人关爱，从生活上给予老人帮助。倡导全民慈善理念，推动“手牵手”模式，龙游义工总会先后到5家敬老院看望老人，组织义工为老人包饺，开展免费上门理发、义诊、配老花镜、义演等活动，给老人送去爱心和温暖。尤其是龙游爱在人间协会，自成立以来发展迅速，会员由原来的50人发展到202人，有理事23人。2016年，爱在人间协会通过圆梦助学活动，结对困难学生40名，筹集助学金11.7万元；“六一”儿童节期间，共发放慰问金1.5万元，发放学习用品3000元；7月，专门为腿残学生捐款2.1万元，12月，为尿毒症患者捐款3.03万元。

【《慈善法》宣传】 加强与主流媒体的合作，在《今日龙游》上开设慈善法宣传专版，全方位、多视角宣传《中华人民共和国慈善法》的重要意义。印制并发放《慈善法》宣传册5000余份，使广大城乡居民更好地了解慈善工作，为慈善事业发展营造良好的社会环境和舆论氛围。开设龙游民政微信公众平台，设置慈善法宣传板块，开设《每天学习一点慈善法》专栏，先后刊发8期，并附上宣传漫画，突出宣传的即时性和可视化，得到大量转发，传播效果良好。利用“微龙游”微信平台，介绍龙游县近2年慈善救助和慈善工作开展情况，并对《慈善法》进行解读。编辑宣传短信，通过农技110和移动短信平台发送宣传短信10余万条，扩大《慈善法》的知晓率，营造家喻户晓的社会氛围。

【福利企业管理服务】 严把福利企业年检年审关，强化福利企业监管力度，完善福利企业监督检查机制，加大福利企业管理力度，提高福利企业管理工作效率，推动福利企业健康持续发展。全县有福利企业13家，2016年注销1家（浙江杜山集团华昌印刷有限公司）、新增1家（龙游县鼎超紧固件有限公司），保留福利企业资格2家（浙江杜山集团有限公司、龙游天池山水泥制造有限公司）。11家福利企业集中安置职工2997人，其中残疾人职工1046人，安置比例为34.9%。加强对福利企业的监督管理，采取实地检查和指纹考勤网络检查相结合的措施，每月对全县福利企业进行20%以上的实地检查。同时，通过指纹（面部）考勤网络平台，抽查企业当日或当月残疾人职工签到情况。要求各福利企业加强信息公开，将每月安置残疾人职工数、安置比例、发放工资、缴纳社保等信息进行内部公开，接受监督。

（县民政局 吴敏）

关心下一代工作

【概况】 2016年，龙游县关心下一代工作委员会（简称“关工委”）围绕县委、县政府中心工作，坚持服务青少年的正确方向，充分发挥“五老”（即老干部、老战士、老专家、老教师、老模范）优势，着力加强青少年思想道德建设，积极参与社会治理，扎实、抓好基层建设，全面提升全县关心下一代工作质量和工作水平。至年底，全县已建立各级关工委组织375个，其中乡镇（街道）15个、社区7个、机关事业单位23个、行政村262个、学校53个、民营企业15个。全县有“五好”关工委达标单位110个。获2016年度浙江省关工委先进集体荣誉。

【青少年社会主义核心价值观教育】 组织“五老”讲师团进校、进社区、进村开展“党史、国史”“爱学习、爱劳动、爱祖国”等专题教育活动20余场，受教育人数达6000人次。通过活动，引导青少年听党话、跟党走，全面激发青少年对党、对祖国的热爱。联合龙游县教育局在全县中小学开展“逐梦路上”主题征文活动，吸引550多名中小学生投稿，取得良好成效。联合团县委开展2016年浙江省大学生志愿者“筑梦趁年华，国学暖畲乡”暑期社会实践活动，结合当地畲族学生与汉族学生共存的现状，开设特色国学讲堂，将君子之道和传统艺术带入畲乡。联合湖镇镇、浙江省十里坪戒毒所、湖镇初中等单位开展“植万树、清千塘、美百河”行动，提高青少年环保意识，助推美丽环境建设。联合县水利局、县教育局、团县委等部门在塔石小学开展以“珍爱生命、预防溺水”为主题的中小学预防溺水安全教育，提高青少年防溺水安全意识和自护、自救能力。联合县公安局、县卫计委等单位在

图83 县关工委到全县各学校开展“青春健康，远离毒品”宣传活动

寺后初中开展青春健康教育示范基地揭牌仪式暨“青春健康，远离毒品”宣传活动，提高青少年远离毒品的自觉性。联合县教育局、县司法局等单位在龙游中学和龙游第二高级中学开展“青春拥抱时代，梦想迎接未来”2016届高三学子十八岁成人宣誓仪，让青少年树立“牢记责任，敢于担当”的意识。

【青少年助学帮困活动】 4月，开展留守、困境儿童调查摸底工作，建立、健全留守儿童信息资料。5月，联合企业开展“罗麦启明公益万里行”活动，50名特困山区孩子获赠生活物资5万元；6月，开展“六一”儿童节走访慰问活动，为兰塘小学、詹家小学的孩子们送去节日礼物和祝福，并联合企业开展“点亮‘六一’微心愿，关爱山区留守儿童”等爱心活动，为石佛乡大力山小学送去温暖；7月，开展2016“福彩暖万家，助圆大学梦”千名困难大学新生专项资助活动，13名大学新生受助5000元/人的助学金，计6.5万元；8月，开展2016“福彩暖万家”——3000名困难高中生专项资助活动，70名困难高中生受助1000元/人的助学金，计7万元；9月，开展“爱心圆梦，视力健康”毛源昌“百校万人”公益大行动，1061名中小学生受赠市场零售价500元眼镜一副，计5.3万元。同时，县关工委积极做好贫困学生助学结对的牵线搭桥工作。8月，开展实地走访慰问活动，共为5名特困大学新生送去慰问金6000元；10月，开展“社区矫正”活动，配合省关工委结对矫正2名困境儿童。初步统计，全年共资助学校20余所，受助学生达2000余人，发放资金40余万元。

【青少年安全教育活动】 主动抓好留守儿童、困境儿童的假期安全教育工作。利用村文化礼堂、儿童之家、图书室等阵地，开展“春泥计划”、大学生暑期实践活动、“假日学校”、“暑期爱心课堂”等暑期文化补习和艺术培训活动，丰富孩子们的暑期生活。依托社区少年宫，开展“心连心，翰墨溢春泥”走进留守儿童书画培训系列活动，为城乡120余名留守儿童进行为期5天的暑期书画培训，提高孩子们对书画艺术的认知水平和兴趣。加强关爱工作团建设，组织“五老”与失足青少年结对帮教，参与庭前调查、讯问陪审、社区矫正等帮教活动，以“合适成年人”身份参与3宗刑事案件诉讼，代表他们的法定代理人在场陪同讯问和参与法庭审理，充分保障和维护未成年人合法权益。9月，联合县公安局、县检察院、县法院、县司法局等单位建立龙游县涉罪未成年人社会观护帮教基地机制，切实落实“教育、感化、挽救”方针，帮助涉罪未成年人更好地树立正确的人生观，顺利回归社会，努力预防再次犯罪。

图84 县关工委组织“五老宣讲团”到学校开展“两史三爱”教育活动

【“五老”作用发挥】 充分发挥“五老”的作用，组建“五老宣讲团”“五老关爱团”“五老文艺团”“五老志愿者”，广泛开展宣传教育活动。组织“五老宣讲团”进学校、进社区、进乡村礼堂开展党史、国史等爱国主义教育；组织“五老关爱团”进县少管所开展帮扶结对、社区矫正活动，通过探望、谈心、家访、送学习用品等方式，促使失足青少年转化，降低重新犯罪率；组织“五老文艺团”开展以“五水共治”“美丽乡村建设”“三改一拆”等为中心的文艺宣传活动；组织“五老志愿者”开展假期安全教育活动，针对暑期“溺水、触电、交通”等安全事故易发的特点，动员“五老志愿者”开展河道边、网吧巡逻督查活动，发放安全倡议书5万余份，制作安传宣传牌50多块，举办各类安全教育培训班20多期，受教育的学生达9200多人。把青少年道德实践活动与“春泥计划”活动有机结合起来，培育和践行青少年的社会主义核心价值观，为“留守儿童”创造健康成长的良好成长环境。

（县关工委　毛幼燕）

残疾人事业

【概况】 2016年，龙游县残疾人联合会（简称“县残联”）紧紧围绕衢州市人民政府残疾人工作重点任务责任书、市残联“十大专项行动”和龙游县委、县政府的中心工作，主动作为，狠抓落实，扎实推进各项工作的开展。

图85　4月29日，龙游县召开全县残疾人工作会议暨县残联第六届主席团第二次全体会议

【注重队伍建设】 根据县委和县直机关工委统一部署，在全县残联系统开展“学党章党规、学系列讲话精神、做合格党员”学习教育，按照计划安排，在自学的基础上组织全体人员进行集中党课学习、体会交流和参与实践活动。将各乡镇（街道）残疾人工作纳入县委、县政府综合考核内容，以平常工作为主，实行按季考核，所得分数作为各乡镇（街道）、各乡镇（街道）残联和专职委员三个层次年度评评先的考核依据，并与专职委员的年终奖金挂钩。及时将衢州市残疾人工作重点任务责任书和“十大专项行动”工作分解到各残工委成员单位和各乡镇（街道），并实行领导包干、工作人员包片的工作机制，残工委成员单位由班子领导负责协调对接，乡镇（街道）由科室分组包片负责督导。在全县乡（镇、街道）村两级残疾人专职委员中，开展“提升残疾人信息采集入户率、残疾人工作熟悉率、残疾人工作满意率，争创最美残疾人专职委员”活动。经市残联联评，龙洲街道专职委员徐伟雪、溪口村专职委员叶小萼、下宅村专职委员洑树生获得“最美残疾人专职委员”荣誉称号，塔石镇专职委员余露露、大街乡专职委员朱征平、庆丰村专职委员曾正和获“最美残疾人专职委员”提名。

【开展康复工程】 全年完成白内障复明手术240例、助听器验配76台、下肢假肢装配10条、髋或膝关节置换手术15例、盲人定向行走训练15人、助视器适配15人；安排聋儿语训6人、脑瘫儿童康复训练5人、孤独症儿童康复训练3人、智障儿童康复训练10人、普及型辅助器具和儿童矫形器配送10人。全年为190户有需求的残疾人家庭进行无障碍改造和辅助器具配发，其中无障碍设施改造37户、辅助器具配发153户，总投入资金24.77万元。与龙州医院合作创建使用面积在185平方米以上的残疾人“中途之家”，配备智能坐便器、升降衣柜、平衡杠及附件、站立床（手动）、下肢关节康复器、电动护理床和无障碍橱柜等基本康复训练器具、辅助器具及无障碍居家体验设施。在全县范围内安排170家“家庭病床”，由乡镇卫生院的责任医生、乡镇专职委员和村康复协调员组成服务团队，为有康复需求的重度一、二级肢体残疾人提供医疗康复服务、居家无障碍服务和家政志愿服务。自2016年1月1日起，对纳入《浙江省重性精神疾病信息管理系统》进行社区管理，并将特殊病种门诊治疗申报手续的二级以上重度和特困供养、低保的精神残疾参保患者全部纳入免费服药保障体系，全县共有423人享受此项政策。

【实施两项补贴】 县残联按照浙江省残联的要求，主动与相关部门对接协调，积极推进困难残疾人生活补贴、重度残疾人护理补贴等两项补贴的实施，严格把握“八关”。即把好政策出台的“起草关”和“衔接关”，做到新老政策的无缝衔接；把好相关人员的“沟通关”和“培训关”，确保政策执行部门和人员的思想高度一致；把好受益对象的“调查关”和“审核关”，确保应补尽补；把好工作落实的“公示关”和“督查关”，做到政策落实的公开公平公正。两项补贴政策在2016年7月全面落实到位。至年底，有6498人享受困难残疾人生活补贴政策，4179人享受重度残疾人护理补贴，政策执行过程相当平稳。

【落实扶助措施】 采取将市残联危房改造资金和县残联预算资金拼盘使用的办法，加大对特困残疾户危房改造的扶持力度，2016年确定的12户拆建户全部改建到位，4户修缮户也全部完成。组织残疾人养老助残照料中心创建试点村龙洲街道方门街社区和湖镇镇溪底杜村负责人到周边县（市、区）参观学习，并积极指导创建工作，帮助村（社区）筛选符合条件的在就业年龄段范围的智力、精神和其他重度残疾人，协助村（社区）落实好残疾人来料加工项目，助推正常运行。创新落实光伏扶贫项目，湖镇镇文林村、溪底杜村的5户残疾户光伏扶助试点全面完成，每户均安装光伏板12块，预计年发电3300度，总投资2.6万元，由政府补贴6000元，市残联补贴9600元，合计补助15600元，缺口的10400元由项目公司担保向信用社贷款，分4～5年还清，贷款的利息由县残联给予补贴，项目所产生的效益归残疾户所有，粗略估算为3500元/年左右，效益良好。全年为13名残疾人大学生申报减免学费、住宿费等14.9万元；为30户残疾人创业户补助9万元；发放残疾人扶贫贴息41.8万元；发放残疾人工疗机构辅助性就业奖励24.7万元；补助扶贫基地用于安置和辐射残疾人就业9家共计22.8万元。4123名残疾人的城乡居民合作医疗纳入政府补助；3310名重度残疾人享受全额低保。建成并巩固残疾人庇护中心11家，安排残疾人辅助性就业196人。完成残疾人职业技能培训261人，培训残疾人参与电商创业就业131人。新增残疾人就业16人，全县残疾人按比例就业人数达到了412人。

【营造发展环境】 召开全县残疾人工作会议暨县残联第六届主席团第二次全体会议，补选县残联第六届主席团委员、副主席，通过人事调整方案，听取并审议通过县残联执行理事会工作报告。“六一”儿童节期间，县残联领导班子走访慰问北辰小学和泽雅学校在读残疾学生，到罗家乡芠塘金村看望残疾孤儿张志恒和“福彩牵手”受助对象——残疾儿童傅周涛，为他们送去慰问金和节日的问候。塔石、东华等乡镇（街道）残联也组织开展对残疾儿童的走访慰问活动。助残日前夕，在全县范围内开展0～6周岁残障儿童全面筛查工作，为有针对性地开展残障儿童特殊教育、康复训练、落实生活保障等政策提供依据。同时，对全县0～14周岁孤残儿童进行调查，全县共有孤残儿童7名，其中在福利院等机构6人、在家跟（外）祖父母的1人。主动协调县新闻中心、县电视台等部门，共选出18件作品参加市级年度残疾人事业好新闻评选活动，获二等奖2个、三等奖6个，并获得组织奖。选送童浩宁等4名残疾人运动员分别参加省级残疾人体育一期和三期试训；选送龙游泽雅学校学生的1幅作品参加全国残障儿童“和平海报”作品征集活动，选送省残疾人书法一等奖获得者程功（听障）的作品参加全市“中国梦劳动美祖国颂”职工书画展；选送省级残疾人扶贫基地、浙江龙游真财塑业有限公司总经理胡澄参加衢州地区全省“最美残疾人”候选人联评，并入选为3名候选人之一，参与全省联评。

（县残联 林淑恒）

红十字会工作

【概况】 2016年，龙游县红十字会以创建“省红十字工作示范县”为标准、以抓“现场应急救护培

图86 5月27日，龙游县红十字会召开第四次会员代表大会

训”工作为特色、以提高“社会救助实力”为目标，着力做好“三救、三献”等核心工作，扎实推进县红十字会各项事业的发展。

【圆满完成换届工作】 5月27日，召开龙游县红十字会第四次会员代表大会，选举产生龙游县红十字会第四届理事会。在随后召开的第四届理事会第一次全体会议上，选举产生新一届的常务理事会和新一任会长、副会长，圆满完成换届工作。

【现场应急救护知识培训】 抓好培训基地建设。在龙游县职业技术学校搬迁新校址后，主动与职校领导接洽，按省红十字会设定的“救护培训基地”的标准，努力提升县红十字培训学校的软、硬件设施。先后与十里坪监狱、县公安局消防大队、龙游瑞涵礼品有限公司、龙游维达纸业、龙游嘉航礼品有限公司、浙江德洲五金有限公司、龙游伊利集团、龙游第三中学、龙洲街道方门街社区等单位合作，举办30余期培训班，共培训现场应急救护员1475余人，8300余人参加普及培训。

【救灾济困】 9月28日，遂昌县苏村发生泥石流灾害，龙游县红十字会在第一时间向社会发起救灾倡议，浙江晟美环境科技有限公司马上派人联系，捐助爱心款10万元。次日，龙游县红十字会就将该款项转交到遂昌县红十字会，用于苏村的灾后重建。建立“龙游县红十字会人道救助专项资金”，县财政每年安排资金10万元，用于县红十字会开展人道救助工作。认真实施浙江省红十字会安排在龙游的“博爱送万家”活动，为全县100户贫困户送去每户价值1000元的款物，为125名贫困学生送去每人价值300元的床上用品，为21名抗战老兵送去每人1000元慰问金，让他们在严寒中感受到温暖。继续实施“情暖龙游·红十字博爱公益项目”子项目，与县烟草公司共同建立“信实基金”，与爱仁眼科医院共同建立“爱仁公益基金”。2016年，借助红十字公益平台，共接收善款44.25万元。

【各项纪念活动】在“5·8”世界红十字日，县红十字会、县中医院联合东华街社区“博爱家园”项目点开展志愿服务活动，为200余位社区居民量血压、测血糖、检查身体，为他们送去一份关爱。在“5·12”防灾减灾日，在荣昌广场参与县减灾委员会组织的宣传活动，发放宣传资料500余份；与县科协、龙游三中联合开展学生逃生演练活动。重阳节，联合龙洲街道城角坊社区开展为老人免费体检和咨询活动，并为老人们准备了小礼品。

【生命关爱工作】 继续做好器官捐献工作。龙洲街道寺后村尹某某因车祸不幸罹难，其家人在悲痛之余，怀着大爱精神捐献了他的心脏、肝脏、肾脏、眼角膜。做好造血干细胞捐献工作，按浙江省红十字会造干平台的通知，处理11例初筛、5例再动员和3例高分辨。新接收1例器官捐献志愿者和4例遗体、角膜捐献志愿者的申请，他们怀揣着浓浓的爱心，郑重地在各自的捐献志愿书上签上了自己的名字。

【创建省级红十字会示范县】 2016年，浙江省红十字会组织开展第二轮省级红十字示范县创建。龙游县红十字会积极参与创建，对照标准，找差距、补短板。通过努力，龙游县顺利通过了省红十字会考核组的考核检查，成功创建“浙江省红十字工作示范县”。

（县红十字会 张剑平）

农业·林业·水利

概 述

2016年，龙游县十分重视“三农”工作，持续推进农村环境综合整治，深化“五四三”专项行动，努力践行习近平总书记“绿水青山就是金山银山”的科学发展理论，把农业供给侧结构性改革放在突出位置。大力发展高效生态循环农业，推进农业“两区”和富硒产业园区等项目建设，推动粮食、笋竹、柑橘、茶叶、水产等传统产业向绿色发展转型。实施“农业+互联网”“农业+旅游业”“农业+精深加工”等新的发展模式，促进农村一、二、三产融合发展。加大投入，推动农业绿化、农村美化、农民转化。围绕打造美丽乡村建设升级版，推动传统水产业、畜牧业和竹产业的转型升级，打造绿色生态农业强县。结合“四边”区域洁化、绿化、美化，科学划定全生态红线，做好平原绿化、森林抚育等工作，打造龙游的生态屏障。开展防洪排涝和河湖库塘的生态修复，加强对灵山江流域、衢江流域的综合治理，提高抗洪灌溉保丰收的能力。高坪桥水库建设平稳有序。经过多年的努力，龙游县在养殖、农产品加工、农田垦造、绿化管理、渔业发展、水利建设、治水治污等方面均取得了可喜的成绩，诸多经验都在浙江省以及全国推广。2016年，喜获“全国农业先进集体”“全国民生示范工程”荣誉，并成功入选“浙江竹产业提升发展试点县”。

农 业

【概况】 2016年，龙游县农业局以“创新、协调、绿色、开放、共享”为发展理念，切实促进农民增收和农业转型升级。全县粮食生产稳步增长，粮食播种面积为2.6万公顷，实现总产量16.24万吨；以“五水共治”和省级整县域推进生态循环农业示范县建设为契机，深化农业面源污染治理。先后承办衢州市畜牧业转型升级现场会、全国畜牧站长工作会议，并在浙江省畜牧业转型升级大会上作典型发言。土地承包经营权确权登记、颁证工作有序开展，完成全县土地实测面积1.74万公顷，完成率达87.1%。加快项目建设进度，全年共实施、推进农业“四重双百”项目6个，总投资3亿余元。积极培育新型农业主体，2016年，全县有规范化合作社140家，新发展家庭农场215家，累计发展家庭农场1281家。

【优化农业结构】 通过实现“五到位”（即全年计划种植面积落实到位、各项支农惠农政策宣传到位、农机维修与物质准备到位、技术培训指导到位、水稻高产创建活动组织到位），确保全县粮食生产保供增收，促进果蔬产业迅速发展。2016年，全县有水果面积5500公顷，总产量4.26万吨。蔬菜播种面积5600公顷，总产量17.60万吨，同比分别

图87 7月18日，龙游县与苗夫控股有限公司举行“龙游·龙游花海项目”签约仪式

增长1.2%和5.9%。蔬菜产业标准化建设加快，以正伟蔬菜专业合作社、湖镇镇七都蔬菜标准化示范园建设为依托，提升蔬菜生产标准化水平。茶叶产业持续稳定，新增长点初现。全县有茶园面积2000公顷，比上年增加140公顷。

【实施柑橘转型发展工程】 淘汰“三低”橘园469.1公顷，流转橘园466.68公顷，建设大棚设施24公顷，改造低产低效橘园472.22公顷。引进由良、葡萄柚、春见、爱媛28、满头红、马家柚等10个柑橘新品种，推广优良柑橘品种72.53公顷，建设23家柑橘精品示范园，面积达到315.47，柑橘产业向“生产标准化、经营规模化、品种良种化、品质优质化、产品品牌化”方向转型。

【助推黄茶产业化发展】 培育龙游黄茶特色强乡——罗家乡，完成2个龙游黄茶良种繁育基地建设，龙游黄茶珍稀品种“中黄三号”种植规模已达33.33公顷，产值达700万元。4月8日，2016中国·龙游黄茶文化旅游节在罗家乡罗家村隆重举行，县政府和中国茶叶研究室达成战略协议。县农业局整合资源，出台扶持政策，促进龙游黄茶产业化发展，呈现“规模持续稳定、品种结构优化、黄茶产业起航”的发展格局。

【深度发展生态循环农业】 按照全县域生态功能区建设和环境容量要求，对保留的养殖场进行减量拆除，按拆除时间节点确定拆除补助标准，推进减量减场工作。全县累计拆除生猪养殖场438家，拆除面积56.62万平方米；累计拆除水禽养殖场18家，拆除面积1.4万平方米。建立生猪养殖量市场化交易机制，成立全省首家国家级生猪交易市场（专业服务于生猪网上交易的平台），推进养殖主体资源整合，集聚发展，抱团发展；下发《关于深化推进生猪养殖场污染治理标准提升工作的意见》，推行“工业净化+农业循环”模式，提升生猪养殖污染治理效果，巩固畜禽养殖污染整治成果；协助环保部门开展生猪养殖场污染治理的后续第三方监管工作，保留的生猪养殖场全部完成智能电表、监控视频等智能化视频监控设施安装，并纳入衢州市智慧环保平台，实现保留规模猪场线上监管全覆盖；创新建立生猪养殖日常巡查“积分制”，下发《全县生猪养殖场环境违法行为累计扣分减量办法》，对生猪养殖污染的一般性违法违规行为实行累计扣分减量，倒逼生猪养殖业转型升级。深化种植业污染减排，全县实现统防、统治面积1.07万公顷，推广测土配方施肥面积3.5万公顷，农药减量79吨，化肥减量320吨。完善农药废弃包装物回收体系，回收农药废弃包装物64.7吨。试点秸秆综合利用工程，提升秸秆利用率。12月10日、12月21日，中央电视台财经频道、军事·农业频道先后对龙游县畜牧业转型升级的亮点工作进行专题报道。11月22—23日，全国畜牧站长工作会议在龙游召开，农业部副部长于康震高度评价“开启模式”和“集美模式”，认为“龙游的先进做法和工作经验为推进农业供给侧改革，加快绿色发展，实现现代畜牧业建设提供重要的支撑，非常值得推广，值得全国学习借鉴”。

【土地经营权确权登记】 采取试点与全面铺开相结合的方式，在县域范围内，全面开展土地确权登记颁证工作。在试点的基础上，对全县各乡镇（街道）土地确权工作的分管领导、具体负责人及业务骨干进行专题培训，统一作业方法和标准，确保工作顺利进行。全县15个乡镇（街道）262个村全部开展土地确权工作，完成承包方调查12.98万户，完成承包地测绘11.3万户，实测承包地面积17433.2公顷。

【顺利推进项目建设】 以“四重双百”项目建设为主抓手，充分整合各级资金，加快项目建设进度。累计投入资金6270万元用于粮食生产功能区基础设施建设，进一步加强服务功能，全年新增粮食生产功能区1033.33公顷；富硒产业服务中心、富硒产品试验示范基地均已按计划完工，准备接受验收；总投资5亿元、占地333.33公顷的“龙游·花海”项目落户园区，已完成规划设计，进入施工阶段，预计2017年年底前完成一期工程，项目建成后，将是长三角地区最具规模、最具影响力的花海；完成2016年“一事一议”项目的筛选申报，确定项目46个，总投资5062万，其中污水处理项目12个、饮用水项目7个，还有清洁塘治理、渠道建设、堤坝建设等项目27个。继续推进集体经济薄弱村异地联建物业园项目实施，年底，坐落于龙游工业园区内，投资4311万元、规划面积3.85公顷的集体经济薄弱村物业园一期工程已于12月底顺利通过竣工验收，附属工程已在建设中。

【健全农产品质量安全监管体系】 根据《省级农产品质量安全放心县建设标准（试行）》和《省级农产品质量安全放心县认定与管理办法（试行）》的要求，认真对照梳理，进行查漏补缺，联合各创建责任单位，统筹指导农产品安全工作。加强农产品质量安全执法力度，开展“绿剑”执法行动以及种子、农药、兽药、肉品、农资等领域专项执法2000余人次，查处兽药产品质量安全违法案件1起，查处肉品质量安全违法案件1起，有效打击农产品安全领域的违法活动。推进农产品质量追溯体系建设，做好农产品质量安全科普宣传，组织农产品质量安全科普宣传通车开展“四进”（进社区、进学校、进基地、进企业）等活动15场次，参加人员1200余人次，发放宣传资料1700余份，通过媒体宣传报道2次。

图88 3月25日，县农业局组织种粮示范户开展技术培训

【培育新型农业主体】 全年组织农场主参加各类培训200人次，新发展家庭农场215家（累计发展1281家），龙游良胜家庭农场等6家被评为浙江省示范性家庭农场。全县有规范化合作社140家，77家评定为省级信用合作社，200多家合作社参与开展“农超对接”“农校对接”“农企对接”和网上销售，涉及品种70余种，签订农业订单600余份，订单总金额达9600万元。继2015年“大咯大”品牌鸡蛋在浙江舟山大宗商品交易所挂牌上市后，2016年7月15日，浙江茗皇天然食品开发有限公司实现“新三版”挂牌上市。加快有机农产品培育认证，至12月底，全县有15个有机农产品，认证面积为926.67公顷，其中，新增有机产品3个，面积34，67公顷；有绿色食品10个，面积320.67公顷；有无公害农产品21个，面积1786.67公顷。

【转变农业发展方式】 扎实推进“机器换人”农业新型项目。至年底，建立粮油、茶叶、畜牧、果蔬设施等“机器换人”示范基地15个。粮食生产的耕作、收获、烘干环节以及农机装备保障等方面生产效率提高到80%以上，民优茶加工机械化率和规模以上养殖场机械化率均达到90%以上。进一步扩大农业生产全程社会化服务的覆盖面，促进农业发展模式的转变和升级。

（县农业局 汪林峰）

农业综合开发

【概况】 2016年，龙游县农业综合开发办公室（简称“县农开办”）在县委、县政府的正确领导和省、市农业综合开发办公室的大力支持下，深入学习中共十八大和十八大历次全会精神、习近平总书记系列重要讲话及上级有关会议精神，置身全县一盘棋，围绕县委、县政府工作重心，认真谋划、申报和实施项目。按照“创新、协调、绿色、开放、共享”的发展理念，大力发展现代农业，以农业增效、农民增收为目标，不断改善农业基础设施和农村生态环境，提升农业产业化水平和农民创收致富能力，促进“五水共治”、美丽乡村建设和乡村旅游业发展，全面完成县委、县政府下达的各项目标任务。全年实施各类项目总投资1.41亿元，是县农开办有史以来实施项目资金最多的一年。县农开办被衢州市农业综合开发办公室评为2016年度高标准农田建设先进单位。

图89 4月17日，县人大代表视察农开办土地治理项目区

【完成湖镇上下畈高标准农田建设项目】 湖镇上下畈高标准农田建设项目总投资1176万元，治理面积46.67公顷。项目于2015年9月进场施工，2016年9月全面完工，新建泵站7座、渠系物1600座、机耕桥3座、渠道24.11千米、机耕路11.02千米，浇筑水泥路2.39千米，营建防护林3.33公顷；同时，开展科技培训250人次，推广科技示范项目2个。

【完成贺田高标准农田建设项目】 大街乡贺田高标准农田建设项目总投资1092万元，治理面积433.33公顷。2015年9月进场施工，2016年年底全面完工，新建堰坝8座，改建加固堰坝3座，新建溪流护岸421.9米、维修加固溪流护岸192.3米，新建渠系建筑物477处、机耕桥8座、渠道13.56千米、机耕路4.44千米，浇筑水泥路2.47千米，营建防护林2.33公顷、游步道 360 米；同时，开展技术培训250人次，推广科技示范项目2项。

【完成石佛高标准农田建设项目70%的建设进度】 石佛高标准农田建设项目总投资1848万元，治理面积733.33公顷。项目以农业基础设施、旅游基础设施及景观节点设施建设为重点，新建堰坝6座、渠道17.66千米、渠系建筑物856处、机耕桥3座、机耕路15.97千米，浇筑水泥路6.97千米；推广科技示范项目2项。至年底，已完成项目建设进度的70%。

【提前实施沐尘小流域农业生态工程项目】 沐尘小流域农业生态工程项目总投资1512万元，治理面积566.67公顷。5月，项目提前3个月进入招投标阶段，7月完成招标，8月全面开工建设。项目建设主要内容有：新建堰坝7座、溪流护岸2123.1米、渠道11.29千米、渠系建筑物368座、机耕桥7座、农机下田埠头34座、机耕路3.82千米，浇筑水泥路3.64千米，营造农田防护林2公顷；同时，开展科技培训220人次，推广科技示范项目2项。

【提前实施灵山高标准农田建设项目】 灵山高标准农田建设项目总投资1848万元，治理面积733.33公顷。5月，项目提前3个月进入招标阶段，8月完成招标，9月开工建设。项目建设主要内容有：新建渠道17.73千米、渠系建筑物632处、机耕桥5座、机耕路7.14千米，浇筑水泥路5.67千米；推广科技示范项目2项。

图90 县农开办项目管理人员在灵山下徐村高标准农田建设项目区进行技术指导

【扶持农业产业化经营主体】 扶持龙游有春苗木专业合作社实施“龙游县千亩苗木基地建设项目”，项目总投资410万元，其中争取省以上财政资金180万元，企业自筹资金230万元。项目建设的主要内容是苗木基地建设和林下经济基地建设，建成13.33公顷高标准苗木示范基地，通过建设生产用房、农用道路、喷灌、机埠、水池等一批农业生产设施，提高企业生产能力，实现可持续发展，提升林业经济效益，增加农民就业机会，带动农民致富增收。至年底，项目已完成80%的形象进度。扶持龙游子卿竹木专业合作社实施“生态竹木高效培育基地建设项目”，总投资400万元，其中争取省以上财政资金180万元。项目主要内容是毛竹高效生态种植技术示范区的建设，竹、中草药复合种植技术示范林建设及基础设施建设。项目建成后将带动农户发展林下经济，提高竹山效益，促进农民增收，同时增加农民就业机会，并能有效改善土壤结构，提高水土保持能力，更好地保护生态环境。至年底，项目已完成50%的形象进度。以贷款贴息的形式扶持企业发展，全年扶持龙游外贸笋厂“水煮蔬菜原料收购流动资金贷款贴息项目”，项目总投资1940万元，补助贴息金额64万元，确保企业资金正常运转，增加竹农春笋销售收入，充分发挥财政资金“四两拨千斤”的作用。

【抓好农业综合开发部门项目的实施】 与县林业局联合实施“林业生态示范项目”，项目总投资260万元，其中争取省以上财政资金180万元；与县供销社联合实施“300亩（20公顷）优质茶标准化基地建设”项目，项目总投资305万元，其中争取省以上财政资金126万元。至年底，已完成以上2个项目的县级验收和资金拨付工作。与水利局联合实施“沐尘水库中型灌区节水配套改造项目”，项目总投资2598.22万元，其中争取省级财政补助2159万元，至年底，工程进入审价阶段。

【2017年农业综合开发项目谋划】 年初，与乡镇（街道）、村对接，开展调研和调查踏勘，聘请公司制作文本，并积极与浙江省农业综合开发办公室（简称“省农发办”）对接。谋划2017年土地治理项目3个、农业特色园区项目1个，总投资6593万元。

【助推县委中心工作】 按照县委、县政府的要求，切实推进“三改一拆”“五水共治”等中心工作。配合联系村杨村村、双戴村抓好“三改一拆”“五水共治”等各项工作；协助2个联系村进行美丽乡村建设方案的策划、规划和制订，并投入180万元承担部分建设内容；4月28日，组织县农开办工作人员参加“龙游县首届黄泥房建筑文化旅游节”宣传活动，帮助做好项目申报工作，计划在2017年投入500万元进行“农游结合”基础设施建设，协助双戴村推进乡村旅游。认领官潭村花坟前清洁塘、杨村村人工湖各1个，支持资金7.9万元，确保全县“清千塘、美百河”行动顺利开展。将土地治理项目的65%资金用于保供水、防洪水、排涝水、治污水、抓节水等“五水共治”基础设施建设。协助大街乡、石佛乡、溪口石角村创建国家AAA级景区，投入资金350万元，建设景区游步道、自行车道、景观桥等旅游设施。

【抓好招商引资工作】 积极服务企业和招商。在宏观经济低迷的形势下，通过提供优质服务，助推华派服饰有限公司开工建设。2016年，新引进落地招商项目3个（龙游荣惠纺织品有限公司“年产150

吨纺织品生产线”项目、浙江金苞谷食品有限公司“年产8500吨玉米速冻食品生产线”项目、官潭公社民宿项目），其中列入市级考核的亿元项目一个。3个项目均已全面开工建设。同时，积极捕捉招商引资信息。被县政府评为2016年招商引资先进集体。

【“创国卫”行动】 在“创国卫”行动中，县农开办面对包干区范围大、基础差，没有物业，垃圾多、厚、实等实际困难，积极采取有效措施，从有限的办公经费中挤出1万多元，雇佣5名专业人员和车辆进行清理，并支持兴龙社区保洁费1万元。出动200多人次上街进行常规性清扫，积极参加街面巡查活动，认真整理和编制创卫台账资料，通过努力，“创国卫”工作取得预期的效果，得到兴龙社区的充分肯定。

【工作成效】 加强农业基础设施建设，提高农业生产能力，增加农业收入，项目区农民年增收1100万元。加大林区道路设施建设，农民竹山年增收800多万元。积极推广科技项目，培育新型农民，加大产业结构调整力度。有效保护生态环境，确保人民生命财产安全。提升传统产业，做大特色产业，促进农业产业发展。扶持中心村和集聚点建设，加快农民下山搬迁的步伐。2016年，完成湖镇上下畈项目的绩效评级，完成马叶高标准农田建设项目、设施蔬菜新品种及优质高效配套生产技术示范推广项目、水毁修复工程项目、三元岭山区生态小流域治理 4个项目的省级验收工作。

（县农开办 桑琪）

畜牧业

【概况】 2016年，龙游县畜牧兽医局牢牢把握“产业要发展，农民要增收，环境要优美”的基本原则，按照“千家美丽、万家生态、绿色发展”的工作要求，紧紧围绕发展现代生态畜牧业的主要工作目标，以畜禽养殖污染整治提升、美丽生态牧场建设为抓手，以重大动物疫病防控和畜产品质量安全为重点，加快畜牧产业转型升级，努力提升畜牧业现代化水平，实现可持续发展，取得显著成效，被农业部评为“全国农业先进集体”。衢州市畜牧业转型升级现场会、全国畜牧站长工作会议在龙游召开，浙江省首家国家生猪交易市场在龙游成立，中央电视台财经频道、军事·农业频道先后播出龙游县畜牧业转型升级亮点工作，“推进生猪产业转型升级”项目被评为全国“2016年民生示范工程”，先后有广东、江苏、安徽、河北等省内外同行单位及媒体记者60余批次、700余人到龙游考察学习畜牧业转型升级工作。

图91 4月1日，衢州市畜牧业转型升级现场会在龙游县召开

【调减畜禽养殖总量】 按照全县域生态功能区建设和环境容量要求，继续对养殖场进行减量拆除，从源头上降低生猪养殖污染排放总量，减轻环境污染负荷。2016年，全县累计拆除生猪养殖场438家，拆除面积56.62万平方米；累计拆除水禽养殖场18家，拆除面积1.4万平方米。

【推进畜禽整治提升】 制定《龙游县生猪养殖场生态化治理标准（试行）》，提高养殖场生态化治理标准和建设标准，提高消纳地等相关设施的配套标准。制订《龙游县水禽养殖污染专项整治实施方案》，开展调查摸底，梳理整治对象；通过宣传动员，明确任务、落实责任，推进水禽养殖污染专项整治工作，建立健全水禽养殖污染防治长效管理机制。配合制定《关于深化推进生猪养殖场污染治理标准提升工作的意见》，推广“工业净化+农业循环”模式，通过“工业处理→生态塘净化→消纳地消纳”，实现零排放、全消纳。

【美丽生态牧场建设】 制定《龙游县美丽生态牧场创建标准》，按照“一场一策”的创建思路，以“场区布局合理、设施制度完善、生产全程清洁、产出安全高效、资源循环利用、整体绿化美化”为标准，逐场逐户现场踏勘制定创建方案。10月20日，牵头召开龙游县美丽牧场创建现场推进会，邀请乡镇（街道）分管领导及所有创建对象参加，通过现场参观，进一步明确美丽牧场创建标准和创建要求。至年底，全县共创建县级美丽牧场52家，其中10家为省级美丽牧场、25家为市级美丽牧场；浙江兴泰农牧科技有限公司成功入选浙江省首批20家美丽生态牧场。

【协助承办全国畜牧站长工作会议】 在短时间内，由县畜牧兽医局负责落实5个全国畜牧站长工作会议现场参观点的提升改造，牵头召开全国畜牧站长工作会议后勤工作安排协调会，协助做好2016年全国畜牧站长工作会议承办及后勤保障工作。11月22日，2016年全国畜牧站长会议在龙游召开。全国畜牧总站站长杨振海、书记何新天及各省代表先后考察龙游县小南海镇箬塘村、浙江开启能源科技有限公司、浙江兴泰农牧科技有限公司、吉祥生态农场、浙江集美生物技术有限公司，听取“开启模式”“箬塘模式”“吉祥模式”“集美模式”等一系列先进模式的介绍讲解。23日，农业部副部长于康震在会上作重要讲话，农业部畜牧司司长马有祥、全国畜牧总站站长杨振海、全国畜牧总站书记何新天、浙江省农业厅副厅长刘嫔珺及衢州市人大常委会副主任朱建华、龙游县委书记刘根宏、龙游县县长张晓峰出席会议。

图92 11月22日，全国畜牧站长工作会议在龙游召开

【创新生猪养殖污染监管机制】 探索建立生猪养殖积分巡查机制，借鉴交通违章扣分的相关制度，创新建立生猪养殖日常巡查“积分制”。下发《全县生猪养殖环境违法行为累积扣分减量办法》，对生猪养殖污染的一般性违法违规行为实行累计扣分减量，以此倒逼生猪养殖业转型升级。协同建立环境执法联动协作机制，与县环保局、县公安局、县督考办、县治水办等部门组建联动执法队伍，以问题为导向，多次开展“生猪养殖场专项执法亮剑”“生猪养殖污染执法大检查”等行动，对规模养殖场治污设备是否完善、畜禽养殖是否存在污染行为等进行专项督查。完善养殖污染智慧监管体系，协助环保部门做好生猪养殖场污染治理后续第三方监管工作，保留的生猪养殖场全部完成智能电表、监控视频等智能化视频监控设施安装，并纳入市智慧环保平台，对保留的规模猪场实现线上监管全覆盖。由浙江晟美环境科技有限公司开展线下巡查，通过线上线下双监管，确保污水处理设施的正常运行和沼液的正常利用。

【加强动物疫病防控及畜产品安全监管】 与各生猪规模养殖场签订《龙游县规模养猪场动物防疫承诺书》《生猪规模场畜产品安全生产承诺书》等责任书、承诺书900余份，提高业主做好疫病防控、病死畜禽无害化处理的自觉性和主动性，营造良好的工作氛围。顺利完成春防、秋防等重大动物疫病防控工作，全年共计使用口蹄疫苗259.47万毫升、禽流感疫苗1053.88万毫升、猪瘟疫苗399.47万头份、牛羊口蹄疫疫苗10.44万毫升、小反刍兽疫疫苗8300毫升。通过采取增加检测项目、提高抽检比例、规范采样程序等措施，加强对生猪“瘦肉精”等违禁药物的检测工作，杜绝养殖环节非法添加违禁药物行为的发生，确保消费者吃上“放心肉”，切实保障畜产品安全，促进全县畜禽养殖业的健康发展。全年共计检测违禁药物尿样盐酸克伦特罗42294份、莱克多巴胺33762份、沙丁胺醇33762份，检测结果均为阴性；产地检疫生猪55.57万头、家禽1898.04万羽，屠宰检疫生猪11.48万头、生猪产品84.96万公斤。由于监管工作到位、措施落实到位，在动物疫情及畜产品安全形势较为严峻的环境下，病死猪全部得到无害化收集处理，全县未发生畜产品安全和公共卫生安全责任事故。

【开展畜牧基础设施改造】 鼓励和支持符合规划布局的规模养殖场实施设施化改造，改平地饲养为高床（漏缝地板）饲养，减少栏舍积水、积尿、积粪现象，每头生猪日产生污水量由10公斤下降至8公斤；改压式饮水器为碗式饮水器，迎合生猪饮水时“好动好拱”的习性，新增弹簧阀门部件，即拱即开，不拱则停，每次节省饮水20%以上。进一步普及先进畜牧生产技术，提高推广养殖场节水减排水平，促进生猪养殖清洁化生产。

（县畜牧局 倪志轩）

林 业

【概况】 2016年，龙游县林业局在县委、县政府和上级林业部门的正确领导及大力支持下，以中共十八大及十八届历次全会精神为指导，认真贯彻落实县委十届十一次全会精神，紧紧围绕全县中心工作，服务大局，把林业纳入经济社会发展全局，各项工作进展顺利，均已按计划完成。在县委、县政府的努力和上级部门的支持下，龙游县成功入选“浙江省竹产业提升发展试点县”。

【项目工作】 上报龙游好项目4个：龙游县彩化绿化项目、龙游县毛竹林生态栽培项目、龙游县木本油料产业提升项目、龙游县森林资源提升项目，并已如期实施。扎实推进县“四重双百”项目实施，完成平原绿化271.67公顷，完成年产50万平方米的新技术高性能竹户外产品改扩建项目。组织开展林业发展与资源保护项目，包括古树名木保护、种质资源及附属设施建设、木本油料产业提升、彩色健康森林建设、林业有害生物防治、疫源疫病监测站日常监测等8个项目，确保项目实施到位，确保资金使用规范。

【森林龙游建设】 按照 “生态立县”的目标定位，以创建省森林城市为契机，从局部的山头造林、平原绿化，发展到森林不断向城市、城镇、村庄拓展延伸，实现山、田、水、路、森林网格化，连成一个有机的整体，从面上绿化向彩化、珍贵化发展，不断提质增效，森林龙游建设成效甚为显著。完成造林369.67公顷、迹地更新68.67公顷、中幼林抚育180公顷、新育苗4.67公顷，完成新植珍贵树木17.2万株，建成香榧示范点30公顷、油茶示范点66.67公顷。全年创建森林村庄8个，其中市级森林村庄6个（庙下乡遂乐村，沐尘乡双溪村，大街乡贺康村，罗家乡廖家村、罗家村，石佛乡大力山村）、省级森林村庄2个（沐尘乡沐尘村、大街乡新槽村）。全县共有3个村（溪口镇石角村、沐尘乡社里村、庙下乡芝坑口村）被评为衢州市“十大森林特色村庄”。

【平原绿化工作】在巩固平原绿化成果的基础上，至年底，全县完成平原绿化271.67公顷，其中城市绿化36公顷、城镇绿化39.33公顷、村庄绿化62.87公顷、公路铁路绿化50.47公顷、江河渠堤绿化36.33公顷、农田林网6公顷及经济林、片林、树圃

图93 3月11日，县林业局全体干部赴年年红植树

等其他绿化40.67公顷，累计投资5800万元。按照《龙游县深化“四边”区域绿化行动方案（2015—2020年）》及浙江省林业厅《关于切实抓好“两路两侧”“四边三化”绿化缺失整改落实的函》的要求，通过县乡排查，已完成东华街道、庙下乡等6个乡镇（街道）省道、县道两侧以及杭长高铁沿线绿化缺失地段的补植工作。

【彩色树种良种基地建设】 根据浙林计批（2014）13号、龙发改中（2013）62号文件精神，批复建设龙游县林场彩色树种良种基地建设项目，项目建设期限三年（2014—2016）。2016年，龙游县林场新收集种质资源84份，其中油茶种质资源9份、山樱花种质资源15份、香樟种质资源49份、枫香种质资源11份；完成林木良种育苗88.9万株，其中培育油茶苗46.3万株、枫香苗5.1万株、楠木苗15.2万株、杉木苗22.3万株；完成珍贵树种育苗30.1万株，其中培育檫树苗2.2万株、浙江楠苗2.3万株、枫香苗2.6万株、山樱花苗16.2万株、黄山栾树苗4.7万株、无患子苗2.1万株。经努力，2016年项目建设任务顺利完成。

【公益林建设管理】 全县有公益林3.9万公顷，通过发放公益林补偿资金，每年可为林农增收1500余万元。至年底，2015年扩面生态公益林的矢量数据库建设已完成，属性数据库、清册编制、管护协议已制作完成。根据《龙游县重点公益林村级护林员队伍规范化建设实施方案》的相关要求，通过宣传、推荐、选聘等程序，选出96名专（兼）职村级护林员，其中专职79名、兼职17名。

【山体彩色健康示范林】 完成“龙游县姜席堰山体彩色健康示范林项目”建设。姜席堰山体彩化规划面积12.67公顷，总投资约120万元，种植红叶石楠、无患子、枫香、黄山栾树、福建山樱花、紫叶李、紫薇、花桃、银杏、法国冬青等多种彩色珍贵树种。项目的建成，能显著提升灵山江两岸秀美山川的格调，打造一条沿江绿化彩化景观带。

【林下经济建设】 通过林下种植和养殖，提高林地产出，开辟农民增收渠道。2016年，全县发展林下药用植物种植441.67公顷，林下养殖鸡、羊、牛等共21万多只（头），辐射面积3333.33公顷。其中套种多花黄精120公顷、三叶青52.67公顷，建立竹筒酒生产基地46.67公顷、竹禽养殖基地33.33公顷、竹菌套种基地3.33公顷，并通过县验收组验收，共计发放补助资金34万元。

【林业产业发展状况】 9月7日，省林业厅下发浙林办便（2016）367号文件，同意将龙游县列为“浙江省竹产业提升发展试点示范县”，并将项目列入2017年省厅林业重点实施项目，给予省财政补助资金1000万元。县林业局精心落实项目实施方案，激发竹产业区域发展活力，加快推进龙游竹产业提升发展。全县林业产业遇到了新的发展机会，出现了新的转机，尤其是笋竹产业出现了许多新的增长点。2016年，全县实现林业总产值35.87亿元，同比增长15.2%，其中一产5.82亿元、二产24.30亿元、三产5.75亿元，同比分别增长10.0%、15.8%、18.3%。至年底，全县有竹木加工企业102家，其中有产值超亿元规模企业3家（浙江腾龙竹叶集团有限公司、龙游外贸笋厂、年年红家具集团有限公司）、2000万元以上规模企业15家，有国家重点农业龙头企业1家（腾龙竹业集团有限公司）、省级农业龙头企业2家、省级林业龙头企业6家、市级农业龙头企业16家。竹木加工产品主要有重组竹地板、竹集成材、竹木复合集装箱板、车厢板、竹木家具、竹木门窗、竹炭、水煮笋等系列产品。

【竹产业转型升级】 为全面贯彻落实“两山”发展理念，龙游县以“生态、整合、创新、联动”四大理念引领竹产业转型升级，重拳出击，整治“低、小、散、乱、差”与“三废”（废水、废气、废料）问题，走出一条生态富民、绿色崛起与一、二、三产融合发展的产业转型发展新路子。龙游县以“生态、整合、创新、联动”理念引领竹产业转型升级的经验先后得到浙江省委书记夏宝龙和国家林业局造林司、省林业厅主要领导的充分肯定。

【与科研院校专家合作】 邀请中国林科院等国内知名院所专家到龙游指导，加强产学研合作，开发新产品，解决技术难题。通过科研院所的技术支持，龙游神宇公司成功研发出高强度竹质车厢板，市场份额由原来的15%提高到40%以上；龙游双峰家私开发新的家具市场，家具销量逐年上升；龙游安迪竹制品公司成功解决重组竹户外地板易腐、易霉问题，使产品销量成倍增长；与省内外专家和院校团队合作攻关，解决竹业“三废”处理技术难题。与中国林科院等共建浙西竹木产业研究院，构建竹产业共同的技术服务平台；为企业申报专利12项，争取科研项目经费180万元。

【涉竹企业整合培育】 将69家“低、小、散”的炭化（蒸煮）篾企业整合成1家股份制公司——浙江创伟竹业有限公司，开展竹材集中炭化与废水环保达标技术攻关，形成年产10万吨竹材集中炭化与废水处理生产线，年产值突破1.2亿元。将6家水煮笋企业整合成2家，一家以外销为主，一家以内销为主，分别形成年产1万吨与5000吨水煮笋自动化加工及废水处理生产线。通过内部整合，避免同质竞争，实现共赢发展。鼓励有条件的笋竹龙头企业与国内外大企业、大集团及上市企业合作，腾龙竹业通过与中集集团联姻，增资扩股5000万元，组建浙江鑫隆竹业有限公司，形成年产10万立方米竹木复合集装箱板生产线，产能提高了3倍；均泰竹木科技与台商钢化门窗企业合作，投资3500万元，组建浙江桦固优实业有限公司，专门生产竹户外产品，2016年实现产值与利润翻番。以全县竹制品加工行业整治提升为契机，充分利用“腾笼换鸟”政策，取长补短，引导企业内部并购重组。因扩大生产需要，龙游神宇竹胶板制造有限公司对处于基本停厂状态的三盛竹业有限公司进行并购重组，盘活资产，取得双赢效果；一批被关停的炭化篾加工企业打好组合拳，联合收购龙游天赐竹业与正阳竹制品等效益差的企业，设法引进技术含量大、附加值高的竹加工项目，使一批效益差的竹制品企业重现生机。充分利用 “机器换人”政策，鼓励企业自主研发或引进先进设备，龙游外贸笋厂从日本引进最先进的竹笋精加工、原料罐全自动化生产线，使企业人均效益提高了4倍；龙游欣远竹制品有限公司引进国际一流的重组竹户外地板全自动化生产设备，使企业人均年产值突破百万元，建成后成为国内首家突破人均年产值超百万元的竹制品加工企业。

图94 11月30日，国家林业局造林司副司长王剑波（中）到龙游外贸笋厂调研

【招商引资成果】 以“以商招商、以会招商、以友招商、行业招商”为出发点，积极开展招商引资。由浙江大庄实业集团有限公司投资的年产100万平方米新技术高性能竹户外产品项目一期、洪泰生物能

源公司投资的年产1.2万吨新技术环保竹机制炭项目已相继落户。与杭州祺汇科技有限公司洽谈引进龙游网络推广平台经济一体项目，与浙江康恩贝制药股份有限公司商谈万亩“浙八味”中草药产业化项目建立事宜。

【林地管理工作】 加强林地管理，积极参与农业决策咨询项目，对涉及林地的农业设施项目进行跟踪服务，及时报批林地。组织召开龙游县2016年重点项目林地审批推进会，本着“主动服务、超前服务、优质服务”的工作理念，全力保障县重点项目建设用地，服务县重点项目建设。积极参与“浙江省龙游县高坪桥水库工程”“新建衢州至宁德铁路”“龙游沐尘康源矿山机制砂项目”“龙游县溪口至毛连里公路改建工程”“一桥一路一枢纽”“桥头港”等重点建设项目的前期准备与服务工作，按照县政府统一部署，在规定时间内完成项目的林地报批，助推县重点项目建设。依法办理各类占用林地的审核、审批手续27起，面积145.09公顷，其中长期占用林地26起，面积143.62公顷；临时占用林地1起，面积1.46公顷。

【林木采伐和运输管理】 切实做好林木采伐审核发证工作。全面推行林木采伐公示制度，对林木采伐实行公示，有效接受群众监督。严格执行龙政办发（2016）111号《龙游县人民政府关于做好“十三五”期间森林限额采伐管理工作的通知》，改革完善森林采伐分类管理。简化森林采伐审批程序，对公益林，只准进行抚育和更新性质的采伐。严格执行“采造挂钩”制度，全年共发放林木采伐许可证126份，未出现因发证错误而引起的乱砍滥伐事件。完成采伐改革试点的后期工作，办理木材运输证857份，运输木材总材积 8422.08立方米，未突破运输控量指标。办理森林植物检疫证2000份、竹木经营加工许可证6份，加工企业档案齐全，出运计划数据正确，运输证件办理准确。办理林木采伐许可证90份，总材积为3287.4立方米，采伐总面积172.54公顷。

【森林案件查处】 2016年，群众举报数量相比往年有所增加，特别是盗伐林木和非法经营野生动物案件有所反弹。县林业局根据上级部署和龙游的实际情况，前后开展“2016利剑1号”清火行动、打击破坏森林和野生动植物资源违法犯罪暨“利剑”行动等9个专项打击行动，共出动车辆287次，出动警力608人次；受理涉林报警46起，立案查处34起，其中立刑事案件侦查5起，已结案2起，抓获作案成员2人，判决2人；立林业行政案件查处29起，结案19起，处罚19人，罚款109144元；查获小天鹅死体1只、野鸭死体4只、野鸟死体15只；查处非法捕捉、出售猪獾1人，放生野生猪獾1只、青蛙42只、野鸟23只；查处非法出售貉3起，处置人工养殖貉12只；收缴野外非法安装的捕鸟网25张740平方米；铲除毒品罂粟植物19处1592株。通过开展专项行动，有力打击破坏野生动物资源的违法犯罪活动，震慑罪犯，教育群众，保障林区的平安稳定，取得良好的效果。

【森林消防工作】 层层签订责任书，切实落实森林消防责任。继续推进“引水上山，以水灭火”工程建设，落实浙江省金衢盆地森林重点火险区综合治理二期工程建设项目，总投资518万元。全县各乡镇（街道）、国有林场、森林公园等单位均组建了25人以上设备齐全、业务能力强、年富力强、人员固定的森林消防队伍，至年底，全县有森林消防队伍18支共543人，其中县级专业森林消防队伍1支（龙游县东华街道森林消防队），有队员36人。加强消防队伍装备建设，组织开展森林消防队专业知识培训、物资装备补充和装备机具检修等工作。严格落实省、市、县G20杭州峰会森林消防安保方案的部署要求，采取超常规措施开展森林消防安保工作，成效显著。2016年，全县未发生重特大森林火灾，无森林火灾扑救人员伤亡事故，森林火灾“六率”符合省控指标要求。获衢州市“无森林火灾县”称号，G20杭州峰会森林消防安保工作受到省、市表彰。

【古树名木保护】 按照上级部门的要求和文件精

神，5月，县林业局开始对全县树龄500年以上的Ⅰ级古树名木和急需保护的古树进行调查摸底，根据摸底清单确定需要保护的古树名木，涉及14个乡镇（街道）、40个行政村70株古树名木，其中Ⅰ级保护古树64株、急需保护的百年古树6株，共补助资金175万元。成立龙游县古树名木保护工作领导小组和专家组，由县林业局局长陈雪华任组长，局党组成员、森林公安局局长徐雪飞任副组长。制订并下发龙游县“古树名木”保护工作实施方案，确保保护工作顺利进行。

【野生动物保护管理】 1月，为解决野生动物资源保护和管理中存在的突出问题，扎实开展动物保护宣传、“两证”管理规范、专项执法检查等工作。5月，开展为期一周的野生动物驯养繁殖排查整治活动，对不符合规定要求的依法依规进行关停处理。自6月起，开展为期1个月的陆生野生动物驯养繁殖场所清理整顿活动，在城区开展为期2个月的非法经营野生动物专项整治行动。自10月20日起，开展保护候鸟等野生动物“清网行动”，为候鸟迁飞保驾护航。至年底，已清除非法设置的捕鸟网22张共440平方米，救护野生鸟类23只。另外，在2月还成功救助国家二级保护的凤头鹰1只。

【林业检疫规范】 制订《龙游县松材线虫病防治实施方案》，分解防控责任，明确防控任务，落实防控第一责任人和监测责任人。松材线虫病防控领导小组创新性地推行了“龙游县森林植物及其制品检疫单”制度和“聘用村级松材线虫病协管员”工作制度，与县电力物流公司联合制定《双方联系人制度》《电缆盘检疫登记台账制度》《电缆盘去向报告制度》，建立长效防范机制。将全县1.32万公顷松林划分成责任区，责任到人、到小班。全年共签发植物检疫证书3699份；签发《龙游县森林植物及其制品检疫单》56份，其中涉及松木及其制品52份共1124立方米；核销检疫单证19份，涉及松木346.1立方米。调运检疫木（竹）材19.52万立方米（其中竹材7.25万立方米），检疫松木2279立方米，其中复检松木1080立方米、苗木64.61万株，对全县范围内的种苗、花卉繁育基地及时开展产地检疫调查。全县应施检疫林木种苗面积715.73公顷，实施产地检疫面积的715.73公顷，共发放“产地检疫合格证”85本。2015年冬至2016年春，共清理枯死松树301吨，枯死松树清理率100%，焚烧处理率100%，发现一株清理一株，每株都有记录。

【森林病虫害防控】 开展《浙西钱江源重点林区松材线虫病防控基础设施建设》项目建设和林业有害生物防治工作，对17家涉松企业和91家种苗繁育单位或个人进行检查，共核销涉（松）木企业库存的松木及制品检疫单证8份，涉及松木358立方米；查处检疫违法行政案件1起，开具3份《责令（限期）改正通知书》并开展复查。通过积极防治，全县松材线虫病疫情得到有效控制，与2015年比较，疫情发生面积和区域基本一致，防止了疫情的蔓延与扩散。全县林业有害生物成灾面积为11.87公顷，成灾率为0.18‰，严格控制在0.8‰的指标以下。林业有害生物防治面积782.2公顷，无公害防治率为100%，其中无公害化学防治492.2公顷，人工防治99公顷，生物、物理防治1675.9公顷，预防436.9公顷。根据监测结果制订防治计划，按小班制订防治作业设计，并进行防治效果抽查，发放防治通知书26份。

【林权制度改革】 积极推行“林地经营权流转证”，破解林权制度改革瓶颈。依据《浙江省林地经营权流转证发证管理办法（试行）》的相关规定，有序开展“林地经营权流转证”的办理，全县共办理“林地经营权流转证”3份，登记面积90.8公顷；完成林权登记10起（包括初始登记、变更和更正），共登记面积78.75公顷。主动与金融机构对接沟通，以“林地经营权流转证”为抵押，从金融机构抵押贷款，解决承包大户融资难问题，扩展承包大户的融资渠道。全年办理林权抵押登记5起，抵押面积92.8公顷，向金融机构贷款780万元；办理林业小额贷款共44起，共贷款100万元。赋予“林地经营权流转证”在权属证明、采伐审批、其他行政审批等方面的法律权益，消除工商资本投资后无凭证的顾虑，同时起到限制和监管的作用。规范林权流转工作，做好林权流转信息发布，规范流转程序，使集体林权流转走上健康有序的发展轨道。全县集体和农户的林权流转面积346.67公顷，发放2015年度符合中央财政贴息资金14.8775万元。

【社会化服务体系建设】 按照国家级森林病虫害中心测报点的要求，建设国家级“竹螟”系统观察点和省级“竹卵圆蝽”系统监测点，设置村级松毛虫监测点7个。充分发挥“龙游森迪”“龙游启尧”“龙游森健”3个森林病虫害防治服务专业队的作用，扎实推进社会化防治服务工作。编写《森林病虫情报》16期、《森防检疫信息》5期，在《今日龙游》《农家报》等媒体发布病虫信息，指导基层农户开展防治工作。全年开展技术咨询12次，结对林业大户3家，为居民庭院绿化开展防治服务22次。结合“五水共治”开展“走基层、送服务”活动，赠送防治器械25台、药剂2000千克，发放竹卵圆蝽防治技术光盘100余个、资料1500余份。与中国林业科学研究院亚热带林业研究所、衢州市林业有害生物防治检疫站在庙下乡芝坑口村、溪口林场杨家山林区共建生态防治示范点2个。

【富民惠民工程】 通过向省林业厅积极争取，将县内高山、远山低效竹林划为省级重点公益林，发挥森林整体功能和生态效益。自2015年以来，共向上争取2万公顷公益林。加大产业化培育，形成年产6万吨竹材集中炭化与废水处理生产线，带动全县竹材初加工企业40余家，新增企业用工630人，年消耗竹材600余万支，为竹农增收800余万元。完成《龙游县2014年重点防护林项目》平原林带林网抚育工作，涉及21个行政村，涉及面积65公顷，项目顺利通过县验收组验收，共拨付资金计38.01万元。

【竹林生态栽培】 以社阳水库、沐尘水库、县竹子产业示范区、贺田村等4个竹林生态栽培示范点为核心，大力推行种植生物隔离带等控制水土流失的竹林生态化抚育、推广应用机械除草代替草甘膦等化学除草剂除草、实施无公害防治技术代替高毒高残留农药防治病虫害等竹林生态培育技术，促进竹林可持续健康发展。

【食用林产品管理】 根据县食品安全委员会的统一部署，结合龙游林业实际，对本辖区内食用林产品生产经营单位进行普查建档，以进一步掌握各乡镇（街道）食用林产品生产经营单位基本情况以及动态情况，并对全县村级食品安全协管员进行业务培训，总计抽检食用林产品90批次。

【林木种苗管理】 春季造林期间，从江山、开化、建德、兰溪、龙泉、云和等地调入榉树、刨花楠、紫楠、黄檀、枫香、黄山栾树、无患子等珍贵、彩色树种苗木10.31万株。种苗站严格对该批外地调入的苗木进行质量检查，确保调入的苗木全部合格，保证工程造林的质量。同时，做好人工造林、迹地更新、重点防护林工程人工造林所用苗木在上山造林前的质量检查，质量合格才能上山造林。全年共办理“林木经营生产许可证”43份。

【加强内部建设】 加强机关规范化管理，按废、改、立、清的要求，对规章制度和行政权力事项进行全面梳理，初步完善了各项制度，形成以制度管人、依制度办事的长效工作机制。局纪检组加大干部日常工作纪律、工作作风检查的力度，实行常态化监督管理；项目督察组加强项目管理、项目实施和项目资金的督查，对项目一宗一宗进行检查，并开展专项督查。严格执行中央“八项规定”和省市县各项规定，有效改进工作作风。2016年，招录新人7名，改善了队伍结构。根据《党政领导干部选拔任用工作条例》和龙游县委《关于进一步从严管理干部的若干意见》等文件的要求，严把中层干部选拔关、考察关和任用关，对18名中层正副职干部进行了调整，提拔调整中层正职1名、中层副职2名。研究出台《龙游县林业局2016年度机关工作人员量化考核办法》，将党风廉政建设责任制要求纳入考核制度，把党风廉政建设作为业绩评定、年度考核、奖励惩处和干部选拔任用的重要依据。

（县林业局 方胜刚）

渔 业

【概况】 2016年，龙游县坚持“保一江清水、建生态渔业”的发展理念，以渔业增效、渔民增收为目标，狠抓渔业经济增长方式的转变和渔业产业结构的调整，大力发展科技渔业、生态渔业，超额完成全年各项目标任务。全县渔业总产量2.03万吨，总产值9.94亿元，渔民人均纯收入为27750元，渔业生产取得较好成绩。

【渔业重点项目建设】 实施完成2016年中央财政渔业标准化养殖项目1个，完成3.33公顷池塘循环流水养殖建设，建设水槽8条并配套相应机械设备，安装水质、质量和监控等互联网设备。新申报并验收龙游县农业标准化推广示范项目2个，示范建设面积20.2公顷。

【生态洁水渔业发展】 完成2016年度基层渔业技术推广体系改革，完成对科技示范基地和科技示范户的遴选，做好池塘循环流水养殖技术和池塘底排污技术的指导和示范推广工作，建设庙下乡稻鱼共生示范基地。累计完成养殖池生态化改造50.67公顷，推广稻鱼（鳖）共生轮作93.33公顷，实施禁限养区划定与整治104.87公顷，增殖放流各类优质鱼苗2840万尾。开展龙游县初级水产品“三大一严”（大抽检、大排查、大整治、严打击）整治行动，累计检查水产企业和养殖户135家，出动人员105人次，发放告知书3000余份，发放各类资料3000余份。

【渔业安全专项整治】 开展初级水产品质量安全抽检，完成300个样品的抽样工作，合格率达100%。推进“三证合一”工作（即将渔业船舶检验证书、登记证书和捕捞许可证合并为“内陆渔业船舶证书”），完成检验渔业捕捞渔船116艘，其中机动渔船98艘、非机动渔船8艘、养殖渔船10艘，渔船受检率达100%。严厉打击以非法电捕作业为主的违法违规行为，开展“子夜行动”执法行动，查处渔业案件3起，处理渔业纠纷2起，提高渔业资源再生能力，维护生态平衡。

图95 组织开展渔船安全生产演练

【渔业技术推广服务】 确定2016—2018年渔业主推品种，即中华鳖、鲫鱼、清水鱼（鲢鱼、鳙鱼）、草鱼、光唇鱼、泥鳅、观赏鱼等7个品种，主推“种养结合模式和技术”“池塘多品种生态混养模式和技术”“池塘内循环流水养殖模式和技术”“水库山塘洁水增养殖模式和技术”“池塘增氧技术和物联网+智慧渔业模式”等技术，新增3家渔业科技示范基地，遴选82户养殖户为渔业科技示范户，示范面积824.87公顷，辐射周边农户1068户，涉及面积1066.67公顷。

（县水利局 叶彩仙）

水利建设

【概况】 2016年，龙游县水利工作以科学发展观为指导，坚持“创新、协调、绿色、开放、共享”的发展理念，着力践行“项目支撑、系统治理、依法监管、保障有力”的治水思路，紧扣县域经济与社会发展重点，较好地完成全年工作目标任务，完成水利投资5.2亿元。灵山港流域生态治理工作受到副省长黄旭明的批示肯定，灵山港生态治理工程获浙江省河道生态建设示范工程称号。

【防灾减灾工作】 全面落实各项防汛责任制，加强基层防汛体系和应急保障能力建设，提升应急处置能力。修编完善各类防汛预案，健全县、乡、村三级联动快速高效的防汛抗旱体系，组织开展小型水库暨地质灾害应急抢险演练，维护、更新监测预警设施，提高防汛抗旱信息化水平，增强防灾减灾能力。积极应对遂昌县苏村山体滑坡突发事件，全力配合沐尘乡开展危险区域群众转移，共转移群众509人（其中集中安置211人、分散安置298人），有效避免人员伤亡事故的发生。配合省、市水利部门领导专家到龙游应急处置铜山源水库灌区龙游横山会泽里渡槽部分槽身倒塌事件，防范工程险情范围的扩大，保障人民生命财产安全。

【重点项目建设】 完成衢江治理二期工程游埠库区枢纽护岸主体工程建设5千米，完成灵山港流域综合治理工程河道治理8千米，完成中央财政小型农田水利重点县工程（续建）项目建设，整治山塘40座。新增高效节水灌溉面积566.67公顷，改造渠道58千米，改造灌溉泵站23座、堰坝30座，完成后垄、西

图96 灵山港综合治理工程下杨段

图97 5月26日，杭州市水利系统考察团到龙游考察灵山港生态河道建设

垄口、后方、沙皮湾、百佛岩等5座水库除险加固工程。完成庙下、康源、姚西塘、天池等村农民饮用水安全提升工程，解决6048名农村人口的饮水安全问题。

【水政和渔政执法】 联合公安局等部门开展“子夜行动”，对全县范围内的电鱼、毒鱼、炸鱼等渔业违法行为进行集中整治，由局班子成员带队，定期与不定期地开展夜间巡查。查处水行政案件9起，进行水行政处罚8起（其中涉砂案件5起、渔业案件3起）；查处处理渔业纠纷2起；查处销售违禁渔具的店铺1间，没收升压器11个；查获非法电捕器具10套，收缴违禁渔具68个。

【河道综合整治及长效管护】 按照“属地管理、分级负责”的原则，推进河道保洁和堤防管护物业化、市场化运作，实现全县52条河流1529千米河道保洁的全覆盖；在县内河道全面实行“禁磷”，有效保护县域河道水质。全面开展河湖塘库清淤（污）工作，累计完成清淤70.48万立方米，超额完成省水利厅下达的61.9万立方米的清淤指标。开展河道采砂整治，拆除砂场制砂洗砂等相关生产设备，完成县域内衢江、灵山江、社阳溪、罗家溪、塔石溪、模环溪等县级以上河道疏浚规划的编制报审。

【水土保持与水资源管理】 严格水土保持监督管

理，全年审批开发建设项目水土保持方案7项，其中水土保持方案报告书1项、水土保持方案报告表4项、水保方案登记2项；完成水土流失治理2.57平方千米，征收水土保持补偿费40万元。落实水资源管理制度，强化“三条红线”管理，严格执行取水许可、水资源有偿使用等管理制度，对年取水量超过5万立方米的取水大户实现实时监控全覆盖。全年注销取水许可2家，变更、延续取水许可审批34家，征收水资源费716万余元。推进水生态系统保护与修复，加强水功能区管理和重要水源地的水源保护，强化入河排污口监督管理，保证饮用水水源水质符合标准。

【项目前期规划】 完成报批、报审《“十三五”龙游县农民饮用水规划》《龙游县“十三五”水利发展规划》《龙游县龙北（塔石、石佛）区域水资源配置规划》等6个规划。编制完成《塔石灌区农田水利建设综合规划》《湖镇灌区农田水利建设综合规划》《龙游城东引水方案》等一批规划。完成衢江治理工程项目建议书编制、可行性研究的编制和报批，完成灵山港综合治理项目的项建、可研、水保、环评、规划选址、用地预审编制与报批，完成高坪桥水库配水工程项建及可研文本编制。全力推进游埠枢纽防洪堤工程项目政策处理，共征地约140公顷，确保工程无障碍施工。

（县水利局 叶彩仙）

乌引工程管理

【概况】 2016年，在县委、县政府的正确领导和衢州市乌引工程管理局的指导下，按照县委、县政府部署要求，县乌引工程管理处紧紧围绕“管好一条渠道，带好一支队伍”的目标，按照“和谐、安全、敬业”的总要求，围绕县委的工作中心，扎实推进各项工作。

【安全度汛】 乌引干渠龙游段线路长，情况复杂，管理任务繁重。为确保干渠安全度汛，重点抓好三方面工作。落实防汛责任，及时修订乌引干渠防汛预案，成立防汛领导小组，和各管理站签订安全责任书，配备防汛工具。落实由处领导带班的汛期全天候值班制度，及时掌握天气情况及汛情。储备防汛物资，规范储备管理，按“定点、定位、定额”的要求储备防汛物资，使防汛物资储备布局合理、管理规范、调运方便。强化安全管理，对干渠沿线的节制闸、退水闸、分水闸进行全面的维修保养，对最重要的西垅和姜席堰2个节制闸、退水闸配备备用电源，保证闸门启闭正常。加强对管理站变压器的用电管理，完善安全用电办法，制定签约用电办法，确保闸门用电安全。组织开展防汛检查，落实防汛安全责任制，对发现的问题逐个整改。如在日常检查中发现前壁垅排涵淤积严重，立即安排人员进行清理，及时排除隐患。建立应急抢险救援机制，落实抢险队伍，对出险部位及时组织抢修。汛前抓好培训和演练，抢险队伍做到思想、组织、人员、技术、工具、责任“六落实”。对排查出的渠道隐患部位加强巡查，保证汛期巡查每天不少于2次。

【干渠维护】 制定管理站考核办法，加强对管理站管理。每季度对管理站承包人进行严格考核，增强他们的工作积极性和主动性，渠道面貌有了较大的

图98 经过大修的乌引干渠

改观。坚持以项目建设为抓手，按照2016年干渠维修计划确定维修重点，开展干渠维修。总投资290万元的3300米防护网安装工程、上圩头大填方段干渠维修工程、江家村机耕桥改造工程、官村机耕桥改造工程、灵山港公路桥改造工程等5个项目都已完成。在工程实施过程中，优化施工方案，认真组织实施，严把质量关。配合抓好衢州市第六期节水项目扫尾工作，共计完成西陇段干渠103米、江家段1200米、后阳畈段250米、前壁垄760米、岑山段650米、上圩头段260米共3370米的护坡和底板浇筑，安装防护网1450米（双面）、钢质防护栏1100米；马2隧洞浇筑侧墙370米、顶拱225米、底板390米。完成灵山港渡槽与公路桥桥墩加固工程。完成省大中型灌区考核工作，得到市、县两级水利局的好评，并把龙游县乌引工程管理处的考核材料作为范本在全市推广。

【供水安全】 充分发挥职能作用，及时掌握灌区用水情况，优化供水计划，合理配置水源，保障群众的生产生活用水。年初与各管理站签订防汛抗旱、安全生产责任书，修订完善防汛预案，制定防汛抗旱值班表，落实工作责任。积极与灌区范围内乡镇（街道）和种粮大户沟通联系，了解灌区农田用水需求，根据实际情况制定用水计划，上报衢州市乌引管理局。加强大中型灌区的标准化管理，在干渠沿线的詹家镇、龙洲街道、湖镇镇建设量水设施6个，实行亮牌管理，指定专人负责管理。积极参与“五水共治”行动，6月12日起，根据詹家镇的要求，从西陇退水闸向芝溪放水，全年供水500万立方米，有力支持沿线“清三河”行动。在抗旱期间，服从大局，牺牲小我，在供水期间停止发电，全力向下游供水；供水期间，采取印发《通告》和上门走访等形式，加强环保宣传，引导沿线群众不往渠道倾倒垃圾；实行分段管理，责任到人，关闭各分水口，确保向金华的供水量。加强日常巡查，及时发现制止可能影响水源安全的行为，在入水口安排人员24小时值守，打捞垃圾，避免对水质的污染，让群众喝上安全洁净的放心水。至10月底，共向金华供水1350万立方米、向洪畈水库供水530万立方米、向灌区农田供水3000多万立方米，干渠沿线未出现旱情。

（县乌引工程管理处 王璟）

高坪桥水库工程建设与管理

【概况】 2016年，高坪桥管理处认真贯彻落实省委“五水共治”战略要求，突出“保供水、防洪水”重点，在县委、县政府的正确领导以及指挥部的统一部署下，在各乡镇（街道）、部门的关心帮助和库区移民群众的理解支持下，紧紧围绕工作目标，克难攻坚，全力以赴，合法、合规推动工程建设，基本实现全年目标，创造了在全省颇具影响力的“高坪桥速度”。荣获 2016年度龙游县“最满意单位”和“履行全面从严治党主体责任优秀单位”等荣誉称号。

【前期审批】 严格按程序，合法、合规推进工程可研和初设审批。6月，移民安置规划大纲和移民安置规划报告分别通过省政府和省移民办批复，可研审批19项前置要件全部完成。7月，省发改委以浙发改农经（2016）466号文件批复可行性研究报告；工程初步设计完成工程地质勘查、溢洪道水工模型试验

图99 8月26日，浙江省发改委会同省水利厅在龙游召开高坪桥水库初步设计审查会

研究、施工图等相关工作；管理区确定选址位置和平面布局，并开展方案设计。8月，省水电咨询中心召开高坪桥水库初步设计技术咨询会议并出具技术咨询报告，省发改委会同省水利厅在龙游组织召开高坪桥水库工程初步设计报告审查会，原则通过审查。10月，省发改委印发《关于龙游县高坪桥水库工程初步设计的批复》（浙发改设计〔2016〕126号），工程初步设计获批，工程由前期审批转入实施阶段。

【政策处理】 搬迁安置政策文件经指挥部办公室、指挥部、工程建设领导小组前后26次讨论研究和修改完善，并面对面征求移民意见，提交县政府常务会议决策。9月9日，正式出台《龙游县高坪桥水库工程建设征地搬迁安置工作实施办法》，为顺利开展搬迁安置提供重要保障。随后，启动搬迁安置协议签订工作，共抽调各乡镇（街道）、部门骨干人员125人组成搬迁安置工作组，举办业务培训班。进驻库区后，分人口、房屋、土地等基础信息核对和协议签订两个阶段开展工作，至12月10日，全面完成560户1420人的搬迁安置协议签约，签约率达100%。至年底，被征房屋腾空约500户，腾空率达90%；完成高坪桥水库工程建设征地166.67公顷（涉及社阳乡红光、大公、连上、凤溪4村和湖镇镇洪畈村、金华市婺城区莘畈乡大立元村），按照协议约定，按时拨付各项资金，整个搬迁安置工作平稳有序进行。

【安置区建设】 完成15.51公顷安置点土地征收，做好房屋及附属建（构）筑物、地上青苗及附着物等实物补偿的中介评估，补偿费用及时发放到户。

图100 9月21日，开展安置房户型设计方案意见征求工作

全面完成区块内围墙封闭、原水管改迁、水系改造、机耕路及通信杆线迁移等工作，“三通一平”基本完成。经公开征求移民意见，10月18日，户型设计方案确定。按照县政府公告，10月31日为选房人数截止日，与协议签订同步开展安置方式和安置房型选定，至年底，安置房各户型数量已基本确定，为开展小区平面布置奠定基础。

【库区公路改复建】 全面完成库区公路改（复）建应急工程初步设计和施工图、施工许可等项目的审批流程。5月，完成施工、监理招投标；6月，施工单位进场。至年底，完成一标段坝址段公路联通工程路基开挖，完成二标段项目部标准化建设，加快双溪口大桥、牛犊坞大桥桥墩施工，累计完成总工程量的30%。工程监理办和施工二标分别获2016年度衢州市公路水运工程“平安工地”市级示范监理合同段和施工合同段。

（高坪桥水库管理处 余倩倩）

工业经济

概　述

2016年，龙游县紧跟工业3.0发展的时代步伐，以工业化与信息化引领工业发展方向，将龙游工业导向信息化、高科技、零污染的可持续发展模式，逐级优化工业技术结构，改善并提高工业发展的质效。鼓励企业进行技术创新，全年有13只产品被鉴定为省级新产品、3项产品被评为省级优秀工业新产品、2项产品被列入省装备制造业重点领域首台套产品。荣获浙江省经济和信息化工作优秀县、浙江省小微企业培育监测工作县考核优秀单位、衢州市锅（窑）炉淘汰改造工作优秀单位等荣誉称号，并再次入选“中国最具有投资潜力百强中小城市”行列，排名升至第12位。全县工业总产值突破310.19亿元。

工业管理

【概况】 2016年，龙游县经济和信息化局围绕生态立县、创新兴县、产业强县、富民安县“四大战略”，按照新型工业化的发展要求，深入实施工业转型升级攻坚行动，积极引导企业转型升级，优化工业发展平台。聚焦“五大百亿”产业，强化“四优”企业培育，促进全县工业经济平稳较快发展，实现工业经济“十三五”良好开局。全县203家规模工业企业实现产值309亿元，同比增长2.6%；亿元以上企业增至75家，其中十亿元以上企业4家。高端装备制造、高档家具制造、特种纸及纸制品、绿色食品饮料、新能源新材料五大产业实现产值215.3亿元，占全部规模工业比重的69.6%，同比增长7.6%，高于全县平均增幅5个百分点。规上工业增加值为73.31亿元，同比增长5.6%；规上工业实现利税总额18.81亿元，同比增长6.4%，其中利润总额11.98亿元，同比增长8.0%。实现工业税收8.3亿元，占县全部税收的46%以上。

【体制机制创新】 制定一系列扶工惠工的政策措施，创新工业发展的体制机制。对原有的工业扶持政策进行梳理、完善，出台《关于促进工业经济转

图101　2月15日，龙游县政府表彰获2016年“企业上台阶奖”的企业

型跨越发展若干意见》，降低企业成本，优化发展环境，加快推进新型工业化建设，促进工业经济转型跨越发展；出台《关于加快“五大百亿”产业培育的实施意见》，确定“十三五”期间龙游县高端装备制造、高档家具制造、特种纸、绿色食品和新能源新材料“五大百亿”工程培育目标、产业发展导向及培育措施；出台《〈关于鼓励企业加快进入多层次资本市场的实施意见（试行）〉的补充意见》，进一步加大企业进入多层次资本市场的激励力度；出台《关于进一步鼓励龙商回归促进企业并购重组的若干意见》，引导在外龙商回龙游投资新项目。积极引导经营管理不善企业采取兼并重组、债务重组、破产重组，实现“腾笼换鸟”，促进有效资产盘活。

【“四优”企业培育】 出台《关于加强百家“四优”企业培育管理工作的意见》，分层次培育上市挂牌企业、总部企业、龙头企业、成长型企业等“四优”企业，进一步引导和促进企业做大、做强、做优，提升区域经济发展的支撑力，推动经济转型升级。59家被认定为龙游县第一批“四优”企业，其中上市挂牌企业16家、总部企业5家、龙头企业10家、成长型企业28家。加大“四优”企业的政策扶持力度，促进重点企业做大做强。

【推进企业上市】 按照“上市一批、签约一批、储备一批”的思路，持续推进企业上市挂牌工作，重点引导挂牌企业做市、原始股转让、直接融资及引进人才。全县共有25家企业与券商签约启动上市挂牌工作，其中10家企业已完成股改，特美新材、恒达新材等8家企业已在“新三板”成功挂牌。签约、股改、挂牌三项指标均居衢州各县（市、区）首位。

【服务项目建设】 按照县委“大干项目，大抓招商”的要求，着力“四换三名”、循环经济、“两化”融合等重点项目，大力推进企业技术改造，提高工业有效投资。进一步完善“零土地”技改项目备案和“容缺受理”办法，为项目建设创造更加宽松便捷的环境。完善项目跟踪服务机制，着重做好中浙高铁、李子园饮料、吉恒家具、吉成新材料等重大项目的服务工作，帮助重点项目解决推进中的困难和问题，促进项目早落地、早建成、早投产。全年共决策咨询服务项目43个，实施“机器换人”项目63个，331个500万元以上工业项目完成投资75.82亿元，其中技改项目228个，完成投资54.13亿元，同比增长12.21%，占全县工业固定资产投资的71.39%。

【加大兼并重组力度】 鼓励企业借助资本市场进行产业整合和并购重组，引导经营管理不善企业采取兼并重组、债务重组、破产重组等方式进行“腾笼换鸟”，实现资源优化配置，加快产业结构转型升级，促进经济又好又快发展。至年底，已有11家企业进入破产程序（其中工业企业8家），破产终结2家；29家企业完成并购重组，共盘活土地53.33公顷，盘活厂房23.85万平方米，盘活存量资产5.25亿元，其中通过司法拍卖盘活10家，通过厂房租赁盘活10家，通过协议转让盘活6家，被政府收储盘活1家，破产清算2家。

【企业创新驱动】 鼓励企业建立省级以上技术研发中心，对完成省及省级以上重点技术创新项目、重点高新技术产业化项目给予奖励。为企业与科研院校合作搭建平台，促进产、学、研合作和科研成果转化，支持企业实施省级优秀新产品、装备制造业首台（套）、协同创新、产业技术联盟等项目，促进企业加大科技研发投入，提高技术创新能力。2016年，全县共有省级企业技术中心10家、省级中小企业技术中心5家、省级高新技术研究开发中心19家、市级企业技术中心27家；新鉴定为省级新产品13只，荣获省级优秀工业新产品3项，列入省装备制造业重点领域首台套2项，茗皇天然食品开发有限公司被列入浙江省技术创新示范企业。

【提升“两化”融合】 加快推进企业“两化”融合，帮助企业解决信息化和工业化“两化”融合中存在的困难和问题，推动企业ERP、MES管理软件应用，引导企业运用智能设备改造传统生产，提高企业信息化管理水平和生产智能化水平。2016年，龙游县道明光学、维达纸业、新西帝电子等15家企业的15个项目入选衢州市2016年度100个“两化”深度融合项目。开展企业信息化和工业化示范试点创建，浙江道明光学有限公司成功入选2016年浙江省“两化”融合试点企业，浙江金勺科技有限公司成功创建浙江省首批制造业网络营销示范企业。引入浙江策诚网络有限公司、中国网库等电子商务第三方服务商，为全县的电子商务工作注入新的活力。至年底，策诚网络有限公司已完成近500家企业入驻产业带，中国网库已发展县内近30家特种纸企业入驻中国特种纸产业带。

【推动绿色发展】 加大工业固定资产投资项目节能评估和审查力度，完成91个千吨以下项目的节能登记表备案工作，完成15个千吨以上项目报告表（书）报批稿的审核，完成18个项目的零土地节能事项承诺书审核，完成41个项目的能耗预审工作。加快推进高污染锅（窑）炉淘汰改造工作，至年底，全县共完成锅（窑）炉淘汰改造113台，总容量为171.56蒸吨/小时（其中禁燃区9台，容量为24.01蒸吨/小时；非禁燃区104台，容量为147.55蒸吨/小时）。加快落后产能淘汰，倒逼产业结构优化升级，全年完成捷马化工、文昌阁纸业等9家企业11个项目的落后产能淘汰任务，腾出用能空间2.9万吨，减少COD排放1623.3吨、SO_2排放414.36吨，盘活存量土地10.38公顷。多次组织召开湖镇工业区块、城南工业区块的集中供热沟通协调会议及集中供热学习交流会议，推进两个区块谋划、实施集中供热项目，至年底，城南中机新奥燃气已建成投产，湖镇金怡热电管网已在铺设中。在全市率先出台分布式光伏发电价格贴补政策，促进全县光伏产业发展，至年底，共有在建的重点光伏项目8个，总投资29.2亿元，实际完成投资11.72亿元。

【提升企业管理队伍素质】 强化企业家培训体系建设，开办“龙商大讲堂”，引导企业家积极适应经济新常态，提升企业家综合素质。与上海交大合作举办第五期高级工商管理总裁研修班，共有52名企业家或企业高层管理人员参加学习。根据企业实际需求，举办破产、重组、财务、智能制造等专题培训讲座，参训人员达1400多人。组织14名企业家赴德国参加工业4.0培训、30名企业家赴日本参加精益生产培训、57人赴上海交大发展战略与商业模式创新等培训，拓宽企业家视野，拓展企业家思路，提升企业家素质，提高企业经营管理水平。

（县经信局 翁航宇）

工业园区建设

【概况】 2016年，龙游工业园区以省级经济开发区获批为契机，以“一区两块”（即龙游工业园区和城南工业区块、湖镇工业区块）整合提升为抓手，切实加快推进新型工业化建设，补齐短板，促进工业大平台发展，确保“十三五”胜利开局。1—12月，园区投产企业180余家，其中规上企业78家，实现工业产值142.12亿元，同比增长8.52%；实现工业投入31.65亿元，同比增长3.77%；招商引资到位资金18亿元，同比下降37%；完成税费入库4.98亿元，同比增长22.66%。

【招商引资】 紧抓招商引资“一号工程”不放松，转变招商工作思路，充分发挥平台型企业招商、以商招商、驻外招商作用，广泛收集招商信息，精心组织招商谈判，取得良好的成绩。全年共引进项目43个，协议总投资84.05亿元，其中亿元以上项目13个，协议投资75.27亿元；招商到位资金18亿元，引进项目数、投资额均创历年新高。成功引进总投资50亿元的中浙高端轴承项目和投资11亿元的光伏发电项目。重视以会招商，在4月份龙商大会、7月份“知名浙商龙商行”等活动上主动宣传，提高园区知名度。全年共盘活闲置土地40.93公顷，盘活闲置资产12家，有效推进“腾笼换鸟”。

图102 12月4日，举行浙江龙游李子园饮料项目签约仪式

【大干项目】 有县“四重双百”主体责任项目10个，其中实施类8个，完成投资额15.98亿元，完成年度计划的99.44%。除华宇钢结构外，凯丰新材料、恒川新材料、康保世光伏、吉恒家具、维达三期、耐特玻璃、2016年工业园区道路工程7个项目全部完成或基本完成年度目标。有2个前期类项目，其中金昌特种纸项目处于谋划招商阶段，未完成年度目标；杨士路、龙六路、龙三路东延工程初步设计已在报批中，基本完成年度目标。有非主体责任实施类项目14个，完成投资额13.91亿元，完成年度计划的84.46%，除天顺生物、集体经济薄弱村、景鹏公任、春泥数码外，其他10个项目全部完成或基本完成年度目标。全年完成技改项目备案54个，其中亿元以上8个，同比增长80%；计划总投资26.7亿元，同比增长425%，其中固定资产投资23亿元，同比增长408%。

【服务企业】 组织证券公司联合走访企业，全年完成券商签约5家（禾川、永春、恒盛、耐特、新亚伦），“新三板”挂牌1家（永春）。深化电子商务，至年底，园区有应用电商企业60家，其中规上企业41家，较上年新增4家，覆盖率达55.41%。特种纸平台已投入使用，成功召开平台理事会成立大会和第一次大会，为企业提供特种纸产品、原物料等检测服务200余次，制订、修订企业标准20项，指导企业申请国家发明和实用新型专利10余项。先后开展“正月初八”“7·28”大型人力资源招聘会和恒川科技等各类专场招聘会；园区人力资源市场登记劳动求职307人次，推荐岗位210人次，发布求职岗位600余个。做好第五届职工技能大赛和企业培训师的宣传动员工作，开展企业技术蓝领培训工作。完成87家企业上年度劳动用工年审，推进企业职工基本养老保险征缴扩面工作，帮助企业解决用人需求，强化职工福利保障。

【基础配套】 完成《二、三期综合区块城市设计》，加快编制开发区总体规划，科学划分以产业为主导的功能分区，完善分区规划和控制性详细规划及专项规划。开展批而未供土地、闲置土地“百日攻坚”专项活动，收购土地3宗共15.4公顷，挂牌出让土地3宗共9.83公顷，新征白马村、大治村、杭金衢高速段土地0.91公顷，通过“三改一拆”，拆除违法面积4万平方米。开展土地复垦开发整理工作，约24.67公顷可开发垦造耕地项目已在立项中。开展雨污分流专项整治，协调华电供热方案，完成园区经七路10KV（千伏）电缆排管工程（年年红供电专线）等零星工程37个。完成低丘缓坡北片区主要交通干线布置，北斗大道、龙三路、北一路、永泰路、惠商路年底前全部完工，其中，世界银行贷款项目北斗大道的完工，预示着历时6年、总投资29745万元的浙江省钱塘江流域小城镇环境综合治理项目——龙游县城北区域给排水工程全面完工。市场化模式推行道路保洁和绿化养护，完成保洁公司、垃圾清运公司、绿化养护公司的招标和交接工作。完成餐饮大排档改造搬迁，强化市场日常考核管理，全年市场收入达163.2万元，同比增长14.3%。探索闲置土地经营利用，已达成初步种植租赁协作合同3处。

【综合管理】 围绕平安护航G20杭州峰会，以“早谋划、早排查、早介入”为工作思路，将不稳定因素化解在萌芽阶段。全年调解矛盾纠纷62起、处置事故事件6起；持续开展反传销、反邪教、禁毒等平安宣传活动；开展流动摊贩整治、违章建筑拆除、道路安全隐患排查、户外灯箱广告整治等专项行动10次；应急救援队出警扑灭火情94起，挽回经济损失约600万元。G20杭州峰会结束后，工业园区被县委、县政府评为护航G20杭州峰会先进集体。强化政策处理，完成北斗大道大治村、凤基坤村等房屋拆除344余平方米，青苗清理11户，鱼塘清理3.73公顷；拆除低丘缓坡养殖场1250平方米，拆除丹飞工贸、士元砖瓦厂厂房6600余平方米；完成吉恒地块养殖场拆迁2690平方米，苗木清理1000余株。全年完成安全生产企业日常检查80家，组织安全大检查活动3次，整改隐患360余条，开展应急演练12次，推广安装“智慧用电”系统178套。开展“打非治违”专项行动，成功处置神龙危化品原料事件，依法取缔永升、埃索2个柴油非法销售点。组织开展“安全生产月”活动9项，培训安全管理人员135人次，在“三场所两企业”开展安全生产社会化服务10家次，完成重点企业职业病危害项目申报30家。坚持日常监管和突击检查相结合，开展喷涂行业VOC整治、建设项目“三同时”督查、“亮剑”环保专项检查等活动，共检查企业362家次，立案查处5家，下达整改通知书2家，调解处置污染纠纷31起，形成打击环境违法行为的高压态势。

（龙游工业园区　杨晨明）

招商协作工作

【概况】 2016年，龙游县招商局按照县委、县政府“大干项目、大抓招商”的总体行动要求，充分发挥参谋作用，解放思想，调整思路，以浙商回归和浙商创业创新为导向，以大项目招商为龙头，以项目效益和质量为核心，拓宽招商引资领域，主攻大集团、大企业，在全县带头开展大项目招商。在全局干部的共同努力下，切实履行工作职责，较好地完成年初的各项目标任务。获2016年度衢州市招商引资工作和山海协作工程先进单位称号。龙游县再次入选“中国最具投资潜力百强中小城市”，排名上升至第12位。

【招商工作实绩喜人】 全年新引进招商引资项目59个，总投资53.84亿元。新引进项目到位资金19.37亿元，累计到位资金42.32亿元（含续建项目到位资金22.95亿元），完成目标任务（确保招商引资到位资金40亿元）的105.8%。其中，新引进工业项目50个，到位资金17亿元；累计到位资金33.70亿元（含续建项目到位资金16.70亿元），完成目标任务（确保工业招商引资到位资金30亿元）的112.3%。

图103　12月28日，在工业园区举行中浙高铁龙游高端轴承产业园项目开工仪式

【加大项目招商力度】 紧紧围绕县“五大百亿”产业培育，坚持以高端装备、高端家具、特种纸、绿色食品和新能源新材料项目为主要招商方向。县委、县政府主要领导身体力行，带头招商，赴北京、长沙、上海、深圳等地参与重大项目招商对接洽谈，带领相关部门领导招引大项目、服务大项目，投资30亿元的高铁轴承产业园、总投资15亿元的无机集成保温新材料等大项目正式签约落户龙游。县招商局完成自引落地项目2个，分别为投资1亿元的天霖纸业项目和上海黄浦第三方采购平台项目，并储备了一批大项目信息等。

【完善招商工作机制】 修改完善2016年度全县招商引资考核办法，结合2016年度市考、县综合考核的新要求，出台《2016年龙游县招商引资暨浙商回归工作考核办法》，为年终县考提供考核依据。制定每月项目信息报送制度，根据考核办法具体要求，招商局负责将各单位报送的项目信息整理归档，实行招商引资月度“奔跑”排名，每月中旬将当月全县招商引资排名情况报县督考办，并在《今日龙游》上公布。

【改革招商方式方法】 突出以商招商，引导全县各招商单位结合企业转型升级需要，积极与企业对接，搜集项目信息，盘活低效闲置工业资产，取得较好成效。湖镇沙田湖莘霖学校项目、吉成新材料项目和高铁轴承项目，都是“以存量引增量，引进增量激活存量”的成功例子。加强与上海产业合作中心以及其他产业行业协会的对接合作，探索开展中介委托招商，通过上海龙游商会牵线和相关部门的协同努力，顺利引进黄埔集团第三方采购平台项目。发挥协作招商优势，通过山海协作平台，积极主动与宁波市镇海区对接，开展产业转移和项目招商对接交流活动，用好山海协作政策，抓住协作县（市）园区“退二进三”的机遇，吸引一批山海协作企业到龙游投资发展。大力开展驻外招商，外派专人赴杭州、上海驻点招商，并通过异地商会平台走访广州、深圳、宁波、无锡、上海、鄂尔多斯等地，捕捉产业转移过程中的有效招商信息，落地碳化硼陶瓷等新型材料项目。

【抓实龙商回归工作】 年初，开展“浙商之春”走访慰问活动。根据省、市、县统一部署，通过招商网、微博、官方微信平台、境内外商会的微信群等平台，发送夏宝龙书记、李强省长签名的电子慰问信。在《今日龙游》上开设“奋起抓开局，拼搏开门红”专栏，专题报道“浙商之春”系列活动。4月，组织召开第二届龙商大会，300余名龙商共聚一堂，共同唱响“龙商强、产业强、龙游强”的主旋律。大会期间，重点推出对外招商项目29个，聘请龙游县招商顾问12名，共签约项目12个。

【山海协作工作】 2016年，山海协作项目到位资金（含结转）29.7亿元，其中信息经济、环保、健康、旅游、时尚、金融、高端装备制造等七大产业的项目数和到位资金均占79%，完成率为112%；完成劳动力转移培训2000人次，完成率为100%；参加重大经贸活动3次，完成率为100%；依托龙游中学与镇海中学开展教育结对，建立1个合作平台载体建设项目，完成率100%。群众增收项目和社会事业项目已到位帮扶资金220万元，完成率147%。山海协作产业园全年新增基础设施建设投入6000万元，完成年度指标120%；完成固定资产投资14.39亿元，完成年度指标的125.1%；组织双方高层互访2次，组织部门单位互访活动10余次，联合开展招商推荐活动5次，新引进项目5个，100%完成年度指标。8月中旬，成功承办浙江省山海协作产业园建设现场会。推进山海协作新农村建设帮扶援助工作，通过实地走访摸底，筛选2016年度新农村建设补助项目并做好相关台账资料，年内到位“社会事业新农村建设扶助资金”220万元，为新农村建设做出一定贡献。

【加强队伍建设】 认真开展党风廉政建设和反腐败工作，与落实县委“四大战略”（即生态立县、创新兴县、产业强县、富民安县四大战略）、打好“四场战役”（即新型工业化、新型城镇化、文化旅游、美丽龙游建设四场战役）紧密结合，推动龙游经济社会快速发展。认真开展“两学一做”学习教育，把廉洁从政教育纳入党组例会、民主生活会、“三会一课”的重要内容，每季度围绕一个主题召开党风廉政建设专题会议，邀请联系县领导和第五纪检组组长参加。进一步完善“廉政谈话制度”，对班子成员和科室长做到经常提醒和督促，牢固树立廉洁从政意识；认真落实党员干部廉洁自律承诺制，广泛接受群众的监督。

（县招商局 秦宏杰）

基础设施

概　述

2016年，龙游县公路交通、铁路建设、水上运输、电力、通信、邮政等各行业相关部门在县委、县政府的正确领导下，凝心聚力，积极开拓进取。交通部门以惠民生促发展为工作终极目标，切实推进交通重点项目建设。公路交通方面，结合新型能源建设，完成城市公交便捷化提升工程，完成农村公路以及重点国省道维修和养护工程；开展维护路产路权宣传，依法推进路政管理工作。铁路交通方面，加强铁路安置点建设，保障群众切身利益；做好各项铁路安检工作，为G20杭州峰会保驾护航。水路运输方面，县港航管理所以护航G20杭州峰会为工作重点，坚持服务至上的宗旨，找寻短板，严谨落实工作部署；衢江航运开发工程红船豆枢纽工程开始蓄水并进行并网发电，小溪滩船闸工程正在抓紧建设。扎实推进智能电网建设，推广新型电子化营销服务模式。邮政部门助推电商农村化，借助网络力量，加快邮政运输改革。石油行业直面严峻的市场形势，把握好相关政策，加强市场调研，积极落实整改措施，整合开拓市场，稳定油品供应，维护油品市场秩序。全县基础设施建设取得突破，助力龙游经济转型稳定发展。

公路交通

【概况】 2016年是龙游县交通运输系统全面实施“十三五”规划的开局之年。在县委、县政府的正确领导下，县交通运输局紧紧围绕县委“四大战略”，按照“大干项目”要求，加快推进“四个交通”（即综合交通、智慧交通、绿色交通、平安交通）建设，推动龙游交通由“适度超前”的增量向“促进发展”的提质跨越。面对复杂多变的宏观经济环境以及项目多、任务重、政策处理困难等挑战，龙游县交通运输系统紧紧围绕“力争第一”的工作目标，以综合交通促发展，以品质交通惠民生，内强素质、外树形象，上下同心、奋发进取，

图104　10月25日，浙江省交通运输厅副厅长任忠（左二）到龙游督查“十百千”综合交通重点项目

全县交通运输事业呈现基础建设稳步推进、行业管理创新发展、队伍作风向好转变、整体工作亮点纷呈的良好态势，圆满完成全年各项目标任务，为县域经济社会持续快速发展做出应有的贡献。

【续建项目有序推进】 衢江航运开发工程红船豆枢纽及船闸工程的红船豆枢纽进行试运行，并蓄水发电；汀塘圩大桥也进入试运行阶段；小溪滩船闸基本完工。完成红船豆电站库区移民石亘和泽潭安置点建设工程的安置户搬迁工作；完成江心洲翁家滩旧房拆除工作。完成320国道与杭新景高速龙游塔石互通连接线交叉改造工程、毛岭头至十里铺立交段整治提升工程。

【新建项目按期完成】 完成城乡公共交通提升工程、公共交通停靠站和公共自行车站点建设工程、城乡临时客运换乘中心项目、320国道龙游九里立交至尖竹桥段整治提升工程、县城亮化提升工程、文靖路（党校至龙翔东路段）工程。完成320国道九里立交至建德段整治提升工程，基本完成315省道湖镇毛岭头至灵山江大桥整治提升工程，城南大转盘整治提升工程完成工程量的50%，315省道和S222省道整治提升工程完成项目前期。跨衢江大桥应急工程是湖镇至童家公路的一部分，作为应急工程先行启动，年底完成投资5000万元。溪口至毛连里公路改建一期完成路基工程量的40%，完成挡墙工程量的20%；二期工程完成工程招投标、驻地建设及工程范围内的土地清表工作。游埠枢纽库区堤防工程（龙游境内）衢江北岸已开工建设，衢江南岸政策处理已完成。高坪桥水库库区公路改（复）建应急工程I标、II标的项目部和监理办均已按标准建好，征迁协议已全部签订完毕，部分路段开工建设。龙游灵山江健康运动休闲片区兰石至龙游南公路工程方渡线1.7千米“白改黑”已全面完工。

【交通设施大中修工程】 投资4574.58万元，按期完成2016年农村公路大中修工程共68.36千米（其中县道48.05千米，乡、村道20.31千米）；投资997万元，完成G320沪瑞线龙游圩塘朱至尖竹桥段2016年公路养护大中修工程，进一步改善公路品质和沿线群众出行条件。投资4305万元，完成S222（50省道）龙丽线龙游城南转盘至北界段2016年公路养护大中修工程；投资3625万元，完成S222（50省道）龙丽线龙游上圩头至溪口段2016年公路养护大中修追加工程。投资501万元，完成衢州市2016年普通国、省道桥梁修复改造工程。

【重大项目前期进展顺利】 至年底，完成省重点项目衢州绿色产业集聚区龙游湖镇至童家公路工程可行性研究报告批复，并完成一期工程初步设计咨询。完成省重点项目320国道会泽里至下章公路改建工程受理、环评、水保等前期工作。完成龙游港区桥头江作业区工程工可批复及土地征迁工作，进入设计招投标阶段。完成游埠枢纽北岸政策处理工作。大力推进衢江航运景观道路工程、S222龙游公铁立交至波经堂段公路改建工程、S315（46省道）龙游九里南立交至十都段公路工程、龙游县交通客运枢纽中心、315省道龙游湖镇至十里铺段公路改建工程等项目的前期工作。

【“四边三化”工作成效显著】 2016年提前实施“四边三化”，着力打造样板工程，获衢州市主要领导好评，全市推进工作现场会在龙游召开。320国道龙游段被评为全省20条美丽公路之一，315省道龙游“东环线”段被评为全市10条最美公路之一，龙游320国道九里立交入城口被评为全市5处最美入城口之一，农村“四好公路”建设经验在全省会议上进行交流。累计完成9个项目的方案设计，其中毛岭头至十里铺整治提升工程、320国道九里立交至尖竹桥段整治提升工程、320国道九里立交至建德段整治提升工程、315省道湖镇至灵山江大桥段整治提升工程（公路部分）已基本完工，723县道溪大线整治提升工程、十灵线灵山江大桥至城南大转盘段整治提升工程已完成工程量的50%，316省道十里铺至圩塘朱立交段整治提升工程、222省道城南转盘至马成口段整治提升工程将于2017年实施，708县道鸫溪线整治提升工程已完成方案设计。

【公路养护】 创新公路小修保养清单消号管理模式，并在衢州市干线公路养护大中修工程现场会、小修保养现场会上作了现场交流。全年完成路面保洁10.95万千米；清理路肩、边坡79.2万平方米；清理边沟900千米；埋设示警桩580根；补立百米桩585根；修补沥青路面坑洞1.9万平方米，使用沥青热拌料576.1吨、沥青冷补料72.9吨；绿化修剪 1346千米。实施农村公路等级提升42.7千米；新建联网公路10.4千米；农村公路大中修（包括县、乡、村道）68.36千米；完成危桥改建5座；完成农村公路安保及安全生命防护工程90.93千米，对比年初计划，均实现不同比例的超额完成。共检查农村公路养护里程873千米，占列养公路里程的85%以上，总体路况稳中有升。完成农村公路“水毁”技术指导等临时性工作，指导沐尘乡农村公路管理站成功创建省级规范农管站，共创建美丽公路15.9千米。

【路政管理】 全力推进依法治超，保护路产路权。加强日常管理，共整治马路市场15个，清理公路边堆积物1.55万平方米，拆除违法构筑物800平方米，拆除非公路标志1055块，发现和查处违章案件891件，收取赔偿费、补偿费46.12万元。坚持联合治超，共检测车辆9425辆，查处违法超限车辆294辆，卸载货物1.08万吨，收取超限车辆罚款172.43万元；强化科技治超，在全衢州市率先安装超限非现场执法设备，对超限车辆实现24小时不间断检测。牵头推进“两路两侧”“四边三化”等专题整治工作，抽调200余人次对国、省道蓝色屋面开展排查，配合乡镇加强对315省道马龙山市场、溪口集镇、灵山高架下、十灵线十里铺路段等处的整治，协助横山集镇、模环集镇安装和漆画停车位、示警桩等交通设施。

【增强运输保障能力】 完善站场布局，建成占地面积1.5万平方米的临时城乡公交换乘中心，建成城市公交站点241个、城乡公交港湾式停靠站33个。以

图105 铲冰除雪保畅通

春运、“五一”、国庆等重大节假日运输保障为重点，精心组织、人性服务，完成重大节假日运输155万人次，未出现旅客滞留现象，未发生重大道路运输行车事故。在遂昌苏村山体滑坡事故发生后，紧急组织运力，协助转移龙南山区村民200余人。新建公共自行车服务站点14个，新增公共自行车500辆，公共自行车服务网点更加密集，群众使用更加便捷，全年累计骑行100万人次，用户满意率为96%。

【城市公交迈向全省前列】 按照供给侧改革的思路，充分用好新能源运营补助、公交燃油补助等政策，发挥政府投资的杠杆作用。以政府投入的1200万元资金撬动总投入4000万元，兴建全新的城乡公交中心，采购40辆新能源公交车，建设公交智能管理系统，增开和加密11条公交线路，线路里程同比增加33%，每天运营里程同比增加64%，提供了智能调度系统和公众出行APP查询服务，推进绿色交通和智慧交通在县级城市的发展。省运输管理局主要领导在龙游调研时对龙游的交通工作给予充分肯定，指出龙游城市公交改革的理念、做法已走在全省前列，效果明显，是全省唯一一个城市公交全部使用新能源电动车的县级城市。

【联合开展“打非治违”专项行动】 与公安交警部门建立联合执法工作机制，全年查获站外揽客22起，查处营运“黑车”4辆，查处长途客运站外组客车辆20辆，客运北站查堵危险品196件。协助县公安局交警大队查处违法载客残疾车98辆、电动三轮车76辆。

【道路货运管理】 配合衢州市交通运输管理局做好危货运输企业经营许可证重新许可工作，推进龙游物流园区综合市场项目建设。加强道路货运车辆管控，积极开展货运实名制宣传指导工作，并要求企业按要求落实到位。共检查企业62家，对全县从事危险品运输的41辆车辆进行全面排摸并登记造册，对3辆“小车大罐”车辆落实全面停运措施，通过对GPS运行轨迹的实时监控和查验危货电子运单等方式，强化管控。协助管理寄递行业，完成全县14家寄递企业的33个门店的登记造册工作。根据上级的部署，强化监督管理，配合市邮政管理局开展联合督查，取缔门店1家，关停门店7家。

【维修驾培管理】 推进维修驾培企业标准化建设。开展机动车维修服务质量规范达标活动，按照《机动车维修服务质量规范》的要求，全县7家驾校已全部完成整改。全面实施“先培训、后付费”的驾培新模式，促使各驾校之间从单纯的价格竞争转变为服务质量的竞争，促进驾培行业良性发展。全年完成机动车维修3.21万辆次，完成机动车检测2930辆次，新培训汽车驾驶员9260人。

【行业安全管理】 认真贯彻“安全第一、预防为主、综合治理”的工作方针，全面落实安全生产责任制，严抓行业安全生产管理，未发生各类安全责任事故，未发生工程项目质量事故和群体性不稳定事件，保持交通运输系统安全生产工作平稳态势。在年初抗冰雪、保畅通工作中，保重点、攻难点，行动快、效果好，有效保障公路的安全畅通，降雪当日龙游境内国、省道事故占比由2008年的45%降至2016年的18%，降雪次日国、省道事故占比由2008年的52%降至2016年的13%。在护航G20实战中，建立督查、例会、约谈三项平安制度，完善指挥协调、应急管理、情报会商等六大工作体系，创

图106 开展交通工程质量检测

新公共交通客运安保志愿者服务，全面夯实行业安保基础，行业安全管理应急保障水平得到明显提升；期间完成24处县级道路事故易发点（路段）整治，累计投入安保力量7万余人次，安全输送乘客340余万人次，圆满完成龙游县G20杭州峰会的交通保障工作，荣获浙江省交通运输服务保障工作先进集体荣誉，2名同志获省级先进个人荣誉。完成新组建的交通工程质量安全监督站的标准化建设达标验收，受理监督项目13个，下发整改意见书18份，覆盖率为100%。通过全体干部、职工的共同努力，夺得“平安交通”十一连冠荣誉。

【交通队伍建设】 扎实开展“两学一做”学习教育活动，夯实基层党建基础，彰显党员先锋模范作用，带动整体队伍作风和精神面貌向好转变。公开招聘事业单位工作人员13人，引入新鲜血液，优化队伍的年龄结构和知识结构，为全县交通队伍补充新鲜血液。开展中层干部竞争上岗，调整中层干部8人，其中6位干部迈上新岗位。全局上下形成“工作热情全面激活，干事氛围特别浓厚”的工作氛围，有力保障各项工作的圆满完成。

（县交通运输局 王肖璐）

2016年度龙游县公路交通基础设施完成情况

表22

工程名称	建设规模	建设工期与进展	投资完成情况
320国道与杭新景高速龙游塔石互通连接线交叉改造工程	新建宽40米的一级公路650米	2016年7月进行交工检测验收	2016年完成投资4327万元，共计投资4327.17万元
毛岭头至十里铺立交段整治提升工程	改造路线2.54千米；改造互通区一个，改造面积11.7万平方米。总投资3452万元	项目分二期实施。一期为十里铺立交互通区景观工程，已于2015年完成；二期为毛岭头至马报桥段整治提升工程，于2015年12月底开工，2016年8月完工	2016年完成投资1452万元，共计投资3452万元
320国道龙游九里立交至尖竹段整治提升工程	工程包括5.6千米绿化和道路两侧立面及道路路面改造，总投资4000万元	2016年3月开工建设，2016年10月完工，工期为8个月	至2016年年底，完成投资4000万元
龙游县四边三化工程	包括320国道、222省道、315省道、316省道等公路边整治提升200米视线内建筑物外立面改造及绿化提升等。总投资约1.34亿元	完成320国道、315省道整治提升工程，城南大转盘整治完成50%。222省道、316省道完成项目前期，准备开工	至2016年年底，完成投资约1.34亿元
龙游中心公路站项目	新建公路站管理用房、公路应急设备库房、磅房及卸货点等设施，总投资1945万元	2016年7月开工建设，至年底完成室外填方、杆线迁移，完成仓库基础和办公楼一层主体	至2016年年底，完成投资1200万元
2016年度农村公路大中修工程	总里程为68.36千米，其中县道48.05千米，乡、村道20.31千米	2016年已全面完成。建设工期1年	至年底，完成投资4574.58万元，其中县道3852.08万元，乡、村道722.5万元
320国道沪瑞线龙游圩塘朱至尖竹桥段2016年公路养护大中修工程	共6.52千米，逐段中修	2016年已全面完成。建设工期4个月	完成投资997万元
222省道（50省道）龙丽线龙游城南转盘至北界段2016年公路养护大中修工程	白改黑13.97千米	2016年已全面完成。建设工期4个月	完成投资4305万元
222省道（50省道）龙丽线龙游上圩头至溪口段2016年公路养护大中修追加工程	白改黑11.24千米，黑改黑1.27千米	2016年已全面完成。建设工期5个月	完成投资3625万元
衢州市2016年普通国、省道桥梁修复改造工程	白鹤桥、竺溪桥、平山桥、尖竹桥改造工程	2016年已全面完成。建设工期5个月	完成投资501万元

铁路建设

【概况】 2016年，龙游县铁路建设指挥部办公室根据县委、县政府的总体工作部署，紧紧围绕衢宁铁路（浙江省衢州市至福建省宁德市）建设、衢建铁路（衢州市至建德市）前期等项目，全力推进龙游铁路建设。

【衢宁铁路工程建设】 2016年是衢宁铁路项目施工的开局之年。在县委、县政府的领导下，县铁办加大工作力度，强化措施，尽职尽责，认真做好协调服务工作，努力为衢宁铁路建设营造良好环境，确保工程建设顺利推进，并按年初确定的时间节点完成目标任务。至年底，完成路基土石方总量的25.5%，完成桥梁钻桩总量的25%，完成隧道工程的27.4%

图107 衢宁铁路傅家隧道施工现场

【龙游南站方案调整及站前广场控规】 衢宁铁路龙游南站立足高品位建设，规划用地面积为2.67公顷，设客运站、货运站、维修工区、站前广场及6条道路，建成后将是龙游县南部重要对外交通枢纽和龙南门户、旅游集散中心、物流中心。根据县委、县政府的要求，衢宁铁路龙游南站站房规模由原定的2000平方米调整到3500平方米。县铁办积极与中铁四院对接，根据控规细化各项要求，调整、完善、优化概念化设计方案。3月，站前广场周边规划设计方案提交县政府常务会议论证，并获得通过；5月，对站前区块控规进行为期1个月的公示；11月初，衢宁铁路站房规模扩大立项会议在北京召开；12月底完成规划编制工作。

【衢宁铁路安置点建设】 全线共设庙下、下徐、石角、马成口4个集中安置点。为确保衢宁铁路拆迁群众生活能早日步入正轨，县铁办积极做好国土、规划等部门和相关乡（镇）、村、户的协调工作，多次实地踏勘，征求群众意见，进行调研论证，不断完善安置方案，扎实做好拆迁安置点选址、房屋户型式样设计选定、水资源监测、水电路配套设计等工作。通过网上招标比选，确定安置点地形测绘单位、安置点规划和房屋建设设计单位、安置点地质勘单位、招投标等工作，为安置点施工建设做足准备。至年底，完成庙下村、下徐村、石角村三个安置点的选址、设计、征地、场地清表工作，并进入工程招投标程序。沐尘乡马成口村安置点正在设计中。

【衢宁铁路征迁工作】 建立健全周通报制度、半月督查制度和月度现场会制度，确保工程建设顺利推进。完成全部33.88公顷红线内土地的征用协议签订，其中已清表交付使用30.51公顷。临时用地已经交付使用22.13公顷。完成132栋拆迁房屋的丈量、评估，已经签订78幢房屋拆迁协议，其中施工急需的29幢共4203.12平方米房屋已拆迁，并为房屋拆迁（包括安置点房屋建设）投保意外团体险。

【龙游火车站站房改扩建工程】 龙游火车站站房改扩工程是龙游县“十三五”重点规划建设项目，包括站房升级及站前区改造工程。建设规模包括站房建筑面积1.6万平方米、地下空间开发4万平方米、站前区7万平方米。站台雨篷按铁路部门标准改造。县铁办加强与上海铁路局、铁二院对接，积极做好车站改造提升工程的相关前期工作。5月，赴上海铁路局对接多次，明确站房改造的相关报批材料、报批程序及部门职责，并与设计单位中铁二院达成委托设计协议。

【杭长高铁沿线整治提升工程】 牵头负责杭长高铁沿线“四边三化”问题的排查，及时组织相关单位开展实地调查摸底，并协调相关乡镇（街道）对存在的问题进行整改，指导高铁沿线的改造提升。经过整治，高铁沿线乱堆放现象明显好转，尤其是一些以前整不掉的“硬骨头”，如东华的邱金林煤场、赖忠海煤场、金仪龙沙场，湖镇的长龙管业、下田畈的黑臭塘，詹家镇的红专种粮合作社建筑垃圾乱堆放，龙洲街道曹家村乱堆放及火车站大面积乱堆放等重难点问题已基本整改到位。

【争取更多高铁车次在龙游停靠】 争取开往北京、广州、宁波等方向的高铁车次停靠龙游站，为龙游及周边区域广大群众南来北往提供更多的方便，奠定龙游站辐射松阳、遂昌等地的中转枢纽地位。

（县铁办 雷文美）

铁路客运管理

【概况】 2016年，在上海铁路局的正确领导、车务段的悉心指导和龙游县政府的关心下，龙游火车站深入学习贯彻全路工作会议精神，紧紧围绕安全管理新机制的要求，坚持“规范管理、强化基础、盯控关键”的安全管理思路，以安全出行、方便出行、温馨出行“三个出行”为目标，以客运网格化管理要求为抓手，齐心协力，扎实苦干，较好地完成了全年的各项任务指标，旅客运输、安全管理平稳有序。车站客发客收等指标均超额完成全年任务指标。

【全力以赴做好春运工作】 为确保春运期间各项工作安全平稳有序开展，车站会同有关部门，对涉及春运有关的设施设备进行全面检查整改，消除安全隐患多处，极大地保证了春运的各项工作。严肃售票纪律，春运期间当班售票员严格遵守“七不准”（即不准私自携带现金、提包、手机等进入工作岗位；不准利用当班之机抢订车票、私留车票；不准替他人代买代卖车票；不准一次售票超过规定数量；不准不核对有关证件为旅客办理电话订票手续；不准利用工作便利替他人代办电话订票取票手续；不准违反规定程序办理退票）的作业纪律，通过日常检查和督促，杜绝一切路风事件。做到票房等重要场所24小时不断人，严格执行2小时巡视制度，每天由客运负责人对票房作业情况进行录像回放检查。防止发生漏接、漏乘、误售情况，加强客调命令的签收、核对、交接等环节的检查，客运值班员在每天行调发布18点班计划时，及时到行车室抄记核对有关列车开行情况，并将有关情况及时登记在《客运18点班计划交接登记表》上，按规范进行交班。针对重点车次和重点时段，制定重点时段列车作业包保工作表，由管理人员带队组织旅客乘降。针对节后旅客购票集中的现状，安排售票人员从大年初二开始开足售票窗口，并指定专窗专售学生票，尽量满足学生的购票需求。

【做好G20期间的各项工作】 先后3次向龙游县委书记、县长、政法委书记专题汇报G20杭州峰会期间车站的各项安全工作，取得龙游县委、县政府的大力支持。与铁路派出所召开协调会4次，明确分工和人员安排、工作标准、岗位设置等重点事项。与派出所一起召开“护航G20，奋战100天动员大会”，

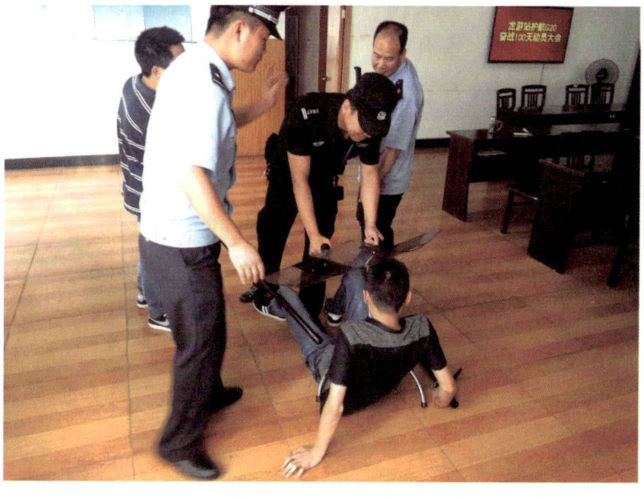

图108 龙游火车站开展护航G20安保演练

组织2期有关安检机检、手检人员业务培训班。立足自身，进行内部挖潜，调整人员岗位，取消安检、实名制岗位人员年休，抽调其他岗位人员对相关岗位实行双岗作业，提高工作质量，实现安检、实名制验证“三个百分百”（即100%先验视后封箱、100%寄递实名制、100%X光机安检），并取得良好的实效，得到上级和当地政府的认可。

【安全教育常抓不懈】 及时认真地传达学习各类安全通报，认真吸取兄弟单位的事故教训，通过开展与职工面对面谈心活动，从个人、家庭、企业三者之间的关系，把确保安全的重要性、必要性讲清讲透。利用各种形式，通过学习、传达、大会宣讲、个别交流等形式，广泛宣传安全生产的极端重要性，把形势任务教育、大宣讲活动同安全教育紧密结合起来，把安全教育与职工遵章守纪效果紧密结合，持之以恒，常抓不懈，牢固树立“安全第一”思想。

【规范安全管理】 抓好施工安全。对照文件，严格落实施工全管理办法，执行好施工“八禁止、四追究”“三会一表”制度。强化施工计划管理，做到及时下载、核对、张贴、确保有计划施工。抓好劳动安全。认真吸取兄弟单位的工伤事故教训，组织开展全员教育，查找安全隐患，明确重点岗位及人员，重点盯住线路保洁、助理试风、非正常行车上道作业、站台乘降组织作业等关键。充分发挥劳动保护监督检查作用，行政和支工会一起组织劳动保护检查员进行劳动安全专项检查。抓好各节假日安全。重点是接发防错办、乘降组织、“三品”查堵，落实节假日运输各项措施、预案，制订出客运与行车的联系制度，对开行的临客及时制定一日一表，加强对晚点客车到点的确认、核对，确保万无一失。全员齐心协力，全力以赴，圆满完成了各节假日运输的各项要求。强化基础，盯控关键，确保安全稳定。

【高度重视班组建设和6S工作】 以标准化班组、标准化车间建设为核心，结合6S管理，强基达标。召开专题会议详细制定班组建设实施方案和6S管理推进计划，明确职权和责任，有序推进。针对6S管理的要求，在全站范围内对物品摆放，设备设施定制，车站和班组文化氛围营造等多方面进行统一标准化建设。认真编制各岗位作业指导书，组织相关人员进行考试，征求意见，确保作业指导书有效可操作。认真组织季度业务考试和季节性专项业务考试，利用应急方案演练时机对冷门项目进行演练。积极组织有关人员参加各类学习培训，共组织参加车务段行车、客运业务培训及班组长培训40余人次。对一些有一定难度的业务，加大培训力度，做到人人会操作，不断适应新要求。

【努力实现增运增收】 车站在客发和客收以及运输安全等各项工作都已提前超额完成全年的任务指标。紧盯客运旺季。短途旅客是主要客流，车站节假日时期的旅客运输，把它作为车站完成年度任务的关键时期，重点针对全年的元旦、春运、清明、五一、端午、暑运。根据不同时期旅客运输和上级要求，制订好运输预案，做好运输计划，确保均衡运输，实现效益最大化。积极开展客运营销。做好“5·15”新图的营销宣传，充分利用运能，采取有效措施，确保客运持续上量。车站组织开展客运营销4次、大型客流调查1次、发放时刻表共计8000余份，结合调图契机，重点走访各旅行社、龙游县教育局、有关中小学校、县委办、旅游局、开发区管委会，较大型企业等单位和部门，组织宣传，做好导购。调整激励机制，提高售票人员工作积极性，增运增收。车站根据车次变化情况组织认真分析2016年以来客流变化，针对车站客票率大幅下降的问题，认真分析情况，制定措施，加强产品推销。并重新修订票房计件办法，窗口售票人员采取计件捆绑和任务指标相结合，售票擂台赛的形式，大大提高了售票人员的工作积极性。有5人次获段售票擂台赛奖励。

【加强客运职工队伍建设】 车站把确保客运队伍稳定当作车站管理工作的一件大事来抓。首先，车

图109 “七一”前夕，车站党支部组织党员重温入党誓词

站领导班子统一思想认织，针对车站现状，明确只有确保队伍稳定，才能全力以赴投入到安全运输生产，才能确保各项目标的实现。要求全体职工要在思想上树立起高度工作责任感和使命感，认真做好有关人员的思想工作，根据不同性格的人员，运用不同的工作方法，有针对性地采取不同的措施，以达到稳定思想的目的。车站还根据新老职工年龄差距、业务水平差距大的特点，采取以老带新，以新促老的方法，一方面严格落实师带徒制度，另一方面积极鼓励年轻职工学业务，提技能，积极参加车务段各项比赛，力争脱颖而出。对各类考试表现优秀的年轻职工进行重奖，树立正面典型，激发老职工的工作积极性。

（龙游火车站 胡晔）

铁路货运管理

【概况】 2016年，铁路龙游东货运站在上海铁路局金华车务段的领导下，认真贯彻落实上级系列精神，深化现实安全和安全基础“两手抓”思路，突出专业管理主线，用好新机制和班组建设两个载体，践行“振奋、担当、创新”三种精神，克服安全疲劳意识，加强专业管理队伍建设，不断提高安全管理水平。以确保客车安全为重点，加强假日运输、站改施工、劳动安全、季节性安全等关键控制，确保安全持续稳定。截至12月31日18时止，实现连续安全3861天。全年完成货运收入2590.6万元、货发13.3万吨；日均装车7辆、卸车20辆；实现停时（即一次货物作业平均停留时间的简称）25.3小时、中时（即中转车平均停留时间的简称）10.4小时；日均保有量为45辆。

【铁路龙游东货运站】 车站位于浙江省龙游县东华街道境内，车站中心里程位于沪昆线自上海西站起406km+457m处，是隶属上海铁路局金华车务段管辖的三等车站。车站占地面积约20公顷（300亩），配有货物线6股、油库专用线1股，仓库面积3000平方米，雨棚面积2700平方米，有起吊能力36吨和20吨的龙门吊各两台，具有较强的货物装卸能力。货场设计年吞吐能力为200万吨。

【组织运输】 在运输生产的组织和指挥上，发挥好车站的牵头作用。建立每日站区运输交班会制度，及时通报信息，了解作业情况，通力协作，主动配合，紧密联系，形成运输指挥和装卸车组织的有效机制。合理安排调度机车的使用，及时联系，提前谋划，加强计划编制和货物取送，确保全年车站货物作业的安全畅通。

【安全风险管控】 坚持安全风险管理的基本思路和方法，对照《2016年安全风险控制表》，根据上级部门及车务段发布的安全风险预警，以及发生和通报的典型事故、设备故障等风险教训，认真排查对照，发现存在安全监控分析设备故障、沿线烧荒风险2项。集思广益，发动干部职工对照排查安全风险项点，研判分析是否存在遗漏。通过排查分析，在车站原有32项安全风险控制项点以外，新增20项，其中调车安全3项、干部履职2项、列车安全4项、路外安全3项、结合部管理2项、劳动安全2项、人员素质2项、施工安全1项、应急处置1项。

图110 1月22日，车站员工冒着严寒扫雪保畅通

【调车作业】 紧紧抓住调车计划、进路控制、穿越正线、压绝缘节作业、超限绝缘节及无线电调车灯显等关键环节，全面落实自控、互控、监控和把关措施，严格执行“问路式”调车。重点抓好调车工作各项制度的落实，严肃各项调车作业纪律，强化防溜措施的落实、检查制度。与货运中心营业部联系，以装卸防护红牌的设撤联系、门吊作业时调车作业联系、货场调车环境整治及取送车计划联系为重点，消除结合部的安全隐患，确保调车作业过程安全受控。

【接发列车作业】 树立“客车无小事”的观念，始终把客车、动车安全放在重中之重的位置。完善非正常情况及不良天气情况下的行车组织办法和安全措施，落实各项接发列车基本制度，执行防止电力机车进入无电区的安全措施。确保接发列车，尤其是旅客列车的绝对安全。加强与相邻车站联系，执行好“三站三员”联控制度。

【后勤保障】 坚持“建管并举、管重于建”的原则，结合实际落实车站日常检查考评奖惩制度，形成长效管理机制。继续加大生活线、文化线、卫生线“三线”建设的投入，共投入资金50.8万元，完成车站伙食团、活动室、行车室、助理值班室、信息机房及围墙的整修。车站工会组织职工充分利用车站周边的空闲荒地，自己动手，丰衣足食，开垦围建种植蔬菜、果树，养殖家禽等。通过活动的开展，进一步改善职工的生产、生活条件，更好地激发和调动了职工的工作积极性。2016年，车站被授予段级“三线”建设示范站、职工模范之家称号。

（龙游火车东站 刘竞超）

水上运输管理

【概况】 龙游县港航管理所围绕工作重点，系统谋划、超前准备，认真查找工作短板，按时限整改到位。在G20杭州峰会期间，全所同志发扬奉献精神，舍小家为大家，为G20杭州峰会的顺利举行贡献自己的力量。通过航运发展形势的教育，使员工认识到港航工作的重要性；通过法律知识的学习，提高员工的业务能力。

【水上安全监管】 G20杭州峰会和第三届世界互联网大会是水上安全工作的重中之重。县港航管理所督促龙游年年红水上旅游资源开发有限公司做好水上旅游客运实名制的落实工作，按时启用身份识别系统。因衢江龙游段停止砂石开采，所有的采运砂石船继续停运，为保证汛期船只的安全，县港航管理所督促未撤离船舶的船主严格执行安全锚地停泊规定，同时加固安全设施，落实值班人员，实行动态监管，并组织人员进行不定期巡查，对所有船舶实行动态监管。县港航所全年共出动42车次，出动检查人员102人次，检查各类船舶384艘次；发放宣传资料185份，以移动短信方式发出安全提示信息1514条。通过上述措施，有效提高水运从业人员的安全意识，为水上交通安全打下坚实的基础。

【抓创建树形象】 以践行社会主义核心价值观为引领，以提升服务质量水平为重点，以解决群众关切问题为突破口，县港航管理所提炼出“能办的事，马上办；难办的事，帮着办；知道的事，提前办”的政务中心团队服务精神，并从改善单位环境、明确内部标识、完善工作制度、规范工作台账等方面着手，加强内部管理，改进工作作风，树立良好的外部形象，得到上级领导的高度认可。4月5日，龙游县港航管理政务中心和所长王小波分别被浙江省交通运输厅授予全省交通运输行业“百名最美团队”和“百名最美个人”，提升港航系统的形象。

【提服务促管理】 2016年是龙游县水运行业大发展十分重要的一年，衢江航运开发工程进入冲刺阶段，龙游港区工程进入工可及开工建设阶段，龙游年年红水上旅游项目进入全面建设阶段。县港航管理所充分发挥行业管理的优势，积极做好服务，主动与相关部门对接衢江航运开发工程事宜，做好项目政策处理，推动航道疏浚的顺利实施；为龙游港区工程当好政府参谋，提出一系列建设性意见，同时主动对接省、市港航部门，争取上级部门的理解与支持；主动、提前介入龙游年年红水上旅游项目，提出水上旅游发展的建议和行业管理要求，使公司在项目实施过程中有了明确的指导方向。通过这一系列的服务措施，推进全县水运行业的发展。

【红船豆枢纽船闸工程】 钱塘江中上游衢江（衢州段）航运开发工程红船豆枢纽及船闸工程位于衢江干流，距龙游县城（上游）约4.5千米。2010年9月，工程举行开工仪式，2011年1月正式动工，2015年12月31日开始蓄水，2016年3月13日并网发电。工程总投资9.67亿元，其中水利部分投资7.76亿元。枢纽从左至右依次为电站管理区、发电厂房、24孔泄洪闸、船闸、船闸管理区。泄洪闸共设24孔，每孔宽14米，泄洪闸上游正常蓄水水位为47米，下游正常水位为40米，库区集水面积9216平方千米。电站装机共4台，为单机容量5MW（兆瓦）的灯泡贯流式机组，多年平均发电量为8044万千瓦时。船闸闸室长230米、宽23米，门槛水深4米。

图111 小溪滩水利枢纽

【小溪滩船闸工程】 钱塘江中上游衢江（衢州段）航运开发工程小溪滩船闸工程，距龙游县城（下游）约8千米，在原小溪滩电站的基础上增建。船闸临衢江右岸布置，位于整个枢纽右侧，采用坝上式布置；船闸轴线与枢纽轴线夹角为102度，船闸闸室有效长为230米、有效宽为23米，门槛水深4米。工程于2014年6月开工，2016年年底主体部分建成，总投资为1.74亿元。至年底，船闸主体、上下游引航道及船闸金属安装已完成。船闸控制、机电设备仍在安装，船闸管理用房尚未开工。计划2017年年底具备通航条件。

（龙游港航管理所 夏景）

电力建设与电能供应

【概况】 2016年，国网龙游县供电公司完成固定资产投资1.29亿元，其中电网投资1.19亿元。全县用电总量为20.91亿千瓦时，同比增长6.05%；售电量18.48亿千瓦时，同比增长4.39%。资产总额达8.4亿元，全员劳动生产率为84.84万元/人•年。获2016年度国网公司五星级乡镇供电所、G20杭州峰会安保工作先进集体、浙江省电力行业统计先进集体、浙江省巾帼文明岗等荣誉。

【超前布局电网规划】 主动对接政府部门，结合龙游“十三五”配电网规划，开展电力布局规划。提前谋划配电网建设与改造项目，落实配电网三年行动计划以及配网示范区建设要求，储备涵盖中心村改造、网架优化、老旧小区改造、防冰冻灾害、围垦区布局建设、光伏小康工程等在内的项目73个，获省公司批复的总投资达1.58亿元。项目前期成效显著，圆满完成220千伏土元变、110千伏詹家变、110千伏白马变、35千伏志棠变预选址工作；大力推进龙游县光伏小康工程，完成湖镇镇客路村30兆瓦光伏电站35千伏配套送出工程和金怡热电联厂10千伏配套送出工程前期工作。认真落实属地管理原则，助力110千伏衢遂1097线（该线是极端天气下丽水电网与衢州电网的“生命线”）改造工程提前竣工。

【有序推进电网建设】 扎实推进智能电网建设。加强计划刚性执行，完善周例会月通报工作机制，严格按照管控计划推进项目建设，实现从项目设计到结算的全过程监督。顺利投产35千伏罗家变，圆满完成新增城农网升级改造项目。2016年，共计投产10千伏线路177.71千米，变电容量8.96万千伏安，农村低压电网建设与改造工程累计完工161个台区，线路长度为563.1千米。

【增强保电能力】 实施电网精益运行维护，加大变电设备专项隐患排查治理力度，常态化开展线路巡视及通道清理，完成各类安全隐患整治725起。建立公变监测大数据库，充分利用实时监控体系，针对性开展配变超过载治理，完成增容199台，新布点84台。探索实施第四类带电作业，推动市、县一体化管理。转化峰会保电成果，优化完善高危重要用户及经常性保电用户“一户一册”方案。积极应对寒潮、台风袭击，圆满完成春节、“两会”、G20杭州峰会等重要节日和重大事件的保供电任务。

【创新服务举措】 开启“互联网+”营销服务新模式，动员全员参与电子服务平台推广工作，大力

图112 模环供电所党员小分队为模环小学检修线路

开展电子化电费账单宣传，累计完成微信公众号绑定4.68万户。全面推进业扩全流程信息公开与实时管控工作平台，做到线上全天候受理，线下“一站式”办电。公司高低压业扩报装已全部接入快响，业扩服务时限达标率100%。业扩新增累计申请容量20.41万千伏安，同比增长15.69%。主动对接潜力用户，开展电能替代宣传。高效服务省、市、县重点项目和新能源发展，10月底完成首个城区快充站项目建设。创新对重要大客户的“预判式”服务，引导用户科学用电。聘任专业客户经理驻点工业园区，主动对接用电需求，提供定制化预判服务。客户用电方案平均答复时长缩减4.54个工作日，用电异常用户减少53%，力调电费（指当功率因素达不到国家规定时，因力调原因加收的电费）下降34.56%。

【抓实安全生产】 健全风险管控机制，层层落实安全生产责任，从“人、管理、设备”三个维度抓实安全生产。建立“1+1”联合稽查模式，强化作业现场安全管控，严格执行违章“零容忍”考核和安全问题“抓反复”机制，累计稽查现场4846次，查处违章931起。夯实安全管理基础，培育特色安全培训精品工程，以“本质安全”为行动主线，引入“体验式培训”+“亲历培训”等培训概念，建立员工“安全心理档案”，组织开展工作票“人人过关”活动，参培人数达390余人次，有效提高标准化作业水平，实现员工安全意识与技能双提升。

【依法治企】 充分发挥协同监督平台作用，立项开展通信资源租赁业务管理效能监察，分别召开依法治企审计、新增城农网项目风险防控协同监督会议4次，完成审计签证278份，促进增收节支366.01万元，提出意见和建议16条。2016年接受上级单位审计检查2项，收到审计意见40条，完成整改落实38条。严格落实中央“八项规定”，持续强化纪律作风建设，开展“正风肃纪”明察暗访5次，出动检查人员25人次，防止“四风”问题反弹。构建全方位信访维稳预警机制，建立重点信访维稳群体“一人一档”制度，实施“差异化”维稳管理。全年共承办人大、政协提案议案及各类信访件8件；累计上线政府12345热线服务平台处理工单82件。荣获衢州市电力系统G20峰会信访维稳工作先进单位。

【服务美丽龙游建设】 主动对接标杆示范村创建、贺田村文化礼堂建设等项目，配合开展设备移位和杆线改迁工作，助力“美丽乡村”创建攻坚行动。积极配合水利部门做好“五水共治”电力配套工程，组织全体员工开展相关治水满意度知识学习，在办公楼大厅显眼位置张贴宣传海报，助力龙游县顺利通过治水满意度调查。组织参与“清千塘、美百河”行动，与詹家镇西方村签订水塘结对认领协议，落实帮扶资金，抓好水塘整治保洁。响应县委、县政府“创国卫”号召，组建突击队、服务队、督导队，出动300余人次，扎实开展“创国卫、净街道”、城区变压器台区靓化等主题活动，累计完成各类任务交办单30余份，现场检查50余次，整改问题35项。认真开展电力设施整治，出动人员568人次，发放宣传单800余份，整治违规张贴和悬挂的广告、条幅231处，巡查治理公用变压器台区153处，巡视路灯线路1800多千米，更换维修路灯160余盏。

【坚强党建保障发展】 坚持从严治党，有力推进“两学一做”学习教育活动，深入开展党员组织关系排查、党费收缴使用问题等“四项专项治理”，认真落实“三单一表”要求，推出“特色化任务清单”，营造从严规范的组织生活新常态。强化作风建设，举办供电所廉洁从业知识竞赛和廉洁从业教育讲座，组织廉政知识考试4次。深化党员“三种意识”（责任意识、大局意识、创新意识）“五种能力”（抓大事的能力、反映快的能力、判断准的能力、善谋策的能力、会引导的能力），引导广大党员做“四讲四有”（讲政治、有信念，讲规矩、有纪律，讲道德、有品行，讲奉献、有作为）合格党员，党员服务队累计开展活动500余人次，在G20杭州峰会、迎峰度夏、新增城农网建设等重大保供电任务和重要工程项目中表现突出。

【群团共建幸福家园】 完善民主管理机制，落实职代会各项职能，组织开展职工代表巡视检查，完善“职工代表接待站”建设。坚持开展“安康杯”竞赛、“点亮杯”系列文体竞赛、趣味运动会、全民健身等活动，丰富员工业余文化生活。激发团员青年的活力，扎实推进“青”字号品牌创建，落实“为青年办实事”等活动。组织青年志愿者进国道送温暖、进广场送知识、进乡村送美丽、进学校送爱心等活动，累计出动青年志愿者170余人次，努力践行社会责任。

【提升队伍素质】 增强创新能力，健全创新管理体系，依托劳模工作室、技术革新团队，培养“项目承载、协同创新”的创新型人才。推进管理创新实践和技术攻关的成果转化，3项QC成果获市级以上荣誉，其中1项成果获省质量管理协会一等奖。实施“双导师”培养机制，实现青年工人“技术素质提高”与“职业发展规划”的协调统一。立项开展班组建设提升项目，编制《度量衡班组建设操作手册》，将企业文化全景式落地实践模式向班组延伸，班组建设实现新突破。

（国网浙江龙游县供电公司 司海涛）

2012—2016年度龙游县小水电上网电量比较

表23

年份	上网电量（万千瓦时）	同比增降（%）		上网高峰（万千瓦时）	同比增降（%）		上网低谷（万千瓦时）	同比增降（%）	
		增	降		增	降		增	降
2012	2851.86	55.76	—	1846.06	51.61	—	1005.8	64	—
2013	2808.62	—	1.52	1804.11	—	2.27	1004.51	—	0.13
2014	2275.19	—	18.99	1480.63	—	17.93	794.57	—	20.90
2015	2827.21	24.26	—	1818.88	22.85	—	1008.34	26.9	—
2016	3043.53	7.65	—	2004.77	10.22	—	1038.76	3.02	—

2012—2016年度龙游县供售电量比较

表24

年份	年供电量（亿千瓦时）	同比增长（%）	年售电量（亿千瓦时）	同比增长（%）
2012	16.45	10.40	15.84	9.32
2013	18.56	13.52	17.91	13.06
2014	19.83	6.84	18.41	2.79
2015	18.13	-3.79	17.71	-3.82
2016	18.94	4.48	18.84	4.39

邮政管理

【概况】 2016年，根据中国邮政浙江省公司“围绕一体两翼，实现三个一流”的总体要求，中国邮政龙游分公司牢牢把握“大力发展三个一把手工程”主旋律，突出重点，狠抓落实，在龙游县委、县政府及上级部门的正确领导下，在各部门通力配合下，较好地完成年初制定的各项阶段性目标，实现各项工作齐头并进的良好发展态势。全年完成业务收入2493.6万元，完成年计划的101.85%，同比增长16.38%。公司被评为2016年度龙游县“满意单位”；获2016年度“春耕夏耘”校园营销项目“主题活动开展优胜奖”“优秀单位考评奖二等奖”。湖镇支局被授予衢州市“巾帼文明岗”称号；湖镇营业所被优选为“集团级示范网点”；大众营业所、湖镇营业所获“2016年全国邮政代理金融储蓄业务发展‘千佳’营业机构”荣誉称号。

【代理金融业务再上新台阶】 加大代理金融发展力度。精心制订“积分邮礼”活动方案，用心打造“金融生活超市”，各代理金融网点开展“周年

图113 12月30日，中国邮政龙游分公司召开一届三次职工代表大会

庆”、“清凉一夏”、抓鸡蛋、联谊会等多种形式的客户活动，加深邮政金融在客户心中的品牌印象，为做大储蓄存款规模提供有力抓手。至12月31日，龙游邮政储蓄余额达到9.8亿元，同比净增2.48亿元，增速在衢州市邮政企业中排名第二。

【农村电商稳步推进】 积极融入地方，开展全县农村电商站点建设量质双提升竞赛，完善邮掌柜激励措施，引入电商服务专员机制，顺利完成农村电商建点提质、代购、会员发展及专业协同计划，邮政农村电商服务主渠道作用得到群众认可。全年建成村邮乐购建点158个，完成商品代购5335笔，总代购金额为12万元，全县共发展“邮掌柜”会员10689名。

【寄递业务走向“正轨”】 为加强包裹寄递队伍建设，解决揽投合一后日益增长的包裹数量和人员不足之间的问题，公司及时做好人员增补。重组后的包裹寄递队伍人员充足，分工明确，日常工作进行得有条不紊。随着包裹处理场地的改造完成，包裹寄递业务的软、硬件水平均有质的提升，为业务发展打下坚实基础。全年快递包裹合计揽收30.9万件，其中“双十一”当月就收寄包裹7.08万件，较2015年同期增长12.16%。

【做大报刊市场】 致力于开发校园报刊和政务图书市场，联合龙游县文广新局举办“全民阅读专家巡讲”活动，提升邮政书报刊的品牌知名度。开展“迎新春”教辅类报刊营销活动，共征订《教育周报》18035份、作文评点报576份、《经典作文》30套，实现报刊流转额48.98万元，完成计划的139.94%，全年实现教辅类报刊流转额105.95万元，突破百万元大关。政务图书销售取得不菲成绩，销售码洋15万元，完成衢州市公司下达计划的375%；教师节期间销售“致教师”读物3600册，码洋11.52万元；销售“赢在起跑线上”读物345本，码洋1.24万元，为分公司零售收入做出贡献。

【加快网运投递的改革转型】 先后完成农村及城市投递网的改造工作。加大人员、车辆、设备的投入力度，通过以车换能力、以网络优化提升能力与效率，推动组网模式与投递方式的创新。完善农村电商物流配送体系，加快推进投递专业化管理模式，推进投递管理信息化，全面提升投递网服务能力，为快递包裹发展和农村电商发展提供强有力的技术支撑。7月底，完成11条农村汽车邮路的实施运行。为包裹揽投递人员、汽车邮路投递员和农村支局所本镇投递员配备22台PDA（英文Personal Digital Assistant的缩写，即个人数码助理，一般指掌上电脑）设备，确保整个投递网络的信息化运行。投递网的改造为包裹快递业务发展夯实了基础，同时也为投递网尤其是农村地区成熟物流配送体系的打造及在农村电商的角逐中打造邮政企业独占的优势做足准备。

【深化企业党建工作】 按照龙游县委及上级行业党委的要求和统一部署，认真开展“两学一做”学习教育活动。公司党委先后组织开展“两学一做”读物集中学习、手抄党章、“创国卫”清扫、书画作品征集等活动，进一步提高党员干部党性修养和政治觉悟。根据龙游县委开展“两学一做”活动的具体要求，结合单位实际，认真开展党员组织关系排查、档案保存情况排查、支部换届、支部书记培训、党费补缴等工作，全年完成3个基层支部的换

图114 何春苟（右）荣获“浙江邮政好党员”称号

届，完成32名在职党员的党费补缴，共补缴党费10035元；开展以“做一名合格的支局长；参加一次网点晨、夕会；参加一次网点主题活动；组织一次网点辖区内邮掌柜盘库；组织一次全体员工谈心会；组织一次支局卫生大扫除；跟一条投递员邮路；走访了解一户村邮员；写一篇心得体会”为主题的“十个一”专项帮扶活动，将学习教育和生产工作有效结合，将“两学一做”精神贯彻落实到基层。

【营造和谐企业发展氛围】 坚持召开一年一次的职代会，拓宽民主参与渠道，及时反映职工心声。重病互助申报期间，为每位重病、住院的劳务工做好医疗互助保障申请，切实为员工解决困难。坚持送温暖活动经常化、制度化，建立困难员工档案，全年走访、慰问困难员工3人次，发放慰问金6000余元；探望患病员工7人次、生育女职工7人次，发放慰问金5000余元。坚持开展职工疗休养活动，积极组织参加全县各类文体活动。

（中国邮政龙游分公司 魏巍）

2012—2016年度龙游县邮政业务量比较

表25

年份	业务总收入（万元）	同比增长（%）
2012	2107.96	16.14
2013	2389.46	13.52
2014	2378.00	−0.41
2015	2031.96	−3.46
2016	2493.60	16.38

中国电信龙游分公司

【概况】 2016年，中国电信龙游分公司在龙游县委、县政府及省市电信公司的领导下，注重服务创新，努力营造优良的通信环境，加大政府信息化及新农村信息化建设，助推“智慧城市”建设。荣获2016年度省级“消费者信得过单位”、先进基层党组织、“最美一家人”等荣誉称号。

【通信服务能力与水平】 中国电信龙游分公司已在龙游县境内建成覆盖面广、技术先进的有线、无线通信网，能满足全县各部门、各企业、市民等不同层次用户的通信需求。2016年，在省、市公司的统一部署下，克服多种困难，统筹安排，科学组织，全力完成县域4G网络建设的各项任务，确保4G网络质量稳步提升。至12月底，共完成138个基站的建

图115 3月16日，中国电信龙游分公司和龙游县人民政府举行“十三五”信息化战略合作框架协议签约仪式

设，覆盖范围及覆盖质量明显改善，中国电信龙游分公司4GLTE（4GLTE 是 TD-LTE和 FDD-LTE等 LTE网络制式的统称）网络质量在城区、农村集镇、高速高铁、旅游风景区等人口集中区域优于其他运营商。对龙游城域网核心设备的出口链路进行调整扩容，从原先的单台波分设备出口调整为2台波分设备出口，总带宽从80G增加到了120G；对湖镇、溪口、十里坪、罗家、小南海、龙游经济开发区、横山、塔石、光华等汇聚层交换机进行软件版本升级和硬件改造，将上联链路有多条GE聚合改造成双路由双10GE聚合链路，不仅节省光路资源，而且极大地提高了汇聚交换机的安全性，消除因一个方向光缆故障而造成网络拥塞的隐患，同时将上述节点GPON/OLT设备上联链路同步改造成双10GE聚合链路，消除带宽瓶颈，让逢年过节紧急扩容带宽成为历史。年底前，对5套烽火AN5116OLT设备进行升级替换，消除因OLT设备老化而潜在的故障隐患。

【电信通信服务规模】 至年底，全县中国电信天翼移动通信、有线宽带、高清IPTV用户数达18万余户。为不断提升客户的服务感知，近几年来分公司不断扩大服务网点规模，为客户提供更便捷、更快速的服务。全县服务网点从2014年的61家扩大到78家，增长27.9%。

【助推“智慧城市”建设】 成功完成“12345”市长热线项目，根据市民群众反映的疑难问题，强化协调办理，想方设法解决企业、市民在生产生活中的困难和问题，为全县人民提供极大的便利。完成龙游县无线城市二期项目，提升市民感知，确保无线网络安全。按照县政府“五水共治”工作要求，完成龙游生猪养殖场监控项目，实时监控污水排放，控制环境污染；承接建设龙游县“政务云”“医疗云”和“教育云”，努力加强“智慧城市”建设。通过“无线城市”“政务云”“教育云”“翼支付”等信息化技术，提升全县信息化水平，加快“智慧龙游”“平安龙游”建设，助推龙游县“智慧城市”建设。

图116 10月20日，在小南海镇龙西村举办农民手机应用技能培训，助推农村信息化建设

【强化基层党建工作】 深入学习贯彻中共十八大、十八大历届全会精神和习近平总书记系列讲话精神，坚持“党要管党、从严治党”方针，坚持“两条主线、两手抓、两促进”，牢固树立“抓好党建是最大政绩”的理念，结合企业实际，以加强企业党的建设为目标，巩固和拓展“三严三实”专题教育成果，扎实开展“两学一做”学习教育活动。认真落实党风廉政建设的督查工作，制定落实中央“八项规定”和浙江省委“六个严禁”的具体规定，并不定期进行检查。

【努力提升服务水平】 发挥党员先锋模范作用，成立党员突击队，深入一线，解决群众遇到的各类通讯服务问题。严格落实首问负责制，员工须将用户反馈的第一手信息及时反馈给客服中心，由客服中心统一协调处理，对支局进行减负，避免因多次转手而引起用户的有理由申诉。每月对各支局、门店进行客服专业辅导，对不能处理的事件通过系统甩单进行甩手处理，后续跟踪由客服专业直接处理。加强对支局、门店的规范性监督工作，定期开展对各支局门店营销活动中的协议、录音、宣传等进行统一指导，按周汇总，尽量避免有理由申诉的发生。对已发生的有理由申诉事件进行归类分析，并向支局通报预警，避免相同事件的发生。

（中国电信龙游分公司 孔晓彬）

2012—2016年度龙游电信业务量比较

表26

年份	业务总收入（万元）	同比增长（%）
2012年	7700	12.0
2013年	8400	9.3
2014年	8800	4.3
2015年	8200	−6.8
2016年	8300	1.2

中国移动龙游分公司

【概况】 2016年，中国移动通信集团浙江有限公司龙游分公司（简称“中国移动龙游分公司”）以市场为导向，以客户为中心，以执行力提升为保障，向流量经营时代转型，紧紧围绕4G发展、流量经营、智慧家庭、全业务信息化建设发展等方面开展工作，实现公司全面、协调、可持续发展。分公司下设综合部、市场经营部、网络部和政企客户部四个部门，设有湖镇、溪口、小南海、横山、城区5个区域营销部和龙游营业厅、解佰营业厅、溪口营业厅、湖镇营业厅、横山营业厅等5家营业厅。获第十二届市级消费者信得过单位荣誉。

【加强网络建设】 打造值得客户信赖的精品网络，保障客户权益，营造健康的通信环境。公司始终把安全意识、质量意识贯穿于网络建设工作中，将网络建设和县重点工程建设紧密结合在一起。至2016年年底，龙游县境内已开通4G站点604个，实现城区、乡镇（街道）、高速公路、国道、省道及主要乡镇道路、重点景区全覆盖，行政村覆盖率达92.34%。自建宽带点227个，覆盖用户13万户。公司建有详细实用的应急通信工作预案，储备有专门的抢险救灾物资和设备，并定期进行演练，熟悉故障发生时抢修处理的流程，提升应急维护实战能力，确保网络安全运行。以优质的服务，切实保障县人才交流会、乡村文化节集会、汽车拉力赛等活动。加强营运维护工作，对故障、投诉做好深度分析，有效解决客户投诉。

【提高服务水平】 以不断提高客户感知为向导，以建立健全服务质量管理体系为核心，以解决服务中的热点、难点问题为突破口，拓宽服务渠道，创新服务举措，为客户优质、规范的服务。每天对前台营业人员进行多媒体质检，对于质检中发现的问题及时整改。打造“移动互联网化”的新型服务窗口，大力推广手机营业厅、二维码、微信等多项线上服务通道。树立典型和标杆，在营业厅实行“传、帮、带”和“比、超、赶”的良好氛围。针对营业厅存在的短板问题，集思广益，群策群力，

图117 中国移动龙游分公司获衢州市“消费者信得过单位”荣誉

找出正确的方式方法，提高营业厅的工作效能。组织开展节日营销活动，开展进驻营销200余场次，通过送服务进企业集团和进农村，收集用户对移动手机终端、宽带、资费、服务等方面的意见与建议。完成42家社会渠道精品店的改造，成立手机4S维修中心，为用户手机售后服务提供后勤保障。结合“3·15”消费者权益日、总经理接待日等活动，了解用户需求，优化服务流程。

【重视信息化应用】 发挥自身优势，打造优质产品，为各乡镇（街道）搭建“民情通”平台，为中小企业搭建“外勤通”平台，提供GPS车辆定位功能、无线抄表、移动办公OA、公安“警务通”、交警“警务通”、环保监控、数字工商、数字城管、智慧旅游、透明厨房、河道流域监控、“千里眼”等行业应用，推动县域经济发展。

【注重企业管理】 加强基础管理建设，定期开展综合基础检查。围绕劳动纪律、会议纪律等开展核心管理制度落地。加强队伍建设，提升员工素质，荣获“青年文明号”“巾帼文明岗”等荣誉称号。注重员工安全生产知识的学习教育，各班组设立兼职安全员，责任落实到人。与全体员工签订安全生产责任书，积极开展安全生产月活动，加强员工安全生产意识，为公司的发展提供安全保障。深入开展“两学一做”学习教育活动，加强党风廉政建设，提升员工队伍素质。开展嵌入式廉洁风险防控体系建设，梳理各廉洁风险点，定期开展检查。工会工作坚持以人为本，做到“三必访”（即即员工生病住院必访、员工家有丧事必访、员工家有突发事必访）“三必贺”（即员工过生日时必贺、员结婚时必贺、员工家小孩出生必贺），进百家门，知百家情，开展职工代表联系分局等系列员工关爱活动。通过登山、钓鱼、骑行、游泳、趣味运动会等多种方式，引导、普及、倡导“快乐工作、健康生活”理念，促进员工与企业共同成长，积极营造企业和谐稳定的发展环境。

图118 6月23日，中国移动龙游分公司开展网络开放日活动

【履行社会责任】 不忘自身社会责任，积极响应政府号召，参与各类公益活动，推动公司精神文明建设。组织员工参加“爱心一杯水”“讲文明、树新风”“五水共治”“扫雪防冻”“义务植树”“护航G20平安巡逻”“创国卫”等活动。

（中国移动龙游分公司 陈婧）

2012—2016年度中国移动龙游分公司业务量比较

表27

年份	业务总收入（万元）	同比增长（%）
2012	13435.00	8.6
2013	14630.70	8.9
2014	14126.94	−3.4
2015	13687.08	−3.1
2016	14932.50	9.0

中国联通龙游分公司

【概况】 2016年，全国深入实施网络强国、宽带中国、大数据等战略，全面推进“互联网+”行动计划，大力拓展网络经济空间，流量和信息消费全面发展。中国联合网络通信有限公司龙游县分公司（简称“中国联通龙游分公司”）围绕这一工作主线，对标先进，优化管理，提升效益，加快企业转型，强化支撑保障，着力打造更快、更强、更成熟的4G网络，全力推广智能手机，各项工作取得新进展。公司设综合网络部、政企客户部、市场部及太平西路营业厅。根据工信部和省公司实施实名制的要求，实名制实施达标率达100%。圆满完成G20杭州峰会护航保障、县“两会”、高校招生考点监控等重要通信保障任务。

【网络建设】 在全国范围内与铁塔公司实现基站共享，与电信公司签订《共建共享框架协议》，实现与移动公司接入网资源的共享。开展“三个专项活动”（即宽带装移修专项服务提升活动、移动网专项服务提升活动、营业厅专项服务提升活动），提升移动、固话、网络质量，提高建设效率，改善用户的感知度。全年累计投资800多万元，新建WCDMA基站20个（含共享）、4G基站15个、分布系统8套，室分A类楼宇覆盖率达到99%，3G乡镇设站率达到100%。全面实行光改，接入网新增宽带端口3000个、新接入小区10个、新扩容片区10个。

【优化服务】 针对用户推出“惠民生、送服务”等活动，提升客户感知度。实施宽带装移机“无条件受理”和限时修障公开服务承诺，落实宽带“一日通”承诺制度，实行宽带24小时限时修障服务，申诉率同比下降0.5个百分点。积极参与龙游县新型“智慧城市”建设，聚焦产业互联网，在环保、旅游、政务、金融、农业、校园、制造业、医疗卫生等重点领域实现新突破，服务质量得到用户好评，树立了良好的品牌形象。

【回报社会】 遵循“共建、服务、绿色、诚信”的经营理念，开展扶贫帮困活动，支持、帮助联系乡镇解决实际问题。积极参与全县新农村建设，为新农村信息化建设保驾护航。依据品牌战略对VIP客户实施分级服务，针对3G、4G产品和客户兴趣，通过俱乐部组织开展特色服务。积极配合城乡建设中的各类建设迁杆工作、美丽龙游建设、城东新区建设，响应县委、县政府开展“创国卫暨礼让斑马线”文明劝导活动。

【企业文化建设】 加强企业文化建设，“以人为本”，由工会负责，切实组织实施各项员工关怀和疗修养活动。继续完善公司食堂和小活动室建设，积极做好“送清凉”“送温暖”等困难员工慰问和高温慰问等工作，增强员工的归属感和企业的凝聚力。

（中国联通龙游分公司 余建新）

中国石化龙游支公司

【概况】 2016年，中国石化龙游支公司成品油经营总量为7.8万吨（其中柴油4.3万吨、汽油3.5万吨），同比减少17.9%，零售占比为83%。加油站油品零售持卡消费比例为44%，同比下降10个百分点。实现非油品销售额1330万元，同比增长14.9%。持续开展“多卖一吨油”主题活动，面对严峻的市场形势，贴近市场的竞争，大力推广高标号汽油，拓市增效，增强企业核心竞争力。通过开展“安全管理年”“护航G20”等活动，持续深入“安全、环境、健康”（HSE）体系建设，强化基础管理，加大隐患整治力度，做细做实安全管理工作，实现本质安全，获衢州市G20杭州峰会安保工作先进集体荣誉。

【严峻的市场形势】 2016年，成品油市场环境非

图119　7月15日，龙游县召开非法销售汽柴油专项整治会议

常复杂。国际油价持续低位运行，国内成品油消费不振，市场供过于求；受油品价格下调、环保政策利好、天然气需求增速超过柴油、国内炼油产能增加、国家放开地炼原油进口权和使用权等政策影响，地炼、走私及其他渠道的油品与公司价格进一步扩大，并以相对低价的优势进一步挤占市场份额，造成公司部分客源流失，对零售和直分销经营带来较大的冲击。相邻的江西、安徽、福建等省油品升级滞后于浙江，衢州地区油品升级后的价格差使过境车辆加油外溢至邻省，公司油品销售首次出现零售和直分销双双大幅度下降，客户流失明显。为阻止这一态势蔓延，公司积极行动，做好市场调研，摸透市场状况，加强对客户的沟通宣传，保证油品销量，全力留住客户。加强对市场上流通的油品进行采样化验，弄清对方油品质量，将市场上推销的不合格油品及时告诉顾客，赢得客户的信任；向客户介绍罐车配送过程，用严格的程序确保油品的数量与质量，为客户提供测量水高、联系购买加油机、维修加油机、购买油罐等服务，提高客户满意度。7月以来，为进一步规范全县成品油市场秩序，消除非法加油站（点）的安全隐患，龙游县政府统一部署，开展打击取缔非法加油站（点）的专项整治活动，规范油品批发的备案流程。虽然公司及时与顾客联系，并告知相关备案的方式流程，但油品的直分销总量还是受到了较大的影响。面对严峻的油品零售市场形势，公司通过开展“多卖一吨油”活动，采取差异化的竞争策略，城区加油站以稳量创效为主，重点拓展非油品工作，增加客户黏性；国省道过境车辆较多的加油站，实行“点对点”竞争，通过调研油品市场，研究竞争对手，分析客户需求，力争减少客户流失，争夺市场份额。

【力推98#汽油】 浙江省油品升级后，公司按国Ⅴ标准投放油品，减少汽车尾气的排放。尤其是98#汽油，其抗爆性和动力性更高，能有效降低汽油中的有害物质。使用用高标号的汽油，能够实现发动机功率更大、排量更小的效果，减少尾气污染，提高车辆的动力和燃油经济性。为力推98#汽油，公司合理调配油品供应布局，增加98#汽油供应，至年底，龙游一站、二站等11座加油站开展98#汽油销售业务，覆盖县域主城区及国、省道主干线，满足高端客户对高标号汽油的消费需求，促进高标号汽油的扩销增量。公司借助海报、微信，结合98#汽油优惠活动的现场推广，引导潜力客户加注高标号汽油。从日均销量看，98#汽油所占比重不大，逐月提升趋势缓慢，有待从网点布局、促销手法上再下功夫，特别是要从加强员工的现场推广上做足文章，让更多客户了解并接受98#高标号汽油的优点。

【样板站建设】 积极推进样板站建设，在加油站的服务、管理、“一站一策”、提量改造等方面开展相关工作，打造样板加油站。10月，在全区域推开样板加油站创建工作。根据样板区域建设要求，公司利用巡站机会对所辖加油站开展一对一指导，因站而异提出改造得主要内容，保留规范环节，力求简洁整齐。大站从非油仓库入手，分区规范定位摆放，做到整洁美观；抓大放小，强化功能利用；提升服务质量，培养员工工作习惯；增加消费黏性，提升非油销量。小站参照标准从收银台、办公桌入手，追求简单、整齐、清洁，以服务好每位客户为己任，物品放置规范，业务操作及时有效。组织部分站长前往衢州西片区得样板站参观学习，并定期在微信群内分享全省范围内的优秀样板站改造成果，提高公司加油站管理水平。

【护航G20】 龙游公司按照上级公司和当地政府关于G20杭州峰会的安保工作部署，结合公司的实际情况，严格落实相关要求，努力做好G20杭州峰会期间的安保工作。从年初开始，公司就在各层次会议上进行宣传发动，提高认识，在公司内部营造浓厚的工作氛围。建立规章制度，完善物防、技防措施，打好工作基础。上半年完成了加油站监控的数字化改造，配备狼牙棒、钢叉等安防器具，更新一键报警装置。8月初，召开管理人员及全体站长护航G20专题动员大会，布置具体工作，落实工作责任人，敲响安全警钟。强化站长住站值班制度，公司领导班子和中层干部组成值班组，进行24小时值班。严格控制散装汽油的销售，在加注散装汽油前，员工必须仔细核对人员身份证，并拨打客户留下的手机号，确保信息的真实有效。根据工作要求，加强反恐预案演练，认真排查安全隐患，对每次检查出的安全隐患，在第一时间落实整改，并向上级汇报。

【加强安全管理】 开展"安全管理年"活动，做到贯穿全年、全员参与，通过采取安全培训、隐患整治、系统建设等举措，提升公司安全管理水平。着重加强安全培训考核的力度，26名安全生产管理人员参加衢州市安全生产监督管理局安全生产知识和管理能力培训，经考核，全部合格；6名加油员工经分公司安全数质量科培训、考核、复核，取得接卸员合格证；组织新进员工和部分老员工在城南加油站举行石棉毯灭火和4公斤干粉灭火实战演练，通过演练提高基层员工安全意识，提升自防自救能力；24名管理岗位员工参加分公司安全科举办的作业票审批、监护人取证培训。落实隐患整治，根据分公司安全环保专业检查和安全零管理季度联合督查，结合龙游支公司加油站实际情况，对存在的隐患问题及时进行整改：如对油罐液位仪接线盒前端隔断装置采用防爆泥全部进行填实；各站配备了不同尺寸绝缘垫；针对部分加油站加油机接地不规范的情况，在加油机上安装标准接线板，将接地扁铁与接线板连接，加油机部件接地线全部接入标准接线板；更换不规范的二氧化碳灭火器防冻手套。同时，注重日常安全自查与HSE管理体系（HSE是健康Health、安全Safety和环境Environment管理体系的简称，HSE管理体系是将组织实施健康、安全与环境管理的组织机构、职责、做法、程序、过程和 资源等要素有机构成的整体，这些要素通过先进、科学、系统的运行模式有机地融合在一起 ，相互关联、相互作用，形成动态管理体系）的维护，安全管理信息系统正式上线运行，在推进安全管理工作标准化、精细化和信息化等方面发挥积极作用。

【党建工作】 党建工作以"两学一做"活动为主线，以服务基层加油站为中心，积极开展各类活动。组织党员到加油站开展帮扶活动、"98节"活动、党员"三个一"活动，在形式多样的党员活动中，党员履行了自己应尽的职责，帮扶了基层，增进彼此的了解，凝聚支部团队的力量，发挥党员的先锋模范作用。

（中国石化龙游支公司 林雄伟）

2012—2016年度中国石化龙游支公司业务量比较

表28

年份	成品油经营量（万吨）	同比增长（%）	非油品业务（万吨）	同比增长（%）
2012	7.7	14.9	569	47.0
2013	8.8	14.3	702	23.4
2014	9.3	5.7	769	9.5
2015	9.5	2.4	1158	50.9
2016	7.8	−17.9	1330	14.9

商贸服务业

概述

2016年，龙游县印发《龙游县服务业发展“十三五”规划》，推进商贸服务业优先发展、优化发展、创新发展，改善发展环境，商贸服务业的经济发展新引擎作用更加突出。出台《龙游县2016年度服务业发展工作考核办法》，完善服务业考核机制。做优做强文化旅游、商贸物流2大融合型超百亿服务行业，扶持培育电子商务、信息服务、商务金融等3大新动力服务行业，协调发展房地产、教育培训、健康医疗、社区服务4大保障型服务行业，加快形成升级版的现代服务业体系。批发零售业、餐饮业、住宿业等传统服务业比重进一步降低，全县服务业结构进一步优化。重点打造“5+10”服务业发展平台，构建龙游石窟度假区、姑蔑古都民居苑文创集聚区、现代商贸物流园区、城东新区现代服务业集聚区和城南电商服务集聚区等5大服务业集聚区，推进龙游红木小镇、龙游新加坡风情小镇等10个特色小镇建设。一批重大服务业项目建设有序推进，龙游嘉溢鑫城、龙游世贸商业城列入2016年度浙江省服务业重大项目计划；龙游民居苑拓展工程一期、中国红木家居文化园、龙游县博物馆等17个项目列入2016年衢州市服务业重大项目计划。全年完成服务业固定资产投资82.62亿元，增幅为25.7%。实现服务业增加值91.49亿元，增幅为10.5%，GDP占比达43.58%。

商贸经济

【概况】 2016年，龙游县商务局努力拓展外贸外经领域新活力，激发电子商务产业发展新动力，努力做好商贸流通和市场建设工作，实现全县商务领域稳定跨越发展。全年实现外贸进出口总额达4.84亿美元，同比增长6.73%，完成率为103.31%，位居衢州市第一名；实际利用外资1779万美元，完成率为254%，位居衢州市第一；网络零售额为23.51亿元，同比增长67.3%，位居全市第三；社会消费品零售总额为128.5亿元，同比增长11.7%，全县商务工作呈现稳中有进的良好态势。加大对电商的扶持力度，提升工业电商，发展农村电商，抓好服务业电商，推进电商服务网络建设。全县共建成农村电子商务服务点273个，农村淘宝综合能力县域排名居浙江省前3名。龙游县成功获评省级电子商务示范县，龙游电商城被评为浙江省电子商务创业创新园区，龙洲街道柳村村被评为省级电子商务专业村。

【对外贸易】 做好帮扶指导，注重企业培育，通过“双向驱动”促进流通涉外领域发展。加强扶优扶强和“一企一策”帮扶指导，在做大现有外贸出口企业存量的同时，加快建设推进，做足新建投产外贸出口企业的增量。制定鼓励政策，注重外贸转

图120　7月7日，县商务局组织120家企业参加外贸宣讲会

型，针对跨境电子商务大发展的新趋势，出台鼓励企业设立“海外仓”的相关政策，与龙游特美新材、001集团等有需求有基础的企业合作，筹建设立龙游县首个公共“海外仓”——迪拜仓。以建设公共“海外仓”为重点，推动龙游品牌对接海外新供给，试水跨境电商，努力探索外贸企业转型升级新路子。注重市场开拓，引导企业借船出海，顺势而为，加大对“一带一路”沿线市场的开拓力度，鼓励企业进军国际新兴市场，开展境外项目投资。积极组织企业参加各类境内外展会，全年组织77家企业，设展位近百个，参加广交会、华交会、浙洽会、美国展、东盟博览会、昆山电子博览会等境内外重大展会。引导企业在继续巩固传统市场的同时，积极拓展国际新兴市场。

【电子商务】 创建电子商务示范县，促进电子商务产业再提升。建立健全考核制度，加强电子商务保障力度，全力扶持电子商务集聚发展。选举产生新的县电子商务协会班子，组建三衢电商第二“野战军”，充分发挥三衢电商第二“野战军”和县电子商务协会在全县电商发展中的引领作用，推进龙游电商产业翻番发展。建立“一简报一网站一公众号”宣传服务平台，高效运行电子商务公众服务平台和“龙游电子商务”微信公众号，刊发龙游县电子商务简报，及时发布电子商务工作动态和热点信息。召开第二届龙商大会电子商务发展论坛，探讨龙游电商未来发展方向。依托县职校等平台，开展电子商务培训和创业创新大赛，提升电商从业人员素质。

【电商城运营】 电商城自2015年12月正式开园以来，吸引了戴拉饰品、铜鸟食品等32家企业入驻，入驻率达94%，月营业额1600余万元，其中月营业额10万以上企业有17家，至2016年年底，总营业额超过2.15亿元。承办包括电子商务协会在内的特色产业带培训、“大讲堂”系列主题讲座等培训活动14次，带动周边地区电子商务发展。龙游电商城被评为浙江省电子商务创业创新园区。

【申通产业园】 加快龙游申通电子商务产业园仓配一体化建设，加快现代物流项目落地推进，为全县产业电商发展提供物流支撑。申通电子商务产业园项目总投资2.3亿元，建成后，将打造成一站式的电子商务办公、交易和生活体验中心。4月，申通电子商务产业园规划与建筑设计方案通过规划局规划评审，取得用地规划许可证和国土建设用地批准书。12月，龙游申通电子产业园进入主体施工阶段。

【“1688”特色站点】 探索实施龙游传统制造企业1688特色站点电商综合解决模式，安排专项补助资金700万元。350家企业入驻站点，超过70%规模以上企业普及运用电子商务，平台销售总额达2.82亿元。1688特色站点以帮助企业开通“诚信通”为主要任务，打通线上线下渠道。至年底，全县开通诚信通企业532家，完成基础操作服务商家274家，组织站点会员交流活动14期，接待各类参观学习620余人次，线上新增销售额8200余万元，线上下单线下成交金额2900余万元。通过“双十一”的大力推广，平台零售销售额不断提升。

【特种纸交易平台】 2015年12月，龙游县政府与北京网库信息技术股份有限公司签订合作协议，共同建设中国特种纸产业基地项目，依托中国网库集团建立特种纸单品网站，注册会员280家，签约35家，提档升级传统优势产业。2016年年底，中国特种纸产业电子商务交易平台正式上线，34家企业入驻中国特种纸产业电子商务平台，其中有龙游本地上、下游企业26家。

【溪口电子商务服务中心】 2016年年初，溪口农村电子商务服务中心第三方电子商务服务平台正式运营。至年底，入驻网店20余家，营销产品有茶叶、冬笋（笋干）、竹木工艺品、米酒、土鸡等具有地域特色的优质农林产品。

【特色中国·龙游馆】 杭州不亦乐乎电子商务有限公司成功取得新服务商资格，正式签约入驻电商城龙游馆展厅。入驻以来，龙游馆陆续接待浙江省红字会、南宁五象新区、良宁区、新疆乌什县等省、市、县领导参观考察，“特色中国·龙游馆”线上线下产品展示平台有序开展，至年底，“特色中国·龙游馆”网络销售额达1500多万元。

【农村淘宝】 2016年，“农村淘宝”重点做好宣传发动、合伙人招募和培训工作，全力办好春耕大战、家装节活动、淘宝“618”大促销、“双十一”等大型活动。至12月底，全县已建立“农村淘宝”服务站100家，新发展合伙人58人，成交金额3317万元，荣获“农村淘宝”健康县域全国20强荣誉。

图121 龙游县举办第二届龙商大会电子商务论坛

【加强市场监管】 深化“万村千乡市场工程”，规范成品油市场秩序，建立长效管理机制。严厉打击非法销售（储存）汽柴油行为，共取缔非法销售（储存）汽柴油站（点）近90家，立案查处3起。初步建立常态化多部门巡查和联动处置机制，对大型市场、超市、二手车交易市场等领域开展大检查、大排查，力促平安稳定。电子商务行业统计监测有序进行，将戴拉饰品、德辉酥饼等30多家电子商务企业纳入统计监测数据库，龙游不亦乐乎电子商务有限公司、龙游米仓电子商务有限公司、龙游泓鑫网络科技有限公司、龙游三剑客电子商务有限公司、浙江德辉商贸有限公司等5家公司入库。

【商品流通】 鼓励引导农民专业合作社发展电子商务，认真抓好农超、农市、农校“三对接”，拓宽龙游农产品外销渠道，农产品全年销售额达5.6亿元。精心组织消费促进月、金秋购物节、年货节、名品进名店等消费促进活动，引导消费，搞活流通。牵头举办名厨大赛和龙游美食大赛，促进县域“美食经济”健康发展。加大对国际家居建材城、东方广场、恩浩世贸城、嘉溢新城、大润发地下广场等一批市场类项目投入运营后的业态引导和市场培育指导，促进全县商贸流通业的健康发展。

【队伍建设】 以“两学一做”为契机，加强队伍建设，开展依法行政教育，加大党务政务公开力度，规范权力运行。加强党员干部理论学习，增强思想道德修养，注重强化业务知识培训，提高干部工作水平。开展党风廉政教育，严格落实党风廉政建设责任制，增强拒腐防变意识，全力打造一支学习型、创新型、务实型、廉洁型管理队伍。

（县商务局 王玲）

2016年度龙游县外贸自营进出口分类统计

表29　　单位：万美元

名称及分类		1—12月累计	12月单月	2015年同期	同比增长（%）
自进出口总额		48403.06	4791.20	45351.18	6.73
其中	1.出口总额	37425.95	3907.34	35147.80	6.48
	流通企业	15616.39	1933.87	12424.54	25.69
	生产企业	18111.93	1618.93	18329.81	−1.19
	三资企业	3697.63	354.54	4393.45	−15.84
	2.进口总额	10977.11	883.86	10203.38	7.59
	流通企业	645.04	27.89	995.49	−35.2
	生产企业	4683.18	498.19	4638.18	0.97
	三资企业	5648.89	357.78	4569.71	23.62

2016年度龙游县分企业自营进口统计数据

表30　　单位：万美元

企业名称	1—12月累计	12月单月	2015年同期	同比增长（%）
维达纸业（浙江）有限公司	4901.21	260.35	3912.46	25.27
浙江恒达新材料股份有限公司	1340.68	56.42	1481.72	−9.52
浙江凯伦特纸业有限公司	754.37	47.60	742.78	1.56
龙游塔恩纸业有限公司	729.20	97.43	627.74	16.16
浙江润盛贸易有限公司	618.62	27.89	709.41	−12.8
龙游县金龙纸业有限公司	614.98	86.18	27.27	2155.26
浙江海景纸业有限公司	563.40	99.71	681.80	−17.37
浙江华邦特种纸有限公司	532.46	155.31	503.67	5.71
浙江凯丰纸业有限公司	383.58	0	316.03	21.38
浙江腾辉科技有限公司	123.98	10.18	46.46	166.86
浙江龙游海阔特种纸有限公司	113.41	0	291.59	−61.11
浙江大盛新材料股份有限公司	86.32	0	310.07	−72.16
浙江龙游盛豪工艺品有限公司	65.99	23.61	56.12	17.59
浙江高得宝利新材料有限公司	44.54	0	154.16	−71.11
浙江昌茂贸易有限公司	17.82	0	180.76	−90.14
浙江龙游金铭木业有限公司	17.49	0	28.81	−39.29
浙江恒川新材料有限公司	16.07	16.07	0	
浙江茗皇天然食品开发股份有限公司	15.47	0	4.34	256.71
浙江雪伦服饰有限公司	13.39	2.56	0.39	3347.15
浙江金昌新材料股份有限公司	10.11	0	3.25	210.65
龙游诸承进出口有限公司	3.44	0	1.68	104.51
浙江特美新材料股份有限公司	3.09	0	0.08	3754.49

续表

企业名称	1—12月累计	12月单月	2015年同期	同比增长（%）
龙游秀琪贸易有限公司	2.97	0	1.48	99.81
浙江龙游亿洋国际贸易有限公司	2.19	0	8.18	−73.23
浙江新屹服装有限公司	0.99	0.002	0.50	98.12
龙游外贸笋厂有限公司	0.67	0	0.46	43.57
凯斯通阀门有限公司	0.56	0.56	0	—
龙游亿莱达电器有限公司	0.04	0	0	—
浙江科力印业新技术发展有限公司	0.03	0	0	—
浙江龙游展宇有机玻璃有限公司	0.03	0	5.92	−99.54
浙江睿泰汽车零部件有限公司	0.02	0	0.80	−97.76
龙游嘉航礼品有限公司	0.01	0	0	—
浙江健辉文体用品有限公司	0.003	0	0	—
合　计	10977.11	883.86	—	—

2016年度龙游县分企业自营出口统计数据

表31　　单位：万美元

企业名称	1—12月累计	12月单月	2015年同期	同比增长（%）
龙游湖墅进出口有限公司	7010.29	5.26	0	—
龙游县金胜贸易有限公司	5644.59	1385.75	0	—
龙游新西帝电子有限公司	1757.34	127.11	1645.89	6.77
浙江特美新材料股份有限公司	1530.03	128.82	1077.10	42.05
龙游塔恩纸业有限公司	1432.97	118.79	1472.93	−2.71
捷马化工股份有限公司	1311.41	108.99	1844.16	−28.89
浙江家德家居有限公司	1267.52	165.85	2000.51	−36.64
龙游亿莱达电器有限公司	1106.56	112.84	1187.73	−6.83
浙江茗皇天然食品开发股份有限公司	1031.42	60.87	732.04	40.9
龙游外贸笋厂有限公司	935.01	91.86	1030.54	−9.27
浙江和佳工贸有限公司	759.59	110.70	189.88	300.04
浙江新屹服装有限公司	731.13	75.84	884.23	−17.31
浙江001电子集团有限公司	709.83	54.80	508.04	39.72
龙游公任电子有限公司	697.21	101.74	783.78	−11.05
浙江龙游正润窗饰有限公司	612.20	61.71	413.42	48.08
龙游诸承进出口有限公司	610.89	0	9765.35	−93.74
浙江省龙游县汇洋对外贸易有限公司	539.77	51.79	553.73	−2.52
浙江龙游亿洋国际贸易有限公司	462.58	49.22	558.58	−17.19
浙江瀚运五金有限公司	435.48	317.43	31.41	1286.28
浙江龙游东方阿纳萨克作物科技有限公司	430.92	0	227.18	89.68

续表1

企业名称	1—12月累计	12月单月	2015年同期	同比增长（%）
浙江大盛新材料股份有限公司	345.80	6.87	361.62	−4.37
浙江鹿成宠物用品有限公司	336.50	11.76	539.36	−37.61
浙江双洲包装制品有限公司	333.34	34.48	312.03	6.83
浙江贯洲电气有限公司	311.24	49.13	298.05	4.43
龙游县旭军电子有限公司	284.99	24.20	211.78	34.57
浙江龙游春城电子有限公司	279.28	19.16	278.63	0.24
凯斯通阀门有限公司	263.36	17.12	198.06	32.97
浙江远帆无纺布有限公司	259.96	22.97	199.95	30.01
浙江骏丰日用品有限公司	251.95	16.39	178.15	41.43
浙江诺通机车部件有限公司	237.59	47.51	235.41	0.93
龙游嘉航礼品有限公司	223.10	8.92	182.68	22.13
龙游宇豪厨具有限公司	211.40	1.63	495.65	−57.35
龙游蓝蝶金属制品有限公司	208.20	0	57.14	264.38
浙江特拉蕾乳胶工艺有限公司	205.99	22.20	205.06	0.45
浙江睿泰汽车零部件有限公司	193.55	1.52	243.43	−20.49
龙游天时旅游用品有限公司	192.58	33.68	282.85	−31.92
浙江元美铝业科技有限公司	177.62	66.60	0	—
衢州汉迪沃克贸易有限公司	173.97	16.47	205.62	−15.39
浙江恒达新材料股份有限公司	168.22	7.57	126.32	33.17
浙江真善美涂布科技有限公司	167.39	0.41	267.39	−37.4
浙江中常工贸有限公司	165.76	5.40	262.15	−36.77
浙江龙游洁美日用品有限公司	159.86	10.25	71.44	123.77
浙江冠诚科技有限公司	143.36	7.43	202.52	−29.21
龙游万德福电子有限公司	120.75	17.20	152.74	−20.94
浙江超洁实业有限公司	116.23	12.15	251.42	−53.77
浙江草庄诗朗壁纸有限公司	105.71	2.18	124.12	−14.83
浙江星利拉链有限公司	100.11	3.74	137.83	−27.37
浙江省龙游旺发对外贸易有限公司	98.94	13.46	84.54	17.03
衢州市卫丰泵业有限公司	97.29	5.33	78.85	23.38
龙游美旭贸易有限公司	87.00	0	90.40	−3.76
浙江恒润装饰材料有限公司	84.36	16.00	165.81	−49.12
浙江晨浩文体用品有限公司	83.73	22.79	26.07	221.2
龙游县朋辉服饰有限公司	82.97	1.72	179.93	−53.89
浙江龙游二月凤服饰有限公司	82.74	0	0	—
浙江汇金机械制造有限公司	79.64	5.49	98.42	−19.08
浙江龙游越丰电子有限公司	71.90	5.11	56.20	27.93
龙游真善美进出口有限公司	70.67	28.80	0	—

续表2

企业名称	1—12月累计	12月单月	2015年同期	同比增长（%）
龙游翔飞进出口有限公司	70.30	3.99	91.62	−23.27
浙江雪伦服饰有限公司	68.99	3.44	44.24	55.96
浙江錩泰机械工业有限公司	68.87	15.23	49.94	37.92
浙江方大织带有限公司	67.91	4.87	54.14	25.45
龙游追明科技有限公司	67.78	0.96	0	—
浙江肯特汽车零部件有限公司	65.50	10.51	30.74	113.06
浙江百依家纺有限公司	65.28	1.09	149.56	−56.35
克里特集团有限公司	63.89	0	52.63	21.39
浙江卓达工贸有限公司	63.69	9.96	0	—
浙江瑞飞交通器材有限公司	62.81	6.43	83.32	−24.61
浙江君旺纸业有限公司	61.40	10.18	43.63	40.73
浙江菲尔马滤清器有限公司	59.40	9.07	77.96	−23.81
浙江润达金属制品有限公司	58.35	0	172.02	−66.08
浙江友丰包装材料有限公司	56.84	1.14	77.63	−26.77
龙游龙顺电子有限公司	53.74	5.23	43.89	22.43
维达纸业（浙江）有限公司	53.48	18.41	0	—
浙江法来福无纺布有限公司	50.98	0.54	73.88	−30.99
浙江浪蕾内衣有限公司	50.43	14.45	72.34	−30.29
浙江龙游展宇有机玻璃有限公司	49.05	0.27	42.36	15.79
浙江瑞辉工贸有限公司	48.66	0	85.55	−43.12
浙江天天虹特种纸有限公司	47.57	11.87	32.60	45.92
浙江龙游金铭木业有限公司	47.04	2.83	62.45	−24.67
龙游爱辉贸易有限公司	46.54	1.25	12.02	287.34
龙游秀琪贸易有限公司	44.05	4.45	108.29	−59.32
浙江华邦特种纸有限公司	37.65	4.97	51.19	−26.45
浙江明瑞制冷材料有限公司	31.98	3.81	73.15	−56.29
浙江天瑞化学有限公司	29.17	11.93	24.20	20.54
龙游鑫隆贸易有限公司	27.03	0	206.28	−86.89
浙江创展电子科技有限公司	23.68	0	69.64	−65.99
浙江东起日用品有限公司	22.92	18.29	0	—
龙游君恒贸易有限公司	22.04	10.66	0	—
龙游华润旅游用品有限公司	20.99	3.68	77.46	−72.9
浙江新迪在龙涂料科技有限公司	20.49	0	0	—
龙游欧朋机电科技有限公司	19.60	3.80	20.51	−4.43
浙江桦固实业有限公司	18.28	3.77	0	—
浙江芯特照明科技有限公司	16.25	0	154.63	−89.49
龙游县同庆电子有限公司	15.86	0	13.00	21.94

续表3

企业名称	1—12月累计	12月单月	2015年同期	同比增长（%）
浙江亿邦特种纸有限公司	14.94	0	153.81	−90.29
龙游县爱姆吉提体育用品有限公司	11.65	0	67.66	−82.78
浙江奥冠电子科技有限公司	10.81	0	7.91	36.68
浙江康王工艺品有限公司	9.39	0	0	—
浙江非凡户外用品有限公司	9.17	0	0	—
浙江龙游家涵家居制品有限公司	7.88	0	8.15	−3.35
浙江雅艺工贸有限公司	6.59	0	173.28	−96.2
浙江科力印业新技术发展有限公司	6.24	0	9.56	−34.69
龙游启诚进出口有限公司	5.62	5.62	15.63	−64.06
浙江旭良皮筋制造有限公司	5.22	1.03	0	—
浙江速合纺织品有限公司	5.18	1.94	0	—
浙江龙游辰港宣纸有限公司	4.42	0	1.73	156
衢州麦克尔进出口有限公司	4.06	4.06	0	—
龙游诺森电气有限公司	3.88	0	1.17	229.72
浙江鸿基汽配有限公司	3.70	0	35.35	−89.52
浙江罗贝壁纸有限公司	3.35	0	1.70	97.1
浙江强春乳胶制造有限公司	3.08	0	0	—
浙江龙游德力助锯业有限公司	3.08	0	14.03	−78.08
龙游飞洋旅游用品有限公司	2.85	0	0	—
龙游均泰科技竹木业有限公司	2.29	0	6.82	−66.36
浙江光明铁道实业有限公司	2.22	2.20	5.67	−60.84
衢州龙游沐椿园油茶科技有限公司	2.00	0	0	—
浙江龙游镭迪涂装设备有限公司	1.90	0	5.40	−64.81
浙江固正机器制造有限公司	1.45	0.33	0.34	320.47
浙江金昌新材料股份有限公司	1.40	0	0	
浙江舜浦纸业有限公司	0.75	0	1.22	−38.68
衢州市卓诚电子有限公司	0.43	0	0	—
浙江驰怀烫印科技有限公司	0.10	0.10	0	—
合　计	37425.95	3907.34	—	—

服务业管理

【概况】 2016年，龙游县大力推进服务业供给侧改革，服务业总体呈现贡献突出、量质齐升的发展态势，服务业对经济投资、税收收入增长的贡献持续加大，新动能作用明显。全年完成服务业增加值91.49亿元，同比增长10.5%，占GDP比重的43.58%；服务业固定资产投资额为82.62亿元，同比增长25.7%；实现社会消费品零售总额128.5亿元，同比增长11.7%。全年新增限额以上商贸企业19家、其他服务业企业6家。

【科学编制发展规划】 为促进“十三五”期间龙游县服务业健康有序发展，根据《浙江省人民政府关于进一步加快发展服务业的若干政策意见》《浙江省服务业“十三五”发展思路》《龙游县国民经济和社会发展第十三个五年规划纲要》要求，县人民政府编制印发《龙游县服务业发展“十三五”规划》。在“十三五”期间，龙游县将加快形成升级版的“234”现代服务业体系，进一步完善服务业发展体系；厘清服务业平台载体，构建“5+10”服务业平台；推进重大项目建设，提出打造“浙江省美丽县城”和“国家体育公园”的概念，全面提升龙游经济的综合竞争力。

【完善服务业项目决策机制】 根据各部门职能和权限，加强统筹协调，不断完善服务业项目决策机制，提高服务业项目质量，增强项目布局的合理性和决策的科学性，推动服务业与城市化的融合发展。全年受理旅游、养老、餐饮、娱乐、仓储、社区服务等服务业项目259个，其中县服务业办公室牵头受理69个项目，并牵头对龙游湖镇沙田湖莘霖学校和浙江龙游莘霖教育咨询有限公司项目、龙游万福（中西医结合）医院项目等9个项目开展决策咨询。着力推进省、市、县服务业重点项目建设，龙游世贸商业城、龙游嘉溢鑫城2个项目列入2016年浙江省服务业重大项目计划；龙游县博物馆、龙游县人民广场综合改造利用工程、龙游石埒村乡村休闲旅游景区建设工程等17个项目列入2016年衢州市服务业重大项目计划。围绕“234”服务业体系目标，着力推进文化旅游、商贸物流、电子商务、信息服务、金融保险、民生服务等6大领域30余个重点项目建设。

【重大项目建设】 以项目为载体，全力抓好项目谋划筹备、项目建设推进和招商引资工作。结合县“四重双百”重点建设项目的推进工作，注重统筹、实施与研究相结合，有序推进龙游县城东金融中心、龙游高山运动小镇等项目前期工作；龙游申通电子商务产业园一期、龙游世贸商业城二期、龙游民居苑拓展工程（一期）、中国红木家居文化园

图122 龙游国际建材家居城建成并投入使用

等实施项目按时间节点快速推进；龙游东方城市综合体、龙游家居建材市场等一批项目顺利开业。

【特色小镇建设】 根据《浙江省人民政府关于加快特色小镇规划建设的指导意见》和《衢州市人民政府关于加快推进特色小镇培育建设的实施意见》精神，县人民政府出台《关于加快推进特色小镇培育建设的若干政策意见》，加快龙游县特色小镇培育建设步伐。建立县委、县政府主要领导牵头、各级部门齐抓共建的工作推动机制，成立县领导挂帅，由县发改、旅游、国土、规划等部门及相关乡镇等20余个单位组成的项目推进联合工作组，长驻红木小镇现场办公。结合省、市特色小镇培育指导意见，专门出台扶持特色小镇建设的政策意见，在用地保障、财政支持、投融资建设、制度改革、公共服务等方面给予政策扶持，强化土地要素、资金要素及配套要素的保障，扶持红木小镇建设。3月，全省特色小镇第二次“比学赶超”现场推进会在龙游顺利召开，红木小镇被评为浙江省十大示范小镇、七个考核优秀的特色小镇之一。新加坡风情小镇、高山运动小镇、竹海风情小镇、天池富硒小镇、三门源生态民俗文化小镇、温泉小镇、汽车拉力小镇等服务业特色小镇建设有序推进。

【城东新区建设】 深化落实“城市东拓”战略，坚持“统筹规划、科学开发、分期实施”的原则，

高起点规划，高标准建设，高水平管理，以商业商务、金融服务、教育医疗、品质居住等城市服务业为导向，力争将城东新区打造成龙游县现代服务业集聚区。集聚区规划面积8.6平方千米，占地1.13平方千米的商贸物流园区已入园项目9个，其中龙游县粮食批发交易市场、宝塔农资、柳丰物流等4个项目已投入运营；龙游家居建材市场、嘉溢鑫城部分投入运营；龙游国际花木城、冷链物流等一批意向入园项目正在招商对接中。加快城东新区道路建设，荣昌东路延伸打通，建成学士路、子鸣路、文靖路、端礼路等城市道路18千米，形成“三横四纵”道路骨架系统。

【旅游业发展】 按照《龙游县乡村休闲旅游发展三年行动计划（2015—2017年）》的要求，印发《关于加快民宿产业发展的若干意见》，加快推进全县民宿产业发展，将民宿业培育成为县产业融合发展切入点和农村供给侧改革的重要抓手，促进农民增收致富。紧紧抓住省文旅融合发展专项改革试点县契机，整合全县文化旅游资源，以龙游石窟省级旅游度假区为核心，突出“龙游石窟”旅游品牌引领作用，立足建成衢州首个国家休闲区东部组团，着力打造长三角地区以文化休闲、运动体验、康体养生为特色的旅游目的地，努力将文化旅游培育成为龙游县战略性支柱产业和服务业龙头产业。推进龙游石窟度假区建设，以衢江北岸凤凰山麓龙游石窟景区为核心，整合周边生态、人文旅游资源，打造国家级生态旅游示范区、国内知名文化休闲旅游度假区。平稳推进龙游民居苑拓展工程（一期）、中国红木家居文化园、龙游县石窟休闲度假中心配套设施工程、龙游县三门源古村落旅游开发工程等一批重点旅游项目。

【金融业改革】 深化金融体制改革，降低金融市场准入门槛，探索个人征信体系建设，加快绿色金融和普惠金融发展。大力推动缓解“三农”金融需求及中小微企业融资抵押担保所需的各类金融服务和金融产品。以本地企业为重点，着力推动“龙商回归”工程，科学谋划城东新区金融服务中心、龙商大厦等项目前期，加快构建以总部经济为载体，以金融服务、培训经济、酒店服务为重点的商务金融产业体系。全县金融机构人民币存款、贷款余额分别达267.65亿元和226.46亿元，同比分别增长9.68%和4.91%；本外币存款余额268.76亿元，同比增长9.88%。

【优化房地产开发结构】 以树立“品质人居城市”为引领，强化规划引导和空间调控，合理安排储备土地，进一步优化房地产开发结构，重点加快碧桂园、印江南等房地产开发项目建设，以此为龙头，提升龙游的城市建设品质。以创建“无违建县”为契机，大力推进棚户区和城中村改造工程，加快解决中低收入群众的住房困难。以子鸣社区安居工程建设为契机，加大保障房建设力度，建成一批建筑质量高、居住环境好、生活便捷的居民安置小区。

（县服务业办 管振东）

供销合作经济

【概况】 2016年，龙游县供销社认真贯彻《中共中央国务院关于深化供销合作社综合改革的决定》和《中共浙江省委浙江省人民政府关于深化供销合作社和农业生产经营管理体制改革，构建“三位一体”农民合作经济组织体系的若干意见》等文件精神，大力推进生产、供销、信用“三位一体”农民合作经济组织体系建设，积极稳妥地推进各项工作，在综合改革、项目经济、基层组织、为农服务等方面均取得新进展。全年经营总收入为14.41亿元，同比增长17.54%；商品销售总额为13.49亿元，增长18.85%；实现利润301万元，同比增长12.31%；推销农产品7.61亿元，同比增长10.61%。获2016年度浙江省供销社系统综合业绩考核优秀奖，被评为2016年度全省供销社系统信息宣传工作先进单位。2015年12月被列为全国供销总社信息直报点，是全省供销社系统4个县级供销社直报点之一，信息宣传工作在全省82个县（市、区）供销社中居第9位。

【综合改革取得进展】 紧紧围绕年初制定的“三位一体”综合改革工作目标，按照“搭架子、建机制、促运行、起作用”的要求，整合多方资源，加快工作节奏，形成推动改革合力。对全县1193家农民专业合作社、1066家家庭农场、97家县级以上农业龙头企业和36个信用联社营业网点进行调查摸底，实地走访部分农民专业合作社，认真听取农业经营主体的想法和建议，广泛征求有关部门、乡镇（街道）意见，印制《龙游县乡镇（街道）农民合作经济组织联合会筹建资料汇编》和《深化供销合作社和农业生产经营管理体制改革构建“三位一体”农民合作经济组织体系文件汇编》。8月25日，县委、县政府召开全县乡镇（街道）农合联筹建工作会议，对县供销社推进“三位一体”工作予以充分肯定。9月14日，横山镇农合联率先成立，之后，经积极筹备，各乡镇（街道）农合联相继成立。10月14日，经衢州市农业和农村改革专项小组批复同意，中共龙游县委、县人民政府下发《龙游县关于深化供销合作社和农业生产经营管理体制改革，构建“三位一体”农民合作经济组织体系实施方案》。10月19日，召开县农合联成立大会，县、乡两级农合联组建工作顺利完成。

【农合联实体化运作】 争取多方支持与合作，促成县农合联设立“一室五部一公司”（即办公室，财务审计部、产销经营合作部、信用保险合作部、生产技术服务部、合作经济发展部，资产经营公司），并按乡镇（街道）行政区划设立15个乡镇（街道）农合联，县财政注入1000万元作为农民合作基金原始基金，将原供销社管理使用的东山仓库划归县农合联管理使用，收益作为县农合联运行经费的补充。

【恢复重构“三会”制度】 自1990年以来，因承包经营和彻底改制，龙游县供销社逐步成为无资金、无资产、无基层组织的县级“三无”供销社，“三会”制度一直处于停滞状态。近年来，县供销社逐步认识到推进“三会”制度在深化供销社综合改革和构建农合联体系中的重要意义，坚持推进依法依章治社，恢复、重构县供销社代表大会和理事会、监事会的领导管理体制。根据党中央、国务院和浙江省委、省政府关于深化供销合作社改革、构建“三位一体”农民合作经济组织体系的文件精神，按照两项工作统筹安排、两套组织同步建立的要求，研究制定实行“三会”制度的工作方案。10月17日，县委常委会专题听取恢复、重构供销社“三会”制度工作汇报，同意召开龙游县供销合作社联合社第五次代表大会，同意相关的人事安排。10月19日，龙游县供销合作社联合社第五次代表大会和理事会、监事会顺利召开，根据农合联及“三会”制度建设要求，按照法定程序产生理事会和监事会，为“三位一体”农合联建设和供销社发展提供组织和制度保障。按照开放办社、统筹安排、同步建立、方便有效的原则，考虑到县农合联中经营主体代表与供销社社员代表的相似性，广泛征求县有关部门和部分代表意见，吸纳农业经营主体代表73名，包括农民专业合作社40家、家庭农场18家、涉农企业13家、涉农协会2家，整合各方的优势资源，充分体现社员代表的广泛性。

【完善《龙游县供销合作社联合社章程》】 按照《中华全国供销合作总社章程》的要求，结合供销社综合改革实践和事业发展需要，县供销社党委和理事会多次进行专题调研和座谈讨论，重新修订完善《龙游县供销合作社联合社章程》，并征求衢州市供销社及县有关部门的意见建议，提交社员代表大会审议。《章程》的修改突出供销社为农服务宗旨、市场经济方向和合作经济的基本属性，强化供销服务功能和社有资产经营，创新基层社组织形式和联合社治理机制，构建生产、供销、信用“三位一体”农民合作经济组织体系及有效运转的体制机制。

【为农服务】 推进农民专业合作社的提升发展，扩大供销社服务现代农业的规模和覆盖面。依托粮食功能区的种粮基地，积极引导农民专业合作社开展从育秧到插秧、植保、收割、加工、销售“一条龙”作业服务，实现机耕机插1000公顷、植保社会化服务666.67公顷，助农增收150余万元。鼓励、引导农民专业合作社发展电子商务，抓好农超对接、农市对接、农校对接，拓宽龙游农产品外销渠道，全年销售农产品7.61亿元。拓展服务领域，依托“新网工程”推广农资技物结合服务，全年完成化肥淡季储备任务5000吨。以浙西再生资源综合市场为龙头，加强二手车市场管理。配合浙江蓝天废旧家电回收处理有限公司做好废旧家电回收利用，促进县域低碳循环经济发展。鼓励引导阳成农产品有限公司实现对外批发与对内配送“两轮驱动”的发展模式，对外订单保护价收购260多吨新鲜蚕豆销往上海、江苏等地，对内与本地12所中小学校、监狱和企事业单位签订配送协议。创新服务方式，发挥农资公司和加盟企业网络优势，组织植保、土肥等专家深入田间地头，开展预约送货上门、农技蹲点辅导、测土配方施肥、病虫害统防统治等系列服务，服务面积达666.67公顷（10000亩）。组织龙游现代农业成果及名特优农副产品参加省内外农博会和展销会，拥有自主商标14个，荣获省级以上特色农产品奖项18个。对农民专业合作社社员进行农资应用、农业科技和法律法规培训，提升为农服务水平。

【发展项目经济】 优化投资机制，坚持稳中求进的主基调，统筹抓好新增长点培育和传统业务改革提升工作，加大市场开拓力度，优化资产布局和经营结构，提升社有企业发展质量。组织实施“强企兴社”工程，集中力量抓好省厅战略合作项目及系统内骨干企业项目，以股权、投资等方式谋划发展新的业务板块，增加有效投入。先后参股投资浙江天瑞再生资源开发有限公司、龙游浙农家居建材市场开发有限公司，建设浙西再生资源综合市场、龙游国际建材家居城，累计投资省供销社项目500万元。根据县产业导向和合作社发展现状，组织开展前期调查摸底，积极寻找有发展基础和发展前景的投资项目，投资新建龙游大象肥业有限公司水肥一体化项目；参股龙游红专种粮专业合作社、龙游县韩氏小竹笋专业合作社、龙游县绿丰植保专业合作社等专业合作社，推动社有企业健康发展。树立“以改革促发展、以发展促服务”的理念，认真做好项目服务工作，扎实推进龙游国际建材家居城一期市场开业和二期市场续建。加强红专种粮专业合作社精制大米深加工、多狸山果蔬专业合作社500亩水蜜桃精品示范基地、竹海鲜笋专业合作社笋壳污染物加工再利用生态养羊项目的实施工作，促进项目的顺利推进。

【规范资产管理】 加强县供销社社有企业资产管理，确保项目扶持资金和财政资金管理规范科学，维护供销社合法权益。制定出台《投资决策流程及参股企业管理办法》《工程建设项目自行招投标操作办法》《财政资金管理办法》等规章制度。根据参股企业的经营业务和运作状况，对参股企业进行结构性调整，对龙游网创电子商务有限公司作出原价退股处理，增强社有企业的经济发展后劲。

【加强队伍建设】 加强对党务政务工作、供销社“三会”制度、“三社”基层组织发展、参股企业管理、新时期纪检工作的调研，坚持依法办社、依章管社。建立健全机关各项规章制度，编印《龙游县供销合作社联合社制度汇编》，提高工作规范化水平。加强对近4年供销社、合盛公司和农产品经纪人协会的审计监督，进一步规范财务经费开支和项目投资，促使各项工作实施落实到位。严格执行中央“八项规定”，贯彻落实党风廉政建设“两个责任”和主要负责人“五个不直接分管”制度，建立健全党员干部管理和考核机制。加强对财政扶持资金的申报、使用和监督的全过程管理，强化绩效追踪。树立“察实情、讲实话、鼓实劲、出实招、办实事、求实效”的政绩观，增强班子担当精神。强化机关干部作风建设，完善机关工作人员实事量化考核办法，落实班子成员工作月考核制度和阶段性工作点评考评制度，形成实干快干、积极进取、奋勇争先的工作局面。

（县供销社 舒水明）

粮食工作

【概况】 2016年，龙游县粮食局牢固树立“大粮食安全观”，提升发展理念，补齐发展短板，强化发展支撑，确保粮食安全，较好完成全年各项工作任务。获浙江省粮食收购工作先进单位、衢州市粮食安全责任制考核优秀单位等荣誉称号。

【抓好粮食收购】 加大支农扶农力度，努力为种粮农户解决生产资金困难，为51户种粮大户发放早稻订单预购定金585万元，比2015年增加85万元，同比增长16%。与邮储银行合作，开展种粮大户和粮食专业合作社粮食订单质押贷款发放工作，办理早稻订单质押贷款1600万元，比上年增加964万元，同比增长66%。与全县104个种粮合作社1944户合作社成员（包括136户种粮大户）签订早稻订单合同21738吨。推行“一站式”服务模式，探索烘干粮收购办法，严把质量关，确保入库粮质达标。至8月31日，全县收购入库早稻21465吨，其中订单收购21120吨、订单外收购345吨。对1897户发放奖励资金1267万元。

【落实粮食安全责任制】 贯彻落实粮食安全行政首长责任制。配合县粮安办筹备召开全县粮食安全工作会议，将市政府考核指标进行分解。县政府与相关部门、各乡镇（街道）及时签订《2016年度粮食安全责任书》，并出台2016年度龙游县乡镇（街道）粮食安全责任制考核办法。

图123　5月12日，龙游县召开粮食安全和粮食订单工作会议

【粮食流通管理】 开展粮食市场分析预测及价格预警工作，及时掌握全县粮食价格波动情况，准确分析变动趋势，增强预警应变能力。充分利用粮食批发市场的流通和价格信息优势，积极引导多元经济主体到县外、省外建立产销合作关系，促进全县粮食品种余缺调剂，保证粮食供给，稳定粮食价格。同时，围绕繁荣市场和稳定市场经营户、经营量工作目标，开展安全、诚信、服务三大体系建设，强化管理、健全制度、完善服务。全县粮食市场交易稳定，全年累计交易粮食43.15万吨，交易额11.85亿元，同比分别增长12.2%和15.4%。

【规范仓储管理】 加大“危仓老库”维修改造力度，围绕“保质、增效、绿色、安全”的工作目标，大力推广机械通风、环流熏蒸、粮情测控、“双低”（即在粮堆密闭情况下，低氧、低剂量磷化氢综合储藏技术）等科学保粮技术，控制粮温保品质。“一符四无”（指“账实相符”和“无虫害、无霉变、无鼠雀、无事故”）达标率、科学保粮率均为100%，实现机械通风储粮100%、空调冷却储粮70%以上，年平均粮温保持在15℃以下，夏季平均粮温保持在22℃以下。“双低”、环流熏蒸率达到90%以上，有免熏仓2个，完成免熏储粮4218吨。

【自身建设】 严格落实党风廉政建设“一岗双责”要求，把党风廉政建设工作贯穿粮食工作全过程。深入开展“两学一做”学习教育，从严从实抓好学习教育。推进干部全员实事量化考核，激发干部的活力，提升干部执行力。积极开展“和谐组织”创建和收购竞赛活动，组织开展“员工之家”等活动，丰富职工书屋，抓好干部队伍建设，推进正风肃纪常态化。

（县粮食局　宋礼成）

烟草专卖

【概况】 2016年，龙游县烟草专卖局（分公司）紧紧围绕“融入‘互联网+浙烟专卖商业’的管理新格局，瞄准在全省17家同一平台竞争的县级单位中争先进位目标，强化创新支持、强化班精实支持、强化文化支持”的“113”发展目标（即1个格局、1个目标、3个支持），团结拼搏，奋勇争先，在营销服务、专卖管理、内部管理、队伍建设等各方面取得显著成效。全年共销售卷烟17723箱，销售额为62476万元，单箱销售额为4.12万元，同比增长4.39%。实现税利20196万元，同比增长7.78%。获衢州市烟草系统年度综合考核第一名，实现“十三五”良好开局。

【服务客户】 实施“三个一”（即“一块抹布亮柜台、一把尺子优陈列、一本本子助沟通”）工作法，帮助客户开展卷烟陈列、明码标价和库存采集工作，优化店面环境和结账方式，提高客户盈利水平。持续推进客户培训工作，全年共组织培训900余人次。开展“阳光助学”扶贫帮困活动，出资2.25万元，对考上大学本科的21名零售客户子女和6户因病致贫或因突发事件致贫的零售客户予以资助。

【依法行政】 加强与公安、市场监管、运管等部门协作，开展“打击违法经营、非法运输卷烟”专项整治行动，切实维护卷烟市场秩序，市场净化率达99%以上。全年共查获各类卷烟违法案件80件，同比增长56.86%；查扣卷烟8719条，涉案卷烟金额168.83万元。高效开展行政许可工作，办证窗口每月都被评为“五星级窗口”，窗口工作人员被评为2016年度“群众最满意服务员”。利用“3·15”消费者权益保护日、浙江法治宣传月、“5·15”打击和防范经济犯罪宣传日、“12·4”宪法宣传日等活动，宣传烟草专卖的法律法规，提供投诉处理、真假烟鉴别等服务，推进烟草专卖阳光执法建设。

【创新管理】 深化对标绩效管理，开展全员绩效考核，激发员工工作的主观能动性。推进分层分类对标工作，落实每周小结和每月重点工作督办，强化过程监督，分层分类对标考核在同组中处于中游水平。积极实践“互联网+管理”，全面启用“钉钉”工作平台，建立全员交流群、“两学一做”学习群、公务用车群、龙烟干部群、团委工作群、信息工作群，通过“钉钉”平台交流工作、发布通知、用车申请报批、材料审阅、推送学习资料等，有效提升工作学习效率。采取创新和QC项目攻关等方法，运用预算管理、项目管理、定额管理等工具，多途径挖潜增效，降低可控费用。在实现降本增效的同时，创新工作也取得一定成绩，2个QC项目获浙江省质量协会奖励，1个创新成果获衢州市烟草专卖局奖励。

【严管队伍】 常态化开展纪律检查工作，全年通报批评2人次。抓好“两学一做”活动，落实党风廉政责任，强化党员学习教育，增强党员“四个意识”（政治意识、大局意识、核心意识、看齐意识），党建工作取得新成效。机关党支部被评为市烟系统先进基层党组织，2名党员分别被评为省烟草系统优秀共产党员和市烟草系统优秀党务工作者。抓好省局（公司）巡视、离任审计、中央“八项规定”精神“回头看”等检查反馈问题的整改落实，切实整改公

图124 龙游烟草分公司青年员工参加绿色骑行活动

务接待、办公用房、食堂管理、采购、党费补缴等方面存在的问题。按照市局（公司）统一部署，完成所部精简和中基层干部调整，从精神提振、素质提升、工作提速三方面提要求、立标准、常督促，打造思考型、学习型、实干型“三型”干部队伍。加强团委建设，配齐团委班子，组织青年员工认领“微心愿”、助力“五四三”，引导青年员工用实际行动履行行业和社会责任。以“每周一学”“骨干传帮”等形式突出岗位技能培训，提高履职能力。物流技能鉴定超额完成“十三五”规划目标，持证率达到77%。城镇市场部被命名为衢州市“青年文明号”，送货部被评为省级“工人先锋号”。

（龙游烟草专卖局 方倩）

盐务管理

【概况】 2016年，龙游县盐务管理局（分公司）坚持执行食盐专营政策，以“创新、协调、绿色、开放、共享”五大发展理念为指导，提高供给质量，着力市场开拓，强化管理提升，降成本增效益，各项工作取得一定成效。全年销售各类盐产品3485吨，实现销售收入1147万元，同比下降1.2％（主业上升，非盐下降），三项费用总额195万元，同比减少9.5万元，下降4.65％；实现利润总额125万元，同比增加47.6万元，增幅61.5％；净资产收益率为16％。

【法人机制改革】 根据浙国资企改（2013）30号文件精神，为加强集团管控，浙江盐业集团衢州市盐业有限公司吸收合并浙江盐业集团龙游县盐业有限公司，取消原龙游公司法人身份，于2016年1月1日成立浙江盐业集团衢州市盐业有限公司龙游分公司。实行集中管控，全面理顺财务税收机制，为盐业体制改革夯实基础。

【食盐专营】 严格执行省盐务管理局（集团公司）盐产品分配调拨计划，履行专营职责，强化食盐质量管理，坚持“保障食盐供应，让全县人民吃上放心合格碘盐”的经营理念，结合省局“提质增效年”活动方案，着力推动管理创新、商业模式创新，激发企业发展活力，保证各类盐产品安全有效供应。碘盐覆盖率、碘盐合格率、合格碘盐食用率分别达到98.5％、100％、98％。推进盐产品结构调整，实施海盐精品化战略，形成高、中、低档和低钠盐、健康平衡盐等多品种盐产品有效供应，开拓高端盐产品市场。在原有17家供应点的基础上，各乡镇（街道）及大型超市商场增设无碘盐供应点，方便特殊（甲亢）人群，满足不同群体需求。

【市场监管】 履行盐政管理职能，强化市场监督，以“净化食盐市场，确保本全县人民食用合格碘盐”为目标，整顿规范盐业市场秩序，保障食盐安全有序供应。4月和11月，结合行业用盐旺季情况，对食品加工、蔬菜腌制、饲料加工行业用盐户进行专项检查，严防行业用盐进入餐桌；9月，以“确保食用盐安全”为主题，针对学校和单位食堂、餐饮饭店购进使用食盐情况实施监督检查。在食盐市场的日常管理中，将零售商店、农贸市场、乡镇集市和农村小店经营户作为监管重点。在履行监督检查的同时，开展盐业政策法规宣传，全年出动检查212人次，检查1022户次，维护全县食盐市场的安全稳定。

【组织开展“防治碘缺乏病日”宣传活动】 会同县卫生疾控部门制订《2016年龙游县防治碘缺乏病日宣传活动方案》，围绕“坚持科学补碘，建设健康中国”主题，开展第23届“防治碘缺乏病日”宣传活动，普及碘缺乏病相关知识，增强人民群众碘缺乏病的防治意识。

（县盐务局 严永庆）

财政·税收

概 述

2016年，龙游县财税部门按照县委十届十次全会、县政府十二届九次全会的要求，坚持“创新、协调、绿色、开放、共享”五大发展理念，按照扎实推进新型工业化、新型城镇化、文化旅游和美丽龙游建设的总要求，多措并举，多管齐下，拓宽融资渠道，做好“生财、聚财、用财、理财、管财”大文章，激发县域经济活力。积极推进财税体制机制改革，规范财政资金管理，创新财政扶持方式，保障财力稳定增长，为全县经济社会的稳定发展发挥积极作用。国税、地税部门开展联合办税，优化服务，夯实税收征管基础，促进全县经济社会可持续发展。但受经济长期低位运行、企业转型受限、投资支持不足等多重因素影响，存在财政收入平稳增长内生动力不足的等问题。由于减负因素不断增加，刚性支出有增无减，县自身财力的增长难以满足基本运转、民生保障、经济发展等方面的支出需求，财政收支矛盾日渐突出。财政管理改革面临较大挑战，产业基金、PPP项目、政府购买服务等还处于初期摸索阶段，成功案例较少，优质项目储备不足。债务管控、预决算公开难以执行到位，存在一定的问责风险。

财 政

【概况】 2016年，全县财政总收入20.08亿元，同比增长7%，其中一般公共预算收入14.35亿元，同比增长10%。一般公共预算支出42.13亿元，同比增长18.3%。全县财政收支平衡。

【深化财政改革】 组建龙游联龙股权投资基金，县财政以33%的股权投资带动规模为2亿元的子基金，重点用于支持县域内拟上市企业，分别对浙江恒达新材料投资3998万元，对禾川科技投资4000万元，带动银行跟贷2200万元。推进PPP项目建设，完成生活垃圾热解气化项目签约工作，“一路一桥”（即湖镇至童家公路一期工程、衢江大桥应急工程）项目具体实施方案、大南门历史文化街区保护可行性研究报告和实施方案已基本完成。完善财政资金竞争性存放机制，推进预算单位公款竞争性存放工作，完成6.06亿元财政资金和县人力社会保障局2700万元、县会计核算中心2亿元单位公款的竞争性存放工作。实施党政机关和参公事业单位公务用车制度改革，规范保留的公务车辆管理和公务出行经费预算管理。

【服务经济发展】 将还贷周转金的服务范围从工业扩大至所有经济实体，通过政府购买服务方式，与

图125 2月19日，龙游县召开财政地税工作会议

龙游义商村镇银行合作运行“转贷通”，全年通过周转金及“转贷通”为127家企业提供还贷周转306次，周转金额19.92亿元。与商业银行开展担保协作，为企业担保14笔，担保金额8265万元。支持小微企业融资，通过建行“助保贷”为10家企业提供贷款2910万元。抓好奖扶激励，共兑现企业股份制改造、挂牌交易、上市发行股票、直接融资等各类财政扶持资金2308万元，兑付企业资产过户、“一企一策”、亩产税收贡献、外贸出口、电子商务等财政奖励扶持资金1.25亿元，为企业减负让利1.76亿元。

【支持民生建设】 推进“一事一议”奖励补助政策的实施，助推美丽乡村建设试点、湖镇中心镇建设示范试点、省级村级公共设施运行管护试点、发展村级集体经济示范试点等农村综合改革试点工作；兑付农村生活污水治理、畜禽养殖减量拆后土地复垦、“生猪整规”工作的经费补助，拨付预算内外专项支农资金8亿多元。加大教育投入，安排2500万元，用于柳村小学扩建工程；安排4200万元，支持职教中心建设；安排1900万元，保障农村中小学校舍提升改造工程。建立财政对社保基金的可持续补助机制，全年投入社保补助资金4.67亿元。保障重大项目实施，筹措大南门历史文化街区保护项目拆迁补偿支出资金8亿元；拨付“四边三化”专项资金3476万元、创国卫专项资金1638万元；积极配合县“生猪整规”重点工作，及时预拨专项资金1.2亿元。

【强化财政监督】 规范人事考试、体育竞赛、健康体检、事业单位通信费补助等项目支出行为，按照一个专项一个管理办法的要求，制定各类专项资金管理办法。加强财政结余结转资金管理，收回各类存量结余资金1.7亿元。严格支出审核，会计核算中心全年拒付各类不合规支出3786万元。规范项目审核管理，财政项目预算审核中心全年评审政府投资项目476个，核减资金8400万元，核减率为9.46%。做好政府采购监管工作，规范单位采购行为，全年完成各类采购项目1077个，实际采购金额比预算节约2326万元，节约率为23.1%。

【注重队伍建设】 开展“两学一做”学习教育，实施党员重读党章、重温入党誓词、集中上党课等活动，落实“一岗双责”“一案双查”机制。开展理论学习和岗位培训，办好财税大讲堂。建立“为官不为”问责机制，修订服务大厅人员绩效考核办法。加大绩效考核力度，完善实事量化考核办法，加强平时绩效工作考核，建立督查通报等机制，加强对中心工作、阶段重点工作的督查考核，调动干部的积极性和创造性。推进财税文化建设，开展丰富多样的党支部活动、工青妇组织活动、财税法规政策宣传活动和各类文明创建活动，以财政文化建设提升财政部门的形象。

（县财税局 余哲）

附：

龙游县2016年预算执行情况报告（节选）

（2017年2月14日龙游县第十三届人民代表大会第一次会议通过）

一、一般公共预算执行情况

1.收入预算执行情况

2016年，全县完成一般公共预算收入14.35亿元，为年度预算的101.8%，增长10.4%。其主要收入项目的完成情况是：

税收收入110929万元，完成年度预算的98.2%，增长8.2%。其中，增值税20905万元，为年度预算的138.4%，2016年1～4月中央与地方以75%、25%比例分成，5月“营改增”全面铺开以后改为五五分成。改征增值税8100万元，为年度预算的228.2%，主要是2016年5月全面“营改增”以来，入库四大行业“营改增”税款的拉动。营业税19781万元，完成年度预算的59.9%，主要是2016年5月1日起全面“营改增”以后，营业税税种退出历史舞台。企业所得税40%部分9780万元，完成年度预算的90.1%，增长1.0%；个人所得税40%部分4567万元，完成年度预算的117.1%，增长28.2%。城镇土地使用税11684万元，完成预算的123.6%，增长44.4%。

非税收入29422万元，完成年度预算的118.0%，增长19.2%。其中：专项收入10997万元，完成年度预算的104.3%，增长13.3%。行政事业性收费收入1060万元，完成年度预算的44.2%，下降53.3%，减收原因主要是受到二孩政策放开的影响，社会抚养费同比减收865万元，下降61.3%。国有资源（资产）有偿使用收入9957万元，完成年度预算的331.9%，增长130.3%，增收原因一是专户利息收入8158万元及时缴入金库；二是加大行政事业单位国有资产出租收入管理，国资公司上交2015年度租金1768万元。另外，2016年上划中央“六税”收入60403万元，实现财政总收入200754万元，增长7.0%。

2.主要支出项目执行情况

2016年，全县一般公共预算支出421333万元，完成年度预算的99.4%，增长18.3%。其主要支出分项执行情况是：

一般公共服务支出34397万元，完成年度预算的105.1%，增长9.3%；教育支出77346万元，完成年度预算的90.8%，增长9.7%；社会保障和就业支出50940万元，完成年度预算的141.6%，增长62.3%；医疗卫生与计划生育支出38033万元，完成年度预算的90.4%，增长4.9%；节能环保支出7278万元，完成年度预算的54.5%，下降35.2%，主要是2015年中央农村环境综合整治支出增加导致基数大；城乡社区事务支出44122万元，完成年度预算的91.1%，增长72.4%，主要是大南门历史文化街区保护与市政配套改造提升等项目资金；农林水事务支出78161万元，完成年度预算的97.4%，增长5.9%。

按照现行财政体制，2016年一般公共预算收入140351万元，省、市补助收入预计208471万元，上年结转使用资金17141万元，地方政府债券收入53000万元，调入资金44719万元，调入预算稳定调节基金18935万元，地方政府存量债务置换债券收入108160万元，可用资金合计590777万元。一般公共预算支出421333万元，上解省支出35896万元，安排预算稳定调节基金11279万元，结转下年使用资金14109万元，地方政府存量债务置换支出108160万元，各项支出合计590777万元，一般公共预算收支平衡。较好地完成了县十二届人大第五次会议通过的财政预算收支任务。

二、政府性基金预算执行情况

2016年，完成政府性基金预算收入200099万元，完成年度预算的101.5%，增长187.3%。其中国有土地使用权出让收入实现182615万元，完成年度预算的96.1%，增长274.6%，主要是2016年拍卖龙洲街道1号地块以及东华街道2号地块增加收入的因素;其他各项基金收入17484万元，完成年度预算的242.3%。

2016年，实现政府性基金预算支出207182万元，为年度预算的96.6%，增长190.7%。主要支出项目执行情况是：城乡社区事务支出190979万元，完成年度预算的96.7%，增长239.1%；社会保障和就业支出3457万元，完成年度预算的78.6%，下降22.3%；专项债务发行费用及利息支出1377万元；其他支出10909万元，完成年度预算的102.9%，增长13.1%。

2016年，政府性基金收入200099万元，省、市补助收入15936万元，上年结转使用资金3421万元，可用资金合计219456万元。政府性基金支出207182万元，调出资金8870万元，收支相抵，滚存结余3404万元，结转下年使用。

三、社会保险基金预算执行情况

2016年，社会保险基金收入193021万元，完成年度预算的105.1%，增长73.4%。其中：企业职工基本养老保险基金收入75108万元，完成年度预算的112.9%，增长52.0%。机关事业单位基本养老保险基金收入53048万元。基本医疗保险基金收入24244万元，完成年度预算的105.5%，增长10.9%。其他社会保险基金收入40621万元，完成年度预算的100.4%，增长1.3%。

2016年，社会保险基金支出182588万元，完成年度预算的99.3%，增长69.9%。其中：基本养老保险基金支出72912万元，完成年度预算的105.0%，增长17.2%。基本医疗保险基金支出17429万元，完成年度预算的90.0%，增长71.6%。机关事业养老保险基金支出53000万元。其他社会保险基金支出39247万元，完成年度预算的94.1%，增长11.8%。

2016年，社会保险基金收入193021万元，上年结转使用资金109452万元，社会保险基金预算支出182588万元，收支相抵，滚存结余119885万元，结转下年使用。

四、国有资本经营预算执行情况

2016年，国有资本经营预算收入301万元，完成年度预算的77.4%。其中：利润收入25万元；其他国有资本经营预算收入276万元。2016年国有资本经营预算支出25万元，完成年度预算的6.4%。

2016年，国有资本经营预算收入301万元，可用资金301万元。国有资本经营预算支出25万元，结转下年支出276万元，国有资本经营预算收支平衡。

五、地方政府性债务执行情况

至2016年底，全县地方政府性债务余额预计344758万元。其中：地方政府债务272601万元，含一般债务177601万元、专项债务95000万元，均在省财政厅核定的地方政府债务限额以内；地方政府或有债务72157万元。根据地方政府债券置换存量债务相关规定，省财政厅下达龙游县2016年地方政府债券置换存量债务额度108160万元，其中一般债券25160万元，专项债券83000万元，用于置换地方政府存量债务支出。2016年新增一般债券53000万元，纳入一般公共预算管理，用于政府性投资项目支出。

（县财税局 余哲）

2012—2016年度龙游县财政收入与支出比较

表32

年 份	财政总收入（亿元）	同比增长（%）	地方财政收入（亿元）	同比增长（%）	财政总支出（亿元）	同比增长（%）
2012	12.55	12.8	8.05	13.5	20.46	12.2
2013	14.13	12.59	9.00	11.80	23.78	16.23
2014	15.7	10.9	10.2	13.5	27.30	14.9
2015	18.65	11.2	12.66	11.8	35.59	18.5
2016	20.08	7	14.35	10	42.13	18.3

地 税

【概况】 2016年，龙游县地税部门完成各项收入20.23亿元，同比增长25%，其中税收收入9.01亿元，同比增长21.6%；非税收入11.22亿元，同比增长46.37%。受全面实施“营改增”政策的影响，第三产业税收入库增速放缓，占整个税收收入的比重为41.93%。个人所得税贡献明显，土地增值税、土地使用税和房产税增长较快。

图126 龙游县地税局进行“金税三期”现场调试

【抓好收入征管】 开展税源的多层次管理，实行税源专业化管理，成立重点税源管理小组，负责对大企业、重点税源企业的静态分析和评价，掌握企业经营活动事前、事中的第一手资料。强化风险数据比对，统筹推送风险应对任务，开展纳税评估，扎实做好全县风险任务管理工作，全年共补缴税款227万元。加大稽查力度，全年查补入库税款1930万元，为历年来查补总额的最高年份。

【加强国地税协作】 与国税共建办税服务大厅，统一办税服务规范，共同提升服务水平，使纳税人真正享受到“进一家门办两家事”的便利，极大地方便了纳税人，提高办税效率。持续开展以“走访纳税户，上门送服务”为主题的走访活动，主动走访企业，上门征求意见，提供现场纳税辅导，按照“一企一组”原则，建立无缝沟通平台，为纳税人提供多种多样、细致周到的服务。

【全面推进“营改增”】 组织开展“大走访”活动，深入房地产业、建筑业做好“营改增”（即营业税改征增值税的简称）政策的宣传和辅导。发挥国地税联合办公优势，在业务办理过程中随时交流讨论工作内容，解决疑点和困难，保证“营改增”试点工作顺利推进。根据省地税局开展2016年税收风险管理工作的通知，统筹推进风险应对任务，扎实做好税收风险任务管理工作，实践“抓大评中定小”的管理思路，运用风险管理理念和信息化手段，预测、识别和评估税收风险，堵塞税收征管漏洞。

【优化纳税服务】 组织开展以“走近纳税户，上门送服务”为主题的大走访行动，全局干部共走访纳税人2910户次，电话访问联系密切的纳税人1337户次，发送短信12000条。落实首问责任制、延时服务制度、预约服务制度和午间值班制度，提供同城通办服务和免填单服务，方便纳税人办事；简化工作流程，联合办税服务厅实行前台受理，后台流转模式，切实减少纳税人的等待时间；继续加大纳税服务工作经费投入，落实办税服务厅工作硬件、软件建设，改善服务环境；积极探索办税服务厅激励制度建设，制定相关考核办法，进一步激发窗口人员工作积极性。

（县财税局 余哲）

国家税务

【概况】 2016年，龙游县国家税务局共组织税收收入8.82亿元，同比增长4.77%，增收4000万元，税收规模逐年增长。尤其是第二产业，在“工业强县”方针指引下，税收增长稳定。重点税源方面，29户500万元以上企业合计入库税款4.36亿元，占税收总收入的49.5%，支撑作用显著。分税种看，增值税入库税款6.73亿元，增长10.26%；所得税入库税款1.58亿元，下降5.82%；车购税入库税款4900万元，下降20.29%。2016年，龙游国税为财政总收入贡献7.99亿元，增长8.87%；为全县公共预算收入贡献3.51亿元，增长11.37%。

【推进税收改革】 由县政府牵头成立龙游县深化国税、地税征管体制改革工作领导小组，统筹推进国地税合作工作与深化国税、地税征管体制改革。龙游作为国地税合作示范区先进代表在全省推进会上作典型发言。5月1日，全面推开建筑业、房地产

图127　4月12日，龙游县国税局开展“营改增”试点工作专题培训

业、金融业、生活服务业“营改增”工作。全年累计入库“营改增”税款1.39亿元，其中新扩围“营改增”税款1.09亿元。“营改增”试点之前，共计培训税务干部6期500余人次，专场培训“营改增”纳税人12期1175人，3848户纳税人顺利转制。10月1日，新版税收征管系统“金税三期”顺利上线。

【提升征管质量】 全面推进税收风险管理，按照“高风险稽查或纳税评估、中风险预警自查、低风险日常核查”的思路，共推送443户风险纳税人，并采取应对措施，入库税款1013万元，加收滞纳金118万元，罚款76万元。完善政府部门间的协税护税工作机制，全年增加税款9545万元。深化大企业和非居民税收管理，开展大企业个性化服务和风险管理，落实国家税务总局千户集团数据采集和校验工作。加强反避税调查，查处县内某造纸企业向境外母公司转移支付大额利润案件，补缴企业所得税583万元，加收利息132万元，被《中国税务》作为反避税工作先进单位予以报道；加强对“走出去”企业服务与管理，联合县地税局、商务局建立“走出去”企业清册。加强非居民企业所得税源泉扣缴工作，通过监控管理，扣缴非居民企业2015年股息红利入库税款185.86万元。

【主动服务大局】 加强税收政策调研，密切跟踪宏观经济变化，积极关注龙游及全省经济社会发展热点，扎实做好税收专题分析，全年被总局收入核算规划司专刊录用1篇、衢州政研录用1篇。为16家重组、“新三板”上市企业提供政策咨询、政策辅导等个性化服务。充分发挥税收在稳增长、调结构、促转型、惠民生上的职能作用，积极落实各项税收优惠政策。2016年，全县因享受增值税优惠政策减免退税（不含出口退税）超2亿元，办理出口退税1.29亿元。在落实所得税优惠方面，2569户小型微利企业共减半征收企业所得税356万元，小型微利企业优惠政策享受面达100%。全县19户高新技术企业减免企业所得税1278万元，25户纳税人研发费加计扣除6439万元。

【优化纳税服务】 积极开展便民办税春风行动，完善首问责任、限时办结、延时服务、预约服务、午间办税、兜底责任等服务措施。落实二维码一次性告知制度，多渠道发布6大类149项办税事项“二维码”。深化涉税事项“同城通办”，发票领取等所有涉税业务实现“全县通办”。将11项基础管理事项前置到联合大厅窗口，对涉税备案及审批事项实行流程再造实现窗口办结。完善“1890”税务工作室和纳税人权益维护中心职能。合理简并优化申报缴税次数，针对小规模纳税人实行按季度申报，减轻小规模纳税人办税负担。国地税联合开展纳税信用等级评定工作。与建行、信用社等联合推出“税易贷”等融资服务项目，深化纳税信用社会应用，合计授信11户，授信余额395万元。

【推进依法治税】 全面落实税收执法责任制，开展税收执法督察，强化对税收执法行为的监督。完善柔性执法工作机制、“1890”专家咨询制度，探索建立税务案件公开听证和审理模式。与县地税局、县普法办、县教育局、共青团龙游县委等共建国民税收素养提升工程，形成依法治税内生动力，该项工作入选浙江省国税局2016年管理创新项目。推行税收执法权力清单、税务行政审批事项清单和税收执法责任清单，完善集中审批，建立权责一致的职责体系，降低干部执法风险。积极推进纳税信用体系平台与社会诚信体系平台的融合，倒逼全社会纳税遵从度的普遍提升。严厉打击涉税违法行为，对税收违法活动采取高压态势。全年共查处非法发票504份，查处举报案件2件，查补税款114万元，加收滞纳金16万元，罚款70万元。

【开展绩效管理】 制定龙游县国税局绩效管理办法，建立完善绩效讲评、督查督办及联络员制度，落实绩效人员配备，提升日常管理水平。对个人绩效管理实行日志式管理，采用“周纪实、月小结、季考评”的模式，建好个人绩效工作台账和档案，实现个人绩效考评的信息完整和过程留痕。

【开展“两学一做”学习教育活动】 以全面推开“营改增”试点和“金三”上线等税收改革任务为“两学一做”的试金石，开展“决战营改增，党员当先锋”“金三上线的战场，就是两学一做的考场”等系列活动，组织党员先锋队、青年突击队冲在第一线，全局400余人次参加文明劝导、平安巡逻、创国卫治脏乱等志愿者服务活动。13名党员干部志愿者参加无偿献血，共计献血3900毫升。在“万名党员进万企”专项行动中，共走访调研企业近3000户次，整理企业意见建议73条。针对走访中发现的问题，局党组提出5项相应的整改措施，较好地解决了焦点问题，赢得良好的社会反响。何益红、李非分别被浙江省委组织部评为“千名好支书”和“万名好党员”。

【落实“两个责任”】 从严落实全面从严治党和党风廉政建设主体责任，坚持党组主抓直管，突出责任分解，将党建工作、党风廉政建设和反腐败工作与税收工作同部署、同落实。开展局党风廉政建设责任制检查考核，以考核促进“两个责任”落到实处。开展“党员组织关系集中排查”专项治理，对规范党费收缴、党员组织关系、党代会代表和党员违纪违法未给予相应处理情况等开展排查和督查，及时进行整改。强化教育执纪，规范线索规范管理，严格执行重大事项24小时报告制度。强化警示教育，始终把开展案件通报、强化警示教育作为预防腐败的重点工作，切实抓实抓好。全年组织警示教育4次，组织观看《永远在路上》《郑义门》等教育影片，受教育面达100%。

【丰富税务文化】 深度拓展龙舟文化精神内涵，引导干部健康生活情趣。充分发挥党建和工青妇组织作用，推进党员志愿者活动，深入开展“护航G20”，争当“创安志愿者”“创国卫志愿者”等丰富多彩的志愿活动；组织“十三五，话担当”微党课比赛、国税文化周系列活动等丰富多彩、寓教于乐的文化宣教活动；组织开展积极向上的文体活动，建立徒步、钓鱼、球类、文艺等兴趣小组，促进系统内部的思想交流和人文关怀；开展国地税文化交流，联办元旦文艺联欢会。打造“清风”廉政文化品牌，不断充实廉政文化走廊，引导干部培养健康的兴趣爱好和高尚的精神追求。

（龙游国税局 李航波）

2012—2016年度龙游县税收情况比较

表33　　单位：亿元

年份	地方税收				国家税收			
	地税总收入	同比增长（%）	其中税收收入（不含耕、契两税）	同比增长（%）	国税总收入	同比增长（%）	构成县财政收入	同比增长（%）
2012	11.27	4.35	6.22	11.7	6.17	15.54	5.24	15.41
2013	12.18	8.07	6.84	9.97	7.07	14.59	6.26	19.47
2014	16.42	34.9	7.66	11.99	7.8	10.45	6.69	7.0
2015	16.18	−1.5	8.52	11.18	8.41	7.8	7.34	9.7
2016	20.23	25.02	9.01	5.81	8.82	4.77	7.99	8.87

2016年度龙游县国、地税净入库税收前100强

表34

序号	纳税人名称	入库税收（万元）						
		2016年			2015年			同比增减(%)
		国地税合计	国税	地税	国地税合计	国税	地税	
1	维达纸业（浙江）有限公司	5042	3612	1430	4076	3595	481	23.70
2	龙游县农村信用合作联社	3966	2516	1450	7727	5320	2407	−48.67
3	龙游县龙港房地产开发有限公司	3690	520	3170	2011	0	2011	83.49
4	浙江龙游道明光学有限公司	3511	3084	427	709	355	354	395.07
5	浙江恒达新材料股份有限公司	3485	2625	860	2992	2111	881	16.48
6	龙游华都房地产开发有限公司	3407	701	2706	2597	0	2597	31.19
7	衢州市烟草公司龙游分公司	3343	2982	361	3502	3100	402	−4.53
8	国网浙江龙游县供电公司	3085	2334	751	4621	4028	593	−33.23
9	龙游塔恩纸业有限公司	2927	2752	175	2411	2297	114	21.39
10	浙江广和房地产开发有限公司	2882	664	2218	2934	221	2713	−1.78
11	浙江华邦特种纸业有限公司	2730	2146	584	1172	931	241	132.95
12	龙游伊利乳业有限责任公司	2633	2351	282	1339	1254	85	96.65
13	龙游县国有资产经营有限公司	2464	67	2397	4478	10	4468	−44.96
14	恒盛能源集团有限公司	2288	2139	149	1127	982	145	103.09
15	光明铁道控股有限公司	2153	1967	186	3460	3117	343	−37.79
16	浙江东恒工贸有限责任公司	2021	1891	130	2092	1904	188	−3.41
17	浙江龙游世贸城置业有限公司	1753	178	1575	141	0	141	1143.02
18	龙游碧桂园房地产开发有限公司	1742	0	1742	0	0	0	—
19	浙江凯丰新材料股份有限公司	1665	989	676	1955	1569	386	−14.83
20	浙江孝福家具有限公司	1650	1362	288	2189	1666	523	−24.59
21	泰宇控股集团有限公司	1646	265	1381	1015	0	1015	62.13
22	龙游县金伦废纸回收有限公司	1410	1276	134	2387	2339	48	−40.94
23	龙游恒泰时代置业有限公司	1383	474	909	1462	0	1462	−5.39
24	浙江贝尔通信集团有限责任公司	1198	657	541	925	663	262	29.45
25	龙游浙农家居建材市场开发有限公司	1135	54	1081	1588	0	1588	−28.54
26	浙江金昌特种纸股份有限公司	1060	910	150	1175	1014	161	−9.78
27	浙江万明建设有限公司	991	539	452	560	0	560	41.07
28	浙江培华建设有限公司	986	280	706	796	54	742	23.80
29	龙游泽龙电力工程有限公司	962	111	851	776	0	776	23.92
30	浙江龙游小溪滩水利枢纽开发有限公司	934	894	40	720	691	29	29.72
31	浙江海景纸业有限公司	854	727	127	733	596	137	16.43
32	浙江龙游新西帝电子有限公司	836	518	318	828	777	51	0.90

续表1

序号	纳税人名称	入库税收（万元）						
		2016年			2015年			同比增减(%)
		国地税合计	国税	地税	国地税合计	国税	地税	
33	浙江固特气动科技股份有限公司	835	−78	913	256	227	29	225.97
34	浙江华飞轻纺有限公司	773	549	224	494	362	132	56.48
35	中国人民财产保险股份有限公司龙游支公司	750	—	750	726	—	726	3.31
36	中国工商银行股份有限公司龙游支行	745	598	147	161	0	161	362.61
37	浙江宜成环保设备有限公司	725	674	51	281	253	28	158.25
38	浙江龙游中北实业有限公司	713	2	711	47	0	47	1417.23
39	龙游县龙新高速公路投资有限公司	698	155	543	341	13	328	104.72
40	浙江蓝天废旧家电回收处理有限公司	698	593	105	596	493	103	17.15
41	龙游泽龙房地产开发有限公司	674	5	669	350	0	350	92.67
42	浙江龙游灵山江水电投资有限公司	667	662	5	256	252	4	161.06
43	浙江景丰纸业有限公司	577	51	526	48	0	48	1101.58
44	衢州裕禾商贸有限公司	553	484	69	2010	1880	130	−72.49
45	浙江永春科技股份有限公司	544	436	108	494	427	67	10.08
46	浙江创展电子科技有限公司	543	444	99	190	136	54	185.91
47	浙江禾川科技股份有限公司	529	374	155	115	21	94	360.85
48	浙江特美新材料股份有限公司	526	476	50	529	396	133	−0.66
49	浙江茗皇天然食品开发股份有限公司	525	369	156	682	581	101	−22.94
50	龙游县茗皇小额贷款有限公司	524	38	486	682	0	682	−23.19
51	浙江大盛新材料股份有限公司	515	358	157	189	79	110	172.50
52	浙江凯丰特种纸业有限公司	489	406	83	49	0	49	898.24
53	浙江亿洋工具制造有限公司	479	399	80	426	391	35	12.58
54	浙江龙丽丽龙高速公路有限公司龙丽管理处	478	147	331	293	0	293	63.08
55	浙江物产光华民爆器材有限公司	477	389	88	531	516	15	−10.16
56	浙江和畅电力铁塔有限公司	467	277	190	587	463	124	−20.34
57	龙游鑫业混凝土有限公司	450	416	34	872	850	22	−48.39
58	浙江龙游浙西轧钢有限公司	420	379	41	569	550	19	−26.13
59	浙江安佑饲料科技有限公司	417	374	43	546	504	42	−23.74
60	浙江佳维康特种纸有限公司	417	276	141	402	246	156	3.69
61	浙江天耀纸业有限公司	416	295	121	467	385	82	−10.93
62	浙江耐特玻璃科技股份有限公司	408	293	115	233	153	80	75.26
63	浙江乔老爷铝业有限公司	404	322	82	329	286	43	23.06
64	中国移动通信集团浙江有限公司龙游分公司	389	215	174	323	290	33	20.57
65	浙江新屹服装有限公司	387	315	72	618	566	52	−37.43
66	浙江道明新材料有限公司	380	306	74	162	54	108	134.08

续表2

序号	纳税人名称	入库税收（万元）						
		2016年			2015年			同比增减(%)
		国地税合计	国税	地税	国地税合计	国税	地税	
67	浙江龙游昌业房地产开发有限公司	378	17	361	250	0	250	51.03
68	龙游勤达旅游帐篷有限公司	372	352	20	428	390	38	−12.91
69	中国建设银行股份有限公司龙游支行	370	302	68	82	0	82	351.48
70	浙江新迪在龙涂料科技有限公司	364	322	42	115	61	54	216.44
71	浙江年年红家居有限公司	362	58	304	796	658	138	−54.56
72	龙游兴泽投资有限公司	354	—	354	0	—	0	—
73	龙游亿莱达电器有限公司	351	303	48	309	285	24	13.29
74	浙商证券股份有限公司龙游太平西路证券营业部	344	308	36	395	337	58	−12.86
75	衢州市广豪置业有限公司	336	98	238	225	0	225	49.26
76	浙江家德家居有限公司	332	0	332	895	725	170	−62.91
77	龙游运申制版有限公司	327	274	53	252	204	48	29.93
78	龙游县奔康投资有限公司	323	153	170	1691	0	1691	−80.92
79	浙江金龙纸业有限公司	322	93	229	477	285	192	−32.60
80	浙江龙游通衢建材有限公司	319	287	32	30	27	3	959.06
81	中国农业银行股份有限公司龙游县支行	315	231	84	82	2	80	284.15
82	浙江省十里坪羊毛衫厂	308	297	11	272	249	23	13.21
83	龙游亿洋锻造有限公司	303	281	22	7	0	7	4232.86
84	浙江纳宝莱化工科技有限公司	302	287	15	184	174	10	64.30
85	浙江舜浦纸业有限公司	300	236	64	263	218	45	14.32
86	华电浙江龙游热电有限公司	300	2	298	173	0	173	73.29
87	浙江创宇建设有限公司	286	95	191	197	0	197	45.27
88	龙游新奥燃气有限公司	285	204	81	141	40	101	102.57
89	浙江东飞轻纺有限公司	274	28	246	151	0	151	81.23
90	浙江恒润装饰材料有限公司	273	160	113	283	210	73	−3.48
91	中国人寿保险股份有限公司龙游县支公司	273	—	273	182	—	182	50.00
92	浙江巨化化工矿业有限公司	266	209	57	152	76	76	74.41
93	龙游县立升房地产开发有限公司	259	78	181	23	0	23	1026.96
94	浙江龙游义商村镇银行股份有限公司	258	119	139	578	352	226	−55.41
95	龙游隆创置业有限公司	255	50	205	224	0	224	13.78
96	浙江凯伦特纸业有限公司	253	—	253	9	—	9	2711.11
97	龙游嘉溢置业有限公司	245	58	187	176	0	176	39.25
98	浙江贯洲电气有限公司	243	211	32	55	15	40	340.44
99	浙江天天虹特种纸业有限公司	239	155	84	151	108	43	58.67
100	浙江海豹制漆有限公司	239	219	20	171	140	31	39.74

金融业

概 述

2016年，龙游县金融系统抢抓资本市场化发展机遇，坚持以市场思维配置资源，优化金融生态环境，扶优扶强龙头骨干和科技型创新型企业，在市场竞争中抢占先机，赢得主动。深化投融资机制改革，推广政府和社会资本合作模式，加强公私合作的PPP模式项目储备，建立滚动项目库。优化整合融资平台，推进国资公司对外合作，研究设立政府性基础设施投资基金；试行债券、区域性股权市场等直接融资方式，按照“夯基础、抓特色、强调研、树品牌”的工作要求，“内提素质、外树形象”，紧紧围绕县“四重双百”项目，对接“信用龙游”品牌建设，助推龙游经济社会发展。 银监部门强化法人监管，持续深化普惠金融，着力做好辖内风险防控，完善金融服务，维护金融秩序，确保银行业稳健发展。各银行以服务地方经济发展为己任，努力提供优质高效的金融服务，加大信贷投放，履行社会责任，提高金融产品的创新能力和金融服务水平，充分发挥金融对地方经济的支撑作用。保险公司充分发挥保险的经济补偿和社会管理功能，履行人民保险为人民的社会责任，服务社会民生，助力稳定和谐，为龙游经济社会发展提供了强有力的保险保障，实现社会效益与企业利益共赢。

2012—2016年度龙游县金融机构本外币存贷款比较

表35

年 份	各项存款（亿元）	同比增长（%）	各项贷款（亿元）	同比增长（%）
2012	176.37	14.57	148.80	21.10
2013	203.80	15.56	177.11	19.03
2014	223.91	9.86	202.47	14.32
2015	244.60	9.24	216.27	6.82
2016	268.76	9.88	226.79	4.78

金融管理

【概况】 2016年，中国人民银行龙游县支行在上级行和龙游县委、县政府的正确领导下，按照“夯基础、抓特色、强调研、树品牌”工作要求，全面学习贯彻中共十八大及十八届三中、四中、五中、六中全会和中央经济工作会议、上级行工作会议精神，按照“内提素质、外树形象”和“大雁”支行创建二条工作主线，扎实开展“普惠金融品牌建设年”“管理责任落实年”两年活动，不断提升支行内部管理水平和履职效能。至12月末，全县金融机构本外币各项存款余额267.65亿元，比年初新增23.62亿元；全县金融机构本外币各项贷款余额226.46亿元，比年初新增10.59亿元，其中小微企业贷款余额达88.06亿元，有力促进地方社会经济健康平稳发展。

【强化窗口指导】 组织开展金融机构走访服务月活动，引导金融机构围绕县“四重双百”项目，成功对接重点项目和企业52个，占全部项目的38.72%。牵头召开“金融助推龙游经济发展恳谈会”，会上，12家企业与银行达成授信意愿，2家企业与证券公司就“新三板”、主板上市启动进行签约。严格把关法人金融机构基础数据的真实性和准确性，按月对辖内法人金融机构开展流动性监测，落实存款准备金平均法考核。开展宏观审慎评估，强化评估结果运用。加强定价机制、内部资金转移定价系统和存贷款定价系统建设，规范存贷款定价行为。开展金融机构综合评价，强化评价结果对财政资金招投标利率定价运用，对财政资金招投标利率上限按不超过基准利率的1.3倍执行，有效降低实体经济融资成本，得到上级行的充分肯定。积极做好新设金融机构的服务工作，主动对接招商银行、台州银行、民泰银行到龙游设立机构，及时提供相关的金融服务，方便金融机构筹建。3家银行均已在年内开业。

【扩大普惠金融成效】 开展“百日攻坚”专项活动，通过摸底调查、银企对接、提质增效三个阶段，保障重大基础设施项目、重大产业项目、重大工业技改项目建设资金的需求，至年底，五大转型升级产业信贷增速高于全部贷款增速。完善“政府+银行+保险”的“资金风险池”模式，形成政府出资、银行运作、保险补充的风险补偿机制，通过三方协作，有效发挥对当地实体经济的支撑作用。至12月末，县政府累计出资1800万元，分别设立小额保证保险、助保金、创业担保贷款等风险担保基金；累计发放小额保证保险（即贷款人发生合同约定的事故，不能还款，余下贷款由保险公司还给贷款机构）贷款1972万元，惠及农户77户，贷款余额1897万元；累计发放“助保金”贷款2910万元，贷款余额2610万元；与浙江省联合投资基金公司共同出资设立2亿元的联龙股权投资基金。推动“转贷通”等金融产品创新，“转贷通”业务最高限额由1000万元提高到2000万元，转贷范围由政府主导产业覆盖至所有纳税企业，至年末，已办理“转贷通”业务149笔，金额9.1亿元。积极引导辖内金融机构利用应收账款融资服务平台开展应收账款融资业务，至年末，累计注册债权/债务人36户、资金提供方13户；借助应收账款融资服务平台完成融资37笔，成交人民币13亿元、美元212.1万美元。积极指导金融机构深挖减费让利空间，至12月末，通过分类规范收费行为和清理涉企涉贷类收费项目等方式减费让利430万元，其中，县农行取消收费项目21项、降低收费标准17项，县中行大幅降低涉外收费标准，县农信联社减免抵押登记费2.5万元。

【开展绿色金融试点】 加强对现代农业产业信贷支持，通过对生态养猪“开启模式”、生态养鱼“洁水模式”等绿色农业产业信贷跟踪对接，年内新增浙江开启能源科技有限公司授信额度1000万元，贷款余额2300万元；通过“一事一议”信用贷款授信方式，年内新增浙江龙和水产养殖开发有限公司贷款额度1000万元，极大解决了农村青年创业过程中的抵押担保难题。加强对农民专业合作社、家庭农

图128 人民银行龙游支行与县总工会联合举办“绿色金融产品”创新大赛

场等新型农村经济主体信贷支持，通过县农信联社丰收“社社通”“农易贷”“美丽田园产业链”等平台，重点支持县生猪业和笋竹业两大农产业，助力现代农业生态循环模式发展。截至12月末，龙游龙珠生猪专业合作社等4家专业合作社共123户社员分别通过丰收“社社通”平台融资3.18亿元，且未产生一笔不良贷款。加强对科技创新型企业信贷支持，积极参与《龙游县科技型中小微企业保证贷款办法（试行）》制订，指导辖内金融机构、保险公司与县科技局合作，开办科技型中小微企业保证保险贷款。同时，县财政出资500万元作为政府风险资金，用于承担贷款到期后三个月未归还的贷款本息20%的损失。

【深化“信用龙游”品牌建设】 制订《关于深化“信用龙游”品牌建设争创“省级信用县”的实施意见（2016—2020）》，依托浙江省企业信用信息服务平台，打造囊括工商、税务、环保、法院等信息的征信信息平台。扎实推进农村“三信”（即信用乡镇、信用村、信用户）创建，至12月末，全县评定省级信用乡2个、省级信用村6个；对辖区262个行政村重新复评及新增评定县级信用村143个，县级信用乡5个。提升浙江省农户信用信息系统农户建档比例，全县农户信用信息档案累计入库50588户，完成农户总数的76.09%。推进“整村授信、额度调剂”示范村创建，至年底，全县262个行政村已实现全覆盖，参与额度调剂的农户数为2.43万户，调剂信用额度23.37亿元；设立辅助级户数8457户，调剂信用额度1.36亿元；262个行政村中累计发放信用贷款户数达1.83万户，累计发放信用贷款11.48亿元。充分发挥对县级、乡镇级党代表信贷守信情况联合审查作用，配合县委组织部对2528名拟推荐为县人大代表、县政协委员人选的银行欠贷不良信息进行审查，形成良好的守信舆论导向。

【优化外汇服务】 走访涉汇企业，建立外汇管理QQ群、外汇业务交流微信群，及时传达最新外汇政策。举办外汇政策培训班，为银行外汇业务从业人员解读国际收支申报最新政策及外汇检查案例，有效提升辖内外汇从业人员的业务素质。联合县商务局、县经信局、工业园区、东华街道等部门举办银企座谈会、“跨境电商+海外仓”座谈会及专题培训班等，积极宣传和解读有关外汇政策，得到涉汇电商企业的一致好评。为县政府和经信部门当好外资企业新设、并购项目的参谋，助力项目落地。

【加快支付环境建设】 制订《龙游县智慧支付实施方案》，大力推广金融IC卡和移动支付在公共服务领域的应用。工商银行龙游支行的“银校通”系统已实现物业费缴纳功能，并在广和红树林社区成功试点。通过金融服务示范村、电子支付应用示范区、五星级银行卡助农服务点的持续创建，逐步实现农村地区“基础金融服务不出村、综合金融服务不出镇”的工作目标。至12月末，全县共有金融服务示范村29个、手机支付应用示范区4个，在农村乡镇设立银行卡助农服务点244个；有银行业金融机构15家、结算网点70个，有ATM机267台，实现银行结算网点、ATM机乡镇全覆盖。

【强化反洗钱监管】 制定《龙游县打击洗钱犯罪协定规定》，明确支行与公、检、法之间协作的方式、方法及职责，初步建立四部门合作机制。定期举办反洗钱业务培训专题讲座，加大可疑交易报告工作成果转化力度，全年共上报重点可疑交易专报4份，其中3份形成案件线索。

【深化金融消保维权意识】 充分利用金融机构官方微信、公众号等平台，以“3·15”金融消费者权益日、“6·14”信用记录关爱日、“金融知识普及月”“反假货币宣传月”等活动为契机，把金融知识宣传与志愿服务结合起来，设立金融知识流动宣传台，强化对金融消费者风险责任意识的教育，扩大金融宣传影响力。

【加强跨境资金监管】 加强对跨境资金流动异常情况的监测，全年对货物贸易、服务贸易、个人、资本项目等业务种类开展非现场核查72次。通过走访、约谈，引导企业合理安排用汇需求，减轻大额购付汇压力，避免本地资金向境外较大规模的流出。浙江锠泰机械工业有限公司做好440万港币外债展期。

【维护金融稳定】 加强金融风险的监测和处置，密切关注辖内金融机构资本充足水平、资产质量、盈利和流动性变化，指导金融机构及时关注涉贷并购重组企业的情况。做好涉贷出险企业的监测，积极参与“僵尸企业”处置，建立并购重组项目库，对企业并购重组中存在的困难和问题及时进行分类指导，至12月末，共完成“僵尸企业”破产、兼并、重组8家，盘活土地24.22公顷、厂房11.01万平方米、资产3.12亿元。组织开展金融风险专项整治工作，联合县市场监督、银监、公安、住建、街道和工业园区等部门成立专项工作小组，对辖区158个经营范围中涉及“投资理财服务”等字样的企业进行现场走访调查，排查风险。指导各金融机构对银行卡开卡及安全管理、收单业务及机具管理、外包管理、电子支付管理等支付业务开展风险排查。至12月末，配合县公安等部门，共查询涉案账户数71个，冻结账户1个，清理非实名账户13个；自主拦截电信诈骗案件6个，涉案金额18.08万元；自主清理非实名账户1601个。

（人民银行龙游县支行 罗余镌）

银行业监管

【概况】 2016年，中国银监会衢州监管分局龙游办事处（简称“龙游银监办”），紧紧围绕监管工作中心，结合龙游当地经济、金融形势，充分发挥银监部门的职能作用，着力做好辖内风险防控，支持实体经济，完善金融服务，维护辖内金融秩序，确保银行业稳健发展。

【严守银行业风险底线】 以风险防控联络组为抓手，搭建风险防控平台，深化各行交流，促进信息资源共享，形成风险防控合力。加强对银行业风险监测，对辖内银行业的不良贷款和大额贷款进行月度监测，形成较为完善的非现场数据库。督促辖内机构强化信用风险管理，加大不良贷款清收处置力度，有效遏制不良贷款上升势头。稳步推进授信主办行试点工作，扩大授信主办行工作范围，新增14家企业实行主办行制，规范工作机制，有效防范因过渡授信、过渡担保而导致的企业“两链”风险，拓宽企业融资渠道。积极引导银行业结合困难企业帮扶和“僵尸企业”出清工作，组建债权人委员会，依法维护银行债权。积极协助政府做好企业风险处置和打击逃废债工作，努力维护当地金融生态环境。

【持续深化金融普惠】 积极推进网点建设，不断完善服务功能，积极引进招商银行、民泰银行、台州银行在龙游设立支行，至年底，全县金融机构已达15家、营业网点83个、离行式自助银行63家、农村便民服务点548个，有效践行金融普惠。落实银行理财产品、代销业务专区销售及同步录音、录像工作，有效提升银行理财销售服务的规范性，优化消费者维护自身合法权益的外部条件。设立金融消费者权益保护站，注重引导金融消费者与金融机构之间的沟通协调，妥善处理群众来访和投诉，努力化解双方矛盾。

【有效服务实体经济】 加强银行业与重点建设项目的金融对接，支持地方实体经济发展。引导辖内银行创新信贷产品、还款方式和贷款方式，2016年，辖内银行业金融机构共发放信用贷款17.44亿元，对223家企业采用续贷无缝对接等方式，续贷金额12.57亿元，贷款平均利率同比下降0.78个百分点，有效缓解企业还贷压力，降低企业融资成本。进一步规范服务收费，让利于民，至年末，辖内银行业金融机构各项收费同比下降22.16个百分点。扩大部分银行机构网点轮休范围，让金融消费者享受到银行业服务创新和科技进步带来的服务便利。

【强化法人监管】 全程指导龙游农商行组建方案、清产核资、发起人资格审核、筹建请示等材料的准备，推进龙游农村信用联社顺利改革成龙游农村商业银行。对2家法人机构开展监管评级、审慎监管会谈，有效落实月度走访制度，督促其深入贯彻合规经营理念，并通过开展合规创建验收，树榜样，立标杆，深化合规文化建设，积极推进法人合规建设。明确“支农支小”定位，深耕“三农”和小微市场，持续做小、做散，实现涉农贷款稳步增长目标和小微企业贷款“三个不低于”（即小微企业贷款增速不低于各项贷款平均增速、贷款户数不低于上年同期户数、申贷获得率不低于上年同期水平）

图129 4月21日，县银监办组织召开2015年度金融监管通报会

目标。督促推进产品服务创新，引导市场细分，在产品细化上下功夫，提供更接地气的金融服务。2016年，各法人机构共创新产品7个，涉及消费、养老、扶贫、小微企业转贷服务等众多领域，满足不同客户群体的需求。

【推进平安金融建设】 会同公安部门，按季度召开全县银行业安保例会，部署落实各项安保相关的工作要求，切实保障银行业安全平稳运行。对辖内银行业金融机构开展安保复评，对辖内邮储和农合机构进行安全检查，完成对星级文明规范服务营业网点的复查，督促机构不断完善安保工作，强化网点服务，打造平安、和谐的良好营业环境。进行开展“标杆网点”评选活动，对参评网点进行实地打分，以“标杆网点”评选推动辖内银行业网点服务水平。配合政府加强非法集资和互联网金融排查，防范金融企业风险对银行的传导转嫁。高度关注辖内银行机构的经营运行动态，及时了解、掌握并协助衢州银监分局制止龙游银行业金融机构在经营中出现的违法、违规行为，实现全年无金融案件发生的工作目标，维护银行业的平安稳健发展。

（龙游银监办 周倩）

中国工商银行股份有限公司龙游支行

【概况】 2016年，中国工商银行股份有限公司龙游支行（简称“工行龙游支行”）以“大雁文化”为指导，在龙游县委、县政府及上级行的支持鼓励下，大力弘扬“勇争第一”的领头雁精神，以“大雁文化”推进经营管理和企业文化建设，各项工作都取得较大的成绩，在全力打造业绩最好、服务最好、素质最好、价值最好的“当地最受尊敬的银行”的方向上迈出坚实而富有成效的第一步。支行获2016年度龙游县经济贡献五十强、经营考核三等奖等荣誉称号；在银行系统13项专业排名中，工行龙游支行有9项名列全县前茅。

图130　5月5日，工行浙江省分行人力资源部副总经理王苗青到龙游支行宣布人事任免，施炎飞任龙游支行行长

【服务实体经济】 2016年，支行各项存款余额为44.93亿元，各项贷款账面余额为48.11亿元，实际贷款余额达51.98亿元，突破50亿元大关，贷款余额新增12.9亿元，为龙游县经济发展做出较大贡献。支行积极对接优质项目和政府项目，如年年红、建材家居市场等，同时做好项目贷款对接审批工作，全年对接项目累计融资20亿元；加快工行龙游支行中小企业发展拓展，梳理和优化中型客户的信贷政策、信贷流程和信贷产品，重点服务拟上市公司和行业龙头配套企业，2016年，全县有4家10亿元企业与工行建立信贷关系，全县8家“新三板”挂牌上市企业中有5家选择工行作为主办行。加快个贷投放力度，为满足住房刚需，累计发放个人住房贷款5.23亿元；对个体工商户的经营性贷款，承诺3个工作日内放款，赢得客户信任和肯定，全年累计发放个人经营性贷款15亿元。

【维护金融稳定】 面对经济下行的压力，县域不少企业面临经营困难，工行龙游支行秉承对优质中小企业“不拖贷、不压贷”的原则，为企业雪中送炭。对已经发生的不良资产，支行积极配合政府处理；对存量不良贷款落实清收责任人，加大现金清收力度，并加强法院沟通，跟踪不良贷款处置进程，提升司法处置效率；对符合条件的核销项目，加快组建和申报，同时创新处置机制，通过批量转让、资产证券化、以物抵债等方式，3年来累计处理2.97亿元，不良率控制在0.45%以内，2016年则降至0.29%，资产质量居当地同业最优水平。

【企业文化建设】 以打造“当地尊敬的银行”为愿景，支行班子构建“积分制管理、流程管理、人文关爱管理”为核心的“大雁文化”，受到上级行和当地同业的广泛好评。不断改进网点服务，严格规范员工的网点服务礼仪，让每一位客户宾至如归，同时，加快网点转型发展，通过自助机具实现业务分流，客户等待时间越来越短，客户满意度达到99.9%，连续三年获系统内考核第一名，其辖属网点营业部被评为总行四星级网点、省行五星级网点，光明路支行被评为总行四星级网点、省行四星级网点。加大“家园”建设，加强员工培训，提升业务素质，在衢州市银行业2016年技术比武中名列前茅；开展“一月一活动”，如排球、羽毛球等，在市工行运动会和县妇联组织的运动会上均取得优异成绩。

（工行龙游支行　张焕）

中国农业银行股份有限公司龙游支行

【概况】 2016年，在县政府的关心支持和上级行的正确领导下，中国农业银行股份有限公司龙游支行（简称“农行龙游支行”）始终以服务地方经济发展为己任，努力提供优质高效的金融服务，力争成为浙江省农行特色产业发展和服务“三农”的重点实验区。加大信贷投放，履行社会责任，提高金融产品的创新能力和金融服务水平，充分发挥金融对地方经济的支撑作用。2016年，各项存款34.07亿元，比年初增加3.48亿元，增量占比为45.45%，居四大行的首位。其中，公司类存款余额18.53亿元，比年初新增2.56亿元，增量占比为59.19%，居四行第一。各项贷款余额24.83亿元，比年初新增3.97

亿元，增量占比为30.73%，居四行第一。其中公司类贷款余额17.43亿元，比年初新增3.16亿元，占比为四行第一。风险管控总体稳定，不良贷款率为1.72%，比年初下降2.02个百分点，实现不良“双降”的良好成效。在龙游县2016年度考核中获机关部门营业性单位考评二等奖，在全县近20家金融机构中位列第一名。

【支持地方经济】 将自身发展与当地经济发展紧密结合，以服务地方经济发展为己任，努力为地方、为客户提供优质高效的金融服务。积极参与中国人民银行龙游支行组织的银企对接会，与优质客户签订“银企合作协议”。跟紧上级行的发展战略，通过PPP项目融资和政府购买服务项目融资等新兴融资方式，在棚改、水利、地方交通、污水处理、美丽乡村、“五水共治”、城镇化、旅游基础设施等方面积极支持政府的中心工作，全年审批地方建设项目贷款16.5亿元，按进度发放贷款7亿元，极大地支持了龙游经济建设。

【提升服务品质】 抽调支行骨干力量成立规范化服务考核小组，不定期进行视频监控和现场抽查，强化监督机制。2016年，支行被浙江省消保委评为“浙江省消费者信得过单位”，辖属荣昌支行被评为全国银行业协会“三星级”网点，城西支行被评为浙江省“巾帼文明岗”。定期选取支行优秀选手参加上级行组织的业务技能比赛，调动员工学习业务的积极性，创造“比、学、赶、超”的良好氛围，在全市农行系统业务比赛中年年名列前茅。在2016年衢州市农行第十八届业务技能中，获团体综合第一名和团体组织奖，其中2名入行仅3年的青年员工斩获了BoEing业务操作、柜面知识综合测评、机器点钞、单指单张点钞、多指多张点钞等多个项目的第一名，并打破全市系统内单指单张项目尘封多年的纪录。持续提升为消费者服务的水平，增强消费者依法维权的意识能力，先后参与“金融知识进万家”和“金融知识普及月”宣传服务月活动、“珍爱信用记录，享受幸福人生”宣讲等活动。成立专项工作小组，深入县域范围内各街道、社区，开展金融宣讲，并结合网点优势，开展“送电影、送金融知识下乡”专题活动，在广大农村地区普及居民金融知识，提升农村群众金融安全意识，为公众营造学金融、懂金融、用金融的良好环境。

图131　1月30日，农行龙游支行到湖镇开展“送金融下乡”活动

【创新金融服务】 深化党建工作创新，积极探索党建与业务经营良性互动，通过与县委组织部合作，在龙游县湖镇镇推广“党建+金融”三农金融服务新模式。支行与湖镇镇各村党支部联手搭建平台，通过党建共建项目的模式，帮助党员群众创业致富；支行根据党员、村民“零基积分法”的考评结果，按照不同星级给予不同的贷款利率和贷款金额，业务涉及11个村共208名党员，每个党员平均预授信8万元。2016年，支行对地圩村部分五星级党员完成预授信1664万元，已发放贷款31户，贷款额310万元。为保证“党建+金融”模式的可持续性，支行还将与各村党支部开展党建交流和互学互助，开展反假币、反诈骗等金融宣传和理财知识讲座，以点带面，达到全面开花的结果，形成银政双赢的良好局面。

【快速推进惠农工程】 2016年，县农行惠农服务点达到226个，其中有县以下重点行政村服务点152

个，乡镇覆盖率为100%；有效机具有197台，占比87%；年交易103056笔，台均交易456笔，年交易金额2384.29万元，台均交易金额为10.55万元。成功办理衢州市首笔“惠农通”省担保集团担保的农户贷款25万元。为做好“三农”工作，年初，分别向湖镇镇、溪口镇、高坪桥水库建设指挥部派驻员工1名，任镇长助理等职。

【重视风险管理】 内控管理和保卫工作有效开展。加强信贷风险管理，通过现场调查、风险排查、贷前审批等方式，压降潜在风险，成功化解春旭铝业等企业的不良贷款；加强运行管理，通过规范动作、教育培训等方式，降低操作风险；加强安防工作管理，通过建立健全党风廉政责任制、三线一网格（即以党的建设为统领、以纪检监督为保障、以案件风险防控为重点，以IT系统平台为支撑，以员工行为网格化管理为抓手的创新管理模式）、“三项治理”（指对银行卡、账户管理、ATM机和POS机的治理）等制度，完善各类应急处置预案，将风险消灭在萌芽状态。2016年，支行共收缴假币275张，合计金额22590元；成功堵截客户被诈骗案件1起，挽回诈骗金额4900元。荣获衢州市农行2016年度安全保卫工作先进集体，被衢州市公安局授予衢州市治安保卫安全单位。

（农行龙游县支行 叶月微）

中国建设银行股份有限公司龙游支行

【概况】 2016年，中国建设银行股份有限公司龙游支行（简称“建行龙游支行”）面对复杂的金融形势和激烈的同业竞争，在龙游县委、县政府和建行衢州市分行党委的领导下，新一届班子团结一致，围绕建行浙江省分行提出的年度工作总体要求，积极调整营销思路，组织落实各项工作措施，加强内部管理，拓展优质客户，拓宽融资渠道，积极创新搭建平台，帮助小微企业破解押品少、融资难的问题。在全行员工的共同努力下，各项业务有了新的起色，2016年，继续获龙游县“最满意单位”荣誉，获龙游县营业性单位综合考核二等奖，连续12年获得市级创安先进单位荣誉。

【拓展企业融资渠道】 立足发挥金融作用，以支持地方基础设施建设和中小企业发展作为重点，在努力创新产品、搭建平台、提升服务上取得新进展。一是与当地政府和财政、经信等部门联合搭建小微企业“助保贷”（即由政府提供的风险补偿资金和企业缴纳的助保金共同组成“助保金池”作为风险缓释方式的信贷业务）融资平台，通过三方风险共担，帮助小微企业解决资金问题。二是自2015年起，与龙游县国税、地税部门合作，为小微企业量身定制“税易贷”信用贷款，解决小微企业由于无押品而难以融资的难题，帮助一批诚信纳税小微企业走出困境。三是开展融资性担保贷款业务，与龙游县昊诚融资性担保有限公司签订“担保合作协议”，帮助优质中小企业解决存在的贷款关联担保问题，促进当地优质企业挂牌上市。四是与县政府、浙建投集团等签署PPP项目投资基金合作框架四方协议，建行作为有限合伙人，占出资比例的79.9%，资金全部投入龙游县采用PPP模式建设的项目。五是服务国资“资金池”，与龙游县国有资产经营有限公司签订战略合作协议，为国资公司的资金归集、提高资金使用率、降低融资成本提供重要的金融服务。

【提升金融服务水平】 优化服务环境，抓好营业网点服务窗口的服务质量，让客户享受最佳的金融服务；注重文明礼仪和形象建设，与龙游县住房基金管理中心共同开展服务礼仪、仪容仪态规范培训，从细节着手，提升支行整体服务质量。密切关注龙游县委、县政府的战略决策，紧跟经济发展的步伐，主动对接县域内的项目投资和基础设施建设项目，安排人员及时跟进，提供详尽的金融服务方案，为到龙游投资的企业创建良好的金融服务环境。

【提升综合风险防控能力】 认真贯彻落实上级行党委关于全面从严治党、加强党风廉政建设的统一部署，加强党风廉政建设，紧密联系实际，切实履行党委主体责任和监督责任，较好地完成党风廉政建设和案件防范工作任务。领导主动担责，有序推进党风廉政建设和案件防控工作；注重警示教育，组织党员认真学习党章和《中国共产党廉洁自律准则》、《中国共产党纪律处分条例》，组织全体员工学习《中国建设银行员工违规处理办法》及近年来发生在金融行业的典型案例，加强班子和员工队伍建设，增强对廉洁从业、合规经营的重要性、必要性、紧迫性认识。全年未发生治安案件和各类违法案件；在营业窗口发现客户被电信诈骗，进行及时干预，有效保护客户的资金安全；支行无员工违反职业操守行为发生。

【服务中心工作】 认真贯彻落实县委、县政府的各项决策部署，发动员工积极参与创国卫工作，并根据自身实际，积极向上级行申报专项费用，为所在社区开展创卫工作和环境整治提供帮助；参加“清千塘、美百河”行动，与湖镇镇隔塘村结对认领水塘，并向上级行申报专项费用，为结对村整治水塘、打造生态水塘提供资金帮助。支持、参与县文明办组织的“礼让斑马线、你我共尽力”学雷锋志愿者文明劝导等活动，安排人员在相关地段开展文明行为巡视，在交通繁忙街道进行文明劝导。认真落实平安龙游创建活动，组织人员参加G20杭州峰会安保巡逻活动，为安保维稳工作尽一份力。

【注重团队和企业文化建设】 以人为本，在提升员工队伍综合素质上下功夫。一是注重“关爱工程”建设。支行班子把关爱员工、了解员工思想动态作为转作风的要求，下基层调研，找员工谈心，帮助员工进行职业生涯规划，全面掌握员工的工作及家庭情况，尽可能地为基层员工个人生活、子女就学等方面的困难，营造和谐的工作氛围，充分发挥员工的工作积极性、主动性和创造性。二是加强核心人才队伍建设。加强客户经理、营业经理以及专业技术人员的后备队伍建设，建立并完善选拔、任用、考核、退出机制，为员工提供更好的发展空间和成长舞台，让更多有才华的员工拥有良好的职业平台。两年多来，支行员工先后获得省建行系统“百佳客户经理”、先进工作者和市级服务明星等荣誉。三是积极组织形式多样的群众性文体活动，如开展登山比赛、演讲比赛，组队参加系统运动会等，丰富员工业余生活，增强团队精神。

（建行龙游支行 何洪涛）

中国银行股份有限公司龙游支行

【概况】 2016年，中国银行股份有限公司龙游县支行（简称“中行龙游支行”）继续贯彻落实总行“担当社会责任，做最好银行”的工作目标，以“改革创新、转型发展”为主基调，在逆境中求发展，切实转变经营理念，认真抓好存款业务增长、资产业务发展、不良资产管控、内控安防建设等重点工作，实现支行各项工作的平稳发展，为龙游县经济转型升级做贡献。支行在2016年度“开门红”竞赛活动中获“优秀组织奖”，所辖的龙洲支行蝉联总行级“巾帼文明示范岗”荣誉称号。

【“腾笼换鸟”助转型】 支行在产业结构转型升级、过剩产能转移淘汰等国家战略的指引下，致力于调整客户结构，主动压退“低、小、散”等高风险企业，坚决退出产能过剩行业和“僵尸企业”，腾出规模发展大客户、大项目，通过与辖地招商、发改等部门的衔接，加大对“龙商回归”“五水共治”“三改一拆”等重点投资领域项目的支持力度，积极支持龙商回归创业，真正做到“为龙商加油 、为龙游助力”。2016年，为龙游当地企业发放贷款8.1亿元，助推龙游经济发展；与龙游县住房基金管理中心及二手房中介携手合作，发放住房及个人投资经营贷款3.3亿元，满足居民衣、食、住、行等民生需求。至年末，支行拥有营业网点5家、24小时服务的自助银行8家，有自助设备27台，服务区域覆盖城区、开发区及部分学校，为居民提供全方位的金融服务。

【担当责任扶小微】 结合龙游县地方经济特色，因地制宜、因行制宜，以积极的态度，采取强有力的措施，加大对小微企业的授信支持。通过开展市场调研，深入了解企业资金状况及需求，不断创新服务模式，提高服务质量，优化服务方式。针对从事农村生产经营活动的农民，推出“福农卡”小额循环贷款；抓住中小企业经营特点，推广可灵活掌握用款期限的“中银置业通宝”特色产品；结合产品特点和客户需求，为客户“量身定制”，实行“一户一策”，优化小微企业融资环境，有效提升服务小微客户的能力和水平，打造小微企业专属产品和快捷服务流程。全年发放小微企业贷款5.9亿元，有力推动龙游县小微企业的跨越发展。

【内控防案保平安】 全面加强内控防案建设，坚持从严治行，切实加强履职管理和违规问责的力度，整合全行资源，加强内控检查，及时发现并解决问题，确保合规经营，不踩制度红线。通过开展“学案例、讲操守、防风险”主题警示教育活动，引导员工坚守职业操守，牢固树立“违规无小事”“安全就是效益”“风险控制优先”等风险意识；加强规章制度的学习，提高综合素质和分析能力，认真履行工作职责，将各项规章制度落实到实际业务中去；做好员工行为排查，通过走访、家访、个别座谈等形式，营造有利于员工反映情况和问题的排查氛围，提高排查发现问题的能力，加强对管理人员和重要岗位人员行为的监督和管理。

【投身公益树品牌】 中行不忘社会责任，积极投身社会公益活动，树立勇于担当的国有大行形象。支行领导带领党员多次赴文明结对村开展农村清洁道路、清理河道等活动，助力美丽乡村建设。积极投身“创国卫”“五水共治”“平安龙游”等一系列创建活动中，组织员工利用休息时间参加卫生包干小区的清洁劳动；响应号召，组织参加夜间平安巡逻、文明劝导、爱心献血、结对爱心小学等公益活动，创造和谐优美环境，共建龙游生态宜居城市。为保护金融消费者合法权益，积极参加县消保组织开展的“‘新消费，我做主’3·15金融消费者权益日”大型宣传活动，发放宣传资料，营造金融机构与消费者和谐发展的良好金融环境。开展以“防范风险、护航发展、守护平安、共创和谐”为主题的打击和防范经济犯罪宣传活动中，向广大群众宣讲防非法集资、防电话诈骗等金融安全知识，增强居民金融风险意识，提高防范经济犯罪的意识和能力。

（中行龙游支行 陈红霞）

龙游县农村信用合作联社

【概况】 2016年，龙游县农村信用合作联社（简称“龙游农信联社”）充分发挥自身“小法人”优势，探索普惠金融长效机制建设，推进社区银行转型升级，强化风险防控与合规建设，厚植“幸福银行”品牌文化基因，努力打造县域金融“小冠军”。至年末，各项存款余额100.14亿元，年内增加11.86亿元；各项贷款余额68.68亿元，年内增加3.34亿元。连续6年获评龙游县“最满意单位”，连续6年排名龙游县经济贡献50强企业前二位；被评为2016年度省级创建治安安全单位成绩突出单位、2016年度“衢州市消费者信得过单位”；获颁2016年度龙游县“文明单位”荣誉。

【实现精准普惠】 深化“整村授信，额度调剂”工程，完成全县117个行政村21432户阳光信贷农户的信用调剂工作，调剂信用额度16.98亿元。强化系统支撑，积极推进“普惠快车”“小微专车”“智慧商圈”等智慧信贷系统建设，实现网点全覆盖。2016年，对1523家微小企业进行信用评级，贷款授信1398家，贷款授信总额16亿元。

图132 8月30日，龙游县农信联社"幸福讲堂"零距离相约龙西村

【创新金融产品】 跟进"三位一体"建设，主动对接供销社和乡镇（街道），以农合联副理事长身份参与县农合联创建工作。推进"绿色金融"发展，加大对"开启模式"（生态养猪模式）等绿色农业产业的信贷跟踪扶持。创新推出"安居创业"贷款、"幸福金顶"专项贷款、"幸福善贷"扶贫贷款、"幸福养老贷"、"税银通"商标使用权质押贷款、"商创通"自助贷款与"幸福易贷"产品，持续支持金融创新。

【优化渠道建设】 推进"智慧商圈"系统建设，对40万份居民电子档案进行网格化分类，同时根据县域内特色产业的集聚特点，分别建立生猪养殖、粮食种植、专业合作社、家庭农场、笋竹加工、专业市场、低收入农户等特色商圈体系。强化丰收驿站建设，全年完成5家标准型丰收驿站建设，同时，改造95家简约型丰收驿站。首创"金融夜市"，开启错时服务模式。上线"丰收家"社区020平台，打造"商户优惠、客户实惠"的丰收特惠商圈。

【抢抓改革机遇】 7月，龙游农信联社开展股份制改革，先后完成清产核资及整体资产评估、净资产分配、老股金处置和新股金募集、筹建和开业资料申报等一系列关键工作。以农商行改制为契机，综合发挥内部活力和外部竞争能力及政府工作协调等方面因素对城区、城郊以及部分基层网点进行分立和归并，实现资源营销和管理维护的网格化。

【固化风险防线】 完善贷前源头风险控制，跟进贷后风险管控，加大不良贷款清收处置力度。构建合规"堤坝"系统，做好"五项排查"，开展员工异常行为排查、全县系统防范民间金融风险传染与操作风险摸底排查、员工账户异常交易排查、异地大额存款业务重点风险排查与会计基础总部建设风险点专项检查；做好"两项审计"，开展非现场风险数据核查审计与资金、理财业务专项审计工作；做好G20杭州峰会期间的安保工作，积极开展"普法"宣传，在全县范围内组织开展模拟桌面演练评比活动；开展"重本源、提效能、促发展"主题活动，举办反洗钱知识竞赛活动。

【贷前风险控制】 澄清底子，强化存量贷款管理，梳理出存量贷款中的各种"融资平台类"贷款和"隐性关联企业"贷款，且有针对性地对该部分贷款采取追加担保、完善手续、到期退出等办法，将风险控制到最低程度。针对隐性风险贷款，要求分管客户经理随时掌握部分企业动态，对企业生产情况、资产负债情况、本社欠息情况、他行融资情况做到10日一汇报，尽可能掌握企业第一手资料；完善委派风险经理制，强化贷前、贷中风险控制；完善授信管理办法，指导具体业务实践；严格设定新增贷款准入资格，对存量贷款采用"一户一策"原则，因人制宜完善担保，实施担保风险分步缓冲，对新增客户把好四个规范准入关，对大额贷款原则上控制新增纯保证贷款。完善存量、严控增量，控制好担保风险传导，至年末，龙游农信联社有 1000万元以上贷款81户，贷款余额16.93亿元，占各项贷款比例的24.69%，分别比年初下降0.63亿元和2.22个百分点，贷款户数比年初下降6户。

【贷后风险管控】 对存在的显性加隐性不良贷款，明确目标，列出至2020年不良化解目标。不定期开展担保链风险排查工作，实行大额贷款联系人驻企制度，落实从高管、社部主任到客户经理“三位一体”的贷后联系管理模式；开展不良贷款企业“问诊会”，建立小微企业贷款动态监测制度，建立不良贷款走访档案；对于产生信贷风险的借款企业，定期约见企业主或进企沟通，及时跟进对企业出险后经营情况、困难问题的调查与了解，通过制定“一企一策”“一户一策”，提高化解风险主动性，至年末，共压降大额风险企业贷款8520万元，盘活或补充担保大额风险企业贷款1.03亿元，累计现金收回出险个人贷款、小微企业贷款3969.29万元。

【彰显品牌价值】 搭建“幸福讲堂”，以自编、自导、自演小品、相声、快板、说唱等节目形式开展“金融五进”（即金融知识进农村、进社区、进企业、进商户、进学校）宣传活动。至年末，龙游农信联社已在15个行政村举办活动，惠及群众9000余人，累计接受相关金融业务咨询2500余人次。成立全县首个以单位员工为主体的志愿者团队——“幸福使者”志愿者团队，成立“幸福使者”骑行队，先后完成赴溪口镇石角村、湖镇镇、社阳乡等路线的主题骑行活动。

【重视回馈社会】 联社领导班子对“送温暖、添关爱”重点对象进行一对一结对帮扶。开展“幸福使者”爱心活动，组织爱心义拍，清扫道路积雪，参加晨东社区“我志愿、我参与、我平安”平安巡

图133　1月19日，“幸福使者”到县福利院开展慰问活动

逻，为G20杭州峰会保驾护航；组织“幸福暖心”主题义务献血活动，有37名符合条件的员工完成义务献血，总献血量为11200毫升；开展“幸福微爱心”助学行动；“幸福使者”金华峰勇救翻车老人，获2016年度“最美龙游人”提名奖与龙游县第八届“银锤奖——龙游杰出职工”荣誉。

【注重队伍建设】 加强干部激励监督，严格任前谈话，开展干部述职，实行目标考核。建立联社人才库，采取使用与培养相结合的原则，通过青干班培训和种子教官、内训师培训等途径，加大培养后备干部的力度。合理优化考核机制，引入全新的绩效考核理念，实行部室、基层网点、客户经理、综合柜员、大堂经理到点、到人的直线考核。

（龙游农信联社　杨梦怡）

中国农业发展银行龙游支行

【概况】 2016年，中国农业发展银行龙游县支行（简称“农发行龙游县支行”）紧紧围绕县委、县政府的决策部署，在人民银行和银监部门的大力支持和指导下，认真落实年初制订的发展目标，以“夯基础、谋发展”为工作主线，以“补短板，促提升”为行动指南，紧紧围绕“外抓业务发展，内抓风险防控，带好基层队伍”的工作思路，主动适应新常态，强化政策性银行职能定位，内外结合，政策攻心、亲情感化、法律威慑三管齐下，为龙游县经济建设添砖加瓦。2016年，支行存款余额为3.92亿元，贷款余额8.04亿元。

【保障地方粮食安全】 积极支持各级储备粮增储、轮换工作。至年底，支行累计发放省级储备粮、县级储备粮贷款9772.7万元，全年共收购粮食30630吨，转储备粮食16630吨，顺利完成龙游县夏粮、秋粮收购任务。

图134 6月21日，浙江省分行项目评估组对龙游支行棚改项目子鸣社区工程进行评估

【支持农村基础设施建设】 以龙游县城市东进为契机，积极支持棚户区改造，成功获批棚户区中长期项目贷款5亿元，并投放首笔贷款300万元。为支持钱塘江上游衢江龙游段河道综合治理工程项目建设，支行共投放建设基金8000万元，确保衢江航道正常运行。

【规范财会管理】 组织开展财会信息辅导检查及财会内控辅导检查，贯彻落实上级行组织开展的“两加强、两遏制”（即加强内部管控、加强外部监管；遏制违规经营、遏制违法犯罪）回头看专项整治活动及银监会组织开展的“清雷防险”专项活动，促进支行稳健运行，守住不出事的底线。全年对营业机构的岗位履职、现金管理、对账管理、财务经费管理等方面进行现场检查督导，开展自查自纠，现场整改。加强柜面服务，提升财会服务水平，树立以客户为中心的服务理念，提高结算业务的办理效率；加大结算服务宣传营销力度，提高客户对该行结算服务的认知度和满意度。助力金融改革，维护辖内金融安全，组织和安排财会人员参加各类“营改增”培训。

【维护金融资产安全】 支行全年共收回不良贷款55.19万元，剩余1笔不良贷款已于12月6日开庭审结。核销2家企业呆账，核销金额468.6万元。

【强化安全保卫工作】 支行与各部室签订“综合治理安全保卫工作责任书”，安保专员负责每月检查4次，部门领导每月检查2次，分管行长每月检查1次。举办安全保卫和消防知识学习培训活动2期，组织防爆、防抢，消防演练2次，确保支行各系统安全稳定运行，无“四类”案件和重大责任事故发生。

【重视企业形象宣传】 做好现金管理和反假人民币工作，全年开展人民币反假币宣传活动3次，延伸反假宣传触角，消除反假“盲点”，取得良好的社会效果。加强柜面员工人民币管理知识、反洗钱知识培训，不断提高员工综合素质和业务技能，保障辖内金融秩序的稳定。为护航G20杭州峰会，建设平安浙江，成立相应的巡防志愿队，参与社区夜间巡逻。成立创卫工作小组，建立创卫工作台账，认真完成创建办分配的工作任务，提高支行的公众形象及知名度。

【加强党风廉政建设】 积极开展“两学一做”专题教育活动，组建农发行“党建活动”微信群与QQ群，组织观看党风廉政教育警示片《永远在路上》系列节目。组织党员赴龙游烈士陵园缅怀革命先烈、到浙江省第三监狱开展警示教育活动。统一发放《中国共产党章程》《之江新语》《习近平谈治国理政》等学习资料，签订《员工廉洁从业承诺书》《党风廉政建设责任书》《银企廉政共建承诺书》，认真执行《中国农业发展员工行为规范（试行）》，规范领导干部和员工的从业行为，严格执行《信贷岗位人员“十不准”》及公车管理“六个严禁”的规定。

【注重企业文化建设】 加快青年员工培养，安排员工参加市分行举办的评级授信培训、信息科技培训和财会培训，派遣40岁以下青年员工参加省、市分行举办的季度考试8次，通过率100%。发扬传帮带的传统，为7月底新进的2名员工确定“身边的教师”。积极开展工会活动，组织员工参加乐动力“健步走”竞赛等活动，丰富员工业余生活。

（农业发展银行龙游县支行 雷蕾）

中国邮政储蓄银行股份有限公司龙游支行

【概况】 2016年，中国邮政储蓄银行股份有限公司龙游县支行（简称“邮储银行龙游支行”）认真贯彻省、市分行工作安排和相关会议精神，坚持以邮储银行衢州市分行各项重点工作为中心，按照“提振信心，跟上节奏，加快转型，严控风险”的总体思路，团结协作，扩规模、调结构、精管理、控风险，各项业务齐头并进。至年底，支行各项存款余额达16.95亿元，贷款结余达7.91亿元。在系统内的经营绩效考评中名列第一，连续2年获评龙游县银行业金融机构综合评价A等行殊荣。

【助力地方经济发展】 坚持服务“三农”、服务中小企业、服务社区，根据不同客户群，为客户量身定制相应产品。着力推进粮食订单质押贷款业务，连续4年与县粮食收储公司合作，满足全县种粮大户的资金需求。开展政银合作，大力发展小额保险贷款业务及科技贷业务；主动对接重点企业，支持县“四重双百”项目建设，为县域各项建设提供资金保障。充分调动员工工作积极性、主动性、创造性，发挥邮储银行龙游支行对地方经济发展的保障作用。

图135 3月4日，召开全县种粮大户座谈会暨早稻订单质押贷款推荐会

【创新金融服务产品】 随着邮储银行的上市，创新日益成为推动增长、提升竞争力的重要因素。2016年，除继续做好传统金融产品营销外，重点发展金融市场业务，以创新驱动业务发展，支行的收入、利润贡献度得到进一步提升。推出税贷通、电商贷、小水电抵押贷、医院贷四个小企业新产品。成功落地全省首笔小企业贸易融资业务，并获批全省首笔非上市民营企业国内贸易融资业务，开办全市首笔税贷通业务。

【提高管理水平】 把强管理作为支行各项工作的主线，以管理促发展，以管理控风险。建立业务督导制度，通过对每日现场或非现场业务督导完善人员管理，将其作为强化内控管理和提升工作水平的重要抓手，推进支行各项业务的全面发展及后台管理工作的有序进行。首创微信督导模式，在更好地指导并帮助员工提升能力的同时，在员工间形成一种“比、学、赶、帮、超”的互动氛围。梳理和确定支行经营责任与业务清单，以个人岗位和业务品种确定人员的经营管理责任和监督责任，分层管理，有效提升支行工作效能。

【持续提升社会影响力】 积极融入地方经济建设，在与地方政府、财政等部门沟通和洽谈中提升支行社会知名度。借邮储银行成立八周年之机，通过微电影、各大媒体、各类宣传活动等形扩大宣传，扩大品牌知名度。同时，积极参加政府组织的各类活动，主动融入，积极参加“创国卫，治脏乱”万名志愿者集中行动，推进“五水共治”共建生态家园、平安护航G20等相关活动的持续开展，将社会公益、平安宣传、文明劝导与业务发展有机结合。强抓网点职工队伍建设、规范化建设、激励机制建设三项达标建设，提升网点服务质量。

【构建和谐企业文化】 贯彻“以人为本”理念，积极开展文体活动，丰富员工业余生活，缓解员工工作压力，积极鼓励员工参加体育锻炼，提高身体素质，保证有充沛的体力和精力投入工作。全年先后组织户外活动多次，2月，组织员工参加“趣味运动会”；“三八”妇女节，组织女职工进行户外活动；5月，组织员工参加“登山寻宝”活动；9月，组织骑行单车活动；10月，组织员工到农家开展厨艺大比拼活动等。通过开展一系列健康有益的户外活动，增强员工队伍的凝聚力、向心力和战斗力。致力职工小家建设，建成支行“妈咪小屋”，完善溪口镇支行“职工小家”，建立“邮苑宿舍”，为员工住宿提供便利，带给员工“家”的温暖和舒心的体验。

（邮储银行龙游支行 诸葛芬）

图136 龙游义商村镇银行开办金融夜校

浙江龙游义商村镇银行股份有限公司

【概况】 浙江龙游义商村镇银行股份有限公司于2010年9月由义乌农村商业银行发起成立，注册资金1.6亿元。总行设在龙游县太平东路168号，下设营业部1家，有溪口支行、湖镇支行、横山支行、塔石支行4家支行。2016年4月，有人值守的交易城自助银行、詹家自助银行开业。在龙游县委、县政府、县人行、县银监办及义乌发起行的关心支持下，龙游义商村镇银行坚持立足龙游，坚持支农支小，努力服务龙游经济发展大局，积极履行社会责任。至2016年年末，各项存款余额6.51亿元，各项贷款余额8.6亿元。开业6年来，共上缴税收3360万元，连续多年被评为龙游县经济贡献50强之一。成立以来，先后推出义商借记卡、网上银行、手机银行，全行各网点均安装ATM机等自助银行设备，银行功能日渐完善。被评为2016年度衢州市创安先进单位。龙游义商村镇银行的发起行义乌农村商业银行历史悠久、实力雄厚，2016年年末，义乌农商银行存贷款总额达到788亿元。

【坚持支农支小】 坚持支农支小经营方向，以龙游经济发展为己任，通过5项费用全免的“义商”银行卡和网上银行业务，方便龙游百姓。大力开发颐养贷、安居贷、政购通、美丽乡村产业贷、薪易贷、易农贷、网商贷、光伏贷等系列产品，满足不同客户群体的金融需求。做到金融服务“零距离”、业务受理“零等待”、办理流程“零障碍”、业务对接“零缝隙”，实行限时服务和首问负责制。坚持进农村、进社区、进菜场、进微企、进商铺、进校园不放松，上门为龙游百姓送授信、送产品、送服务、送金融知识。以全方位的金融服务贴近百姓，打通农村金融服务“最后一公里”，打造“龙游百姓的伙伴银行”品牌。至2016年年末，“义商”借记卡开户7751户，网上银行开户2541户，支农支小有贷户1784户。

【强化文化兴行】 龙游义商村镇银行以“龙商人”卓越的艰苦创业精神为立行之本，充分发扬“白加黑、五加二”的拼搏精神，锐意进取、艰苦创业，内强素质、外塑形象，不断培养提高员工的敬业精神、业务素质、业务技能、营销能力、抗压能力，讲团结、树正气，人人树立敬业爱岗、爱行如家的理念。加强后备力量培养，从专业类、技术类、会计类、营销类四大序列打开员工晋升通道。积极开展党、团、工、妇活动，认真开展“两学一做”学习教育活动。为建立员工交流平台、丰富企业文化内涵，创办《义商家园》内部刊物。各单位均设立“文化墙”，展示行风、行貌。推广内网平台及公众微信号的使用，丰富品牌建设，强化文化兴行。

【**履行社会责任**】 认真履行社会责任，经常性开展公益活动，回馈社会。挤出有限的办公经费，帮助横山镇凌阁张村修建致富路；支持詹家镇芝溪家园、小南海镇下章村开展“五水共治”，让水更清，景更美；积极投身全县创卫活动，协助翠光二区搞好社区卫生，参加红星社区夜间巡逻。2016年8月1日，成立龙游县中小企业转贷服务中心，与龙游当地10家银行签订合作协议，为龙游中小企业节约筹资费用520万元。全行中层以上干部多次走进詹家镇詹家村，慰问贫困户；溪口支行与溪口镇寺下村联合举办中秋晚会，开展整村授信宣传，深入农村基层为“三农”做好服务；横山支行、塔石支行与当地学校的贫困学生结对扶贫，开展“义商伴你成长”助学活动。

（龙游义商村镇银行 曹建明）

温州银行衢州龙游支行

【**概况**】 2016年是温州银行衢州龙游支行扎根龙游的第五载。5年来，在龙游县委、县政府的正确领导和监管部门的大力支持下，温州银行龙游支行始终坚持“立足地方、立足中小、立足市民”的市场定位，以打造“精品零售银行”为目标，强化管理、稳健经营、开拓创新。在管理体制、经营机制、服务功能和社会形象等方面实现转型升级，各项业务均取得较好成绩。至2016年年底，支行存款余额为3.11亿元，各项贷款余额为5.25亿元，荣获2016年度衢州市“巾帼文明岗”称号，被衢州市银行业协会评为“文明规范服务三星级网点”，被龙游县人民银行授予“人民币流通工作龙游县A类银行”荣誉称号。

【**助推地方经济**】 有机结合支行工作方向和县政府、监管部门的重点工作，切实增加对当地经济的信贷投入，助推龙游经济发展。为支持地方特色产业发展，加强信贷助农力度，支行针对龙游农家乐旅游发展的良好形势，在总行、分行的帮助和指导下，于2016年8月推出自创的支农支小品牌“农宿贷”，得到农户的一致好评。大力践行普惠金融，将惠利于民工作真正落到实处。主推“新＋兴卡”“壹壹贷”“普惠贷”“电费代扣享8.8折优惠”等特色金融产品，满足不同客户群体的需求，助力龙游经济建设。

【**强化金融服务**】 助力浙江耐特玻璃科技股份有限公司成功上市，在保证财政周转金安全有效使用的基础上，投放财政周转金2850万元，成为大客户金融服务的成功案例。组织员工利用休息时间深入社区、学校、小区及周边乡镇人群密集地区进行普惠金融的宣传，结合“金融知识普及月”等活动，将反假币、反洗钱、电子银行等金融知识普及到乡镇，提高民众金融意识。全年共开展集中宣传30余次，发放宣传资料2万余份，接受群众咨询1000多人次，使温州银行的产品和服务进一步贴近百姓，提升县域支行服务金融市场的能力。

【**践行社会责任**】 坚持与塔石雅村小学、塔石中学开展“献爱心、结对子”助学活动，为贫困学生送上学习用品及慰问金，让他们感受到社会大家庭的

图137 组织员工到雅村小学开展贫困生结对助学活动

温暖。积极创建衢州市“巾帼文明岗”，做好“美丽庭院”创建工作，围绕龙游县委、县政府的工作中心，组织员工积极参与“三改一拆”“创国卫”“平安巡逻”“文明劝导”“整污治乱”等工作。

【建设企业文化】 秉承“共荣辱、齐奋进、同发展”的团队理念，加强员工培训，重视员工业务素质的提升。开展业务技能、服务技巧、新业务新产品知识等方面的培训，提高员工的综合素养，增强服务效率。与此同时，员工还积极参加行内外组织的活动，如县金融工会举办的业务技能比赛、气排球赛等活动。组织员工开展登山等户外活动，丰富员工业余生活，促进员工之间的沟通交流，增强团队的凝聚力。

（温州银行衢州龙游支行 何俐莹）

金华银行股份有限公司衢州龙游支行

【概况】 金华银行衢州龙游支行是一家股份制商业银行，位于荣昌路577号。自2012年10月25日开业以来，提出“服务是金，融通精华”的口号，坚持“立足地方，支持中小，服务市民，回报社会”的经营宗旨和“中小企业主办银行”的市场定位，坚持差异化、特色化经营策略，积极拓展市场，各项业务取得较好的成绩。2016年，支行各项存款余额达3.11亿元，较年初及上年同期新增0.41亿元；各项贷款余额2.1亿元。支行以优质的金融服务，为龙游百姓提供生活便利，被评为2016年度龙游机关部门综合考核营业性单位“合格单位”和全县“满意单位”。

【打造金华银行品牌形象】 2016年，支行持续开展一系列宣传活动，推广金华银行产品业务，提升金华银行的知名度，全年共举办各类活动30余次，参加人数500人次，受众人数1万人。应人民银行龙游支行和当地监管部门的要求，支行在龙游城区重要地段设立固定的反假币宣传工作站，利用周末休息时间，由支行领导带队，深入学校及广场进行反假知识宣传。开展“金融知识进万家”宣传活动，在龙游东方商厦一楼、龙游火车站、汽车站等地设立摊位，向市民群众发放传单，宣传金华银行推出的金融产品。

图138 开展金融知识进车站活动

【开拓信贷市场】 定期组织客户经理进园区、进企业，走访企业，维护老客户，营销新客户，做好客户资源的储备。做好信贷重点客户的服务工作。结合总行的要求，不断推出新产品，加强与政府和保险公司的合作，开拓新的融资渠道。根据公务员和八大行业员工的需求，推出“百灵卡”业务，每周均确定重点单位，由业务部客户经理上门宣传营销，并建立信息库，对有意向的客户开展资料收集，继续跟进。积极试水“惠农贷”贷款，完成分行下达目标任务的110%。

【队伍建设】 积极做好人员聘任工作，根据业务发展需要，以组建一支综合素质高、业务水平好的队伍为目标，引导员工积极参加各类考试，竞争上岗。按人尽其才的原则进行岗位布局，根据每个员工的特点，及时做好岗位调整。推进员工培训，有针对性地开展分级分类培训，根据员工工作岗位、职位、性质的不同，制订有针对性的业务强化培训方案，不断提高员工的履职能力。

【员工素质提升】 采取集体学习与自学的方式，积极开展业务操作、安全保卫、法律法规等方面的教育学习；组织员工学习《员工职业操守》《员工行为规范》《员工违规处理办法》等相关规章制度。在培训方面，支行不仅积极派员工参加上级行举办的业务培训，而且还不定期地对对员工进行会计结算、账户管理、反假货币、反洗钱、网银业务、国际业务、信贷知识等方面内容的培训，并进行考试，检验学习成果。为确保规章制度执行到位，推动支行经营和内控管理水平的有效提升，自5月起，支行综合管理科成立检查小组，每月检查一次，并将结果通报全行。支行各部室利用晨会等空闲时间，开展新业务知识、风险防范等方面的学习培训。每周二以部门为单位，雷打不动进行业务学习和岗位练兵。通过多种形式，培养员工学习积极性、主动性，提升员工综合素质，同时倡导员工利用业余时间学习，鼓励员工积极参与各类业务的资格考试。

（金华银行衢州龙游支行 赖印）

浙商银行股份有限公司衢州龙游支行

【概况】 2016年，浙商银行衢州龙游支行围绕总行制定的“两最”（即成为最具竞争力全国性股份制商业银行和浙江省最重要金融平台）总目标，坚持全资产经营战略，强化创新推进与全面风险管理，个人业务取得较快发展。至年末，各项存款余额4.19亿元，各项贷款余额7.90亿元。获评2016年度衢州市“青年文明号”。

【服务地方经济】 将自身的工作着力点与县政府和银行监管部门的重点工作有机结合，增加对当地实体经济的信贷投入，助推龙游经济又好又快发展。创新融资模式，让利于企业，助力企业发展；践行普惠金融，真正将“普惠”进行到底，进社区、进市场、进企业，开展金融知识宣传。根据龙游经济

图139 支行员工开展为环卫工人送清凉活动

特点，主推“三年贷”“便利贷”“随易贷”等特色信贷产品，满足不同客户群体的需求，有效破解小微企业的担保难题。

【提升服务能力】 通过开展商务礼仪、服务技巧等培训，提升员工服务能力。营业部员工每周进行一次技能测试，树立标兵，营造“比、学、赶、超”的浓厚氛围。综合管理部每月对支行整体的服务情况进行突击检查，通过录像进行抽查，提高整体服务质量，以便更好地服务客户，提升客户满意度。

【发力个人业务】 通过“增金宝”“涌金钱包”“永乐理财”“菁英贷”等拳头产品，吸引一大批个人客户，为客户提供融资、理财等全方位的金融服务，个人客户数较年初新增60%。

【企业文化建设】 通过中层干部周会、客户经理晨会等制度，细化工作目标，讨论案例，提高效率，增强执行力。关注青年员工的成长和发展，建立行长与员工谈心机制，召开青年员工座谈会，了解青年员工思想动态，帮助解决实际困难。注重团队建设，组织员工积极参加演讲比赛、排球比赛、登山比赛等活动，增强团队凝聚力。注重践行社会责任，组织员工参加大型公益助学活动——浙商银行“彩虹计划”，资助贫困学生；在炎热的夏天开展“为环卫工人送清凉”活动，在营业大厅设置免费

茶水供应点；联合龙游县老干部局主办“纪念建党95周年‘浙商银行杯’书画大赛”。

（浙商银行衢州龙游支行 朱敏）

浙江泰隆商业银行股份有限公司衢州龙游支行

【概况】 2016年，浙江泰隆商业银行股份有限公司衢州龙游支行（简称泰隆银行衢州龙游支行）继续秉承“小微企业成长伙伴”的市场定位，实践“最重要的是让您满意”的服务理念，优化和调整信贷结构，盘活存量，用好增量，积极推进小微企业金融服务实施方案，紧紧抓住“全面下沉、夯实基础、稳健经营”的总目标，努力实现小微企业“三个不低于”工作目标，踏实做好“泰隆模式”在龙游的落地生根，完成县域一家综合性支行带一家小微支行带一家社区支行的“1+1+1”模式。至年末，支行各项存款余额2.85亿元，较年初下降7029万元，其中非税账户下降5000多万元。各项贷款余额4.98亿元（含资产转让），较年初增加1.66亿元。

【深化普惠金融】 坚持服务实体经济，积极主动对接地方经济结构转型升级，确定了突出“微”，巩固“小”，深化普惠金融的发展战略，将“小”（即小企业）、“微”（即城市居民和农村农户等普惠类客户）作为重点发掘的客户群体。按照“先微后小”的业务拓展思路，先服务普惠的自然人，夯实基础后，再扩展到小型企业、微型企业、个体工商户。助推普惠金融业务发展，降低信贷门槛，推出“两有一无（有劳动能力、有还款意愿、无不良嗜好）”新举措，凡符合“两有一无”的客户，均可获得泰隆银行的信贷服务，大大提高小微客户信贷服务获得率。为配合普惠金融业务发展战略，践行业务相对全覆盖的布局规划，支行通过人员、机构的分层布局，实现下辖乡镇（街道）的业务相对全覆盖，大力推动农村业务发展。完善商业模式，在全行范围内有序推行机构、人员、社区“三匹配”，合理把控人员数量，夯实基础，推动业务健康、稳健发展。

【着眼小微下沉服务】 泰隆银行衢州龙游支行自成立起始终坚持服务小微企业市场定位不动摇，传承落地泰隆模式。至年底，一般贷款户数达1080户。从贷款额度看，99.9%贷款金额在500万元以下。年末有余额的一般贷款中，额度在100万以下的贷款户数为1028户，占所有贷款户数的95.19%，余额3.87亿元；100万元（含）以上的一般贷款户数52笔，占所有贷款的4.81%，余额1.11亿元。

【加强风险管理体系建设】 根据支行的风险管理体系配置，组成包括信贷管理系统、信用卡行为评级应用系统、零售业务评分系统、非现场审计分析系统、事后监督系统、反洗钱系统、核心业务系统、网银操作系统、人力资源管理系统等较为完整的风险管理系统，有效开展各类重大风险的监测。主管部门、风险主管部门和审计部门“三道防线”各司其职，筑牢风控防火墙。业务主管部门（包括普惠金融部、小企业部、消费金融部）是风险管理的第一道防线，在业务运营上实行上下牵制；风险管理部是第二道防线，协调、指导、评估、监督各部门、各流程、各环节的风险管理活动，不参与具体业务流程，行使独立的授信否决权和风险监督权；审计部是第三道防线，负责对全行风险控制和监督体系进行再监督和责任追究。充分发挥三道防线的联动作用，强化审计结果在人事提拔、提薪评优等的运用，营造合规氛围。

【构建合规风险识别和评估机制】 常态化开展检查，通过自查自纠，及时发现问题，解决不足。兼顾全面性和重要性，既覆盖各个环节和领域，更要聚焦关键领域和薄弱环节，全年开展“百日档案大检查”、合同印章管理大检查等活动，进行针对性体检，保障肌体健康。以柜面业务全面检辅为重心，进一步规范柜面贷款发放操作规程，对柜面放款环节的审核义务和痕迹管理提出更高要求，筑牢风险底线堤坝。全年开展柜面检查31次，其中现场检查18次、非现场检查6次、神秘人检查7次。

【强化制度建设】 及时修订各项制度，为经营管理提供保障机制。支行在全面执行总行、分行各项制度规定的基础上，结合自身实际，因地制宜，优化、细化各项规章制度。对原有授权体系进一步完善，重点强调差异化授权，更加注重授权体系在支持业务健康发展、保障稳健运行中的作用，根据被授权人以往的履职表现，授予不同的权限。同时，强调权限的动态管理，根据各被授权人的业务开展情况，对授权权限适时调整。

【凸显泰隆优势】 借助互联网技术和手段，将泰隆银行传统优势与互联网融合，线上线下结合，批量化开展业务。拓展服务网络，进一步探索支行在支农支小及服务小微方面的实践，探索“跨境”业务，更好地为外贸型小微企业提供全方位的金融服务。根据资金用途和客群特征，产品分层细化，满足不同客户群体多样化的金融需求。同时，优化渠道建设，构建立体的综合服务网络，充分利用网络平台和智能设备，为客户提供便捷的金融服务。根据龙游特点，积极推广“融易贷”“接力贷”等适用于农村和小微市场的金融产品。“融易贷”产品通过一次授信，线上线下均可提款的模式，实现“我的贷款我做主”。“接力贷”产品在贷款客户有基本现金流的基础上，实现贷款续贷的无缝对接，可有效防范资金中介，受到小微企业客户和农户的欢迎。2016年，支行累计发放“融易贷”4.42亿元，余额8110万元；发放“接力贷”5048万元，余额3876万元。

【创新服务模式】 大力推进信贷工厂业务。信贷工厂是通过PAD等移动设备上门为客户办理信贷业务的服务模式。支行于2016年9月起开展信贷工厂试点工作，专门成立信贷工厂项目实施小组，负责对接试点。得益于PAD随身携带、流程简便、放款迅速的优势，客户经理拓展效率和客户满意度均大幅提高，贷款调查过程中增加现场定位和中台审核功能，防范道德风险和系统风险的发生。12月，信贷工厂业务全面推开，积极鼓励员工通过信贷工厂发放贷款。

【做好反假货币管理工作】 开展反假宣传专项活动。在社区、集贸市场、学校、交通领域、农村集镇等公共场所通过张贴海报、散发宣传资料、播放专题片、摆放宣传展板、现场咨询等形式，向社会公众普及反假货币知识，宣传反假币纠纷解决机制建设的新进展。营业大厅内无偿为客户提供具有鉴伪功能的点钞机具，满足客户清点与防伪的基本需求。自动取款机、存取款一体机，通过A类及清分机进行清分记录，柜面机具设备符合《人民币伪钞鉴别仪生产质量标准》。

【建立激励约束机制】 建立相对健全、科学合理的激励机制，构建严格的约束机制，促进支行经营管理。搭建全面、规范且与员工个人发展紧密结合的薪酬体系，提升薪酬水平，针对不同类别的岗位，设立差异化的薪酬定位。绩效考核紧跟经营导向，全面推行FTP利润考核，建设相对公平合理的营销绩效考核体系。畅通员工成长渠道，建立干部、核心员工两支梯队，建立人才“蓄水池”。提升培训质效，开展百日训练营活动，促进员工成长。打通行内人才流动的循环机制，打通员工跨序列流动通道，加快复合型人才的育成。探索干部的跨序列综合培养，提升干部队伍的战斗力。以泰隆企业文化作为制度硬约束以外的软约束，以积极、健康、向上、自我扬弃、自我加压、居安思危、不进则退的企业文化思想贯穿整个员工队伍的管理过程，从根本上保证对员工激励约束机制的有效性。

（泰隆银行衢州龙游支行 黄婷）

浙江民泰商业银行衢州龙游小微企业专营支行

【民泰银行】 浙江民泰商业银行（简称“民泰银行”）创立于2006年8月18日，是经中国银行业监督管理委员会批准、具有独立法人资格的股份制商业银行。民泰银行现有员工5700多人，内设20个职能部门，下设1个营业部，设有台州管理部及杭州、舟山、成都、宁波、上海、义乌、嘉兴、绍兴、温州、衢州、丽水等11家分行和116家支行（含筹），在浙江、江苏、重庆、广州等地发起设立9家民泰村镇银行。民泰银行已成为一家治理规范、经营灵活、内控有效、特色鲜明、服务和效益优良的现代商业银行，自2010年起，连续5年跻身英国《银行家》杂志“全球银行1000强”。长期以来，全行小微企业贷款占各项贷款余额的80%以上，以实际行动赢得“小企业之家”的美誉。

【民泰银行龙游支行成立】 浙江民泰商业银行衢州龙游小微企业专营支行（简称“民泰银行衢州龙游支行”）是衢州分行设立的第二家支行，成立于2016年12月8日，坐落于龙游县城巨龙路565、567、569号（人民广场西侧），地处龙游县的繁华商业街，有员工27人，下设综合部、营业部和2个业务拓展部。支行从批复筹备到开业，经过近一年时间的精心准备，完成了网点选址、内部装修、人员招聘、框架搭建、开业报批等一系列工作。龙游作为衢州的经济强县之一，为民泰银行的发展提供了广阔的天地，民泰银行入驻龙游这座古县新城，将竭力为龙游小微企业的发展壮大提供最好的服务。

图140 12月8日，民泰银行龙游支行隆重开业

【推动业务发展】 以服务小微为突破口，助力地方金融改革，激发金融市场活力，形成健康的地方金融生态，为地方经济的稳健发展提供可靠保障。加强社区营销和信用村建设，对已贷客户进行交叉销售。贷款方面充分发挥员工自身优势，并进行行业细分，重点针对生猪饲养、饲料等行业，打造行业经理，在信用村内进行批量授信，推进信用村的开拓。在信用卡选择客户群上实行突破，向下发掘新的客户群体。

【员工队伍建设】 支行从5月开始向社会招聘员工，聘用高素质的员工加入团队。在此基础上，支行积极组织员工学习上级行制订的各项规章制度和管理办法，提高员工的制度执行力，每周组织员工学习业务知识，打造良好的学习氛围。支行还组织员工到民泰学院深造，由专业的内训师进行培训，针对不同层次的员工开展集中授课，提高员工对理论知识的理解，力争组建一支活力高效、团结协作的员工队伍。

（民泰银行龙游支行 柴斐婕）

台州银行衢州龙游小微企业专营支行

【概况】 2016年12月16日，台州银行衢州龙游小微企业专营支行（简称“台州银行衢州龙游支行”）正式开业，为衢州分行下辖的第五家支行（含社区支行）。支行下设小额业务部、业务拓展一部、业务拓展二部、前台业务部4个部门，共有员工26人。

图141　12月16日，台州银行衢州龙游小微企业专营支行盛大开业

本着“服务小微，情系三农”的经营理念，紧密结合龙游县委、县政府“两化两游”建设，积极支持龙游县实体经济发展，大力增加信贷投放总量，积极提升对重点项目的建设、战略性新兴产业、中小企业、“三农”和民生工程的金融服务。至2016年年末，支行各项存款余额3153.03万元，其中，储蓄存款余额2162.10万元；支行各项贷款余额3157.38万元，不良率为0。

【创新特色产品】 推广“小本贷款”“绿色节能贷款”“自助贷款”“信用贷款”等特色产品，满足小微信贷需求。“小本贷款”为个体工商户、农户量身定制，客户可根据自身实际的生产周期及资金需求，自由选择还款方式，体现台州银行“简单、方便、快捷”的服务理念。积极开展金融产品创新，不断推出与小微客户融资需求相适应的授信产品和服务，提高小微客户贷款获得率。针对“商业圈、生产链”的小微企业客户群，推出“互助担保授信业务”，主要授信行业为家具、建材、渔业、制衣等行业企业；推出“商赢易贷”绿色节能贷款，融金算子智能存款、自助贷款、网上银行等多款优势产品为一体，具有存款、贷款、转账等多种功能，为客户带来全新的金融体验。

【打造小微企业专营机构】 支行地处龙游城区与小南海镇交界处，置身城镇与村镇之间，南邻龙游农贸商城，东邻莱茵河畔社区，依托社区、商圈等有效渠道，打造贴心的“社区银行”，在网点周边树立台州银行的品牌效应，迅速融入辖地社会环境。积极响应龙游县委推动城乡结合互助发展的战略，拉近乡镇与县城的距离，不断总结实践经验，优化管理方式与服务形式，打造当地百姓认可的金融服务“便利店”，用心服务于当地。

【公益与营销并行】 2016年，支行在县区范围内积极组织开展各类公益和营销活动，积少成多赢储蓄。在翠光社区开展免费理发公益活动，关心社区老人生活，给他们带去日常必需品，让他们“由不知到知，从担心到放心”。为更好地服务民众，支行365天全年无休，节假日期间正常营业。始终坚持“公益先行、产品吸引、服务留心”的经营模式，在存款业务上获得良好的实效，赢得新老客户的一致好评。

（台州银行衢州龙游支行　杨艺）

招商银行龙游支行

【概况】 招商银行成立于1987年4月8日，是中国第一家完全由企业法人持股的股份制商业银行，也是国家从体制外推动银行业改革的第一家试点银行，总行设在深圳，多次荣膺全国“最佳商业银行”“最佳零售银行”等荣誉称号，现为中国境内最具品牌影响力的商业银行之一。2016年9月20日，招商银行龙游支行正式开业，地址为荣昌大道443～455号，是入驻龙游的第一家上市的全国性股份制商业银行。支行本着“招商银行，因您而变”的服务理念，凭借持续的金融创新、优质的客户服务和与时俱进的金融产品，已开通公私结算业务、外汇业务、公积金委托贷款业务等各类业务，持续推动各项创新业务，解决各类公私客户的融资需求、理财需求及支付结算等需求，服务礼仪县委、县政府的中心工作，为龙游广大企业及百姓带来全新的金融

图142 招商银行龙游支行盛大开业

服务，为促进龙游县经济可持续发展做出贡献。至12月底，支行各项存款余额1.64亿元，各项贷款5.9亿元，存贷比为290.3%。

【基础客户业务】 基础客户团队积极营销代发客户群体，大力建设用卡商圈环境，推动招行信用卡、POS刷卡机等在龙游市场的覆盖面，共发行储蓄卡4300张，营销落地和储备代发企业15户。建立合作商户40余户，涉及衣食住行，为招行客户提供实实在在的便利与实惠，其中10元观影、10元洗车深受客户好评。丰富的信用卡首刷礼及个性的卡面得到客户的热烈追捧，至年底，开业进件量达1300余户。POS刷卡机凭借到账速度快、费率合理的优势，得到很多客户的认可。

【财富管理业务】 财富团队深耕细作，通过各类别出心裁的活动吸引双金客户，如插花活动、感恩节带家人走进影院观影活动、和家人一起拍温馨全家福活动、小小银行家体验、圣诞节特色美甲活动等，并且拓展了10元观影、10元洗车等金葵花客户专属礼遇，在原有金葵花增值服务的基础上，逐步建立有龙游地域特色的、更接地气的金葵花增值服务，得到客户的好评和认可。至年底，共有达标金卡客户256位、金葵花客户51位，完成招行杭州分行下达给支行的全年指标的93%和68%。

【个人贷款业务】 个贷团队依托招商银行特色个人贷款体系，大力推动小微贷款、消费贷款、住房贷款业务，重视客户体验及房产中介的经营维护。至年底，建额近2亿元，提款1.15元，其中小微企业1466万元、房贷4981万元、消费贷款5096万元。对龙游支行个贷团队2016年的总任务为5000元余额，龙游支行在开业3个多月，已完成招行杭州分行下达的2016年全年指标的230.86%。

【积极对接财政等政府机构】 开立财政非税专户，并争取到5000万元的定期存款。龙游县会计核算中心的600万元招标存款于12月到位。积极对接昊诚融资性担保有限公司、PPP项目基金、政府产业引导基金等机构，多次与公积金中心对接，实现公积金贷款的有效合作。

【全面对接国资企业】 积极向国资委介绍招行现金管理平台产品CBS系统，对接支行资金池产品，年末，成功获得国资公司16亿元企业债的托管银行资格，并积极与7大公司对接，对水务集团下属的龙游县河道疏浚砂资源开发有限公司综合授信5000万元。奔康投资、华水工程、寰龙科技等企业也在积极对接中。

【紧盯域内核心企业】 与2家房地产企业合作，通过高效贴心的服务，赢得企业的信任。龙游碧桂园基本户已在招行龙游支行开立，3亿元项目开发贷款投放到位。通过与信托机构对接，成功投放广和房地产印江南项目1.5亿元的土地信托融资，为新型融资业务在龙游的开展树立了样板。积极研究与县域内10亿级企业的接洽方案，对伊利乳业、年年红家具、中浙高铁轴承、维达纸业4家公司实行一户一策，取得显著成效。至年底，已上报、认定禾川科技、茗皇食品、光明铁道等战略客户，宜成环保、恒川新材料、百韵科技确定为待认定的战略客户，为支行下一步工作打好基础。

（招商银行龙游支行 魏鑫）

中国人民财产保险股份有限公司龙游支公司

【概况】 中国人民财产保险股份有限公司龙游支公司简称（简称“人保财险龙游支公司”）始终以“人民保险，服务人民”为使命。2016年，公司实现保费收入1.66亿元，市场份额占比高达64%。公司连续多年进入龙游县“经济贡献50强企业”行列，获县机关部门年度考核“满意单位”等荣誉。获颁2015年度浙江省“文明单位”荣誉，获2016年度市公司综合经营管理一等奖和市级先进集体等荣誉。

【政企合作促发展】 作为国有企业，人保财险龙游支公司是政府项目的首席承办者。2016年，与政府合作的项目有政策性农业保险、政策性农村住房险、政府公务用车保险、医疗责任保险、农村小额意外保险、校（园）方责任险、食品安全责任险等多个保险项目。公司凭借雄厚的资金和优质的承保、理赔服务获得政府部门和社会各界的好评。

【农险业务】 在农险业务发展方面，公司坚持合规经营，在存量与增量上合理布局。一方面，在做精传统产品的基础上，开拓地方性新品种；另一方面，注重农网队伍建设及产能提升，注重与政府部门协调沟通，务求管理、政策、服务三丰收。

【车辆保险业务】 围绕如何实现“车险有效益发展”课题，制订“营运货车控着做、非营运车辆抢着做、优质集团客户供着做”的发展理念，制订相应的手续费调控措施。大力发展非营运及家庭自用车业务，进一步稳固公司客户合作关系，公司在客户中的口碑良好，为车险业务可持续发展奠定扎实基础。面对周边地区人保公司推出的非理性新车及代理业务推广政策的冲击，公司沉着应对，多次召开中层干部会议商议拓展方案，形成经销商代理人员定期会商机制，及时商讨市场动态，制定相应对策，有效缓解发展压力。做大优质业务，优化险种结构，家用车及非营业类车业务占比达到车险业务总量的80%以上。

【非车非农业务】 由于经济形势及提前签单等多方因素影响，2016年，公司非商业务发展形势十分严峻，对标市场压力贯穿全年。面对困难，公司积极应对，年初，2次召开非车险业务发展座谈会，冷静分析发展现状，制定“立足优势、战略发展、补充短板、齐头并进”的发展方略，立足农网及银保团队优势，在确保存量业务的同时，积极扩大增量业务开拓。围绕手机销售、政保业务及险种创新等发展短板，公司积极培育、重组开拓团队，突出重点，从发展分工上对各团队实行差异化管理，实现校园系列保险、农村建房保险、高坪桥重点工程项目保险等业务的提升发展，并在政策性农房家财险、宠物责任险、电动自行车第三者责任险等项目中予以推广，取得成功。

【规范行业管理】 公司定期组织召开同业合规经营分析会，促进整个行业良性发展。围绕“有效发展、合规经营、服务社会”的经营宗旨，严格按照中国保监会、浙江省保监局的管理规定开展各项业务，建立各项经营管理制度。严格承保管理，通过

图143 组织员工参加创国家卫生城市活动

强化对团队建设及后勤服务人员考核，有效搭建公司层级的服务平台，切实提升公司的服务效能。在理赔管理方面，狠抓理赔管控工作，从理赔流程到内勤管理，建立一套严密的规章制度。

【注重社会公益活动】 2016年，龙游县迎来“创国卫”的热潮。公司积极响应龙游县委、县政府的号召，组建志愿者队伍，每周定时进入社区，开展社区卫生维护工作，对居民的不良行为进行友善劝导，大大改善社区卫生环境，减少垃圾污染。在创建文明交通环境方面，与龙游县交警大队紧密联系，多次联合开展“送电影下乡”活动和文明出行宣传工作，组织公司员工走上街头，进行文明劝导工作。针对电瓶车交通安全事故频发的严峻形势，公司推出电动自行车第三者责任保险，提供强有力的保障措施，促进县城的交通环境建设。与模环乡琚家村结对，建立长效机制，把认领的水塘改造成生态水塘，共建生态家园。通过参与一系列的社会公益活动，进一步提升为龙游经济社会发展服务的功能。

（人保财险龙游支公司 冯焕）

2012—2016年度人保财险龙游支公司基本业务比较

表36

年份	保费收入（万元）	比上年增长（%）	处理案件（件）	支付赔款（万元）
2012	9535	23.13	11708	8279
2013	11457	20.16	13021	9872
2014	15536	35.60	15012	12187
2015	17119	10.19	25062	14106
2016	17500	2.22	24028	13869

中国人寿保险股份有限公司龙游县支公司

【概况】 2016年，中国人寿保险股份有限公司龙游县支公司（简称“中国人寿龙游支公司”）以科学发展观为指引，在中共龙游县委、县人民政府的正确领导下，在人民银行的指导及各部门的大力支持下，充分发挥国有大公司的主渠道优势和保险的经济补偿功能、社会管理功能，履行“人民保险为人民”的社会责任，服务社会民生，助力稳定和谐，为龙游经济社会发展提供强有力的保险保障，实现社会效益与企业利益的共赢。

【业务持续稳健发展】 2016年，公司充分把握市场脉搏，整合资源，保持良好的发展态势，实现保费总量1.56亿元，同比增长27.87%，基本完成上级公司下达的各项预算指标。全年缴纳各种税收370万元，为地方经济社会发展做出贡献。

【政保合作成效显著】 公司与县人力社保局在原有工伤保险、生育保险、政保合作的基础上，进一步拓宽合作项目。一季度， 与龙游县人民政府签订民生保险合作协议，在全县建立见义勇为和自然灾害保障体系，受理见义勇为及自然灾害伤亡案件，并成功赔付。二季度，召开龙游县“政保合作，服务民生”媒体访谈会，《人民日报》《经济日报》《工人日报》《中国保险报》《经济参考报》《青年时报》及新华网等多家重要媒体齐聚龙游，聚焦龙游政保合作开展情况，并对龙游县政保合作新模

图144 11月10日，龙游县人民政府与中国人寿保险股份有限公司衢州分公司签订战略合作协议

式做了具体报道。10月，签订“两保一孤”（指农村低保户、五保户和孤儿）精准扶贫保险，为农村特困人群提供托底式的医疗保障。11月，公司与龙游县人民政府正式签署合作框架协议，双方将在城乡居民社会保障体系建设、保险社会化服务体系建设、保险业务创新等方面开展深度合作，龙游县政府与中国人寿进入全面合作时代。

【召开企业人才集合年金试点会议】 11月10日，公司与县人力社保局联合召开龙游县企业人才集合年金试点会议，全县15个乡镇（街道）及县工业园区分管领导、全县150余家企业负责人到会。县人力社保局副局长邵月旭对龙游县企业人才集合年金政策及试点工作进行布置，国寿养老浙江省中心销售服务一部总经理马德新详细解读了企业年金政策及运作方式。副县长陆民强调：开展企业人才集合年金试点工作对于龙游企业引进人才、留住人才和长远发展具有重要作用，各相关部门、各乡镇（街道）及企业要高度重视此项工作，中国人寿龙游支公司要主动、高效地为企业提供优质的服务，共同把龙游县企业人才集合年金试点工作做细、做实、做到位。2016年，龙游县企业人才集合年金试点工作顺利推进。

【发挥保险的经济补偿作用】 国寿保险的保单多数具有保单借款功能，保单持有人在借款的同时，不影响保单的保障与收益功能。公司为帮助微小企业解决资金困难，积极开展各项保单质押借款业务，至年底，保单借款金额达到5000多万元，有效缓解客户的资金困难。同时，公司还支付各类满期金及养老金4000余万元，支付死亡伤残赔款及各项医疗赔付1300余万元，在理赔工作中做到“不惜赔、不错赔”，充分发挥保险得保障作用，全面保护客户保险利益，为龙游的经济发展尽一份责任。

【保险业吸收就业能力凸现】 至年底，公司拥有在职员工632人，其中在编员工29人、劳务合同工3人、营销员600人。公司是龙游县高校毕业生就业见习基地，每年吸纳部分高校毕业生成为公司的职业经理人，为公司增添一批年纪轻、个人素质较高的“新鲜血液”，改善公司营销员队伍的年龄层次，实现以老带新、以新促老的良好局面。同时，也为地方政府妥善安排富余劳动力、缓解地方就业压力做出贡献。

（人寿保险龙游支公司 席燕飞）

2012—2016年度人寿保险龙游县支公司基本业务比较

表37

年份	保费收入（万元）	比上年增长（%）	短期险保费（万元）	处理赔案（件）	支付赔款（万元）
2012	9167.28	5.61	813.55	2531	819.15
2013	10017	8.48	1087	2061	903.87
2014	12600	20.5	1262	2479	999.27
2015	12206	−3.22	1345	2500	1250
2016	15607.81	27.87	1677	2689	1300

2016年度龙游县保险公司基本情况

表38

保险公司名称	公司地址	业务类型	法人代表
中国人民财产保险股份有限公司龙游支公司	太平西路182号	财产保险	詹春林
中国太平洋财产保险股份有限公司龙游支公司	环河步行街5号	财产保险	王　震
天安保险股份有限公司衢州中心支公司龙游县营销服务部	龙翔路253号农机大楼2楼	财产保险	蓝晓斌
中华联合财产保险股份公司龙游支公司	远洋现代城4号楼1楼C13、C17、M12	财产保险	毛贵荣
平安财产保险股份有限公司衢州中心支公司龙游县营销服务部	太平西路525号	财产保险	许　琳
永安财产保险股份有限公司衢州中心支公司龙游县营销服务部	龙洲路328号	财产保险	陈德鸿
中国大地财产保险股份有限公司龙游支公司	龙翔路287号	财产保险	项林香
安邦财产保险股份有限公司浙江分公司龙游营销服务部	鹏程路25、27、29号	财产保险	方易宏
阳光财产保险股份有限公司龙游支公司	衢龙路429号	财产保险	李晓娟
中国人寿财产保险股份有限公司龙游县支公司	岑山路3号	财产保险	唐颖芬
中国人寿保险股份有限公司龙游支公司	兴龙北路36—54号	人寿保险	尤激扬
中国太平洋人寿保险股份有限公司衢州中心支公司龙游县营销服务部	幸福路55号2楼	人寿保险	徐余芳
泰康人寿保险股份有限公司浙江分公司龙游支公司	人民路97号	人寿保险	何素英
新华人寿保险股份有限公司龙游营销服务部	环城西路144号4楼	人寿保险	朱　敏
民生人寿保险股份有限公司龙游营销服务部	太平西路1号5楼501室	人寿保险	徐敏芬
农银人寿保险股份有限公司浙江分公司衢州中心支公司龙游营销服务部	龙翔路12号农机大楼4楼	人寿保险	方　芳
合众人寿保险股份有限公司龙游营销服务部	荣昌路148号广和大厦商务楼6楼601—605室	人寿保险	徐成龙
中德安邦人寿保险股份有限公司浙江分公司龙游营销服务部	环河步行街2号817室	人寿保险	曾淑珍
中国平安人寿保险股份有限公司衢州中心支公司龙游营销服务部	太平东路156号西联大夏4楼	人寿保险	徐晓璐
富德生命人寿保险股份有限公司衢州中心支公司龙游县营销服务部	衢龙路324号2楼	人寿保险	高　君
信泰人寿保险股份有限公司浙江分公司龙游支公司	衢龙路332号	人寿保险	孙　亮
华泰人寿保险股份有限公司浙江分公司龙游支公司	荣昌大道以北商住楼7楼	人寿保险	黄　霞
阳光人寿保险股份有限公司龙游县支公司	环城西路144号4楼100—106室	人寿保险	杨　委
中国人民人寿保险股份有限公司龙游支公司	环城西路105号4楼	人寿保险	郑川锋

经济管理与监督

概 述

2016年是实施“十三五”规划的开局之年。龙游县坚持稳中求进战略，牢固树立“创新、协调、绿色、开放、共享”经济社会发展理念，实施“生态立县、创新兴县、产业强县、富民安县”四大战略，承受了宏观经济下行、增速放缓的压力。围绕转型升级，龙游县委、县政府出台工业转型跨越发展、产业培育等政策，推动做大总量、提质增效；加强行政审批制度改革，推进简政放权和“四单一网”建设应用，加快发展新经济，培育形成新动能，为龙游转型跨越发展打下坚实基础。

发展和改革管理

【概况】 2016年是“十三五”规划的开篇之年，龙游县发展和改革局紧紧围绕县委、县政府的中心工作，以项目建设为龙头，突出转方式调结构，主动适应经济发展新常态，扎实高效地组织和开展各项工作，为全县经济社会保持平稳较快发展做出贡献。

【综合谋划】 按照龙游县“十三五”规划编制工作方案，委托浙江省发展规划研究院完成《龙游县国民经济和社会发展第十三个五年规划纲要》《龙游县服务业发展“十三五”规划》，并印发实施；自主完成《龙游县“十三五”重点建设项目规划》，纳入规划项目库重点建设项目214个，估算总投资1408亿元，“十三五”期间计划投资876亿元，对全社会投资的支撑能力超过90%，为“十三五”持续稳定增长提供项目支撑。面对经济下行压力，加强运行形势研判和经济政策预研，对31家工业企业、20家服务业企业运行情况进行监测，密切关注全县经济运行走势，每月对投资运行和重点项目推进情况及时进行分析，针对经济运行和项目推进中存在的突出问题提出有效的对策建议，供县委、县政府决策参考。每季度1期的《2016年龙游县工业企业问卷调查季度分析报告》均被浙江省发改委、省经信委的季度企业监测报告汇编采用。

【项目谋划】 印发实施《2016年度龙游县“四重双百”重点项目计划》《龙游县“大干项目、干大项目”领导干部“三挂”活动计划》《龙游县政府性投资项目计划》《龙游县“四重双百”重点建设项目推进分月投资及形象进度节点计划》，使乡镇（街道）、部门明确目标任务，为其圆满完成目标任务打下良好基础。年度安排“四重双百”重点建设项目215个，总投资670.43亿元，当年计划投资141.62亿元，其中实施类项目148个，年度计划投资131.69亿元；前期类项目67个，年度计划投资9.93亿元；安排政府性投资项目 144个，总投资128.22亿元，年度投资51.57亿元。开展“龙游好项目”谋划竞赛活动，组织全县机关、部门、乡镇（街道）积极参与，共收集48个单位谋划的项目118个，通过初审评选，19个课题项目进入决赛评优阶段，经决赛竞讲和专家组评定，龙游县生活垃圾热解气化PPP项目、龙游温泉度假特色小镇等11个项目获评2016年度“龙游好项目”，龙游县高坪桥水库配水工程、龙游南站站前区综合开发工程等8个项目获参赛优秀奖，为全县“十三五”重点项目建设增强储备。

【项目推进】 开展县级领导“三挂”“五项竞赛”“大干一百天、实现全年红”等重要活动，落实项目推进责任，形成倒逼氛围，配套考核奖惩，使项目推进工作有目标、有压力、有动力。全年完成全社会固定资产投资161.35亿元，同比增长11.3%，增速居衢州市各县（市、区）前列；列入县“四重双百”重点项目计划的215个项目全年共投资113.6亿元，完成年投资计划的80.21%；144个政府性投资项目全年共投资36.7亿元，完成年投资计划的71.17%。按照2016年全县“四重双百”重点建设项目计划、政府投资项目计划等要求，加强项目管理工作，主动服务项目业主，全年审批、核准、备案项目160个共200件次，并予以公开。加强政府性投资项目管理，严控项目“三超”（概算超估算、预算超概算、决算超预算）、“三边”（边勘测、边设计、边施工）和设计变更频繁现象，全年对46个项目的合同进行变更审批、备案。

【项目对接】 加强政策研究，细化项目包装，通过积极向上对接争取，龙游申通农产品电子商务中心、浙江高得宝利化学有限公司年产10万吨水性聚氨酯环保材料生产线项目列入2016年浙江省扩大有效投资“411”重大项目计划；龙游港区桥头江作业区工程 、龙游县溪口至毛连里公路改建工程等11个项目列入省重点建设项目计划；龙游世贸商业城、龙游嘉溢鑫城项目列入省重大服务业项目计划，各类计划争列项目数位居衢州市前列。在龙游县棚户区改造工程2015年已争取到国家专项建设基金3000万元的基础上，加大向上对接力度，2016年再争取到专项基金6000万元；龙游县红木小镇获国家第二批专项建设基金1亿元；钱塘江上游衢江龙游段河道综合治理工程获国家第三批专项建设基金8000万元。2016年，全县共有龙游县子鸣社区安居工程（一期）、龙游县城东学校（阳光小学）建设工程、龙游县新增千亿斤粮食产能规划田间工程等项目22个，争取到中央预算内资金和省级建设专项资金5.15亿元，其中子鸣社区安居工程（一期）获中央补助资金9500万元。

【特色小镇建设】 创新体制机制，推进红木小镇建设。建立由县委、县政府主要领导牵头，各部门齐抓共建的工作推动机制，指定一名县领导挂帅包干，成立由县发改、旅游、国土、规划及相关乡镇组成的项目推进联合工作组，长驻红木小镇现场办公。结合省、市特色小镇培育的指导意见，制定《关于加快推进特色小镇培育建设的若干政策意见》，在用地保障、财政支持、投融资建设、制度改革、公共服务等方面给予政策扶持，强化土地要素、资金要素及配套要素的保障，扶持红木小镇建设。3月，浙江省第二次特色小镇“比、学、赶、超”现场推进会在龙游红木小镇召开，龙游红木小镇评为全省十大示范小镇、七个考核优秀特色小镇之一。新加坡风情小镇、高山运动小镇、竹海风情小镇、天池富硒小镇、三门源生态民俗文化小镇、温泉小镇、汽车拉力小镇等服务业特色小镇建设有序推进。

【规划编制管理】 制订并印发《龙游县2016年度重点规划编制计划》，共安排规划27项，其中城乡规划13项、部门专项规划14项。至年底，大部分规划已完成初稿。立足经济新常态，科学编制《2016年度龙游县国民经济和社会发展计划草案》，合理确定主要发展指标。

【新能源发展】 编制《龙游县金屋顶光伏富民工程实施方案》，计划到2020年建成3.6万户家庭屋顶光伏，总装机10.8万千瓦；将家庭屋顶光伏、企业屋

图145 11月17日，龙游县召开光伏发电建设现场会

顶光伏等项目纳入县“四重双百”项目计划，明确责任主体和节点时间，确保项目落到实处；确定中民新能、正泰集团、杭开集团、中机国能、乐叶光伏、昱辉阳光等6家企业作为县屋顶光伏项目的投资主体。2016年龙游县民用光伏完成安装3456户，并网2497户，装机16944千瓦；其他屋顶合计完成11500千瓦。

【油气管道安全管理】 下发《关于加强汛期油气管道保护工作的通知》和《关于做好国庆期间石油天然气管道安全和保供工作的通知》，做好油气管道的安全防范工作，要求管道企业做好相应措施及应对突发事件的各项准备工作。同时根据《关于做好国务院油气输送管道安全隐患整改工作领导小组办公室开展重点省份油气输送管道安全隐患整治攻坚战专项督查有关事项的通知》要求，加大督查力度，组织对排查问题工作落实、安全隐患整改。2016年共组织油气管道安全生产检查活动8次，发现隐患问题6处，当场解决5处，在规定的时间内完成整改1处。

【服务业发展】 服务业占比更加突出，全年完成服务业增加值91.49亿元，同比增长10.5%，占GDP比重达43.58%，服务业固定资产投资额82.62亿元，同比增长25.7%，占全社会固定资产投资161.35亿元的51.2%，支撑投资作用更加明显，规划布局更趋合理。积极对接省发规院，完成《龙游县服务业发展“十三五”规划》并印发实施。商贸物流园区、城东教育园区、电子商务平台等加快建设，金融中心、农产品批发市场及冷链物流园区等项目的谋划完善，服务业空间布局、平台建设更加合理，服务业项目集聚效应初显。出台《关于促进民办教育发展的实施意见》《关于加强民宿产业发展的若干意见》《关于加快推进特色小镇培育建设的若干政策意见》等，政策体系更加完善。家居建材市场、嘉溢鑫城、世贸城等一批单体投资5亿元以上的商贸流通业大项目初具规模；东方广场开业，实现我县综合体零的突破。根据各部门的职能和权限加强统筹协调，不断深化完善服务业项目决策机制，项目决策咨询务实。2016年，全年共受理餐饮、旅游、养老、社区服务等服务业项目共259项，其中县服务业办牵头受理69个项目，并牵头对龙游湖镇沙田湖莘霖学校和浙江龙游莘霖教育咨询有限公司项目、龙游万福（中西医结合）医院项目等9个项目开展决策咨询。

【循环经济推进】 加强平台建设，指导并督促相关企业按照省发改委要求，做好省循环经济项目储备库填报，完善各类信息；同时，龙游工业园区循环化改造正稳步推进，按照循环经济减量化、再利用、资源化的原则，深入企业排出循环化改造项目，进一步完善园区循环化改造方案，科学制订2016年实施计划。排定项目计划，在认真梳理循环化改造项目的基础上，排定循环经济“991行动计划”重点项目2016年实施计划，我县浙江新亚伦有限公司年产1.3万吨薄纸生产线技改项目等4个项目列入省发展循环经济“991行动计划”2016年度实施计划，项目总投资25221万元，促进我县资源能源节约、保护生态环境。

【城镇发展战略】 深化中心镇改革与发展，把中心镇建设作为我县新型城镇化建设的重要突破口。出台《加快中心镇改革发展意见》，用好中心镇专项资金，扶持中心镇发展。协助詹家镇成功申报新能源示范城镇，并争取省可再生能源发展专项资金计划补助600万元。

【综合改革】 行政审批效能优化，全面开展政务服务“四单一网”梳理工作，初步完成权力清单梳理，保留权力事项共39项。完成非行政许可事项清理，共计20项，其中取消1项、合并12项、调整7项（调整至其他行政权力3项、审核转报4项）。加强项目投资管理，优化调整政府核准的投资项目审批流程，取消项目服务联系单制度。按照省、市车改办部署，完成行政机关公车改革，并于9月10日集中封车。

【农村两项政策性保险】稳步推进农村两项政策性保险，政策性农业保险大户和农村住房保险参保率已分别达到90%，政策性农业保险实现保费收入达4451万元，理赔累计1967万元；政策性农村住房保险实现保费收入102.6万元，累计理赔1966.9万元，为促进农业增产、农民增收和农村稳定做出积极贡献。

（县发展和改革局 傅晓奕）

市场监督与管理

【概况】 2016年，龙游县市场监督管理局坚持服务中心主线、坚守安全底线，紧紧围绕县委、县政府工作部署，高效服务经济发展，严把食品、药品和特种设备使用安全关，全力维护市场经济秩序，保障消费者合法权益，圆满完成各项工作目标，工作成效明显。多项工作获上级领导批示肯定，其中组织推进十项帮扶“组合拳”综合成绩突出，被浙江省质量技术监督局通报表扬；成功化解1起省级信访挂牌件，获县委书记方健忠批示肯定。获龙游县2016年度机关部门综合考核评价（执法及社会事务管理部门）二等奖、G20杭州峰会维稳安保先进集体、信访工作先进集体、安全生产工作先进集体、农村工作指导员先进集体、法治政府建设（依法行政）先进单位、信息工作先进集体等多项荣誉。全年立案查处各类违法案件158起，其中大要案48起，罚没款114.85万元，同比分别增长35%、182.5%、120.5%。

【质量强县工作】 7月19日，组织召开龙游县推进“浙江制造”品牌建设暨特种设备安全工作会议，与有关部门、乡镇（街道）签订质量工作目标责任书，同时部署全县推进“浙江制造”品牌建设三年行动计划的实施工作。组织开展2016年龙游县“政府质量奖”申报评审，指导1家企业申报2016年度衢州市“政府质量奖”，推动9家企业导入卓越绩效管理模式，指导1家企业创建衢州市先进质量管理孵化基地。

【服务市场主体】 全面推进“五证合一、一照一码”工作，实施“先照后证”双告知制度，共核准换发新版执照2873份，办理“一照多址”11户，办理简易注销43户。探索商务秘书企业等集群注册方式，对位于龙游电商城内的电子商务企业开展工位号注册35户。积极开展“双告知”（即工商办理注册登记后，告知市场主体和相关行政审批部门，及时办理后置审批事项）工作，共向14个部门发放涉及102个项目的告知单1991份。至12月底，全县共有各类市场主体25093户，新开业4587户，新增注册资本55.93亿元。其中新发展个体工商户3548户，新发展企业993户，新发展农民专业合作社46户。

图146 2月6日，县委书记方健忠（右二）在莲湖菜市场检查春节市场供应和食品安全工作

图147 11月1日，由浙江省浙江制造品牌建设促进会组织的“浙江制造”团体标准《重载有砟轨道混凝土岔枕》评审会在光明铁道控股有限公司举行

【推动企业转型升级】 深入推进“小微企业三年成长计划”，至12月底，新增小微企业855家，其中包括信息、环保、健康、旅游、时尚、金融、高端装备制造七大产业小微企业217家。新增个转企120家，其中公司制企业97户，占个转企总数的80.8%。组织小微企业专场培训16次共1300多人次。两年累计共有小微企业32662户次享受国税、地税减免税费金额1244万元，助力小微企业获贷77.84亿元。拓宽融资渠道，企业出质股权2.61亿元，办理债权担保5.65亿元；全年为企业办理动产抵押登记69份，抵押合同金额10.09亿元。

【推进品牌战略】 全力打好“三强一制造”（质量强县、标准强县、品牌强县和浙江制造）组合拳，持续加强品牌培育建设力度。光明铁道控股有限公司制定的《重载铁路混凝土岔枕标准》为龙游县首个通过评审的“浙江制造”团体标准。指导龙游县造纸行业协会申报龙游特种纸“浙江区域名牌”；指导2家企业上报“浙江制造”标准项目立项建议书，培育“浙江制造”品牌企业4家；搭建院企合作和学习培训平台，组织4家企业参加全省“浙江制造”标准制订培训，3家企业参加“浙江制造”品牌建设高峰论坛；指导德辉食品公司利用商标异议规则，成功阻止金华市抢注“金华酥饼”地理标志证明商标，保护本地酥饼产业发展。启动商标质押融资行动，对接县农信联社办理商标专用权质权登记1家，获贷350万元。至年底，新引导注册商标316件，全县商标总存量达2791件，其中中国驰名商标2件、证明商标3件、浙江省著名商标26件、衢州市著名商标35件。

【标准化工作】 开展2016年县级农业标准化推广示范项目申报工作。择优确定5个县级推广实施项目，组织申报1个市级农业标准化示范区项目并被列入推广实施。以“开启模式”为样本，牵头制订《生猪排泄物综合利用技术规范》县地方标准规范，并通过省质监局备案，填补了龙游县地方标准规范的“空白”。浙江亿洋工具制造有限公司提出ISO棘轮扳手标准制订第一起草人申请，成为龙游县首家参与国际标准制订的企业。指导28家企业自我声明公开115个企业产品标准；指导推动企业“采标”（即采用国际标准和国外先进标准），规模以上企业主导产品采标率达52.9%，比上年提高2.2个百分点。

【助推市场提升发展】 推动市场开发服务中心转制，理顺工商（市场监管）职能转变，实现市场监管部门与市场管办脱钩。香溢市场经营户已全部办理营业房腾退手续，关闭工作稳步推进。大力服务政府重点项目建设，积极对接服务招商引资的重点项目——龙游嘉溢鑫城，使其列入2016年度浙江省重点建设项目，累计完成投资2.3亿元，年内项目一期完成综合验收并投入使用；指导帮扶龙游国际建材家居城完善市场开业前的准备工作，国际建材城取得市场名称登记证并于6月开业，经营户开始装修入驻，部分已正常开业。围绕民生实事，积极对接财政部门，全力推进农贸市场改造提升。兑现湖镇新湖菜市场、城南综合市场、莲湖农贸市场等创建补助资金46万元；对2016年2家放心市场创建单位和2家星级文明规范化市场创建单位进行指导帮扶，东华街菜场和西门农贸市场获评浙江省放心市场；引导东华街马路菜场入场交易，解决占道经营、堵塞交通等问题。继续抓好农贸市场禽流感防控工作，巩固市场实行杀白上市，确保H7N9禽流感防控工作落实到位。2016年，全县各类商品交易市场贸易成交额达62.74亿元。

【食品安全网络建设】 3月23日，组织召开全县食品安全工作会议，县政府与15个乡镇（街道）及10个职能部门签订食品安全工作目标责任书，将食品安全工作列入政府分类争先综合目标管理考核和平安考核内容，对食品安全工作实施“一票否决”和责任追究。进一步完善食品安全基层责任网络建设，采取理论指导与实践教学相结合的方法，提升基层协管员的工作能力，将乡镇食安办协管员工作督查指导列入年度考核细则，强化对协管员的管理，充分发挥协管员主动监管的工作能动性，加强食品安全基层监管力量。至年底，完成龙洲街道、东华街道、湖镇镇、横山镇、塔石镇、小南海镇、詹家镇、溪口镇等8个乡镇（街道）食安办的规范化建设。

【食品安全监管】 深入开展“三大一严”（即大抽检、大排查、大整治、严打击）专项行动、节日食品安全专项检查、护航G20食品安全检查等行动。排查食品安全风险重点隐患6个，抽检生产、流通、餐饮各环节食品962批次，检出不合格食品37批次；出动执法人员5000余人次，检查重点品种生产经营单位7898家次，约谈违规企业4家，立案查处食品违法案件60起，罚没款55.75万元。圆满完成G20供会食品安全保障，向峰会总仓运送2个品种、3车次、553件共10.6吨食品，食品合格率和接受率为100%。强力推进“两小”（小作坊、小餐饮）行业整改提升，补短板查隐患，全县小作坊管理上粗放、外观上脏乱差格局得到较大改观。辖区食品生产加工小作坊共有172家，其中申报登记99家，取证60家，建档登记率为100%，登记许可率92.4%；小作坊整顿改造提升工作获衢州市市场监督管理局肯定，全市小作坊整改提现场会在龙游召开。全面规范餐饮经营，结合国卫创建，进一步完善许可审批，加大对无证无照小餐饮的治理力度，排查餐饮单位2580余户次，催办从业人员健康证明2100余人，餐饮持证率从82%提高至95%，规范经营行为580多户；投入1.4万元上门指导206家经营户安装灭蝇灯；量化公示率达91.5%。累计完成38家大型餐饮单位和学校食堂阳光厨房创建工作，阳光厨房建设率达52.8%。

图148 3月17日，县市监局集中销毁一批过期失效药品

【药品医疗器械监管】 突出对“平安药品、平安器械、平安保化”（“保化”即保健品、化妆品的简称）的监管，开展各环节专项检查，检查药品经营企业160家次、医疗机构332家、疫苗使用单位20家，飞行检查单体药店32家，抽验各类药械162批次、保健化妆品72批次，销毁过期失效药品138批次3416盒，标示货值5万余元。

【特种设备安全监管】 开展特种设备“打非治违”专项监察执法行动，依法打击、惩处特种设备“三非”（非法制造、非法安装改造修理、非法使用）、“两超”（超期未检验、隐患超期未整改）、“一无一违”（作业人员无证上岗、违章作业）等各类违法违规行为。加强危险化学品及瓶装燃气、压力管道、锅炉等承压类特种设备安全生产事故的风险防控，着力加强电梯等机电类特种设备公共安全事故风险防控。全年共检查特种设备使用单位163家次，监督特种设备安装过程50余起，组织开展应急演练47次；发现并整改安全隐患73处，整治率达100%；发出安全监察指令书21份，立案查处涉及特种设备案件9起，罚没款17.24万元；协调解决锦绣龙城小区电梯超期未检运行事宜。

【市场秩序整治】 围绕平安护航G20杭州峰会，全力推进无证无照经营专项整治、物流寄递行业专项整治；加大对传销的打击力度；联合公安机关清理、规范直销行业，派出执法人员34人次，对12家直销门店进行监督检查。深入开展“红盾网剑”专项行动，查获侵犯注册商标专用权的商品200余件，查获印有侵权商标的外包装物2600余只，并将案件移送公安机关处理；严厉打击网络违法违规经营行为，查处网络违法案件9起；加强对特殊商品监管，峰会期间共抽查成品油20批次，协助关停无证无照柴油经营点78家，对经营不合格成品油、无证照经营成品油等行为立案3起。

【消费维权】 出台《龙游县市场监管局举报投诉工作处置流程（试行）》，由“12315”举报申诉中心负责受理通过网络、来信、电话、县长信箱等各种渠道接收的全部举报投诉，并进行统一分流和反馈，建立统一高效的消费投诉和违法行为举报平台，形成覆盖全面、协调互动、便捷高效、保障有力的举报投诉体系。9月21日，全县非紧急类举报投诉电话统一整合到“12345”政府热线，增加2小时内及时响应程序。12月1日，启用浙江省统一政务咨询投诉举报平台，对分流到县市场监管局的工单及时响应、及时分流、及时催办、及时反馈，未出现超时应答和超时反馈的情况。全年共受理各类举报投诉610件，同比上升101.3%，其中，成功调处万元以上消费纠纷6起，累计为消费者挽回经济损失30余万元。

图149 5月17日，县市监局消保工作人员在“龙游大妈”义工总会开展消费维权工作指导

【基层市场监管机构建设】 出台《龙游县市场监督管理局科所（队）事权划分方案（试行）》，划定14个业务科室（队）与基层市场监管所的事权，进一步明晰工作职责，促进基层市场监管履职到位。开展基层市场监管所规范化创建，投资500万元的溪口所办公大楼投入使用；投入90万元对湖镇、东华、小南海等基层所的办公场所进行装修，统一标志标识，改善基层办公条件；加强信息化建设，投入资金90多万元，为各基层所增配一批执法装备，加强基层管理系统、移动执法平台建设，提高基层执法人员的工作效率。提升检测机构能力，顺利通过实验室计量认证，认证参数从193项增加到258项，其中食品项238项，为提升全县食品检测能力打下较好基础。推进检验检测资源整合，成立龙游县检验检测研究院。

【加强干部队伍建设】 深化“两学一做”学习教育，组织开展“担当·我来讲”微党课、“铭记·我来写”手抄党章、支部书记上党课等专题学习活动。加强党风廉政建设，组织党员干部60余人赴十里丰监狱开展警示教育，筑牢拒腐防变底线。根据岗位“风险点”，因岗施教，分类教育，将廉政教育贯穿于上岗、选拔、晋职、履职全过程。建立“四级约谈”工作机制，开展廉政教育谈话36人次，其中重点约谈6人次、批评教育4人次。

（县市监局 叶凌豪）

2016年度龙游县新认定的浙江省著名商标

表39

序号	商标标识	商标注册证号	类别/商标实际使用主要商品或服务	企业名称（商标注册人）
274		8920509	包装纸：游龙纸（系列）、食品包装纸、热升华转移印花原纸、人造革离型原纸	浙江金昌特种纸股份有限公司
275		5708699	有机玻璃、塑料板、半加工塑料物质	浙江龙游展宇有机玻璃有限公司（商标注册人：夏建武）

2016年度龙游县上报延续确认的浙江省著名商标

表40

序号	商标标识	商标注册证号	类别/商标实际使用商品或服务	企业名称（商标注册人）
1		4833571 1120675 4773566	25类/袜	浙江永春针织有限公司
2		7379545	16类/纸、纸箱、牛皮纸板	浙江金龙纸业有限公司
3		3184503	8类/扳手、手工操作的手工具	浙江亿洋工具制造有限公司
4		934776	9类/天线、通讯导航设备	浙江龙游新西帝电子有限公司

续表

序号	商标标识	商标注册证号	类别/商标实际使用商品或服务	企业名称（商标注册人）
5	DGD 大咯大	4227580	29类/蛋、咸蛋、非活家禽	浙江康绿禽业有限公司
6	绿得源	3744878	31类/甲壳动物、活动物、饲料	浙江浩业生物技术有限公司
7	铜鸟	1067201	29类/小黄瓜、酱菜、腌制蔬菜	龙游县铜鸟食品厂
8	渴旺 Kewang	1281370	30类/茶、茶叶代用品	浙江龙游博雅茶厂
9	金谷	1125124	30类/发糕	浙江金谷食品有限公司

2016年度龙游县新认定的衢州市著名商标

表41

商标名称	申请认定商标标识（电子版）	商标注册证号	类别/申报商标实际使用商品或服务（不超过3件）	企业名称（商标注册人）
红岩	红岩 Hongyan	8737488	31类：花卉盆景、园林苗木、新鲜蔬菜	龙游县红岩花木专业合作社
蓝鲲	蓝鲲 LANKUN	7340525	5类：消灭有害动物制剂、杀虫剂、灭鼠剂	浙江迪乐化学品有限公司

2016年度龙游县申报延续确认的衢州市著名商标

表42

商标名称	申请认定商标标识（电子版）	商标注册证号	类别/申报商标实际使用商品或服务（不超过3件）	企业名称（商标注册人）
神宇	神宇 Shen yu	4331210	19类：竹胶板、地板、非金属建筑材料	龙游神宇竹胶板制造有限公司
恒辉	恒輝	1104085	23类：人造丝线、人造纤维线、合成纤维线	浙江恒祥棉纺织造有限公司
金勺	金 勺	3601308	29类：食用油脂	浙江金勺科技有限公司（胡文龙）
之江	之江	1097024	29类：笋罐头、蔬菜罐头、水果罐头	龙游外贸笋厂有限公司
唯佳飼料	唯佳饲料	4130634	31类：饲料、动物食品、活动物	浙江唯佳生物饲料有限公司
新西帝	新西帝 XINXIDI	1301151	9类：电视接收天线、同轴电缆线	浙江龙游新西帝电子有限公司
中情	中 情	1537028	纱、棉纱、纺织纱和线	浙江君飞纺织有限公司

物价管理

【概况】 2016年，龙游县物价局认真贯彻落实全省物价工作会议精神，围绕县委、县政府中心工作，以服务发展、稳定物价、保障民生为主线，加快推进价格改革，依法履行价格监管职责，努力为全县经济社会持续健康发展创造良好的价格环境。县物价局获评2016年度全国价格监测质量考核工作优秀单位。

【价格监测】 完善价格监测预警网络建设，监测品种由75个调整到80个；设置价格监测定点单位（个人）37家，其中国家定点单位5家、省定点单位19家、常规监测13家。做好国家发改委实时价格监测和重要商品及服务价格的常规监测工作，分析价格走势，每月定期编制价格监测简报，及时发布价格动态，维护市场价格稳定。在配合市物价局做好民生商品价格信息公布的同时，做好县内部分民生商品价格的信息公布工作，每月定期在龙游县政府门户网站及相关媒体上予以公布。

【价格监督检查】 在重大节日等价格敏感时期组织开展市场价格巡查，全年发放价格政策宣传资料800多份、价格行为提醒告诫函40多份；对明码标价不规范、有虚构原价嫌疑的12家商店责令整改，维护节日市场商品价格的基本稳定。配合省、市物价局开展旅游市场专项检查，规范景点门票、停车场收费及周边宾馆、饭店、商店明码标价等价格行为。深入开展商品房销售明码标价专项检查，将“一套一标”政策落到实处。组织人员对龙游境内高速公路服务区商品及服务价格开展专项检查，提出改进意见，对违犯明码标价规定的行为责令纠正，并处以罚款。按照“双随机一公开”（即在监管过程中随机抽取检查对象、随机选派执法检查人员，抽查情况及查处结果及时向社会公开）原则，与市物价局局上下联动，重点对气象、司法、教育等部门的涉企行政事业性收费和服务价格开展检查。开展药品市场价格行为监管及专项检查工作，对有违规行为的，责令相关单位及时纠正，并立案查处。采取多种形式，继续推行“价格服务进市场”活动，引导经营者自律，提高自身价格诚信水平。针对网店职业举报大幅上升趋势，为规范全县网店价格行为，促进新兴市场健康发展，组织经营者开展“规范明码标价、防范价格欺诈”培训，受到县有关部门及电商从业人员的广泛好评。认真受理价格举报投诉和违法案件查处工作，全年受理投诉举报及咨询61件，回复率、办结率均达100%；立案查处价格违法案件3起，清退违法所得1万余元，罚款2000元。

【收费管理】 加强对行政事业性收费的事中、事后监管。按照《行政事业性收费单位收费情况公示清单制度》《行政事业性收费单位收费执行情况报告制度》的要求，对全县77家行政事业性收费单位进行跟踪督查，确保二项制度得到贯彻实施。贯彻落实财政部、国家发改委《关于扩大18项行政事业性收费免征范围的通知》和省物价局《关于停止收费和降低部分涉企服务收费的通知》等文件精神，开展涉企服务性价格和收费清理，确保价格政策落实到位。核定教师进修学校“中小学教师全员发展培训班”等4个培训班的收费标准。

【价格管理】 调整非居民用管道天然气最高销售价格，规范非居民用户管道燃气设施预埋和改造收费行为，取消流量费等收费名目。调整城市公交客运价格，建立科学合理的公共交通票价机制。坚持“财政主导、合理补偿成本”原则，调整普通高中横山中学的学费；根据《龙游县人民政府关于促进民办教育健康发展的意见》的相关规定，调整龙游华茂外国语学校收费标准。为促进城区治堵工作，根据县政府的相关要求，制定城区道路停车收费标准、公共停车场收费标准和县人民医院、县中医院停车收费标准。组织人员参加全县25个住宅小区物

图150　7月5日，龙游县召开城市公共交通客运价格调整方案听证会

业考评工作；协调东方广场物业收费工作；创新出台优质优价物业服务收费管理办法，并选择“观澜一号”小区进行试点。

【成本监审和农本调查】 做好城镇自来水和管道天然气等定期成本监审工作；完成城市公交价格成本监审和龙游石窟门票价格成本监审工作；组织开展公办高中学费和住宿费收费、城镇污水处理费、生猪定点屠宰费等成本监审工作。完成油菜籽、早稻、晚稻生产成本调查和生猪成本直报调查，以及农民种植意向、农户存粮、农资购买3项专项调查。

【价格认定】 年内共完成价格认定业务218件，其中县公安机关208件、县国土局6件、县林业局2件、县检察院1件、县纪委1件，认定标的总额87.75万元。全年未发生复核裁定案件，无违约和被投诉情况，努力为平安龙游建设提供优质价格服务。

【服务中心工作】 充分发挥价格部门职能作用，为“五水共治”提供价格政策支持。按照国家发改委、财政部、住建部《关于制定和调整污水处理收费标准等有关问题的通知》的要求，理顺污水处理收费项目分类，同时将收费标准调整至国家三部委要求的最低标准，实行按污染程度分类、分档计价及多因子计收工业污水处理费的收费办法。配合县集中供热领导小组、工业园区对恒盛热电供热成本进行调查，每周三对秦皇岛煤炭网公布的平均煤价进行监测；参与湖镇工业区供热前期筹备工作。积极参与“五水共治”“创国卫”和创建“平安龙游”等相关工作。开展部门与联系村结对认领水塘工作，为联系村、社区提供资金支持；组织局干部职工到联系村和社区开展卫生整治，参加文明劝导等工作。G20杭州峰会期间，严格落实机关昼夜24小时值班制度，组织全局干部职工参加社区平安巡逻等工作。全力支持局机关2名生态指导员工作，抽调2名干部到“五水共治”办公室和年年红项目服务办室工作，抽调2名干部参加高坪桥水库移民搬迁工作。

（县物价局　邵水良）

2016年度龙游县主要消费品及服务价格

表43

收费类别	收费项目	收费标准
教育	幼儿园保教费、代管费	保教费省一级（日托）每人每月380元、省二级每人每月290元、省三级每人每月200元、代管费每人每学期100元（多退少不补）
	普通高中学费	普通高中学费1200元/生.学期
	普通高中住宿费	龙游中学4人间800元/生.学期、龙游中学8人间400元/生.学期
		龙游县第二高级中学8人间400元/生.学期
		龙游县横山中学男生1号宿舍200元/生.学期、横山中学男生2号宿舍、女生3号楼宿舍200元/生.学期；女生1号、2号公寓260元/生.学期

续表1

收费类别	收费项目	收费标准
公安	公民出入境证件费	
	1.护照（含加注）	200元/本。丢失补发200元/本，护照加注20元/项次
	2.出入境通行证费	一次有效20元/证，二次有效50元/证，多次有效100元/证
	3.往来（含前往）港澳通行证（含签证）	一次有效签注每件20元，二次有效签注每件40元，短期（不超过一年）多次有效签注每件100元，长期（三年）多次有效签注每件300元。一年以上（不含一年）两年以下（含两年）多次有效签注每件150元，两年以上三年以下（不含三年）多次有效签注每件200元
公安	户籍管理证件工本费	
	1.户口簿	居民户口簿工本费5元/本，集体户口簿工本费2元/本
	2.浙江省居住证	一、IC卡式“浙江省居住证”工本费标准为：损坏换领或丢失补领20元/证，首次申领或统一换发的不收费 二、“浙江省居住证”工本费已包括填制表格、人像采集、制作成本等相关费用。执收单位应严格执行上述标准，认真做好收费公示，不得在工本费外收取其他费用
	第二代居民身份证工本费	申领、换领、换发20元/证，丢失补领或损坏换领40元/证，临时第二代居民身份证10元/证
	机动车号牌工本费	
	1.号牌（含临时）	汽车号牌：反光100元/副，不反光80元/副。挂车号牌：反光50元/面，不反光30元/面。三轮汽车、低速货车、拖拉机号牌：反光40元/副，不反光25元/副。摩托车号牌：反光70元/副，不反光50元/副。机动车临时号牌：5元/张。调换号牌、遗失补牌按同类号牌收费。
	2.号牌专用固封装置	单独补发号牌专用固封装置1元/个
	号牌架	铁质号牌架及同类产品5元/只，铝合金号牌架及同类产品10元/只
	机动车行驶证工本费	
	1.机动车行驶证	15元/本。调换、遗失补领按同类证件收费
	2.《临时入境机动车号牌和行驶证》工本费	15元/证
	机动车登记证书工本费	10元/本
	驾驶证工本费	
	1.驾驶证工本费	驾驶证工本费10元/本。驾驶证IC卡30元/卡。调换、遗失补领以上证件按同类证件收费
	2.《临时机动车驾驶许可》工本费	10元/证
	机动车安全技术检验费	中型、小型、微型载客汽车和中型、轻型、微型载货汽车（具体车型分类按公安部最新规定执行，下同）机动车安全技术检验收费标准为120元/车·次，大型载客汽车、重型载货汽车和挂车机动车安全技术检验收费标准为150元/车·次

续表2

收费类别		收费项目	收费标准
公安		驾驶许可考试费	
		1.驾驶许可考试费	科目一（道路交通安全法律、法规和相关知识）考试费标准80元/人次，驾驶员科目二（场地驾驶技能）考试费标准180元/人次，驾驶员科目三（道路驾驶技能）考试费标准100元/人次。补考（包括法律、法规、规章规定需要重新进行的考试）80元/类·次
		2.机动车驾驶员道路交通安全教育培训费	每日最高不超过30元，具体为：1. 机动车驾驶人在一个周期内累计记分达到12分，并按规定参加安全教育培训的，每人每期7日，培训费标准为180元；2. 发生人身伤亡交通事故负有同等以上责任尚不构成犯罪的机动车驾驶人参加安全教育培训，每人每期2日，培训费标准为60元；3. 机动车驾驶人在一个周期内累计记分未达到12分，自愿申请参加安全教育培训的，每人每期1日，培训费标准为30元。培训教材费5元/人，第二次参加同类培训的，已有教材的可不再购买
民政		殡葬收费	
		1.火化费	330元/具（免费、由财政部门转移支付）
		2.接尸费	普通车辆起步价180元/次，超过30公里每公里加收4元，但最高不超过300元/次（免费、由财政部门转移支付）
人事社保		医疗保险IC卡遗失补发工本费	20元/卡
		职业技能鉴定费	理论考试：社会人员35元/人，在校学生20元/人。实际操作技能考试：省职业技能鉴定中心直接组织的社会人员180元/人，在校学生100元/人；省机关事业单位技工考核管理服务中心组织的省部属机关事业单位工人100元/人。各地组织的实际操作技能考试收费由各市县物价、财政部门制定
国土资源		不动产登记收费	住宅类不动产登记收费标准80元/每件，非住宅类不动产登记收费标准5500元/件
农业	国内植物检疫费	国内植物产地检疫费	
		粮谷类	按产值比率0.25%（暂停收费）
		经济作物类	按产值比率0.30%（暂停收费）
		水（瓜）果类	按产值比率0.40%（暂停收费）
		国内植物调运检疫费	
		粮谷类	按货值比率0.40%（暂停收费）
		经济作物类	按货值比率0.45%（暂停收费）
		水（瓜）果类	按货值比率0.55%，其中茶叶、香菇、黑木耳、金针菇、黄花菜、中药材按0.4%

续表3

收费类别		收费项目		收费标准
工商		个体工商户注册登记费		
		1.开业登记费		免费
		2.重新登记、换发营业执照		免费
		3.变更登记费		免费
		4.补（换）发营业执照		免费
有线电视		居民用户的有线电视入网费		300元/户
		非居民用户的有线电视入网费		基准价180元/每个接收终端，上浮不超过10%，下浮不限。有线电视服务机构对建筑物有线电视管线实施预埋，已收取配套设施建设费或预埋工程费的，不得再向申请安装有线电视的用户收取有线电视入网费。农村有线电视独立小前端（小有线电视网）的入网费基准价为每户150元，可上浮不超过20%，下浮不限
		有线数字电视基本收视维护费（主终端）		20元/月
		有线数字电视基本收视维护费（副终端1）		1元/月
		有线数字电视基本收视维护费（副终端2及以上）		4元/月
供电	居民生活用电	不满1千伏“一户一表”居民用户	月用电量50千瓦时及以下部分	0.538元/千瓦时
			月用电量51～200千瓦时部分	0.568元/千瓦时
			月用电量201千瓦时及以上部分	0.638元/千瓦时
		峰谷电表电价	峰谷时段划分	高峰时段8：00—22：00
				低谷时段22：00—8：00
			月用电量50千瓦时及以下部分	高峰电价：0.568 元/千瓦时
				低谷电价：0.288 元/千瓦时
			月用电量51～200千瓦时部分	高峰电价：0.598 元/千瓦时
				低谷电价：0.318 元/千瓦时
			月用电量201千瓦时及以上部分	高峰电价：0.668 元/千瓦时
				低谷电价：0.388 元/千瓦时
		合表用户	不满1千伏合表用户	0.558元/千瓦时
			1～10千伏及以上合表用户	0.538元/千瓦时

续表4

收费类别	收费项目		收费标准		
医疗服务卫生	诊查费		门诊诊查费10元/次 急诊诊查费11元/次 门急诊留观诊查费1.5元/日 住院诊查费15元/日		
	护理费		等级护理费20/床·日		
	注射费		肌肉注射1.2元/人次，静脉注射2.3元/人次		
	院前急救费		入院前的120急救或现场急救150元/人次		
	救护费		起步价10元（3公里内），3公里外部分2元/公里		
	用户分类		供水价格	污水处理费	到户价格
居民生活用水	“一户一表、抄表到户”居民用户	1.第一级水量（每户每年240立方米及以下的用水量）	1.55元	0.85元	2.40元
		2.第二级水量（每户每年240～300立方米的用水量）	2.33元	0.85元	3.18元
		3.第三级水量（每户每年300立方米及以上的用水量）	4.65元	0.85元	5.50元
	非“一户一表、抄表到户”居民用户（合表居民用户和执行居民生活用水价格的非居民用户）		1.60元	0.85元	2.45元
非居民生活用水	工业用水		1.70元	1.20元	2.90元
	非工业用水		1.70元	1.20元	2.90元
		特种用水	2.00元	1.20元	3.20元

统计工作

【概况】 2016年，龙游县统计局紧紧围绕县委、县政府中心工作，扎实开展“两学一做”学习教育活动，加强统计干部队伍建设，着力提高统计数据质量和服务水平，以真实、准确、全面的数据，及时反映全县经济社会发展情况，为县委、县政府、社会公众提供良好的服务，充分发挥统计的信息、咨询和监督职能。

【农业普查】 健全农业普查工作机制，强化部门联动，加强与农、林、水等相关职能部门的协作，共同做好农业普查工作。不定期组织召开涉农部门普查工作碰头会，分析预判农村经济运行趋势，确保农业普查工作有序推进。县农业普查办公室（简称为“农普办”）积极与县财政局联系沟通，落实农普工作经费370万元，采购电脑、桌椅等办公设备，为普查工作顺利开展奠定基础。加强督查指导，出台农普信息考核办法，建立班子成员分片联系督查制度，加强对各乡镇（街道）农业普查工作督查，全面准确掌握农业普查工作的进度和落实情况，及时协调和解决工作中存在的困难和问题，确保农普各项工作落到实处。集中采购农普宣传用品和物资，印发农普简报2期，印制普查宣传标语横幅60条，利用座机电话彩铃、QQ、微信、政务微博、村务公开栏、电影放映、电台、报纸等多种形式，宣传农普工作。划分“两区”，选聘“两员”，将全县共划分264个普查区和976个普查小区，选聘普查指导员264人、普查员976人。9月26日—30日，全县农业普查综合试点工作在湖镇大路村进行，各乡镇（街道）普查办主任、业务骨干共计120多人参加，为农业普查全面铺开积累经验。

【名录库建设】 坚守统计“四条红线”不懈怠，保持网报率稳定在100%。组织“四上”企业（即规模以上工业企业、资质等级建筑企业和房地产业、规模以上批零住餐企业、规模以上服务业企业）年报网报流程及业务培训，扎实搞好年报催报、审核，积极配合省市年报查询改错。按照“先入库后报数”的原则，联合市场监督和税务部门对“四上”企业名录库工作进行专题布置和核查，对照入库条件抓好“个转企”“下转上”企业的入库申报，确保符合入库条件的各类企业及时入库报数。加大信息化建设力度，对“龙游统计信息网”进行升级维护，结合区域统计现状，优化板块分类，强化数据发布功能。严格执行《计算机网络安全管理》制度，定期开展网络使用与安全知识培训，把统计专网延伸到龙洲街道，实现统计专网全覆盖，并通过VPN技术实现统计系统国家、省、市、县、乡五级联网，为统计系统信息网络化建设打下基础。

【统计调查监测】 明确乡镇（街道）、部门统计工作职责，与县督考办、发改局、经信局等部门分解落实GDP、一二三产业增加值、固定资产投资、社会消费品零售总额、规模以上工业增加值、城乡居民人均可支配收入等主要经济指标；建立健全部门统计联席会议制度，及时解决经济运行中出现的问题，力争GDP、固定资产投资等主要经济目标增幅位次实现市考“保四争三”、省考“保二争一”目标。加强经济形势运行研判，对GDP等主要经济指标开展预警分析，逐月、逐季对主要经济指标运行开展统计分析，及时增加和调整《统计月报》《统计专刊》等统计信息，向县委、县政府主要领导和相关主管部门提出预警、预测和建议；加强26个加快发展县（市、区）横向对比分析，拉高标杆，查漏补缺，力争省、市目标考核保位争先。围绕“五四三”政府专项工作，加强固定资产投资“开门红”监测和“双过半”监测，配合协调发改局、督考办完备投资项目入库手续，开展投资统计和项目入库培训，开展专题分析，及时向县委、县政府提出措施和建议，确保固定资产投资等中心工作顺利推进。对规模以上工业增加值等主要指标进行关联指标进行对比评估，及时与县电力公司、税务等关联指标部门沟通协调，统一口径，对规模以上企业情况进行综合评估分析，及时查询数据有疑问企业，确保各项指标匹配。制定年度统计法制工作要点和稽查工作计划，开展形式多样统计法制宣传、教育和推广，全年共对100余家单位进行统计执法检查，对有违反统计法行为的20家企业给予警告处分。

【统计改革】 全面建成统一完整、不重不漏、及时更新的基本单位名录库。继续完善城乡住户调查一体化改革，做好对辅助调查员、记账户的培训指导。加强数据质量评估，落实专业例会制度，定期对记账、编码问题进行反馈交流，把走访记账户当作一体化住户调查工作的重点，坚持入户指导常态化。围绕投资统计制度和方法的改革需求，加强相关职能部门间沟通协调和配合，完善动态监测统计，及时了解掌握项目信息、投资信息、进展信息动态，发挥部门职能互补优势，实现投资资源信息共享，确保项目投资应统尽统，做到实事求是。

【基层基础建设】 下发《龙游县人民政府办公室关于印发推进乡镇（街道）统计基础规范化建设实施意见的通知》《关于进一步加强和规范统计工作的通知》，推进基层统计规范化建设。8月，经县编委会研究同意，面向社会公开招聘18名专职统计员，充实乡镇（街道）统计队伍。国家统计局龙游调查队筹建有序推进，至年底，调查队的班子、党组已经建立，工作人员在选调和招录中。建立健全各项统计工作管理和统计业务制度，进一步规范各乡镇（街道）和综合部门统计工作。利用走访调研、企业联网直报、重点企业业务培训等机会对基层统计人员进行统计业务知识培训，提高统计人员素质；组织全局干部职工和各乡镇（街道）、工业园区分管负责人、统计员赴上海财经大学参加业务培训，提升统计人员业务水平。

【干部队伍建设】 认真开展“两学一做”学习教育活动。制订《关于在全局党员中开展“学党章党规、学系列讲话，做合格党员”学习教育实施方案》，组织党员干部参加学习讨论5次，编写信息6篇，悬挂宣传横幅1条，制作宣传展板1块，发动全局18名党员参与手抄党章100天活动，把“两学一做”同推动统计发展、同抓统计基层基础建设、同统计重点工作深度融合一起。组织全局26名干部职工赴沐尘乡坑头村实地走访32户农户，从农业、医疗、就业等方面帮助贫困户脱贫。严格按照“四不准”“六严禁”和“两个从严控制”的要求，组织召开党内民主生活会，逐条进行自查。完善《龙游县统计局全员实事考核办法》，层层签订党风廉政责任书，加强党风廉政建设，打造一支业务能力精、战斗力强、善于开拓、有预见性、敢于创新性的干部队伍。

（县统计局 夏水财）

审计工作

【概况】 2016年，龙游县审计局以“审计整改落实年”为抓手，着力在促进政策执行、规范权力运行、提高财政绩效、强化队伍建设、推动职责履行等方面下功夫，充分发挥审计职能，为助推龙游经济转型跨越发展贡献审计力量。全年计划安排审计项目19个，实际完成审计项目20个，查出问题金额11679万元，其中违规金额260万元，管理不规范金额11419万元。审计发现非金额计量问题24个，发现收支不实4万元；对外发表审计报告81篇。审计期间，整改金额185万元，审计处理金额11493万元，其中应上缴财政247万元，应减少财政补贴487万元，应归还原渠道资金27万元，应调账处理金额10731万元。移送纪检监察机关案件线索1件，涉案人数2人，涉案金额62万元，3人受到党纪处分。全年提交审计信息68篇次，其中2期审计专报得到县领导批示，28篇次审计信息被省、市审计机关采用。

【财政资金审计】 加强对县财政预算管理、盘活存量、国有资本经营预算管理和执行等内容的审计力度。按照边审边改的工作思路，针对县财政同级审过程中发现的“政府投资项目预算执行率低，项目推进有待进一步提速”等问题，提出“积极做好项目前期政策处置工作，建立考核机制，推进项目进展，提高项目资金执行率”的审计建议。县财政局积极采纳该建议，落实细化政府性投资项目预算编制，完善预算调整机制，对跨年度项目实行滚动管理，督促部门单位加快项目实施，提高预算执行进度。

【政府投资审计】 投资审计中心累计完成造价审计项目49个，送审额为3002.33万元，审定造价2597.21万元，核减造价405.11万元，最大核减率达52%，平均核减率为13.49%；审计垦造耕地83.4公顷（1251亩）、标准农田质量提升面积3479.93公顷（52199亩）。通过审计，挽回经济损失405.11万元。

【经济责任审计】 落实《龙游县党政主要领导干部和国有企业领导人员离任经济事项交接实施办法》等五项制度，把监督检查领导干部履职尽责、贯彻落实中央“八项规定”、廉洁从政等作为审计重点。年内组织实施横山镇原党委书记胡益峰和原镇长吴军杰经济责任审计、县旅游局原局长劳志平经济责任审计、县卫生计生局原局长袁小红经济责任审计、县司法局原局长金祖浩经济责任审计、龙洲街道党工委原书记丁俊和办事处原主任徐永恒经济责任审计。参与县委组织部牵头的16位领导干部离任交接工作。通过审计督查，促进被审单位加强财务监督，完善内控制度，规范资产管理，增强主要领导干部的履职意识、责任意识和廉政意识。

图151 6月21日，审计局干部对饮用水项目进行现场审计

【专项审计调查】 根据全省统一部署，组织开展公务支出公款消费及医疗废弃物等专项审计调查。在各单位自查的基础上，对县国土局、县招商局等24个机关单位及15个下属单位进行延伸审计。2015年，“三公”经费绝对额较2014年下降227.29万元，各单位贯彻执行中央“八项规定”成效明显。对审计中发现少数单位存在公务接待费用报销不规范或不按规定接待等问题，提出整改意见，严肃执行财政纪律。

【落实审计整改】 认真贯彻执行《国家审计准则》和浙江省审计厅《审计项目质量控制实施办法》，切实加强审计项目质量控制，规范审计操作行为，严格督查审计整改落实情况，做好制度规范，明确整改要求。完善OA（办公自动化系统Office Automation System的英文缩写）审计整改等系统互联互通，规范审计整改管理。积极探索通过部门联动落实整改的新模式，利用人大常委会听取财政审计工作报告的机会，借助其影响力，督促落实审计问题整改。同时，加强与第十纪检组协作，采用抽查等方式，实行审计“回头看”，防止被审计单位整改不到位、整而不改甚至虚假整改等问题的发生，确保审计监督落实到位。

【内部审计工作】 县内审协会继续抓好《龙游县内部审计人员后续教育实施办法》和《龙游县内部审计人员职业道德规范》的落实，有序开展全县内部审计指导工作。组织县内部审计协会11家成员单位47人参加省、市内部审计协会举办的内审人员后续教育和岗位资格证书业务培训，提高内审人员素质水平。县住建局、县教育局、县农村信用合作联社等内审单位组织开展“小金库”和“三公”经费等内部审计，为单位健全内控制度、加强内部管理、提高资金效益、堵塞漏洞、避免损失、防范风险发挥积极作用。县农村信用合作联社审计部实施的

2010年4月至2014年2月已核销呆账专项审计被浙江省内部审计协会、衢州市内部审计协会评为“表彰项目”。县教育局林建新被授予“浙江省内部审计实务能手”荣誉称号。

【审计队伍建设】 以“审计整改落实年”活动为契机，着力加强审计机关队伍建设。以党校培训为平台，强化政治学习，提高党员干部思想认识水平和政治觉悟，增强党性修养。加强业务学习培训，组织审计人员到浙江大学业务集训，丰富审计业务新知识，提高审计工作质量。以创建学习型、勤廉型、服务型审计机关为目标，开展警示教育，增强审计干部廉洁从审和自律能力。

（县审计局 曹奕）

安全生产监督管理

【概况】 2016年，龙游县安全生产监督管理局以“保一方平安”为担当，严厉查处安全生产领域的违法违规行为，全力消除安全生产隐患，大力推进安全生产先进技术的应用，抓企业主体责任落实，抓部门行业监管责任落实，全县安全生产形势持续保持稳定向好态势。全年共发生各类事故64起，死亡36人，受伤67人。其中，道路交通事故发生55起，死亡29人；工矿商贸事故发生9起，死亡7人。未发生水上交通、渔业船舶等行业及其他安全生产较大等级事故。

【安全生产责任体系建设】 督促企业严格落实安全生产主体责任，着力解决“政府急、企业疲”、安全生产工作在企业严不起来、落实不到位等问题，从源头遏制各类伤害事故发生。依据《中华人民共和国安全生产法》等有关法律法规和规章制度，制定龙游县《企业安全生产主体责任对标检查手册》，发放至80家重点监管企业，按照自查和抽查相结合的原则，促进非煤矿山、危险化学品、烟花爆竹等高危企业安全生产主体责任的落实。调整和充实县安全生产委员会成员单位，在原有48个成员单位的基础上，新增16个成员单位。修订完善《关于进一步明确安全生产管理职责的规定》，厘清相关职能部门安全监管权力和责任清单。

【安防控制体系建设】 县安监局将造纸行业作为安全防范重点，推广使用“智慧用电”系统，并列入年终考核。年内，全县各行业共安装“智慧用电”系统369套，其中，造纸企业安装了252套。全年新增“智慧用电”系统安装数量位列衢州市第一。对3家重大危险源单位开展重大危险源监控系统建设，经过前期充分沟通、协商，11月10日，安装建设公司和3家重大危险源企业签订安装合同，年底已完成硬件设施安装，等待电信部门的数据连通。实现企业内部重大危险源视频信号，液位、温度信号及开停车信号上传至市“智慧安监”系统平台，提高县内企业火灾防控预警能力。编制全县化工安全发展规划，确定东华街道的城南工业区为县化工企业集中区。县安监局与衢州科健公司签订化工园区区域风险评估协议，并根据区域风险评估报告，不断完善化工园区人防、物防、技防措施，消除安全生产隐患，全面提升化工园区安全等级。

【隐患排查整治体系建设】 构建以企业为主体的隐患排查治理机制。印发《龙游县隐患排查治理体系

图152 1月25日，县安监局牵头国土、公安等部门开展非煤矿、采掘施工企业春节期间安全检查

建设实施方案》，明确安全监督部门、行业主管部门、企业的职责任务，要求企业逐层落实从主要负责人到每个从业人员的安全隐患排查治理责任；建立安全隐患排查、登记、报告、整改等安全管理规章制度，并落实到位；明确隐患自查自报管理机构、责任人和信息员，每月定期汇总上报排查情况。2016年年初，全县有市、县挂牌的安全隐患17处，至年底，有4家市级挂牌单位完成整改并通过市级验收，11家县级挂牌单位完成整改并通过县级验收。

【标准化创建和诚信机制建设】 将标准化创建与诚信机制建设融合作为提高企业安全水平的重要手段，对全县210家规模以上工矿商贸企业进行等级分类，其中A级18家、B级192家，按照“巩固A类、提高B类”的原则，实行动态监管。年内，共完成11家工贸企业三级以上标准化评审，其中新创建三级标准化企业8家、二级标准化企业3家，兑现企业创建标准化贴补24万元，评定结果在安监局网站进行公示，接受监督。

【职业病防治工作】 年初，选定60家职业病危害评估企业，除3家停产外，剩余57家全部完成职业病危害项目申报工作。开展职业病危害隐患排查治理，督促企业开展职业病危化因素检测和员工职业健康体检等工作，全县无一次性3人以上职业病确诊情况发生。遴选6家企业开展市、县级“职业病防治管理示范企业”创建活动，按照考核标准，6家企业均成功创建县级示范企业，其中，维达纸业等3家企业顺利通过市级验收，被确定为市级示范企业。县安监局被衢州市安监局评为“2016年度职业卫生推进工作先进单位”。

【“打非治违”专项行动】 围绕“安全生产执法年”活动主线，扎实做好G20杭州峰会和互联网大会安保工作。对80家重点监管企业、“三场所两企业”（有限空间作业场所、可燃爆粉尘作业场所、喷涂作业场所和涉氨制冷企业、金属冶炼企业）、烟花爆竹、危化企业开展专项整治，完成烟花爆竹禁售、禁放和危化企业停产、限产工作。自6月份起，按照“管行业必须管安全”的原则，相关部门相继对辖区有关工矿企业、建筑工地、输油管道、道路交通、旅游景区、特种设备、水利工程、医院、学校、人员密集场所等单位和领域开展安全生产隐患大排查。全年共检查各类生产经营单位603家次，发现隐患1589处，下达责令限期整改指令书75份、整改复查意见书82份、现场处理决定书7份；立案查处安全生产违法违规案件21起，其中生产安全事故8起、一般安全生产违法违规案件13起，共处罚金158.75万元。建立安全生产隐患举报奖励制度，拓宽举报渠道，动员社会力量共同治理事故隐患，健全完善信访工作制度，做好安全生产信访工作。全年共受理、办结各类安全生产举报（投诉）信访件8件。

【完善应急救援预案】 修订《龙游县较大以上生产安全事故应急救援预案》《龙游县矿山事故应急救援预案》《龙游县危险化学品应急救援预案》。开展全县性“地震应急桌面推演”和“城镇内液化气泄漏”应急救援演练，重点检验全县相关救援部门应急响应能力和企业应急处置能力。指导3家加油站和危化企业开展应急救援演练，完善应急救援预案和物资储备，指导企业员工正确使用呼吸器、防毒面具等劳动防护用品。制定《龙游县危化品生产、储存、使用单位危化品应急处置手册》，针对不同危化品特性，制定详细的灼伤处置、火灾处置、中毒处置、泄漏收集和中和的方法，提升全县危化品事故处置的针对性、有效性，杜绝盲目施救。计划与省安全生产应急救援巨化中心签订危化企业生产安全事故应急救援服务协议，提升龙游县危化企业应急救援能力。

【建立安全生产“黑名单”制度】 按照新的事故统计口径，及时上报各类生产安全事故。按时完成事故调查，严格落实“四不放过”原则，严肃追究责任人和责任单位的责任。建立安全生产“黑名单”制度，将发生较大以上生产安全责任事故的企业；存在重大安全生产隐患被列入省、市级挂牌整治督办，逾期未完成整改的企业；拒不执行安全监管监察指令、行政处罚决定、抗拒安全执法的企业；发生生产安全事故、发现职业病病人或疑似职业病病人后，瞒报、谎报或故意破坏事故现场、毁灭有关证据的企业；被纳入市级以上管理“黑名单”的企业；经监管执法部门认定，严重威胁安全生产的其他行为的企业列入“黑名单”，进一步加强监管。

【安全生产知识宣传】 邀请省安全生产科学研究院副院长吴珂为全县党政领导干部作“党政同责，切实有效推进企业安全生产主体责任的落实”安全生产工作报告。6月，以“安全生产月”活动为契机，先后开展全县安全生产知识竞赛、“安全咨询日”、安监干部“五进”（即进农村、进社区、进企业、进学校、进窗口）、安全生产演讲比赛等活动；建立企业主要负责人和安全生产管理人员加入的重点监管企业微信群，通过微信平台报送企业当日安全生产状况，并借助微信群宣传安全生产知识，加强和企业间的安全信息互动。县安监局获2016年“安全生产月”活动省级优秀单位荣誉。

【安全生产教育培训】 借助县委党校、县职业技术学校资源和县委理论中心组平台，对全县党政领导干部、乡镇安全生产分管领导、安监站负责人、安监站人员、村委会主任开展安全培训，把安全生产和职业病防治纳入教育培训内容，提升全员安全意识。全年举办企业负责人与安全管理人员培训班11期，863人参加；举办电工特种作业培训班6期，380人参加；举办电焊特种作业培训班5期，290人参加。另外，县安监局还组织人员赴部门、乡镇、企业开展全员安全培训20多次，培训人员4000多人次。

【安监队伍建设】 深化“两学一做”学习教育，定期组织风险排查和工作作风评比，使作风效能建设工作常抓常新。重点加强乡镇基层安监队伍建设，开展安监站工作人员轮训，切实提高乡镇街道基层安监人员业务能力。年内，在园区监察中队、东华监察中队的基础上，新成立龙洲监察中队、湖镇监察中队，并派驻局相关工作人员进行综合监督。深入分析新形势下安全生产工作存在的问题和困难，及时研究工作方法和对策，为安全生产工作提供坚强保障。

（县安监局 吴晓峰）

公共资源市场化配置监督管理

【概述】 2016年，龙游县公共资源市场化配置监督管理办公室（简称“县监管办”）围绕县委、县政府的中心工作，充分发挥职能作用，以严格规范的监管和优质高效的服务，主动适应经济发展新常态，全力打造公平公正、透明高效的公共资源交易平台，取得明显经济效益。全年共完成交易项目1397宗，成交金额41.62亿元，节约支出3.8亿元，增加收入3.45亿元，增资节资率为17.42%。受理工程交易项目440宗，成交金额21.57亿元，节减资金3.8亿元；完成土地出让19宗，成交金额12.1亿元，增加收入3.44亿元；完成产权交易23宗，成交金额1296.4万元，增加收入212万元。

【对接服务项目建设】 根据县政府投资项目计划，对城投公司、奔康公司、县交通局、高坪桥水库管理处、湖镇镇等20多个单位涉及“四重双百”的100多个项目，主动上门对接项目进度和招投标计划安排，做到提前谋划。对特殊项目、重点项目的招投标，如高坪桥库区项目前期工作、道路改扩建工程的招投标，奔康公司晨北小区农整项目及“四边三化”等项目做好重点服务，确保项目招标顺利完成。

【招标文件把关】 和往年相比，2016年全县工程建设项目的数量有明显增加，大部分重点项目时间要求都很紧迫。业务科室急业主所急，及时快速受理项目备案，严把工程建设、产权、土地等招标拍卖挂牌文件的审核关，做好合法性审查，提出合理化建议，确保招标拍卖挂牌文件合法合理、公平规范。

【优化招投标工作】 简化招投标备案前置条件。工程建设项目施工招投标，只要初步设计及概算经县发改部门批准、施工预算县经财政部门审核、具备招标所需的设计图纸及技术资料，即可受理备案，不再要求提供用地批准书和建设工程规划许可证等材料。对为完成重大政治、经济、社会活动急需配套的建设项目及按正常招投法程序难以完成的限额以下的工程项目，试行优先招标。建设单位在无法提供预算的情况下，可以优先实行总造价让利方式招标，先行确定中标单位后补办预算及审价资料等手续。加快招标项目备案时效，限额以下项目实行即报即批，限额以上项目在2个工作日内完成备案。

【规范部门乡镇招投标工作】 根据《关于进一步完善政府性投资项目招投标工作办法》及县招投标有关规定，制定《龙游县小额工程建设项目施工招投标操作办法》。对乡镇部门限额以内自行招标的小额工程建设项目，规定邀请招标和直接发包应具备的条件，明确自行招标的流程。从招标方式的确定，到预算编制、发布招标公告、开标评标、签订合同等方面，作出明确规定，使乡镇部门自行招标工作有据可依，更具操作性。

【监督与检查】 开展乡镇（街道）公共资源交易平台专项检查，规范乡镇（街道）公共资源交易平台建设和运行。开展涉农项目在建工程专项检查，全年共抽查高坪桥水库库区改复建应急工程、县集体经济薄弱村物业园项目等11个在建项目，着重检查施工监理单位项目部人员在岗到位等履约情况。开展“四边三化”项目专项检查，针对检查中存在的普遍问题和突出问题，强化管理，加大跟踪落实，不断提升工程质量水平。

【项目实名制考勤】 在24个政府性投资建设工程项目中，对36家施工、监理企业实行实名制考勤，强化县政府重大投资建设工程项目质量和安全文明施工长效管理机制，全面提升政府性投资建设工程项目质量和安全管理水平。

图153 县监管办开展“两学一做”学习教育专题党课活动

【依法处理投诉案件】 全年共受理投诉案件3起，查处招投标违规行为4起，包括龙游工业园区10千伏电缆排管工程招投标，浙江泰宇建设有限公司与浙江霞厦建设工程有限公司商务标软件锁编号相同；龙游县三门源景区停车场工程招投标，浙江寰晟环境工程有限公司与浙江博园环境工程有限公司商务标软件锁编号相同；龙游县2016年中小学塑胶操场建设项目一标段，杭州非凡塑胶工程有限公司投标文件封面上公司名称为杭州宝力体育设施工程有限公司；衢宁铁路（龙游段）庙下安置点工程项目有16家企业串标等。通过查处违规行为，净化县公共资源配置市场公开、公平、公正、廉洁、高效的环境。

【干部队伍建设】 争做“四讲四有”（讲政治、有信念，讲规矩、有纪律，讲道德、有品行，讲奉献、有作为）合格党员，加强队伍建设，为招投标监管工作的正常开展提供强有力的保障。通过集中学习、专题讨论、基层走亲、“学讲话、走在前、做表率”演讲比赛、党员志愿服务、创国卫、护航G20等活动，扎实开展“两学一做”学习教育活动。认真贯彻从严治党要求，把党风廉政建设纳入业务工作目标管理考核，明确责任目标，形成齐抓共管廉政建设落实机制。制定和完善各项内部管理制度，积极运用干部平时考核、党员实事积分、责任追究等手段，推进各项工作提升效率和执行力。

（县监管办 张雪青）

国有资产经营与管理

概　述

自2013年6月单设以来，龙游县国有资产监督管理委员会认真贯彻落实深化国资改革系列文件精神，主动求变，谋求发展，全县国资结构持续优化，产业转型不断加快，经营绩效逐年提高。为加强对国资的监管，县国资委制定“1+5”政策体系（“1”即《龙游县国资改革若干意见》，“5”是人事管理、工资总额预算管理、经营业绩考核及薪酬管理、财务管理、投资项目管理5项管理办法），并将分散在各部门的不动产纳入县国资委，建立全县统一的“资产池”；将年约5—6亿元的各国资公司的存量资金及部门结余资金汇入母公司，实行集中管控调度，建立全县统一的“资金池”。推进国资公司市场化改革，对全县原有的70家国资公司进行整合重组，形成“1+9”国资集团主体框架，形成功能相对完善、发展主题相对突出的国资发展体系，并选择水务、城投、交投、旅游、奔康、商贸六家公司为市场化改革试点对象，以自愿报名、公平竞争、择优录用的方式面向社会公开选聘公司高管。实现放管结合，对6家市场化公司实行“1+6”监管（“1”是对6家公司财务实行统一监管，“6”是对各公司的重大人事、重大投资、重大资产处置、重大关联交易、重大国有负债、重大资产采购实行重点监管），维护出资人权益。通过采取一系列的措施，逐步形成国资委负责监管、母公司负责投融资、子公司负责经营的国有资产经营管理新格局，确保国资保值增值，助力全县民生事业快速发展。

国有资产管理

【概况】 2016年，龙游县国有资产监督管理委员会（简称“县国资委”）以深化国资改革为总体思路，主动适应经济新常态，围绕“大投入、强经营、转管理”的工作目标，继续推动国资、国企做大做强，为龙游县实现“奔跑跨越”发展注入强劲动力。全年“1+9”核心国资公司实现经营收入6.3亿元，缴税7800万元，缴纳土地出让金1.68亿元，其中6家市场化国资公司年利润6155万元，首次实现扭亏为盈。

【拓宽融资渠道】 县国资委以扭转融资形势为年度工作总目标，进一步探索直接融资方式，围绕“先AA后发债”的思路开展债券发行工作。通过股权结构调整、资产重组及权证办理等工作，11月底，龙游县国有资产经营有限公司（县国资委独资）成为衢州市首个取得主体信用AA级的县级国资公司，为发行企业债等直接融资工具打下坚实基础，加快国有资产证券化的步伐。同时，大力发展间接融资，实现“一优、一降、一增长”目标：优化融资方

图154 7月11日，县国资委举办全县国资系统职工综合素质培训班

式，银行贷款由单一项目贷款转向与流动资金贷款（简称“流贷”）相结合；担保方式也实现多样化，由单一抵押贷款为主转向以担保、质押为主，有效缓解融资抵押物不足问题。降低融资成本，平均融资成本从2013年的6.95%下降为5.4%。融资规模显著增长，至12月31日，全年完成贷款授信35.8亿元，实际到位14.18亿元（其中流贷授信15亿元，实际到位6亿元；项目贷款授信18.4亿元，实际到位5.58亿元；获发改委专项基金2.4亿元，实际到位2.4亿元），有力保障大南门改造、红木小镇建设、河道疏浚等重点建设项目。

【扩大有效投资】 为加快政府性项目建设，切实保证项目的进度、效益与质量，规范市场化项目投资行为，牵头制定《关于龙游县政府投资项目契约化管理制度的若干规定（试行）》，同时，配套设计《关于建立龙游县国有企业市场化项目经济性审查制度的通知》。以契约化制度管理推进城东新区基础设施工程、灵山港流域综合治理等40个政府性投资项目，全年计划投资14.1亿元，实际完成10.5亿元，完成率较历年平均提升近40%。市场化项目投资扩量，以商业计划书制度配套经济性审查制度推进河道疏浚、翠竹小区、晨北小区等17个市场化项目，全年计划投资9.5亿元，实际完成8.7亿元，基本完成计划目标。股权投资规模继续扩大，对外合作能力不断增强，交投集团与光明铁道合作成立创兴矿业公司，与中国国能集团合作的国通能源公司项目落地，与宁波镇海合作的成品油交易中心项目稳步推进；水务集团成功与北控开展战略性合作洽谈。

【市场化公司扭亏为盈】 水务、奔康、交投、城投、商贸、文旅6家市场化公司重组完成后，根据经营实际与规划，确定6家公司“三个翻番”的三年经营目标，即累计投资达30亿元、总资产达40亿元、累计收入达12亿元，且累计利润达8000万元以上。2016年是任期考核的第一年，6家市场化公司年度营业收入目标为3.2亿元，实际达4.15亿元，完成当年目标的129.7%；年度利润目标为1560万元，实际利润为6155万元，完成年度目标的394.6%，首次实现扭亏为赢的经营目标（上年同期净亏损4770.18万元），总体效益显著好转。

【“两池”提质增效】 2016年，根据原《龙游县国有公司资金集中管理办法》，将国资公司各类分散资金继续集中至母公司，公司资金池体量不断扩大，资金使用效率进一步提高。至年底，共归集账户96个，日均归集资金达5.49亿元（其中年内新增归集账户24个，涉及资金1.97亿元）；为各公司调剂资金2.24亿元，节约信贷成本553.4万元；实现综合理财收益1203.7万元。继续做大、做优资产池，纳入国资委统一监管的国有资产达到2185宗，通过“拆、改、卖”等处置方式，确保国有资产保值增值。全年拍卖资产标的38个，收入4398万元，资产平均溢价率达41.7%；与2013年相比，资产集中后，经营性资产租金收入从1633万元增加到2250万元，增幅达37.8%，公开出租率从23.8%上升至100%。资产拆除、改建继续提速，为城东新城发展做好准备。拆除原造纸厂、质量检测所、大南门等管理难、利用率低的国有资产，面积达2万余平方米；同时，将部分闲置资产改建成办公楼、全民健身中心，涉及面积达2.8万平方米，有效提高国有资产的利用价值。资产搬盘也卓有成效，全年完成市政园林管理处、综合执法局龙洲分局、县粮食局、县旅游委员会等12个单位的办公楼调剂，并研究制定涉及29家机关单位共9000余平方米的办公用房整体搬盘方案，确保全县办公资源的合理配置，提高使用效率。

（县国资委 金泽环）

龙游县奔康投资有限公司

图155 建设中的樾园小学及灵江幼儿园

【概况】 龙游县奔康投资有限公司（简称“县奔康公司”）成立于2008年7月，当时隶属于龙游县农业和农村工作办公室。2015年5月，公司进行市场化改革，变更为国有法人独资企业，直属县政府管理，由县国资委监管。公司主要从事下山脱贫、异地搬迁小区房屋建设，农业开发项目、农村基础设施项目投资及安置，房地产开发、物业管理、保安服务、人力资源服务、教育投资、新能源开发，建筑工程材料和市政道路工程材料检测。公司下属龙游楚盛房地产开发有限公司、龙游县宏科教育投资有限公司、龙游县安周物业管理有限公司、龙游县翼安人力资源服务有限公司、龙游县奔康新能源有限公司、龙游县保安服务有限公司、龙游县万基建设工程检测有限公司等7家子公司。2016年，龙游县奔康投资有限公司认真贯彻县委十届十一次全会精神，按照县政府“精准施策补短板，凝心聚力促发展”的工作要求，努力践行“两学一做”学习教育活动，以提高执行力为抓手，积极探索公司市场化建设新路子，强化项目推进，拓展经营范围，注重经营效益，求真务实，开拓进取，各项工作有序推进。

【加快项目建设】 根据县委、县政府制定的项目实施目标，注重策略，突出重点，早谋划、善对接，加快推进项目建设。至年底，溪口翠竹安置小区续建项目已竣工并完成农户安置工作，共安置农户710户，回笼房款6000余万元；晨北（农整）小区项目已完成主体工程量的80%，计划于2017年8月完成土建工程；县集体经济薄弱村物业园代建项目土建工程已完成，进入配套工程建设阶段；城市景观亮化提升工程代建项目全面完工，着手验收和移交；湖镇便民服务大楼装修工程完成东侧辅楼文化中心的装饰，计划于2017年8月全面完工并交付使用；高坪桥移民安置小区工程完成临时施工道路土方回填及地质勘探等前期性基础工作；县光伏小康工程项目完成省能源局光伏增补报批，已由衢州市发展与改革局立项，完成工业、农业决策和土地预审、规划选址、地质勘探、部分土地流转等工作，预计2017年6月进场施工。2016年11月，公司投资1.52亿元，新建樾园小学和灵江幼儿园，计划于2017年11月竣工；12月，公司投资1.35亿元，迁建阳光小学，计划于2017年年底竣工。全年完成政府性项目投资1.53亿元、经营性资产投资1.67亿元，代建项目履约率达100%。

【拓展经营业务】 2016年，公司努力把握所处环境的变化趋势，按照国资公司市场化改革的总体要求，积极拓展发展空间。先后成立龙游县安周物业管理有限公司、宏科教育投资有限公司、奔康新能源有限公司、翼安人力资源服务有限公司4家子公司，并对县保安服务公司、万基建设工程检测有限公司进行重组，扩大奔康公司的市场经营规模和范围，培养新的经济增长点，逐步形成以房地产开发为主、向各大新兴经济领域进军的多元发展新格局，为公司发展奠定良好的基础。

【提高经营效益】 积极盘活现在资产，确保资产保值增长。在市场调研、房地产形势分析的前提下，分别于2016年10月16日和11月13日对晨东小区、阳湖小区库存房产进行拍卖处置，回笼资金5436万元，达到较好的社会效益和经济效益。对经奔康公司重组的县保安服务公司进行有效经营，年收益达150多万元。加强对奔康公司管理的城区6家停车场进行规范管理，提高经营效益，年收益100余万元。充分利用政策优势，通过政府项目代建、部门项目联建等方式，获得代建费300余万元；实现经营业务多元化发展战略，经过认真全面的市场分析和预测，精心谋划，以1.01亿元的价格整体收购城北龙游工业园区的丹芙伦商住小区，实施清产核资，设立晨安物业小区，规范管理，通过房屋租赁、市场营销等手段，获取盈利，促进公司自我积累，自我发展。公司全年实现营业收入4966万元、利润2396万元，资产保质增长率达143%。

【建设高效团队】 加强精细化管理，强化责任意识和纪律观念，较变员工思想作风和工作态度，努力营造严于律己、敢于担当、遵规守纪、和谐共济的工作氛围。制定和完善公司内部各项管理制度，以制度管人管事。明确各部门职责，细化分工，责任上肩。实行绩效考核机制，考核内容包括工作履职、制度执行、廉政建设、作风建设等4方面，每月对员工的实际表现进行客观评定，按等级确定薪酬档次，对绩优效高的员工给予增资，对绩劣效低的员工予以降资，做到赏罚分明。重视年轻员工的培养使用，采取内部培训和外派学习的方式，为员工的成长创造有利条件。

（县奔康公司　郑云翔）

龙游县城市发展投资有限公司

【概况】 龙游县城市发展投资有限公司（简称“县城投公司”）成立于2014年2月23日，是龙游县国有资产经营有限公司的全资子公司，直属县政府管理，由县国资委监管。公司主要从事城市基础设施项目、市政公共项目、园林绿化及配套项目的投资开发和建设管理，从事政府授权范围内的国有资产经营管理服务，从事房地产开发经营、体育产业经营、物业管理及停车场收费等。下属绿宇园林有限公司、体育发展总公司、城投置业有限公司等子公司。2016年，县城投公司以县委、县政府“城市东进”战略部署为指引，以“为政府做质量最优的工程，为社会出效益最好的项目”为工作目标，创新工作方式，完善公司各项管理制度，扎实苦干，奋力拼搏，稳步推进项目建设、融资筹资、资产管理等工作。

【项目实施情况】 按照县2016年度“四重双百”重点建设及政府性投资项目推进责任落实分解表的要求，道路配套工程、安居保障项目、老旧小区改造等工程以及前期类项目大部分按进度计划实施。全年由城投公司实施的工程共有42项，其中实施类项目32项、前期类10项，年度计划投资94015万元，至年底，已完成投资62402万元。

【市政项目】 城东片区道路工程主要包括学士路、荣昌东路、子鸣路、文靖路、永安路改造工程。在相关部门的共同努力下，至年底，除文靖路外，其余项目均完成政策处理工作。原计划年内完成的城东片道路，因受政策处理及其他客观因素影响，学士路、永安路已完工，荣昌路、子鸣路、文靖路完成地下综合管线及路基工程。城南片道路工程主要包括广进西路、人民南路延伸工程、龙洲南路、世贸城周边道路、城南片污水管连接工程、人民路（大润发及东方段）等。至年底，已完成广进西路地下雨污管道埋设、龙洲南路地下管线及路基建设、人民路东方段西半幅道路及人行道铺装、城南片污水管连接工程施工顶管工作井项目。旧城区道路改造主要包括文化东路、人民路杆线入地和环城西路、龙翔路改造等项目，至年底，环城西路已完成管道埋设，人民路完成80%管道铺设，文化东路及龙翔路已做好开工准备。

【房建项目】 强化安居保障工程，其中灵江家苑安居工程1标段基本完成，2标段完成内外墙装修施工，计划于2017年3月全部完成。子鸣社区安居工程一期10月全部结顶，年内完成外架50%拆除。落实老旧小区改造项目，阳光小区二期、阳光小区三期、亚伦生活小区、龙翔路、铁路新村、竹景小区管理用房、莲湖家苑廉租房改造按进度实施；东苑小区已完成招投标工作；福泰隆广场、县府宿舍于10月下旬招投标，开标后按相关程序开工建设。

【前期项目】 县金融中心项目完成设计招标及方案论证，进入初步设计阶段。端礼路、友钦路、伯珍路、集贤路完成招标文件编制，因政策处理原因，暂缓开标。学士路、莲湖路进行方案设计。市民生态休闲公园进行概念性方案设计。博物馆完成EPC招标文件编制。

【市场开发】 公司在抓好项目建设工作同时，按照国资改革和市场化工作进度，接收绿宇园林工程公司和体育发展总公司。及时投入人力、物力，开发业务，培育市场，全年通过园林绿化项目收益约200万元；体育总公司依托产业优势，投入资金开发龙山青少年拓展活动中心和G60汽车赛道，预计2017年度将实现赢利。制定市场开发计划，成立城投置业公司，就金融中心、子鸣社区等房产、物业及停车场等业务进行初步部署；完成龙游美食城建设并投入运营，全年实现收益210万元；对农批市场、龙商大厦、金融中心等市场项目做好调查走访工作。编制完成《龙游县金融中心市场调查报告》《金融中心项目建议书》等项目前期报告；EPC项目龙游博物馆开展前期方案设计。

图156 5月，龙游美食城建成并投入使用

【政策协调】 完成龙洲南路、广进路等工程建设项目推进和城东片荣昌路、学士路、子鸣路、文靖路及零星工程政策处理协调工作。参与县城小高山村整体搬迁攻坚工作和搬迁户搬迁协议签订工作，负责完成小高山村整体搬迁的旧房屋拆除工作。

【内部管理】 结合企业实际和国资委相关规定，制定完善项目资金管理办法，出台公司工程建设项目进度控制管理办法、项目内部会审会签制度、零星工程邀请招标公开办法等制度。抓好奖罚考核，开展项目工程合同规范化工作，制定并细化无价材料价格库。出台对监理公司、施工企业的考核办法，项目建设更加公开透明，确保项目实施的公平、公开、公正，业务过程由被动变主动。在进行充分调查研究的基础上，制定《公司薪酬管理制度》《龙游县城市发展投资有限公司财务管理制度》《绩效考核制度》等一系列管理办法，对公司市场化转型中遇到的班子重组、企事业人员分流、薪酬改革等重大问题时，发挥了重要作用。进一步加强工程档案电子化、工程合同规范化工作。完善公司内部管理系统和APP软件平台运用，提升工作效率。围绕中心项目建设和投融资工作，在制度建设、党群建设、廉政建设的基础上，结合“两学一做”“党员零基积分法”等相关规定，积极推动企业文化建设。组织支部、工青妇活动开展丰富多彩的活动，进一步激发干部职工的积极性、创造性和团队性。企业的团队凝聚力和执行力进一步加强。

（县城投公司 丁峰 李孟莹）

龙游县交通投资集团有限公司

【概况】 龙游县交通投资集团有限公司（简称“县交投集团”）成立于2015年7月21日，是直属县政府管理、县国资委监管的国有独资企业。主要从事交通基础产业项目的投资、管理、开发，投资管理、咨询服务，资产管理等业务。下属6家全资子公司、2家控股公司、2家参股公司。2016年，交投集团紧紧围绕县委、县政府国资改革指导意见，坚持“激情创业，奋发有为”创业精神，以“变理念，固本业，创新绩”为发展基调，充分发挥国企职能作用，助推国资市场化改革。全年营业收入超出前三年平均值2000多万元；经营利润超出市场化改革前三年平均值4000多万元，实现扭亏为盈的目标；人均纳税8.81万元，各项指标均实现较大幅度增长。县交投集团被评为2016年度龙游县“百家四优”企业和“经济贡献五十强”企业。

【确保国资保值增值】 县交投集团通过对国有资产的清查，摸清家底，理顺资产属性，做到资产管理有台账、财务清单有明细。强化经营性资产合同契约化管理，加强挂账非经营性资产及公益性资产的使用和维护管理，并通过经营性整合方式盘活资产功能。国有资产保值增值率达216%，实现目标任务的翻番，确保国有资产发挥最大效益。浙江龙游新国际饭店于2016年12月15日通过公开拍租形式拍得县交投集团下属公司龙游县创达交通实业有限公司原“龙游国际饭店”经营权，并计划于2017年1月开始对酒店进行全面装修，加大硬件投入，进一步提升酒店的服务品质，扩大国有资产增值空间。

【有序推进项目建设】 承担政府性任务、高速公路运营等方面力求精细管理，稳中求进。政府代建项目履约率达100%，项目工作得到市、县行业主管部门和相关单位的充分肯定。完成320国道与杭新景高速龙游塔石互通连接线交叉改造工程；以“保安全、保稳定、保畅通、保服务”为目标，圆满完成G20杭州峰会期间的公路保障任务，获浙江省公路管理局的肯定；完成十里铺至毛岭头的公路绿道项目；抢建高坪桥库区公路墩高56米的双溪口大桥等关键性节点工程，为水库建设顺利推进赢得先机。

图157 高坪桥水库库区公路改（复）建应急工程1标段项目经理部

【构建多元发展格局】 按照《龙游县国资改革意见》《龙游县“五大百亿”产业培育意见》及全县企业中长期发展战略的要求，积极开展与社会资本合作及混合所有制模式的探索与实践，对外投资实现“开门红”。与中石化、中国国能集团、浙江省海港集团、光明铁道公司等大型央企、国企及优质民企的合资合作取得实质性突破，集团创业、创新初显成效，超额完成年度目标任务。交通集团初步形成交通产业+能源产业、交通产业+资源产业、交通产业+基础产业构成的多元化发展新格局。与中石化浙江石油分公司合作组建“龙游县交投中石化能源有限公司”，主要从事加油站的建设和运营；与光明铁道公司合作组建“浙江创兴矿业有限公司”，主要从事花岗岩建设石料的开采、加工、销售；与浙江省海港集团合作组建“浙江海港龙游港务有限公司”，主要从事龙游港区的建设和运营。

【积极推进龙游港区桥头江作业区项目建设】 浙江省内河水运“十三五”规划提出“北提升、南畅通、西振兴、东通海”的战略目标。按照规划的要

图158 交投集团龙新高速公路投资有限公司开展夏日送清凉活动

求，龙游港区是“西振兴”的代表之作，至2017年年底，钱塘江中上游衢江航道将全线通航。龙游港区桥头江作业区项目由龙游县交投集团与浙江海港内河港口公司共同筹建，位于衢江北岸的湖镇镇前江新村，紧靠龙游工业园区，处于小溪滩船闸下游约1公里处。项目拟新建500吨级码头泊位14个，总用地35公顷，总投资7.48亿元，设计年吞吐量为480万吨，年通过能力为515万吨。项目建成后，龙游港将成为浙西地区内河综合物流及中转枢纽港，可辐射衢州、丽水、金华等周边县市，陆域开阔，通江达海。项目的顺利推进和建成投产，将进一步完善龙游县的交通运输体系，加快物流业发展，提升腹地制造业的竞争力，促进产业聚集，提升县域综合竞争力。

【加强团队建设】 健全党建工作机制，推进党风廉政建设，完善内控管理制度，营造风清气正、想干善干的企业经营环境。建立现代企业用工机制，破除身份和编制的限制，建立全员合同管理机制，确保人员能进能出；健全选人用人机制，建立竞争选拔机制，既稳定老队伍，又激发中青年骨干和基层一线员工干事创业的激情，提升集团员工干事创业的主人翁意识，在人力资源方面为企业发展提供保障。

（县交投集团 吴旻）

龙游县商贸物流发展有限公司

【概况】 龙游县商贸物流发展有限公司（简称“县商贸物流公司”）成立于2013年12月，为县国资委下属的六大国资公司之一，注册资本5000万元，主要经营范围包括综合商贸物流园区项目的投资与开发。2015年5月，公司市场化改革正式开始，业务经营范围扩展到市场开发建设、市场管理、市场服务；机动车检验检测；机动车驾驶员培训；货物仓储、停车场服务等业务范畴。公司高层设总经理1人、副总经理1人，总部下设综合部、计划财务部、规划工程部、资产管理部、产业发展部5个职能部门。公司下属子公司4家，共有职工100余人，其中总部管理人员15人。2016年，公司累计完成项目投资3014.47万元，实现营业收入1621.15万元，完成利润228.95万元。其中，市场化项目投资1646.61万元，政府性项目投资1367.86万元，市场化项目投资占总投资的54%；政府性项目代建履约率达100%，资产保值增值率为105.7%。公司年度目标顺利实现。

【市场化项目谋划】 国资公司市场化改革以来，县商贸物流公司借助园区及下属4个子公司的区域、市场、经营优势，谋划大小项目10余个，其中已落实项目4个，主要为园区13#～15#地块场地出租、6#地块土地平整、飞云路菜场项目以及驾考中心项目。园区13#～15#地块土地场地为仓储公司为拓展自身仓储业务而谋划的项目，规划用地1.91公顷（28.6亩）。园区6#地块土地平整项目平整土地4.67公顷（70亩），为下一步谋划仓储中心项目打下基础。飞云路菜场项目投入资金200万元，12月28日正式开业，有经营户67家。驾考中心项目位于城北开发区北斗大道北侧，规划用地2.34公顷（35.1亩），总投资2800万元，至年底，已完成该地块的土地竞买工作，并完成项目能评、环评等各项工作。

【接管驾培项目】 4月，龙游华安机动车驾驶培训有限公司（简称“华安驾培公司”）正式移交县商贸物流公司管理。接收之初，因各类教学设施不足，华安驾培公司面临“道路经营许可证”无法核发的问题。县商贸物流公司及时与县政府办、县运管所等单位沟通联系，租赁训练场地，购买训练设备，落实整改措施，确保华安公司正常开展驾培业务。

【接管市场项目】 5月，公司陆续从县市场监管局和县经信局等部门接收北门综合市场（其中县经信局占70%股份、市场服务中心占30%股份）、西门农贸市场的43%股份及溪口仔猪市场、溪口综合市场、横山综合市场、交易城储藏室等资产。为加强市场类资产接收的后续管理，商贸物流公司以原市场监管局所属的市场服务中心为基础组建龙游县百益市场管理有限公司，重组市场管理公司领导班子，并与原市场管理人员签订改制安置协议，割清员工原有身份关系，为后续管理的正常开展奠定基础。

【接管机动车检测中心】 6月，原属龙游县国有资产经营管理有限公司的机动车检测中心正式移交县商贸物流公司管理，并更名为“龙游县安驿机动车检测有限公司”（简称“安驿车检公司”）。接收之后，公司面临环保检测线建设和授权签字人员缺岗两大问题。环保检测线由原管理方投资，接手时，土建已完成，设备也已安装，但监管部门评审迟迟不能过关。为解决这一问题，公司组织员工攻难点、解难题，准备环保检测线相关的审批材料，同时，加强与上级监管部门沟通协调，经过一个多月的努力，检测中心终于获得了检测资格。针对授权签字人员等重要岗位人才缺失问题，公司及时通过组织招聘加以解决。10月，安驿车检公司得以正常运营。

【成立龙游县百益仓储有限公司】 5月，为加强公司仓储相关业务拓展，配套县商贸物流园区市场集群，成立龙游县百益仓储有限公司，取得了一定的经济效益。

【基础设施建设】 至年底，龙游县商贸物流园区的神龙路道路工程、排污总管工程、110KV（千伏）线路迁改工程均已完工。神龙路与疏港大道的贯通，有效保证了园区的区位交通优势；排污总管及110KV（千伏）线路迁改工程竣工，使园区的基础设施建设有了良好的开端。11月，国际家居建材市场正式运营，嘉溢鑫城一期主体工程已经完工，园区专业化大型商场的功能日渐成型。

【制度建设】 加强对接收资产的日常管理和人员管理，结合各子公司的业务特点和管理方式，制定《子公司管理制度》《子公司高管绩效考核办法》，并对各子公司的人员工资、岗位设置等进行登记汇总，要求各子公司公开招聘确需招聘的岗位。针对部分员工违反公司制度的行为，进行了行之有效的处罚。严格按照公司《工程项目管理办法》的规定，管理公司各类工程。通过制度的制定与执行，改变了子公司接收之初的混乱状态，员工工作积极性大幅提高，公司发展转向良性循环。

【队伍建设】 围绕县委、县政府中心工作，公司组织员工积极参加创建国家卫生城市、文明劝导、“拆治归”（即以“三改一拆”改变城乡环境，拆出发展空间；以“五水共治”修复山河本色，治出转型实效；以“浙商回归”引入优质项目、纳入发展活水）、剿灭劣V类水等重大活动。积极推动企业文化建设，组织支部开展丰富多彩的文体活动，做好“两学一做”“党风廉政”等重点工作，充分发挥党组织在相关工作中的思想保证作用。鼓励职工参加政治学习和业务进修，提高理论素养、工作水平和工作效率，打造作风过硬、技术过硬、素质优良的职工队伍，以创新的思维、务实的态度、满腔的热情，助推公司又好又快的发展。

（县商贸物流公司 吴晓丽）

龙游县文化旅游发展有限公司

【概况】 龙游县文化旅游发展有限公司（简称“县文旅公司”）成立于2011年5月9日，注册资本1.3亿元。其前身是龙游县旅游发展有限公司，2013年10月与龙游县风景旅游管理局合署办公，2015年8月根据龙游县人民政府要求，与县旅游委员会分设，并按照现代企业制度改制组建国资公司。县文旅公司以县域内旅游资源综合开发建设为主线，以景区日常管理经营为主业，通过旅游项目融资平台，推进龙游旅游产业的发展。自成立以来，公司运营良好，通过龙游石窟、龙游民居苑景区实现经济创收。2016年，龙游石窟、龙游民居苑景区共接待游客约43.5万人次（不含民居苑免费接待人次），实现门票营业额1847.52万元。此外，民居苑景点化改造、铁路桥遗址公园、石窟灯光改造等项目已完工并投入使用；地热温泉勘探项目已完工，已进入水文数据监测期；民居苑聚宝古街、民居苑古民居迁建也已完工；三门源景区建设项目、石角景区建设项目正在进行中。2016年是国企改革起航之年，县文旅公司按照“三年行动方案”的总体思路和工作目标，按市场化改革方向，认真落实县委、县政府部署的各项工作任务，落实县国资委的各项考核目标，较好地完成了年度工作任务。文旅公司党支部被县国资委授予“先进基层党支部”荣誉称号，并荣获县国资系统“五星支部”荣誉。

【创新工作机制】 以人事改革为活力，充分调动广大职工的工作积极性。2015年年末，通过向社会公开招聘，择优筛选景区主任、营销部经理；通过公开竞聘，遴选中层干部；职工实行双向选择，促使各岗位员工最优化配置，在满足员工个人爱好的同时，充分发挥职工的专业特长，提高工作效率。在干部选拔任用上，严格遵照《干部选拔任用工作条例》，坚持民主集中制原则，树立正确的选人用人导向，强化干部选拔任用的透明度，文旅公司提拔中层干部5名，石窟公司提拔中层干部7名。实行全员合同制，并在减人增效上做文章，实行岗位归并，将中层干部岗位从原来的15个减少到7个；合并票务管理、仓库管理、行政管理岗位；取消影视厅管理岗位，实行值班经理兼职制；取消景区巡查岗位2个、景区宣传岗位1个，将减岗人员充实到一线检票岗位。继续开展每年一度的导游星级评定工作，促进景区讲解员退伍优胜劣汰，解决人事管理“吃空饷”的历史遗留问题。

【创新工作制度】 2016年是文旅公司管理年。为做好项目建设，文旅公司从制度建设入手，先后出台《龙游县文化旅游发展有限公司小额零星工程建设管理办法》《关于规范龙游县文化旅游发展有限公司项目谋划和工程管理的若干规定》，成立项目谋划小组、项目招标小组、项目建设小组，并实行项目分级负责制、项目责任人制、项目质量终身制、项目进度节点分时制，明确项目前期谋划、招标、建设等配套制度，并与绿宇公司建立合作平台，公司项目建设和管理再新台阶。在广告投放上修订《供应商筛选制度》制度，在经营管理上出台《工作规范制度》《考核细则》《财务管理制度》《重大事项、重点工作议事制度》，通过制度创新，使公司管理有章可循。以各项考核为杠杆，实行岗位目标责任考核、全员目标任务考核。以经营目标为主线，将景区营业收入、经营成本、景区安全、景

图159 3月25日，县文旅公司召开龙游石窟景区品质提升汇报会

区卫生等各项考核指标与各景区管理处主任、全体员工业绩挂钩，层层签订责任书。加强考勤管理及员工绩效复核，落实考核分奖惩制，全年共处罚迟到早退、溜岗、缺勤等违纪人员12人次。改革营销考核办法，将景区月游客量、月门票收入与区域营销人员绩效挂钩，激发营销部在活动策划、推广及具体实施操作的积极性，提高景区各类收入。

【创新项目建设】 龙天红木特色小镇建设是浙江省旅游重点项目，也是龙游县新的旅游经济增长点。为推进龙天小镇项目建设，根据县委、县政府的要求，文旅公司积极与国开行、农行协调，做好年年红项目融资工作，到位资金达2.95亿元。六春湖高山滑雪项目前期土地征用投入资金近千万元，由于开发商撤资，项目遭遇挫折。文旅公司主动与县旅委和设计单位对接，做好项目前期谋划工作。至年底，已完成索道工程可研设计招标工作，为六春湖高山滑雪后续项目开发奠定基础。做好全域旅游文章，合作开发三门源景区、石角漂流景区，三门源景区已完成停车场、游客中心前期建设，杆线入地和游步道建设已完成招投标；石角漂流景区已完成前期合作洽谈，并委托设计部门对景区进行方案设计。

【创新营销模式】 制定2000万元的年度经营目标，品牌营销和渠道销售双管齐下，开展针对性的系列营销活动。利用上海国际旅游交易会等政府搭建的平台，展示龙游旅游品牌；举办“探秘龙游石窟，情系六春湖”、“游龙游石窟，品龙游发糕”、“双十一”购龙游石窟门票送民居苑门票等系列营销活动。全面对接各类平面、视频和网络媒介，提升龙游旅游形象。在江浙沪等主要目标市场发行量大的报纸上投放硬广告，做好“看晚报游浙江”广告投放，做好首都机场LED广告投放，与FM93、FM107等电台频道开展战略合作，与同程网、携程网等网络媒介的合作。与周边景区合作，加强线路多元化组合营销。

图160 6月1日，文旅公司党支部组织“重走红军路”党员历练活动

【创新企业文化】 以公司服务质量、景区员工素质提升为出发点，组织职工参加各类培训，按照公司教育培训计划，及时落实相应工作。组织新员工进行岗前培训，组织全体员工集中学习A级景区评定标准，做好公司内部各类技能人员的从业资格证的培训申报和换领证工作，组织员工参加县国资系统素质培训，积极参加各类知识竞赛等宣传培训活动。充分发挥党支部、团支部、工会、妇委会等平台在企业文化建设中的作用。加强党支部建设，规范“三会一课”制度，定期开展组织活动，组织学习《中国共产党廉洁自律准则》《中国共产党纪律处分条例》等重要内容，开展“我把初心唱党听”红歌大家唱、“重温入党誓词”、“重走红军长征路”等活动。全年由“一把手”上党课8次，组织开展“两学一做”学习教育活动30余次。关爱员工，由工会牵头，慰问困难在职、退休员工5人次，看望生病住院员工5人次。组织员工参加县总工会组织的职工运动会和县国资委组织的国资系统羽毛球赛，并取得良好的成绩。积极参加“三八”趣味运动会、美丽庭院设计大赛、送戏下乡等活动，展现巾帼风采。合并文旅公司团支部和石窟公司团支部，组建文旅公司青年志愿先锋服务队，积极参与公益骑行、助老、助残、美化环境、文明劝导、文艺宣传、植树、治污等活动，践行志愿精神，传播先进文化，为构建和谐社会贡献力量。

（县文旅公司 韩舜娟）

龙游县水务集团有限公司

【概况】 龙游县水务集团有限公司（简称“县水务集团”）成立于2015年7月，为县国资委下属的6大国资公司之一，注册资本1亿元。经营范围包括原水、自来水、污水处理、水利水电、城市基础设施建设、市政项目投资管理与开发；房地产开发与经营（凭资质证经营）；水利设施维护和管道维修；建筑材料和仪表销售；农田灌溉服务；内陆养殖和销售；资产经营和管理（依法须经批准的项目，经相关部门批准后方可开展经营活动）。公司下属子公司7家，有职工200余人，其中总部管理人员18人。公司高层设董事长兼总经理1人、副总经理2人、总经理助理1人。总部下设综合部、资产财务部、人事监察部、企管部4个职能部门。2016年是集团公司三年战略规划的开局之年，也是坚定改革信心、谋求转型发展的关键之年。公司认真贯彻落实中央、省市和县委县政府关于深化国有企业改革的重要精神，紧紧围绕“打造浙西南地区一流水务企业”的总体目标，积极实践“创新突破、转型跨越”发展主题，在经营目标实现、项目建设推进、管理模式创新、“一体两翼”（即以供排水业务为基础，积极培育河道疏浚沙资源综合利用和海绵城市产业园项目）产业布局拓展等方面做出一定的成绩。

【集团经营业绩】 年初，根据对集团内外部环境的分析及产业结构与发展机遇的具体谋划，公司提出三年战略规划，勾画出清晰明了的水务发展战略。顺利推进19个水利工程在建项目和1个政府性投资项目代建，代建项目履约率为100%。参与标的200万以上的工程投标30个、小额工程投标58个，市场化中标项目工程额达1650万元。积极谋求对外合作，与北控集团、中信集团等央企签订战略合作协议；筹建寰龙投资平台，实现“筑巢引凤”目标。通过产业链不断延伸和市场化项目的持续推进，集团“产业两翼”已初现规模，企业长远规划有序落实。至年末，集团总资产达16.71亿元，比年初增长39.27%，净资产达14.65亿元，国资资产保值增值率达0.92%。全年实现营业收入1.12亿元，同比增长91.72%。完成售水量1372.91万立方米，完成污水处理1036.88万立方米，完成政府性代建工程投资1.54亿元，实现市政工程建设收入5831.39万元，顺利实现公司年度目标。

【河道疏浚砂资源综合利用项目】 2015年下半年，县水务集团着手开展衢江龙游段航道疏浚资源综合利用项目建设的整体规划准备工作，由子公司龙游县河道疏浚砂资源开发有限公司负责，在衢江航道龙游段上、中、下游的小南海镇泽潭村、东华街道槐王村、模环乡高埂村分别设置三个疏浚剩余物处置综合利用基地，并完成项目报批。其中，总投资2.8亿元的泽潭基地和槐王基地已投入生产，2个基地产能达8000吨/日，年产能达200万吨以上，可实现年销售收入约1.1亿元。

【海绵城市新型建材产业园】 建设海绵城市配套新型建材产业园项目。项目以龙游县河道疏浚过程中产生的污泥、砂石料和县域内生活垃圾焚烧剩余物、自来水厂及污水处理厂产生的污泥等资源为原料，利用国内先进技术和先进工艺生产预拌砂浆、透水沥青、陶粒、陶粒砌块、护坡砖、透水混凝土、透水路面砖、集水设备及管网等海绵城市建设所需的新型建材产品。项目总投资4.3亿元，拟建年产30万立方米护坡水泥砖、年产20万立方米商品混凝土、年产20万立方米陶粒、年产30万立方米陶粒砌块、年产10万吨预拌砂浆、年产10万立方米透水路面砖、年产10万立方米透水沥青等7条生产线，全部达产后每年可实现产值7.16亿元。

【强化企业服务功能】 2月，基本完成污水厂二期工艺安装调试，并优化提升一期处理工艺。3月，板框压滤、生物滤池完成调试并投入使用，完成CAST池的爆气设备更换。应对“莫兰蒂”“鲇鱼”等强台风影响，通过科学预测和合理调度，县域水库开闸泄洪2次，历时49小时，泄洪量达1535万立方米，确保水库及下游地区安全度汛。主动对接住建部门做好雨污管网管理工作，配合实施截污纳管项目，统筹服务城市管网综合改造。通过对城区雨污管网的整体改造，强化截污纳管能力，提升城市防水排涝能力。

【保供水】 合理调配水资源，制定水库蓄水方案，节约水源，控制水位，有效保障源水供应。通过科学预测和合理调度，确保水库及下游地区安全度汛。加大基础建设力度，改造老旧供水设备，全年新建供水管网14千米，改造供水管网7.06千米，新装一户一表2435个，年供水量达2628万立方米。组建测漏班组，加大居民小区用水设施升级改造力度，完善小区用水设施的报修检漏制度，尽量减少水资源浪费。同时，通过社区宣传活动，提高市民节水意识。

【制度建设】 大力推进“制度重塑、流程再造”专项工作，对集团及各子公司的规章制度、部门和岗位的工作职责、一线岗位的操作规程、具体事务的工作流程进行全面修订和完善，夯实企业管理基础，理顺工作关系，构建高效顺畅的集团管控体系，努力实现从运作型管控模式向战略型管控模式过渡。

【人事制度改革】 认真谋划人力资源改革，健全干部任用机制。坚持“以发展衡量实绩、凭实绩任用干部”的原则，把选拔干部的过程变成激励干部干事业、创业绩、促发展的过程。集团全年共提拔任用中层领导干部6名，面向社会公开选聘领导干部4名。通过选拔和选聘，有效带动各项工作的全面、健康、有序发展，让“想干事、会干事、能干事”的人得到充分发挥才能的舞台。

【企业文化建设】 围绕中心工作，确立“情系百姓、水润万家”的企业使命，提倡“忠信敬业、担当奉献”的企业精神，树立“以人为本、以水为重、以和为先”的企业价值观，实现“政府放心、用户满意、职工乐业、企业增效”的企业愿景，践行“制度为基、落实为本、固本聚力、守正谋远”的经营管理理念。通过开展“读三本好书”“创新讲堂”“我为水务发展献一计”“安全在我心中”演讲比赛、红歌大赛、企业报发行等活动，营造团结奋进、奉献担当的企业文化。以创新的思维、务实的态度，助推集团公司又好又快地发展。

（县水务集团 康利军）

城乡规划建设与管理

概　述

2016年，龙游县完善城乡规划体系，加大城乡统筹力度，城乡面貌不断改善。稳步推进在编规划项目，优化城乡空间功能布局，实现以城乡一体化为重点的新型城镇化发展。推进农村生活污水处理，深化清洁乡村行动，持续深化“美丽乡村”建设，着力打造天蓝水清、山绿地净、城景融合、幸福和谐的美丽龙游。启动城东新区一期路网框架建设，完成小高山村整体搬迁。积极推进旧住宅区改造，完成阳光小区提升工程、巨龙路两侧改造为主的14个旧住宅区改造项目，整治面积达65万平方米，惠及群众5000余户。编制《龙游县城镇危旧住宅房屋治理改造三年行动专项规划》，有序实施福泰隆广场、老铁路新村、县府宿舍等小区“六合一”改造提升；开展全县危旧房安全鉴定工作，共鉴定住宅168幢，其中有158幢C类及以上危旧住宅。大南门历史文化街区保护项目房屋收购基本完成；家居建材市场、东方商厦、美食城开业运营；龙游世贸城、嘉溢鑫城、人民广场地下空间开发主体建设均已完工，城市业态培育得到加强。组建龙游县综合行政执法局，深化综合执法体制改革，扎实开展创建国家卫生县城工作，做好“智慧城管”项目建设前期准备工作，圆满完成G20杭州峰会维稳安保任务及其他维稳工作，营造干净、整洁、文明、有序的城市环境。

城乡规划

【概述】 2016年，龙游县规划局按照“两化两游”战略要求，抓项目，优服务，强保障，着力推进规划引领和管控，扎实推进各项工作，较好完成年度各项目标任务。在衢州市城乡规划系统目标考核中被评为优秀单位，获2016年度龙游县经济建设综合部门类考核三等奖，被县委、县政府评为“三改一拆”工作先进集体、“四边三化”工作先进集体、2016年度招商引资先进集体。测绘队5人救援群体当选第五届“最美衢州人”十大年度人物。局机关妇委会组队参与全县乡韵庭院创意大赛荣获一等奖。

【城市规划编制】 围绕城市品质提升和建设重点，与高水平设计团队合作，组织编制《多规融合规划专题研究》《龙游县域村庄建设规划》《灵山江运动休闲片区总体规划》等规划。至2016年年底，《城东片区控制性详细规划及城市设计》《城南新区控制性详细规划及城市设计》《高铁站前区控制性详细规划及城市设计》《物流综合区控制性详细规划》《中国红木家居文化园控制性详细规划及城市设计》5项规划已经县政府批复；《大南门历史文化街区保护规划》《大南门片区城市设计》《城东核心区修建性城市设计》《鸡鸣山城市绿心片区—

图161 1月19日，龙游县召开大南门历史文化街区专家评审会

中央生态廊道城市设计和景观设计》《小南海镇城市设计》《千里岗风景名胜区规划研究》《詹家镇镇域总体规划（2015—2030）》《龙游县域总体规划2006—2020实施评估报告》通过县政府组织的部门论证；《龙游县域总体规划》（讨论稿）、《多规融合规划专题研究》（讨论稿）已编制完成；《龙北物流区块控制性详细规划及城市设计》《人防及地下空间开发利用专项规划》通过县政府组织的专家论证；灵山江运动休闲片区总体规划已形成规划成果并提交县“五连片”办公室。

【县域总体规划实施评估报告】 2015年5月，由浙江省城乡规划设计研究院开展县域总体规划修改工作。通过背景评估、现状研判，分别对上一版县域总体规划的实施结果、实施环境、实施保障机制、实施绩效开展评估分析，并撰写《龙游县域总体规划实施评估报告》，于2016年5月完成评估成果并通过县政府召开的部门会议论证。经分析与评估，《龙游县域总体规划（2006—2020年）》批复实施以来，实施结果基本符合总体规划要求，在指导龙游城市建设上发挥重要作用，对龙游县域、中心城区及各城镇的发展提供较好的引导，其内容基本符合龙游城市发展和建设的需求。在新型城市化的国家战略指引下，在浙中城市群、衢州和龙游一体化的建设要求下，在美丽县城、红木小镇、健康小镇、石窟旅游度假区等重大项目的驱动下，在跨入“十三五”之际，龙游的发展环境发生根本性变化。为更好地指导龙游城市的发展和建设，9月，完成县域总体规划修改大纲。10月，将县域总体规划实施评估报告组织专家论证，并上报省政府。同月开展县域总体规划修改大纲部门讨论。

【“多规合一”规划专题研究】 1月，县委、县政府主要领导召集县发改、国土、规划、环保等部门负责人召开专题会议，研究多规融合工作。6月，县政府专门召开“多规合一”会议，统一思想认识，部署工作任务，并下发实施方案。7月，县政府召开“多规合一”和村庄建设规划技术统筹小组第一次会议，落实具体工作，并委托浙江省城乡规划设计研究院开展“多规合一”专项工作专题研究。根据市委、市政府工作要求，于8月编制完成三区三线图、空间战略总体规划图，并上报市政府统筹。11月，完成《“多规合一”专项研究报告》。通过“多规合一”，有效统筹城乡空间资源配置，确保项目落地，优化城乡空间功能布局，最终实现以城乡一体为重点的新型城镇化发展的重大突破，促进县域科学发展。

【县域乡村建设规划】 6月，县政府召开县域乡村建设规划会议，并下发实施方案。7月，委托浙江省城乡规划设计研究院开展县域乡村建设规划专项工作研究。9月，县政府组织召开全县村庄建设规划现场调研工作会议，就县域乡村建设规划的调研、编制工作计划作进一步落实。12月，完成初步成果，并召开部门讨论会。县域乡村建设规划为县域总体规划的专项规划，是乡村规划纲领性规划，是县域村庄布点规划和村镇体系规划的升级版，弥补乡村规划的上位缺位，统领县域乡村规划和建设工作。

【灵山江运动休闲片区总体规划】 4月，通过总体方案比选，确定委托上海红东规划建筑设计有限公司编制《灵山江运动休闲片区总体规划》。6月，通过县政府方案论证会论证，确认该规划研究思路清晰、现状调研翔实，设计方案内容基本达到规划设计编制要求，总体可行。为贯彻市委、市政府连片策划、连片整治、连片流转、连片整合、连片造景“五连片”的田园城市建设精神，推进龙游城市景点化、郊区田园化、小镇特色化、乡村休闲化，该规划以健康运动体验园、乡村旅游示范区为规划主题，以养生养老、休闲度假、健身体验、农业观光、乡村休闲为功能定位，以产业融合发展为目标。综合县交通、水利、国土等部门重点项目和沿线乡村的特色与优势，凸显地域特色，打造宜居、宜业、宜游的灵山江健康运动休闲片区，总体形成“一带一轴、三区多点”（即灵山江休闲运动带、北部生态颐养观光轴和现代农业观光区、健康养生度假区、人文生态游览区，多个旅游景点、景区）的布局结构。

【灵山江沿岸绿道提升方案设计】 4月，通过总体方案比选会，确定委托浙江农林大学设计院有限公司编制《灵山江沿岸绿道提升方案设计》。6月，通过县政府方案论证会论证，明确定位为滨临河流的以“山水田园”为特色，以“游憩观光、运动体验”为主要功能的郊野型绿道。设计充分利用沿线原有的自然景观和乡村风貌，通过视线引导，在景观良好地段充分打开视角，形成开阔的面状景观。避免建设性破坏，使生态效益最大化。重视乡土文化与生态环境的保护，合理利用沿线青碓遗址、唐宋窑址、姜席堰等景观资源，进行有序的保护建设，实现灵山江绿道的可持续发展。

【灵山江健康运动休闲片区横向轴线重要节点景观设计】 4月，通过总体方案比选会，确定委托上海创霖建筑规划设计有限公司编制《灵山江健康运动休闲片区横向轴线重要节点景观设计方案》。6月，通过县政府方案论证会论证，对山底村和尚桥节点、岑山村节点、龙山景区入口节点、灵山江龙山脚节点4个重要节点从“本色、底色、特色、亮色”着手，结合地域环境突出各节点功能特色，充分利用山水环境本色、保护历史底色、突出地域文化特色，打造具有龙游特色的景观体系。

【美丽乡村“一县一带”概念性总体规划】 7月，委托上海红东规划建筑设计有限公司编制，历经资料收集、现场踏勘、内部交流等阶段，10月提交方案讨论，12月召开规划论证会。规划结合龙游县域国家体育公园建设和现代田园城市先行示范区的目标，将美丽乡村“一县一带”地区打造成为龙游近期建设和对外展示的平台，以体育运动、山水游憩、休闲度假为主题，打造一个龙文化底蕴深厚、龙生态环境良好、龙精神品质卓越的特色样板区。

【龙北物流区块控制性详细规划及城市设计】 5月，委托浙江省城乡规划设计研究院编制《龙北物流区块控制性详细规划及城市设计》，历经资料收集、现场踏勘、前期研究等阶段，于11月提交方案论证并提交最终成果。规划提出随着县域产业经济转型升级，须通过“精准市场、精准业态”加以引导发展，以此促进商贸物流业发展，补足县域产业体系短板，并形成良性的集聚与拓展效应。

【城市地下空间开发利用专项规划（2015—2030）】 2015年7月，委托浙江省城乡规划设计研究院编制《龙游县城市地下空间开发利用专项规划》。2016年7月，形成中期成果，8月，通过县政府组织的部门论证。该规划近期以解决交通、人防工程连通为主，适当兼顾平战结合的地下公共服务设施；远期以建设地下综合体、综合管廊、建立城市安全保障体系为主要目标。加强与城市控制规划和专项规划的衔接，校核地下空间资源评估与需求规模，优化地下空间开发重点片区和功能布局等内容，对于合理利用地下空间具有指导意义。

【城市人防工程专项规划】 2015年7月，委托浙江省城乡规划设计研究院编制《龙游县城市人防工程专项规划》。2016年7月，形成中期成果，8月，通过县政府组织的部门论证。该规划与《龙游县城市地下空间开发利用专项规划》作有效的结合和衔接，提出城市总体防护分区划分为“一个防护片、三个防护片区”两级，取消“防护社区”，各类工程设施等以防护片区为基本单元进行配套。提出城市人防建设总的发展思路，规划编制思路清晰，各类人防工程和通信警报实施规划符合龙游城市发展实际，规划文本、图集和说明内容体系齐全，具有较好的可操作性。

【村镇规划建设】 以实现村庄规划全覆盖为目标，指导64个村庄开展规划编制。至2016年年底，塔石镇童岗坞村、詹家镇浦山村、小南海镇雅塘村美丽宜居示范村村庄规划通过专家评审；《龙洲街道官潭村村庄规划设计》作为省抓规划，完成规划方案；其余60个村庄全部委托编制。指导推进省农房改造示范村建设，官村、泽潭、半爿月3个示范村通过省级验收。贺田、客路、童岗坞、浦山、雅塘5个示范村建设按计划推进。提请将后田铺、峰塘山、腰塘边村列为2017年省级美丽宜居示范村试点。按照全国农村危房改造工作电视电话会议精神，完成危房改造“十三五”规划编制及危房救助工作实施方案，按计划有序推进危房改造工作。至2016年年底，530户省厅下达的农村危房改造任务全面完成。应住建部要求，完成三门源、泽随、灵上3个中国传统村落保护与发展情况调查。应省厅要求，上报湖镇通济街、三门源、灵山、庙下、泽随等历史文化名城、名镇、名村及街区保护项目“十三五”实施计划。

图162　8月17日，龙游县设立浙江省村镇建设与发展研究会农村建筑工匠分会代表处

【小城镇环境综合整治】 为加强集镇建设指导管理，合理布局规划，强化集镇功能，提升集镇品位，2015年11月12日，县政府办公室下文成立龙游县集镇建设管理领导小组，为集镇建设提供组织保障。出台《关于进一步加强集镇建设管理工作实施意见》《2016年度全县集镇建设管理工作考核办法》《龙游县“集镇建设”项目专项补助资金管理办法》等相关配套文件及《2016年度龙游县集镇建设项目一览表》和《全县六个一项目汇总表》，明确工作机制，列出任务清单，规范工作运行。同时在全县13个乡镇各派驻一名规划师，指导集镇和乡村规划建设。为加强对全县小城镇环境综合整治行动的组织领导，2016年10月8日，县委、县政府下文成立县小城镇环境综合整治行动领导小组，领导小组下设“一办四组”（即镇治办和规划设计、集中整治、项目推进和产业提升4个专项工作组），办公室设在县规划局，与县集镇办公室合署办公。11月10日，县委、县政府出台《龙游县小城镇环境综合整治行动实施方案》，按照打造美丽乡村“最美客厅”要求，紧扣集镇建设短板，抓好集镇整治、项目建设、集镇特色工作，有序推进集镇建设。至2016年年底，“六个一”项目（即打造一个“洁净集镇”、梳理完善一个规划、综合改造一条主要街道、建成一个休闲文化空间、提升一个污水处理系统、实施一个拆改用结合项目），完工67个，在建5个。

【完善规划管理机制】 按照审批改革要求，全面开展“四单一网”（权力清单、责任清单、企业投资负面清单、财政专项资金管理清单和政务服务网），对“权力清单”清理后事项做好《办理须知》更新工作。完善一次性告知制，变以往单项告知为各个审批环节全过程告知。积极尝试实行“容缺受理”，对申请办理的行政许可事项，先予容缺受理并进行实质审查。以政务服务网统一审批平台和规划管理信息系统建成为契机，积极推进网上审批，提高审批质量和效率。加强农民建房审批业务指导和监督管理，提请县政府出台《关于进一步加强我县农村居民建房管控工作的意见》，严格建房审批。启用“农村居民建房审批系统”，实现全县15个乡、镇（街道）联网审批。推广石佛乡经验，完善乡、村两级农民建房审批制度，明确责任清单，形成新的模式。

【服务重点项目】 对杭金衢高速公路拓宽、衢宁铁路龙游南站、“五连片”、“一县一带”等32个重大战略性项目做好规划服务工作。按照“大干项目、干大项目”要求，确定专人负责，主动靠前，做好“四重双百”项目规划技术服务和审批服务工作。为衢宁铁路、高坪桥水库建设、红木小镇、申通电子产业园等118个建设项目提供规划服务。

【服务中心工作】 配合“五水共治”，完成全县209户共99.55万平方米生猪养殖户场地测量工作。配合“四边三化”，完成G60杭金衢高速公路、杭新景高速公路、龙丽高速公路以及杭长客运沿线设计工作，线路设计总长约117.5千米，涉及村庄90余个，排查问题2646余处，并向乡镇（街道）交办问题整改通知单。同时做好浦山、官村、后田铺美丽庭院设计工作。完成东苑小区、县政府宿舍、福泰隆广场整治改造方案，推进“三改一拆”工作。配合街道、社区做好城市小区违法建设整治工作，城区共拆除违法建设565起，拆除建筑面积4.1万平方米。

【测绘与地理信息建设】 完成龙游县基础测绘“十三五”规划编制、论证、报批。完成18.8平方千米1∶500基础地形图及入库项目质量检验，完成16平方千米1∶500数字基础地形图及数据入库项目公开招标工作。数字龙游三维模型数据通过质检。做好龙游县地理国情普查监测工作，完成阶段工作任务。加大应用示范推广力度，发挥龙游县地理空间协调委员会作用，与县水务集团等政府专业部门在数据、技术、项目等方面开展有效合作。做好地理信息公共服务平台应用项目谋划，已建应用项目后续对接拓展、运行维护，为企事业单位及社会公众提供测绘与地理信息公共服务。“数字龙游”地理空间框架项目，获2016年中国地理信息产业优秀工程银奖。加强测绘法宣传，加强国家版图意识宣传，全国少儿手绘地图大赛龙游有3幅作品列入全国400幅优秀作品之中（全省入围20幅）。

【数字龙游三维项目建设】 数字龙游三维项目列入2016年政府投资计划，项目经前期调研、策划、招标采购，由杭州科澜信息技术公司承建。总项目由三维地理信息公共服务平台、内网的三维规划辅助决策系统、政务外网的三维资源展示系统、政务外网的二三维地下管线子系统、天地图龙游的景区展示系统组成。“三维化”已经成为“数字城市”发展的重要方向，项目的建成应用和推广将为规划建设、城市交通、文化旅游、城市治理等多个领域提供服务，促进决策分析科学化、管理精细化、服务精准化。

【测绘队5人救援群体】 2月17日上午，县建设测绘队接受业主委托，到溪口镇灵山加油站进行地形测绘野外作业，车辆行驶到龙游县222省道与龙灵线岔口，发现一辆电瓶车与一辆三轮机动车相撞，三轮机动车侧翻，汽油泄露燃起大火，电瓶车主被压车底陷入昏迷，测绘队员余惠军、叶琪晟、姜伟、王忠及驾驶员童国平马上停车，将伤者救出，迅速

图163 2月19日，县领导慰问测绘队5人救援英雄群体

将其转移到安全地带，并拨打“110”和“120”报警，联系伤员家属，直到救护车把伤者运走才离去。事件经报道后，备受社会各界关注，5名测绘队员的事迹受到网友和央视点赞。先后获得由衢州市委宣传部、市文明办主办的2016“最美衢州·身边好人”见义勇为提名奖，获得县委颁发的“发现最美龙游人”龙游好人二月版“最美规划人”称号，被评为第五届“最美衢州人”十大年度人物，获“最美龙游人·2016年度人物”称号。在中共浙江省委宣传部主办、浙江之声联合全省80家市县电台承办的“最美浙江人”大型公益活动——“万朵鲜花送雷锋”中，被百姓推荐为身边的活雷锋。中共龙游县规划局党组授予5人“见义勇为先进个人”荣誉。

【队伍建设】 强化学习教育，以“两学一做”学习教育活动为抓手，认真组织学习中纪委、省纪委和县纪委全会精神和习近平总书记系列重要讲话精神，抓好《中国共产党廉洁自律准则》和《中国共产党纪律处分条例》学习贯彻落实，促使党员干部守纪律、讲规矩，争做合格共产党员。完善管理机制，以技术力量整合、管理力量整合、党建和办公室整合和向基层倾斜，将80%技术力量充实到一线，实现规划工作的提速、提效。建立班子领导分片联系制度、乡村规划师制度、青年骨干领衔制和干部职工“两周一夜学”常态化学习交流制度，推进各项工作开展。明确职责纪律，严格执行有关禁令，经常开展监督检查，及时纠正工作不实、效率不高、作风不正、自律不严等问题，及时组织完成上级交办的各项中心工作。全年共承办人大、政协建议、提案40件，其中县人大建议、议案22件，县政协提案18件，重点提案1件，全部按照规定的时间办结，办结率100%，满意率100%。

（县规划局 叶苏玲）

新农村建设

【概况】 2016年，龙游县农业和农村工作办公室（简称“县农办”）坚持把改善农村生态环境、提升农村人居质量、促进农民增收摆在突出位置，紧紧围绕美丽乡村“一县一带”建设，加快“三位一体”改革步伐，开拓创新、克农民专业合作、供销合作、信用合作难攻坚、统筹推进，全县“三农”工作继续保持良好的发展态势。2016年县农办被评为浙江省农村生活垃圾治理工作优胜县、浙江省社会主义新农村建设优秀单位、浙江省农村生活污水治理运维管理工作优秀县，在县2016年度综合考评中获得三等奖。

【推进农村生活污水治理】 完成2016年度48个项目村、新增受益农户16114户的治理任务，总投资8300万元，建成农村生活污水处理终端167个、容积6860立方米，铺设排污管道371千米、人工湿地5320平方米，完成化粪池改造5880户。全县2014年至2015年建成的192个村644个生活污水治理终端全部移交运维，在衢州市率先进入农村生活污水全面运维考核管理新常态。认真对照农村生活污水治理“八项规范动作”，严把人员培训关、图纸设计关、管材供

图164 8月17日，衢州市农村生活污水治理运维工作现场推进会在龙游召开

应关、监督管理关、接户纳管关“五大关”，做到按图施工、管理规范、人员管控“三到位”，严格落实“一部四管理”（即设立一个项目部，规范建材、质量、安全、资料等四项管理），全面提升项目管控水平。建立“线下+线上”双管的运维网络，搭建线下“一站一网两员”（即一个县级运维中心站、一张村级巡查网格、配备巡查员和专管员）和线上“一库一群一APP”，狠抓建成项目运维管理，完成全县192个行政村9项信息入库任务，手机APP和微信工作群覆盖90%以上。

【深化清洁乡村行动】 着重抓“两头”（源头分类、终端处理）、促“两化”（垃圾减量化、资源化），建立健全垃圾分类长效运维保洁机制。通过深化“百万妇女学贺田”“洁净家园”行动，提升“贺田模式2.0版本”，全面深化农村生活垃圾治理及分类处理。2016年新启动45座覆盖83个行政村的有机垃圾分类处理终端设施建设，建成85个村垃圾兑换超市，完成垃圾分类示范村创建50个。制订出台《关于深化“贺田模式”复制工作的实施意见》《2016年龙游县洁净家园行动考核办法》《关于太阳能垃圾减量化处理系统工程建设和管理的指导意见》《2016年深化“贺田模式”工作考核办法》等一系列政策文件，将深化贺田模式垃圾分类工作列入乡镇综合考核，进行整体部署。统一配备“两个桶、两支队伍、两张网、两张榜”，建设“垃圾兑换超市”、推广“兑换券”，开展“十佳洁净村”“十差卫生村”评比，各乡镇（街道）、村结合深化“百万妇女学贺田”行动，开展集中培训720场次，262个行政村组织5567名巾帼志愿者，指导群众进行垃圾源头分类减量，全县签订“门前（三）四包”（即包卫生、包绿化、包秩序、包畜禽圈养）责任书4万余份。

【深化“美丽乡村”建设】 以规划为引领，编制美丽乡村“一县一带”建设总体规划。以“四边三化”“三改一拆”“养殖整治”为抓手，狠抓项目建设，大力推进“美丽乡村”精品线、精品村创建。全县共谋划涵盖基础设施建设类、农村环境美化类、基层组织建设类、农村民生事业类、特色产业发展类、产业平台建设类、乡村旅游发展类等“七个一批”共46个项目，预计总投资37.75亿元。截至10月底，46个项目开工建设，其中27个项目已完工，完成投资32.32亿元，总体完成进度85.6%。开展15个市级“美丽乡村”示范节点创建工作，有9个节点村完成全年目标任务。在115个村内开展乡韵庭院建设，全县建设乡韵庭院1203个。开展历史文化村落保护利用工作，有序推进2个重点村、19个一般村项目续建工作。根据市、县工作要求，在9月G20杭州峰会到来之前，迅速行动，严格质量要求，投入资金近5000万元，全面完成高铁、高速沿线等主要交通干道两侧120余个村130万平方米赤膊墙的立面整治任务。

【积极培育农民增收新增长点】 全县共有低收入农户36583户93905人，占农村户籍人口28.1%，至2016年年底，实现低收入农户人均年纯收入增长20%，65%以上低收入农户（低保户除外）家庭人均年纯收入超过8000元的目标。坚持扶志与扶技并重，输血与活血并举，采取超常规举措，识真贫、扶真贫、真扶贫，分类推行“兜牢底”“挖穷根”“换穷业”“挪穷窝”等帮扶行动，创新电商扶贫、旅游扶贫、光伏扶贫、全民持股等扶贫新形式，因户制宜、因人而异地采取针对性帮扶措施助农增收。按照“调出一批、补进一批”的动态管理工作要求，对“4600”数据库进行调整巩固，建立贫困现象发现机制、问题交办机制、问题解决机制、责任追究机制，对巩固对象坚持“五个百分之百”（即百分之百纳入光伏扶贫、健康扶贫、教育扶贫、民政救助、干部结对），确保百分之百的农户不返绝对贫困，进一步巩固“消除4600”工作成果。

【持续推进农村改革】 整合人口集聚项目、产业集聚平台建设等五大类24个子项目，全力推进山区集聚发展体制创新试验工作，完善农村产权交易服务体系建设，强化乡镇农村产权交易分中心和村级服务站的规范建设，县乡村三级农村林权、宅基地有偿选位、土地承包经营权和山塘水库水面承包经营权等交易额达2000万元，同时，加快湖镇中心镇体制创新试验和詹家芝溪家园7个村股份经济合作社入股联合发展物业经济试验。总结试点经验，加快推进农村土地承包经营权确权登记颁证工作，2016年完成全县土地调查测绘量75%以上，超额完成省市任务。因地制宜，探索“三位一体”农村合作体系改革，按照乡镇（街道）全覆盖的原则，指导、协助15个乡镇（街道）完成农合联筹建，共吸纳会员800余个。制定“三位一体”改革创新工作2016年度考核办法，督促、推进“三位一体”改革各项工作落到实处。

（县农办 吴晟琼）

城市建设与管理

【概况】 2016年，龙游县住房和城乡建设工作紧紧围绕“深化新型城镇化内涵，全面建设美丽县城”为主题，坚持以“新区建设、旧城改造、五水共治、民生保障、干部作风”为工作中心，着力建设天蓝水清、山绿地净、城景融合、幸福和谐的美丽龙游。

图165　5月4日，浙江省建设厅副厅长应柏平（左四）到龙游县调研在建世行贷款项目实施进展情况

【基础设施建设】 根据县政府关于“四重双百”以及政府性投资项目计划要求，制定2016年龙游县住建局项目计划表，明确时间节点，全面落实项目建设。加快道路基础配套设施建设，完成学士路、龙洲南路、广进路西延、龙山路、人民路强电入地及永安东路改造提升工程，建成荣昌东路、子鸣路、文靖路路基及地下管线工程，完成伯珍路、友钦路、集贤路、端礼路、兰亭路及清影路方案设计。完成莲湖家苑3号、4号楼改造，继续实施灵江家苑安居工程，一期完工，二期主体结顶。完成子鸣社区安居工程主体工程。进行城乡公交提升改造工程，新建站亭20个，站牌258个。建成龙游风味美食广场并投入使用。完成国庆、元旦、春节前荣昌广场入口花海改造，新建沿江滨公园、龙洲公园、龙游石桥沿衢江、灵山江的绿道工程，实施灵山江岸边、荣昌广场、江滨公园一期、龙洲公园等周边景观亮化景观灯、喷泉、雾生系统、音响系统、监控系统。

【旧城改造】 自2015年12月9日以来，共完成产权户提交收购申请873户，申请率达98.6%；完成入户评估858户，入户评估率达96.9%；完成签约841户，签约率达95.03%；完成必拆户签约率99.3%。除保护房屋外，拆除房屋面积9.2万平方米，门窗封堵600处。435户单位直管自管公房全面完成签约，并顺利腾退。个人店面完成收购44户，收购率86.3%。积极推进旧住宅区改造，完成阳光小区提升工程、巨龙路两侧改造为主的14个旧住宅区改造项目，整治面积达65万平方米，惠及群众5000余户。有序实施福泰隆广场、老铁路新村、县府宿舍等小区“六合一”改造提升。根据《浙江省人民政府办公厅关于全面推进城镇危旧住宅房屋治理改造工作的通知》及县危旧房住房治理计划，2016年1月—3月开展全县危旧房安全鉴定工作，共鉴定住宅168幢，经鉴定，共有158幢C类及以上危旧住宅。同时，编制提交《龙游县城镇危旧住宅房屋治理改造三年行动专项规划》。

【公用事业】 持续推进“五水共治”工作，完成污水管网建设39.25千米，新建供水管网13.84千米，改造供水管网7.06千米，新建雨水管网14.12千米，改造一户一表工程任务986户，均超额完成目标任务。推进垃圾热解气化项目，已完成招投标并引进投资主体，已完成土地征用工作，争取早日开工建设。建立长效机制，全力推进农村生活污水治理设施运维管理工作。第三方运维县级监管平台正常运行。加强燃气管理，组织全县170余名运气工进行上岗培训，并按照有关法律法规进行考试考核发放证件，确保从业人员持证上岗，全面落实瓶装燃气实名注册，做到“户户实名登记，钢瓶去向精准”。

【市政园林建设与管理】 以提升城市品位为立足点，强化市政基础设施监管，加强园林绿化养护水平，规范景观亮化管理。建立市政养护微信群工作平台，通过平台及时上报养护工作、检查、存在问题、工作整改等情况。试行园长制、路长制，对主要公园、道路实行定岗定员定责，及时发现问题处理问题。做好118万平方米公园、广场、城区绿地养护工作，完成荣昌广场、龙翔路、荣昌路、龙洲路苗木补种整理及荣昌广场花草摆放。为确保景观亮化正常运行，做好驿前大桥、文昌大桥、东阁桥三座桥及公园、广场景观亮化的开闭和维护工作，全年共维修庭院灯62盏，更换LED灯651盏、节能灯310盏，埋设电缆线896米，更换水泵5台及修理水泵17台，更换草坪灯34盏，更换雾生喷嘴300只。9月底实施路网普查，对城区地下管线进行清查、摸底，建立地下管线电子化管理系统。积极应对城市防洪排涝工作，新增排水泵2台、警示牌20块、编织袋200余个，配备应急抢险人员和设备，保证汛期各项设备正常运行，防止城市内涝。及时养护修复城区人行道9960平方米，城区路面1.83万平方米。疏通城区管网119.15千米，清理雨水井8032个、污水井3327个，更换雨污水井盖427套。疏通堵塞点8处，临时封堵鸡鸣堰排水口、驿前排水口、学士路排水口、御园排水口、铁路桥下游排水口5处排水口16次，整治龙翔路江滨公园段积水点。

【环卫保洁】 紧盯创建国家卫生县城标准，结合龙游县实际，修订《龙游县城市环境卫生作业规范》《龙游县住建局环卫作业市场化运作日常卫生质量检查考核暂行办法》等规范性文件，建立健全精细化管理标准体系，逐步完善环卫人员、设施，实现城市环卫管理标准化、常态化、系统化。市区主次道路共计233.43万平方米，全面实现市场化保洁。新增网格员16名、快速保洁员40名，实行由考核组、网格员、快速保洁管理员构成的网格化管理制度，加强对城区主次街道清扫保洁工作监管，确保达到“不留一处卫生死角，不留任何积存垃圾”。对照考核办法，采用日常考核、月度考核、季度考核、公众监督等方式，顶真考核，确保考核公平、精准。市区车行道每日机械清扫2次，城区主次干道每天保洁时间不少于18小时，重点路段实行21:00至21:30延时保洁。保洁时段内，路面垃圾做到20分钟内清除。7条严管道路每日洒水4次，每月高压清洗人行道一次，二级道路每天洒水2次。主次干道卫生保洁质量达到“五无”（无白色垃圾、无杂物堆积、无积泥扬尘、无渣土沙石、无积水污渍）、“五净”（路面干净、绿化隔离带树穴干净、路牙石干净、排水口盖板干净、果壳箱等环卫设施干净）目标。

【队伍建设】 制定县住建局干部职工学习制度和干部日常工作笔记制度，坚持逢8住建论坛学习。深入开展“两学一做”学习教育工作，制定年度理论学习计划，落实学习任务。采取自主自学、集中学习、专题讨论、报告会等形式，坚持理论联系实际，注重学习效果。共组织开展住建论坛26期，青年干部座谈会2次。通过短信、微信群、QQ群发布消息强调党风廉政纪律要求，并上传相关文件，方便大家时时查阅、自检。进一步清理行政权力事项280项，落实好市、县行政审批承接一体化工作，规范化梳理事项的基本信息、办理指南、审批流程、申报材料、办理时限等内容。规范建筑领域中介机构、配合做好“零土地”技术改造项目审批，进一步简化施工许可审批流程，办理各类事项6465件。

做好“四重双百”服务竞赛工作，严格执行“一窗受理、一次告知、限时办结”，共办理行政许可项目92个，办理房屋交易、行政许可、建筑业三类人员登记等各类事项3000余件。坚持“节假日必查、双休日抽查、工作日巡查、重点问题专查”，对标看齐补短板，开展自查自纠活动。以“两学一做”学习教育为契机，开展“为官不为”专项整治，为县住建局全面推进从严治党、深化党内教育夯实基础，共开展监督检查12次。办理县人大、政协的议案、提案65件，获县人大十二届五次会议议案办理先进单位。认真办理各种信访件78件，接待来访人员178批（人）次，热线工单534件，城市管理交办单46件，舆情提示单7件，办结率100%。

（县住建局 邱玉燕）

建筑业

【概况】 2016年，完成建筑业总产值73亿元以上，完成市外建筑业产值11亿元以上。税收完成增长10%以上。

【企业转型升级】 积极推动企业转型升级、资质就位、企业资质旧证换新证。36家企业均实现一步到位换发新证，换证速度和完成率名列全市第一。帮助浙江宜成环保设备有限公司等10余家建筑业企业，按照新资质标准成功申报，实现申报资质数量第一。完成施工图、建筑许可、安全生产许可、三类人员注册、二级建造师注册，房地产企业、物业管理企业、房地产评估企业资质网上审批569件。

【质量安全监管】 落实工程建设五方主体项目负责人终身责任，明确项目负责人质量终身责任，落实

图166 浙江培华建设有限公司承建“广和·印江南”小区

质量终身责任承诺和竣工后永久性标牌制度。组织开展建筑施工质量安全生产大检查，共检查项目191项，下发整改通知书186份。根据《龙游县建筑施工企业和监理企业诚信综合评价实施办法》，对全县施工企业和监理企业进行诚信评价，共有107家企业参加诚信评价。制订三年工程监理治理行动方案，规范监理企业执业行为，加大监理执业人员监管力度。实行每月一次的监理从业人员业务考试活动，做到持证上岗，12家在龙监理企业，已参加业务考试225人，合格率达98%以上。清理、规范中介机构，完善涉批中介平台，完成监理工程、勘察设计等中介机构事项359个。

【建筑节能工作】 加强建筑节能和节能审查管理。完成建筑节能评审查项目16个，其中建筑节能评估报告专家审查项目4个。全面开展公建房屋和住宅小区建筑节能审查工作，审查率100%。积极推进建筑节能示范项目，把太阳能和光伏，作为建筑节能示范重点推行。

（县住建局 邱玉燕）

2016年度龙游县重点建筑企业基本情况

表44

企业名称	地址	注册资本（万元）	法人代表
龙游吉祥园林建设有限公司	龙洲街道荣昌大道广和大厦A幢401室	4000	傅 康
浙江环达交通设施工程有限公司	湖镇工业区	1800	邱玉清
浙江龙游天泓建设有限公司	龙洲街道巨龙路106号三楼	2000	丰树青
浙江龙游宏业建设有限公司	龙洲街道荣昌大道广信大厦818号	2200	赵 英
浙江龙建建设有限公司	龙洲街道太平路和平巷1号	2000	江益龙
浙江欧骏建设有限公司	龙游工业园区北斗大道21号	5100	朱爱松
浙江山铁园林建设有限公司	龙洲街道平政路112号	5000	夏文飞
浙江千叶环境工程有限公司	龙洲街道平政路287-1号（金泽大厦）二楼	2000	夏 伟
浙江万明建设有限公司	龙洲街道太平西路25号	5000	卢明成
浙江通衢水电建设有限公司	龙洲街道学士路222号	5000	徐松标
浙江恒鼎建设有限公司	龙洲街道人民路1号综合楼二单元321～322室	2000	郑 云
浙江泰宇建设有限公司	龙洲街道灵江工业区祥云路19号	5116	骆 群
浙江衢州榕森环境建设有限公司	龙洲街道荣昌大道广信大厦323室	4050	胡雪芬
浙江培华建设有限公司	龙洲街道荣昌大道广和大厦A幢705～707室	5000	叶子雄
浙江创宇建设有限公司	龙洲街道竹海南路202号	5018	姜克宇
龙游县通途交通建设工程有限公司	龙洲街道新二路7号	6090	龚明山
衢州锦昌建设有限公司	龙洲街道远洋现代城6号楼6-2-4	2118	余雄伟
浙江龙游瑞晟建设有限公司	龙洲街道兴龙北路4号楼24、25号	2568	张洪财

房地产业

【概况】 2016年，积极对接相关部门及房地产开发企业，统筹谋划安排，全年共完成房地产投资10.89亿元。

【严格审核把关】 办理各类性质的权属登记发证3308宗，建筑面积41.29万平方米。严格执行国家房地产调控政策的各项规定，通过严把商品房预售许可条件、一房一价公示、实名网签备案登记等规范房地产开发行为。共发放商品房预售许可证13本，面积18.75万平方米。城区商品房合同备案1670套，面积18.62万平方米，均价8566.94元。二手房成交2135套，面积23.73万平方米。

图167 灵江家苑

【强化物业管理】 加强小区业主队伍建设，协助县府宿舍、幸福小区、翠光二区、莲湖雅苑等22个小区成立业主委员会，指导业主委员会选聘物业服务企业，监督物业管理活动，调解小区在管理服务中的矛盾纠纷。完善物业专项维修资金申请使用程序，规范物业专项维修资金的申请使用管理。全年共接收维修基金申请171份，现场踏勘后受理的87件，不符合资金使用的21件，涉及金额82.29万元。

图168 建设中的碧桂园小区

【强化公房管理】 阳光操作，确保住房保障各项工作顺利开展。完成衢州市政府下达的开工棚户区改造安置住房596套任务数。降低准入门槛，在上年度城镇人均可支配收入60%的基础上调整至70%，新增84户租补保障家庭。通过年审的149户家庭以货币化方式进行续保，共发放租赁补贴款34.37万元。于4月和11月两次开展公租房（廉租房）实物配租工作，共118户城镇中低收入住房困难家庭通过二次摇号方式由申请人自行摇取配租的房源，体现“公开、公平、公正”的阳光分配，完成存量房源去化工作。整合资源，确保住宅公房安全使用。针对住宅公房普遍存在老、旧、危的现状，分期、分阶段、分项目进行修缮改造，对有修缮价值的公房进行加固维修，其他的实行封堵、拆除。保健巷63号、柴大巷14号已完成修缮工作，并于7月初交付承租户使用，对保健巷67号等5处危旧直管公房进行封堵。

（县住建局 邱玉燕）

2016年度龙游县主要楼盘基本情况

表45

楼盘名称	楼盘地址	开发企业
华都首府	龙洲街道货场路	龙游华都房地产开发有限公司
兰桂庭二期	东华街道月桂街28号	衢州广豪置业有限公司
阳光新城	湖镇镇新光路139号	浙江龙游东鼎房地产开发有限公司
阳光水岸二期	龙洲街道人民路336号	龙游县龙港房地产开发有限公司
观澜壹号	龙洲街道龙翔路240号	浙江广和房地产开发有限公司
民辉玺园	小南海镇南海路99号	浙江民辉置业有限公司
恒泰东方广场	龙洲街道人民广场以南、人民路以西、兰亭路以北	龙游恒泰时代置业有限公司
溪口华亿广场	溪口镇溪口二桥以北、溪口三桥以南、灵山江西岸、龙南商贸城以东	龙游隆创置业有限公司
祥隆南苑	龙洲街道寺后村	浙江龙游祥隆房地产开发有限公司
中港东方郡	塔石镇塔石村下大线	龙游中港置业有限公司
广和悦府	龙洲街道三友路60号	浙江广和房地产开发有限公司
广和印江南	龙洲街道广进路98号	浙江广和房地产开发有限公司
碧桂园翡翠湾	东华街道学士路398号	龙游碧桂园房地产开发有限公司

2016年度龙游县主要房地产企业基本情况

表46

企业名称	地址	注册资本（万元）	法人代表
浙江广和房地产开发有限公司	龙洲街道荣昌大道广和大厦	10000	吴树良
龙游县龙港房地产开发有限公司	龙洲街道兴龙北路18号	2000	周秋生
衢州市广豪置业有限公司	东华街道宝塔路99号	500	薛　城
浙江申城房地产开发有限公司	龙洲街道荣昌大道广信大厦B幢1-16号	2000	高仁松
浙江龙游东鼎房地产开发有限公司	湖镇镇新星路	500	林小春
浙江民辉置业有限公司	龙洲街道荣昌大道298号	7000	徐伟民
龙游华都房地产开发有限公司	龙洲街道兰亭路289号	5000	叶顺宁
龙游隆创置业有限公司	溪口镇扁石村	1000	曾　意
龙游恒泰时代置业有限公司	龙洲街道灵江工业区	5000	周金峰
龙游县龙城房地产开发有限公司	龙洲街道太平东路50号	1000	江益龙
龙游碧桂园房地产开发有限公司	东华街道城南开发大道2号101室	1000	杨文杰
龙游中港置业有限公司	龙洲街道荣昌大道622号	600	陶伟红
浙江龙游祥隆房地产开发有限公司	龙洲街道祥云路17号302室	600	张惠君

城市管理和综合行政执法

【概况】 2016年，龙游县综合行政执法局紧紧围绕县委、县政府实施生态立县、创新兴县、产业强县、富民安县“四大战略”、打好新型工业化、新型城镇化、文化旅游、美丽龙游“四场战役”的决策部署，以打造崭新龙游县城和创建国家卫生县城为目标，以深化综合执法体制改革为契机，扎实推进城市管理和综合行政执法工作，被浙江省城建城管协会评为全省“智慧城管”工作先进集体。

【深化执法体制改革】 多次与省、市、县相关部门沟通、对接，完成局主要职责、内设机构和人员编制申报、保障中心岗位设置等工作，县政府于11月1日批复确定局“三定”方案。“三定”方案审定前，先行谋划成立龙洲、东华分局作为派出机构，分别代表综合行政执法局行使相应的管理职能。积极与县编委办对接，征求相关部门意见，完成首批4个部门471项行政处罚事项的划转工作，并及时做好已划转行政处罚事项权力清单和责任清单的梳理及公示。严格实行持证上岗和资格管理制度，开展执法业务知识培训，组织执法人员参加浙江省行政执法考试，40余名执法人员顺利取得执法证。

图169 7月5日，县综合行政执法局开展普法宣传进社区活动

【“创国卫”工作】 对照“创国卫”标准和要求，采取突击性整治与常态化管理相结合的方式，先后开展巨龙路、幸福路、鸡鸣路、环城西路、飞云路等城市主次街道的联合执法和集中整治，取缔幸福路、健康路、新华路、飞云路等马路市场，统一设置巨龙东路两侧店面招牌等。疏堵结合，在公交总站东面、亚伦小区门口等2处设置临时早市和水果摊疏导点，引导流动摊点进疏导点内规范经营。以太平路为试点，与沿街商户签订“门前三包”责任书460余份，并督促门店业主严格落实责任。为巩固创建成效，建立健全“3341”（即牵头制定《龙游县城区户外广告管理办法》《龙游县城市建筑垃圾管理实施办法》《龙游县城市建筑垃圾管理实施办法》3个办法；加快推进“智慧城管”、城区智能停车收费管理、建筑垃圾PPP处置等3个项目；抓好落实“门前三包”、实现流摊归点、亮剑“两亭一机”、整治乱停乱放等4个重点；强化执法1个保障）城市管理长效机制，严格实行路长制和网格化管理，分别按照一、二、三级道路管理标准加强日常巡查力度和密度，严查各类影响市容环境的违法违规行为。“创国卫”期间，共发放倡议书、劝导单、整治通告、整改通知书6300份，取缔马路菜摊470余个，劝离城区占道流动摊3120余次，引导沿街商户进店规范经营2200余户次，清理破旧的店面招牌和广告118块，清理占道的各类灯箱广告358个，清理违规设置的横直幅、墙体广告400处，清运各类杂物及建筑垃圾9600余立方米，拆除店外设置的水池、水井25个，拆除违章搭建的遮阳棚、简易棚等违章建筑物、构筑物179处，清除沿街商户违规浇筑的台阶接坡120余处。

【拆违控违工作】 协助相关单位做好翠光小区、阳光小区、晨东小区等居民住宅区违章建筑拆除工作，对学士路、东华街、鸡鸣路、巨龙路、龙翔路、幸福路、健康路、书院路等道路两侧的违法建设进行统一拆除，共拆除违法建设394起2.28万平方米。拆除原福泰隆广场东入口处3家露天游艺场占道搭建的游乐设施800平方米。配合相关单位，拆除学士路和龙洲公园旁违章搭建的洗车棚、苗木棚20余个。

图170 6月24日，县综合行政执法局开展巨龙路集中整治行动

【交通秩序整治】 加大对城区机动车、非机动车违法停车的处罚力度，纠正各类非机动车乱停放行为930余次，查处机动车人行道违法停车5365起。清运东华街、学士路、鸡鸣路、荣昌路、文化路、巨龙路等道路两旁无主废弃的机动车、三轮车和摩托车175辆。开展电动三（四）轮机动车、残疾车集中整治行动，对人民医院门口、平政路、兴龙北路、龙洲路、荣昌路等路段184辆电动三（四）轮机动车、残疾车进行劝离和登记。

【犬类禽类管理】 成立犬类管理中心，制定《龙游县城区犬类管理暂行规定》，会同相关单位深入社区、小区、城中村，发放《关于进一步加强城区犬类管理工作的通告》《致城区养犬户主的一封信》《养犬管理工作手册》等宣传资料3310份，设置文明养犬警示标牌 60 块。启动犬只免疫、电子芯片植入和登记上牌工作，完成犬只登记135只。开展城区违规养犬行为集中整治，强制收容城区范围内流浪犬、狂犬、无证犬、违规犬376只。开展城区放养家禽集中整治，抓捕城区各小区擅自饲养的散养鸡，拆除清理违规搭建的鸡舍、鸡笼及篱笆围栏等杂物。

【户外广告管理】 排查城区横幅、直幅、灯箱、灯杆等户外广告设施，督促业主、设置单位及时维护和清除影响市容市貌、存在安全隐患的户外广告。拆除杭新景高速龙游北出口至詹家九里立交桥沿线100余个破旧灯杆广告，更新荣昌路两侧灯杆广告。新增320国道转盘至荣昌大道（清水湾）灯杆灯箱广告108根，全部更新为公益广告。

【美丽县城考核】 牵头出台《2016年度龙游县美丽县城建设（城市管理）考核办法》，将23个成员单位列入考核对象，运用城市管理微信群及时将执法队员一线巡查发现的问题交办给相关责任单位，有效调动各职能部门和相关单位履行城市管理职责的积极性和主动性。该办法运行3个月以来，已交办事件问题165件，部件问题352件，结案517件，按期处置487件，问题解决率100%，按期处置率94.2%。

【“五四三”工作】 牵头开展餐饮污水专项整治，对全县951家餐饮店进行检查，对324家存在无证照经营、占道经营、污水乱排等行为的餐饮店下发整改通知书，要求限期整改到位。整治320国道、316省道、315省道等重点公路两侧店外经营、流动摊贩、占道堆放等行为，努力营造畅、洁、绿、美的公路环境。开展杭长高铁沿线集中整治行动，拆除沿线违章建筑。协助拆除詹家集镇中心道路两侧、小南海团石村、庙下乡庙下村等违章搭建的建筑物或构筑物30户500平方米。

【项目推进】 做好“智慧城管”项目建设前期准备工作，先后前往兰溪、宁波、杭州等周边先进地区学习考察，借鉴成功经验及有效做法，同时积极与县财政局对接，广泛征求各供应商及专家意见，以打造“全市一流、全省领先”的目标定位，完成一期项目实施方案和招标文件的制定，落实指挥大厅选址和800万元建设资金，并向省住建厅争取以奖代补资金40万元。协调推进城区智能停车收费管理项目，前往宁波、浦江、衢州等地学习考察停车收费项目，结合龙游县实际，制定项目实施方案，确定城市道路停车收费管理标准。落实建筑垃圾PPP处置项目，与中标单位组建的公司签订协议，项目建设用地已交付使用。项目总投资6000万元，占地约2.33公顷，年处理建筑垃圾10万吨以上。

【安保维稳】 圆满完成G20杭州峰会安保任务，荣获县服务保障G20杭州峰会先进集体称号。协助相关单位做好人民南路、小高山学士路延伸道路施工的现场维稳工作。参与县学街26号周边地下废旧炸弹、地雷等的拆除工作，疏散周边群众，维护现场秩序。协助做好东方广场综合体、高新产业区开业现场维稳工作。配合相关单位完成省政府百万家庭屋顶光伏工程现场会的安全保卫和秩序维护工作。

【队伍建设】 用制度管人管事，先后制定出台《队伍思想政治工作规范（试行）》《队伍管理规范（试行）》《执法人员行为规范》和《执法辅助人员管理规定》等一系列内部管理制度。加大对工作落实和纪律作风的督查力度，建立排名通报和约谈制度，全年共发督查通报 50余期。举行统一换装仪式和新队员入队宣誓仪式，增强执法人员的责任意识。结合“两学一做”，深入开展队伍纪律作风集中教育，查摆问题、正风肃纪，切实解决全局干部职工思想、纪律、作风、工作等方面存在的苗头性、倾向性问题。组织开展“两训两证”活动，提高执法队伍业务水平和执法办案能力。聘请县人大代表、县政协委员、社会团体、行业协会、街道社区、企事业单位和法律工作者等13人为首批执法监

图171 10月18日，县综合行政执法局举行新队员入队宣誓仪式

督员，通过定期开展座谈，进一步规范行政执法行为。结合“七五”普法开展执法宣传进社区活动，广泛宣传城市管理相关的法律法规和规定，通过与社区干部、居民代表座谈等方式加深市民对综合行政执法工作的理解和信任，增强市民的文明守法意识。拓宽宣传渠道，丰富宣传形式，在《今日龙游》连续刊发16篇一线队员的执法日记，在龙游电视台播放4期“与法同行”栏目。同时，加强局官方微信公众号和微博的管理，及时宣传工作职责、工作动态、亮点措施、工作成效等，为开展综合行政执法工作营造良好的舆论氛围。

（县综合行政执法局 李彬）

图172 衢州市住房公积金管理中心在龙游召开扩面工作会议

住房公积金管理和房改工作

【概况】 2016年，龙游县房改办（龙游县住房基金管理中心、衢州市住房公积金管理中心龙游县分中心）以加强干部队伍建设为引领，以助力住房保障体系建设为目标，不断开创住房公积金管理工作新局面。全年归集住房公积金4.2亿元，同比增长19.2%。公积金归集余额为10.02亿元，同比增长15.04%。全年实现公积金业务收入3569.71万元，业务支出2166.19万元，收支相抵，全年公积金增值收益1403.52万元，同比下降45.71%。

【公积金建制扩面】 巩固社区扩面试点工作成果，继续深入社区开展住房公积金扩面工作。继续把社区个体工商户、居民实行住房公积金制度作为住房公积金扩面的重点工作来抓。大力做好住房公积金政策宣传，充分利用微博、微信、公共自行车停放点广告栏、住宅小区的公告栏、清廉社区北大门等媒介广泛宣传住房公积金政策。清廉社区参加公积金制度的有655人，已办理公积金缴存手续的564人，全年归集公积金11.28万元，归集余额19.98万元。开展形式多样的制度法规宣传，合力推进扩面工作。充分利用门户网站、法制宣传栏、微信平台等宣传媒体，以国务院《住房公积金管理条例》《浙江省住房公积金条例》及龙游县公积金相关法规制度为主要内容，广泛开展公积金相关知识宣传。加强与银行、总工会、人力社保局、工业园区等部门合作，通过加强与承办银行合作，利用银行与企业联系紧密的优势，在承办银行开展公积金业务知识培训，与银行合力做好企业扩面工作，着力提高住房公积金制度影响力，力促规模以上企业建制工作，增强企业主依法维护职工合法权益观念。

【住房公积金使用】 2016年6665人支取公积金2.88亿元，同比增加11.53%。为1161户职工办理住房公积金贷款，发放公积金贷款4.84亿元，同比增加69.64%，贷款余额为11.26亿元，存贷比为110.94%，保持连续18年无逾期贷款。

【住房公积金管理】 按照市公积金中心统一部署，积极做好第三代软件系统更新升级，严把硬件设施的招标工作，确保第三代系统按时按要求上线运行。7月，完成第三代操作程序更新，对缴存款户的个人信息进行全面完善，极大地方便业务查询和信息通告。并与4家银行联网，实现办理、支取公积金网络化，办理公积金支取在中心窗口直接到账，办理公积金贷款经中心窗口受理审核后由银行直接放贷到客户。更新软件、硬件设施，服务再优化。

开通龙游公积金微信公众号，提供业务咨询、办理流程、办理须知等自主查询服务。调整窗口岗位设置，设置窗口综合岗位4个，服务对象来中心办事，综合窗口可以办理任何业务。并针对窗口查询较多的情况，配置查询机，凭本人身份证可直接查询个人公积金相关信息。同时，大力推广手机APP查询，个人用户下载并登录“智慧衢州”就可以查询本人的住房公积金缴存和贷款情况。依法开展公积金缴存工资基数调整和年审工作，根据职工上一年工资变动情况调整公积金缴存额度，督促各缴存单位严格按照12%的比例足额、按时、全员缴存公积金。2016年单方缴存住房公积金最高限额2043元，最低限额100元。为更好的支持广大职工改善住房条件，制定限高保低的贷款额度运用机制，使贷款政策向低收入职工倾斜，使他们切实享受到公积金贷款政策的实惠。

【建立风险防控体系】 制定公积金支取、贷款和开具房改证明等3项内部监督管理制度，增加复核、抽查等环节，形成分级负责、层层把关的工作机制，进一步规范业务内控流程，增强廉政风险防控。坚持贷前严格资格审查，放贷集体研究决定，贷后资产跟踪管理各个环节的监督机制，同时与4家银行密切配合建立层层催收制度，确保住房公积金的安全运行。

图173 繁忙的县公积金中心办事大厅

【房改业务】 全年共审核发放各类退休公务人员住房补贴56人，补贴资金32.5万元。开具房改状况证明320份（次）。审核大南门长运公司、经信局、文广新局等单位自管公房租住户是否享受房改政策160余户，积极配合收购工作。

【干部队伍建设】 加强党员干部思想建设，在健全和完善学习制度的基础上，制订学习计划，分层次、有重点地抓好党员干部的学习教育，提高党员干部党性修养，筑牢干部思想防线，提高防腐拒变能力。加强干部综合素质提高，改进工作作风，提升服务水平，依托新系统的优势，简化办事程序，方便群众办事：开通公积金贷款按月提取还贷业务；调整窗口设置，设立4个综合窗口；取消每月1至5日不办理支取公积金业务的规定；取消支取申请书；开展礼仪培训，提高服务质量。

（县房改办 徐志明）

附：

2016年度龙游县住房公积金制度实施情况公告

根据国务院《住房公积金管理条例》和《浙江省住房公积金条例》的有关规定，现将龙游县2016年度住房公积金制度实施情况公告如下：

一、住房公积金归集情况

至2016年12月31日，全县有598个单位依法实行住房公积金制度，正常缴存住房公积金的职工21404人。全年归集住房公积金4.2亿元。累计归集住房公积金29.61亿元。住房公积金余额10.02亿元。

二、住房公积金支取情况

全年支取住房公积金2.88亿元，占当年归集额的68.57%。其中购建房支取13799.91万元，偿还购房贷款支取9197.14万元，退休支取3016.91万元，调动支取1060.87万元，其他支取1733.92万元。

三、住房公积金使用情况

全年发放政策性贷款1161户，贷款额4.84亿元，同比增加69.64%，贷款余款11.26亿元，无逾期贷款。

四、住房公积金业务收支情况

业务收入合计3569.71万元(其中住房公积金银行存款利息收入124.07万元；住房公积金委托银行贷款利息收入3169.81万元；增值收益利息收入275.83万元)。业务支出合计2166.19万元（其中支付职工个人公积金利息支出1558.95万元；公积金归集及委托贷款手续费支出158.73万元；授信贷款利息支出448.51万元）。业务收入和业务支出相抵，净收益为1403.52万元，较上年减少45.71%。从收益中提取住房公积金管理经费553.19万元，提取城市廉租住房建设补充资金8.22万元。按有关规定提取风险准备金842.11万元。

五、住房公积金管理情况

2016年，龙游县住房公积金管理中心认真贯彻《国务院住房公积金管理条例》和省、市住房公积金管理部门的有关要求，自觉接受财政、审计部门的监管和社会各界的监督，依法加强住房公积金规范化管理工作，严格按照住房公积金预决算、余额查询、财务报告等各项管理制度进行运作，做好服务工作，加强住房公积金风险管理，全年未发生违规使用住房公积金和存在贷款风险的情况，实现住房公积金的安全运作和保值增值。

2012—2016年度龙游县住房公积金基本情况

表47

年份	涵盖单位(个)	缴存人数(人)	公积金归集(亿元)	公积金支出(亿元)	公积金余额(亿元)	公积金贷款户数（户）	公积金贷款(亿元)	剩余户数（户）	贷款余额(亿元)
2012	491	18018	2.71	1.65	6.87	223	0.57	2155	4.07
2013	528	18956	2.94	2.74	7.06	553	1.68	2733	4.79
2014	577	19866	3.20	2.50	7.77	452	1.63	2520	5.66
2015	583	20576	3.52	2.58	8.71	695	2.85	2914	7.66
2016	598	21404	4.20	2.88	10.02	1161	4.84	3694	11.26

资源·环境·气象

概　述

2016年，龙游县环境监测与保护工作以“五水共治”为中心，全面改善县域水环境质量；以“大气污染防治”为重点，大力开展治气行动；以“主要污染物减排”为目标，持续改进环境质量；以“提速提效”为原则，严把环保项目审批关；以强化环境监管为抓手，全面保障县域环境安全；以落实“河长制”为抓手，有效改善河道水环境；以“创建示范”为引领，有力促进生态文明建设；以生态补偿考核为抓手，切实保障饮用水源安全。全县环境质量不断改善。进一步落实“河长制”，深化“清三河”工作，推进“全民治水”。龙游县成功创建浙江省2016年“清三河”达标县，并再夺浙江省“五水共治”工作优秀县（市、区）“大禹鼎”。围绕创建国家卫生县城目标，建立长效机制，推动创建工作有力有序开展，为加快推进“美丽龙游”“健康龙游”建设提供有力保障。突出“保发展、保资源、保民生、保安全”工作主线，推动国土资源工作再上新台阶，为龙游县经济社会发展提供保障。规范宅基地管理，破解农民建房难题，加快城镇化发展。气象部门积极履行气象防灾减灾职责，做好季节性、灾害性、转折性天气服务工作，打造集观测、预报、服务和农业气象为一体的现代化综合业务平台。

环境监测与保护

【概况】 2016年，龙游县环境保护局以生态文明建设为统领，以改善环境质量为核心，以环境保护优化经济发展为主线，以保障群众环境权益为目标，深入推进“五水共治”和“美丽龙游”建设，各项工作目标任务全面完成，全县环境质量不断改善。县环保局被衢州市委、市政府评为2016年度衢州市“五水共治”工作先进集体。

【环境污染防治】 根据省市统一部署，在往年生猪整规的基础上，全县通过生猪饲养量交易、主体整合、累计扣分减量制度等创新手段，实现生猪养殖场减场451家，关停拆除面积56.63万平方米。推进全县“低小散”小作坊整治，结合农村、山村等地“低小散”作坊分布现状，因地制宜，全年完成195家小作坊整治，超额完成整治目标任务。进一步加大对挥发性有机污染物排放企业污染整治，全年完成34家企业整治目标，有效降低重点行业的挥发性有机污染物排放量。开展龙游南部山区国道、高速公路附近13家涉黑烟囱企业污染治理，其中10家企业布袋除尘设施安装完成并正常运行，其余3家企业将搬迁入园，当地黑烟粉尘得到有效改善。巩固上一年度黄标车淘汰的成果，新增黄标车淘汰数6辆，并完成龙游县安驿机动车检测有限公司机动车工况法检测线的建设。

图174 龙游县环保局工作人员到养殖场进行现场检查

【环境执法监管】 以保障G20杭州峰会县域环境安全为推手，对环境违法行为实行“零容忍”，先后组织开展环境安全专项执法检查、“五水共治执法+督查”百日大行动、“亮剑”执法专项行动、G20杭州峰会强执法保安全专项执法行、“两违项目”（即未批先建项目、未验先投项目）清理及涉危险废物专项检查行动等专项执法行动，做到发现一起，查处一起。全年共出动执法人员巡查4675人次，检查企业2032余家（次）。共立案查处46件，罚款77.92万元，取缔关停企业2家；关停养殖场130家，查封扣押1家，责令整改24家。

【智慧环保项目建设】 根据衢州市智慧环保项目建设任务要求，结合龙游县实际情况，2014年5月以来，龙游县共新增在线监控设施33套（包括新增的5套在线因子），新增点位28个（包括4个集镇污水处理厂），改造高清视频56个，切实提升智慧环保监管能力。加强刷卡排污系统监管能力，2016年，对县域内已安装刷卡排污系统的企业全面实行联网刷卡，并落实运维单位，加强设备的运维管理，及时对企业IC卡进行充值，同时积极推广刷卡排污系统在排污权有偿使用和交易、排污收费等方面的应用，将浙江恒达新材料股份有限公司列为排污收费的应用试点。

【主要污染物减排】 根据2016年衢州市减排目标任务及实施情况，努力挖掘县域内减排项目，全年共上报减排项目材料31个，其中水减排项目8个，气减排项目3个，农业减排项目20个，上报项目化学需氧量（COD）、氨氮（NH3-N）、二氧化硫（SO_2）、氮氧化物（NOx）减排量分别为2538.84吨、268.74吨、720.5吨、881.22吨。进一步完善2015年度全口径表格及减排项目资料，积极与省、市做好对接，超额完成2015年度减排目标，其中化学需氧量削减6.51%、氨氮削减9.14%、二氧化硫削减6.87%、氮氧化物削减4.61%（4项指标的目标任务分别为2%、3.3%、3.6%、4%）。

【排污权有偿使用和交易】 积极开展初始排污权有偿使用工作，制定龙游县排污权有偿使用和交易暂行规定。截至12月31日，龙游县共完成26家企业（29笔）初始排污权有偿使用申购工作，出让化学需氧量13.45吨、氨氮1.47吨、二氧化硫21.93吨、氮氧化物15.71吨。开展新增排污指标竞拍工作，截至12月31日，累计受理19家企业的竞拍工作，出让化学需氧量12.04吨、氨氮0.4吨、二氧化硫54.65吨、氮氧化物45.58吨。开展排污权租赁工作，至12月31日，共完成5笔租赁，累计租赁化学需氧量31吨、二氧化硫0.26吨、氮氧化物1.95吨。开展排污权有偿使用和交易管理平台数据录入工作，截至12月31日，已完成113家初始排污权有偿使用企业和47家新增排污权交易企业的数据录入，并开展刷卡排污、交易机构管理数据系统上报。开展排污许可证发放工作，进一步梳理汇总环统内企业的排污许可证发放情况。全县环统内企业153家，符合发证条件的76家企业已全部核发许可证，发证率100%。根据2015年度化工、印染、造纸、热电、水泥等重污染企业税收、排污权指标情况，开展吨排污权税收贡献排序。

【环境统计数据审核上报】 根据省、市要求，督促国控企业每季度末开展统计数据直报工作，并对企业数据进行核对。上报全县2015年度环境统计数据工业企业155家，其中工业化学需氧量、二氧化硫、氨氮、氮氧化物分别为3541吨、4193吨、105吨、3487吨；上报规模养殖场498个，其中化学需氧量、氨氮分别为7415吨、917吨。完成龙游县规模以上、规模以下企业环保排污要素排名工作。按照“以减量定增量”原则，严格实施建设项目总量削减替代制度，对排污权指标收入、支出和结余进行量化管理。根据省市基本账户确立办法，已确定龙游县2016年度上半年基本账户收入项，其中化学需氧量 29.68吨、氨氮3.13吨、二氧化硫5吨、氮氧化物8.73吨。完成账户内龙游县2016年度审批项目总量支出项的录入工作，共支出化学需氧量12.04吨、氨氮0.39吨、二氧化硫54.65吨、氮氧化物45.58吨。

【环保项目审批】 进一步规范公开建设项目环保审批的办理程序，完善一次性告知制度，简化办事程序，提高办事效率和服务态度。加强省政务网统一行政权力系统运行，所有环评审批事项和排污许可证核发事项全部按程序录入网上审批。继续坚决执行“两个一律”（化工项目一律不进、区外项目一律不批），全年无化工类项目通过决策审批，区外除来料加工、区域资源利用及原厂区技改项目外，无新项目通过决策审批。至12月31日，累计完成审批建设项目343个，项目现场勘察总数210个，会议决策项目40个，出具项目预审意见72件。及时完成县“四重双百”服务竞赛项目的环保行政许可。环保服务窗口全年均被评为“五星级”窗口，累计办件600余件，未收到投诉及群众反映情况。

【生态文明示范创建】 充分发挥工业园区企业示范引领效应，规范园区环保标准化管理，在造纸行业整治的基础上，积极开展龙游工业园区造纸区块示范园区及维达纸业（浙江）有限公司示范企业创建工作，龙游工业园区已委托浙江省环科院完成创建方案初稿编制工作，基本完成维达纸业创建工作。做好省级绿色学校创建申报工作，年初，县环保局会同县教育局相关科室大力推进省级“绿色学校”创建工作，取得较好成绩，其中塔石小学、龙游三中已完成省级“绿色学校”创建申报。根据2016年度清洁生产计划，完成浙江龙游戈德化工有限公司、浙江天天虹特种纸业有限公司、浙江龙游浙西轧钢有限公司、浙江恒鑫电力有限公司、浙江凯丰特种纸业有限公司、浙江凯丰新材料股份有限公司、维达（浙江）纸业有限公司等7家企业的清洁生产审核工作。

【环保项目专项资金管理】 2016年度，省级环保专项资金下达给龙游县838万元，根据县域内生态环保投资项目情况，县环保局将省级环保专项资金分配至全县13个环保投资项目。完成2014年度中央重金属污染防治项目和2015年度省级环保专项资金的省级迎检工作。2014年度中央重金属污染防治项目为龙游华盈污水处理有限公司等7家企业的废水治理项目，项目总投资为4000万元，其中争取中央重金属污染防治专项资金404万元，其余资金由各相关企业自筹。2015年度省级环保专项资金为龙游城北污水处理有限公司等35家企业废水废气处理设施提升改造项目，项目总投资10018.5万元，其中争取省级环保专项资金1372.93万元，地方财政补助资金137.3万元，相关单位自筹资金8508.27万元。

【辐射管理及危废污染防治】 加强对全县19家放射源使用单位（有56枚在用放射源）、3家射线装置使用企业（有9台在用II类射线装置）、15家医疗使用单位（有37台射线装置）以及7家熔炼企业辐射环境常态和动态的监督管理。做好辐射安全许可证的审批和核发、延续、变更、注销工作，深入开展“放心放射源”创建，全县全年辐射环境质量总体良好，未发生重大辐射污染事件。加强对全县涉危废企事业单位的监管，审批危废跨市转移计划23家，纳入市固体废物综合监管系统66家。全面完成持久性有机污染物（POPS）、全氟辛烷磺酰基化合物（PFOS）、六溴环十二烷（HBCD）的调查及统计上报工作，完成衢州市对“十二五”重金属污染整治的评估和对龙游县重金属“十三五”规划的分析，全年未发生危废非法倾倒事件。

【饮用水源保护】 制定《龙游县饮用水源保护工作考核细则》，加强对涉饮用水源保护的乡镇（部门）考核，将考核结果与生态补偿相挂钩。每季度通过县环保局网站，向社会公开龙游县集中式生活饮用水水源水质状况报告，接受群众监督。加强饮用水源保护区管护，完成龙游县饮用水源一级保护区物理隔离工程及社阳—洪畈水库一级保护区物理隔离工程。

【水环境监测】 自2012年开展乡镇（街道）交接断面水质考核工作以来，结合《衢州市乡镇（街道）交接断面水质考核办法》文件精神，确定各交接断面的水质控制目标，考核指标为高锰酸盐指数、氨氮、总磷3项。2016年，全县乡镇交接断面水质合格率100%，同比上升17.29%；达标率为86.67%，同比上升22%。全年县域地表水省控、市控和县控5个断面地表水达标率均为100%，3个省控以上地表水监测断面全部达到Ⅱ类水标准，集中式饮用水源地水质达标率为100%。衢江出境水水质全年达标率为100%，高锰酸盐指数、总磷、氨氮分别下降7.0%、31.6%、30.1%，第三季度以来，水质连续处于二类水水质以上。

【环境宣传教育】 以“6·5”世界环境日、“12.4”法制宣传月等活动为契机，通过电视、报刊、电台、短信等载体，开展环保宣传活动。全年共展出宣传展板50余张，发放环保购物布袋1000个，宣传资料册（书）1200本，宣传卡片1500份，宣传传单2200余份，接待群众咨询近200余人次，现场接受环境问题投诉3起。深入基层宣传环保知识，通过新《中华人民共和国环保法》、“五水共治”小知识问答和“平安龙游”知晓率测评等形式，在结对村进行宣传。

图175 开展“六五”环境日宣传活动

【环境信访处置】 建立环境信访应急机制，确保24小时环境信访应急不间断。落实重点环境信访问题领导包案机制，切实保障“两会”、世界互联网大会、G20杭州峰会等敏感时期的值班、巡查和矛盾纠纷排查能力。全年共受理信访件545件，已办结545件，办结率为100%。未发生因环境问题引发的群体性上访和越级上访事件。

【议案提案办理】 全年共承接县人大、政协提案议案14件，其中主办8件、会办6件。根据科室分工指定专人负责办理，部分议案由分管领导督办。通过走访代表、到现场调查，将处理意见与代表反馈，确保人大建议办理工作顺利进行。圆满完成2016年度县人大代表建议和县政协提案的办理工作，答复率、办结率、满意率均为100%。

【党风廉政建设】 全面开展“两学一做”学习教育，严格按照上级要求在全局开展廉政教育活动，多次邀请县纪委干部为全体干部职工开展廉政教育讲座。深入开展岗位廉政风险自查和防控工作，对岗位职责、权力权限、廉政风险点等进行深刻剖析，细化防范措施，建立健全岗位廉政风险防控长效机制。

（县环保局 应乐）

2016年度龙游县环境质量状况

【概况】 龙游县环境质量状况包括城市环境空气质量状况、水环境质量状况和城市环境噪声三部分。龙游县的大气污染属于煤烟型污染，大气环境中的重要污染物是细颗粒物PM2.5，其次是可吸入颗粒物PM10。根据大气环境质量自动监测结果统计，2016年，龙游县城区环境空气质量总体转好，全年共获得有效天数348天，优良天数293天，优良率84.2 %，优良天数比2015年增加2天。PM2.5浓度的年均值为45微克/立方米，比2015年年均值下降5微克/立方米，下降幅度为10%。二氧化硫、二氧化氮年均浓度低于《环境空气质量标准》（GB3095-2012）二级标准的年平均浓度限制要求，PM2.5、PM10年均浓度高于《环境空气质量标准》（GB3095-2012）二级标准的年平均浓度限制要求。

【空气质量】 全县二氧化硫浓度日均值浓度范围为0.003～0.043毫克/立方米，年平均值为0.013毫克/标准立方米，低于国家二级标准，浓度日均值超标率为零。全县二氧化氮浓度日均值浓度范围为0.008～0.083毫克/立方米，年平均值为0.032毫克/标准立方米，低于国家二级标准，浓度日均值超标率为零。PM10浓度日均值浓度范围为0.019～0.238毫克/立方米，年均值为0.082毫克/标准立方米，高于国家二级标准，浓度日均值超标率为6.7%。PM2.5浓度日均值浓度范围为0.003～0.215毫克/立方米，年均值为0.045毫克/标准立方米，高于国家二级标准，浓度日均值超标率为14.9%。

【酸雨污染】 全县降水pH年均值为4.80，电导率年均值为38.6微西（门子）/厘米，酸雨率为84.5%，属重度酸雨区。与2015年相比，酸雨率有所上升。

【江河地表水水质】 全县江河地表水环境质量总体水平基本稳定，衢江、灵山江水环境功能区水质达标率100%，出境水水质达标率100%，各断面水质均符合水功能区要求。

【饮用水源地水水质】 社阳水库、洪畈水库饮用水源地水水质较好，达到Ⅱ类水标准，水质达标率为100%，基本达到水质保护目标的要求。

【交通环境噪声】 全县10条主要城市交通干线上共面设33个测点，监测道路总长为13.29千米，平均车流量为673辆/小时。城市道路路长计权等效声级均值为65.6分贝（A），未超过国家70分贝（A）的控制值。

【区域环境噪声】 县城设置108个网格点，其中Ⅰ类功能区昼间噪声均值为49.5分贝（A），Ⅱ类功能区昼间噪声均值为53.4分贝（A），Ⅲ类功能区昼间噪声均值为60分贝（A），城区昼间噪声平均值为54.3分贝（A），均未超过国家控制值。噪声污染源主要是生活噪声、施工噪声和交通噪声。

（县环保局 应乐）

五水共治

【概况】 2016年，龙游县治水办公室聚焦“清三河”达标县创建目标，倒排时间节点，努力补齐短板，通过抓好河湖库塘清淤、河长制落实、生猪整规等工作，着力提升水质，成为2016年度衢州市唯一未被浙江卫视《今日聚焦》曝光的县（市、区），治水满意度在全省49个争创“清三河”达标县中位列第五。龙游县成功创建浙江省2016年“清三河”达标县，并再夺浙江省“五水共治”工作优秀县（市、区）“大禹鼎”。

【河湖库塘清淤】 全县乡村两级联动，集中时间、集中力量，全面开展“清千塘美百河”行动，共投资8800余万元，整治水塘477个、沟渠441条、河道10条，清淤60.42万立方米，水塘、沟渠整治完成率

图176 4月28日，龙游县召开“五水共治”推进暨“清千塘美百河”现场会

100%；河湖库塘清淤72万立方米，完成投资1742万元，清淤完成率达116.32%。通过修复塘坝河岸、修建人工岛、肥田沃土等形式，实现淤泥资源化利用，美化水塘51个，还山还田70.67公顷。在衢州市率先建立并全面推行“塘长制”，竖立“一塘（沟、渠）一干部”公示牌117块，实现已整治水塘长效管理，并创新“就地消纳”“移位覆土”“回归再造”等淤泥处理模式。

【落实“流域河长制”】 以“河长制”为主抓手，实现“三级河长”“河道警长”全覆盖，探索创新“民间河长”“企业河长”“联村河长”等自选动作，全县共配县、乡、村三级河长295名、河道警长38名、企业河长100名。全面落实河长履职承诺、述职评议、媒体问询、考核问责等4项机制。围绕“清三河”工作要点，制订“一河一策”治理方案，逐级签订目标责任书，建立流域治理责任清单，实行责任包干。同时，将小微水体、重点污染源及河道排污（水）口标识监管纳入河长履职范围，排查出的390个排污（水）口全部实现“一口一档一标注”，在衢州市率先完成排污（水）口标识牌安装。依托“河长制管理系统+‘钉钉’+流域微信群”等平台，充分发挥定期巡查、定位签到、在线监控、即时反馈等功能，县、乡两级和部分重点村级河长全部配备河长制管理信息系统手机，13条县级河道全部建立流域河长微信群，295名河长全年共巡河2万余人次，累计交办解决各类问题300余件，群发短信2万余条。

【生猪整规】 严格落实“网格化清单管理+市场化管控+积分化监督考评+常态化联动执法”的“四位一体”长效监管机制，健全生猪养殖污染防控体系，打好“控、退、提”组合拳。通过严格执法关停一批、饲养量交易整合一批、美丽生态牧场创建提升一批等措施，全面深化生猪整规工作。2016年，全县累计拆除生猪养殖场438家，拆除面积56.62万平方米；拆除生猪复养反弹户60家，拆除面积1万余平方米，实现动态“零反弹”。329户养殖场参与生猪饲养量交易，交易额达4800余万元。依托全县域、园区、农场“大、中、小”三个层面的生态循环，创建县级美丽牧场52家，其中25家达到市级标准、10家达到省级标准；打造“五水共治·畜禽养殖转型升级市级示范教育基地”，兴泰牧场入选浙江省首批“美丽生态牧场”。

【城镇污染源头治理】 投资8100万元，实施城市污水处理厂项目一期改造提升及二期调试运行，污水处理量从原来A类标准2万吨/日提升至4万吨/日。6个建制镇全部完成污水处理站提升改造或污水纳入城市管网。完成城镇管网建设37.89千米，完成率为131%。加快实施城区雨污分流和截污纳管改造工作，完成雨水管网清掏129.21千米。全面落实前段分类投放、中间分类运输、末端分类处置机制，城市垃圾处理率达100%。新建生活垃圾热解气化项目和青龙山垃圾填埋场垃圾渗滤液处理厂，垃圾末端处理能力分别可达300吨/日（一期）和260吨/日。至2016年年底，项目已完成特许协议签署工作、环境评估、水资源论证、水土保持方案协议签署工作及项目红线安全距离确认。

【农村环境“双治”工作】 开展以农村生活污水治理和农村生活垃圾治理为主要内容的农村环境“双治”工作。强化农村生活污水治理管理规范，建立以第三方专业机构为服务主体、县乡村户各司其职的“五位一体”运维管理体系，鼓励和引导社会力量投入设施建设、运行和维护，连续两年获浙江省农村生活污水治理优胜县荣誉。至2016年年底，全县240个行政村生活污水设施建设全部完成，建成终端811个，新增受益农户7.1万户。第三方运维平台已建成并投入使用，2014—2015年度192个行政村已建成的644个生活污水治理终端全部移交运维。全县251个行政村通过“贺田模式”复制验收，并打造“贺田模式2.0”升级版。全县农村生活垃圾有效处理建制村比例达95.8%，建成垃圾兑换超市108个、垃圾处理终端45座。

【推进“全民治水”】 制订“十个一”（即制作一个专题片、准备一台好节目、开展一系列宣传推广活动、印发一本宣传手册、举办一期专门培训、举办

图177 县政协主席黄利荣（中）调研莲湖溪龙洲街道白坂村段治理工作

一次征文和知识竞赛活动、建立一个微信公众平台、组建一批流域河长群、制作一批展板、打造一批教育基地）群众治水满意度提升方案，全面开展“双百双千双万”（即百个机关洁百溪（渠）、千个支部清千塘、万名党员联万户）先锋行动、生态版村规民约、小手拉大手、赛水赛歌、义工服务、“四进两互动”（即进学校、进教材、进教学计划、进课堂和校内外互动、家校互动）进校园等系列活动。全县2.3万余名党员干部定期参加“双百双千双万”先锋行动。群众自导自演婺剧、小品、快板等“护水戏”，并参与全县30场“543”专题巡演的演出。5000余名志愿者走访8万余户农户，发放宣传单15万份、环保袋10万个、宣传册1.5万册。制作“五水共治”专题VCR，制作“小龙人”动画公益广告3条、治水成果展板32块、宣传海报5900余张。360余块大型广告牌、220块LED屏、60个灯箱、225个公共自行车站点实现治水标语全覆盖。开展县机关部门、企业、龙商等水塘认领工作，107个部门共参与结对水塘266个，近百名龙商成为家乡河段长，共捐助“五水共治”资金1000余万元。

（县治水办 姜梅子）

创建国家卫生县城

【概况】 2016年，龙游县创建国家卫生县城工作领导小组办公室（简称“县创建办”）围绕“全省创建满堂红”的总体目标，以“美丽龙游”“健康龙游”为创建目的，强力推进全县“创国卫”工作，改善城区市容市貌，规范城市管理秩序，提升市民综合素质。8月12日，龙游县创建国家卫生县城工作顺利通过省级明查考核，获得国家卫生县城的入场券。

【建立机构】 5月27日，县委办公室、县人民政府办公室印发《龙游县创建国家卫生县城工作实施方案》，决定成立县创建办工作机构，具体负责“创国卫”的组织实施、综合协调等工作，工作人员从县委宣传部、县残联和县卫生计生、住建、综合执法、市场监管、交通运输、广电总台、龙洲街道等单位抽调，实行集中办公。6月15日，龙游县召开创建国家卫生县城动员会。6月20日，县创建办召开第一次会议，标志着县创建办工作机构正式成立并运行，下设综合办公室、宣传信息科、督查科、协调科、台账资料科。

图178 6月15日，龙游县召开创建国家卫生县城动员会

【开展万人志愿者大行动】 开展“创国卫，治脏乱”万人志愿者大行动。制定网格化整治方案，建立县领导、机关部门联系街区制度，实行“一个县领导带领一批部门、包干一个街区、负责一抓到底”的运

行模式，32名县级领导带领全县113个部门，分别包干1个路段和2个小区，做到每周一早上上街区集中开展卫生整治和文明劝导。“创国卫”期间，全县共清理卫生死角1600多处，清理乱堆放4100多处，清除垃圾1.3万多吨，清除牛皮癣广告2.6万多条，清除毁绿种菜面积约12万平方米。

【**强化城区督查协调**】 组织工作人员每天早出晚归，上马路、进街道、入社区督查，对督查中发现的乱堆乱放、乱排污水、占道经营、卫生死角等问题，按照责任分工进行梳理，并下发任务交办单，督促相关责任部门限期整改到位。实行县领导一周一督查制度，现场交办，落实整改，提高攻坚效果。对“创国卫”中暴露的多头管理、责任不明、划界不清以及无人管理、闲置区块等重点难点问题进行协调交办。共下发交办单89期，交办问题3500多个；县领导督查12次，交办问题200余个；协调、解决重点难点问题30多起，如泽龙大厦乱种菜、乱堆杂物问题，主动牵头多个相关部门召开座谈会，明确方案及部门分工，问题最终得到妥善解决。

【**城区市容环境专项整治**】 牵头组织县综合执法局、县交通局、县市场监督管理局、县公安局、县规划局等部门对学士路、巨龙路、健康路、幸福路、飞云路、永安路的占道经营、流动摊贩等问题进行专项整治，取得明显成效。如已存在5年之久、涉及摊贩400多个的幸福路马路市场，通过采取疏堵结合的方式，400多个摊贩一部分被疏导到其他市场，一部分被取缔。幸福路马路市场彻底清除。飞云路、东华街等一批马路市场得到根治。牵头组织县综合行政执法局、县住建局、县民政局、龙洲街道、东华街道开展城区散养家禽专项整治行动，共处理散养家禽600余羽，拆除鸡窝、鸡笼100余个，住宅小区内散养家禽情况得到有效遏制。开展城区交通秩序专项整治行动，组织县城投公司、县交警大队、县综合行政执法局、县规划局、县住建局等部门，在城区38个路段增划机动车、非机动车停车泊位，同时明确由县综合行政执法局负责人行道上的车辆规范停放，由县交警部

图179 9月29日，在县城荣昌广场举行《龙游市民文明公约》发布仪式

门负责机动车道上的车辆规范停放。经过5个多月的攻坚整治，城区市容市貌得到明显改观，城市整洁度显著提升。

【**“创国卫”宣传教育**】 建立“创国卫”先锋微信群，以“老徐”名义在微信群开设“说事”“服您”“挑刺”“报喜”等宣传栏目，鼓舞士气，营造氛围，得到浙江省卫生厅巡视员的高度评价。编印《流火》画册，图文并茂地展现龙游县“创国卫”攻坚行动取得的成果。在龙游电视台、《今日龙游》、微龙游等媒体上设立“曝光台”，鼓励全县市民对不文明行为进行“随手拍”。利用宣传车、灯杆、灯箱、公交车、出租车、LED、社区电影、快板等开展形式多样的创建宣传。设置“创国卫”大型墙体公益广告96块，设置墙体宣传标语牌1200余块；在主次干道、小区设置固定的“创国卫”宣传栏115个，并及时更新内容。联合县委宣传部编印《市民文明公约》手册及口袋本，发放到城区居民手中。

【**落实常态管理**】 制定出台《“创国卫”长效管理责任清单》，包含城市管理体制机制创新、明确管理部门职能、城市基础设施投入建设改造、部门联系街区四大块共42项内容，明确责任单位、责任领导及完成时间。同时，联合县督考办公室，对各部门责任清单落实情况进行走访督查，确保创建国家卫生县城前期成果不反弹。

（县创建办 金小燕）

国土资源利用与保护

【概况】 2016年，龙游县国土资源局突出“保发展、保资源、保民生、保安全”工作主线，着重补齐国土资源管理工作中的短板，为龙游县经济社会发展提供保障。成功创建地质灾害防治高标准“十有县”，获省级先进党组织荣誉，被评为2016年度龙游县“最满意单位”。

【土地规划与利用】 以保障和服务龙游县社会经济发展为目标，坚持“突出重点、统筹兼顾、公众参与、多规融合”等原则，全面完成县级和中心城区以及11个乡镇（街道）土地利用总体规划的调整完善工作，城市部分的土地利用总体规划、城市规划融合率达93%。完成石佛乡三门源村“浙江省村级土地利用规划编制试点村”的规划编制，并通过县级论证。保障项目建设用地需求，完成用地报批113.87公顷。严格按照经营性用地和工业用地“招、拍、挂”出让制度，供应土地88宗，实现土地出让收益11.3亿元。全面深化土地集约节约利用，完成城镇低效用地再开发28.19公顷；盘活存量土地和低效用地企业10家，涉及土地54.6公顷。完成宝源篷袋加工园有限公司（团石农垦场）、巨江航运开发有限公司等4宗国有土地收储工作，涉及面积28.48公顷。全面提升土地征迁速度，全县共征收土地533.33公顷，确保衢宁铁路、高坪桥水库、溪毛线公路改建及“一桥一路一港一枢纽”等重点项目的推进。联合出台《进一步加强农村居民建房管控工作意见的通知》《关于农村居民建房有关问题的通知》，严格管控“三区五线”（即适建区、限建区、禁建区和道路红线、水域蓝线、绿地绿线、基础设施黄线、文保紫线）建房，杜绝零星建房，引导村庄合理布局，使边界更清晰。

图180　3月8日，浙江省国土资源厅厅长陈铁雄到龙游调研国土资源利用与保护工作

【耕地保护】 全面完成永久基本农田划定工作，划定永久基本农田25933公顷、永久基本农田示范区13820公顷。建立耕地保护补偿制度，制定《龙游县耕地保护补偿机制实施意见》，与县财政局联合下发《关于下达龙游县耕地保护以奖代补资金分配计划的通知》，确定耕地保护补偿标准，明确耕地保护以奖代补资金将根据各行政村耕地保护责任落实、队伍建设、违法用地等情况，拨付给承担耕地保护责任的行政村，主要用于农田基础设施修缮、耕地质量提升和耕地保护管理等。

【土地整治】 大力推进土地整治工作，制定《关于要求进一步完善土地整治项目管理补充意见》，提高政策补助标准，同时建立长效管理机制，通过落实水田“补助一千，连补四年”（即垦造为水田的，村委会或其他承包人当年必须组织种植一季水稻，种植的水稻实际亩产量达到250公斤以上并通过验收的，补助提高到1000元/亩·年，补助期为4年）和旱地“4334”（即垦造为旱地的，村委会或其他承包人必须种植一季以上经济作物，项目通过验收后连补4年，分别补助400元/亩、300元/亩、300元/亩、400元/亩）等政策，防止新增耕地抛荒，促进土壤地力提升。加快项目实施进度，全年立垦造耕地项目127个，涉及面积586.67公顷，至年底，已完成279公顷。农村土地综合整治立项64.67公顷，完成耕地质量提升2426.67公顷，完成表土剥离20公顷。全面完成湖镇镇3个村旱改水项目及横山镇项家村标准农田项目。全年共争取指标外调资金4.35亿元。

【土地执法监察】 保持执法监察高压态势，确保全年巡查时间、人员、路线、车辆“四落实”，巡查范围覆盖全县262个行政村。实行与公、检、法等多部门联动执法和案件联审机制，全年责令停止违法用地行为374件，依法立案查处违法用地27宗。推进农民建房集中整治，整改沿路沿江建房、未批先建、应拆未拆、建大围墙圈占土地等农房违建298户，整治整改违建面积4.32万平方米。严格落实“亮剑行动”，全面完成临时用地清理整治及整改工作，处置总面积4.04万平方米，案件处置率为84%，违法面积处置率为97%。

图181 6月30日，龙游县举行不动产权证书首发仪式

【矿产整治】 减少露天开采矿点，结合矿地利用，加大矿山生态治理力度。“十三五”期间，龙游县计划分年度完成9个废弃露天矿山的治理工作，2016年已完成石佛乡塘边砂岩矿、横山镇后徐村页岩采石场等2家废弃矿山治理及罗家乡席家商士珉采石场生态环境治理工程的验收。严防废弃矿山偷采、盗采，为17个重点废弃矿山盗采点安装监控20个，对盗采点出入口进行实时监控，确保偷采、盗采行为的及时发现和及时查处。

【地质灾害防治】 高度重视地灾防治工作，汛期前签订发放“两卡一书”（地质灾害防治工作明白卡、地质灾害防灾避险明白卡、地质灾害避让搬迁建议书）712份，更新重点区域质灾害警示牌40块，全年出动巡查2300余人次，发布地质灾害预警预报短信1万余条，组织地质灾害应急抢险演练1次，举办县级地质灾害防治知识培训1次。完成石佛乡地质灾害工程治理，在全县范围内转移安置地质灾害隐患点受影响住户80户共176人。台风“莫兰蒂”“鲇鱼”期间，共转移沐尘乡群众443人。全县未发生地质灾害责任性事故，无人员伤亡。

【数字化建设】 进一步提升档案数字化水平，全面完成1990—2015年度纸质档案数字化工程。加强建房审批监管，建立农村居民建房管理系统。7月，无人机首飞成功，航拍无人机正式投入使用，并将航拍成果应用于地质灾害防治监测、国土资源执法监察等领域，为“数字国土”打下良好的数据基础。

【不动产登记】 完成龙游县不动产登记职责机构整合。6月30日，龙游县在全市范围内率先实施不动产统一登记制度，颁发全市第一本不动产权利证书。截至12月30日，共完成不动产登记发证6844本，注销登记3191本，发放不动产登记证明3638本。完成全县15个乡镇（街道）262个行政村1∶500地籍测量工作，测量面积约74.18平方千米。

【队伍建设】 以深入开展“两学一做”教育为契机，通过规范党员组织生活、重温入党誓词、组织廉政知识竞赛、“最美国土人”评选等形式，推进党员的党性意识和组织观念的不断提升。严格执行党风廉政建设责任制，加强廉政警示教育，增强全体党员干部的自律意识。出台平时考核办法、综合考核办法、探亲假制度、聘用人员管理办法、集体会审制度、业务流程标准化操作手册等一系列规章制度，持续加强规范化建设。规范政府采购行为，制定中介机构准入备案制度，完成各事项涉批中介清理，组织中介机构廉政谈话并签订廉洁从业承诺书。加强社会监督，聘请26名政风行风监督员，涵盖县人大代表、村（社区）干部、企业家等各个方面，促进国土系统依法行政、廉洁从政、高效勤政。重视干部职工教育培训，开展周四夜学16次，与同济大学合作举办“规划与新农村建设”研修班。创新“轮岗培训”制度，安排新招录的乡镇（街道）国土员到业务科室顶岗锻炼，提高服务基层水平。

（县国土局 季晨）

气象服务

【概况】 2016年，龙游县气象局切实按照创新、协调、绿色、开放、共享“五大发展理念”和“气象业务现代化、气象服务社会化、气象工作法制化”工作要求，强化气象事业改革落实力和执行力，促进气象事业发展，提高气象服务效益，稳步推进“十三五”开局之年的各项工作。

【气象公共服务】 积极履行气象防灾减灾职责，做好季节性、灾害性、转折性天气服务工作。年度各项气象服务保障工作见成效，春运、“两会”、中高考、节假日、重大活动等专题气象服务保障到位，冷空气、强降水、强雷电、台风等灾害性天气监测、预报、预警和服务有效强化。准确预测和精细服务春季强寒潮、夏季梅汛期强降水、秋季异常连阴雨等重大灾害性天气，及时向社会公众广泛发布预警信息，为提前做好气象灾害防御赢得时间。全年共发布预警信号50次，编发各类气象服务材料272期，发布免费手机短信服务265次37万条。

图182 6月27日，县气象局举办气象协理员培训班

【防灾减灾体系建设】 进一步推进气象基础业务软硬件建设，为发展气象业务现代化夯实基础。推进一体化综合业务平台改造，加强突发事件预警信息发布县级中心平台建设，打造集观测、预报、服务和农业气象为一体的现代化综合业务平台。全县有自动气象监测站共27个，站网空间密度由2015年的6.9千米提高至6.5千米，达到气象现代化站网密度要求。完成天气预报影视系统的升级改造，提升电视天气预报节目的品质。加强区域自动气象站的探测环境保护，完成詹家自动站迁站工程。山洪地质灾害防治气象保障工程和暴雨精细化监测预报预警工程列入年度政府性投资项目，分别安排财政资金60万元和145万元，暴雨精细化监测预报预警工程同时列入龙游县委、县政府为民办实事项目。完成仪器设备采购和暴雨强度公式编制，建成灰霾自动站和陶家山、客路、方门街3个区域自动站，完成年度投资额的97%。年内主要建设气象灾害监测、预警信息发布和服务、气象装备保障等系统和相应的配套设施，完成1个灰霾气溶胶监测站和5个气象监测站。继续推进气象防灾减灾标准化“全覆盖县”建设，完成标准化乡（村）3个。提高人工增雨作业的频次和效益，全年共开展人工增雨作业8轮，累计增加降水460万立方米以上，有效缓解农业旱情，及时降低森林防火压力。G20杭州峰会期间出动增雨作业车13辆次，分别在各个作业点进行流动循环增雨作业，50多人次参加全天候蹲点作业，抓住一切有利时机进行人工增雨作业。

【气象为农服务】 继续推进直通式为农服务，指导农户做好关键农事期和气象灾害来临前的农业防灾避灾工作。通过农技“110”，及时向全县4万多名农民、农业大户和农技人员发布强寒潮、低温冻害、暴雪等灾害的预警信息；灾后则联合县农业局技术人员及时下乡调查柑橘、红肉蜜柚、中药材基地等受冻害情况，赴龙游南部和北部山区实地调查雪灾情况。全年共编发农业气象服务材料205期，通过农民信箱发布信息56次共13万条，下乡送农业气象服务和进行气象调查47次。继续开展铁皮石斛、火龙果种植等农业气象试验研究，完成中国气象局南方水稻专项分期播种试验。开展黄花梨气候品质认证，为特色农产品穿上“气候名片”。

【气象科普宣传】 积极开展“世界气象日”“防灾减灾日”“安全生产月”等宣传活动，向群众发放气象科普历书、气象知识杂志、气象防灾减灾手册等6000余份。3月23日，组织工作人员深入溪口镇寺下村、龙洲街道后田铺村、东华街道方坦村和下杨村等乡村文化礼堂，通过发放气象科普宣传资料、现场讲解答疑释惑等形式，向村民普及天气和气候知识，提升群众防灾减灾和应对气候变化的意识。5月12日、6月14日，分别联合县民政、人防、应急、消防、安监等10余个部门，在荣昌广场集中开展“防灾减灾日”“安全生产日”主题宣传活动。

【防雷安全监管】 组织防雷技术人员对防雷重点单位开展防雷安全检测，及时发现防雷安全隐患并指导整改，同时配合政府部门安全标准化工作要求，组织开展相关企业的防雷检测工作。组织开展防雷设计技术评价、跟踪检测和竣工验收，严把防雷施工质量关，认真实施工程管理监督，严格开展竣工验收。认真抓好防雷综合治理，落实行政、事业、企业分开要求，严格执行防雷服务收费及减免政策规定，优化龙游县投资环境。全年共进行防雷装置定期检测74家、竣工检测62家、跟踪检测45家，开展防雷装置设计技术评价70件，指导安全隐患整改18家，其中，中国石油下属4个加油站的防雷设施存在安全隐患，在县气象局的指导下实施整改并通过复检，县内多家油漆厂和液化气站也对存在多年的问题进行整改。

【党风作风建设】 继续巩固“三严三实”教育成果，深入开展“找短板，做好气象‘店小二’”专项活动、“两学一做”学习教育活动及中共十八届五中、六中全会精神贯彻学习。开展典型案例警示教育，组织观看廉政动漫《郑义门》，集中学习《中国共产党章程》《中国共产党廉洁自律准则》《中国共产党纪律处分条例》，举行手抄《中国共产党章程》竞赛。扎实开展第29个“职业道德教育月”和第15个“党风廉政宣传教育月”活动，全面夯实领导班子和党员干部作风建设，保持党风清廉纯正，气象事业健康和谐。

图183 1月23日，县气象局组织党员参加除雪抗灾活动

（县气象局 李建业）

2016年度龙游县气候状况

【概况】 2016年冬季温度起伏较大，出现罕见强寒潮天气。春季气温明显偏高，降水先少后多。夏季气温明显偏高，降水先多后少，日照偏多。秋季气温偏高，降水偏多，台风影响大，日照明显偏少。入冬后气温破最高纪录，降水少。

【气温】 年平均气温为18.7℃，比常年偏高1.3℃，较常年异常偏高，为历史同期第二位。日极端最高气温为40.0℃，出现在7月24日；日极端最低气温为-8.9℃，出现在1月25日，为历史同期第二最低纪录。共出现41天高温天气。终霜日是3月11日，初霜日是12月9日。

【降水】 年总降水量为1906.7毫米，比常年偏多273.7毫米。雨日为176天，比常年偏多15.6天。6月11日入梅，7月1日出梅，梅期短，梅雨期内出现3次暴雨过程。

【日照】 全年总日照时数为1769.2小时，比常年偏少7.0小时。

（县气象局 李建业）

2016年度龙游县主要气候事件及影响

【寒潮】 1月下旬，龙游县遭受罕见的强寒潮天气袭击，其强度之强、气温之低、冰雪覆盖范围之广为历史罕见。21日夜至22日，龙游县普降大到暴雪，全县平均积雪深度在7～8厘米，高海拔山区在15厘米以上，其中大力山为30厘米、梧村为23厘米、源头为20厘米，龙游本站最大积雪深度为11厘米。23日—26日，最低气温维持在零度以下；25日，全县最低气温达到零下8℃到零下10℃，山区在零下10℃以下，其中梧村零下14.5℃、大力山零下13.2℃、枫林零下12.3℃；龙游本站零下8.9℃，为历史第二最低纪录。持续的严寒天气使龙游县出现长时间的严重冰冻，冻雪和道路结冰对春运和交通产生严重影响。2月12日—15日，龙游县出现一次寒潮天气过程，48小时日平均气温过程降温幅度达13.3℃，过程最低气温为-0.9℃。3月7日—10日，龙游县再次出现寒潮天气，48小时日平均气温过程降温幅度达13.0℃，过程最低气温为-0.7℃。

【台风】 2016年第14号台风"莫兰蒂"于9月15日凌晨3时05分前后在福建省厦门市翔安区沿海登陆。受其外围降水云系影响，龙游县普降暴雨，南部乡镇出现大暴雨。第17号台风"鲇鱼"于9月28日4时40分前后在福建省泉州市惠安县沿海登陆，登陆时为台风级。此次台风过程影响时间长、范围广、降水强度大，龙游县过程面雨量达100.6毫米，全县15个乡镇（街道）均经受不同程度的灾害。

【暴雨】 全年共有暴雨8天，影响比较大的有：4月3日，全县普降大到暴雨，最大雨量出现在本站，为54.6毫米；5月10日，受冷空气和暖湿气流影响，全县普降大到暴雨，最大雨量出现在詹家，为66.5毫米；5月15日，受暖湿气流影响，全县普降大到暴雨，最大雨量出现在兰塘，为66.1毫米；6月29日，全县普降暴雨到大暴雨，15个乡镇（街道）均经受不同程度灾害。

【连阴雨】 1月5日—17日，出现阴雨寡照天气，油菜生长缓慢，发育期推迟。10月18日—25日，出现连阴雨天气，影响单季稻收割晾晒和蜜橘采摘，导致连作晚稻出现发霉倒伏现象。

（县气象局 李建业）

教育·科技

概 述

2016年，龙游县共有54所中小学，在校学生40050人；有102所幼儿园，在园幼儿10445人。学前三年入园率为97.21%，小学适龄儿童入学率达100%，无流生，“三残”适龄儿童入学率达100%。初中入学率、巩固率、毕业班毕业率均为100%，初中升入高中段比例达到98.71%，15年基础教育基本普及。全县共有在编在岗教职工3269人，其中义务教育学校教师2457人。幼儿园、小学、初中、普通高中、职业高中教师合格学历分别为99.52%、100%、100%、100%、99.10%，小学专科及以上、初中本科及以上学历教师分别占99.17%、94.27%，高中研究生学历教师达13.54%。2016年，龙游县教育局以全面推进教育现代化为工作主线，着力深化教育改革，努力提高教育教学质量，全力推进教育事业健康发展，教育的满意度、美誉度大幅提升。职业教育以省“中等职业教育质量提升行动计划”为主要抓手，深入推进中职课程改革，强化质量立校，狠抓内涵发展、不断提升职业教育基础能力和吸引力。县教育局获衢州市教育局年度考核一等奖，获浙江省教育发展和谐业绩考核优秀单位荣誉。在全市率先成功创建浙江省教育基本现代化县。

2016 学年龙游县中小学校、幼儿园基本概况

表48

学校类别		学校（所）	班级（个）	本年毕业生数（人）	本年招生数（人）	在校学生数（人）	其中女学生（人）	教职工数（人）	其中专任教师（人）
普通中学		15	401	5495	5585	16297	8191	1534	1429
其中	高中	4	137	2004	1853	5645	2991	583	539
	初中	11	264	3491	3730	10652	5200	951	890
职高高中		2	92	930	1353	3725	1793	260	225
小学		36	563	3758	3031	19992	9702	1610	1567
培智学校		1	6	3	8	36	13	12	11
幼儿园		102	428	3470	3798	10445	5183	1325	582
其中	实验幼儿园	1	15	216	138	439	223	69	37
合计		156	1490	13656	13773	50495		4741	3814

基础教育

【概况】 2016年，龙游县基础教育稳步发展。全县有小学36所，班级563个，在校学生19992人；初中11所，班级264个，在校生10652人，其中新入学学生3730人。有龙游中学、龙游第二高级中学（简称“龙二高”）、凯马国际学校、横山中学4所普通高中共137个班级，在校学生5645人。小学适龄儿童入学率保持100%，无流生；初中入学率为100%，巩固率为100%，初中毕业班学生毕业率100%，升入高中段的比例达到98.71%。有幼儿园102所，在园幼儿10445人，其中公办幼儿园（含集体性质）31所，在园幼儿3470人；民办园71所，在园幼儿6975人。学前一年入园率99.79%，学前三年入园率97.21%；等级幼儿园比例为86.27%，等级幼儿园覆盖面92.08%；专任教师持证率为88.66%；普惠性幼儿园覆盖面为97.15%。所有乡镇（街道）均建成等级标准的乡镇（街道）中心幼儿园，没有无证幼儿园。

【特殊教育】 有特殊教育学校1所（龙游县泽雅学校），设班级6个，在校生36人，有专任教师11人。2016年新招收学生8名，毕业3名。新增幼儿资源教室1个（小南海幼儿园）、卫星班1个（灵山小学），至年底，全县共有资源教室7个、卫星班1个。有6～15周岁“三残”（智残、体残、肢残）儿童少年114人。通过特教学校、随班就读、送教上门等方式，“三残”适龄儿童入学率达到100%。在特殊学校集中就读的学生特教经费为每生每年8000元，随班就读、送教上门的学生同步享受10倍的公用经费，即每生每年6000元。

【挂牌成立华岗小学】 华岗是龙游县庙下乡庙下村人，是一名忠诚的共产主义战士，杰出的无产阶级革命家，卓越的马克思主义理论家、哲学家，史学家、教育家。中华人民共和国成立后曾任山东大学首任校长。庙下小学址设庙下乡庙下村，占地面积1.23万平方米，建筑面积4589.16平方米，有教学楼、学生宿舍楼、综合楼、师生食堂各一幢；有8个教学班共232名学生，有教职工27名；设附属中心幼儿1个，设小班、中班、大班3个班，在园儿童50余名。学校秉承“育人为本、和谐发展、张扬个性”的办学理念，以“坚韧有节，虚心向上”为校训，为省级标准化学校。庙下小学创办于1912年，时名柏溪小学，华岗曾在这所学校度过了他的童年时光。为纪念华岗先生，传承华岗精神，2016年11月8日，经上级有关部门批准，挂牌成立龙游县华岗小学，与庙下小学同一班子。

【华岗中学成立】 龙游县教育局通过“微龙游”公众平台为县城新设的初中征名，决定新设初中的校名为“龙游县华岗中学”。用“华岗”的名字为新学校命名，以此纪念龙游籍革命先辈华岗同志，并借鉴华岗的教育思想，把新学校办成高质量的学校，希望龙游的广大学子学习发扬华岗的革命精神和高尚人格，坚定信念，积极进取，努力学习，成为对社会有杰出贡献的人才。通过公开选拔，徐伟建被任命为华岗中学首任校长。学校暂设在太平东路原龙游镇初级中学旧址内，为过渡校址。按规划，学校规模为36个班级，2016年首届招收初一年级8个班级，2017年、2018年将分别招收初一年级各12个班级。

【德育工作“三创建”】 一是继续开展德育示范校创建。在2014年命名龙游第二高级中学等12所学校为龙游县首批德育示范校的基础上，2016年再命名横山中学、马叶小学、龙游华茂外国语学校、实验小学、小南海初级中学、寺后初级中学、十里铺小学、志棠小学、下库小学、职业技术学校10所学校为龙游县第二批“德育示范学校”。二是抓好“美丽校园”创建。龙游三中申报省级校园文化建设示范校，并被确定为“浙江省中小学美丽校园提名学校”。龙游三中、塔石小学被命名为“浙江省第八批省级绿色学校”。三是抓好“校品”创建。3月，在教育局的统一部署下，全县中小学开展校徽、校旗、校歌、校训评选活动。各校充分发挥校徽、校旗、校歌、校训在激励学生成长、沟通师生情感、凝聚学校精神等方面的重要作用，将其作为“校品”创建的重要内容，充分挖掘学校的办学历史、文化积淀、办学特色等因素，逐项修改、完善各校的校徽、校旗、校歌、校训，并组织开展校徽、校旗、校歌、校训评选活动。

【省“特色高中”创建】 继龙二高2015年被评定为浙江省二级特色示范高中后，2016年，龙游中学、横山中学通过省二级特色示范高中评估，全县三所普通高中均成功创建省“特色示范高中”。在创建活动中，各学校积极参与高中课程改革，形成鲜明特色。龙游中学坚持“真彩教育”理念，着力于“求真尚美、多彩发展”的选修课程开发与实施，以国家规定的必修课程为主干，辅之以本真德育、姑蔑文化、国际视野、多彩生活课程四大支撑，紧扣龙中传统办学特色和未来发展规划，构建“多元化、个性化、生活化”的“龙”形教育课程体系；龙二高坚持“尚善有为，大器有成”的核心办学理念，以“学会做人，做有益于社会的人”为校训，立足学校实际，尊重学生个性，以课程的校本化实施为路径，以课堂教学模式和育人模式的转变为抓手，进一步培育“五心育德，三分一特”的办学特色；横山中学扎实推进高中新课改，积极构建“益友良师”校园特色德育体系，认真展开走班教学，抓学考促高考，教育教学质量连攀新高，努力打造“品位高雅和美的学校”。

【中考和高中段招生】 2016年，全县中考报名3452人，设7个考点，共116个考场。考试满分为630分。总分优秀人数（535分以上）970人，优秀率为28.10%；合格人数（378分以上）2675人，合格率 77.49%。中考成绩继续名列全市前列。普通高中录取1783人，职业高中录取735人，普通中专录取831人，其他录取97人，总录取率为98.51%，录取率与2015年基本持平。

图184 西门小学师生在县消防大队的指导下组织开展逃生演练

【高考和高校招生】 全县普通高校招生报名1933人，其中文科423人、艺术兼文科62人、体育兼文科11人、理科1414人、艺术兼理科20人、体育兼理科3人。设龙游中学和龙二高2个高考考点。文理科上重点395人（不含艺体类），比上年增加68人；总上线率为99.59%，比上年提高0.24%；高考录取率为98.71%，比上年提高0.9%，高出全省平均9.01%。全县单考单招报名399人，上线率为99.25%，比上年提高2.65%，录取率为96.24%，与2015年基本持平，高出浙江省平均录取率13.69%。

2016学年龙游县普通高中招生情况

表49

学校	招生班级（个）	招生数（人）	备注
龙游中学	16	640	体育特长生8人、音乐4人
龙游二高	18	720	体育特长生7人、美术特长生5人
横山中学	8	320	体育特长4人
龙游凯马国际学校	4	160	其中57人面向县外组织招生
合　计	46	1840	—

2016学年龙游县初级中学招生情况

表50

学校	小学毕业生数（人）	初中招生班级（个）	招生人数（人）	学校招生范围
龙三中	1505	16+1	706	西门小学、实验小学、桥下小学、阳光小学、詹家小学、十里埔小学、夏金小学、马叶小学。县少体校面向全县招生1个班
龙游华茂外国语学校		15	513	面向全县自主招生，部分承担城区义务教育任务。面向县外招生2个班（70名学生）
华岗中学		8	368	西门小学、实验小学、桥下小学、阳光小学、十里铺小学
寺后初中	280	6	300	寺后小学、官潭小学、上圩头小学、罗家小学
小南海初中	375	10	395	小南海小学、箬塘小学、团石小学、七都张家埠小学、北辰小学
湖镇初中	419	8	401	启明小学、下库小学、七都小学（除张家埠小学）、社阳小学
塔石初中	395	6	260	塔石小学、雅村小学，石佛小学部分生源
泽随实验		3	113	泽随小学，石佛小学部分生源
横山中学初中部	218	5	177	横山小学、下宅小学、志棠小学
溪口初中	325	10	321	溪口小学、灵山小学、庙下小学、沐尘小学、大街小学、梧村小学
模环初中	196	6	176	模环小学、兰塘小学、士元小学
合　计	3713	96	3730	—

2012—2016学年龙游县高考情况比较

表51

年份	报考人数（人）	上线率（%）	录取录（%）	上重点人数（人）	重点上线率（%）
2012	2424	91.47	90.86	282	12.57
2013	2237	94.68	93.07	282	12.61
2014	2148	95.21	95.30	320	14.90
2015	2005	99.35	97.81	327	16.31
2016	1933	99.59	98.71	395	20.43

职业教育

【概况】 2016年，全县有龙游县职业技术学校（公办）、龙游县求实职业中专（民办）2所职业教育学校，其中县职业技术学校为省级改革发展示范校、省一级中职学校；求实职业中专为省三级中职学校。共有专业15个，专业布点数16个，其中省级示范专业3个（养殖技术、制浆造纸工艺、铁道运输管理）、省级骨干专业1个（电子商务）、省级特色专业2个（养殖技术、制浆造纸工艺专业）；市级示范专业3个（机电技术应用、电子商务、中餐烹饪）、市级特色专业2个

图185 龙游县职业教育中心建成并投入使用

（铁道运输管理、制浆造纸工艺）、市级骨干专业3个（机电技术应用、电子商务、制浆造纸工艺）。初步形成以加工制造类、商贸服务类为主的两大专业群，并实现学校间专业错位发展。拥有省级实训基地3个（现代生态农业、制浆造纸工艺、电子商务）、中央财政支持的职业教育实训基地2个（制浆造纸工艺、机电设备安装与维修）、县级职业技能鉴定站1个。全年面向社会培训达6100人次。县职业技术学校电子商务专业被省教育厅评为浙江省中职教育品牌专业。

【县职业教育中心建成】 2014年6月30日，龙游县职业教育中心工程举行开工仪式。2016年8月30日，工程建设全面竣工并通过验收，9月6日，正式投入使用。县职教中心位于东华街道文靖路以东、荣昌东路以南、端礼路以西、永安路以北，占地12.67公顷（190亩），建筑总面积9.06万平方米，其中新建建筑面积8.81万平方米（含地下、半地下车库1.02万平方米），总投资2.46亿元。项目按90个班、在校学生3600人（其中住校生2500人）、年社会培训7000人次的规模设计。龙游县教育发展中心负责建设，上海都市建筑设计有限公司负责设计，浙江求是工程咨询监理有限公司负责监理。主体工程分3个标段，分别由晟博建设工程有限公司、浙江宏图建筑工程有限公司和中天建设集团有限公司承建，包括3幢学生宿舍、4幢教学楼、学生食堂、图文综合楼、机电实训楼实训工厂、风雨操场、运动场、地下停车场等。附属道路、景观工程由龙游大汇建设有限公司承建，绿化工程由浙江博园环境工程有限公司承建。校园设计属中国传统的“庭院景观”风格，体现“濒水临风，诗意生活”的校园环境与校园文化。

【省“现代学徒制”试点】 2016年，龙游县职业技术学校被浙江省教育厅确定为省级现代学徒制试点单位。县职业技术学校的珠宝玉石加工与营销专业自开展现代学徒制试点以来，优化课程设置，变革教学方式，设置长短学期课程培养学生技能，长学期在校“理实一体化”教室学习与实训，短学期通过“企业课堂”学习掌握知识与技能，提升教学实效。专业师傅根据学生学习进度进行分组、分项目教学，由高年级学生担任小师傅，开展“一对一”现场指导。邀请国家级玉石雕刻大师到学校讲学，提升学生专业素养。通过学习培训，雕刻专业学生已掌握木雕、玉雕作品的制作流程，能独立完成作品，并结合龙游县旅游文化产业发展项目，将学生作品在龙游龙邦玉石城展示中心进行展示、交流，赢得社会赞许。

【电商人才培养新模式】 坚持“实战驱动、创学合一、多元评价”的核心理念与工资思路，创建“搭建一个平台、融汇两条主线、探索三种途径、实现四步教学、完成五类评价”的人才培养模式。“搭建一个平台”，就是以学校为主导，通过校企合作、家校合作，以创建电子商务创业园为核心，吸引企业、教师、学生积极参与，协力将创业园建成技能实训基地、创业孵化基地、社会服务基地，构建有效的创业实战平台。“融汇两条主线”，即在电子商务创业园中，实现基于创业的工作任务主线和基于教学的学习任务学主线这两条主线的并行，教师（导师）将企业（或自主创业者）交给工作任务作为教学项目，在学校创业导师（或者企业项目经理）的教导下，学生边做边学，在完成工作任务、实现目标的同时，达成教学目标。“探索三种途径”，就是深入探索“校企合作代理经营、学校自建师生共管、自负盈亏自主创业”的3种适合中职学生的创业实战途径，通过实践，总结经验，寻找适合学生的创业实战项目，降低门槛，帮扶创业，扩大学生受益面，不断完善创业实战教学模式，使模式更具可操作性和推广价值。“实现四步教学”，即通过“任务驱动入学、导师指导助学、同伴互评互学、考评激励竞学”4个教学环节，基于工作任务而完成学习任务，弥补工作各有侧重形成的专业短板，系统学习专业技能。“完成五类评价”，即研究制定“工作绩效考核、知识掌握考试、技能证书加分、竞赛获奖加分、项目任务达成”多元考核评价体系，在项目任务达成中，通过自评、小组互评、教师点评来实现项目教学任务，达成知识和技能的同步提升，并由此实施学生学业评价体系的全程考核，实现“发展学生职业能力，奠定学生创业基础，提升学校办学水平，促进行业经济发展”的专业改革发展目标。

【拓广学生自主选课门路】 县职业技术学校基于自身条件和学生需要，以打造多样化的选择性课程体系为切入点，大力开展选修课程资源开发，通过选修课教学，推进学校小班化教学和走班教学模式改革。共征集选修课程51门，其中限定选修课程（专业拓展课程）21门、自由选修课程27门，并充分利用社会资源，开设《古建筑艺术赏析》（龙游县史志办主任黄国平主讲）、《街舞》（龙游“爱尚舞蹈”工作室执教）、《中医养生瑜伽》（龙游仁礼书院执教）3门深受学生欢迎的课程，使选修课程资源更加丰富、门类更加多样。龙舟、舞龙、健美操、足球等体育专项课程均由教练自主选择学员，既提高体育专项教学实效，也为课程选择机制优化和备战体育赛事打下坚实基础。求实中专则在增加乒乓球、Flash制作、书法赏析、摄影技术、中西部电影赏析、动画制作、旅游心理、美食欣赏、文秘基础知识、女生校园等10门新课程基础上，开设28门自由选修课。县职业技术学校课改调研报告《整合资源，优化结构，完善体系》入选浙江省中职学校课程改革现场推进会交流材料集。

2016学年龙游县职业类学校招生情况

表52

学 校	专业名称	学制（年）	性 质	招生人数（人）
龙游县职业技术学校（850人）	现代农艺技术（省示范专业、省特色专业）	3	普通中专	40
	机电技术应用（市示范市骨干专业）	3	普通中专	210
		五年一贯制	普通中专+大专	40
	电子商务（省骨干专业）	3+2	普通中专+大专	35
		3	普通中专	210
	制浆造纸工艺（省示范专业、省特色专业）	3	普通中专	40
	会计	3	普通中专	40
	护理（养老护理方向）	3	普通中专	80
	学前教育（保育员方向）	3	普通中专	40
	民族工艺品制作	3	普通中专	45
	旅游服务与管理	3	普通中专	40
	学前教育	五年一贯制	普通中专+大专	30
龙游县求实职业中专（600人）	机械加工技术	3	职业中专	120
	铁道运输管理（乘务员方面）（省示范专业、市特色专业）	3	职业中专	245
	汽车制造与检修	3	职业中专	100
	电子商务	3	职业中专	90
	中餐烹饪（市示范专业）	3	职业中专	45
合 计	面向市内招收36个班共1450名学生			

成人教育

【概况】 2016年，全县共有乡镇（街道）成校15所，与社区学习中心实行“一套班子、两块牌子”管理模式，全部创建成省级标准化成人文化技术学校。东华街道成校、湖镇镇成校创建为省级现代化乡镇成校。龙游县成功创建省级示范学习型城市。拥有省级新型农民培训示范基地1所、省企业职工培训示范基地1所、省级社区教育示范学校2所、市级万名农民素质培训基地2所、市级社区教育示范学校2所、市级企业职工培训示范基地4所、市级新型农民培训基地4所。

【创建社会培训共同体】 龙游县社区学院协同各中职学校与各成人文化技术学校（社区学习中心）通过“职成联合、校企联手、部门联动”等方式，以服务地方经济社会发展为宗旨，统筹全县成教资源，创建社会培训共同体，共同开展以技能教育、学历教育、市民素质教育、青少年校外教育为主要内容的培训，为不同年龄、不同文化层次的各类有需求人员提供菜单式教育培训，满足居民学习需求。培训项目有月嫂、乡村旅游、电子商务、计算机操作员、退伍军人、盲人定向、中式面点师、企业培训师等。另外，县职校到十里坪监狱、求实中专到十里坪强制隔离戒毒所开展技能培训。至年底，全县成人中、高等学历教育毕业2532人；非学历培训43495 人次，其中家政培训935人次、退役士兵培训106人次、企业职工培训5192人次、新型农民培训11991人次、其他培训25271人次。县社区学院的用友软件电算化会计证书培训被评为省级成教品牌项目。与龙游县老年大学和浙江老年开放大学龙游分校合作，积极开展老年人教育培训，全年有26365名老年人接受培训，约占全县60岁以上老年人口的30%。

【扫盲工作】 县教育局出台《龙游县十三五扫盲工作计划（2016—2020年）》，确定2016年度扫盲任务为1200名，当年度实际脱盲人数为1350人，完成年度任务的112.5%。龙游县教育局被评为浙江省扫盲工作先进集体、衢州市扫盲工作先进集体。刘小平代表东华街道成校在浙江省扫盲工作总结表彰推进会上作经验介绍。11月30日，全市扫盲工作表彰推进会在龙游举行。

【自学考试和成人高考】 2016年，龙游县组织高等教育自学考试2次，设龙游三中和十里坪监狱2个考点，共592人报名，报考1178课次，10人申请办理大专以上毕业证书。组织成人高考，设龙游三中考点，共有考生49人，上线44人，上线率为89.80%；录取42人，录取率为85.71%。

【电大教育】 电大龙游分校位于龙洲街道招商路21号，占地2.04公顷（30.6亩，其中非产权9.26亩），建筑面积7400.47平方米（其中非产权的4400平方米）。开设会计学、园林技术等20多个专科专业，开设工商管理、工程管理等30余个专升本专业。在校学生1886名。有教职工22名，其中具有高级职称教师5名、中级职称教师5名；外聘教师33名，其中高级职称5名。全年毕业学生825人，其中专科471人、专升本354人；招生704人，其中专科366人、专升本338人。5月，浙江老年开放大学龙游分校正式成立并在电大龙游分校挂牌。

图186 农民大学生在电大学习计算机技能

2016年度浙江电大龙游分校招生情况

表53

招生院校	层次	春季招生		秋季招生		学制（年）	入学测试
		专业	招生人数	专业	招生人数		
国家开放大学	本科	会会计学、法学	41	会计学、法学	63	2.5	院校自主测试
	专科	会计学（财务会计方向）、乡镇企业管理	47	乡镇企业管理、园林技术、会计学（财务会计方向）、工商管理（工企管理方向）	123	2.5	
福建师范大学	本科	心理学、金融学	8	心理学、金融学	8	2.5	
	专科	行政管理	3	经济管理、法律大类（法学）	8	2.5	
大连理工大学	本科	土木工程、电力工程及其自动化、工程管理	41	土木工程、工程管理	23	2.5	
	专科	建筑工程管理	20	建筑工程管理	12	2.5	
华中师范大学	本科	法学	17	法学、学前教育	15	2.5	
	专科	行政管理、会计、学前教育	23	会计、学前教育、工商管理类	25	2.5	
对外经济贸易大学	本科	会计学、法学	16	会计学、法学	18	2.5	
	专科	会计	4	人力资源管理、会计	4	2.5	
中国医科大学	本科	护理学、药学	6	护理学、药学	10	3	
	专科	药学、护理	3	护理	5	3	
	中起本	药学、护理学	5			5	
总计		315		总计	389		

教育行政管理

【学前教育经费保障】 为强化政府发展学前教育责任，11月份，县财政局与县教育局联合出台《关于建立龙游县学前教育生均公用经费制度的通知》，全县所有经教育行政部门审批设立的公办幼儿园（含集体、部门办幼儿园）及所有经有关部门认定的民办普惠性幼儿园均列入补助对象。生均公用经费财政补助标准基数为200元/生·年，根据幼儿园办园性质、等级、教师持证率、参保率等不同因素，确定相应补助金额和补助系数。积极鼓励办园主体加大对幼儿园的投入，不断改善办园条件，提高保教水平，争创等级幼儿园。对新评定的一、二、三级幼儿园，分别给予30万元、20万元、10万元奖励；经复评合格的一级标准幼儿园，县财政也给予10万元奖励。2014—2015年，新评定的二级和三级幼儿园共奖励200万元。对成功创建衢州市学前教育示范乡镇的湖镇镇、溪口镇、小南海镇、詹家镇，分别奖励其中心幼儿园5万元。

【开展校园欺凌专项整治】 组织全县学校集中开展以校园欺凌治理为主要内容的专题教育。邀请法制副校长到校开展以案说法和校园欺凌典型案例剖析教育，在教职工中全面开展校园欺凌事件预防和处理相关政策法规与措施方法的培训学习活动，营造浓厚的

图187 11月24日，县委常委、常务副县长王光华（中）在全县校长、书记培训班上做动员报告

专项治理氛围和强大的舆论声势。全县学校对校园欺凌行为或倾向性、苗头性问题进行全面细致的摸底排查。在此基础上，县教育局召集有关部门逐校进行核查，并责成和帮助各个学校形成富有针对性、实效性的治理方案，构建上下联动、集中实施、综合整治、全面推进机制。健全长效机制，从思想认识、规划设计、制度安排、工作管理、措施落实、应急处置等方面进行全面细致的回头检查，凡有关预防和处理校园欺凌制度与规定缺失或不全的，一律从严、从细、从实进行健全完善，全面补齐制度短板。责任落实到人，按照明确相关职责和落实“全员育人”的要求，进一步明确责任督学对责任区内校园欺凌专项治理的全程监督责任。同时，按照“一岗双责”要求，进一步细化和明确每位教职工在预防和处理校园欺凌中的责任，把“首遇负责”和连带追究纳入校园欺凌预防和处置管理，打造以全员责任为核心的校园欺凌预防处理群防群治新格局。全面规范和强化学校未成年人心理疏导室建设，实施学生心理健康干预和爱心帮扶救助制度，提升校园欺凌预防水平，助推平安和谐校园建设。

【正风肃纪】 教育局党委、县纪委派驻教育局纪检组坚持节假日必查、双休日抽查、工作日巡查、重点问题专查的纪检工作制度，继续把违规公款吃喝、违规转移接待费、违规发放津补贴、违规收送礼品礼金、公车私用、公款旅游等作为检查重点。暑假期间，局正风肃纪组突出重点，在全县教育系统集中对“酒局、牌局、升学宴、谢师宴”等问题开展明察暗访，持续保持正风肃纪高压态势。年内，局正风肃纪组先后开展“正风肃纪”专项行动50次，出动人员195人次，对全县各学校（单位）开展明察暗访219次，坚持正风肃纪常态化，坚决防止“四风”反弹。

【教育部调研龙游县学生营养改善计划实施工作】 11月2日—4日，教育部全国营养办调研组到龙游调研农村义务教育学校学生营养改善计划实施情况。调研期间，调研组召开全县学生营养改善计划领导小组办公室成员单位参加的座谈会，县教育局局长邱子龙汇报学生营养改善计划实施情况。调研组还实地察看学校6所，通过召开家长座谈会、填答各层面的问卷、查看学生营养餐台账和食堂管理台账资料及现场考察等方式，全面了解龙游县义务教育学生营养改善计划实施工作开展情况。

【中小学房舍建设】 2016年，随着学校危旧用房拆除力度的进一步加大，全县中小学校的基本建设进入了新的阶段。除县职教中心建成并投入使用外，湖镇初中、寺后小学等12所学校新建了教学楼，寺后初中、塔石初中进行了学生宿舍改造，实验小学新建了综合体艺楼，全县总投资达3.12亿元，建筑面积达12.27万平方米，其中仅县职教中心就投资2.46亿元。龙游县中小学校进入了新一轮的投资建设高潮。这些项目的建成，极大地改善了全县中心学校的办学条件，为教育现代化建设创造了条件。

2016年度龙游县中小学房舍建设基本情况

表54

单位名称	项目名称	计划投资（万元）	建筑面积（平方米）	备注
柳村小学	教学楼	1200	6825	完成
寺后小学	教学楼	500	2660	完成
十里铺小学	教学楼	520	2500	完成
启明小学	教学楼	450	2300	完成
下库小学	教学楼	152	838	完成
浦山小学	教学楼	240	1500	完成
寺后初中	宿舍改造	240	1400	完成
塔石初中	宿舍改造	193	1000	完成
实验小学	综合体艺楼	790	3663	完成
县职教中心	迁建项目	24600	88124	完成
詹家小学	教学楼	430	2000	在建
马叶小学	教学楼	210	1022	在建
团石小学	教学楼	220	1100	在建
寺后初中	教学楼	470	2650	在建
溪口初中	教学楼	550	2630	在建
湖镇初中	教学楼	450	2500	在建
合计		31215	122712	

教师队伍建设和管理

【列入省“县管校聘”改革试点】 根据《国务院关于深入推进义务教育均衡发展的意见》《国务院关于加强教师队伍建设的意见》等文件精神，龙游县教育局在“校长组阁、全员聘任”试点的基础上，结合义务教育阶段教师发展型流动等工作，开始探索教职工“县管校聘”工作，实施教师“以县为主”的人事管理体制改革，在强化县域统筹功能的基础上，落实学校用人自主权。通过认真谋划，县教育局及时向省教育厅申报改革试点项目，被省教育厅确定为全省28个“县管校聘” 改革试点地区之一，也是衢州市2个首批试点县（龙游县、江山市）之一。

【三维立体教师队伍建设】 重视教师队伍建设，在编制、培训、待遇等三维立体上给予支持。根据县政府批准的新进教师招聘计划，全年共招考录用新教师190名，其中提前批35人（硕士17人）、男幼师4人、公开招考择优录用151人。对新录用教师进行为期10天岗前集中培训，通过军训、课程培训、专家讲座、互动交流等活动，为新教师上岗“铺路”；依托县委党校对校长、书记开展为期2天党性培训；对在职教师开展90学时、32学时、16学时等各类短中期培训，培训覆盖面达95%以上。加大投入，优先落实、保障教师待遇，高起点保障教育均衡发展，县域内教师全面实施绩效工资、教育教学质量奖、农村特岗津贴等多项政策待遇。

【首次实行“选岗分配”】 对新招入编的教师，改变往年由教育局统一分配的形式，尝试按学科、批次、成绩等进行公开选岗。县教育局根据事先对缺编学校的调研，提前一天公布可供选择的学校岗位。选岗时按批次、学科、排名依次进行，并通过投影，实时动态呈现岗位信息。县纪委派驻第十四纪检组进行全程监督，做到公平、公正、公开。此项人事制度改革得到广大教师和社会的好评。

【实施乡村教师支持计划】 县委、县政府制定下发相关文件，启动“乡村教师支持计划”，保障、落实乡村教师农村特岗津贴等待遇政策，并在职称评定等方面向农村一线教师倾斜。改革教师中级专业技术职务县级评审办法，提高中小学教师高级职称比例，基层学校落实好初评推荐工作。与杭州师范大学、衢州学院等高校建立定向培养小学全科教师合作关系。择优与10名龙游籍考生签订培养协议，给予大学4年的学费补助（费用由财政列支），培养对象毕业后，原则上到农村任教，加强对全县乡村教师队伍的补充。

教科研与师训工作

【概况】 2016年，龙游县教研室、教进校、教科室紧紧围绕市、县教育行政部门的工作安排和工作要求，三位一体，齐心协力，遵循“研究、指导、服务、推广”的工作原则，以深化基础教育课程改革、促进教师专业成长、完善教学质量管理、强化教科研质量建设为目标，圆满完成全年工作计划和上级布置的各项任务。

【全员培训列入规划】 为切实提高全县中小学教师的整体水平，县教育局制订《龙游县教师全员专业发展培训“十三五”规划》（以下简称《规划》），确保全体中小学教师在“十三五”期间完成每人360学分的培训任务；确保完成一轮全员90学分的集中培训；广泛开展和组织各类短期培训活动，确保每位教师平均每年完成30学分的培训任务；确保完成每位教师30学分的师德培训的必修任务；各校大力开展校本研修活动，确保每位教师每年完成24学分的校本培训任务；按要求组织好新教师上岗、新任校长上岗、县名师工作室成员和各类骨干教师等专题培训。《规划》要求教师通过培训平台自主选择90学时集中培训，年均培训人数占教师总人数的21%以上并符合培训要求；按要求遴选组织教师参加省级及以上培训，完成率100%；按要求建立教师培训质量检查制度，每年至少抽查20%的本地培训项目（含校本研修）；成立“龙游县教师培训质量监控中心”，建立教师培训质量检查制度，教育行政部门分管领导每年随机听课不少于2次，并反馈检查情况。

【教研工作】 县教研室以“明方向、抓课改、提质量”为主题，坚持“教研重心下移，教研阵地前移”工作理念，切实履行“研究、指导、服务”职能，认真做好教研、课改等各项工作。通过问卷摸底，有针对性地开展集体调研，为薄弱学校提供业务指导和支持，提高全县中考质量；开展小学模块化学业测评改革，实施小学低年级模块游考，多次召开全县初中教育质量分析会，努力探索科学、合理的教育教学评价模式；圆满完成省中小学教育质量监测和市中小学教师业务考试工作；全面推进深化义务教育课程改革工作，成立课改共同体，组织开展中小学校长深化课程改革方案答辩会，举办首届中小学拓展性课程课堂教学评比活动，举办县中小学优秀学校课程方案展示和拓展性课程实施观摩活动。箬塘小学的《七彩课堂：点燃学生灵动思维的火花》、桥下小学的《小学“争鸣课堂”的构建与研究》入选《浙江省深化义务教育课程改革先行学校典型经验》。

【教科研工作】 建立教科研工作小组，组织90学时教育科研专项培训活动，承办衢州市课题成果推广活动，开通“龙游科研”微信公众号，积极推行“三真”（真问题、真思考、真研究）科研思想，做好县域中小学教育科研的引领、管理、指导与服务。全县共有378项课题立项，其中省级12项、市级89项、县级277项。《构建“争鸣课堂”的实践与研究》课题成果获省基础教育教学成果二等奖；《实战驱动·创学合一·多元评价——中职电子商务全程实战教学模式的实践研究》课题成果获省职业教育教学成果二等奖；《构建小学“辩答式”生本课堂的实践与研究》课题成果获省优秀教科研成果二等奖；《构建县域中小学教学改革梯度发展策略的研究》《以问题串为载体，促进数学实验教学有效开展的研究》《小学高段儿童线描人物写生实践研究》课题成果获省优秀教研成果三等奖；《基于县域名师工作室的骨干教师专业发展研究》《小学语文教师个性特长与专业成长协同发展的研究》课题成果获省师干训第二轮课题成果一等奖，《提高初中数学教师业务素质的有效途径的实践研究》《农村偏远山区小学教师专业成长的策略与行动研究》课题成果分获省师干训第二轮课题成果二、三等奖。有105项课题成果获市级荣誉，其中市一等奖17项、二等奖51项、三等奖37项。论文获奖或发表2591篇，其中省级及以上226篇、市级672篇。出版《新说课：教师专业成长》《“四一”要素的构建》等教育专著。

【师训工作】 有6122人次参加299个各级各类的自主选课培训项目的培训。完成自主选课培训237774学时，其中90学时以上集中培训达213人次，完成校本培训65964学时，完成各类指令性培训21024学时，完成省级骨干培训13人次。教师人均自主选课学时数达65.98，人均完成92.04学时，完成90学时人数占教师总数的22.1%，各项指标均超过省级优秀标准。

【课改共同体成立】 1月，县教研室基于县域学校课程改革实际，以“研究与共享课程资源，深化县域课程改革”为目标，坚持“点面结合、抱团协作、培育典型、梯度发展”原则，以先行学校为核心，先后在东片、南片、西片、北片和初中成立6个课改共同体。

2016学年龙游县片区课改共同体基本情况

表55

片区	先行学校	衢州市首批试点校	第一批加盟的县级试点学校	第二批加盟的县级试点学校
东片	启明小学		社阳小学、士元小学、七都小学、下库小学	十里铺小学
南片	庙下小学	梧村小学、沐尘小学、溪口小学	大街小学、罗家小学	灵山小学、上圩头小学
西片	詹家小学	寺后小学、夏金小学、马叶小学、官潭小学	—	—
北片(1)	箬塘小学	志棠小学、兰塘小学、团石小学、雅村小学、北辰小学	模环小学	—
北片(2)	小南海小学	—	—	下宅小学、横山小学、塔石小学、石佛小学
初中	小南海初中	城南初中、湖镇初中、泽随实验学校	塔石初中、横山中学	溪口初中、寺后初中、模环初中

【精准调研】 2月，县教研室到义务教育学校开展“精准调研”。学期初，全体教研员到联系校开展开学工作调研，了解学校需要调研的年级、学科、项目、时间等意向，拟定一学期中小学调研意向表。县教研室根据各校调研的意向，采取集体调研和个别调研相结合的办法，分期分批组织教研员下校调研，以提升学科教师的专业素养和业务能力。

【第11届“飞龙杯”教学比赛】 2016年的“飞龙杯”赛事被赋予“研、训、教”无缝融合的新内涵。一是以“学为中心”“轻负高质”理念为统领；二是每一位选手都经学校、学科团队的课堂研磨；三是引进“三说”和“七说”等“新说课”比赛形式，使“新说课”在全县各学校层面全面展开，让更多教师参与到高占位把握教材、研读教材、处理教材的研学行列，达到以赛促训、以训促研、以研促教的效果。活动为青年教师成长提供学习和历练的平台，推进全县课程改革实践与研究的进一步深化。活动历时近7个月，选手按学科分成15个大组，按5个阶段进行比赛，最终评出一等奖18人、二等奖39人、三等奖67人。

【策励性科研培训】 4月7日—22日，县教科室组织首次教育科研90学时专项培训活动。活动分别在教研室、实验小学进行。在培训菜单设计上，关注论文撰写和课题研究二个科研重点，关注教学改革和课程改革执行力培养难点，关注班级管理研究薄弱点，着力于基础科研知识和科研能力的培训提高。邀请衢州市教科所吴水洋、《衢州教育》黄坚、《衢州日报》汪培坚、实验小学刘智松、县教研室陈光明等专家进行专题讲学。活动正视工学矛盾现实，进行资源整合，优化活动组织。一是与市课题成果推广活动进行整合，把县内部分优秀课题成果在全市的推广分享与县域青年教师的课题研究培训结合起来，通过课例展示、成果报告、专家专题指导、现场问答等形式，使青年教师了解课题研究的实践性、操作性、长效性，同时掌握基础课题实践与研究的方法；二是与王莉春班主任工作室活动进行整合，针对教学改革推进过程中班级建设方面存在的共性问题，进行班组建设研究专场培训；三是与学科专题研究相整合，借力学科短时培训、主题教研、课例研究，提升学科素养和课堂引领组织的能力。共有136名教师参加此次培训。

【承办市优秀课题成果推广活动】 4月13日，衢州市优秀课题成果推广活动在龙游县实验小学四楼报告厅举行。参加本次活动的有市教育局教科所副所长吴水洋、各区县教科所领导和教科研骨干、龙游县各中小学教科室主任及参加90学时科研培训学员，共计近200人。参与本次课题成果推广的是龙游县近年获衢州市一、二等奖的五项教改课题。活动包括观摩成果展示课、聆听成果微报告等形式。桥下小学教师严建英、实验小学教师洪小春分别执教《生命，生命》《彩色的非洲》两堂课。《小组合作下的阅读教学策略研究》《小学高段语文景观类课文与假日生活有机链接的实践探究》两项研究成果以课例展示方式进行推广。桥下小学教师曹明祥、实验小学教师蓝菊芳、詹家小学教师王磊分别作《小学语文小组共学任务有效设计的研究》《小学作文多元化评改的有效性策略研究》《以学定教理念下“西点课堂”教学模式的构建与研究》微讲座，以图文结合的主题介绍形式，向全市推广课题组的研究成果。吴水洋作《为什么要举办成果推广活动》《不妨“小题大做”——教师小课题研究感触与诊疗》两个主题微讲座。

【学业测评模块化】 县教研室出台《龙游县小学一、二年级期末“模块游考”实施方案》，积极推行小学一二年级模块化学业测评改革。根据要求，各校将品德与生活、语文、数学、音乐、美术、体育与健康等学科内容模块化、情景化，以小学生喜闻乐见的“游园”方式进行测评，考试和考查成绩采用等第和评语方式。改革得到学校和家长的认可。西门小学承办全县小学“模块游考”观摩活动，县教育局基础教育科、小学教研员及各小学校长、副校长、教务主任、骨干教师共100余人参加活动。

【假日培训“双管理”模式】 假日培训是为解决教

师工学矛盾而采取的主要方式。为提高假日培训的效益，自2016下半年以来，县教师进修学校开启“双管理”模式，即配备管“教”和管“学”双套人员对培训进行管理。管“教”人员是培训项目的负责人，负责对培训方案的设计、培训专家的聘请、培训场地的落实以及教评学档案的整理等教学事务工作。管“学”人员负责与学员的思想沟通，维持培训纪律，负责培训班日常管理，建立学员培训档案，填写《浙江省中小学（幼儿园）教师培训听课记录表》。这种管理模式，有助于聘请规格更高的专家，提高授课质量，同时也提升了学员到课率高，提高学员的听课效果。

【继续推进“教育大讲堂”活动】 10月16日，县“教育大讲堂”第二十三讲在教师进修学校五楼报告厅举行。“大讲堂”围绕“智慧班主任”主题展开，县教育局安全科张建光、南京市优秀班主任孙振坤分别作《坚持五大发展理念，努力创建平安校园》《既然琴瑟起，何以笙箫默》报告。全县各初中政教主任、班主任共290余人参加。2016年度，县教科室2次邀请浙师大阮高峰博士作题为《中小学微课的设计制作》讲座。阮博士从微课程建设的意义和背景入手，对“微课”进行解读，帮助教师了解“微课”的特征、种类、形式、作用，结合实例介绍微课的制作和相关软件的安装。

【实验小学承办全国“和谐杯”七说比赛】 10月29日—30日，全国第四届“和谐杯”小学“七说”说课大赛在龙游县实验小学举行。会议由全国和谐教学法研究会主办，龙游县教育局教研室、龙游县实验小学承办。来自全国的400余名参赛选手在14个赛场分学科展开比赛。大赛开幕式由县教科室主任王芳主持，县教育局吴焕斌副局长致欢迎辞，县教育局教研室副主任梅黎红以“行动就有收获，坚持才有奇迹”为主题向与会代表们介绍龙游县推行新型说课四年来的实践成果。龙游县金向民、袁洁、雷利萍与天津市韩翠杰、潘希影、李飞6位优秀教师在大会上进行说课展示。天津教科院教授王敏勤作讲座，着重介绍如何把握“课前七说”脉搏，贴近课堂说课，让说课更好地服务于课堂教学，更有效地提高课堂教学效益。山东省德州市齐河县第三实验小学教师赵晓芳、天津市北辰区辰风小学教师伊洋、龙游县西门小学刘娟分获特等奖，龙游县教研室连续第三次获得优秀组织奖和团体金牌。

图188　10月30日，全国“和谐杯”七说比赛颁奖大会在龙游县实验小学举行

【首届拓展性课程课堂教学评比】 11月中旬，县教研室举办龙游县首届中小学拓展性课程课堂教学评比活动，全县79位中小学教师参加比赛。参赛教师选用的课程为各校自主开发的拓展性课程，小学段以体艺特长类和实践活动类课程为主，初中段为知识拓展类、体艺特长类和实践活动类三类课程。活动展现全县中小学深化课程改革的阶段性成果，有效提升中小学教师课程开发与实施的能力水平。

【强化县域课题过程管理】 县教科室抓牢课题研究申报、开题论证、中期管理、结题鉴定、成果推广、深化研究等节点，传递“真问题、真思考、真研究”理念，指导教师掌握课题研究实施策略和成果提炼方法，优化课题的过程管理。主要做法是做好申报前、结题前的培训指导，组织好市、县、校三级中期检查活动，开展多形式的成果推广活动，培植品质课题，加强过程蹲点调研和帮扶指导。组建县级课题工作大组，实现专人专项监管与网络平台过程展示相结合的管理模式。

【优秀课程方案展示活动】 11月30日，县教研室在实验小学举行优秀学校课程方案展示和拓展性课程实施观摩活动。县教育局基教科、督导科全体人员，县教研室义务教育段教研员，全县中小学校长、分管副校长、分管课程改革的中层干部参加活动。与会人员观摩了实验小学小组合作制课堂教学和拓展性课程实施。小南海初中、湖镇初中、西门小学、实验小学在会上展示学校课程方案，县教研室教研员陈光明作点评并就学校课程方案的设计作说明。

【首届科技嘉年华活动】 12月6日，龙游县首届青少年科技嘉年华活动在龙三中举行。活动由团县委、县科学技术协会、县教育局、县体育局联合举办，以“放飞科学梦想 创新伴我成长”为主题。全县48所中小学组队参加。活动内容包括比赛类、展评类、体验类、观摩类等4大类共46个项目，涵盖中小学生科技创新成果、科学幻想绘画、电脑机器人创意、科技创意等内容。闭幕式上，县委常委、副县长丁民坚，县人大常委会副主任、县科协主席赖云，副县长陆民等县领导及县教育局局长邱子龙、县体育局局长徐嘉龙、团县委书记张问期等分别为获奖者颁奖。

（县教育局 江永亮）

图189 嘉年华科技创意比赛现场

科学技术

【概况】 2016年，龙游县科学技术工作围绕实施“创新驱动发展战略”核心，按照“四个全面”战略布局要求，通过打造“人才、企业、资本”三位一体的政策支撑体系，开展“八倍增、两提高”［即到2020年，实现全省研究与开发（R&D）经费支出额、研发人员数、发明专利授权量、规模以上工业新产品产值、高新技术产业产值、技术市场实现买卖额、高新技术企业数和科技型中小企业数等“八倍增”，力促科技进步贡献率、全社会劳动生产率“两提高”］科技服务专项行动，补齐科技短板，充分发挥科技对社会发展的助推作用，促进全县产业的转型升级。

【科技政策支撑】 县科技局围绕精准经济主体培育、深化科技金融合作、引导创新要素集聚、促进科技成果转化等方面，牵头制定《龙游县科技型中小微企业保证保险贷款办法（试行）》《关于促进工业经济转型跨越发展若干意见》《龙游县专利示范企业认定办法》等政策，为科技创新发展夯实基础。

【科技型企业培育】 2016年，全县新增国家高新技术企业6家，重新认定3家，新增省级科技型中小企业31家、省级高新技术企业研发中心1家、衢州市高新技术企业5家、市工程技术研究开发中心4家、市级重点创新团队1个。规模以上工业新产品实现产值64.77亿元，高新技术产业增加值达14.93亿元。

【产学研合作平台建设】 组织企业参加重庆高交会、宁波浙洽会、春季拍卖会、上海“军民融合”对接交流活动，征集2016年浙大博士生社会实践及研究生挂职锻炼项目和岗位需求2个（宜城环保）。深化龙游、镇海山海协作，赴镇海科技市场、西电宁波产业园、宁波清华校友创业创新基地、宁波新材料初创产业园等地考察交流，并就双方共建科技合作平台进行商讨。

图190　举行2016年龙游县地震应急演练（桌面推演）

【科技项目实施】 2016年申报市级以上各类科技计划项目36项，其中省级各类科技计划项目35项（包括省重大科技专项4项、省公益技术项目1项、省新产品试制计划项目30项）、市级科技计划项目1项。根据浙江省科技厅的要求，配合省厅协助4家企业的4个项目完成研发经费编制预算，争取到省级项目资金880万元。

【知识产权保护管理】 2016年，龙游县实现专利申请614件、专利授权312件，其中发明专利申请82件、发明专利授权24件。根据省、市知识产权局的部署，在知识产权宣传保护周及G20杭州峰会期间，开展专利执法工作，重点围绕流通领域，有针对性地在农贸市场、超市、主要街道店面多次进行食品包装、运动器械、学习用品及玩具的专利执法检查，共发现违法及不当专利标识15件。推进知识产权人才队伍建设，通过知识产权管理人员实务培训，6人获得贯标内审员资格，16人获得技术经纪人资格，6人具备国家专利执法资格证书，为开展省级知识产权示范县创建工作奠定基础。

【网上技术市场建设】 通过走访企业，共征集造纸、机械、电子信息、农业种植、新品种培育等领域技术需求难题32项。组织企业参加春秋科技成果竞拍，征集科技成果竞拍项目2项。其中浙江龙游惠铬网络科技有限公司以450万元竞得智能物联网应用技术，“一种专用于龙游发糕发酵菌种的技术成果”项目参拍材料已上报省科技厅。全年实现网上技术交易额1.18亿元，完成目标任务数的159.46%。

【推进创新券工作】 根据《衢州市科技创新券实施管理办法》的相关规定，对《龙游创新券实施管理办法》进行修改完善，将服务内容由4项增加到6项，服务对象拓展到创业者，补助比例提高到35%。全年共审批70多家企业和创业者，发放创新券100万元，申请使用68.8万元。

（科技局　杨敏）

2016年度衢州市科技进步奖获奖项目（龙游县部分）

表56

奖项	项目编号	项目名称	完成单位	主要完成人员
一等奖	2016133	远程自动控制气液联动全焊接紧急切断阀的关键技术研究及产业化	克里特集团有限公司	李永国、萧亚兵、何世权、项文生
二等奖	2016134	可持续修复密封性能圆盘阀的关键技术研究及产业化	浙江固特气动科技股份有限公司	张寿根、萧亚兵、顾怡红、郑汝生、蒋学典
三等奖	2016132	PS版衬纸	浙江凯丰新材料股份有限公司	张　琦、计　皓、刘佳文、詹素忠、杨静
三等奖	2016135	环保可水洗玩具用印油的关键技术研究及产业化	浙江科力印业新技术发展有限公司	王忠明、陶凤云、翟丰安、林树华、姜红霞

文化·旅游

概 述

2016年，龙游县文化旅游工作围绕县委、县政府提出的“四大战略”、“四大战役”奋斗目标，以基本公共文化服务标准化重点县及文化强县建设为目标，全县公共文化服务阵地不断完善，公共文化服务产品不断丰富，公共文化服务队伍不断壮大，公共文化服务水平整体提升，营造健康、繁荣、稳定的社会文化环境。农村文化礼堂建设稳步推进，乡镇综合文化站全部建成，文化遗产保护卓有成效。广播电视事业不断发展，完成全县农村广电网络双向智能化改造，城乡数字电视全面开通。依托省级文化旅游融合发展专项改革试点，全力发展全域旅游，打响龙游旅游品牌，推动全域旅游发展。强力推进全县乡村休闲旅游项目规划落地建设，开展全域旅游资源普查。加强旅游发展专项规划与产业发展规划、土地利用总体规划、县域总体规划的协调和衔接，将旅游发展规划纳入城乡发展和土地利用空间规划，确保全域旅游规划保障。加快核心旅游项目建设，2016年新评定国家AAA级旅游景区3家。深化文旅融合，加强旅游营销，创新营销方式，利用节庆化、网络化、立体化营销，布局突破旅游重点市场。创新“微龙游”“龙游旅游”微信平台等新媒体营销，强化与旅游网络平台的联系与合作，全力突破“智慧旅游”建设。

文化建设

【概况】 2016年，龙游县文化工作突出“两化引领”，以文化发展“十三五”规划为纲领，以基本公共文化服务标准化重点县和文化强县建设为抓手，全面推进公共文化服务体系建设、文化遗产保护、文化产业发展及文化市场监管等工作。依托县域传统婺剧的雄厚基础和近几年的迅猛发展，龙游县被授予浙江省第三批传统戏剧特色县称号。

【文化发展“十三五”规划】 11月初，《龙游县文化发展“十三五”规划》出台。规划提出今后五年文化发展的指导思想、基本原则和发展目标，明确城市品牌提升、文旅融合发展、文化设施补短、文化服务均等、数字文化建设、文化品牌打造、社会参与建设、传统文化传承、文化产业促进等九大工程，为龙游县“十三五”文化发展勾画了宏伟蓝图，奠定了良好的基础。

【公共文化服务阵地建设】 县文化馆投入50多万元，新建“凤梧画苑”书画视觉展厅1间、舞蹈房1间、培训教室5间。县博物馆新建项目通过EPC（EPC是英文Engineer Procure Construct的缩写。其含义是对一个工程进行“设计、采购、施工”，与通常所说的工程总承包含义相似）招投标。综合文化站

图191 11月11日，大街乡综合文化站开站

在15个乡镇（街道）实现全覆盖，并全部通过省级评估定级，其中一级站1个（湖镇镇）、二级站1个（溪口镇）、三级站13个。各乡镇（街道）综合文化站每周开放时间超过42小时，为基层群众提供优质的公共文化服务。全县新建农村文化礼堂24个、村（社区）文化活动中心21个、特色农家书屋24家，新增数字影院3家、农村电影固定放映点16个。公共文化服务阵地免费开放工作持续推进，县图书馆新增图书3.1万余册，新增图书借阅证近1500张，图书流通6.8万册次，全年接待读者8万余人次。县文化馆协助县财政局、县信用联社、县文化旅游发展有限公司、县人力社保局、县科协、县人民医院、县婺剧促进会等机关事业单位和社会团体举办“建党95周年”等各类文艺晚会活动16场次，共接待观众6000多人次。免费提供剧场、舞蹈排练室、器乐声乐室、书画摄影展厅等场地服务100余场次，免费为各村和乡镇（街道）举办的文化活动提供灯光、音响设备、流动舞台等80余次。免费为全县的社会团体、农村文化礼堂、业余文艺团队等开展培训活动，参训人数达4万余人次。其中，7—8月，以青少年为主要对象，开设合唱、排舞、舞台舞、葫芦丝、书画等暑期免费艺术培训，培训人数超过3000人次，文化干部下乡辅导次数位居全省前列。

【开展群众文化活动】 根据实际需求，推出“文化进社区”“文化下乡”“文化走亲”“戏曲电影节专场”“七一红色电影节”等活动，先后送书19660册、送戏193场、送电影3119场，举办中国共产党建党95周年、G20杭州峰会、南海问题、金庸作品赏析、中医养生等展览讲座活动30余场，开展县、乡级文化走亲活动40余场，促进区域间的文化交流，丰富基层群众的精神文化生活。指导全县各乡镇（街道）、村先后开展模环乡广场舞大赛、湖镇镇“瀫水之春”、沐尘畲族乡“三月三”畲乡山歌比赛等文化活动20余场。依托农村文化礼堂建设，在龙洲街道后田铺村、大街乡贺田村、湖镇镇地圩村等40余个行政村举行礼仪活动和文艺演出，引导基层群众参与文艺活动，通过自编、自导、自演，推进“送文化”向“种文化”转变，使文化落地生根。开展舞蹈、歌曲、书画等文艺精品创作，2016年，全县排舞、民间舞蹈及歌曲创作等获市级以上奖项11个，其中省级金奖1个、市级金奖3个。围绕县委、县政府“五水共治”“四边三化”“三改一拆”等中心工作，组织人员精心创作、编排文艺节目，举办“相约最美，携手同行——543专题巡演”，9—11月，在全县15个乡镇（街道）巡回演出30余场次，观众达3万余人次。

【政府购买服务】 将公益性文化活动承办等33项涉及文化服务项目纳入政府向社会力量购买服务的指导目录，进一步畅通社会力量参与全县文化建设的渠道。“相约最美，携手同行——543专题巡演”通过公开招投标，由政府购买服务的形式完成。“三馆”（图书馆、文化馆、博物馆）通过政府购买岗位，完善窗口服务、安全保卫等工作，提高岗位利用效率。

【“非遗”项目传承】 先后举办婺剧（徽戏）班社建设成果展演、婺剧（徽戏）座唱班大赛、婺剧下乡、非物质文化遗产项目进文化礼堂等活动200多场次，其中婺剧下乡在溪口镇扁石村、湖镇镇历寺村、塔石镇前夏村、横山镇龙门桥村、小南海镇杨家村等地演出160场。组织开展社阳乡大公村清明祭祖灯会、第十一个文化遗产日宣传、龙游永康婺迷联谊活动、婺剧培训等活动，促进非物质文化遗产项目的传承与发展。

图192 6月10日，龙游县开展2016“非遗日”活动

【文化市场管理】 全年累计办理审批事项24件，新增场所18家，其中新引进大型数字影院2家、“网咖”3家。完成文化市场经营单位的年检工作，其中娱乐场所14家、出版物经营单位30家、印刷企业47家，办结率100%，群众满意率100%，文广新局窗口在行政服务中心星级考评中被评为“五星级”窗口。以“扫黄打非”和G20杭州峰会安保工作为抓手，结合“净网”“清源”“护苗”“打非治违”等专项行动，先后检查文化市场经营单位2044家次，出动执法人员607人次，查处投诉举报6起，收缴非法音像制品2579册（盒），查处违法违规经营行为41起，行政处罚立案19起，办结34件，警告32家，行政罚款17起，罚款金额5.1万元，停业整顿2家。制定印发《龙游县网吧、影院、歌舞娱乐场所网格化管理办法》，将全县41家网吧、8家娱乐场所、2家影城纳入网格化管理，实行“文化干部定点监管、执法人员分片督查”“日常巡查与夜查相结合”等工作机制，确保文化市场监管“全天候、无死角、全覆盖”。网格化管理实施后，共出动检查人员1056人次，检查文化经营单位877家次，其中夜查8次，出动28人次，检查117家次，发现安全隐患25个，立案查处经营场所2家，停业整顿1家。

【行业协会建设】 充分发挥网吧协会、印刷行业协会、娱乐协会的作用，引导行业自律行为。先后召开网吧协会、娱乐协会工作会议4次，以会代训，对文化经营单位开展安全知识、政策法规等培训，增强经营业主的法律意识、安全意识、责任意识、创新意识、服务意识。如网吧行业在“网咖”的基础上探索“电子竞技”“电子商务”“社区服务”等新型运营模式，其中有3家网吧成功转型，促进文化市场的健康繁荣发展。

【文化产业发展】 先后组织文化企业参加义乌文化产品交易博览会和西安西部文化博览会，帮助企业走出去。浙江科力印业新技术发展有限公司被评为浙江省文化产业示范基地，这是继龙游红木文化园后龙游县第二家被评为省文化产业示范基地的文化企业。龙游红木小镇入选浙江省文化厅公布的首批20个特色小镇文化建设示范点。在衢州市特色文化创意产品大赛中，科力印业、龙商行、毛正浩玉雕、观音麻饼4家企业的产品荣获衢州十佳特色文化创意产品。依托龙邦玉石文化城，举办2016中国龙游黄龙玉赏石文化博览会，吸引来自省内外参展商200余家，提升龙游县“观赏石之乡”的影响力。

【队伍建设】 各乡镇（街道）综合文化站与综合服务中心合署办公，核定事业编制27名，核增股级职数1名。新设龙游县美术馆，与县文化馆合署办公。县文广新局、局属各事业单位及乡镇（街道）综合文化站新增文化干部9人，其中新增乡镇（街道）文化员4人，进一步改善基层文化干部队伍的专业结构和年龄结构。县文化馆核增编制3名，为下一步引进专业文化干部提供岗位条件。注重引导、鼓励发展各类文艺团队，至2016年年底，全县有婺剧坐唱班、排舞队、舞龙队等各类文艺团队548支共26000余人。鼓励文化干部积极参加省、市、县举办的各类业务培训，其中参加市级以上培训的有40余人次，举办全县文化干部业务培训1次。

（县文广新局 方燕飞）

图书发行

【概况】 2016年，龙游县新华书店有限公司坚决贯彻执行党和国家的出版政策，遵守国家出版发行的相关法律法规，落实浙江省新华书店集团公司的重大决策部署。按照龙游县委、县政府的工作要求，努力做好创建文明城市和国家卫生城市、“五水共治”、护航G20杭州峰会等中心工作中，认领“五水共治”责任区，参加文明劝导员等工作，得到县委、县政府和有关部门的充分肯定。

【主要经济指标完成情况】 全年完成销售码洋2469万元，比2015年的2341万元增加128万元，同比增长5.46%；实现利润总额120万元，比2015年的57万元增加63万元，同比增长110.5%。年初，通过建立目标经济责任制考核细则，将销售任务逐层分解，与薪金直接挂钩，按照“人人头上定指标、个个身上背任务”的要求，将教材发行任务按片、按学校分解给专管员，按春秋两季实行绩效考核；门市员工实行个人推销和当班绩效考核相结合的销售责任制。店外推销任务指标分解到每位员工（包括办公室人员），按月考核，提高员工的积极性和工作责任心。

图193 12月22日，龙游县举办《万年龙游》首发式

【举办第三届全民读书节】 主动对接龙游县委宣传部，制定龙游县第三届全民读书节活动方案。4月25日，在龙游县委宣传部牵头下，联合有关党政部门和多家文化单位组织举办以“书香龙游·精彩悦读”为主题的龙游县第三届全民读书节暨龙游书展，并向全县农村文化礼堂赠书10万元，向留守儿童赠书1万元。书展得到省新华书店集团公司的大力支持。龙游县委、县政府高度重视此次活动，要求各机关事业单位以全民读书节为契机，提升全民思想道德修养和科学文化素质，进一步浓厚学习氛围，完善学习机制。全店上下齐心协力，共推销书卡330多万元，为完成全年销售任务奠定基础。

【开展系列活动】 举办“好书伴我成长，作家与我同行”作家进校园、进机关读书报告会。邀请中国人民大学教授黄朴民、儿童文学作家汤素兰先后到机关和学校做讲座，和机关干部、学生们面对面交流并现场签名售书，激发全民读书热情。与县图书馆合作开展“点读平台”你读书我买单活动，为图书馆办理借书卡1800张，销售图书2100册，销售码洋5.1万元。凡持有图书馆借书证的读者，按图书馆的借阅规则，可在县新华书店借书，借阅后归还到图书馆，更好地推动全民阅读活动，吸引更多的读者进入新华书店，提高图书采购效率，提升图书借阅率，满足广大读者的借阅需求。通过读书节的系列活动，扩大新华书店的社会影响力。认真做好2016年衢州地区中小学以“阅读最美，书香衢城”为主题的暑期读书活动，印制精美的读书活动推荐书目，发放到各中小学校，全县学生人手一份，凡购买推荐书目中的图书，每本送5元抵价券一张。抵价券在7月至9月使用，单笔小票购书满20元即可抵用一张。活动共销售推荐目录图书7万元。积极与教育部门沟通，争取《安全教育》《心理健康》读本县财政买单，共计码洋100万元。积极参与教育数码装备和体能教室的招投标工作，成功招标7起，码洋242万元。为丰富员工的业余生活，倡导企业文化，促进员工的身心健康，12月，举办一年一度的职工运动会。运动会设团体赛项目4个、个人比赛1项（POP绘画），由部门组成比赛小组，要求全体干部、员工积极参与。

【服务社会】 注重员工思想素质、工作责任感方面的教育。3月9日，中心门市部员工看到微信朋友圈转发的一则寻人启事，发现寻找的男孩的体貌特征与书店看书的一个男孩比较相像。员工马上拨通寻人启事留下的联系号码。经确认，正是微信上寻找的出走3天的男孩。事后，孩子家长给新华书店送来锦旗，以示谢意，并执意要送10万元现金对中心门市部员工表示感谢，书店员工予以婉言谢绝。龙游新闻媒体、衢州电视台等相继报道此事，受到社会各界的广泛关注和赞扬。

【安全防范】 为增强消防安全意识，新华书店邀请龙游消防大队安对全体员工及部分承租户进行消防知识培训。培训内容包括火场逃生方法和注意事项、灭火器的使用方法、火灾疏散逃生演练等安全知识与逃生技能。通过培训和现场演练，让员工消除火场紧张心理，认识到消防工作以预防为主的重要性，系统掌握灭火器扑救火灾的基本要领和处置方法。公司还对单位内部公共消防设施、消防装备进行定期、不定期的巡查，对不适应实际需要的消防配置进行及时整改。

【队伍建设】 公司班子在龙游县委和上级公司党委的领导下，积极开展“三严三实”“两学一做”教育活动，增强党员干部的事业心和工作责任感。认真听取员工的意见和建议，关心员工的工作和生活。班子成员积极参加省集团公司及当地机关党委组织的廉政教育，建立工作风险识别机制，制定廉洁风险防控制度，认真学习中央的“八项规定”“六条禁令”，认真召开党支部民主生活会，增加工作透明度。接受员工监督，严格执行“三重一大”（重大决策、重要人事任免、重要项目安排和大额度资金使用）集体决策制度和总经理办公议事规则，房子出租、公车管理等都按规定程序处理，房产出租租金到账情况等均按时向员工公示。

（县新华书店 叶雪琴）

文物和文化遗产保护

【概况】 2016年，龙游县文化广电新闻出版局始终坚持“保护为主、抢救第一、合理利用、加强管理”的方针，全面推进文物和文化遗产保护工作。全面完成县级以上文物保护单位保护范围和建设控制地带划定工作，136处县文物保护单位的保护范围和建设控制地带由县人民政府发文公布，16处浙江省文物保护单位由浙江省人民政府行文公布。基本完成第一次全国可移动文物普查工作，并完成普查报告的编写。

【文物保护】 完成荷花山遗址、余端礼墓、龙游古城墙遗址等29处县文物保护单位申报省级文物保护单位工作，其中荷花山遗址等18处89点文物保护单位列入浙江省第七批省级文物保护单位名单，包括古遗址1处、古墓葬1处、古建筑13处、近现代重要史迹及代表性建筑3处，省级文物保护单位数量达到34处118点。

【古建筑修缮】 全国重点文物保护单位三槐堂完成修缮前期方案审批等工作，并启动施工建设。完成浙江省文物保护单位雍睦堂、邵氏宗祠的修缮施工并通过初步验收，完成浙江省文物保护单位龙游楼上厅、

图194 5月25日，组织开展申报浙江省文物保护单位现场踏勘

蒋氏宗祠、龙游风水塔—刹下塔等3处8点保护工程方案设计编制和报批工作。完成县文物保护单位及其他古建筑修缮和保养项目54个，其中县文物保护单位15个、一般古建筑39个，补助修缮经费200余万元。

【《万年龙游》出版发行】 依托“蒋乐平专家工作站”开展荷花山遗址研究，将研究成果汇编成《万年龙游——龙游文化史前探源》一书，予以出版发行。该书获2016年度衢州市对外宣传成果“金桂奖”（外宣制品类）。

【文物平安工程】 建设龙游县文物平安监控平台，将国家重点文物保护单位7处10点、浙江省文物保护单位16处29点纳入平台监管，实现实时监控，维护文物安全。先后6次对全县文物保护单位开展专项检查，发现文物保护单位私拉电线、漏水及倒塌隐患等问题20余个，其中国家重点文物保护单位1个、浙江省文物保护单位4个、县文物保护单位13个。经过整改，国家重点文物保护单位关西世家电力隐患已经消除，省级文物保护单位完成安全评估，县文物保护单位整改方案已经完成，并按计划推进实施。

（县文广新局　方燕飞）

广播电视事业

【概况】 2016年，龙游县广播电视总台按照“干在实处永无止境，走在前列要谋新篇”的总要求，着力推进新闻宣传、事业建设和队伍建设，获全省电视新闻协作二等奖、2016年度县机关部门综合考核评价三等奖等荣誉。

【舆论引导与监督】 围绕“五水共治”“四边三化”“三改一拆”等重点工作，开设“推进城市化·决战大南门”“两学一做在龙游”“聚焦工业转型升级”“大干一百天，实现全年红”等新闻专栏15个，全年共播出广播电视新闻4800多条。涉及全县重点工作的新闻报道1200多条次，重大主题报道400多条次，巩固新闻宣传主阵地。为配合全县重点工作开展，摄制“五水共治”“创建国家卫生县城”“百万家庭屋顶光伏工程建设”等专题片10余个，为重点项目推进营造良好氛围，充分发挥舆论助推器作用。强化建设性舆论监督，以舆论监督推动重点工作。继续办好《今日焦点》栏目，按照有现场、有问询、有表态等要求，对“四边三化”“五水共治”“三改一拆”等中心工作的负面典型进行曝光，播出相关监督报道80余条，督促有关乡镇（街道）、部门进行整改，助推中心工作落实。

【外宣工作】 明确外宣目标，树立科学思路，完善协作机制，积极对接中央和省、市电视台的约稿，精心挖掘选题，抽调精干力量主攻外宣。2016年，电视新闻被中央电视台录用1条，被浙江卫视录用107条，居浙江省89家县（市、区）级电视台第21名，继2015年后，再次荣获全省电视新闻协作二等奖。

图195　举办“天露醇杯”首届龙游车模电视大赛暨第九届秋季汽车文化节

【栏目建设】 对农节目贴近实际，采制一批反映农村新风尚、新生活的节目。广播“金色土地”栏目在全省对农节目抽评中获得优秀奖。党建节目突出典型，“龙游先锋”栏目紧紧围绕县基层党建工作制播节目24期，传递党建好声音。紧扣“两学一做”“三改一拆”“五水共治”等中心工作，报道“省千名好支书”和省、市、县“两优一先”等先进典型8名。党建外宣成绩突出，被浙江卫视“时代先锋”栏目录用4条，被“党建播报”播出8条，展示龙游基层党员的先进典型和党建工作的经验做法。调频广播节目升级改版，“下班归客”“954早高峰”等直播节目运作顺畅。春季车展、直播访谈、美食推荐、民俗文化节等活动陆续开展。与中国第一音频平台蜻蜓FM开展长期合作，通过蜻蜓FM收听龙游电台的人数已达到1.3万多人，广播节目社会影响力进一步扩大。

【媒体融合】 积极运营“龙游广电”微信公众号，配备新媒体专职人员，整合电视、广播、报纸、网络等多种媒体信息，以全新的视角和群众喜闻乐见的形式，大力宣传县委、县政府的重点工作，全年共推出微信300多期。

【广告经营】 坚持社会效益和经济效益两手抓，严格广告管理，规范广告经营，树立“广告就是服务”的理念，广告经营规范、平稳、有序。积极履行社会责任，播出公益广告200多条，广泛传递社会正能量。

【安全播出零事故】 全面落实安全责任，技术支撑不断加强。通过完善制度、隐患排查、应急演练，节目传播、应急处置能力不断提升，圆满完成护航G20杭州峰会和世界互联网大会，实现全年安全播出零事故，有力助推平安龙游建设。

【事业建设】 立足农村数字电视实际，完成35个行政村光纤入户改造工程，提升网络品质和传输质量，改善用户体验。围绕全县重点项目，做好广电配套设施建设，对高坪桥水库、衢宁铁路涉及范围的杆线进行迁改。根据“四边三化”需要，对国省道、高速公路沿线杆线进行整理。积极对接新建楼盘，做好小区网络建设。配合城市改造和集镇规划，开展杆线落地和管线预埋。通过新建、租赁、划拨等多种方式，改善横山、塔石、溪口广电中心的办公用房。积极整治、改造乡镇机房，机房标准化、规范化建设和管理得到全面落实。按期保质建成中央数字电视无线覆盖工程，传输能力进一步增强。

图196 广电总台组织开展“两学一做”知识竞赛

【服务群众】 着眼于服务规范化，开展“转作风、优服务”装维营提升专项活动，打造高效服务队伍，不断优化安装、维护、营销服务水平。做好治安监控、无线WIFI、乡镇机房日常运维（指对已经建立好的网络软硬件的维护）。认真落实广电惠民服务，为全县1万余户低保家庭免除视听维护费，为残疾户减免20%的视听维护费。重视热线服务，全年接听热线电话8.4万余个，提高用户满意度。巩固拓展市场，搭建“智慧党建”平台，在试点的基础上全面推进，成效明显。

【队伍建设】 深入开展“两学一做”学习教育，坚持以学促做，学做结合。组织社区巡逻、文明劝导、“创国卫”等志愿行动，发挥党员先锋作用，锻造全员担当精神和责任意识。重视纪律教育和廉政建设，通过观看影片、专题党课、正风肃纪等方式，增强党性修养，严明工作纪律，改进队伍作风。扎实开展业务培训，完善周一夜学、新闻讲坛、交流点评等常态培训机制。坚持“引进来、走出去”的原则，邀请省、市电视台骨干记者到龙游开设讲座8次，外派人员参加业务培训50余人次。开展业务练兵、大型新闻行动等活动，组织“装维营”技能培训，队伍整体素质明显提升。

（县广电总台 郭学卫）

旅游管理与旅游发展

【概况】 2016年，龙游县共接待游客1257.61万人次，同比增长20.66%，实现旅游总收入78.89亿元，同比增长25.42%。

【修编旅游规划】 《龙游县南部片区乡村旅游发展总体规划》《龙游县北部片区乡村旅游发展总体规划》《龙游县乡村旅游资源调查报告》已通过规划论证。《龙游龙山AAAA旅游景区概念规划》已启动招标工作。《龙游县全域旅游规划》正在与相关单位对接中。

【旅游项目建设】 2016年，全县有实施类旅游项目4个，包括中国红木家居文化园、民居苑拓展工程（一期）、三门源古村落旅游开发工程、龙和乡村旅游综合体，均按照节点要求有序推进。其中民居苑拓展工程（一期）主体工程已基本完工，正在进行景观工程招标工作。列入县“四重双百”前期类项目盘子的六春湖运动休闲区项目，其中高山索道项目已通过可行性研究论证，“溪毛线”通景公路已开工建设。紧密对接江心洲生态文化旅游区、旅游码头等市场化项目。龙游县红木小镇、六春湖运动休闲区成功入选2016年全国优选旅游项目，龙游石窟旅游度假区入围省级生态旅游示范区，龙游县庙下乡浙源里村被评为2016年浙江省老年养生旅游示范基地，温泉度假小镇旅游项目入选2016年度十大“龙游好项目”。

【旅游市场营销】 加强与新闻媒体营销平台的合作。在《中国旅游报》等报纸、杂志投放春季看花、夏季避暑、秋季采果、冬季挖笋等系列季节宣传材料。G20杭州峰会期间，《都市快报》《钱江晚报》全篇幅报道访谈龙游县委书记的旅游宣传专版。与新浪微博等新媒体合作，宣传龙游。更新制作龙游旅游宣传折页、手绘地图及疗休养手册，策划设计《味道龙游》《行走龙游》《醉忆龙游》3册旅游丛书。联系相关设计单位，制作新版龙游旅游风光宣传片。先后主办衢州市第二届金花节、龙游名厨协会杭嘉湖分会会议暨龙游旅游推广会、龙游县风光摄影大奖赛、龙游首届大学生微拍节等活动，配合罗家乡举办“寻香万里，只为黄茶”2016龙游黄茶文化旅游节、沐尘畲族乡社里村“三月三”畲族文化节暨龙游县第二届畲族山歌大赛、龙游县第二届全民饮茶日活动、第八届中国（杭州）动漫游戏产学合作讲坛龙游站、龙游社阳乡源头村徐氏祭祖大典、“龙游石窟杯”高山杜鹃花海航拍比赛、沐尘乡首届黄泥房建筑文化旅游节暨“五四”美丽乡村奥运会青年越野跑比赛、2016年一战成王全国巡回赛暨中国（龙游）龙和国际垂钓中心奠基仪式、大街乡乡村旅游节之农家烹饪大赛、龙游第一届“有机蓝莓采摘节”暨龙游龙洲街道洪呈村蓝莓节等活动，参加第八届中国国际旅游商品博览会、2016浙江上海旅游交易会、“喜迎G20，乐游衢州”衢州旅游进杭州推介会、“喜迎G20——从杭州出发到衢州休闲”旅游嘉年华活动、衢州金秋购物节活动、第二届大学生网络旅游节活动、衢州（深圳）旅游推介会，组织参加浙江省旅游局统一组织的宣传促销活动。

图197 9月9日，龙游县举办风光摄影大奖赛

【乡村旅游】 成立龙游县乡村休闲旅游工作领导小组、县旅游项目决策咨询服务工作小组，统筹协调全县乡村休闲旅游发展。出台《关于大力推进民宿产业发展的若干意见》等政策文件，安排民宿产业发展专

项资金，分别给予民宿经营户、民宿特色村及整村连片开发项目不同额度的奖补。明确全县重点民宿项目的相关扶持政策，经评议确需新增建设用地的，在年度新增建设用地指标上给予优先安排。全年举办乡村休闲旅游培训班、乡镇（街道）乡村休闲旅游讲解员培训班等专项培训5期，组织赴省内外乡村旅游发展先进地区实地考察5次，培训乡镇（街道）村干部及乡村休闲旅游从业人员300余人。

图198 风光旖旎的姑蔑城生态园

【旅游行业管理】 完成全县旅行社年度考核工作，授予杉水旅行社、假日旅行社、青年旅行社、南海旅行社4家旅行社“龙游县2016年度优秀旅行社”称号。新评定一家二星级旅游饭店——红船头酒店；新评定姑蔑城生态园景区、畲竹社里景区、漫行大街景区3家国家AAA级旅游景区。深化“平安龙游”工作，全年未发生旅游安全生产事故。

【旅游市场监管】 加强旅游市场日常监管和旅游市场专项整治，强化消费者权益维护，健全国家、省级、市级、县级和旅游企业五级联网的旅游投诉纠纷调解机制，全力做好投诉调解和服务工作。做好旅游系统法治工作，对接普法办和法制办，做好普法和法制宣传工作，组织参加“3·15”、普法宣传月和宪法日等大型普法宣传活动，按月、按季及时完成行政调解、行政许可、行政处罚等相关报表统计工作，完成旅游系统的法治政府建设、“六五”普法验收、质量强县等相关考核工作。落实假日联合执法机制，与县公安、交通、水利、卫生、市场监管、安监、消防等部门建立联合执法机制，对A级景区、旅行社、星级酒店等开展安全大检查，在劳动节、国庆节、春节等节假日前夕加大联合执法力度。全县未发生重大旅游责任投诉事件，全年投诉结案率为100%。

【石窟保护】 着眼于龙游石窟长期保护和旅游安全的综合考虑，于2016年度开展龙游石窟景区提升项目，包括3号洞至4号洞连通通道改造工程、1号洞进口改造工程、洞背防渗管网翻新改造工程等建设项目。龙游石窟研究所完成衢州市科技计划项目——牛场古石室安全防护技术研究（编号2014Y007）验收工作，发表《艾公洞围岩粉砂岩与泥岩差异性风化及风化速度定量化研究》等学术论文。9月，成功对接由19人组成的德国、瑞士专家考察团，对龙游石窟古地下建筑群进行考古研究。

（县旅游委员会 李翀）

卫生·体育

概 述

2016年，龙游县卫生和计划生育局紧紧围绕省、市卫生计生工作会议精神和“健康龙游”建设目标，依法行政，深化改革，不断创新体制、机制，优化服务环境，卫生和计生各项工作取得新成效，先后获得全国计划生育优质服务先进单位、省无偿献血先进单位、省慢性非传染性疾病综合防控示范区等荣誉称号。承担浙江省综合医改先行先试和医养结合试点任务，进展顺利。全县有人民医院、中医院、妇幼保健计划生育服务中心、疾病预防控制中心、卫生监督所、改水改厕办公室、公立医疗机构管理中心、社区卫生管理中心、卫生进修学校等9家县属医疗卫生单位，有乡镇卫生院15家、村卫生室233家、城区社区卫生服务站4家、民营医疗机构24家、个体诊所93家（其中中医诊所16家）、医务室4家。全县共核定床位1583张，每千人拥有床位4.4张，实际开放床位1647张，其中20家民营医院核定床位355张，占全县总床位的23.16%。

医药卫生体制改革

【概况】 自2009年以来，龙游县先后被列入浙江省24个医改试点县、首批实行基本药物“零差率”销售试点县、省内国家数字卫生样板示范县和全省29个公立医院改革试点县。2016年，龙游县在继续保持县级公立医院改革、基本药物制度改革等公益性改革的基础上，进一步深化综合医药卫生体制改革，加大医疗资源下沉和社会办医力度，继续推进责任医生签约服务工作，逐步构建分级诊疗的良好格局。

【综合医改先行先试】 根据《浙江省人民政府关于印发深化医药卫生体制改革综合改革试点方案的通知》精神，龙游县被列为全省综合医改先行先试县。围绕药品耗材采购、医疗服务价格调整、医保支付方式改革、公立医院人事薪酬改革和建立现代医院管理制度等重点，县政府印发《龙游县深化医药卫生体制改革综合试点实施方案》，为全省综合医改全面铺开提供做法和经验。

【医疗资源“双下沉、两提升”】 县人民医院和杭州邵逸夫医院、县中医院和衢州市人民医院成为结对协作医院，先后成立傅国胜专家工作站、李红专家工作站、洪德飞专家工作站。县妇幼保健院纳入衢州妇幼医院医疗联合体，与衢州市妇幼保健院和上海“红房子”医院建立协作关系。15家乡镇（街道）卫生院与市、县医院建立协作办医关系，其中全面托管4家、重点合作6家、一般协作5家，分别挂分院或合作医院牌子，全县公立医疗机构实现省、市、县医疗资源下沉全覆盖，县级专家全年下乡580余人次。继续推行双向转诊，根据“患者自愿、分级诊治、

图199　5月19日，举行香港松峰慈善基金会捐建龙游县小南海镇纳德医院仪式

专科特色”等原则，全县基层医疗机构共上传患者2960人次，县级医院下转1394人次，分别比上年同期增加10.5%和15.4%。1月，依托民盟浙江省委员会，在溪口中心卫生院挂牌成立“民盟同心——名医服务站”，至年底，已有省民盟和杭州市、宁波市、温州市、衢州市等地级市的22位专家进驻溪口中心卫生院，对基层卫生院人才培养、医疗服务做到“输血”与“造血”并举，逐渐成为龙游县龙南山区医疗服务的金名片。

【责任医生签约】 全县成立责任医生签约团队113个，明确服务区域及服务重点人群。通过居民健康体检、门诊诊间、上门服务等形式，积极开展责任医生签约服务工作，与居民签订“责任医生签约服务协议书”，设立特殊人群家庭病床170张。至年底，全县签约率达到25.10%，居衢州市领先水平。12月12日，全市现场会在龙游县召开。

【社会办医】 深入贯彻《浙江省人民政府关于促进健康服务业发展的实施意见》精神，坚持“政府引导、市场驱动”原则，积极引导社会资本进入健康产业，支持发展多样化健康服务。完成龙游县同路生物有限公司年产100吨血浆生物制药生产线及年采40吨单采血浆站项目，并顺利通过验收，即将投产。积极推进龙游万福中西医结合医院、龙游康宁医院、龙游龙州医院项目建设，推进龙游骨伤专科医院迁建项目的初步设计方案认证。

（县卫生计生局　黄家驹）

卫生与健康服务

【概况】 2016年，全县公立医疗机构门诊155.62万人次，同比增长25%；住院4.24万人次，同比增长6%；医疗总收入达4.7亿元，同比增长10%。

【医疗质量管理】 制定完善《医疗机构医疗服务质量考核标准》，充分发挥质控小组评价职能，全年开展医疗质量控制考评2次，覆盖所有乡镇卫生院、民营医院、门诊部，包括门急诊、病历、护理、药事、临检等十大专业。持续深化服务创新举措，优化就医流程，美化院内环境，提高病人在诊疗过程中的便捷度、舒适度和满意度。推进“平安医院”创建活动，加强医疗机构人防、物防、技防建设，强化医疗纠纷防范处置医警联动协调处置机制，有效防范和处置医患纠纷。

【服务能力提升】 充分发挥县医学会、县民营医院协会作用，组织基层医疗质控检查，严格落实医疗质量安全事件报告、手术患者安全目标管理、处方点评等制度。与杭州邵逸夫医院、衢州市人民医院等省、市医院联合设立分院3家，建成省级规范化培训基地2家、县级专家工作站5个、县级医务人员实践技能操作培训中心1个，挂牌成立浙江大学医学院博士生社会实践基地。医学学术研究项目分别获得市级科研项目立项1项、市级科研成果获奖1项，成功申报省级课题1个，4个市级医学重点学科顺利通过市级考核，湖镇中心卫生院中医疼痛专科、模环乡卫生院颈腰椎病针刀科列入第一批“衢州市乡镇卫生院（社区卫生服务中心）特色科室（专科）”，溪口中心卫生院和模环乡卫生院分别建成浙江省甲等乡镇卫生院、乙等乡镇卫生院。全县未发生等级医疗事故，医疗纠纷发生率与同期持平，赔付率同比下降1.8%。

【公共卫生管理服务】 做实、做优基本和重大公共卫生服务项目，提高高血压、糖尿病、重性精神病等重点慢性病和60岁以上老人、妇女儿童等重点人群的管理能力与效率，电子健康档案建档303618人，建档率为83.78%。完成老年人健康体检34835人，体检率为80.40%。强化重大疾病预防控制，免疫规划全程接种率达96%。认真落实艾滋病、血吸虫病、结核病等重大疾病防治规划，全年未发生突发公共卫生事件。深化母婴健康工程和妇女健康工程，全年无孕产妇死亡，5岁以下儿童死亡率控制在4.01‰以下。

【卫生监督】 建立集公共卫生、医疗服务市场、采供血机构、计划生育等为一体的卫生计生监督执法体系，15个乡镇（街道）卫生监督协管工作站已经全部完成省级卫生监督协管服务示范点创建，达标率为100%。以“创国卫”行动为契机，加强公共场所卫生监督，共检查公共场所经营单位35家，夏季检查游泳场所5家。加强生活饮用水安全监管，每季度对生活饮用水集中式供水单位的出厂水、管网末梢水和二次供水进行抽样检测，并及时在县政府信息公开网和“健康龙游”微信公众号公开。依法严厉打击非法行医及非医学需要终止妊娠、非法胎儿性别鉴定的“两非”行为，查处各类非法行医2起。

【爱国卫生】 积极开展省、市级卫生乡镇、卫生村、卫生先进单位等创建活动，成功创建省级卫生村1个、卫生先进单位1个，创建市级卫生乡镇1个、卫生村5个、卫生先进单位2个。扎实开展第27个爱国卫生月活动，围绕“全民参与爱国卫生，共建共享健康龙游”的活动主题，在全县范围内深入开展环境综合治理、病媒生物防制、健康教育等系列主题活动，共举办宣传活动10余次、健康教育讲座6场次，设置宣传站（点）17个，治理脏、乱、差道路10余千米，清除垃圾1200余吨。开展城乡统一的春、秋季灭鼠活动，落实灭鼠资金18万元，投放灭鼠毒饵8000余千克，喷洒灭鼠药水30余箱，城乡鼠密度有效控制在国家规定标准范围之内。全力抓好农村改水改厕工作，巩固提高浙江省生活饮用水水质卫生管理示范县创建成果。围绕国家卫生县城考核任务指标，坚持问题导向，牵头抓好病媒生物防治、传染病防控、公共场所整治等工作，主动配合县综合执法、市场监管等部门开展全县环境集中整治行动，做到牵头工作主动担当、配合工作毫不推卸。8月，龙游县国家卫生城市省级验收，人街乡也顺利通过国家级卫生乡镇省级验收。

图200　4月7日，县卫生计生系统开展无偿献血爱心活动

【无偿献血工作】 加强临床用血管理和无偿献血工作。2016年，全县有2414人次参加无偿献血，献血总量为709升，临床用血量为542.94升，无偿献血占临床用血比例的130.4%，已连续14年保持医疗临床用血100%来自无偿献血，各项指标均达到或超额完成上级规定的工作目标任务。龙游县首次被评为“浙江省无偿献血先进县”。

（县卫生计生局 黄家驹）

人口控制

【概况】 2016年，全县出生2992人，计划生育率为97.97%，多孩违法生育率为0.75%，出生人口性别比为105.6，免费婚检率为93.5%，孕前优生检测率为97.08%，流动已婚育龄妇女信息登记管理率达到85%

以上。单独两孩政策平稳有序推进。全年办理单独夫妇再生育审批119例，没有因新政策实施、社会抚养费征收而引发负面事件。

【落实惠民利民政策】 多渠道开展人口计生利益导向政策宣传，有效提高卫生计生优惠政策宣传覆盖面和群众知晓率，强化实地核查，对不符合条件的给予政策解释和说明，维护群众的合法权益和政策的严肃性。2016年，全县有奖扶对象5845名，其中1233名为新增对象；有特扶对象332名，其中69名为新增特扶对象；有计划生育节育手术并发症对象65名，其中9名为新增对象。

【流动人口服务管理】 推进流动人口“一盘棋”建设，与相邻的安徽省、江西省的15个地区签订流动人口管理双向服务协议书，并加强流动信息平台已婚育龄妇女基础信息资料的核实，强化流动人口动态监测抽样框调查和流动人口计划生育“婚育证明”查验，对外来流动人口实行温情管理模式，实现外来流动人口与常住户籍人口同管理、同宣传、同服务。积极创建横山镇、湖镇镇2家省级流动人口计划生育规范化服务中心，横山镇规范化服务中心建设工作已基本完成，湖镇镇已进入施工阶段。

【生育服务证制度改革】 根据全市统一部署，依托“互联网+政务”模式，推行计划生育4项服务审批“一张网”建设，取消“一孩生殖健康服务证”，下放审批权限，推行婚育承诺制，计划生育办证时间缩短80%以上，实现生育审批服务的高效化、便捷化。

（县卫生计生局 黄家驹）

卫生计生事业保障

【概况】 2016年，龙游县医疗机构共有卫生技术人员2082人，其中有执业（助理）医师887人、乡村医生232人，每千人口医生数2.48人；有执业护士817人，每千人口注册护士数2.235人，其中县级医院护士574人。全县卫生计生事业稳步发展，在衢州市卫计委组织的2016年度综合考核中位居全市第二，获在龙游县综合考核二等奖。

【人才保障】 巩固完善“院校提前招聘、社会公开招考、委托定向培养”的人才引进机制，适当简化招聘程序，优化选拔方式，加大人才引进工作力度，全县卫生计生人才队伍进一步壮大。全年累计提前招聘应届毕业生16名，公开招聘卫生专业技术人员40名，定向委托培养医学生12名。其中，本科临床专业7名、专科临床专业5名。

【经费保障】 2016年，龙游县拨付县级医院资金4069.56万元，其中公立医院政策性补助549.54万元、离退休人员费用905.71万元、扶持重点学科发展补助经费114万元、设备购置经费1005.38万元、公共卫生保障经费23万元；拨付基层医疗卫生机构资金7378.39万元，其中基本公共卫生服务经费1818.29万元、参加合作医疗农民健康体检经费288.318万元、基层卫生院设备购置经费178.15万元、乡镇卫生院人员补助经费994万元、卫生院基本建设经费191.64万元、基层医疗卫生机构县财政差额补助3755.07万元、基层卫生技术人员素质提升工程经费124.36万元。

【项目保障】 完成湖镇中心卫生院中医名医馆建设

图201 5月18日，县卫生计生系统召开“两学一做”专题党课暨学习教育部署会

和溪口中心卫生院、詹家镇卫生院、塔石中心卫生院3家卫生院改扩建等4个县为民办实事项目。正式启动县人民医院整体迁建项目前期。推进县疾病预防控制中心、县妇幼保健计划生育服务中心、龙洲街道社区卫生服务中心等重点项目建设，协助完成龙游康宁医院建设项目、龙游龙州医院建设项目、龙游万福中西医结合医院建设项目施工。

【卫生应急保障】 以保障全县公共卫生安全为目标，强化县、乡两级卫生应急队伍建设，提高预警监测能力，重点做好人感染H7N9禽流感、埃博拉出血热、群体性不明原因疾病和中毒等突发性公共卫生事件的应急工作。狠抓预警监测和疫情防控，不断健全完善预检分诊制度，积极开展风险排查，切实做好重点传染病的疫情分析和预警预测工作，确保传染病疫情早发现、早调查、早处理，防止事态扩散和蔓延。

【卫生计生行风建设】 坚持“两手抓”“两促进”，把“两学一做”与当前中心工作相结合，在全系统开展学党章党规书法比赛和“两学一做”知识竞赛，开设廉政教育课等活动，开展以“质量好、服务好、医德好、群众满意”为主要内容的“三好一满意”活动。全面开展“党员亮身份”行动，积极搭建党员发挥作用的有效平台，树立党员的良好形象。2016年，全县卫生计生系统发展党员8名，确定入党积极分子10名。在全系统组织开展“廉政文化进医院”系列活动，营造浓厚的廉政文化氛围。 围绕“病人至上、廉洁行医”主题，从局班子成员做起，层层开展个人廉洁自律情况约谈提醒，并形成“咬耳朵”“扯袖子”常态化廉政教育，邀请县纪委、检察院等领导以反腐倡廉、预防职务犯罪等为重点内容开展专题辅导讲座。组织人员参加衢州市卫计委举办的“立足岗位做贡献，争做最美卫计人”微演讲比赛，并获三等奖。参加衢州市卫计委举办的“同书党章党规，争做合格党员”书法比赛，荣获二等奖。推荐衢州市“最美卫生计生人”候选人7名。

（县卫生计生局 黄家驹）

体 育

【概况】 2016年，龙游县体育局紧紧围绕县委、县政府的战略中心，以建设国家体育公园为目标，以创建省级体育现代化县为抓手，坚持“群体、竞训、产业”三线并举，全面完成各项工作，全县体育事业快速发展。

【制订体育规划】 积极开展调查研究，编制完成《龙游县体育事业产业“十三五”规划》，在全国率先提出全域打造国家体育公园的设想。按照“文化休闲、运动体验、康体养生”的产业定位，高起点、高标准编制龙游县域建设国家体育公园的总体规划，并将规划列入龙游县国民经济“十三五”规划，成为县委、县政府的重要工作目标和重点工作内容。经浙江省体育局委托省体育科学研究所、杭师大组成的第三方评估认证，龙游县已达到浙江省体育现代化县标准。县全民健身中心、荣昌体育休闲广场、城市绿道、青少年户外基地等重点工程得到有效推动，体育面积、体育人口等重点指标得到有效提升，创建工作成效得到上级体育部门的肯定。根据县政府《关于县体育发展有限公司组建工作的专题会议纪要》的要求，成立龙游县体育发展有限公司，内设综合部、

图202 4月6日，龙和国际休闲垂钓中心举行奠基仪式

图203　5月15日，龙和垂钓中心承办2016“金龙”一战成王全国钓鱼巡回赛（衢州龙游站）和衢州市第二届体育大会钓鱼赛

规划建设部、经营管理部3个职能部门，注册资金为1000万元，同时，将汽车运动中心和县全民健身户外拓展基地（官潭龙山）等约3000万元体育资产全部划转到县体育发展有限公司管理，既满足公司运行的需要，也为公司的后续发展打下基础。

【全面开放县全民健身中心】 至2016年年底，县全民健身中心有游泳馆、羽毛球馆、太极养身馆、体育舞蹈馆、户外拓展中心、乒乓球馆、围棋馆、台球馆、武术馆、跆拳道馆、儿童乐园、轮滑馆、健身馆、篮球馆、公益健身书吧等15个项目入驻，每年吸引约3万人次参与健身消费。

【抓好项目谋划】 立足打造全域体育的龙游县全民健身运动设施建设工程项目，入围“龙游好项目”竞赛活动，被评为2016年龙游县参赛优秀奖项目。“亚太汽车拉力锦标赛中国（龙游）拉力赛”被评为国家体育产业示范项目、浙江省“十佳”商业品牌体育赛事。与浙江省汽摩协会合作打造中国G60汽车赛道公园，项目规划投资6.24亿元，分3期建设。至年底，已征用土地53.33公顷，启动项目设计及招标、立项、环评、水评、林评等相关前置审批工作。与县城市投资公司合作，一期融资2.5亿元，用于汽车小镇核心赛道项目的开发，同时，与县发改局、农发行共同做好国家专项资金申报工作。大力推进县全民健身拓展基地项目建设，与华东地区户外拓展龙头企业——中南百草原公司及上海鹰赛户外签订战略合作框架协议，并启动拓展基地室内装修、市政园林景观建设及二期征地工作，工程总投资4500万元。县体育发展公司与实验小学签订合作协议，投资学校体艺楼，完成约200万元的体育设施投资。积极配合县“五连片”办公室做好健康运动休闲片区的规划和项目推进工作。5月，投资8000万元的龙和国际休闲垂钓中心开工建设，县体育发展公司一期投资100万元，已经完成8个垂钓池的建设，并承办2016金龙一战成王全国钓鱼巡回赛（衢州龙游站）和衢州市第二届体育大会钓鱼赛。

【实施体育惠民工程】 开展学校体育设施向社会开放试点工作，与教育部门合作运营实验小学体艺楼，探索体育公共设施开放新模式，通过规范管理、提升服务、购买服务等措施，推动体育资源社会共享，实现公共体育设施和符合条件的学校体育设施向社会开放。根据省、市、县“补短板，增强体育社会有效供给”的目标要求，大力抓好体育场地设施建设。对县、乡镇（街道）、行政村（社区）三级全民健身设施网络进行科学合理规划建设，通过结合县城有机改造工程的实施，在老城区增加4.7万平方米的体育场地规划面积。重点推进县全民健身中心（市民体育公园）、汽车赛道公园、户外运动基地、城市健身绿道、户外骑行道、登山步道、社区健身公园等公共体育设施建设。在乡镇（街道）、行政村（社区）建设笼式足球场、灯光篮球场、拆装式游泳池、健身苑等村多功能体育设施，全年新增中心村全民健身广场（体育休闲公园）2个，新建篮球场10个、足球场3个、拆装式游泳池2个。至年底，全县人均体育场地面积达到1.92平方米。做好联系村工作和结对帮扶工作，全年投入10万元用于联系村梧村村的美丽乡村建设。

【体育社团建设】 加强对体育社团的建设和管理，积极推进体育社团规范化、社会化、实体化。新成立围棋协会、自行车运动协会，完成3个协会换届选举工作。全年共开展二、三级社会体育指导员培训3期，共200人参加，社会体育指导员队伍得到壮大。

加强老年人体育协会的财务管理，委托龙游冠宇联合会计师事务所对老年人体育协会2010—2015年的财务情况进行审计，印发《龙游县老年人体育协会财务管理办法（试行）》。与县老干部局、县民政局共同举办全国第四个老年节庆祝活动。加强对县龙舟协会的管理，先后组队参加2016中华龙舟大赛、中国龙舟公开赛等比赛，并取得良好成绩。

【体育创强工作】 做好“四提升、四覆盖”［即提升群众身边的体育场地，实现“15分钟健身圈”便民体育设施全覆盖；提升群众身边的体育组织水平，实现乡镇、街道“1+5”体育社会组织网络全覆盖；提升群众身边的健身活动水平，实现常态化健身活动全覆盖；提升群众身边的健身指导水平，实现行政村（社区）各健身项目社会体育指导员及乡镇（街道）体质测试网点全覆盖］工程试点，完成体育小康村提升工程15个，创建中心村体育休闲公园1个（大街乡贺田村）、体育现代化街道1个（龙洲街道）、省体育先进社区1个（翠光社区）、星级职工体育俱乐部1个（龙游恒祥棉纺织造有限公司）、省村级体育俱乐部4个（塔石镇莲塘村、童岗坞村，湖镇镇七都村、希塘村），塔石镇通过省体育强镇复评。

【群众体育活动】 指导、协助社区举办社区体育运动会3次，联合县总工会、县妇联、团县委等单位分别举办龙游冬泳协会喜迎2016年元旦畅游灵山江活动和龙游县第五届女子运动会、龙游县女职工运动会。会同团县委等单位举办龙游县庆“五四”暨美丽乡村奥运会青年越野跑、衢州市第六届老年人运动会健身球操比赛及龙游县第二届教体系统乒乓球、羽毛球联谊赛。积极组队参加浙江省第二届女子体育节，获体育强县（市、区）组团体总分一等奖、体育道德风尚奖、最佳组织奖。组织参加衢州市第二届体育大会，获得金牌9块、银牌17块、铜牌10块。组队参加浙江省第二届体育社团运动会的风筝比赛和龙舟比赛，获风筝比赛第一名2个。组织参加2016年浙江省风筝锦标赛，获单项冠军1个。在2016年浙江省第二届舞龙锦标赛上获团体第二名。

图204 11月15日，龙游县举办第九套广播操比赛

【龙舟运动】 积极参加全国龙舟竞赛活动。组队参加2016年中华龙舟大赛（鄱阳湖站）、2016仪征龙舟赛、第二届全国青少年龙舟锦标赛暨2016年全国青少年龙舟夏令营活动。在第二届全国青少年龙舟锦标赛上，获少年组女子500米直道竞速第二名、200米直道竞速第三名；获少年组男子500米直道竞速第五名、200米直道竞速第四名的好成绩。

【竞技体育】 组织开展全县学校体育竞赛活动10次，学生身体素质全面提高，学生体质健康达到标准。根据省、市竞赛计划，积极参加省、市各项赛事，全年共派出50余人参加田径、举重、拳击、皮划艇等省级赛事8次，获2枚金牌、1枚银牌、6枚铜牌的优异成绩。组团参加衢州市田径、乒乓球、羽毛球、篮球、足球、健美操、围棋等赛事25次，参赛运动员达600多人，获金牌93枚、银牌71枚、铜牌71枚，6人次打破衢州市同龄组纪录。在衢州市田径苗子精英赛中，获团体总分第二名。

【体育市场监管】 加强体育行政执法和体育市场监管，贯彻实施《经营高危险性体育项目许可管理办法》。2016年，发放游泳场所高危许可证5本，并对全县9所游泳场馆开展安全大检查。主要检查游泳场馆安全防范措施、安全监管制度、救生员配置、警示标志以及卫生条件等。对检查中发现的警示标志不齐全、救生员信息未上墙等27个问题，当场提出整改意见和整改时限，并发放整改通知书，要求相关负责人进一步完善设施设备，强化救生员培训，加强安全巡查等工作，确保水上运动安全无事故。根据县综合行政执法改革的要求，做好体育行政执法事项的调研工作。重视体育彩票管理，强化体彩专管员的服务意识，开展促销、培训等活动，使龙游县的体育彩票销售额稳中有升。2016年，龙游县体育彩票销售总额为3875万元，同比增长8.7%。

（县体育局 邵银建）

2016年度龙游县承办市级及市级以上体育赛事一览表

表57

赛事名称	主办（承办）单位	参赛者	比赛时间	比赛地点
2016金龙一战成王全国钓鱼巡回赛（衢州龙游站）	中国钓鱼运动协会市场及产业委员会、四川金龙鱼饵有限公司主办，衢州市体育总会、龙游县体育局、龙游县旅委、浙江龙和水产养殖开发有限公司和衢州市大鲫大鲤垂钓服务中心承办	全国钓鱼爱好者300人	5月15日	龙游龙和国际垂钓中心
衢州市第二届体育大会健身球操比赛	衢州市体育局、衢州市教育局主办，龙游县体育局、龙游县教育局承办	衢州市6个县（市、区）、8所重点中学代表队共388人	11月13日—15日	龙游县体育馆、龙游县第三中学
衢州市第二届体育大会篮球比赛	衢州市人民政府主办，龙游县人民政府、衢州市体育局联合承办，龙游县体育局协办	衢州市6支代表队共72人	10月16日—23日	龙游县体育馆
衢州市第二届体育大会钓鱼比赛	衢州市人民政府主办，龙游县人民政府、衢州市体育局联合承办，龙游县体育局、衢州市钓鱼协会、龙游龙和国际垂钓中心协办	衢州市21支代表队共121人	11月6日	龙游龙和国际垂钓中心
衢州市中小学生田径锦标赛	衢州市体育局、衢州市教育局主办，龙游县体育局、龙游县教育局承办	衢州市15支代表队共514人	7月18日—21日	龙游县第三中学
衢州市中小学生乒乓球联赛	衢州市体育局、衢州市教育局主办，龙游县体育局、龙游县教育局承办	衢州市18支代表队共87人	12月6日—7日	龙游县体育馆

乡镇（街道）

龙洲街道

【概况】 龙洲街道包括县城灵山江以西及部分城郊农村，东隔灵山江与东华街道相邻，南连溪口镇，西接詹家镇，北依衢江与小南海镇隔江相望。地貌以平原为主，有部分丘陵和山地，区域总面积62.79平方公里，户籍人口为30254户、68910人。街道办事处位于龙翔路539号，下设城中、寺后、官潭3个农村工作站和1个社区管理办公室，辖20个行政村、7个社区居委会。2016年，龙洲街道以深化改革为动力，苦干实干，扎实推进美丽龙洲建设，着力保障和改善民生，促进社会和谐稳定，加快推进区域经济转型跨越发展，经济建设和社会各项事业保持良好的发展态势，全年实现工农业总产值20.01亿元。城乡居民人均可支配收入达23478元，同比增长9.33%；一般公共预算收入4103万元，同比增长10%。

【工业经济】 落实工业技改项目7个，其中新增工业技改项目4个，完成工业固定资产投资7327万元，完成年度目标的104.7%。积极淘汰落后产能，完成煤改气企业27家。全年实现工业总产值16.9亿元，其中规上工业总产值为13.8亿元，完成年度目标的81.24%；规上工业企业完成利税0.71亿元。坚持招商引资“一号工程”不动摇，按照招大引强的理念，开展全员招商、以商招商，着力招大商、招强商。加强对招商引资信息的收集，向县政府报送龙游县城亮化提升工程、龙游农产品批发市场等7个招商引资项目信息。同时，进一步完善龙商信息库，新增龙商27名。

【农业经济】 积极落实各项惠农补贴政策，全力做好农业社会化服务，全年实现农业总产值7349万元，同比增长2%。完成坟头坞重点山塘排水渠加固整治工程和后田铺村、半爿月村机埠修复工程，完成官潭、后厅等4个村农田灌溉渠道浆砌修复工程。完成岑山村、官潭村垦造耕地项目3个，新增耕地面积10.47公顷。以“农业两区”（指粮食生产功能区和现代农业园区）建设带动农业转产增效，建立寺后畈千亩优质水稻生产基地，建成百亩红心蜜柚生产基地，并通过有机认证；推进农业生产基地建设，完成官潭龙山14.33公顷名茶基地建设，完成洪呈27.47公顷蓝莓基地的提质，并通过有机农产品认证；全年落实早稻面积549.6公顷，完成粮食订单2906吨，比上年实际销售增加416吨；严格监管农产品质量，全年开展农产品质量安全检测330批次。积极开展土地确权登记工作，全面完成城郊13个村的土地确权普查登记工作。大力扶持家庭农场发展，至年底，街道辖内共有家庭农场123家，其中2016年新增21家，包括示范性家庭农场6家、规范化家庭农场2家，5家农场配有自检设备。完成土地流转80公顷。

【社会民生】 深入推进行政村、社区便民服务和“三务”［指党务、村（居）务、财务］公开信息平台建设，全年累计办结各类事项106783件，其中代办

图205 4月26日，龙洲街道召开首届居民议政会

类87392件，各类咨询12605余人次，其他类6786件，群众满意率达100%。做好农民健康体检工作，组织开展2016年度60周岁以上参合居民健康体检工作，共体检6264人，体检率为74.68%；责任医生签约11306人，签约率14.19%，完成上级下达的指标任务。做好2017年城乡居民基本医疗代扣代缴工作，完成参保人数25920人，签约率达100%。召开食品（药品）安全宣传教育专题工作会议4次，签订《2016年龙洲街道食品药品安全工作目标管理责任书》，组织卫生协管员走进官潭小学食堂、城区各便利店等场所12次，进行食品安全现场教育和培训。加强人口与计划生育工作，建立街道、站、村、社区捆绑式考核机制，严格实行一票否决制，全年计划生育率为99.09%，征收社会抚养费72.21万元，征收率100%。落实"送温暖"对象209户，共发放慰问金15.63万元；实施城乡困难人员大病医疗救助142户，发放救助资金73.4万元；新增申报城乡低保189户219人。完成新一轮扶贫对象调查认定及结对帮扶工作；完成中央财政专项扶贫资金项目的落实；开展2011—2015年扶贫项目资金自查，并整改到位。完成民兵整组工作，做好征兵宣传工作，街道辖区年满18周岁青年登记率达100%，为部队输送合格的兵源。此外，统战、妇联、老干部和关心下一代等工作稳步扎实推进。

【乡村旅游】 推进龙和乡村休闲旅游综合体、龙和国际垂钓中心和鑫世康乡村休闲观光旅游综合体项目建设，启动后田铺村婺剧文化公园一期项目建设，促成"官潭公社—龙山客栈"精品民宿项目落地建设。依托灵江园区电商城，组织发动企业创业者、大学生村官、农村待业青年等2000余人次参加电商培训，新增助理电商师8人，20人获市级技能证书；落实好阿里巴巴"千县万村"计划，实施"一村一品一店"工程，开设8个村级电子商务服务站，柳村村被评为"中国淘宝村"。推进灵江园区产业"退二进三"（指在产业结构调整中，缩小第二产业，发展第三产业），加快产业转型升级，新增基础设施类项目11个，总投资达4.5亿元；新增亿元服务业企业1家、限上服务业企业9家。

【生态龙洲】 辖区交接断面水质100%保持优秀，莲湖溪、灵山江等5次登上衢州日报治水红榜，龙洲街道被评为2016年度县"五水共治"先进集体。严格控制生猪养殖反弹，圆满完成生猪整规"双减量"工作。其中，完成全拆22家，面积2.52万平方米；完成减量40%14家，共拆除面积0.77万平方米；完成60%饲养量交易16户，资金168.99万元。县补助及奖励15户，金额276.06万元，设施补助23.08万元。投资2000余万元，完成13个村的农村生活污水治理项目，新增受益农户4344户。13个村被评为"贺田模式"复制示范村。全年开展"清千塘美百河"行动，建立"一塘、一沟、一渠、一干部"责任制，积极推行"塘长制"，先后打造后田铺村灵江塘、岑山村梨园塘、后厅村后厅塘等示范点，累计整治河道36.7公里、水塘36个、沟渠26条。

【"四边三化"工作】 完成省、市、县问题整治交办点301处，拆除乱搭乱建2.15万平方米，完成废品堆放、脏乱差整治4.3万平方米，完成青山白化整治1公顷，完成赤膊墙整治7.14万平方米。高铁沿线、龙丽高速沿线等3个项目全部完工并通过验收。龙洲街道被评为2016年度龙游县"四边三化"工作先进集体。

【"三改一拆"工作】 全年拆除违章建筑13.4万平方米，完成上级下达任务的134%，拆后利用率为

96.86%。从9月开始，推广使用全省统一的拆违上报平台，做到数据及时、照片定位，对拆违面积在1000平方米以上的，实现无人机航拍。年底，顺利通过创建浙江省“基本无违建乡镇（街道）”的验收。

【平安龙洲】 成立街道G20杭州峰会维稳安保工作领导小组，配备50名专业巡逻协管员，建立由机关干部、村居干部和部分在册社区服刑人员组成的一线巡逻队伍，发放“平安龙游”反光背心860件、红袖套860只、手电筒380只、雨伞380把。利用“龙洲先锋”和各社区微信平台等微信公众号，实时更新“平安护航G20”的动态讯息。街道干部结合周一“夜学”、周二“夜查”活动，按照“一周一次”的要求，由社区民警带队，进行全方位巡逻监管，发挥专业巡防队伍的主力军作用，切实提高平安建设“四率”（指平安建设知晓率、参与率、安全率、满意率）。利用重大节假日开展平安宣传，在春节期间发放各类宣传资料2.5万多份，张贴宣传标语、横幅共计850多条。动员各方力量倡导下载安装“平安浙江”APP，累计安装5500人次。开展特殊群体培训约谈，举办有63名社区矫正人员参加的班培训，进行集中培训；对30多名社区戒毒人员分别进行约谈。深入开展安全生产和消防安全大检查，全年共开展安全生产检查21次，检查企业51家次，查出隐患373处，落实隐患治理资金57.3万元。全年辖区内村、社区、街道三级人民调解委员会共排查矛盾纠纷463起，调处463起，成功调处458起，调处成功率98.9%。

【和谐社区】 加强社区工作队伍建设，做好春节期间社区走贫访困工作，及时发放民政、残联救济款和救济物质，做好困难户的慰问和安置，做好雪灾、汛期危房户的临时安置，加强社区巡查和预防，并做好D级危房户的鉴定与提前安置申报。全年完成40个小区业委会选举工作，城角坊社区在铁路新村居民区选举中，首次探索散居居民区的业委会创建工作。完成四个社区党建长廊建设。以“王大姐工作室”“老娘舅工作室”为试点，组建一批特色工作室，开展专业性、特色性服务，以“社区+工作室”模式为切入点，打造“三民工程”向社区延伸的“志愿品牌”，着力抓好社区服务和社区维稳工作。

图206 7月1日，龙洲街道党工委组织千名党员重温入党誓词

【基层党建】 坚持“书记抓、抓书记”的工作方法，各行政村（社区）党组织共谋划书记项目27个，所有书记项目均按时间节点完成。建立“大宣传”工作格局，全年开展各类教育学习活动2万余人次，举办各类文化活动30余场，街道干部“7·29” 救人群体被评为“浙江好人”。结合“千名党员标兵”“省优秀党员”推选，树立王红玲、方海姣、林萍等典型人物，发挥好优秀党员的示范带动作用。2016年，街道开展“两学一做”学习教育活动的宣传信息共被省、市、县各级媒体录用170余条，在全县各乡镇（街道）中名列前茅。方门街社区、清廉社区、电商城、姑蔑书画院、后田铺村、半爿月村被列为市县互看互学示范点，得到各级领导的肯定。落实“党建+中心工作”，推行农村党员“零积积分+反向减分”考评机制，充分发挥党员先锋模范作用，街道的重点项目建设、“五水共治”、生猪“双减量”等多项工作名列前茅。创新“楼道网格+零基积分”制度，落实小区党员分片联户制度，引导社区在册党员开展“一自律、两服务、三带头”活动，提升党员素质促进作用发挥。扎实做好党员组织关系排查工作，查找失联党员128名，并对12名失联党员进行除名处置。组织开展“永远跟党走——龙洲街道纪念建党95周年文艺演出”“七一颂党恩——红五月书画展”和龙游

街道“微党课”大赛等系列活动。

【特色工作】 实行“三个一”重点项目推进机制，抽调精干力量，组建项目工作组，全年累计征收兰石区块、兰石安置小区、龙和乡村旅游综合体、官潭青少年活动中心、“一横道路”（白姑线）、龙翔路及驿前绿道、花海项目、大南门历史文化街区保护等重点项目在内的土地81.61公顷（1224.2亩）。建立重点项目社会稳定风险评估、督查督办、考核奖惩相结合的工作机制，做好与稳定风险相关的可控性评估，确保重点工程无障碍施工。

【创建国家卫生城市】 作为龙游县创建国家卫生城市主战场，龙洲街道突出部门联动、村社联动、社会联动的工作机制，主动配合县创建办等相关职能部门，全年累计出动党员、干部10800人次，开展创国卫集中行动86次，清扫垃圾1750车；整治乱堆放、拆除违建棚铺和构筑物2041处；清除、铲除皮癣广告5200余条；拆除旱厕125座，改造2座；处理散养家禽560余羽。至年底，全面完成45个小区、8个城中村共8000多个问题点的整治任务。

（龙洲街道　邱元良）

东华街道

【概况】 东华街道东与湖镇镇、社阳乡相连，南与罗家乡、溪口镇接壤，西隔灵山江与龙洲街道相邻，北隔衢江与小南海镇相望。地貌以丘陵为主，灵山江、罗家乡流经境内。辖区面积54.77平方公里，户籍人口为12382户、27071人，下辖22个行政村，3个社区居委会，1个工业区。2016年，东华街道深入贯彻落实县委、县政府的决策部署，紧紧围绕县委“两化引领”战略部署，抢抓机遇，负重拼搏，主动担当，各项经济指标保持健康运行。“城市东进”基础进一步夯实，美丽乡村建设稳步推进，社会风气进一步好转，各项社会事业取得新的发展。全年实现

图207　东华街道以龙游商帮艰难奋斗史为背景创作的《十里灵江十里情》在全县精品文化节目展演中荣获第一名

工业总产值70.51亿元，增长1.2%；完成招商引资到位资金12.38亿元，完成任务数的103%，其中新建项目7.84亿元，续建项目4.55亿元；浙商回归到位资金7.33亿元，完成任务数的104%。自2013年以来，连续4年被县委、县政府荣记“集体三等功”。

【城市东进】 全力推进城东区块道路、博物馆、小高山村整体搬迁、物流园区等项目的落实。尤其是在小高山村整体搬迁行动中，周密部署，倒排时间，精准攻坚，顺利完成108户搬迁户搬迁协议签订和房屋拆除工作，确保学士北路、荣昌东路、子鸣路无障碍施工。小高山村剩余土地征收和政策处理正常开展；文靖路未施工段（党校连接线至荣昌东路）已完成道路红线内附着物评估与公示修改，青苗费、土地款已发放完毕；永安路拓宽工程政策处理全部完成并有序施工；县博物馆涉及政策处理的房屋已拆除；嘉溢鑫城项目涉及的十里铺桥头山自然村已完成农户建房资格认定，安置点通过规划论证；瓦伞园自然村安置点正在有序建设；金融中心地块已进场勘探。

【“五四三”工作】 顺利推进生猪养殖转型工作，辖区47家规模养猪场已拆除24家，减量21883.9平方米；“绿心绿肺”内5家生猪养殖场全部拆除到位。百分之百完成“四边三化”整治范围涉及“两江八路”问题点343个，其中杭长高铁沿线问题点78个，

入城口沿线问题点82个，S222、S315、S316沿线问题点121个，城南大道、疏港公路沿线问题点38个。完成辖区内杭长高铁沿线、沿路沿江赤膊墙整治约3.9万平方米，完成高铁沿线、沿江蓝色屋面喷涂改色近5万平方米。持续打好媒体曝光点、城市社区、工业园区、小高山整体搬迁、闲置砖瓦厂等整治攻坚战，全年共拆除违法建筑792处，涉及面积约13.53万平方米，完成年度任务的123.04%，拆后利用面积12万平方米，利用率达95.36%，排名位居全县乡镇（街道）前列；分类处置农村违法建筑601户约1.2万平方米；“无违建村”创建工作迎头赶上，至年底，13个村通过县级验收。

【工业经济】 坚持招商引资“一号工程”不动摇。综合利用产业招商、以商招商等各种招商手段，以本省发达地区和广州等区域为重点，紧盯有效招商信息，超额完成县政府下达的招商任务。同时，通过大抓龙头企业、科技企业，提高整体经济运行水平，规模以上工业产值达70.09亿元；技术改造项目达75个，位列全县第一，超额完成20亿元的技改投资任务；全力推动企业上市，选择新晋企业，早对接、早引导，及早启动上市步伐，新迪公司在龙游上市准备工作已经到位，贝尔、德州五金、亿莱达、龙成耐火等企业的宣传引导已基本到位。引导僵尸企业破产重组，已盘活弘力洁具、南柴动力、优乐洗涤、飞洲工贸、强城工贸、德力锯、正一搭扣等10家企业。包揽全县企业亩均税收前五强，全县出口前十强企业占了七强。城南工业区3位企业家获龙游县“杰出贡献企业家”和“创新型企业家”称号。

【园区建设与安全生产】 坚持不懈做好园区基础设施配套工程，园区道路提升、交叉路口信号灯安装、园区监控系统安装、雨污分流、城南综合市场建设、集中供热、蓝色屋面改造等基础设施建设扎实推进，有效提升园区整体环境。把安全生产作为企业发展的生命线、高压线，全力以赴抓安全生产。除了签订安全生产、消防安全、特种设备使用等责任书与承诺书外，还举办各类安全生产培训班，定期不定期地对企业进行安全排查，并利用“三改一拆”的有利时机，拆除企业占用消防通道的各类违法建筑2万多平方米。

【农业与农村工作】 深化“贺田模式”复制，完成“贺田模式”推广村18个，其中7个垃圾分类示范村均已建设垃圾终端处理设施，3个村建有垃圾兑换超市，槐王村“沤肥池”模式、方坦村机器处置模式成为全县的典型示范。官村村投资80余万元的“星宿流水”景观建设及老樟树景观改造项目已进入招标阶段，美丽庭院项目前期工作有序推进，至年底，官村村成功创建浙江省“美丽乡村精品示范村”。有序推进农村生活污水治理工作，加快农村生活污水工程第三方运维移交工作，完成农村生活污水治理的14个村已有11个村完成验收和移交任务。

【乡村旅游】 以户外休闲健身为主题的灵鹫峰景区AAA级概念性规划已完成初稿，配套建设的薰衣草基地、通场道路、游步道、休闲凉亭等项目均已完工，景区的整体宣传造势和公益类项目建设取得良好的社会效果。雁之湖农家乐综合体项目已投资1390万元，项目概念性规划已完成，并已进场施工。省五星级农家乐——温玉堂农庄农家乐综合体项目着手完善项目改造流程，年内完成游客接待中心设置、客房改造、标识标牌提升、农庄入口改造等工程。

【综治维稳】 为争创“平安龙游”十一连冠，全力护航G20杭州峰会召开，街道积极开展“反恐防暴大行动”“矛盾纠纷排查化解大行动”“治安问题整治大行动”“生产安全整治大行动”“民族宗教问题排查整治大行动”“重点工程项目平稳推进大行动”等集中行动，重拳打非治乱，净化社会环境。全年共排查矛盾纠纷354起，调处353起，调解成功345起；排查风险隐患点130余处。东华司法所改造提升后，顺利通过省五星级规范化司法所验收，成为全县首家五星级司法所。

【创建国家卫生城市】 及时制订创国卫工作方案，明确责任，全年组织发动街道干部、社区干部、小区书记、楼道长、志愿者等3400余人次，整治住宅小区13个，铲除种菜约3.2万平方米，清理卫生死角4300处、楼道1400条、垃圾1900车、僵尸车390辆，拆除填埋粪缸140个、旱厕18座，改造接水旱厕4座，极大地改善辖区内社区和城中村的环境卫生。积极探索建立健全创国卫长效工作机制，落实长效管理清单，成立小区业主委员会7个，为下一步做好小区管理提供了实践平台。改造老旧小区，共投入资金380余万元。

【民生保障】 全年确立低保对象646户，大病救助102人。确定重点优抚对象36人，年发放抚恤金40余万元。开展残疾人扶贫帮困救助活动，306名残疾人得到生活补助，领取补助金63.5万元。累计办理被征地农民转保238人次。

【组织建设】 完成14个行政村党建示范点建设，深入推进“第一书记+两富指导员”工作法，继续开展“走村不漏户，户户见干部”活动，努力抓好“三民工程”“三个三”建设。实行党员“零基积分+亲情网格”考评管理，定期对党员进行“党性体检”和民主评议，将考评结果作为评定不合格党员的重要依据。严格按党章规定的程序和要求发展党员，做好新党员发展与教育管理，将3名不支持重点工程建设和“三改一拆”的党员组织关系迁至街道党员教育服务中心，实行跟踪教育。加大对不合格党员处置力度，全年办理党员违纪案件12起，12名党员干部受到党纪处分，其中开除党籍2人、撤销党内职务1人、严重警告2人、警告7人。调处信访件25件，已报结24件。对党员干部进行涉纪廉政谈话19人次，其中诫勉谈话1人，对3个村的村两委进行集体谈话。

【干部队伍建设】 牢牢抓住班子这一核心力量，努力把班子捏合成坚强的战斗集体。通过班子带队伍，增强干部整体合力，形成“抓班子、带队伍”的良好氛围。开展“忠孝廉实”主题教育活动，开展全面学习会、“干部家长开放日”活动、大走访活动，引导街道干部树立忠党爱国的政治观、孝敬父母的道德观、严于律己的纪律观、勤恳做事的服务观。尤其是

图208　东华街道精心组织以“忠孝廉实”为主题的家长开放日活动

“干部家长开放日”活动，通过发请帖，邀请街道干部的父母到街道参观，举行家长座谈会，提高干部投身东华事业的内动力，增强街道干部的自豪感，形成尊敬师长、孝敬父母的良好风尚，进一步强化东华大家庭的团队意识，提升干部队伍的凝聚力和战斗力。坚持实干导向，关心干部成长，推荐一批经验丰富、能力突出的中层干部进入县管领导干部序列，提拔培养一批工作努力、有发展潜力的年轻干部成为中层骨干。坚持工作日记制度和“周一夜学”制度，培养一批提笔会写、上台会讲、动手会做的实干型干部。

（东华街道　孙航宇）

湖镇镇

【概况】 湖镇镇地处金衢盆地中心地带，南缘有丘陵低山，北缘除曹垅村外，其他均濒临衢江，地势南高北低。东与金华经济技术开发区的洋埠镇、汤溪镇毗邻，南接社阳乡，西与东华街道接壤，北与模环乡和兰溪市游埠镇隔衢江相望，有社阳港、罗家溪及其支流由南向北汇入衢江。地貌以平原为主，占78.7%，丘陵占21.3%，另有少量低山。杭长高铁、浙赣铁路、315省道穿镇而过，杭金衢高速、衢江航道横贯镇北，区位优势明显。镇域面积101.64平方千

米，户籍人口为21396户、51131人，辖39个行政村、2个居民委员会，设新光、下田畈、下库、七都4个农村工作站。2016年，湖镇镇坚决贯彻县委、县政府的决策部署，克难攻坚，创新实干，全力推进新型工业化、新型城镇化、新农村建设和文化旅游工作，经济社会平稳健康发展，实现“十三五”顺利开局。全镇实现地区生产总值32.99亿元，同比增长8.2%；财政总收入1.63亿元，同比增长8%；固定资产投资19.16亿元，其中工业固定资产投资10.46亿元；农村居民人均可支配收入21765元，同比增长10.5%。获全县乡镇（街道）分类争先综合考核一等奖，成功列入浙江省第三批小城市培育试点。

【招商引资】 完成自引亿元以上项目1个（投资1.41亿元的沙田湖莘霖学校），接纳亿元以上项目2个（投资1.16亿元的15MW兆瓦分布式屋顶光伏发电项目和投资1.08亿元年产10万吨预制件的生产线项目）。完成浙商资本回归5025万元，其中浙江恒达新材料有限公司1725万元、沙田湖莘霖学校3300万元。盘活闲置资产引进项目3个，分别为盘活原龙游汇征五金制造有限公司闲置资产，投资2220万元，新建年产2000套模具和模架生产线项目；盘活原浙江广盈服饰有限公司闲置资产，投资1.41亿元，新建沙田湖莘霖学校项目；盘活原龙游晔宇装饰材料有限公司闲置资产，投资3987万元，新建液化石油气储备站和设备回收再制造项目。

图209 4月1日，湖镇镇举行乡贤恳谈会

【工业经济】 12月底，中机国能农光互补项目并网发电，农户金屋顶光伏项目安装900户，企业屋顶光伏首先在希雪服饰厂开工建设。积极推进金怡热电二期工程建设，主动与上海铁路局、杭州铁路设计院对接，解决横穿铁路、省道施工难题；镇村干部群策群力，开展涉及新建、联合等村的土地租用借用政策处理。鼓励企业进行技术改造，增强内生性发展动力，投入7亿元，实施技改项目15个，恒达、固特两家上市企业营业利润同比增长均超60%，金龙、君飞、恒祥等企业核心竞争力大幅提升。新光村荣获浙江省电子商务示范村和县“一村一品”电子商务示范村。

【农业经济】 完成投资1200万元的湖十畈高标准农田二期建设；实施总投资600万元的县千亿亩良田基础设施配套建设，涉及9个村；做好河道堰防修复、护岸等农林水项目，改善农业基础设施。完成县下达的粮食订单任务。抓好松线虫病、一枝黄花等病虫害和生物入侵的防治工作。推进柑橘产业转型升级，建立县柑橘转型发展示范村2个、示范点4个，培育家庭农场22家。启动农村土地确权颁证工作，完成25个村的调查摸底和15个村的测绘指界，涉及面积1600公顷。抓好农民素质培训，全年培训9批共1500人次。成立湖镇镇农民合作经济组织联合会。

【集镇建设与管理】 完成通济古街和白鸽湖专项规划初稿及小城镇环境综合整治规划初稿，着手编制湖镇集镇控制性详细规划方案。积极谋划集镇建设项目，先后谋划高品质项目14个，总投资近8亿元，促使湖镇成为县城东部组团。完成新星路人行道改造、解放路立面改造、沙田湖工业区环湖路和沙田湖大道绿化提升、老电影院拆改用和集镇清湖污水总管项目建设，安装集镇治安监控和车辆违停监控系统，完成垃圾中转站选址方案备案。组织执法人员分批到县综合执法局进行顶岗培训，对重点路段开展集中整治，组建卫生督查小组，将督查结果作为市场化保洁考核的依据，提高集镇管理水平。

【“五水共治”工作】 完成10个村的农村生活污水

治理和20个村的第三方运维移交。扎实推进生猪养殖整治和转型，5月，启动生猪整规“双减量”工作，全镇整场拆除生猪养殖场86户共6.9万平方米，生猪养殖减量40%的养殖场17户共7000平方米。成功创建3家美丽牧场；83户养殖场参与生猪饲养量交易，交易额达1080余万元。认真开展“清千塘美百河”行动，完成85个水塘和村内65.4公里沟渠的清淤整治。抓好水禽整治工作，关停拆除鸡鸭牛养殖场28家共1.5万平方米。加强巡查和监管，确保2个水库和49个山塘的洁水养殖。开展“最美治水人”评选，营造全民治水的浓厚氛围。深化“贺田模式”复制工作，完成13个示范村和25个达标村的创建，建造12个太阳能垃圾处理终端，17个垃圾兑换超市正常运行，其中地圩村垃圾兑换券的做法在全县推广。

【“两违”整治】 全镇完成赤膊墙粉刷、房屋上色约32万平方米，涉及杭长高铁、浙赣铁路、315省道、衢江沿岸22个行政村，“四边”环境面貌提标初见成效。扎实开展无违建创建工作，共拆除违章建筑328处共14.79万平方米，完成目标任务的156.68%，全镇39个行政村全部通过县级“无违建”预验收。17个村基本完成村庄规划编制，对在建房屋开展全程监督，防止少批多建，严控新增违建。

【重点项目推进】 “一路一桥一枢纽”是龙游县“十三五”期间实施的重点建设项目，主战场在湖镇。9月，启动湖镇至童家公路土地征收工作，仅用1个月时间就完成桥头江特大桥及预制厂的土地征收，并提前1个月全面完成湖镇至童家公路（湖镇段）32公顷土地征收协议签订、土地征收、补偿款支付、清表及房屋拆迁、杆线迁移等任务。基本完成游埠水利枢纽涉及的14个村80公顷土地的政策处理工作。

【文化旅游】 加快推进乡村休闲旅游发展，3月，成功承办衢州市第二届“金花旅游节”开幕式暨“龙游·湖镇桃花节”，吸引10余家新闻媒体前往报道，当日客流量超过1万人次。4月20日，湖镇镇联合游埠

图210 3月20日，衢州市第二届“金花旅游节”开幕式暨“龙游·湖镇桃花节”在湖镇镇国强家庭农场举行

镇、汤溪镇、罗埠镇、洋埠镇，举办第九届“瀔水之春”文化联谊活动。11月4日，举办第三届婺剧演唱演奏大奖赛，通过以奖代补的形式，推动弘扬传统文化。至年底，溪底杜村、希唐村村、七都村完成文化礼堂建设，全镇先后新建农村文化礼堂9个。星火村被列入第四批中国传统村落保护名录。12月30日，建筑面积2000平方米的镇综合文化站开站并投入使用，使群众在家门口就能享受到优质的文化资源。

【民生事业】 8月22日，湖镇中医馆开馆。全镇新型农村合作医疗参合比例达90以上，计划生育率为97.37%，超过县下达的指标。坚持教育优先战略，完成湖镇初中、下库小学教学楼建设和辖区4所学校的塑胶跑道建设。高质量完成征兵任务，为部队输送合格的兵源，其中大学以上文化程度占70.8%。新增低保户216户共274人，发放低保金460余万元，另有50多户退出低保；落实困难残疾人生活补贴对象653人，发放补助金106万元；落实城乡困难群众临时救助901人，发放救济款50多万元；发放大病救助金100万元。完成移民资金扶持项目7个，争取资金213万元。村级居家养老服务照料中心建设实现全覆盖，其中溪底杜村、希唐村居家养老中心实现日托照料集中用餐提升目标。8个村完成公益性公墓扩（新）建工作。

【平安创建】 与各村、企事业单位签订综治、信

访、安全等各项责任书。以镇社会服务管理中心为平台，张求水调解室为抓手，及时调处重大矛盾纠纷和不稳定因素，全年受理调处矛盾纠纷377件，调处成功率为100%。把护航G20杭州峰会当作重要的政治任务来抓，成立执法、值班、民兵、村级、集镇5支专职巡逻队，进村入企开展宣传巡查，消除安全隐患30余处。对重点行业、重点场所开展安全隐患排查，开展安全生产培训和知识竞赛活动，提高企业职工的安全防范意识。

【组织建设】 扎实开展“两学一做”学习教育活动，及时召开动员部署会，印发学习资料1.5万余册，按照固定课堂集中学、网络平台送学、年轻党员实践助学、年老体弱党员帮学等形式，确保学习教育一个支部不少、一个党员不落。修订完善镇干部十项管理制度，强化对镇干部的量化管理考核。深化干部包片、党员联户机制，创新实施村两委干部平时考核办法，考评结果作为年终绩效的重要依据。加强党建示范村建设，投入70余万元，建成20个村的党建长廊，以地圩村为试点，创新实施“党建+金融”模式，带动党员增收、群众致富、村集体经济增长。加强流动党员管理，通过“线下”发放红色小书包、“线上”建立微信群、制作播放远程视频等方式，确保党员流动不流失，增强党员的凝聚力和向心力。

图211 10月28日，中共湖镇镇第十二届代表大会第一次会议召开

【中共湖镇镇第十二届代表大会第一次会议】 2016年10月28日召开。大会应到代表86人，实到83人。会议审议并通过湖镇镇党委五年工作报告、镇纪委五年工作报告和镇党费收缴、使用和管理情况报告，选举产生中共湖镇镇第十二届委员会委员9名、中共湖镇镇纪律检查委员会委员5名，选举出席中共龙游县第十一次会议代表14名。选举刘明鹤为镇党委书记，江建新、余利民、陈滨为副书记；选举蒋建波为镇纪委书记。

（湖镇镇 王凌霞）

溪口镇

【概况】 溪口镇地处县境南部，东邻罗家乡，东南与大街乡毗邻，南接沐尘畲族乡、西南连庙下乡，西交衢江区全旺镇，北与龙洲街道、东华街道接壤，灵山江自南而北流经全镇，地貌以山地和丘陵为主。区域面积112.47平方千米，耕地面积1588.05公顷，山林面积7259.13公顷，镇政府驻溪口集镇曙光路157号，辖14个行政村和1个居委会，户籍人口为8986户、22790人。2016年，溪口镇以建设“竹海风情古镇”为工作目标，坚持“集聚旺镇、产业强镇、旅游兴镇、文化名镇”发展战略，实现工农业总产值24.03亿元，其中工业产值22.34亿元（含黄铁矿）；农民人均纯收入22109元，同比增长9.1%；全社会固定资产投资4.3亿元。溪口镇是浙江省小城镇综合改革中心镇、浙江省教育强镇、全国绿化造林百强乡镇，是省政府确定的浙江省200个中心镇之一，衢州市9个全国重点镇之一。曾先后获得“省级文明镇”“省体育强镇”“平安浙江先进镇”“省竹木产业强镇”“衢州市十大魅力乡镇”等荣誉称号。

【农业经济与乡村旅游】 发挥溪口自然条件优势，发展乡村旅游，提升农村经济收入。枫林山庄列入衢州市第三批市级农家乐特色村（点）；柳园山庄列入衢州市第十批市级农家乐集中（特色）村、市级农

图212 11月17日，由市委宣传部主办的“好水好歌，幸福衢州”2016年衢州市百乡千村赛水赛歌巡回演出第七场在溪口镇石埒村上演

家乐特色点名单，灵下村列入第三批中国传统村落名录，溪口村、灵上村、灵下村被列入古村落保护村落。积极主动开展乡村旅游统计、乡村旅游培训等相关工作，促进全镇旅游蓬勃发展。参加央视《美丽乡村快乐行》录制，宣传溪口农家乐；参加2016衢州金秋购物节活动等市级以上乡村休闲旅游推介会。承办衢州市“赛水赛歌”巡回演出、“魅力溪口”采风活动、大沃口村茶饭节等重大活动3次。

【工业经济】 抓转型，提升产业发展活力，加大招商引资力度，提升产业技改创新能力。引进浙江大庄实业集团有限公司，计划投资3.1亿元，投资建设年产230万平方米新技术高性能户外竹产品项目；帮扶龙游洪泰生物能源有限公司年生产机制炭1.2万吨、燃料棒0.6万吨及50套静电除尘设备生产线项目。抓好安全生产，开展“安全生产月”活动，深化安全生产标准化建设，全年无重大安全责任事故发生。

【社会事业】 认真做好人大、政协提案、议案、建议的办理工作。镇公共资源交易中心受理和完成80个项目的招投标，其中工程项目52件、经济项目18件。文教卫工作取得新业绩，文化事业得到省、市、县领导认可，扁石村及枫林村文化礼堂顺利开堂，截至年底，全镇先后建成文化礼堂8个。全省文化礼堂现场会在溪口村、石角村文化礼堂举行。做好计划生育工作，全年计划外出生3例，计划生育率为98.9%。应征收社会抚养费77780元，实征49480元，征收率63.62%。积极做好2016年度合作医疗参保工作，参保率94%。做好食品药品安全管理工作。

【文化建设】 文化站整合原有资源，挖掘文艺人才，在原有基础上新建溪口村歌表演队、下徐村村歌表演队、枫林村排舞表演队，进一步充实农村文化队伍。大力推进非遗项目的传承和保护工作，镇域内的“断头龙”“徐堰王庙会”“方山茶”等已获市级非遗项目，下一步将深入挖掘溪口历史文化，为非遗保护和传统文化传承添砖加瓦。

【集镇管理】 开展集镇拆违整治行动，拆除路边的违法搭建建筑物10处共300多平方米；整治商铺占道经营、违规设摊150余起（次），有效改善集镇脏、乱、差等问题。深化集镇管理水平，加强集镇联合执法监察中队建设，建立每日巡查制度，对集镇秩序、违建情况进行综合整治，集镇商铺乱搭乱建、占道经营和脏乱差现象明显改观。规范广告审批制度，有效解决集镇横幅、广告乱拉问题。在相关路段设立交通指示牌，引导大型车辆往集镇外部通行。督促商户落实“门前三包”制度，配合卫生保洁承包单位抓好日常管理，保持集镇良好的卫生环境。

【项目建设】 投资900余万元，完善溪口集镇基础设施，包括污水终端提升改造工程、灵山江以东污水纳管工程、西霞路沿街立面改造工程、车站路道路改造工程、沿江景观亮化二期工程等10余个建设项目。每年投入70余万元，制定卫生保洁方案，督促卫生保洁承包单位抓好日常管理，查漏补缺，消除卫生死角。出台《溪口镇农村建房管理办法》，创建无违建村、无违建镇。完成溪口集镇上街200米的石板街铺设及雨污分流管道铺设，完成溪口一桥桥头亲水平台和亭台建设。

【“五水共治”工作】 抓好“水工程”建设，夯实治水基础。加快灵山江城防工程建设，先后完成溪口

图213 溪口翠竹小区建成并投入使用

三桥翻板门、西山底堰、塔山堰、弯弓堰、青兰堰等防洪建设。对灵山江集镇段开展沿江绿化、沿岸亮化和景观提升，投资120万元改造原江滨公园；投资40余万元改造灵山江东岸建筑立面；一次性投资200万元（含每年管护费用5万元）实施沿江灯带亮化工程；投资500万元建设灵山江东侧栈道、观景平台及亲水平台。抓好“水环境”整治，提升治水成效。全镇10个水塘（面积160余亩）、47条沟渠（总长度97.5千米）已全部完成清淤整治，其中青塘水库等2个水塘已完成景观提升改造，枫林港等10余条小溪、渠道已实施沿岸绿化和景观提升；7个山塘水库已全部实行洁水养殖。全镇14个行政村均完成“贺田模式”复制和推广，全部开展生活垃圾分类减量化资源化处理，其中石角村、寺下村、双港口村、红罗村等9个村建成垃圾兑换超市并投入使用，完成达标村创建；大阳家村、寺下村、石角村、冷水村、溪口村分别建成太阳能终端沤肥房，完成示范村创建。建立溪口镇生猪养殖量交易平台，成立溪口镇养殖量交易理事会，选举产生7名理事及监事。完成生猪养殖量交易30户，公共账户资金达412.3万元。新纳入污水管网出水口4处；督促2家企业完成水膜除尘水回收循环利用整治，不外排污水。对流入河道的每个出水口都进行了标注，张贴出水口标识牌25处，对生猪养殖场、农村生活污水、畜禽养殖污染与区外企业污水进行严格管控，巩固“清三河”成果，实现控源头防反弹目标。

【“四边三化”工作】 1月，对全镇范围内竹拉丝等企业三化整治情况进行调查，摸清底数，梳理问题，确定责任干部，督促企业做好四边三化工作。4月，召开溪口镇“四边三化”企业整治动员会，对222省道16家竹拉丝等企业进行集中整治，一家拉丝企业被整体拆除，15家企业已经完成屋顶喷绘与路边绿化等工作；龙丽高速沿线11家拉丝企业分步落实整改措施，整体拆除一家，龙塔、创伟、鑫隆等企业屋顶进行喷绘、绿化。14个村全部通过县级“无违建”预验收。开展违法建设专项整治，拆除违章建筑173处共6.02万平方米。审批农村建房157户，占地面积17270平方米。

【中共溪口镇第十五届代表大会第一次会议】 2016年10月28日，中共溪口镇第十五届代表大会第一次会议顺利召开。会议实到党员代表59名，有列席代表41名。会议审议并通过中共溪口镇第十四届党委工作报告、纪委工作报告和党费收缴、使用、管理情况报告。会议通过无记名投票和差额选举的方式选举产生中共溪口镇第十五届委员会委员9名、纪律检查委员会委员5名、出席县第十一次党代会代表7名。选举姜建军为镇党委书记，叶建清、余志康为副书记；选举黄胜山为镇纪委书记。

（溪口镇 何晨）

詹家镇

【概况】 詹家镇地处龙游县城西郊，东与龙洲街道接壤，西与衢江区高家镇交界，南邻衢江区全旺镇，北与小南海镇隔江相望。芝溪流经境内，地貌以平原为主。全镇总面积53.54平方千米，户籍人口为10117户、27168人。设詹家、夏金、马叶三个工作站，辖21个行政村（其中沐尘水库移民村7个）。2016年，镇政府坚持“生态立镇、产业富镇、特色强镇”发展战略，以建设“美丽詹家、幸福詹家”为目标，按照年初确定的各项工作目标任务，真抓实干，全镇经济发展、项目建设、民生事业、“五水共治”、“四边三化”及“无违建”创建等工作取得实效。

【工业经济】 全镇有工业企业17家，其中规模以上企业2家，全年实现工农业生产总值5.88亿元，其中工业生产总值1.65亿元；实现固定资产总投资6.53亿。深入企业开展，协助企业解决实际问题，增强企业加快发展的信心和内动力。改造、淘汰高污染、高耗能锅炉2台，完成小作坊整治6家。做好企业培训师申报工作，完成企业人力资源（人才）三项调查工作。以电子商务进万村和“农村淘宝”建设为契机，大力发展农村电子商务，有效带动网络经济、物流产业的发展，全年新增马叶、夏金等“农村淘宝”合伙人和“淘帮手”服务站4个，新增邮政农村电子商务服务点11个，培育年销售额300万元以上的网络零售企业1家。深入开展“大干项目、干大项目”活动，由中机国能龙游光伏发电有限公司投资4.8亿元的西方村40MWp农光互补光伏发电项目租赁土地86.67公顷，已签订土地租赁协议；完成升压站主体设施建设，完成太阳能电池组件板安装，完成光伏安装864户。副省长熊建平调研芝溪家园光伏项目并作重要批示。由上海世贸集团投资6亿元的龙游世贸城第一期已完工。

图214 浙江省副省长熊建平（前排右三）到詹家镇芝溪家园调研“金屋顶”光伏项目

【农业产业】 继续做强“基地经济”，全面推进粮食生产功能区和现代农业园区建设，加速实现农业生产规模化、标准化、生态化。落实粮食订单933户，粮食种植面积达800公顷；继续推进农田质量提升土壤培肥项目；推进柑橘产业转型升级，淘汰三低橘园80.21公顷，流转橘园56.37公顷，改造低产低效橘园108.88公顷，培育柑橘家庭农场12个，推广优良品种20多公顷；对公众免费开放农产品质量安全监测，落实农产品监管制度，全年完成300多批次农产品检测，未发生特大农产品质量安全事件。按期完成浦山、石亘、山后等村土地综合整治项目验收，总面积为2.67余公顷。

【“五水共治”工作】 巩固芝溪河道“清三河”创建工作成果，结合衢江、芝溪河道实际，制定“一河一策”年度河道深化整治提升方案，坚持落实河长制，从转变保洁模式着手，以岸上河中联动等方式，进一步推进“清三河”工作开展，全面消除劣五类水，芝溪综合整治工程已完成初步验收。积极开展“清塘美河”专项行动，至6月底，37个整治塘和渠道已基本整治到位。启动芝溪支流——九里水河道整治工程，通过岸上绿化和河道清淤等措施，芝溪整体景观得到进一步提升。积极培育社会化保洁主体，选择第三方保洁公司负责芝溪干流的保洁。抓好2014—2015年度农村污水工程整改完善工作，移交运行管理职能；抓好山后、姜家、马叶、石亘4个村的农村生活污水治理项目收尾工作；做好集镇新建污水管网的日常管理与维护。全力抓好生猪养殖“两化”治理行动，加强对全镇71家生猪养殖场的监管与巡查，在全年生猪养殖整规“双减量”工作中，完成全拆31家，总面积达75981.8平方米。

【“贺田模式”推广】 全面推行“户集、村收、镇运”的垃圾处理模式，健全保洁监管机制，在全镇范围内开展家庭主妇垃圾分类培训。至年底，浦山村、山后村及芝溪家园7个村垃圾兑换超市已投入运营；芝溪家园1217户农户全部配备垃圾分类桶；芝溪家园7个村沤肥池主体工程已完工，着手提升周边环境，进行路面硬化；山后村沤肥池已完成建设。

【“四边三化”改造】 根据省、市、县“四边三

图215 美丽的詹家镇前游村

化”工作部署，根据“一江三路”（“一江”即衢江，“三路”指杭长高铁、龙丽高速、320国道）整治要求，镇镇府认真排查整治节点，完成320国道九里桥至尖竹桥整治提升工程和沿线房屋立面改造、赤膊墙粉刷、部分围墙改造、广告牌整理、拆建治乱、绿化及部分庭院景观改造等整治工作，完成整治点191个。推行“路（段）长制”，明确每条道路的“路（段）长”，制定“一路一策”，加强“两路两侧”治理，明确巡查责任，要求各“路（段）长”开展不定期巡查，针对巡查到的问题及时解决。将道路保洁交由第三方保洁公司负责，并将道路保洁纳入镇“清洁工程”督查考核，实行一日一通报、一周一督查、一月一排名，建立长效管理机制。平山桥、张严路口蓝色屋面入选“衢州市最美入城口”，320国道入选“衢州市最美公路”和“浙江省精品示范道路”。

【“无违建”创建】 以“有违必拆”的决心，强势推进“三改一拆”行动。重点加强集镇违法建筑处置，对存量违建和“一户多宅”依法、及时、妥善处置，做到应拆尽拆。全年拆除各类违法建筑207起，共计7.65万平方米，超额完成县下达的6万平方米任务，其中拆除“一户多宅”27户共6000平方米。完成“四边三化”整治191个点，拆除各类广告牌200余处共3260平方米；完成立面改造32栋，完成蓝色屋面改造2万余平方米。对拆后垃圾清理到位，并利用拆后土地进行复垦、景观绿化，进行基础设施配套等建设，拆后利用率达100%。

【乡村休闲旅游】 开展旅游资源和民宿资源大调查，结合“五连片”项目，对全镇旅游资源进行深度挖掘。投资4亿多元的山后“花海”项目已进入施工阶段；姑蔑生态园创建AAA级景区；新增姑蔑生态城农家乐综合体，十都刘庄、紫晶农庄、红豆山庄等一批特色农家乐发展势头良好，乡村旅游业快速发展。开展乡村旅游统计培训工作，开展旅游安全大检查和食品安全大抽检、大排查、大整治工作，对排查出隐患及时下达整改通知，落实整改措施。

【农村文化事业】 大力发展农村文化事业。持续开展文明村、文明家庭创建活动，方村村、淳进村开展县级文明村创建工作。在全镇范围内开展“十佳好家风”家庭评选活动，挖掘最美人物典型，参与“龙游好人”评选，其中1人被推荐为“最美衢州，身边好人”候选人，新安村吴雪文家庭被推送为2016年第二季度“浙江最美家庭”，获第十届“浙江省文明家庭”荣誉。11月初，詹家镇综合文化站建成并投入使用。充分发挥农家书屋作用，利用金岭脚村“畲乡书屋”和马叶村“婺韵书吧”阵地建设，带动农家书屋读书活动。完成体育小康村申报，完成各村体育设施普查及篮球场维修工作。结合乡村旅游，成功举办首届“詹家镇葡萄采摘节”，协助姑蔑生态园举办梦幻灯光秀活动。组织干部群众积极参与“三八”运动会、“工间操”比赛。进一步推进“笛子之乡”创建工作；腰鼓队、舞龙舞狮队、健身队、排舞队、坐唱班等群众文体队活动有序开展；山后村选送的节目《出征》获县农村文化礼堂精品节目展演二等奖。

【便民服务工作】 全镇21个行政村均建成村级便民服务中心，实现村级便民服务中心全覆盖。其中市级示范型便民服务中心14个，占所辖村总数的66.7%；标准型便民服务中心2个，占总数的9.5%；普通型便民服务中心5个，占总数的23.8%。所辖社区服务用房均达到350平方米以上，并建有设施完善的居家养老服务照料中心。建立青年党员志愿者服务站，规范志愿服务记录制度，利用重阳节等节假日，不定期开展慰问贫困老人等志愿服务。

【基层组织建设】 镇“两学一做”学习教育领导小组按照相关工作法的要求，多途径多手段扎实开展“两学一做”学习教育。通过将“两学一做”与“三民工程”相结合，鼓励各村党员干部将“学习党章党规，做合格党员”化为实际行动，走村入户，了解村民思想动态，化解纠纷矛盾，收到较好的实效。“整乡推进”基层党建，全面落实浙江省农村基层党建“20条”、衢州“双整”（即“整乡推进、整县提升”）工作实施细则，严格按照党建示范村“十个一”标准，创建党建示范村17个，占全镇行政村的80%。注重扶持村集体经济发展，充分利用城郊村的地理优势，发展村物业经济，詹家村、石亘村等21个村经营性收入均达到5万元以上。实施“三民工程”升级版，被评为衢州市“三民工程”示范乡镇，全镇21个村全部达标，其中14个村被评为市“三民工程”示范村。在村便民服务中心建设中，有市级示范型村便民服务中心14个，占所辖村（社区）总数的66.7%；普通型5个，占所辖村（社区）总数的23.8%。

【民主法制建设】 面对各类利益群体诉求、邻里之间因宅基地及违章建筑引发矛盾纠纷增多的情况，强化依法治镇理念，加强维稳体系建设，发挥法治在维稳工作中的重要作用，为经济社会发展提供良好环境。认真开展矛盾纠纷化解及稳控工作，以春节及全国、省、市、县“两会”召开为重要节点，深入开展矛盾纠纷大排查、大调处活动，全镇未发生一起因纠纷调处不及时或调处不当而引起矛盾激化或民事转刑事案件，各类群体及信访个案总体平稳，没有出现赴省或进京上访事件，确保辖区在G20杭州峰会和第三届世界互联网大会期间的社会稳定。

【探索社会服务管理新模式】 全面推广使用浙江省平安建设信息系统，建立镇村社会治理信息时间处理、分析研判、分流处理、调度指挥、督办反馈综合指挥平台，构建镇村二级事件联处工作提醒，提升“网格化管理、组团式服务”水平，及时反映信息，联动解决问题，数据驱动决策，努力打造“党政牵头、部门联动、信息共享、属地管理、全面参与、综合治理”的詹家镇社会管理新模式。加大浦山等村村规民约修订完善力度，加快村级法治、德治和自治“三治”模式的形成和融合。

【扎实做好安全监督管理工作】 成立镇安全生产领导小组，明确工作职责及工作目标，落实镇党政班子“一岗双责”领导机制。加强镇安监站建设，保障安全监管人员及工作经费。分别与各村委会、镇属部门企业、23家烟花爆竹经营户签订安全生产责任书，加强对安全责任的量化考核。根据年度安全生产监管执法计划，定期对红五油漆等重点企业、烟花爆竹经营点、农家乐经营点、学校、宗教场所等进行安全检查，落实安全责任。及时排查肉品、水产品经营的安全风险隐患，做好信息摸底工作，建立整治食品生产经营单位档案，在浙香食品等企业单位开展消防演习培训，强化食品安全工作。

【詹家镇十四届人民代表大会第六次会议】 7月28日召开。大会应到代表56名，实到52人。大会审议并通过《2016年上半年镇人民政府工作报告》《2016年上半年镇财政收入和预算执行情况报告》《2016年上半年为民办实事项目实施情况报告》，选举陈惠为镇人大主席，选举陈建生为镇长。

【中共詹家镇第十三届代表大会第一次会议】 2016年10月28日召开。大会应到代表58人，实到58人。会议审议并通过詹家镇党委五年工作报告、镇纪委五年工作报告和镇党费收缴、使用和管理情况报告，选举产生中共詹家镇第十三届委员会委员9名、中共詹家镇纪律检查委员会委员5名，选举出席中共龙游县第十一次会议代表6名。

（詹家镇 袁献君）

小南海镇

【概况】 小南海镇位于县境衢江北岸，东邻模环乡，西毗衢江区高家镇、莲花镇，南与县城和詹家镇隔江相望，北与塔石镇接壤。团石溪、塔石溪及其支流在境内汇入衢江。地貌以丘陵为主，有少量河谷盆地。辖区面积85.98平方千米，户籍人口为12730户、31994人。镇政府驻小南海镇茶圩里村光明路29号，下设虎头山、团石、箬塘3个工作站，辖18个行政村。2016年，小南海镇全面落实中央和浙江省委、衢州市委、龙游县委各项决策部署，坚持稳中求进的工作总基调，主动适应经济发展新常态，扎实推进各项工作，全镇经济持续健康发展，社会保持和谐稳定，较好地完成了镇六届人大确定的各项目标任务。全年实现生产总值18.42亿元；农民人均收入14524元，同比增长9%；财政总收入1930万元，比上年减少14万元。

【工业经济】 全镇规上企业实现工业产值10.07亿元，同比增长16.15%；工业投资完成1.8亿元，同比增长38.46%；新增规模企业3家，其中工业企业1家、服务业企业2家。茗皇食品已挂牌上市；亿洋工具已进入环保验收阶段，准备券商进场；再生方医药已进入财务审计阶段。浙泰光伏20兆瓦农光互补地面电站项目进行决策咨询，并报衢州市发改局审批；已备案再生方医药扩建年产75吨再生方膏、180吨花茶、60吨泡脚粉等系列产品生产线项目，光明铁道年产30万块无咋轨道弹性支撑承块和60万根高速铁路轨枕生产线项目，通衢建材、创兴矿业要求新增用地项目。查处隆顺化工与环评要求不符的生产经营行为，责令停产并按照环评要求完成整改。开展G20杭州峰会、世界互联网大会期间安全生产和消防专项检查，关停11处非法柴油加油点，整治5家瓶装燃气充装点，协调处置团石原精科油墨厂厂区内非法存储40余吨危化品、汽车客运站店面内非法存储1500余组油漆等2起非法储存危化品案件。

【农业经济】 全年完成农业总产值3.95亿元。种粮大户数量与早稻种植面积持续增加，有50亩（3.33公顷）以上种粮大户 20户，完成粮食订单850吨，种植油菜1066.67公顷。淘汰三低橘园100公顷，改造低产低效橘园100公顷，推广优良品种56.33公顷，培育柑橘家庭农场9个。新建汀塘圩等5个村3.5千米渠道；完成2015年度东塘山等4个山塘的扫尾工作；雅塘村破塘垅等2016年重点建设的三个山塘顺利开工。落实垦造耕地71.27公顷，招标进场40公顷，落实农整项目12公顷。人工更新造林面积67.33公顷，中幼林扶育33.33公顷，“四旁”植树3.6万株，处理松材线虫病枯死松树5万多千克。针对严峻的防汛形势，做到早安排、早落实，平安度汛。

【“五水共治”工作】 全镇18个行政村53座水塘、16条沟渠、5条河道完成清淤及绿化提升工作，共发动党员群众13821人次，动用机械178台次，清淤33.06万立方米，共投入资金270万元。4月28日，全县“五水共治”推进暨“清千塘、美百河”现场会在小南海镇召开。在全面实行“贺田模式”的农村保洁方式基础上，积极推行垃圾分类（即把垃圾分为可烂、不可烂两类）和沤肥房建设，在全县率先开设垃圾兑换超市。“贺田模式”复制先进村泽潭村成为衢州市“百万妇女学贺田行动动员部署会”的现场观摩点。完成2014年度5个农村生活污水项目移交工作

图216 5月，小南海镇组织全镇干部参加万人治污大行动

（其中泽潭村因新区建设未移交）；完成2015年度7个村生活污水项目验收，其中完成移交3个；团石村、箬塘村生活污水项目建设进入扫尾阶段，2016年度生活污水项目建设进展顺利。

【“四边三化”工作】 通过省、市、县排查和自查，全镇共查出“五乱”（垃圾乱扔、广告乱贴、车辆乱放、摊位乱摆、工地乱象）整治点264个，完成整治260个点。完成赤膊墙立面粉刷、蓝色屋顶整治改造点185个，面积大3.8万平方米，基本消灭高速公路、国道、河道沿线赤膊墙。投资259.8万元完成下章村建筑立面景观改造和绿化提升工程。

【“三改一拆”工作】 坚持“三改一拆”与建房管理相结合，坚决治理乱搭乱建的违章建筑，有序推进农户依法建房工作。全年拆除违章建筑400起，拆除面积13.1万平方米，完成县政府分配任务的163.72%。在2015年成功创建6个无违建村的基础上，2016年，鸿陆夏村、东塘山村、龙丰村、周红坂村、傅家新村等5个村顺利通过县无违建村预验收。

【生猪养殖整规和“双减”工作】 完成2015年保留的148家生猪养殖场面积测量和生猪养殖存栏量的统计工作，调整“一场一干部”名单，落实每周不少于2次的日常巡查，做到巡查、整改、反馈三落实。根据县生猪养殖“双减”工作要求，至年底，生猪养殖场由148家减至76家，养殖场面积由30万平方米减至22万平方米，其中拆除66家，9家通过整合合并成3家，饲养量由上年的10.7万头减至2016年的7.9万头；保留的76家养殖场中，14家完成“美丽牧场”创建，62家完成“生态牧场”创建。

【集镇建设】 开展集镇综合整治，全面治理环境“脏、乱、差”现象。共拆除沿街雨棚等违建构筑物236处共6272平方米；在集镇车站南路、原法庭前修建流动摊贩摆摊集聚点，杜绝路边占道经营和乱堆乱放现象；沿街两侧统一制作商铺广告牌。完成投资200余万元的集镇污水处理设施建设。投资290万元改造大众路虎头山大桥至320国道交界处两侧房屋的墙体立面。新建停车位280个。

【社会事业】 严格按照《龙游县城乡居民最低生活保障制度实施办法》的要求，严把审批关，全镇共确定城乡居民低保对象1206人。为113名困难群众报销大病医疗救助款100多万元，发放救济款31万元，发放残疾人生活、护理补助185万元。全镇建成农村文化礼堂5个，新增室内文化活动场所2000多平方米，新增室外文体活动场地5000多平方米。举办“送戏下乡”等文化活动21场。新建双潭村卫生室。加强食品安全规范化建设，小南海镇被评为县食品安全先进集体。高标准高质量完成征兵任务，其中大学生学历占68.4%。对基干民兵进行集中点验，到点率达100%。组织民兵参加“护航G20”和遂昌县苏庄山体滑坡支援任务。投入10余万元创建视频联网平台和监控联网平台，组建浙江省基层社会管理综合信息系统联镇通村微机联网平台。2016年，全镇共发生各类矛盾纠纷706起，调处率100%，调处成功率达97.7%，其中意外伤亡事故5起、重大纠纷12件。

图217 11月4日，开化县到小南海镇开展文化走亲活动

【基层组织建设】 自觉履行党风廉政建设党委主体责任和纪委监督责任，坚持主体责任履职情况向上级党委、纪委定期报告制度。实行党政同责、一岗双责，强化党委书记、支部书记抓党建责任的落实。完成12个村的党建长廊建设，对全镇1655名党员进行组织关系排查，开展手抄党章、重温入党誓词、“永远

的长征”党的知识竞赛、艺术剪纸、征集党建对联等系列活动，“两学一做”活动持续开展。按照“严、精、细、实”的工作标准，深入推进创先争优活动，加强党员“零基积分”考评，量化考核，及时反馈，综合运用督查和考核双激励、双促进手段，确保督查时时到位、处处到位。对10名新提拔的中层干部进行任前谈话；对6名村主职干部进行提醒教育谈话；对1名村主职干部进行诫勉谈话。对涉纪信访开展“大排查、大调处”，调查处理纪检信访件20件，对18个村的村务公开情况进行督查。全年处理违纪党员19名，其中开除党籍2人、留党察看3人、党风严重警告4人、党内警告10人。

【中共小南海镇第七届代表大会第一次会议】 2016年10月28日召开。会议应到代表71名，实到71名，有列席代表16名。会议听取和审查镇党委工作报告，听取和审查镇纪委工作报告，听取和审查镇党费收缴、使用和管理情况报告，选举产生新一届镇党委、镇纪委，选举产生出席中共龙游县第十一次代表大会代表。会议通过大会“两委”报告和党费收缴、使用和管理报告的决议，通过《小南海镇党代表履职积分管理实施办法》。会议选举林文建为镇党委书记，王建虹、余律星为镇党委副书记，翁忠茂、叶小娥、周颖燕、刘振、傅志平、王树银、俞志军、傅鑫彬为镇党委委员；选举翁忠茂为镇纪委书记，琚水祥为镇纪委副书记，冯益峰、袁航、程鹏翼为镇纪委委员。

（小南海镇 邓和珍）

塔石镇

【概况】 塔石镇位于县境衢江以北地区的西部，东与模环乡相连，南与小南海镇接壤，西与衢江区莲花镇相邻，北傍石佛乡、横山镇。塔石溪、泽随溪等流经境内，地貌以丘陵为主，有部分山地。辖区面积75.87平方千米，户籍人口为16372户、42401人。镇政府驻塔石集镇，下设塔石、雅村、泽随3个农村工作站，辖26个行政村。2016年，按照“农业立镇、开放兴镇、文旅名镇”的发展战略和“农业强镇、商贸重镇、宜居新镇”的功能定位，以全面建成小康社会和努力创建龙北中心镇为总体目标。全年实现工农业总产值12.42亿元。获“十二五”浙江省计生协工作先进单位、衢州市G20杭州峰会维稳安保先进集体等荣誉。

【工业经济】 积极整合招商力量和招商资源，大力推进以商招商。积极捕捉招商信息，设立乡贤会，以龙游县召开第二届龙商大会为契机，举办塔石镇乡贤恳谈会，向塔石的龙商展现塔石镇经济发展态势；通过龙商之间的恳谈与交流，期待其回归家乡创业创新，为龙游和塔石的发展注入新的力量。同时，为企业做好服务工作，为龙商回归创业提供良好的氛围和环境。洽谈引进年产3.8万吨豆芽等无公害绿色蔬菜生产项目1个。

【农业经济】 以农业“两区”和富硒产业集聚区建设为契机，稳步推进投资2000万元的“500亩有机富硒果蔬基地”二期250亩项目和龙游县富硒产业试验基地建设。扎实推进中小河流综合整治塔石项目区建设，完成河道砌石护岸16.5千米，清洁池塘80个。完成西何村胜塘、黄塘2座“千库保安”工程的扫尾工作。扎实推进投资800余万元的3座重点山塘、2座小水库、2千米渠道和9个机埠等重点水利工程建设整治工程。完成投资250万元的钱家上山塘、塔石下益村塘水库维修工程的前期立项工作。对全镇29座小（二）型水库、15座重点山塘开展防汛大检查，做好防汛抗旱工作。

【民生事业】 2016年，全镇有工农业、集镇建设、基础设施、公共事业等生态、民生领域重点项目37个，总投资达4.08亿元。工业技改投资4280万元，完成任务的83.4%；基础设施及房地产投资1.25亿元，完成计划的73.3%。所有重点项目均达到任务的节点要求。其中包括塔石集镇商住楼项目、塔石集镇综合整治提升项目、塔石镇方家生态循环示范区建设3个县“四重双百”项目。出台《关于加强镇村两级经济项目交易平台规范化建设的通知》，累计完成公开招

图218 11月3日，塔石镇里王村举行文化礼堂开堂议式

标项目111个，招标金额约2824万元。

【“四边三化”工作】 以S33高速、320国道、S33高速连接线和701跑道等为主要整治重点，结合“五水共治”“三改一拆”工作，坚决拆除沿线的违法建筑、生产管理用房及影响美观的围墙，倡导庭院绿化经济，洁化沿线清洁塘，及时做好沿线的修复性绿化。全年完成市、县交办点107个，完成率100%；完成微信交办点7个，完成率100%。全镇清理非法广告600多平方米，拆除高速、国道沿线非法建筑20余处，拆除面积2700多平方米。赤膊墙粉刷约5.99万平方米，涉及整治农户321户。投入260万元对320国道塔石段和701跑道进行绿化改造，绿化面积2.15万平方米。

【文化建设】 建有镇级文化站1个、村级文化礼堂9个。每个村均建有文化活动室、老人活动中心、农家书屋、健身点、篮球场等群众文化活动场所，全镇有全民健身点20余个。镇综合文化站以文体活动中心为平台，运用远程教育等载体，积极有效地组织开展各类群众文化体育培训和人文讲座。投入50多万元，创建镇综合文化站和健身舞广场，修建文化长廊，铺设绿化，并结合本镇风土人情，绘制墙体画，每到夜幕降临时，文化站里灯火通明，人来人往，音乐、歌声响彻夜空，文化站成为塔石集镇上一道亮丽的风景线。

【乡村旅游】 围绕泽随古村落、温泉、农业观光等资源，谋划推进旅游观光、旅游民宿、旅游餐饮、旅游农产品等“旅游+”经济项目，提升塔石知名度。开发1～2条成熟的旅游线路，打造“泽随古镇”“温泉小镇”“现代农业体验区”等品牌。优化“以中国传统古村落、省级历史文化名村泽随和雅村片浙西第一品质温泉为两个中心点，以真武山、叶村韩氏百亩竹文化和水果基地、舒村500亩有机富硒果蔬基地为三线”的“二点三线”乡村休闲旅游布局，完成8家农家乐的申报工作。

【新农村建设】 实施“美丽集镇”整治提升项目，成立衢州市首个集镇商户文明理事会。拆除集镇店面乱搭建的遮阳棚100余处，整治占道经营50余处；完成集镇商铺统一广告标牌设计和安装。启动新兴四路（指高速连接线到塔石集镇的道路）和塔石集镇黄山塘溪沿溪子鸣公园项目。完成集镇两侧绿化和通讯管网、污水管道铺设；对集镇污水进行集中处理。推进塔石菜市场改造提升工程和塔石中心幼儿园、泽随幼儿园建设。做好下西线集镇段路面改造工作。

【“五水共治”工作】 以“清千塘、美百河”活动为抓手，通过党员引导示范，带动群众集体治水，全镇有1700余名党员参加“清千塘、美百河”活动。对全镇130余个水塘及河道进行清淤，治水治污成效显著。实行挂图作战，建立“河长制”，落实责任，抓好“三河”治理，实行河道生态修复，极大改善农村水环境。做好自来水厂安全供水工作，全年抢修水管破裂等700余处，为1.1万余户自来水用户提供保障。

【平安创建】 以“112”基层社会治理模式为指导，按照“三治融合、警民联动、抓早控小”的工作思路，开创“乡贤+”模式，建立“乡贤老娘舅”调解队，将“谋发展、促和谐、济贫困、正风气”的乡贤文化融入农村基层社会治。通过安装使用综治视频联网系统，实现监控资源共享，实时掌握辖区治安动态，对矛盾纠纷调处、不稳定因素化解及打击违法犯罪具有重要作用。塔石镇被评为衢州市G20杭州峰会维稳安保先进集。

图219 塔石镇举行"护航G20"实战阶段平安巡逻启动仪式

【党建工作】 狠抓村书记、村两委、村党员干部在"三改一拆""五水共治""无违建"创建等重点工作中的带头作用，涌现出"浙江省千名好支书"童根林等一批敢担当、有作为的党员干部。建立党建示范点14个，制定"一周工作任务清单"，记好"干部日志"，严格落实"三会一课"、党员固定活动日、远程教育观看、三民工程规范化等工作，夯实基层基础。

【古村落保护】 投资1700万元开展泽随古村落的保护 工作。投资700余万元，对70余幢古建筑、传统民居进行保护修复和整治，以及对古井、古引排水闸、古引排水渠、古池塘、34户立面及门面、庭院、墙坎等进行修复。投资500余万元实施道路铺设和景观建设工程、道路沿边改造和绿化美化工程、排污工程改造、水系引进工程。投资500万元，重点打造上下塘、珠峰、古村出入口广场等景观节点，建好游客接待中心和停车场。

【中共塔石镇第十四届代表大会第一次会议】 2016年10月26日召开。会议实到党员代表78名，列席33名，符合会议要求。会议听取、审议并通过中共塔石镇第十三届党委工作报告、纪委工作报告和党费收缴、使用和管理情况报告。会议通过无记名投票和差额的形式选举产生中共塔石镇第十四届委员会委员9名、纪律检查委员会委员5名、出席龙游县第十一次党代会代表12名。选举汪立云 为镇党委书记，方晓斌、王丽芬为副书记；选举黄爱忠为镇纪委书记。

（塔石镇 陈小松）

横山镇

【概况】 横山镇位于浙西金衢盆地北部，距龙游县城16千米，地处丘陵地带，为千里岗余脉之山地。东与兰溪市诸葛镇、水亭畲族乡及建德大慈岩镇接壤，南与模环乡相连，西与塔石镇、石佛乡为邻，北与建德市航头镇交界。横山镇素有"龙游北大门"之称，境内有塔石溪、模环溪及其支流，320国道、杭新景高速穿境而过，交通便捷，区域优势明显。辖20个行政村144个自然村，镇域总面积为88平方千米，户籍人口为12223户、32051人。内设党政综合办公室、经济发展办公室、社会事务办公室、社会治安综合治理工作中心、行政便民服务中心等"三办二中心"，另设有东片、西片、北片3个工作站。有在职公务员28名，事业编制工作人员20名，镇聘干部13名，大学生村官2名。境内矿产资源丰富，以青龙山建材有限公司、龙游南方水泥有限公司等企业为主形成的建材行业曾一度兴盛，工农业生产总值一度达到12.01亿元。随着经济下行压力的加大，乡村旅游、特色经济作物一跃成为横山镇农业发展新的经济增长点，乡村旅游发展潜力深厚。横山镇是龙游县十里荷花、富硒资源的核心区，拥有浙江省首个富硒农产品开发基地，以天池村、志棠村为核心的富硒土地面积达33.46平方千米，在全县率先创成首个国家AAA级旅游景区——天池荷花景区。2016年，全镇上下以科学发展观为统领，以强化环境治理和促进农民致富增收为主线，坚持"两化"引领，稳增长、调结构、促转型、治环境、惠民生，经济社会保持平稳健康发展，各项工作都取得了较好成绩。全年实现工农业生产总值10.8亿元，其中工业总产值7.5亿元，累计完成社会固定资产投资2.93亿元，二、三产业比重显著提高，乡旅产业发展、农业"两区"建设走在全县前列。

【工业生产】 加大外引内联和传统优势产业的改造提升，先后投入3054万元推进原有设备的改造更新，完成企业“小升规”2家、“企业三废整治提升”7家、“小作坊污染整规”26家，横山矿山与建和化工正式合并挂牌，安山矿整治工作顺利推进，高污染燃煤锅炉全部淘汰，壹品纸业、通发纸业、惠铭网络科技、玉潇电器等6家企业落地投产，全镇规上企业达到5家。积极发展农村电商，全镇新增7个村淘站点，具有市级技能评定的村淘者10人、省级电商师职业技能评定者6人。其中志棠村刘俊霞农村淘宝站被评为县级规范化农村淘宝服务站，横山村被评为电子商务村。2016年，11个农村淘宝站双向交易额达1450万元。组织开展横山籍在外龙商大排查，有33名龙商录入县人才数据库。

【农业经济】 以农业供给侧改革为契机，探索“技术土专家+农户”“销售经纪人+农户”“出口基地+农户”三大模式，推进农业转型提升。建立柑橘栽培基地和柑橘出口基地，全镇淘汰三低橘园73.33公顷、流转橘园76.66公顷、落实大棚设施栽培橘园5处1.47公顷；改造低产橘园73.33公顷，推广优良品种6.67公顷。新增柑橘家庭农场21家、种粮大户1家、莲田大户5家，新种、改种莲田35.16公顷，完成天池核心富硒莲子基地20公顷。莲田实行统一流转耕种，建成高标准农田66.67公顷、富硒粮食生产功能区100公顷，富硒产业开发项目列入省农业重大项目计划，富硒农产品达10余种。成功申报市级柑桔精品园建设，并获得立项。开展“秋季迷你小番薯”种植试验，种植面积3.33公顷。新增流转土地66.67公顷。超额完成农产品检测任务，建成“化肥农药减量500亩（33.33公顷）以上示范村”2个，实现村级农药废弃包装物集中回收。

【旅游业发展】 以古建筑文化资源和富硒莲子农业资源为依托，推进观荷长廊、刹下塔周边景观节点、天池山古道等配套设施建设，建成龙北旅游集散中心。加快金荷旅游龙游天池度假山庄、天驰旅游龙游天池景区建设及天池度假山庄、棠溪曼谷度假山庄单体乡村旅游休闲项目建设，加大天池AAA级旅游景区对外推荐宣传的力度，新增三星级农家乐2家、四星级农家乐1家，新建A级旅游厕所4个。天池村被评为省级农家乐集聚村，天池AAA旅游景区成功入选衢州市十大休闲景区，志棠白莲成功入选衢州市十佳特色农产品。

图220 7月17日，“快拍浙江，创新之城，外国人看浙江摄影比赛”进入天池景区拍摄

【“五水共治”工作】 打出生猪养殖整规、农村生活污水处理、“贺田模式”复制、“清千塘、美百河”等“五水共治”组合拳，全面落实镇、站、村三级巡查督促落实机制及“第一书记+生态指导员”工作法，成立横山镇生猪养殖协会，开设交易账户，按照先拆除先交易、先汇款先交易的原则，做好饲养量交易准备工作。全年累计减场42户，减量近4万平方米，建成生态化牧场40家、美丽牧场2家，超额完成生猪养殖整规“双减”任务。加快推进20个村农村生活污水处理治理任务，其中17个村实现移交运维、3个村完成纳管接污；完成集镇污水处理中心扩容提升工程，污水日处理量由原来的300吨提高到1200吨，基本满足集镇污水处理需求；投资30万的集镇污水在线监测系统完成建设并联网使用。全面启动垃圾分类减量处理，在做好门前“四包”、村容村貌整洁、垃圾及时清运的基础上，重点抓好垃圾分类的宣传与实施工作，探索村庄保洁新办法，逐村开展垃圾分类知识讲座、现场教学和入户指导，累计开展“贺田模式”复制、垃圾分类知识培训3000余人次，发放

分类垃圾桶7000余个，发放垃圾分类宣传手册、巾帼护航G20宣传方案2万余份。20个村通过“贺田模式”复制验收，建成太阳能垃圾处理房7个、垃圾兑换超市7个，建成市级垃圾分类示范村7家。着力推进“清千塘、美百河”治水行动，集中时间、集中力量，全面开展村内水塘、沟渠等小微水体清淤整治，全年累计投资150万元，完成沟渠清理18000米，清理水塘80个，清理垃圾淤泥1600吨，新增清洁塘25个，顺利通过“清三河”验收，模环溪、塔石溪出境水交界断面水质月月考核合格，成功打造塔石溪、模环溪、廻源溪3条原生态美丽溪流。此外，“跑道养鱼”升级洁水养殖新模式获得全县肯定。

【“四边三化”工作】 围绕“城市景区化、郊区田园化、小镇特色化、乡村休闲化”的要求，克服整治线长、量大、人手少、资金不足等困难，全面整治杭新景高速公路、320国道、316省道沿线“五乱”现象，落实“一般问题包片、难点问题包干”工作责任制，在具体工作中坚持“户户到、家家访、全覆盖”，彻底解决乱堆放、乱搭建及赤膊墙等138个问题，清理乱堆放问题15处共3600平方米，拆除乱搭建32处共4000余平方米，指导农户整治庭院80余户，清除广告牌18个。坚持边整治边提升的原则，完成集镇立面改造5.5万平方米、沿线节点绿化改造1100平方米，成功打造富有地域古建特色的乡镇地标，累计建成“口袋式”节点景观8个，其中龙门桥大型绿化景观在省“四边三化”督查中被省领导称为“废旧沙场”改造的样板，320国道龙游段成功入选浙江省首批省级精品示范道路、衢州市最美公路。

【“三改一拆”工作】 坚持拆、改、用联动，狠抓存量违法建设分类处置和非法一户多宅专项治理，加大村庄规划修编和新建房屋管控力度，严格执行国土、规划、镇、村建房领导小组“四到场”工作制，加大一线动态巡查力度，自拆、助拆、强拆及曝光等多措并举，做到应拆尽拆。全年累计开展建设用地检查50余次，拆除违建213宗，拆除面积6.76万平方米，拆后利用率为85.9%。河宗村、下宅村、横山村、志棠村等4个村率先形成村级集聚小区，全镇20个行政村全部通过“无违建村”创建，实现新增违建“零增长”。

【小城镇建设】 “建管并举”成功打造龙北“最美门户”。以治脏、治乱、治差、治破为重点，严格落实全天候、全时制保洁机制和商户保洁奖惩机制，建立镇、村两级巡查网格和“集中整治+节假日巡查+日常检查”工作机制。全年累计开展集中整治10余次，拆除乱搭乱建143处，拆除户外广告117处。先后投资100余万元，全面完成沿街店面招牌统一制作、临时餐饮区设置、停车场建设等环境整治提升工程，集镇及周边区域脏、乱、差现象发生明显转变。注重“四边三化”“三改一拆”与集镇整治有机结合与良性互动，累计投资500余万元，成功建成镇内首个健身休闲场所——塔山文化公园和全县第一块乡镇地标，圆满完成集镇沿街5.5万平方米建筑立面改造，成功打造龙北浙派街景；完成镇综合文化站和旅游集散中心建设，启动综合性敬老院建设，“一校（全日制初高中和小学）、二院（中心卫生院、综合性敬老院）、三中心（文化中心、便民中心、旅游集散中心）”和“一路（镇内道路）、二厂（自来水厂、污水处理厂）、三网（自来水供应网、垃圾收集转运处理网、通村公路网）”等功能要求进一步健全，有效带动周边人口和商贸产业的集中集聚。

【科教文卫事业】 以推动农村文化礼堂建设为抓手，加快推进农村文化礼堂建设，累计建成农村文化礼堂7家，其中新建2家（上向徐村、下宅村农村文化礼堂）。做好综合文化站运维工作，免费开放图书室和电子阅览室，开设“锣鼓培训班”，完成脉元村文化活动中心建设和特色农家书屋申报，《横山恋》乡土节目推上县农村文化礼堂精品节目展演，成功创成县级文明乡镇。先后举办各类村级文化活动6次，被《今日龙游》、微龙游、龙游电台等县内主流媒体轮番刊播，其中，项家村敬老文化活动被省纪委采编报道。完成“魅力横山”微信公众平台改版升级，加快镇域媒体推广应用，重点推送横山乡村旅游、文化活动等信息，至年底，已有近800人关注，共推送信息60期，劲吹新农村“文明乡风”。

【平安建设】 以“纠纷少、秩序好、群众满意”为目标，精心织密“天网、警网、民网”三张网，深入推进街面防控网、视频监控网、单位内部防控网为重点的农村防控网建设，建成镇综治集成监控指挥中心，全镇115个监控探头实现联网运行。深入推进村级治安防控体系建设，加强村级志愿巡逻，多形式开展“平安三率”宣传，平安村、平安企业、平安校园等基层平安创建覆盖率达100%。深入推进网格化管理，健全警调衔接机制，全面落实接访、约访、下访和社情民情分析、矛盾纠纷大排查大调解机制，累计化解各类矛盾纠纷227起，办理初信、初访48件，对10件疑难信访案件实行重点包案督办，55起信访问题得以有效处理，实现全国和各级“两会”、G20杭州峰会、中央全会期间等重要时段、敏感节点“三个确保”（即确保不发生赴省以上集体访、不发生去京非正常访、不发生各类恶性事件）的工作目标。2016年，横山镇被命名为第三批省级无邪教乡镇，荣获龙游县G20杭州峰会维稳安保先进集体。

【党的建设】 深入推进“两学一做”学习教育活动，通过“专包自学、专题讨论、专刊报道、专栏宣传、专场会演、专日活动”等“六专”举措，全面加强党员干部思想理论教育，全年涌现出市级优秀党员2名、镇优秀党员17名。开劈党建网络新阵地，运用“党建+互联网”模式，以党员微信群为载体，建立全覆盖的党员微社区，累计新建“微信党支部”33个，开展“微活动”50余次。严格落实“书记项目”“三会一课”“零基积分”“志愿服务”等工作机制，深化“三民工程”标准化建设，健全完善“驻镇蹲村联户”制度，“党建+中心工作”推进模式在全镇得到广泛应用，项家村、脉元村等10个村被评为党建示范点，全镇20个村在“三民工程”升级版工作中全部达标，以项家村、脉元村、贤求朋村、下宅村、大平坂村为主线的“五村联创”绿色党建示范区荣获“全县十大党建好风景”荣誉称号，所有行政村经营性收入均达到5万元以上。

【行政效能建设】 从加强管理、完善制度入手，切实推行“七公开”（即项目名称公开、办事程序公开、申请条件公开、申报材料公开、办结时间公开、收费标准和收费依据公开），实行“五规定”（即一般事项直接办理、特殊事项承诺办理、重大事项联合办理、上报事项负责办理、控制事项明确答复），注重集中办公与个别值班相结合，创新推进便民中心“上班销时服务”和“上门服务”，至年底，镇行政服务中心窗口累计办理各类证件5476件，其中上门办理各类证件56人次。注重镇村联动，强化村级便民中心指导，定期对村文书和代办员开展“一对一”培训，不断提高村级便民服务中心的服务能力与服务水平，村级便民服务中心累计办理各类事项24873件次，横山村、腰塘边村、白鹤桥村、项家村、下宅村、贤求朋村等6个便民服务中心示范村通过市、县验收。依法管理计生工作，深化计划生育优质服务，新增奖扶117人，审批再生育112对，计划内出生253人，计划生育率达到95.83%。积极推进民政、残联和扶贫工作，推进绿色节地殡葬改革，认真落实残疾人“两项补贴”。巩固消除“4600”以下贫困人口，实施好“雨露计划”，申报扶贫项目3个，争取资金92万元。村级居家养老照料中心实现全覆盖。

【中共横山镇第十五届代表大会第一次会议】 2016年10月26日召开。大会应到代表70人，实到70人。会议听取和审查了镇党委、镇纪委工作报告和党费收缴、管理、使用情况的报告，通过大会“两委”报告和党费收缴、使用和管理报告的决议和《横山镇党代表履职积分管理实施办法》。采用无记名投票、差额选举的办法，选举产生中共横山镇第十五届委员会委员9名（汪益平、张余伟、金添艳、陈建伟、程元超、洪淑芳、杨德贵、虞文胜、姚建平）、中共横山镇纪律检查委员会委员5名（陈建伟、兰树发、王慧卿、余永宏、邵根春）。选举汪益平为镇党委书记，张余伟、金添艳为副书记；选举陈建伟为镇纪委书记。

（横山镇 吴新月）

社阳乡

【概况】 社阳乡地处县境东南缘，东邻金华市婺城区莘畈、塔石两乡，南接遂昌县北界镇，西交大街乡、罗家乡，西北、北连东华街道、湖镇镇，东北与婺城区汤溪镇为邻。大公源、后渠源在双溪口汇合成社阳港，自南向北流入社阳水库。地貌以山地和丘陵为主，有少量河谷小平原。辖区面积96.01平方千米，户籍人口为4961户、12360人。乡政府驻地红光村，辖8个行政村。2016年，社阳乡继续实施“生态立乡、绿色富民”战略，实现工农业总产值1.85亿元；农民人均可支配收入14616元，比上年度增长2个百分点。

【工农业经济】 立足饮用水源保护地的发展实际，通过政策扶持、技术培训、兴办家庭农场，重点培育黄花梨、白茶、笋竹、高山茶等“一村一品”。依托晓强中草药合作社“基地+农户”的经营模式，引导农户种植中草药。协助晓强中草药合作社不断完善基础建设，打造中草药博览园，开发中草药膳食，创建浙江省中医药文化养生旅游示范基地。扶持以龙游供享农业科技有限公司为骨干的本地企业，实行转型升级，供享公司被县政府授予“龙游县农业龙头企业”称号。全年引进龙游康仁中草药有限公司等招商引资项目4个，总投资达1.13亿元。

【生态旅游业】 依托生态、人文资源优势，大力发展全域旅游，打造集农业、生态、人文、休闲、旅游“五位一体”的乡村旅游特色乡，鼓励有条件的农户积极发展农家乐。源头村举办“记住乡情·留住乡愁”首届乡愁文化节；大公村举办清明祭祖灯会、樱桃基地采摘游；青塘坞村举办“悠悠乡情·寻梦梨园2016龙游青塘坞梨花节”，吸引上万名游客前往观光旅游。通过丰富多彩的活动，充分展示社阳深厚的文化底蕴，助力社阳乡全域旅游发展。

图221 10月19日，龙游县召开高坪桥水库工程建设征地搬迁安置工作转段部署会

【高坪桥水库建设】 通过广播、电视、网络等渠道的多方开展政策宣传，将全乡干部群众的思想统一到县委、县政府的决策部署上，扎实推进公路改复建、政策制定、选房建房、安置搬迁等工作。高坪桥水库工程建设征地涉及社阳乡红光村、大公村、连上村、凤溪村等4个行政村和湖镇镇新光村、洪畈村及金华市婺城区的莘畈乡大立元村，总用地面积196.3公顷，拆迁房屋及附属物建筑面积6.13万平方米，项目总投资约9.9亿元。做好高坪桥水库建设移民安置搬迁工作，县政府抽调108名党员干部与社阳乡全体乡村干部联合成立库区工作组3个，分成25个工作小组深入库区，与农户谈心说利弊，算好经济账、发展账。工作组以“白+黑”“5+2”的工作模式，通过82天的努力，顺利完成红光村、大公村、连上村3个村560户共1410人的征迁任务，以3个100%圆满收官，创造了移民征迁的“高坪桥速度”。

【“五水共治”工作】 完成社阳、凤溪、青塘坞3个村的水环境整治工程。以生猪整规为重点，促转型、谋发展，圆满完成库区下游8家生猪养殖场的工业化和生态化整治任务。以“清三河”工作为契机，扎实落实“河长制”工作，定期组织召开河段长会议，建立有效的巡查机制和巡查登记工作，开展“清千塘、美百河”专项行动、学雷锋活动，引导全民护水、爱水、治水，全乡共出动乡村两级党员干部500多人次，清理河道17公里，打造清洁秀美河道。以“美丽乡村”和“贺田模式”复制为抓手，加大农村环境整治力度，建立农村清洁工程长效机制。完成红光村太阳能生态垃圾处理终端，建设源头村、青塘坞村垃圾处理终端。积极实行“垃圾兑换超市”制度，至年底，已建立源头村、红光村、社阳村、青塘坞村4个垃圾兑换超市。2016年，全乡有“贺田模式”垃圾分类示范村3个，达标村5个（含示范村）。

【“无违建”创建】 有序推进集镇整治、“四边三化”、“无违建”创建工作，结合集镇整治，拆除广告牌2处，清理5个占道点的杂物，完成5个“四边三化”整治点的整治工作，整治面积约200 平方米。对陆社线沿线赤膊墙进行粉刷，面积约1316平方米。全年拆除违法建筑51件共6184.7平方米。建立健全“四边三化”长效管理机制，加强建房管理，出台农村建房管理规定，将宅基地管理、建房审批纳入常态化管理，杜绝新违建的发生。

【民生事业】 开展低保动态调整，坚持开展分类定期复核、低保听证和民主评议，实施动态管理，做到“应保尽保、应退尽退”。全乡有392户共465人享受农村低保，43名困难群众申请医疗救助，发放救助金约34万元。巩固“4600”低收入农户5户共14人。做好计生服务工作，全乡出生137人，其中计划外出生5人，计划生育率为96.4%，各项指标均达到县考核要求。组织全乡基干民兵参加县人武部点验，精心组织征兵工 作，为部队输送优质兵源。完成水环境整治、防洪堤修复桥加固、小型堰坝和山塘应急除险、防洪应急修复等项目，总投资约170万元。整合民政、扶贫、林业等项目资金，兴建林区道路1条（1000米），建设大公村、连上村、青塘坞村、凤溪村等4个村的公益性墓地，总投资约110万元。

【文化事业】 做好综合文化站的开站仪式和源头村文化礼堂开堂典礼，推进社阳、凤溪2村的文化礼堂创建工作，做好源头村的古建筑修缮工作，举办源头祭祖仪式和“记住乡情、留住乡愁”源头村首届乡愁文化节，举办大公村清明祭祖灯会、青塘坞村灯会、

图222 4月24日，社阳乡举办乡愁文化节

青塘坞“悠悠乡情·寻梦梨园”2016龙游青塘坞梨花节，丰富农村文化阵地建设。深入开展“最美”评选活动，罗志明入选“最美龙游人”，王亚君入选“浙江省文明家庭”，引导乡风文明，弘扬社会正能量。

【平安创建】 加大平安宣传力度，完成8个村办公场所、通村路口等处的电子监控安装，认真做好特殊利益群体的信访维稳工作，做好G20杭州峰会安保工作，未发生一起越级上访。加强社会管理创新，做好矛盾排查调解，全年共排查矛盾纠纷89起，成功调处89起。重视安全生产，不断完善公共安全和防灾减灾应急预案，全乡森林防火、防汛、应急管理等安全制度健全，责任到人，信息畅通，全年无安全事故发生。

【中共社阳乡第十三届代表大会第一次会议】 2016年10月26日召开。大会应到代表48人，实到48人。大会审议通过《中共社阳乡党委工作报告》《中共社阳乡纪律检查委员会工作报告》《党费收缴、使用和管理情况报告》《中国共产党社阳乡第十三届代表大会第一次会议选举办法》。选举产生乡党委委员7人、乡纪律检查委员会委员3人、县第十一次代表大会代表3人。选举吴水清为乡党委书记，吴浩、李新云为副书记；选举毛洪飞为乡纪委书记。

（社阳乡 巫玉英）

罗家乡

【概况】 罗家乡位于龙游县城东南部，距离县城13公里，东与社阳乡接壤，南与大街乡交界，西与溪口镇毗邻，北与东华街道相连。辖区地形成一条直垅，左右延伸，宛如凤凰展翅飞翔。地势以山地为主，有部分丘陵。境内有发源于铜钵山的罗家溪流经。辖区面积58.1平方公里，户籍人口为3874户、10009人。乡人民政府驻罗家村，辖10个行政村共124个村民小组。2016年，乡党委、政府深入实施“生态立乡、产业兴乡、旅游强乡”发展理念，充分挖掘、整合乡域内龙游峡谷漂流、衢处古道、休闲文化旅游、农家体验、生态景观茶园、生态河廊、圣堂山等生态旅游资源，全乡经济、社会持续稳定发展，实现工农业生产总值3.62亿元，同比增长8%。

【工农业经济】 全乡有工业企业186家，实现工业总产值2.27亿元。开展对外招商，积极培育茶叶产业、猕猴桃产业、苗木产业、黄精产业，建设药材基地，扶植茶叶种植，落实茶叶奖励政策。培育姜家猕猴桃产业、廖家猕猴桃和黄茶产业、马府墩的药材产业、芝塘金水蜜桃产业、罗家的黄精等“一村一品”项目，新增茶叶面积20公顷、猕猴桃公顷、油茶44公顷。7个村公益林扩面2277公顷，建成林区道路9000米。发放耕地地力保护补贴56.5万元。新增一级来料加工经纪人1人，全年发放加工费1352万元。2016年，全乡生产粮食3725.1吨，实现农业总产值1.35亿元，农民人均可支配收入15869元，同比增长11%。

【乡村旅游建设】 依托“田园、竹海、溪流、山野、峡谷”等独特的生态资源，充分发挥生态优势，在全县率先完成《罗家乡美丽乡村旅游发展总体规划》，形成“旅游强乡”的发展战略。按照“一产围绕旅游调结构、二产围绕旅游出产品、三产围绕旅游搞服务”的工作思路，积极推进旅游与三大产业的互动发展。顺利完成最美生态河廊三期工程，全乡建成一条长达12千米的健身游道。扶持黄茶规模化、庄园化开发，缪家等地的黄茶农业观光线路基本形成。罗家大峡谷漂流项目不断完善，游客参与度和知名度不断提升。县委确定的全县旅游“三线七点”之一的芝塘金状元旅游景点建设成效明显。通过深入调研罗家的史脉、地脉、文脉、人脉、物脉，深入挖掘传承非物质文化遗产，增强文化产业的附加值，构筑1条以省绿色委员会命名的“浙江省十大人文古道——衢处古道”为重点，集登山、骑行、漂流、垂钓、美食、采摘等休闲项目为一体，贯穿全乡域的精品旅游景区，吸引来自省内外游客10多万人，实现直接和间接旅游收入200余万元。

【优化人居环境】 围绕县委“两化两游”战略，从战略的高度高标准完成全乡域总体规划和乡镇集镇规划，从长远的角度加强重点区域的规划控制，预留发展空间，优化村庄布局。结合“四边三化”“三改一拆”“集镇整治”等中心工作，采取有效措施，拆除影响整体环境或有碍交通的养殖场、附房等违章建筑，大力整治非法占地、乱搭乱建、乱设摊点等行动，着力消除视觉污染，使村容村貌更加整洁、社会管理更加有序。以“最美县乡道赛美比美”为契机，全力推进罗家风情小镇建设，自开展“三改一拆”行动以来，全乡共拆除违法建筑555宗，拆除面积6.09万平方米，率先通过县“无违建乡”的预验收。将“无违建”创建工作与新建住房审核审批紧密结合，严格执行《龙游县农村村民建房管理办法》及《罗家乡农村私人建房管理实施细则》，明确程序、标准和要求，做到审批在先、全程管控、服务到位，完善数据库和工作流程，实现全乡人居环境的进一步优化。

【民生事业】 始终坚持以人为本，大力发展各项社会事业，集中力量为民办实事，让群众共享发展成果。不断提高村级便民服务水平，实行低保户规范化管理，低保工作平稳开展，原低保户156户183人调整为315户370人，月发放补助11.7万元，其中残疾人纳入低保240人，共发放救助金111.4万元。全乡有残疾

图223 寒假期间，罗家乡举办留守儿童免费培训班

人569人，其中重度残疾173人，享受困难残疾人生活补助金259人，共发放补助金42万元，享受重度残疾人护理补贴116人，共发放补助金35万元。新增计划生育家庭扶助对象20名，其中特别扶助2名。全乡征收社会抚育（养）费4.6万元。深入实施城乡合作医疗制度，居民医疗保险参保率达90%以上，全年有344人享受医疗保险补助，报销医疗费577.05万元。

【文教卫生事业】 罗家乡综合文化站于2016年12月20日成功开站并举行隆重的揭牌仪式，县委常委、组织部部长徐宾，副县长陆民、县委宣传部副部长徐兆云、县文广新局局长方玉林等领导参加开展仪式，并观看了丰富多彩的文艺表演。廖家村文化礼堂、罗家村文化礼堂相继举行开堂仪式。公共文化事业有序发展，马府墩村创建村级文化服务中心，岭根村、廖家村创建特色农家书屋，并已通过验收。举办罗家乡首届才艺大赛、第二届排舞大赛、2016中国龙游黄茶文化旅游节等活动。乡草根艺术团在乡综合文化站的组织下，开展丰富多彩的文化娱乐活动，赴全乡各村宣传党的政策方针和“两学一做”活动，结合乡党委、政府的中心工作，唱红歌、唱婺剧。寒暑假期间，举办第五届留守儿童免费培训班，开展法律法规、家风家规、书法、美术、剪纸、安全知识教育。罗家小学开展课程改革，学校课题《基于小班的“学导式”课堂教学模式的实践研究》获衢州市重点课题二等奖。乡卫生院全年门诊13244人次，门诊收入合计8.99万元；农保结报12802人次，报销总额41.45万元。卫生院完成“中医馆”建设，为群众提供多项中医技术服务。

【改善生态环境】 遵循开发与保护相结合的原则，牢固树立保护是为了今后更好发展的理念，以开展“五水共治”为契机，秉承“治水先治污”“污染在河里，治理在岸上”的理念，深入实施农村环境连片整治，全面推进“美丽乡村”建设，实现农村生活污水治理和“贺田模式”复制行政村全覆盖，大力开展“清三河”“清千塘、美百河”等专项行动，逐步完善河长制和河段长包段负责制，打造长效保洁机制，实现资源利用集约化、生产过程清洁化，结合文化治水、巾帼义工、党员义工保洁等活动，有效推进全民治水，改善罗家溪河道主体和水质，罗家溪出境水质常年达国家Ⅱ类水标准。罗家溪被评为衢州市最美生态河道和最好玩的河流。

【强化特色产业】 积极谋划传统农业变革，改变“以竹产业为主，茶叶、水稻种植为辅”的农业种植结构。通过土地流转，姜家村、马府墩村等地水稻种植大户积极引进林下套种技术和水果种植。罗家的黄精，姜家、廖家的猕猴桃，芝塘金的水蜜桃各有特色，实现以黄茶特种茶叶为特色的农业发展新突破。龙游黄茶被中国农业科学院茶叶研究所命名为“中黄三号”，建立龙游黄茶选育基地和发展基地，加大对黄茶产业的扶持力度，出台相应补助政策，加快农民专业合作社建设，罗家乡成为衢州市唯一一家黄茶种植和培育基地。至2016年年底，罗家乡黄茶种植总面积发展到19.73公顷，年均亩产干茶20公斤左右，价格最高可达每公斤10000元，亩均净收益达3.5万余元。

【中共罗家乡第十三届第一次会议】 2016年10月25日召开。大会应到代表48人，实到代表47人，列席代表18人。大会审议通过《关于中国共产党罗家乡第十二届委员会工作报告的决议》《关于中国共产党罗家乡纪律委员会工作报告的决议》。大会采用无记名投票、差额选举的方式，选举产生由6人组成的中共罗家乡第十三届委员会，选举产生中共罗家乡纪律检查委员会委员3名。选举陈怀俊为乡党委书记，陈志芳、胡炜鹏为副书记；选举琚建伟为乡纪委书记。

（罗家乡 王利华）

大街乡

【概况】 大街乡地处龙游南部山区，东靠社阳乡，南连遂昌县北界镇，西与溪口镇、沐尘畲族乡相接，北与罗家乡相邻，面积44.8平方千米。乡域四面环山，整体呈铁锅形状，自东北向西南倾斜；境内潼溪横贯其中，长约12.75千米。下设大街、新槽、横坑、岭脚、方旦、杨村、贺田、贺康等8个行政村，有103个村民小组，户籍人口为2728户、7548人。全乡有12个党支部共362名党员，有49名村两委干部。2016年，大街乡紧紧围绕打造"生态大街、平安大街、富裕大街"目标，大力实施"生态立乡、特色名乡、产业富乡"三大战略，突出美丽乡村创建、基础设施建设、生态产业发展等工作重点，真抓实干，开拓创新，经济建设、生态建设和社会各项事业取得较好成绩，促进全乡经济社会协调发展，全面完成年初制定的实事计划。全乡实现工农业总产值2726万元，其中工业总产值为1120万元，农业总产值为1606万元；城乡农民人均可支配收入16025元，同比增长9.14%，经济社会发展呈现良好态势。

【生态引领促农业增收】 坚持高效生态导向，积极调整农业产业结构，形成油茶、香榧、油菜、中草药、板栗等一批特色种养殖业。完成贺田村300亩彩色树种的种植。与龙游再生方生物科技有限公司合作，种植元胡、浙贝等中草药，并持续扩大种植面积。全年发展一、二级来料加工经纪人9人，有从业人员506人，年发放来料加工费1032.92万元。紧跟"互联网+"步伐，引导来料加工经纪人接轨电商，其中竹炭包装点实现"个转企"，成立龙游山谷贸易有限公司，并开有淘宝店和微店，推进销售额再上新

图224 9月22日，大街乡农民合作经济组织联合会成立

台阶。贺田村设立村淘和赶街代购点，实现经济双赢局面。加大劳务培训力度，促进农村劳动力向二、三产业转移；举办成人"双证制"教育培训班，培训农民200余人次，组织30余名农户参加县黄精种植培训，农民素质有新的提升。

【推进乡村休闲旅游业发展】 全年累计接待游客1.5万人次，直接经济收入30余万元。5月，成功举办大街乡农家乐烹饪大赛，树立农家乐文化品牌，繁荣旅游文化事业。完成大街乡旅游资源统计，完成AAA级旅游景区宣传片资料提供及踩点拍摄。持续推进AAA级景区创建，完成入乡口标识牌、原造纸厂搬迁后的环境整修、景区标识牌和导览图等的设计，同时，绿色骑行道、贺田童趣园等项目正在建设当中。

【深化生态家园建设】 坚持项目带动，完成乡入口标识牌的打造；完成贺田村文化礼堂建设并投入使用；完成横坑村办公楼改造并投入使用；完成大街村文化礼堂翻新修缮；投资50万元启动贺田—杨村段的绿色骑行漫道建设；投资110万元建设杨村村综合文化楼；投资70万元建设贺康村张家至康家道路硬化；投资40万元建设贺田童趣园项目，已完成征地、规划设计、扣投标等前期工作，进入紧张的施工阶段；新建大街、岭脚、贺田的林区道路6.4公里；贺田畈高标准农田建设项目持续推进中。全乡基础设施持续改善。开展"四边三化"专项整治工作，以提升品质、

优化环境为主线，以集镇整治、赤膊墙粉刷、破旧建筑物拆除为重点，自我加压，做到规划先行，点线结合，力求整体提升，真正把大街乡打造成生态“绿色走廊”。全乡突出问题清单中，有市级点14个，全部按时完成；有县级点28个，至年底已经完成27个。开展集镇集中整治行动，统一制作沿街商户户外广告牌；拆除破旧建筑物8000平方米、乱搭乱建2处，清理乱堆放2处，赤膊墙粉刷21户，粉刷面积1325.35平方米；新建入乡口节点一个。巩固“无违建”创建成果，建立严格的乡村两级农村建房审批制度和巡查制度，杜绝新违建的发生，全年新批建房18户，没有发生一起违建现象。为抓好“四边三化”和村庄规划，暂停方旦村、横坑村、岭脚村、杨村村规划区以外的原拆建和新建审批，在新槽村、横坑村和贺康村均建立规划区，并已完成征地工作，同时，实行分两次退还建房保证金的制度，减少和控制建房超面积情况的发生。

【整乡推进垃圾分类】 拓宽宣传渠道，乡村两级陆续召开垃圾分类培训会15次，有2228人次参加，开展观看宣传片、实物讲解、有奖竞答、垃圾分类比赛、宣读和签订垃圾分类倡议书等活动，共发放宣传单2000余份，签订倡议书1300多份。组建村嫂宣传服务队8支，有队员156人；建立乡村两级垃圾分类工作群9个，及时推送县乡村三级工作动态。加大硬件投入，全乡共发放绿蓝两种颜色垃圾桶3680只，分别标记为存放“会烂垃圾”和“不会烂垃圾”，实行生活垃圾分类；以贺田村垃圾兑换超市为试点，创新式样，整乡建立垃圾兑换超市，8个村的垃圾兑换超市均已正常营业。选址贺田村建立大街乡垃圾资源化利用站，统一处理会烂垃圾，变废为宝。各村均建立妇女网格化巡查管控机制，组建巾帼督导队，促使管理常态化。全力推进“清千塘、美百河”行动，下发实施方案，发放倡议书2400余份；各村均设立“清千塘、美百河”大作战“红黑榜”，定期或不定期组织党员和村民代表实地查看“红黑榜”。全乡建有村党员志愿服务队、村护水巡查队、村嫂宣传服务队等多支专门队伍，发动党员干部和群众260余人，对水塘沟渠及河道沿岸、岩壁进行集中清理，出动挖机、铲车、垃圾清运车等工具开展河道清淤，共清理水塘5个，清理沟渠33条约38千米，处理淤泥100余吨、沟渠垃圾1.8吨，助力全乡重点工作。

图225 大街乡举办2016年度“最美大街人”颁奖仪式

【社会事业发展】 抓好计划生育工作，全乡全年出生65人，计划生育率达95.3%；积极宣传“全面二胎”政策，引导树立正确的生育观念；开展透环妇检活动，张贴海报36张，发放宣传单800余份。新槽村完成创建残疾人省级庇护中心的申报；根据新政策，全乡共有164名残疾人享受生活困难补贴，其中80人享受护理补贴，146人享受低保；做好残疾人“助视”“助行”“助听”工作，完成2名残疾人省级无障碍进家庭改造。启动第二届“社保杯”创新创业大赛的宣传和资料收集工作。文化事业持续推进，贺田村成功举办第六届“村晚”，并对优秀共产党员、“美丽家庭”、“洁净家庭”、好婆婆、好孩子进行表彰，推进乡风文明建设。新槽村、方旦村文化礼堂发挥的作用日益显现；贺田村文化礼堂投入使用，成为农民文体活动的主阵地；新建大街乡文化站，已正常投入使用。扎实推进国家级卫生乡镇创建工作，成立创卫工作领导小组，多次召开专题会议，把创卫主要目标责任分解给乡村两级干部，建立长效机制，形成健全的创卫工作网格，确保创卫工作持续开展。对全乡的旱厕进行彻底整改，与农户签订防反弹协议，拆除旱厕122个，填埋104个，整改134个。

【夯实平安创建基础】 坚持把“平安”创建作为基础性工作来抓，加强领导，统筹兼顾，乡党委、政府与11个村和企事业单位签订平安建设（包括综治、维稳、国安）、信访、反恐、创建无传销乡镇、创建无邪教乡镇及G20杭州峰会维稳安保目标管理责任书，明确职责任务，完善监督考核办法。及时调整充实乡综治办成员；各村委会成立治安综合治理领导小组，各村支书、村主任为主要责任人，健全基层管理机构。强化宣传，营造氛围，大力开展创建“平安大街”宣传活动，开展反邪教警示教育、普法宣传、禁毒等活动，发放各类宣传资料1000余份，拉横幅16条，张贴标语、宣传图片100余张，刊发专栏3期。全年化解矛盾纠纷208起，由乡调委会负责处理68起，化解率99%，实现重要时段、敏感节点“两个确保”目标。启动平安护航G20杭州峰会工作，动员乡村两级组建平安巡防队9支，共有队员350余人，由各村党员干部、村民代表、民兵、巾帼志愿者组成，统一着装，常态化开展治安巡逻和外来流动人口盘查、各安全隐患点排查，保障乡域范围内的一方平安。

【基层党建】 利用领导班子理论中心组学习、乡干部“周一夜学”等载体抓好干部学习教育，创建学习型党委。坚持每月召开一次专题党委会，每月一次党建联系点交流会，每周一次集中学习和每半年一次民主生活会。对班子成员和机关干部做到“四必谈”（即进退流转必谈、思想波动必谈、工作疏忽必谈、生活会必谈），严格实行“三带”（即靠班长带动班子、靠班子带动机关、靠机关带动基层）制度，增强凝聚力。共与机关干部谈心30余人次，化解工作思想矛盾10余个，缓解多名干部心浮气躁的情绪。组织乡村干部向“千名好支书”先进典型劳光荣学习，把“两学一做”要求落实到干部队伍建设中，形成“赶、学、比、超”氛围，打造“狮子”型干部队伍。整乡推进，层层落实党建工作责任制，切实履行好管党第一责任人职责。年初，与全乡11个基层党支部层层签订党建责任状，落实党委委员党建工作联系点制度和党委委员挂点后进村制度，并率先公开承诺。对乡党委书记及8个村党支部书记的51项“党建项目”进行回头看，下决心抓好党建项目。

【农村基层党建“整乡推进”试点】 作为全县农村基层党建“整乡推进”试点乡，全乡8个村按照省委“二十条经验”和县组织部“十个一标准”的要求，相继建立一个整洁高效的便民服务中心、一道特色党建文化长廊、一套务实管用的规章制度、一本实用便民服务手册、一面飘扬着的五星红旗，8个村串成了一条党建精品示范线。5月，衢州市基层党建“整乡推进、整县提升”“学先进、找短板、树标杆”观摩活动在大街乡举行。实行评优评先“数字化”、换届选举“先锋化”和教育管理“动态化”，发挥党员先锋作用。整乡推广党员“零基积分法”，把党建工作具体化，把党员的责任和先进性体现在点点滴滴当中，整体提高党员干部队伍的风气。全面推行“三民工程”标准化建设，推进党员干部直接联系服务群众制度化、规范化、常态化、全员化，正常运行三民工程“E掌通”，提升“三民工程”实效。

【中共大街乡第十一届代表大会第一次会议】 2016年10月26日召开。大会应到代表47人，实到 46人。大会审议通过《中共大街乡委员会工作报告》、《中共大街乡纪律检查委员会工作报告》，选举产生中共大街乡第十一届委员会委员5名、中共大街乡纪律检查委员会委员3名。选举雷建春为乡党委书记，董群燕为副书记；选举汪国宏为乡纪委书记。

（大街乡 金献）

沐尘畲族乡

【概况】 沐尘畲族乡位于县境最南缘，东接大街乡，南邻遂昌县北界镇、应村乡，西与庙下乡相邻，北与溪口镇接壤。灵山江自马戍口入境，纳多条支流自南向北纵贯乡境。地貌以山地和丘陵为主。辖区面积82.83平方公里，户籍人口为4297户、11875人。乡政府驻沐尘村，辖10个行政村。2016年，全乡实现

图226 衢州市人大常委会主任居亚平（右二）到沐尘乡调研民族乡镇工作

工农业生产总值4.7亿元，同比增长6.81%；乡财政总收入2809万元，同比增长238.03%；实现固定资产投资1.73亿元，同比增长114.45%；农民人均收入13228元，同比增长11.6%；人口出生率控制在4‰以内。获2016年度县“新农村建设考核先进集体二等奖”、“生态型乡镇三等奖”、建设“平安龙游”先进集体等荣誉。

【发展绿色经济】 建成林下经济示范基地4个，面积约100公顷。包括沐尘村13.33公顷黄精、6.67公顷黄花远志、3.33公顷三叶青种植示范基地；梧村村、坑头村33.33公顷黄精种植示范基地；双戴村3.33公顷玉竹种植示范基地；初步形成马戍口村、社里村的竹筒酒发展基地。发展家庭农场39家，由单一种植变为多元种植，种植品种包括猕猴桃、无花果、苦瓜、西瓜等，种植面积达100公顷。

【重点工作开展】 开展“清千塘、美百河”行动，完成全乡4个水塘、15条渠道、5条河道的清淤和绿化提升等工作。实现贺田模式垃圾分类乡域全覆盖，其中沐尘、双溪、梧村3个村为示范村，其余7个村为达标村。积极开展省道、高速沿线赤膊墙、违建、乱堆放等环境治理，完成市交办的85处突出问题、县交办的29处问题的全面整治，对118处18847平方米的赤膊墙进行统一粉刷。全年拆除违建面积7518.82平方米，完成任务数的150.38%，拆后利用率达97%；拆除集镇沿路乱搭、乱建35宗共2100多平方米；完成集镇沿线乱堆乱放清理，新建集镇绿化带500余米，新增木制花箱100个，重修老花坛50个。安装民族特色旗杆20根，彩绘民族墙面近1000平方米。

【重点项目建设】 境内衢宁铁路建设有序进行，已完成沿线5个村红线范围内的6.27公顷土地和7.4公顷临时用地的征用；完成安置小区1.86公顷土地的征用；房屋拆迁协议签订工作已全面完成。康源机制砂场项目26.67公顷山林土地征用及地面附着物政策处理全部按时完成，通场专用道路政策处理基本完成。

【乡村旅游发展】 全乡乡村旅游已投入1000余万元，发展畲家乐15家、民宿30家，共有床位230张，让游客可看、可吃、可玩、可住，形成新兴的“节庆经济”。圆满完成社里村AAA级旅游景区创建工作，先后开展“三月三”畲族风情文化节、龙游县首届黄泥房建筑文化旅游节等一系列文化旅游活动，催生农业、农村新的经济增长点。

图227 4月9日，沐尘畲族乡举办“三月三”畲族文化节暨龙游县第二届畲族山歌大赛

【社会事业】 完成农村低保排查工作，全乡有农村低保348户共471人，全年共发放最低生活保障金173万元，补助资金由乡财政专户管理，每月按时足额兑现到户。完成城乡居民合作医疗参保工作，参保人数为9033人，参保率超过90%。做好城乡居民养老保险工作，全年新参保48人。完成城居保（即城镇居民社会养老保险，是覆盖城镇户籍非从业人员的养老保

险）死亡抚恤金发放工作，发放64人次共计15.36万元。完成失地农民参保30人，转保25人。

【社会管理】 全年成功调解矛盾纠纷249起，化解信访案件7起。护航G20杭州峰会，成立乡集镇管理办公室，安排专职集镇管理人员2名，采购专业设备2套；各村成立平安巡逻志愿者队伍，定期开展巡查，维护治安。

【党建工作】 完成书记项目14项，建设10个村级组织活动场所共计1.58万平方米。实行村两委干部岗位绩效量化考核办法和《党员教育管理办法》。推行“三单”（即问题“清单”、帮扶“礼单”、督办“催单”）工作法、“微信”工作法、“挂图作战法”。廉政约谈党员干部56人次，问责干部17人次。受理涉纪信访8件（其中县纪委交办3件、本级接访5件），接待群众诉求15人次。

【中共沐尘畲族乡第十三届代表大会第一次会议】 2016年10月28日召开。大会应到代表50人，实到49人。会议审议并通过沐尘畲族乡党委五年工作报告、乡纪委五年工作报告和乡党费收缴、使用和管理情况报告，选举产生中共沐尘畲族乡第十三届委员会委员8名、中共沐尘畲族乡纪律检查委员会委员3名，选举出席中共龙游县第十一次会议代表4名。选举杨红宁为乡党委书记，王惊宇为副书记；选举叶仙虹为纪委书记。

（沐尘畲族乡　兰小康）

庙下乡

【概况】 庙下乡位于县境西南部，距离龙游县城25公里，东与沐尘畲族乡毗邻，南与遂昌县高坪乡交界，西与衢江区大洲镇接壤，北与溪口镇相连。地貌以山地、丘陵为主，有龙丽高速穿境而过，为浙江大竹海主景区。有庙下溪及其支流至溪口注入灵山江。乡政府驻庙下村，辖区总面积82.9平方公里，辖13个行政村，户籍人口为4679户、13069人。2016年，庙下乡在县委、县政府的正确领导下，紧紧依靠全乡人民，全面推进“美丽竹乡、绿色庙下”建设，以打造运动休闲旅游特色小镇为目标，抓机遇、谋转型、攻难点，全面做好“十三五”规划开局之年，各项工作扎实有序推进，经济社会平稳健康发展。全乡实现工农业总产值1.13亿元，其中农业产值5600万元，工业产值5700万元；财政总收入602万元；农民人均收入19666元；人口自然增长率控制在3‰以内。

【扎实推进全域旅游】 以“美丽乡村”建设为抓手，紧密结合“五四三”中心工作，大力发展乡村旅游。完成毛连里村、浙源里村、严村村、长生桥村4个乡村旅游资源重点村的旅游规划。抓好基础设施建设，启动通景大道溪毛线建设，道路基础已开始施工；启动凉梅线道路拓宽工程；做好公路沿线及重点区域标牌标识、旅游公厕、游客接待中心建设。抓好项目招商，浙源里六春湖乡创小镇项目、严村竹溪谷项目通过决策咨询，年内启动项目建设。举办一系列文化旅游活动，开发长生桥村红色旅游资源，成为全县乡村旅游的新亮点。成功举办登山赛、绿春湖航拍、庙下酒文化节等一系列活动。进一步提升和规范农家乐发展，完成全乡农家乐基础信息采集工作，并举办消防、民宿发展等培训班，规范提升农家乐经营水平。

图228　7月1日，庙下乡党委组织全乡老党员在县党史教育基地——傅氏故居重温入党誓言，并重走红军路

【长生桥村“红色旅游基地”建设】 长生桥村位于龙游南部山区，处于遂昌、衢江、龙游三县交界处，坐落于浙江大竹海腹地、六春湖山脚下，距龙游县城33千米，离龙丽高速灵溪出口15千米。全村有502户共1479人，下辖15个自然村、22个村民小组，全村总面积约9平方千米，耕地47.4公顷，山林667.33公顷，是个典型的山村。长生桥村“红色基因”由来已久，为庆祝中国共产党建党95周年和红军长征胜利80周年，结合“两学一做”专题教育，在乡党委的指导帮助下，长生桥村围绕“如何把红色资源利用好、把红色传统发扬好、把红色基因传承好”的工作思路，着力打造长生桥红色旅游基地。7月1日，以傅氏故居为起点，总长2.5公里的“红军路”正式对外开放，游客穿草鞋、着红军服、吃蒲包饭，重走红军路，亲身体验当年红军长征的艰难困苦，接受爱国主义教育和党史教育。至年底，累计接待游客3万余人，为村集体增加收入8万余元。

【深入推进“五四三”中心工作】 加大对“五水共治”工作的督查、考核力度，建立责任倒查制度；落实河长制；探索开展河道保洁社会化管理工作；深化贺田模式垃圾分类模式，完成达标村和示范村创建；实现垃圾兑换超市行政村全覆盖；完成4个村太阳能生活垃圾终端建设；稳步推进农村生活污水治理村项目建设。全乡统一采购13辆封闭式垃圾分类清运车，开展保洁员垃圾分类培训，确保分类工作到位落实。抓好“清千塘、美百河”工作，建立“塘长制”，完成清淤美塘工作。推进“清三河”工作，完成河道排污口标识安装，加大满意度调查宣传力度，确保通过“清三河”验收。全面推进“四边三化”专项整治行动，100%按时完成市、县交办的整治问题点39个，并建立、健全长效机制，杜绝反弹。“三改一拆”工作顺利推进，全乡共拆除违章建筑84起，拆除面积1.56万平方米。

【重点项目建设】 全力做好衢宁铁路土地征收和政策处理工作，与衢宁铁路项目规划红线内125栋房屋的拥有者签订协议，并已拆32栋。征收土地及临时用地，基本满足施工需要。安置点建设有序推进，庙下安置点已开工建设。龙游火车南站广场站房扩规方案获铁路总公司批复，站前区块方案待批中。溪毛线建设顺利推进，一期已完成项目总量的45%，二期完成项目总量的15%。

【社会综合治理】 加大综治工作投入，深入开展“六五”普法活动，强化公民法律意识，“平安乡（村）”创建工作成效显著。进一步完善公安、司法、政法、治保调解等一系列防控体系建设，完成村规民约修订工作，推进村民自治、依法治村工作。做好对非法收看境外电视和非法安装卫星地面接收装置的摸底排查；完善危爆物品的审批、使用和管理制度；加强视频监控建设，在全乡范围内安装视频监控68个，实现乡、村主要路段全覆盖。全乡矛盾纠纷调解率达到100%。

【集镇建设】 完成集镇改造规划设计，启动集镇老街改造项目，一期项目已经实施，年内启动二期改造建设。落实小城镇综合整治工作，进一步抓好集镇功能建设、市场建设和环境卫生等工作的落实推进。结合庙下村和庙上新村文化礼堂建设和停车场、广场建设等项目，进一步丰富集镇形态，提升集镇集聚和中心服务功能，提高集镇建设品位。

【民生文化建设】 扎实做好农民下山脱贫工作，溪口翠竹小区安置工作已进入审核阶段。稳步推进文化事业，成功创建市级卫生乡镇。全乡共建设文化礼堂3座、特色农家书屋2个、文化活动中心1个。成功举办文化礼堂开堂仪式、严村村华氏家谱传承礼，开展送戏下乡等活动，一批精品文化节目获得省、市金奖。

【夯实基层基础】 按照县委统一部署，顺利完成乡党委换届工作，积极谋划村级组织换届，做好换届工作的基础调查。以大抓基层组织建设年活动为契机，狠抓基层组织建设，严格党员队伍管理，完善各项管理制度，全员签订《廉政建设责任书》。全面落实

图229 浙源里村“党员创业示范基地”

“两学一做”“三会一课”和周一集中办公、党员固定活动日等制度，探索实施党员管理“零基积分法”，得到县委肯定，并在全县推广。创新微信平台，实现党员“在线”交流。依托党员冬训、远程教育平台等强化党员教育培训，以推进“五四三”中心工作为抓手，不断锤炼党性，强化党员日常教育管理。4月，衢州市基层党建现场会在庙下乡召开，基层党建工作已成为庙下乡的“金名片”。

【中共庙下乡第十三届代表大会第一次会议】 2016年10月26日召开。应到党员代表51名，实到51名。会议听取、审议并通过中共庙下乡第十二届党委工作报告、纪委工作报告、党费收缴使用和管理情况报告。会议通过无记名投票和差额的形式选举产生中共庙下乡第十三届委员会委员7名、纪律检查委员会委员3名、出席县第十一次党代会代表3名。选举张海霞为乡党委书记，吴秀军、钟罗谊为副书记；选举项继忠为乡纪委书记。

（庙下乡 江龙）

石佛乡

【概况】 石佛乡地处龙游县西北部，东邻横山镇，南接塔石镇，西交衢江峡川镇，北连建德市航头镇。全乡总面积67.9平方千米，耕地面积1066.7公顷，林地4713.5公顷，辖10个行政村、86个自然村，户籍人口为6865户、17985人。全乡有基层党支部19个，其中村支部10个，共有党员703名。2016年，石佛乡围绕“乡村休闲旅游之乡”建设目标，以生态环境优化为重点，以经济社会发展和民生改善为基础，创新实干，开拓进取，扎实推进，实现工农业总产值11.2亿元，其中工业总产值9.3亿元、农业总产值1.9亿元；农村居民人均可支配收入1.4万元，人口自然增长率控制在4‰以下。

【工业经济】 加强对工业“三废”（指工业生产所排放的废水、废气、固体废弃物）排放的监管，把环境保护作为企业生存底线和发展的必备条件，倒逼企业转型升级。全乡企业实施技改项目2个，投入资金1.33亿元。加快淘汰落后产能，拆除全县最后一条废纸制浆生产线，取缔4家非法经营（储存）柴油点。高度重视企业生产安全，强化安全监管，未发生较大以上安全生产事故。加大对企业联系帮扶力度，积极为企业排忧解难，不断优化企业发展环境。

【农业经济】 落实总投资1800万元涉及夏家村、姚村村、峰塘山村、三门源村、石佛村等5个村的省级高标准农田建设项目。完成白佛岩水库二期工程主坝体建设。全面完成生猪“双减”目标，逐步推进“美丽牧场”创建，剩余22家养殖场中3家养殖场完成创建并通过验收，其中1家养殖场被评定为省级“美丽牧场”。实施姚村村七塘、柱塘和夏家村八角塘等山塘水库的除险加固工程。完成早稻订单2136亩（142.4公顷）854吨；新增家庭农场15家，累计建成102家；完成乡农产品快速检测室提升工作，全年检测农产品302批次。继续完成低收入农户增收工作。建立农村产权交易中心，完善农村集体产权交易机制，全年共完成农村产权交易14件。新培育小辣椒、黄茶、莲子、油茶等高效农业基地60公顷；抓好抓实柑橘产业转型发展工作，开展柑橘生产规模户技术培训等措施，淘汰三低橘园13.33公顷，流转橘园13.8公顷，发展甜橘柚等优良品种4公顷，重点对石佛村13.33公顷天草进行低产橘园改造；完成13.33公顷油茶种植。造林3.33公顷；修建林区道路5000米。做好森林防火工作，特别是在G20杭州峰会期间，确保全乡无火情发生，被市防火办评为先进集体。做好土地确权颁证试点工作，总结出具有石佛特色的“三四工作法”（即组织准备、调查摸底“四个一”：一个实施方案、一套档案清单、一个办公场地；动员培训、宣传发动“四个一”：一整套培训、一系列动员、一段明白话；现场工作、指界测绘“四个一”：一本记录本、一周一会诊、一个解答专人），确权颁证进入首轮公示环节。

图230　9月23日，中共景宁畲族自治县委副书记程巧琴（左二）到石佛乡三门源考察

【民生事业】 做好农村低保、残疾人生活保障的规范化调整，做到应保尽保、应退尽退。基本养老保险和基本医疗保险覆盖大部分农村居民，实施一批移民工程和居家养老项目。对接安排“希望工程”助学项目，加强对贫困学生的扶助力度。加强农村信用体系建设，石佛乡成功创建省级信用乡。夯实教育基础，开展无证幼儿园整治，规范教育、教学活动场所建设。推进居民健康体检全覆盖，加强计生工作力度。输送优秀青年参军入伍，全面完成年度征兵任务。

【“四边三化”工作】 扎实开展县乡道沿线整治，以建筑、立面、庭院、广告和沿路环境为重点，开展5轮集中整治，完成赤膊墙粉刷1.54万平方米，清理脏乱差道路23千米。高标准打造景观节点，实施窑三、回石线4.5公里通景大道两侧绿化工程，完成下大线石佛岭路口进乡景观节点和彩灯亮化工程；石佛小学路段建成社会主义核心价值观宣传教育长廊。

【文化建设】 加大科教文卫事业投入，投资50余万元实施乡综合文化站和三和村、峰塘山村、石佛村文化礼堂修缮改建，培育腰鼓、貔貅、婺剧等群众性文化队伍12支，组织大型文化演出，多次参加县、市级文体活动，并获得较好的名次。

【乡村旅游】 依托三门源古建筑旅游资源，围绕乡村休闲旅游产业，引导有条件的农户发展休闲体验农业和农家乐、民宿等业态，新发展农家乐16家，12家完成四星级提升，增加民宿床位160个。投资5000多万元的三门源AAA级旅游景区基础设施建设稳步推进，景区游客接待中心和停车场项目已完成政策处理，至年底，工程进度已经超过50%；杆线入地改造、生活污水、饮用水等一系列配套项目已完成前期工作，并已进场施工。旅游基础的逐步完善为全乡发展乡村休闲旅游产业打好基础。

【新农村建设】 开展石佛集镇商业街占道经营整治、路面“白改黑”、人行道铺设等工程，先后完成石佛集镇入口路标景观美化亮化提升、沿线绿化等项目，集镇面貌有了较大改善。完成窑三线改道工程，三和集镇商住楼项目已建成并投入使用。

【“五水共治”工作】 加强农业面源污染整治，对非禁养区内的养殖户进行减量提升，引导禽畜养殖业主积极谋划整规转型，实施生态牧场创建；转变塘库养殖模式，全乡47个山塘水库全部实现洁水养殖。加大工业污染整治力度，开展区外企业和小作坊“三废”排查整治行动，完成区外企业整治13家、小作坊整治8家，淘汰改造燃煤锅炉13台。着力开展农村生活污水治理和垃圾治理，全乡10个村实施生活污水治理工程，新建终端41个，4500多户农户实现污水纳管处理；开展“百万妇女学贺田”活动，10个村全部通过“贺田模式”复制验收，垃圾分类覆盖所有行政村，5个村完成太阳能沤肥房建设。7个村1.2万人口用上安全清洁的饮用水。全乡河道出境断面水质持续好转，出境水从劣Ⅴ类水提升为地表Ⅲ类水。

图231　10月18日，召开中共石佛乡第十四届代表大会第一次会议

【平安创建】 加强群众接待中心规范化建设，充分发挥基层综治队伍作用，实现“矛盾不出乡、问题不上交”，圆满完成G20杭州峰会等重点敏感时段的安保工作。组建村级巡逻队10支，定期开展治安巡查，推广平安浙江APP，并将“民情通”与农村基层“综治通”平台进行整合，健全社会管理数字化平台。建立健全突发事件应急机制，开展地质灾害和防汛应急演练。修订村规民约，完善村民自我管理、自我教育、自我服务、自我监督机制，提高村级治理水平。

【行政效能】 开展“两学一做”学习教育活动，重点解决干部慵、懒、散和能力不足的问题，加强督考问责力度，引导干部转变作风，提高工作效能。牢固树立依法行政意识，主动接受人大工作监督和法律监督，重视群众监督和舆论监督，认真办理人大代表议案提案和群众信访举报件；制定乡政府机关内部管理制度汇编，进一步规范乡机关内部管理，健全纪律、福利等制度；对乡村干部加强法制宣传教育，提高干部法治意识，营造全民守法氛围。持续查摆“四风”，强化财务管理和“三务”公开，压缩“三公”经费开支，加强工程招标、政府采购和农村“三资”及项目建设领域的监督管理。

【中共石佛乡第十四届代表大会第一次会议】 2016年10月18日召开。实到党代表52名，列席代表8名，符合会议召开要求。会议听取、审议并通过中共石佛乡第十三届党委工作报告、纪委工作报告，听取、审议并通过党费收缴、使用和管理情况报告。会议通过无记名投票和差额的形式选举产生中共石佛乡第十四届委员会委员7名，纪律检查委员会委员3名，出席县第十一次党代会代表5名。选举方伟军为乡党委书记，方敏华、钱菊红为副书记；选举陈金土为乡纪委书记。

（石佛乡　沈海芸）

模环乡

【概况】 模环乡位于县境衢江以北地区东部，东连兰溪市游埠镇、水亭畲族乡，南与湖镇镇隔衢江相望，西邻小南海镇、塔石镇，北接横山镇。地貌以丘陵为主，有模环溪、士元溪、上畈溪纵贯境内流入衢江。辖区面积77.29平方千米，户籍人口为11901户30418人。常住人口为30664人，外来人口为1349人。乡政府驻模环村，辖23个行政村。2016年，全乡实现工农业总产值7.4亿元，实现财政收入1199万元。农民人均纯收入达19023元。

【农业经济】 模环乡有耕地2466.67公顷（3.7万亩）、旱地3066.67公顷（4.6万亩），常年农作物

图232 6月4日，中共衢州市委书记陈新（右二）到模环乡调研农村经济发展工作

播种面积约2500公顷（3.75万亩）。耕地保有量为2706.67公顷（4.06万亩），基本农田保护面积2620公顷（3.93万亩）。2016年，新增旱粮面积80公顷（1200亩），粮食播种面积达3971.8公顷（59557亩），总产量为2.21万吨，其中早稻播种面积为169.13公顷（2537亩），总产量979.6吨，油菜籽产量1967.1吨。农机化作业面积达1306公顷（19590亩）。积极培育现代农业，新增家庭农场16家，形成姚西塘红心猕猴桃高产示范园和茶树菇种植基地、湖塘殿蔬菜合作社、夏峰樱花基地、五都桥金丝草种植基地等一批特色种植基地。结合模环山塘、水库资源丰富的优势，鼓励农户开展“洁水养鱼”，养殖面积达213.33公顷（3200亩），涌现出王志银、袁六荣等渔业贩销大户，实现产供销一体化。推广生态农业，改造提升传统养殖场，成功创建生态牧场16家。实施土地开发项目，至年底，已完成土地勘测266.67公顷（4000亩），15个开发项目通过验收，18个开发项目完成招标并开工建设。2016年，模环乡的土地开发面积占全县开发总面积的1/3以上，为全县土地综合整治贡献力量。兴建水利设施，投资1400万元完成模环溪小流域综合治理项目。

【工业经济】 2016年，全乡工业企业总产值为5.6亿元，同比增长10%，其中规模以上工业企业产值为3.6亿元，同比增长6%。工业有效投资总额为9188万元，同比增长104%，超额完成县政府下达的工业线考核任务。对全乡26家发糕、酒坊、豆腐店、石材加工厂等区外企业进行环保大检查，发现问题50余处，及时提出整改意见并督促落实整改。淘汰高污染的锅炉11台，名列全县第二名。成功引进投资2100万元的宁波启翔野营用品有限公司年产6万顶旅游帐篷生产线项目。完成16个村46个项目的农村电网改造工程，投资额达1286万元。开展“一村一品”服务，促进全乡电子商务发展，全年共培育农副产品电商14家，其中，电子商务标杆——金勺旗舰店凭借其优异的业绩，获2016年度龙游县工业企业电子商务推广示范性企业荣誉。狠抓“安全生产月”“大排查、大整治”等行动，6月，重点开展安全生产月宣传活动，4家危险化学品企业共排查出一般事故隐患55项，20家烟花爆竹经营店共排查出一般事故隐患89项，其他45家企业共排查出一般事故隐患135项，累计投入隐患整治资金73万元，各类隐患均得到有效整治。在G20杭州峰会期间，共关停高污染、高风险企业8家，关停汽柴油非法加油点5家，拆除市、县挂牌督办的存在严重安全隐患的士圆砖瓦厂。

【重点工程】 2016年，模环乡有重点建设征迁项目7个，包括游埠枢纽北岸护堤项目、桥头江特大桥项目、龙游港区项目、湖镇至童家公路项目、农牧休闲观光项目、G60赛道公园项目、红木小镇建设项目，共征收土地167.24公顷（2058.6亩），涉及11个村、44个村民小组、392户农户。至年底，红木小镇停车场项目已全面完工，游埠枢纽北岸护堤项目、龙游港区桥头江作业区项目施工队已进场施工，其余项目已基本完成政策处理，进入地面附属物清表阶段。

【社会事业】 提高社会保障能力，健全社会救助体系，困难群众的生产生活得到妥善解决。乡敬老院施不断完善设，床位增加至70个，集中供养全乡五保人员56名。着力改善群众卫生医疗条件，新建的乡卫生院已投入使用，建成村级卫生室6个，农村新型基本合作医疗体制日趋完善，农民参保比例达95%以上。将全乡924户1083人纳入低保对象（其中26名家庭困难儿童被确定为困境儿童），共发放困难补助金7.55

万元，缓解了121户群众的生活困难。确定移民项目8个，共争取资金120多万元。做好5508元低收入人员入户调查，促成全乡101户困难村民与司法局、国土局、城北工业园区、本乡镇和县领导结对。做好全面消除低保边缘农户帮扶工作，为农户制定脱贫脱困计划。

【社会稳定】 以“平安模环”建设为抓手，加强综治信息化建设，建立视频监控、天眼监控、视联网、平安信息系统四位一体的基层社会治理大平台。全乡安装视频监控探头190个，天眼监控实现全方位、无死角实时指挥。省政法委副书记、省综治办主任（刘树枝）到模环乡调研基层社会综治大平台建设，并作出批示，给予肯定；在全省社会综合治理现场会上，模环乡作为社会综合治理工作创新单位的典型代表，作了经验交流；《衢州日报》《浙江法制报》和中国新闻网等多家媒体相继到模环乡进行采访报道。基层社会治理大平台建成后，作用明显，已通过视频监控发现问题5件，通过平安信息系统报送、发现问题200余件。实施一对一稳控和零报告制度，层层落实，确保全国“两会”、G20杭州峰会等重大节日和重大活动期间零上访；加强来信来访处理工作，全年共接待群众来访498人次，处理上级交办的信访案件126起，结案率为100%。连续两年被评为衢州市“平安乡镇”，3次受到县委、县政府的表彰。

图233 模环乡社会治理综合指挥室

【“三资”管理】 严格监管村级财务，经乡财务中心审核，退回不符合报账要求的票据151张，涉及金额210万元。规范村级财务管理，实现一村一账户，消除队（组）资金管理混乱现象，从源头上杜绝村级财务混乱状况。进一步落实《自然村、队（组）账存代理制实施意见》，组织财务人员对有关村组的财务进行清理，归并队组账目，共涉及9个村52个队（组），收缴队（组）库存金额403.3万元。严格执行上级相关的招待规定和制度，控制村级招待费用，实现零招待。组织村、自然村、队（组）财务人员参加会计业务培训，要求财务人员坚持原则，秉公办事，提高业务处置能力。

【“三改一拆”工作】 开展以一户多宅农户、畜禽养殖场、卫片违法对象为重点的拆违工作，拆除“两违”建筑863宗共32.7万平方米，其中拆后复垦332家，面积为17.24万平方米；重新规划利用175家，面积为6.92万平方米；改为临时性公共设施104家，面积为3.49万平方米，拆后土地利用率达84.54%。开展无违建创建分类处置工作，夏峰村等19个村通过无违建创建预验收；坚持规划先行，23个行政村全部完成村镇规划编制；加强建房管控，建立违建举报制度，杜绝未批先建和建新未拆旧现象，建新拆旧面积为2.49万平方米，全乡无新增违建。

【“五水共治”工作】 强势推进农村生活污水治理工程、湖塘库清淤工程、清千塘美百河工作、生猪污染整治提升工程、洁净家园等工作。2016年，乡域交接断面水质监测全部合格；完成全乡最后6个村的生活污水治理工程，总投资764万元，实现区域内23个行政村生活污水治理全覆盖，受益农户6711户；完成河湖塘清污（淤）泥任务，共清淤池塘32个、沟渠16条、河道4条；拆除生猪养殖场95个，总面积为85465平方米（其中全部拆除的养殖场有62个，面积64123平方米；减量拆除的养殖场为33个，面积21342平方米）。至年底，全乡年度生猪养殖整治、乡镇工业功能区整治、农村小作坊整治均已完成。深化“贺田模式”复制和河道保洁工作，全乡已有7个村着手建设太阳能垃圾减量化处理房，其中2个村已基本完工。

【“四边三化”工作】以争创320国道“四边三化”标杆、冲出衢州赛美比美为目标，按照小镇特色化、乡村休闲化的标准，全力打造“江南风”集镇新貌，共排查出乱搭乱建、赤膊墙破旧建（构）筑物、乱堆乱放等市级重点问题清单47个、县级问题清单22个，至年底，均已整治到位。市、县“四边三化”现场会在模环乡召开。穿越乡域的320国道参加最美公路评选，被评为省、市级精品示范道路。“强力拆违整治，打造‘江南风’集镇新风貌”经验做法获衢州市委书记陈新肯定，并得到市长杜世源、副市长赵建林批示。

【集镇建设】 按照集镇建设的总体要求，制订2016年度集镇建设计划，确定集镇老街改造工程、集镇拆改用结合工程、集镇文化休闲中心工程等3个集镇建设项目。至年底，3个项目均已完工。在此基础上，努力进行改造提升，将模环集镇打造成一个功能齐全、设施完备、整洁美丽的示范点。

【打造“三民工程”升级版】 完成全乡23个村的“三民工程”达标验收，按照县党建示范点创建“十个一”标准，重点打造五都桥村、许家村等精品党建示范点，并按照2016年年底前完成80%村的要求，打造18个党建示范点，其中包括2个县级示范点。党建工作从“一点红”迈向“一片红”“整乡红”。

【创新党建工作模式】 推行“党建+服务”“党建+社会治理”等“党建+”模式，按照县委党建“双整”（即整乡推进、整县提升）工作要求，打造完成18个党建示范点，并以“党建+服务”为主线，发挥“护水先锋”“义务调解”等特色党员服务团队作用，深化“连心工程连人心”活动，成功打造“零距离”党建服务品牌示范带。坚持以党建为统领、以信息化为牵引、以网格化为基础的工作格局，建立社会治理综合指挥室，实现党建与社会治理的充分融合。以党建撬动经济发展，打造“支部+基地+农户”的联合致富模式。充分发挥党员干部在“五水共治”“三改一拆”和征地拆迁等中心工作中的先锋模范作用，结合“七一”党员活动，开展千名党员“清三河”行动，推动全民参与治水护水工作不断深入。在征地拆迁工作中，充分发挥党员义务调解队的作用，破解矛盾纠纷30余起。

【加强党风廉政建设】 2016年，乡党委组织召开党风廉政建设专题会议4次，听取乡纪委结案工作汇报7次。乡党委书记与班子成员约谈14次，班子成员与纪委中层干部约谈12次。全年完成县纪委交办或移送的案件12件，与县纪委协作办案2件，并对相关党员给予相应的处分，其中党内警告6人、留党察看1人、开除党籍5人。

【模环乡第十五届人民代表大会第五次会议】 2016年1月11日召开。会议应到代表56名，实到代表52名。会议审议并通过《政府工作报告》《模环乡人大主席团工作报告》《模环乡财政预决算工作报告》，选举祝凯为模环乡人大主席，选举杨鹏飞、范佳杰为副乡长。

【中共模环乡第十四届代表大会第一次会议】 2016年10月25日召开。会议应到代表68名，实到代表64名。会议审议并通过《中共模环乡党委五年工作报告》《模环乡纪委五年工作报告》《模环乡党费收缴、使用和管理情况报告》。选举产生中共模环乡第十四届委员会委员9名、中共模环乡纪律检查委员会委员5名，选举出席中共龙游县第十一届党代会代表9名。选举胡锡清为乡党委书记，柴建明、张小花为副书记；选举方小建为乡纪委书记。

（模环乡 吴红梅）

机构与负责人名录

县级机构

【中共龙游县委员会】

方健忠　　县委书记（ ～2016.11）
刘根宏　　县委副书记（ ～2016.11）
　　　　　县委书记（2016.11～ ）
张晓峰　　县委副书记（2016.11～ ）
徐雄强　　县委副书记（2016.03～2016.11）
张少华　　县委副书记（2016.11～ ）
应　敏（女）县委常委
洪一舟　　县委常委（ ～2016.11）
朱　政　　县委常委（ ～2016.11）
汪　军　　县委常委（ ～2016.09）
雷建明　　县委常委（ ～2016.12）
汪史唯　　县委常委
陈　瑜　　县委常委（挂职，～2016.11）
潘群威　　县委常委（挂职，～2016.04）
王光华　　县委常委（2016.03～ ）
崔召春　　县委常委（挂职，2016.03～ ）
丁民坚　　县委常委（挂职，2016.07～ ）
程立衡　　县委常委（2016.11～ ）
徐　宾　　县委常委（2016.11～ ）
郑国华　　县委常委（2016.12～ ）
刘明鹤　　县委常委（2016.12～ ）

【龙游县人大常委会】

周中民　　党组书记、主任
周耀明　　党组副书记、副主任
吴金德　　党组成员、副主任
邵宝成　　党组成员、副主任
赖　云　　副主任（兼）
范卫祥　　党组成员、副主任

【龙游县人民政府】

刘根宏　　党组书记、县长（ ～2016.11）
张晓峰　　党组书记、代县长（2016.11～ ）
张少华　　党组副书记、副县长（ ～2016.11）
王光华　　党组副书记、副县长（2016.11～ ）
陈　瑜　　党组成员、副县长（挂职，～2016.11）
丁民坚　　党组成员、副县长（挂职，2016.07～ ）
陆寿泉　　党组成员、副县长
陆　民　　党组成员、副县长，兼县政府教育
　　　　　　督导室主任
郑国华　　党组成员、副县长
姜忠军　　党组成员、副县长（ ～2016.11）
钟爱红（女）　副县长
王永明　　党组成员、副县长（挂职，～2016.07）
俞耀根　　党组成员（副县长级）
张雪昌　　党组成员（副县长级，2016.09～ ）
郭兴龙　　县长助理（2016.10～2016.12）

【龙游县政协常务委员会】

黄利荣　　党组书记、主席（ ～2016.12）
　　　　　主　席（2016.12～ ）
洪一舟　　党组书记（2016.12～ ）

李建民　　党组副书记、副主席
谢晓荣　　党组成员、副主席
杨铁荣　　党组成员、副主席
蓝芝苇　　副主席（兼）
严志源　　党组成员、副主席

【中共龙游县纪律检查委员会】

朱　政　　县委常委、县纪委书记（ ～2016.12）
程立衡　　县委常委、县纪委书记（2016.12～ ）
马　巍　　副书记、监察局局长（ ～2016.07）
傅正军　　副书记
陈水清　　副书记（2016.11～ ）

【龙游县人民法院】

方永新　　党组书记、院长，兼县委政法委委员
徐根华　　党组副书记、政治处主任
方土林　　党组成员、副院长
龚永松　　党组成员、县纪委派驻县人民法院纪检组组长
郑小平　　党组成员、副院长
姜甘良　　党组成员、副院长、审委会委员
吴荣军　　党组成员、执行局局长
李浙西　　审委会专职委员
钱宝根　　审委会专职委员
吴幼平　　小南海人民法庭庭长
徐水耀　　溪口人民法庭庭长
何柏良　　巡回（交通）法庭庭长
王瑜群（女）湖镇人民法庭庭长

【龙游县人民检察院】

刘建华　　党组书记、检察长，兼县委政法委委员
孙　强　　党组成员、副检察长
张仁伟　　党组成员、政治处主任
陈永成　　党组成员、县纪委派驻县人民检察院纪检组组长
李　军　　党组成员、副检察长
童立峰　　党组成员、副检察长、反贪污贿赂局局长
姜建明　　党组成员、检委会专职委员
吴　炜　　检委会专职委员
潘燕翔　　龙游工业园区监察室主任
吴　钊　　反渎职侵权局局长

县委工作部门

【中共龙游县委办公室】

刘明鹤　　主　任
严林平　　室务会议成员 、县纪委派驻第一纪检组副组长
徐智慧　　副主任（ ～2016.01）
刘洪刚　　副主任（ ～2016.11）
　　　　　县委保密委专职副主任，兼县委保密办主任（2016.11～ ）
郑献丰　　副主任（2016.01～ ）
祝　帅　　县委政研室主任（ ～2016.05）
　　　　　副主任（2016.05～ ）
王　展　　副主任（2016.11～ ）
刘金宽　　副主任
姜　锴　　副主任（兼）
余志康　　室务会议成员（ ～2016.08）
黄国平　　室务会议成员（2016.03～ ）
蓝正伟　　县委报道组组长
吴克建　　县委督查室主任（兼）
叶徐炜　　县委政研室主任（2016.09～ ）

【龙游县督查考绩委员会办公室】

郑　强　　主任
王　展　　副主任（ ～2016.11）
吴克建　　副主任

【中共龙游县委台湾工作办公室（龙游县台湾事务办公室）】

徐智慧　　主任（兼，～2016.01）
余志康　　副主任（ ～2016.08）
田王健　　副主任（2016.11～ ）

【龙游县信访局】

刘金宽　　党组书记、局　长
杨　琳（女）党组成员、副局长
邱洪亮　　党组成员、副局长（ ～2016.08）
叶　茂　　党组成员、副局长

吴小龙　　　党组成员、副局长（2016.11～ ）

【龙游县农业和农村工作办公室】

姜　锴　　　党组书记、主　任

叶志英　　　党组副书记、副主任

张柏成　　　党组成员、副主任

陈小军　　　党组成员、副主任

周小平　　　县扶贫办主任

【龙游县档案局（馆）】

胡　萃（女）党组书记、局（馆）长

肖剑红　　　党组成员、副局（馆）长（ ～2016.08）

丰志航　　　党组成员、县纪委派驻第一纪检组副组长

冯岳樑　　　党组成员、副局（馆）长（2016.08～2016.11）

【龙游县史志办公室】

黄国平　　　主　任（2016.03～ ）

【中共龙游县委组织部】

徐雄强　　　县委常委、组织部部长（ ～2016.04）

王光华　　　县委常委、组织部部长（2016.04～2016.12）

徐　宾　　　县委常委、组织部部长（2016.12～ ）

严士平　　　副部长

张永祥　　　副部长

余　晓　　　部务会议成员、县纪委派驻第三纪检组组长

童韧锋（女）副部长（2016.09～ ）

饶晓明　　　副部长（兼）

袁小红　　　副部长（兼）

劳志平　　　副部长（兼）

【中共龙游县委人才工作领导小组办公室】

童韧锋（女）主任（ ～2016.09）

刘　俊　　　主任（2016.11～ ）

【中共龙游县委两新工委】

张永祥　　　书记（2016.01～ ）

黄志林　　　副书记（ ～2016.06）

江水清　　　副书记（兼，～2016.09）

吴安春　　　副书记（兼）

李学军　　　副书记（兼，2016.09～ ）

【龙游县机构编制委员会办公室】

饶晓明　　　党组书记、主　任

许慧斌　　　党组成员、副主任

徐正华　　　党组成员、县纪委派驻第三纪检组副组长

【中共龙游县委老干部局】

袁小红　　　局长

王国军　　　副局长

李红英（女）副局长、关工委专职副主任

【龙游县机关党工委】

严士平　　　书记（兼）

雷伟斌　　　副书记

唐　蕾（女）委员、纪工委书记

【中共龙游县委宣传部】

应　敏（女）县委常委、宣传部部长

徐素贞（女）副部长、兼县外宣网管办主任

徐兆云　　　副部长、县文明办主任

吴夏良　　　部务会议成员、县纪委派驻第四纪检组组长

余　鹏　　　社会科学联合会主席

李兴科　　　县互联网信息办公室主任

【龙游县创建国家卫生县城工作领导小组办公室】

徐兆云　　　主任

杨渐升　　　专职副主任（2016.07～ ）

【中共龙游县委党校】

徐雄强　　　校长（兼，～2016.04）

王光华　　　校长（兼，2016.04～2016.12）

徐　宾　　　校长（兼，2016.12～ ）

余文祥　　　常务副校长

刘秋荣　　　副校长

徐跃良　　　副校长

郑献丰　　　副校长（ ～2016.01）

【中共龙游县委新闻宣传中心】

楼林峰　　　党组书记、主任

余柏成　　　党组成员、副主任

郑利霞（女）党组成员、副主任（ ～2016.08）

葛树印　　　党组成员、县纪委派驻第四纪检组组长

【中共龙游县委统战部】

汪　军　　　县委常委、统战部部长（ ～2016.12）

郑国华　　　县委常委、统战部部长（2016.12～ ）

吴安春　　　副部长

雷建龙　　　副部长、县民宗局局长

姜爱芳（女）副部长、县外事侨务办主任

蓝建春　　部务会议成员、县纪委派驻第五纪检组组长
雷忠根　　县外事侨务办副主任
田志芳（女）县民宗局副局长（ ～2016.07）

【中共龙游县委政法委】

洪一舟　　书记（ ～2016.12）
张少华　　书记（2016.12～ ）
汪史唯　　副书记（兼）
姜忠军　　副书记（兼）（ ～2016.12）
章宇夫　　副书记、县平安办主任、县综治办主任
洪永健　　副书记、县维稳办主任
刘安明　　副书记、县国安办主任
黄陆俊　　副书记、县610办主任
詹其军　　县610办副主任
胡益民　　县综治办副主任
马　健　　县维稳办副主任
季　君　　政治处主任

【龙游县纪委（监察局）机关】

蓝建春　　常委（ ～2016.01）
毛延新　　第一纪检监察室主任（ ～2016.01）
　　　　　常委、第一纪检监察室主任（2016.01～ ）
蓝小纯（女）监察局副局长（ ～2016.07）
金晓峰　　监察局副局长
陈　琦　　教育调研室主任
王　斌　　第二纪检监察室主任
朱雁鸿（女）党风政风监督室主任
曹文华　　干部室主任
佘律星　　办公室主任（ ～2016.08）
陆　旖　　案件监督管理室主任
裴伟贞（女）信访室主任（2016.05～ ）
祝红兵　　第三纪检监察室主任（2016.08～ ）

人民团体

【龙游县总工会】

周耀明　　主席（兼）
马盈忠　　副主席（ ～2016.09）
　　　　　党组书记（ ～2016.06）
吴军杰（女）党组书记、副主席（2016.09～ ）
　　　　　党组书记（2016.06～ ）
何志军　　党组成员、副主席
杨晌艳（女）党组成员、县纪委派驻第三纪检组副组长

【共青团龙游县委员会】

叶　剑　　党组书记、书记（ ～2016.08）
张问期（女）党组成员、副书记（ ～2016.11）
　　　　　党组书记、书记（2016.11～ ）
王　苑（女）党组成员、副书记

【龙游县妇女联合会】

余浏娟（女）党组书记、主席
洪霞琴（女）副主席
吕　燕（女）党组成员、副主席
吴君霞（女）党组成员（2016.05～2016.11）

【龙游县文学艺术界联合会】

黄瑞清　　党组书记、主席
张水祥　　党组成员、副主席

【龙游县工商业联合会】

吴安春　　党组书记、主席
方苏帆　　党组成员、副主席（ ～2016.06）
吴建标　　党组成员、副主席
蓝芝苇　　副主席（2016.06～ ）

【龙游县残疾人联合会】

潘建强　　党组书记、理事长
方建林　　党组副书记（2016.01～2016.07）
　　　　　党组副书记、副理事长（2016.07～ ）
包春全　　副理事长（ ～2016.07）
　　　　　党组成员、副理事长（ ～2016.01）
杨渐升　　党组成员、县纪委派驻第九纪检组副组长

【龙游县科学技术协会】

赖　云　　主席
徐志震　　党组副书记、副主席（2016.08～ ）
冯岳樑　　副主席（ ～2016.08）
王彩根　　副主席（ ～2016.04）
缪富亭　　副主席（2016.01～2016.08）
　　　　　党组成员、副主席（2016.08～ ）

【龙游县红十字会】
陆　民　　会长（兼）
钟金柱　　专职副会长（2016.01～ ）

民主党派·无党派人士

【中国国民党革命委员会龙游县支部委员会】
李华琴（女）主委
江悌谦　　副主委
【中国民主同盟龙游县总支部委员会】
吴幼平　　主委
吴宇芳（女）副主委
周卫锦　　副主委
【中国民主建国会龙游县总支部委员会】
蓝芝苇　　主委
吕菊岚（女）副主委
汪存伟　　副主委
雷小彬　　副主委
【中国民主促进会龙游县支部委员会】
周巧萍（女）主委
方　圆（女）副主委
蓝忠胜　　副主委
吴红峰　　副主委
【中国农工民主党龙游县总支部委员会】
钟爱红（女）主委
徐洪波　　副主委
洪霞琴（女）副主委
周建民　　副主委
【九三学社龙游县基层委员会】
赖　云　　主委
陈文化（女）副主委
叶菊贞（女）副主委
何其俊　　副主委
【龙游县无党派知识分子联谊会】
余小明　　会长

龙游县人大工作部门

严建军　　县人大党组成员、办公室主任
谢耀坤　　常委、经济工作委员会主任
叶利平　　常委、教科文卫民侨工作委员会主任
廖成钢　　常委、代表与选举任免工作委员会主任
胡启芳　　常委、法工委主任
徐新台　　常委、研究室主任（正科级）
周石祥　　常委、建设和资源环境保护工作委员会主任
方向阳　　常委、农业与农村工作委员会主任
程永明　　财政金融工作委员会主任
柳学政　　常委
贾伶俐（女）常委
徐志震　　财政金融工作委员会副主任
蓝素芬（女）建设和资源环境保护工作委员会副主任
余政清　　农业与农村工作委员会副主任
刘恩聪（女）教科文卫民侨工作委员会副主任
张兢文（女）代表与选举任免工作委员会副主任
胡礼刚　　办公室副主任（ ～2016.03）
胡建斌　　办公室副主任（2016.03～ ）

龙游县政协工作部门

丰建清　　县政协党组成员、秘书长
姜丽萍（女）常委、办公室主任
王国清　　常委、研究室主任
陈金新　　提案委员会主任
张　峰　　常委、经济科技委员会主任
郭建军　　常委、农业和农村委员会主任
黄宝林　　人口资源环境委员会主任
周巧萍（女）教文卫体和文史资料委员会主任
肖炎生　　常委、社会法制和民族宗教委员会主任
徐智慧　　“三胞”联谊委员会主任（兼，～2016.03）
汪国华　　港澳台侨委员会主任（2016.03～ ）

吴惠忠　　　常委、委员工作委员会主任
陈九心　　　经济科技委员会副主任
华　英（女）人口资源环境委员会副主任（～2016.03）
　　　　　　提案委员会副主任（2016.03～）
叶　翠（女）办公室副主任（2016.03～）

县政府工作部门

【龙游县人民政府办公室】
余继民　　　党组书记、主任、县政府党组成员、应急办主任
徐　洪　　　党组成员、县纪委派驻第二纪检组组长
吴恒凯　　　党组成员、副主任
胡剑明　　　党组成员、副主任
钟宏亮　　　党组成员、副主任
胡樟太　　　党组成员、副主任（～2016.03）
郑云金　　　党组成员、副主任
袁旭辉　　　党组成员、副主任
缪建立　　　党组成员、副主任（2016.01～）
童　舟（女）党组成员、副主任（2016.11～）
秦宏杰　　　应急办副主任（～2016.08）
王　展　　　督查室主任（兼，～2016.12）

【龙游县人民政府法制办公室】
祝文波　　　主任

【龙游县人民政府咨询委员会办公室】
林　升　　　主任

【龙游县金融工作办公室】
叶建清　　　主任（～2016.07）

【龙游县行政服务中心】
朱秀梁　　　党组书记、主任
傅国汉　　　党组成员、副主任（～2016.01）
胡仁建　　　党组成员、副主任（2016.01～）
江向东　　　党组成员（2016.03～）

【龙游县机关事务管理局】
叶宏波　　　党组书记、局长
郑明通　　　党组成员、副局长
傅锡炳　　　党组成员、副局长（～2016.08）
叶小宏　　　党组成员、县纪委派驻第二纪检组副组长
王凉花（女）党组成员（2016.09～）

【龙游县人力资源和社会保障局】
劳志平　　　党组书记、局长
邵月旭　　　党组副书记、副局长
严凛冰　　　党组成员、副局长
叶杏友　　　党组成员、副局长
方爱芸（女）党组成员、县纪委派驻九纪检组组长
夏根土　　　党组成员、社保管理局局长
何正喜　　　就业管理服务局局长（2016.04～）

【龙游县公安局】
汪史唯　　　县委常委、县公安局党委书记、局长、督察长、兼县委政法委副书记
方土新　　　党委副书记、政委
周松祥　　　党委委员、副局长
郑松林　　　党委委员、副局长
刘哲明　　　党委委员、派驻纪检组组长
叶家荣　　　党委委员、刑侦大队大队长
江永志　　　党委委员（挂职，～2016.08）
余剑飞　　　党委委员、政治处主任
傅晓泉　　　党委委员
崔亚明　　　党委委员、副局长
胡洁军　　　龙洲派出所所长、龙洲街道党工委委员（～2016.06）
王小忠　　　龙洲派出所所长、龙洲街道党工委委员（2016.06～）
丰　华　　　龙洲派出所教导员
冉雄进　　　东华派出所教导员、东华街道党工委委员（～2016.01）
胡剑锋　　　东华派出所所长、东华街道党工委委员（2016.06～）
王卫东　　　交警大队大队长
吕元进　　　交警大队教导员
余红宙　　　治安大队大队长
王伟东　　　治安大队教导员
江　平　　　经侦大队大队长
徐　燕（女）经侦大队教导员

范国洪　　行动侦察大队大队长
徐　意　　行动侦察大队教导员
姜建军　　国保大队大队长
吴文寅　　国保大队教导员
祝高华　　看守所所长
杨小金　　看守所教导员
徐志华　　公安局指挥中心主任
饶明林　　公安局指挥中心教导员
叶　宏　　刑侦大队教导员

【龙游县司法局】

金祖浩　　党组书记、局长，兼县委政法委委员（～2016.06）
倪邵华　　党组书记、局长，兼县委政法委委员（2016.06～）
徐延平　　党组成员、副局长
饶永红　　党组成员、县派驻第六纪检组组长
陈文化（女）副局长
王功铭　　党组成员、副局长（～2016.03）

【龙游县农业局】

吴建明　　党委书记、局长
曾顺福　　党委副书记、副局长
詹雪琪　　党委委员、副局长
林海虎　　党委委员、畜牧兽医局局长（～2016.01）
朱炳良　　党委委员、副局长
徐志丹　　党委委员、县纪委派驻第十三纪检组副组长
徐光海　　党委委员（2016.05～2016.07）
　　　　　党委委员、畜牧兽医局局长（2016.07～）
傅锡炳　　党委委员、副局长（2016.08～）

【龙游县林业局】

陈雪华　　党组书记、局长
汪国华　　党组副书记、副局长（～2016.01）
祝立宏　　党组副书记、副局长（2016.01～）
陈荣富　　党组成员、副局长
缪建立　　党组成员（～2016.02）
徐雪飞　　党组成员、森林公安局局长

【龙游县水利局】

方金元　　党组书记、局长
王建华　　党组副书记、副局长
贺　军（女）党组成员、副局长
方永宏　　党组成员、县纪委派驻第十三纪检组组长
郑宇峰　　党组成员、副局长
石建荣　　县农村水利服务中心主任

【龙游县高坪桥水库工程建设管理处】

周雪祥　　党组书记、主任
吴　浩　　党组成员、副主任（兼）
华贵士　　党组成员、副主任
周友成　　党组成员、县纪委派驻第十三纪检组副组长
黄　琼　　党组成员、副主任（2016.01～）

【龙游县乌引工程管理处】

董建根　　党组书记、主任
汪辛耕　　党组成员、副主任
刘正浩　　党组成员、县纪委派驻第十六纪检组副组长

【龙游县民政局】

邹国宁　　党组书记、局长
周立云　　党组副书记、县水库移民管理办公室主任
江水清　　党组成员、副局长（～2016.09）
祝立宏　　党组成员、副局长（～2016.02）
袁水平　　党组成员、县纪委派驻第九纪检组副组长
包春全　　党组成员、副局长（2016.01～）
李学军　　党组成员、副局长（2016.09～）

【龙游县发展和改革局】

李竹生　　党委书记、局长
雷金标　　党委副书记、副局长
周利民　　党委委员、副局长（～2016.01）
王　晟　　党委委员、副局长（～2016.03）
　　　　　党委副书记、副局长（2016.03～）
胡炳银　　党委委员、副局长
陈　芬（女）党委委员、县纪委派驻第七纪检组组长
陈　林　　党委委员（～2016.06）
杜前强　　党委委员
陈卫星　　县重点办主任（～2016.03）
　　　　　党委委员、县重点办主任（2016.03～）
孙正发　　党委委员、副局长（2016.08～）
董永生　　县服务业发展办公室主任（副科级，2016.01～）

【龙游县粮食局】
张智望　　　党委书记、局长
叶向东　　　党委副书记、副局长（ ～2016.06）
童晓阳　　　党委委员、副局长

【龙游县统计局】
范玉宏　　　党组书记、局长、县发改局党委委员
章德兴　　　党组成员、县纪委派驻第七纪检组副组长
王文龙　　　党组成员、副局长（ ～2016.11）
陈建军　　　党组成员、副局长
苏胜英（女）党组成员、县农村社会经济调查队副队长
徐林林　　　党委委员、副局长（2016.08～2016.11）
　　　　　　副局长（2016.11～ ）

【龙游县物价局】
雷金标　　　局长、县发改局党委副书记、副局长
陈　林　　　副局长、县发改局党委委员（ ～2016.06）
杜前强　　　副局长、县发改局党委委员

【龙游县经济和信息化局】
郑立纲　　　党委书记、局长（ ～2016.01）
胡樟太　　　党委书记、局长（2016.03～ ）
徐政建　　　党委副书记、副局长（ ～2016.03）
姜远强　　　党委委员、副局长（ ～2016.01）
赖旭勇　　　党委委员、副局长
胡良庆　　　党委委员、县纪委派驻第八纪检组副组长
吴伟民　　　党委委员、副局长（2016.03～ ）
吴英俊（女）党委委员（2016.03～ ）

【龙游县商务局】
徐汝清　　　党组书记、局长、兼外资局局长，
　　　　　　县经信局党委委员
柯小平　　　党组成员、副局长
邓树成　　　党组成员、副局长（ ～2016.08）
钟小红（女）党组成员、县纪委派驻第八纪检组副组长

【龙游县安全生产监督管理局】
金元玫　　　党组书记、局长
王剑阳　　　党组成员、副局长
吕乾才　　　党组成员、副局长
钱小林　　　党组成员、县纪委派驻第十二纪检组副组长

【龙游县招商局】
贾仲银　　　党组书记、局长、兼县经济协作办主任
方建林　　　党组副书记、副局长（ ～2016.02）
周利民　　　党组副书记、副局长（2016.01～ ）
劳开元　　　党组成员、副局长
汪　涵　　　党组成员、县纪委派驻第五纪检组副组长

【龙游县交通运输局】
吴生祥　　　党委书记、局长
傅胜华　　　党委委员、副局长
叶泳波　　　党委委员、副局长、兼县公路管理段
　　　　　　段长（ ～2016.07）
　　　　　　党委委员、副局长（2016.07～ ）
吴学军　　　党委委员、县纪委派驻第十二纪检组组长
张军红　　　党委委员、道路运输管理所所长
　　　　　　（2016.01～ ）
徐晓飞（女）党委委员、总工程师（2016.01～ ）
汪幸智（女）党委委员、副局长（2016.09～ ）
席雄炎　　　县公路管理局局长（2016.07～ ）

【龙游县住房和城乡建设局】
徐建华　　　党委书记、局长
傅德源　　　党委副书记、县纪委派驻第十一纪检组
　　　　　　组长（ ～2016.06）
黄志林　　　党委副书记、县纪委派驻第十一纪检组
　　　　　　组长（2016.06～ ）
郑绍坪　　　党委委员、副局长
钟　健（女）党委委员、副局长（ ～2016.06）
姜　真　　　党委委员、副局长
胡小土　　　党委委员、总工程师（ ～2016.09）
　　　　　　党委委员、副局长 （2016.09～ ）
胡秋炎　　　党委委员（2016.05～ ）

【龙游县规划局】
童植龙　　　党组书记、局长、兼县人防办主任
王　胜　　　党组副书记、副局长
何　军　　　党组成员、总规划师
应红峰　　　党组成员（ ～2016.01）
　　　　　　党组成员、人防办副主任（2016.01～ ）
管伟杰　　　党组成员、副局长
程先菊（女）党委委员（2016.03～ ）

【龙游县人民防空办公室】
童植龙　　　主任（兼）

应红峰　　副主任

【龙游县城乡规划管理中心】

袁鲁峰　　主任

【龙游县环境保护局】

郑建飞　　党组书记、局长（～2016.06）
马盈忠　　党组书记、局长（2016.06～）
吴伟民　　党组成员、副局长（～2016.03）
黄建彤　　党组成员、副局长（～2016.03）
　　　　　党组副书记、副局长（2016.03～）
游路宏　　党组成员、县纪委派驻第十二纪检组副组长
郑卫星　　党组成员、总工程师
余益文　　党组成员、副局长（2016.03～）
胡远鸣　　县环境监察大队大队长

【龙游县住房改革委员会办公室】

钱柏根　　党组书记、主任（～2016.06）
徐永恒　　党组书记、主任（2016.06～）
吴念平　　党组成员、副主任
王土祥　　党组成员、县纪委派驻第十一纪检组副组长
雷　军　　党组成员、副主任

【龙游县教育局】

邱子龙　　党委书记、局长，兼县政府教育督导室副主任
王兆斌　　县政府教育督导室专职副主任，县教育局党委副书记
徐红斌　　党委委员、副局长
吴焕斌　　党委委员、副局长
吴蔚萍　　党委委员、副局长
张文君（女）党委委员、县纪委派驻第十四纪检组组长
周　华　　龙游中学校长，兼县教育局党委委员、副局长
程伟斌　　龙游中学党总支书记
邱建军　　县第二高级中学校长
姚金炎　　县第二高级中学党总支书记
毛　芳（女）县职业技术学校校长
陈建峰　　县职业技术学校党支部书记
徐小华　　浙江广播电视大学龙游分校校长
缪正荣　　浙江广播电视大学龙游分校党支部书记

【龙游县文化广电新闻出版局】

方玉林　　党委书记、局长
王建虹　　党委委员、副局长（～2016.09）
钟金柱　　党委委员、副局长（～2016.01）
杨江红　　党委委员、县纪委派驻第四纪检组副组长
郑利霞（女）党委委员、副局长（2016.08～）

【龙游县旅游委员会（龙游石窟旅游度假区管委会）】

陆　民　　龙游石窟管委会党工委书记（兼）
徐建丰　　党委书记、主任，石窟管委会党工委副书记、主任
吴建平　　党委委员、副主任，石窟管委会党工委委员、副主任（～2016.01）
徐华喜　　党委委员、副主任，石窟管委会党工委委员、副主任
徐晓东　　党委委员、副主任，石窟管委会党工委委员、副主任
黄海军　　党委委员、石窟管委会党工委委员、县纪委派驻第四纪检组副组长
雷正辉　　党委委员、副主任，石窟管委会党工委委员、副主任（2016.01～）

【龙游县卫生和计划生育局】

丁　俊　　党委书记、局长
张永华　　党委委员、副局长
朱建军　　党委委员、副局长
陆龙丽（女）党委委员、县计生协会副会长
余小明　　副局长
毛庆华　　党委委员、县纪委派驻第十五纪检组组长
周建民　　县人民医院院长
蓝晓玲（女）县人民医院党总支书记（～2016.06）
徐林发　　县中医院院长
陈　湛　　县中医院党总支书记（2016.01～）

【龙游县综合行政执法局】

童利松　　党委书记、局长
徐智慧　　党委副书记、政委（2016.01～）
周建林　　党委委员、副局长（～2016.01）
　　　　　党委副书记、政治处主任（2016.01～）
严小见　　党委委员、县纪委派驻第十一纪检组副组长
厉文健　　党委委员、副局长

冉雄进　　　党委委员、副局长（2016.01～ ）
叶卫军　　　党委委员（2016.08～ ）

【龙游县市场监督管理局】

夏浩波　　　党委书记、局长，兼县食品安全委员会办公室主任
江先敏　　　党委委员、副局长（ ～2016.03）
包　明（女）党委委员、副局长（ ～2016.03）
周红强　　　党委委员、县纪委派驻第十六纪检组组长
王文清　　　党委委员、副局长
吴　健　　　党委委员、副局长
邱利民　　　党委委员、副局长
廖雪祺　　　党委委员、县食品安全委员会办公室专职副主任
童筱俊　　　党委委员（ ～2016.03）
　　　　　　党委委员、副局长（2016.04～ ）

【龙游县广播电视总台】

张秋贤　　　党委书记、台长
郑金荣　　　党委委员、副台长
李文敏　　　党委委员、副台长
蒋黎阳　　　党委委员、总工程师

【龙游县体育局】

黄国平　　　党组书记、局长（ ～2016.03）
徐嘉龙　　　党组书记、局长（2016.03～ ）
黄更青　　　党组成员、副局长
陈建龙　　　党组成员、县纪委派驻十四纪检组副组长

【龙游县科技局】

吴　军　　　党组书记、局长
钱列君　　　党组成员、县纪委派驻第十四纪检组副组长
方　圆（女）副局长
余良才　　　党组成员（2016.08～ ）
管陆云　　　党组成员、副局长（2016.08～ ）

【龙游县财政地税局】

徐志明　　　党委书记、财政局局长、地税局局长
朱云峰　　　党委委员、地税局副局长（ ～2016.01）
蒋澄宇　　　党委委员、地税局副局长
詹耀明　　　党委委员、财政局副局长（ ～2016.01）
琚柏华　　　党委委员、财政局副局长、兼财政局预算局局长
钱　宇（女）财政局总会计师
金志鸿　　　党委委员、财政局副局长（2016.01～ ）
　　　　　　城关税务分局局长（ ～2016.01）
倪　斌　　　党委委员、财政局副局长（2016.09～ ）
黄一路　　　财政监督局局长（ ～2016.01）
　　　　　　县财政项目预算审核中心主任（2016.02～ ）
周小宏　　　地税局稽查局局长
汪小军　　　财政局预算执行局局长
徐禹庭　　　地税局城关税务分局局长（2016.01～ ）

【龙游县国有资产监督管理委员会】

洪士友　　　党委书记、主任
叶盛华　　　党委委员、副主任
吕菊岚（女）副主任
张育铭　　　党委委员、县纪委派驻第十纪检组副组长

【龙游县水务集团有限公司】

谢荣茂　　　董事长、总经理
余永华　　　副总经理
李　娟（女）副总经理（2016.09～ ）

【龙游县交通集团有限公司】

陈卫平　　　董事长、总经理
张红晓　　　副总经理
邓晓祯　　　副总经理（2016.09～ ）

【龙游县城市发展投资有限公司】

冯雪外　　　执行董事、总经理
卞瑞浩　　　副总经理

【龙游县文化旅游发展有限公司】

张　旗　　　执行董事、总经理
余剑锋　　　副总经理
雷庆岳　　　副总经理

【龙游县商贸物流发展有限公司】

吕益鸿　　　执行董事、总经理
雷小彬　　　副总经理

【龙游县奔康投资有限公司】

付卫平　　　执行董事、总经理
杨根炎　　　副总经理

【龙游县农业综合开发办公室】

田土生　　党组书记、主任

倪　斌　　党组成员、县纪委派驻第十纪检组副组长（～2016.09）

陈雪峰　　党组成员、副主任

【龙游县审计局】

汪建国　　党组书记、局长

徐松正　　党组成员、副局长

王琼斌　　党组成员、县纪委派驻第十纪检组组长

朱胜尧　　党组成员、副局长

【龙游县供销社】

王根荣　　党委书记、主任

胡仁建　　党委委员、副主任（～2016.01）

周立生　　党委委员、副主任

倪永军　　党委委员、县纪委派驻第十三纪检组副组长

傅国汉　　党委委员、副主任（2016.01～）

【龙游县公共资源市场化配置监督管理办公室】

程骏飞　　党组书记、主任

方敏华　　党组成员、副主任（～2016.11）

廖　英（女）党组成员、副主任

马应芳　　党组成员、县纪委派驻第二纪检组副组长

【龙游县公共资源交易中心】

郑玉香（女）主　任

【龙游工业园区】

张少华　　党工委书记（兼，～2016.12）

王光华　　党工委书记（兼，2016.12～）

范卫祥　　党工委副书记、主任（～2016.01）

郑立纲　　党工委副书记、主任（2016.01～2016.12）

陈益军　　党工委副书记、副主任（～2016.03）

胡锡清　　党工委副书记（兼）

余益文　　党工委委员、副主任（～2016.03）

胡伟光　　党工委委员、副主任

熊幼民　　党工委委员

汪存伟　　副主任

徐向东　　党工委委员、县纪委派驻第八纪检组组长

陈　敏　　党工委委员、副主任，龙北招商局局长（2016.03～）

周红伟　　党工委委员（2016.08～）

潘燕翔　　监察室主任

【龙游—镇海山海协作产业园】

刘根宏　　党工委书记（～2016.12）

张晓峰　　党工委书记（2016.12～）

张少华　　党工委副书记（兼，～2016.12）

王光华　　党工委副书记（兼，2016.12～）

潘群威　　党工委副书记、管委会主任（～2016.04）

崔召春　　党工委副书记、管委会主任（2016.04～）

范卫祥　　党工委委员、常务副主任（～2016.02）

郑立纲　　党工委委员、常务副主任（2016.02～2016.12）

叶秀贝　　党工委委员

贾仲银　　党工委委员

熊幼民　　党工委委员、管委会专职副主任

【龙游县铁路建设指挥部办公室】

叶华民　　党组书记、主任

陈　岗　　党组成员、副主任

王永新　　党组成员、县纪委派驻第七纪检组副组长

金敏军（女）党组成员、副主任

【龙游县“三改一拆”领导小组办公室】

翁忠军　　副主任

黄汉鼎　　副主任（2016.01～）

【龙游县推进“五水共治，共建生态家园”工作领导小组办公室】

叶宏波　　副主任

严小龙　　副主任（2016.01～2016.04）

徐政建　　副主任（2016.04～）

王功铭　　副主任（2016.04～）

金敏军（女）副主任

葛树印　　副主任

【龙游县“四边三化”工作领导小组办公室】

吴建平　　副主任（2016.01～）

【龙游县土地整治连片开发工作领导小组办公室】

胡益峰　　主任

严小龙　　副主任（2016.04～）

【龙游县电子商务工作领导小组办公室】

徐汝清　　主任

胡小华　　专职副主任（2016.04～）

军事机构

【龙游县人民武装部】

雷建明　　县委常委、人武部党委书记、政委
俞　斌　　党委委员、副部长兼军事科长
方跃华　　党委委员、政工科科长
侯启明　　党委委员、后勤科科长

【龙游县公安消防大队】

黄志强　　教导员
胡晓凡　　大队长
葛小锋　　副大队长
方　舟　　指导员（2016.06～）

【武警衢州市支队第四大队】

白国振　　大队长（2016.01～）
魏国晴　　教导员
陈正亚　　副大队长

省、市属单位

【龙游县国家税务局】

龚岳成　　党组书记、局长
陈士军　　党组成员、副局长
应益忠　　党组成员、副局长
林雪伟　　党组成员、副局长
郑永峰　　党组成员、纪检组长
沈奕子　　党组成员、副局长

【龙游县烟草专卖局（分公司）】

周叶青　　党组书记、局长、经理
钟丽峰（女）党组成员、纪检组长、副经理
程永刚　　党组成员、副局长

【龙游县国土资源局】

胡益峰　　党委书记、局长
胡建良　　党委委员、副局长（～2016.01）
　　　　　党委副书记、纪委书记（2016.01～）
夏静波（女）党委委员、纪委书记（～2016.01）
夏建军　　党委委员、副局长
方晓斌　　党委委员、副局长（～2016.07）
陈　滨　　党委委员、副局长（～2016.08）
马　骏　　党委委员、副局长（2016.09～）
张　宁（女）党委委员、县不动产登记中心主任（2016.01～）
徐江贤　　党委委员、土地储备中心主任（2016.01～）
郑　赟　　乡镇国土资源管理所所长
陈志军　　土地监察大队大队长

【中国邮政龙游县分公司】

周松杰　　党委副书记、副总经理（主持工作，～2016.05）
　　　　　党委书记、总经理（2016.05～）
刘国红　　党委委员、纪委书记、副总经理

【中国电信龙游县分公司】

劳晓宇　　副总经理（主持工作，2016.02～）
孙志红　　副总经理

【中国移动龙游县分公司】

楼　伟　　总经理（2016.05～）
郑　嵘　　支部书记
黄宏斌　　副总经理

【中国联通龙游县分公司】

龚庆治　　总经理

【龙游县气象局】

祝颂平　　党组书记、局长
毛智军　　副局长
余春林　　副局长、党组成员、纪检员

【国网龙游县供电公司】

刘利平　　党委副书记、总经理
方凌斌　　党委书记、副总经理
骆文伟　　党委副书记、纪委书记
郑月宗　　党委委员、副总经理、总工程师
徐立明　　党委委员、副总经理
何建明　　党委委员、副总经理

【龙游县港航管理所】

王小波　　支部书记、所长

【龙游县盐务管理局（公司）】
程志辉　　　局长（经理）
高　云（女）副局长（副经理）
【中国石化龙游支公司】
赵　昱　　　经理
蓝晓忠　　　副经理
【浙江省十里坪强制隔离戒毒所】
鲍胜桥　　　党委书记、政委
叶向东　　　党委委员、副所长（ ～2016.11）
　　　　　　党委委员、纪委书记（2016.11～ ）
吴善龙　　　党委委员、副政委、政治处主任
陈根禄　　　党委委员、副所长
占金芳　　　党委委员、副所长
吴连魁　　　党委委员、副所长（2016.11～ ）
【浙江省十里坪监狱】
朱祖荣　　　党委书记、政委
方守漂　　　党委副书记、监狱长
余志忠　　　党委委员、副政委、纪委书记
陈红良　　　党委委员、副监狱长（2016.12～ ）
雷成宏　　　党委委员、副监狱长
苏良中　　　党委委员、副监狱长（2016.12～ ）
倪金荣　　　党委委员、政治处主任
叶煜辉　　　党委委员、副监狱长
骆政平　　　党委委员、副监狱长、调研员
　　　　　　（ ～2016.12）
郑　亮　　　党委委员、副监狱长（ ～2016.12）
【浙江省十里丰监狱】
罗爱民　　　党委书记、政委
周敏华　　　党委副书记、监狱长
吴维平　　　党委委员、副监狱长、总经理
曾祥华　　　党委委员、纪委书记、副政委
周根扬　　　党委委员、副监狱长
陈海明　　　党委委员、副监狱长
吕洪政　　　党委委员、副监狱长
卢华杰　　　党委委员、副监狱长
姜国云　　　党委委员、政治处主任
【龙游县新华书店有限公司】
郑连根　　　党支部书记、总经理
叶雪琴（女）副总经理
【金华车务段龙游站】
王　飞　　　站长
郭生均　　　书记
吴正平　　　副站长
【金华车务段龙游东站】
王　飞　　　站长
刘竞超　　　副站长

金融单位

【中国人民银行龙游县支行】
陈　生　　　党组书记、行长
廖有勤　　　党组成员、副行长、纪检组组长
吴　剑　　　党组成员、副行长、工会主席
【衢州银监分局龙游办事处】
孙　斌（女）主任
【中国工商银行龙游支行】
施炎飞　　　行长
余　斌　　　副行长
周进哲　　　副行长
【中国农业银行龙游县支行】
王建坤　　　党委副书记、副行长
　　　　　　（主持工作 2016.01～ ）
徐建兵　　　党委委员、副行长（2016.01～ ）
柳　林　　　党委委员、纪委书记（2016.01～ ）
姚义忠　　　党委委员、副行长（2016.01～ ）
【中国建设银行龙游支行】
王建平　　　党总支书记、行长
徐志军　　　副行长
何洪涛　　　党总支纪检委员
【中国银行龙游县支行】
郑建锋　　　党支部书记、行长（ ～2016.12）
朱峻峰　　　党支部书记、行长（2016.12～ ）
丁月红（女）副行长
杨　捷　　　副行长

【龙游县信用合作联社】
徐祖俊　　党委书记、理事长
吴国华　　党委委员、主任
曾金跃　　党委委员、监事长
黄国航　　党委委员、副主任
庄红林　　党委委员、副主任
【中国农业发展银行龙游县支行】
方樟林　　党支部书记、行　长（～2016.06）
吴　进　　党支部委员、副行长（2016.04～2016.09）
　　　　　党支部书记、行　长（2016.09～）
刘　坚　　党支部委员、副行长兼信贷主管（～2016.04）
曾松海　　副行长兼信贷主管（2016.06～2016.11）
　　　　　党支部委员、副行长兼信贷主管（2016.11～）
【邮储银行龙游县支行】
邱建荣　　行长（～2016.04）
柴孝宏　　行长（2016.04～）
乔　伟　　副行长（～2016.07）
【龙游义商村镇银行】
楼珍钱　　董事长
马德新　　行长
朱旭明　　监事长
龚开庆　　副行长
【温州银行衢州龙游支行】
陈忠民　　行长
胡秀君（女）副行长
【浙商银行衢州龙游支行】
廖　军　　行长
王洪友　　行长助理（～2016.06）
　　　　　副行长（2016.11～）
【金华银行衢州龙游支行】
毛纳新　　行长
刘扬华　　副行长
【泰隆银行衢州龙游支行】
夏　路　　行长
刘　晔　　行长助理（～2016.11）
【台州银行衢州龙游支行】
李灵辉　　行长（2016.12～）
林军涵　　行长助理（2016.12～）
【民泰银行衢州龙游支行】
王　超　　行长
【招商银行衢州龙游支行】
王仕伟　　行长
陈晓明　　行长助理、党支部书记
【中国人民财产保险公司龙游支公司】
詹春林　　党组书记、总经理
方凌云　　党组成员、副总经理
徐黎明　　党组成员、副总经理
【中国人寿保险公司龙游支公司】
尤激扬　　党支部书记、经理
陈明新　　副经理
林　敏　　副经理

乡镇（街道）

【龙洲街道】
徐永恒　　党工委书记（～2016.06）
严明华　　党工委书记（2016.06～）
吴正兵　　党工委副书记、主任
徐嘉龙　　人大工委主任（～2016.03）
王连标　　人大工委主任（2016.09～）
雷青梅（女）党工委副书记（～2016.06）
方晓斌　　党工委副书记（挂职，～2016.06）
李金城　　党工委副书记（2016.08～）
杨志平　　党工委委员、纪工委书记（～2016.06）
　　　　　党工委副书记（2016.06～）
刘红卫　　党工委委员、副主任
劳　方　　党工委委员、清廉社区党总支书记（～2016.08）
　　　　　副主任、清廉社区党总支书记（2016.08～）
胡洁军　　龙洲派出所所长、龙洲街道党工委委员（～2016.06）

王小忠　　龙洲派出所所长、龙洲街道党工委委员（2016.06～ ）
傅建刚　　党工委委员
叶　锋　　党工委委员
张　斌　　党工委委员（2016.01～ ）
叶建和　　党工委委员、纪工委书记（2016.08～ ）
余元峰　　人大工委副主任
张亨荣　　副主任
何宏斌　　副主任（2016.02～ ）
汪霄旻（女）副主任（2016.08～ ）
祝庄明　　方门街社区党总支书记

【东华街道】

毛祥光　　党工委书记
何有德　　党工委副书记、主任
王连标　　人大工委主任（ ～2016.09）
叶　剑　　人大工委主任（2016.09～ ）
吴建军　　党工委副书记
吴光林　　党工委副书记
洪振基　　党工委委员、纪工委书记
叶雄飞　　党委委员、副主任（ ～2016.08）
　　　　　人大工委副主任（2016.09～ ）
黄汉鼎　　党工委委员（ ～2016.01）
黄金水　　党工委委员、副主任
蓝素华　　党工委委员
陈小兵　　党工委委员、副主任、龙游工业园区城南招商局局长
袁　勇　　党工委委员
冉雄进　　东华派出所教导员、东华街道党工委委员（ ～2016.01）
胡剑锋　　东华派出所所长、东华街道党工委委员（2016.06～ ）
刘海生　　党工委委员（2016.08～ ）
练兆荣　　人大工委副主任（ ～2016.07）
林秀华　　副主任（ ～2016.08）
毛宏敏　　副主任（2016.08～ ）
沈建旗　　副主任（2016.08～ ）
蔡艳辉　　副主任（2016.08～ ）
虞文胜　　社会服务管理中心专职副主任（副科级，～2016.03）
王巧明　　东华街社区党总支书记

【湖镇镇】

张雪昌　　党委书记（副县长级，～2016.09）
刘明鹤　　党委书记（2016.09～ ）
江建新　　党委副书记、镇长
倪小平　　党委副书记、人大主席（ ～2016.01）
　　　　　人大主席　（2016.01～ ）
陈建生　　党委委员、副镇长、湖镇招商局局长（ ～2016.01）
　　　　　党委副书记（2016.01～ ）
余利民　　党委委员（ ～2016.08）
　　　　　党委副书记（2016.08～ ）
陈　滨　　党委副书记（2016.08～ ）
沈　涵　　党委委员、纪委书记（ ～2016.01）
蒋建波　　党委委员、纪委书记（2016.01～ ）
钱菊红（女）党委委员（ ～2016.08）
刘海生　　党委委员（ ～2016.08）
杨献明　　党委委员
吴国胜　　党委委员、湖镇派出所所长
袁荣新　　党委委员、 副镇长（2016.08～ ）
罗　露　　党委委员（2016.08～ ）
陈　敏　　党委委员（2016.08～ ）
朱小峰　　人大副主席（ ～2016.03）
胡水发　　人大副主席（2016.03～ ）
毛宏敏　　副镇长（ ～2016.08）
严小龙　　副镇长（ ～2016.02）
洪伟忠　　副镇长（ ～2016.08）
　　　　　党委委员、副镇长（2016.08～ ）
林秀华　　副镇长（2016.08～ ）
姜永军　　镇财政局局长（副科级）

【小南海镇】

李学军　　党委书记（ ～2016.09）
林文建　　党委副书记、镇长（ ～2016.09）
　　　　　党委书记（2016.09～ ）
王建虹　　党委副书记、镇长（2016.09～ ）
兰水英（女）人大主席
李金城　　党委副书记（ ～2016.08）

佘律星　　党委副书记（2016.08～ ）
翁忠茂　　党委委员、纪委书记
袁荣新　　党委委员、副镇长（ ～2016.08）
王小忠　　党委委员、小南海派出所所长（ ～2016.06）
王树银　　党委委员
周颖燕　　党委委员
傅志平　　党委委员
俞志军　　党委委员（2016.01～ ）
叶小娥　　党委委员（2016.08～ ）
刘　振　　党委委员（2016.08～ ）
傅鑫彬　　党委委员、小南海派出所所长（2016.08～ ）
胡立明　　副镇长（ ～2016.02）
杨春年　　副镇长（ ～2016.08）
童志良　　副镇长（2016.02～ ）
　　　　　社会服务管理中心专职副主任
　　　　　（副科级，～2016.02）
刘　振　　副镇长（2016.08～ ）
许仲华　　副镇长（2016.08～ ）

【溪口镇】

姜建军　　党委书记
张雄军　　党委副书记、镇长
张宏平　　人大主席
胡小华　　党委副书记（ ～2016.03）
叶建清　　党委副书记（2016.05～ ）
余志康　　党委副书记（2016.08～ ）
徐林林　　党委委员、纪委书记（ ～2016.08）
郑敬杭　　党委委员（ ～2016.08）
　　　　　人大副主席（2016.08～ ）
孙正发　　党委委员、副镇长（ ～2016.08）
叶志红　　党委委员
钟罗谊　　党委委员（ ～2016.05）
郑德胜　　党委委员、副镇长
方红明　　党委委员、溪口派出所所长（2016.06～ ）
黄胜山　　党委委员、纪委书记（2016.08～ ）
方利民　　党委委员（2016.08～）
盛方清　　党委委员、副镇长（2016.08～ ）
刘　静（女）党委委员（2016.08～ ）
江德文　　人大副主席（ ～2016.08）
夏建平　　副镇长
兰吴涛　　副镇长

【横山镇】

吴军杰（女）党委书记（ ～2016.06）
汪益平　　党委副书记、镇长（ ～2016.06）
　　　　　党委书记（2016.06～ ）
张余伟　　党委副书记（ ～2016.06）
　　　　　党委副书记、镇长（2016.06～ ）
张文才　　人大主席
金添艳（女）党委委员（ ～2016.08）
　　　　　党委副书记（2016.08～ ）
姚建平　　党委委员、纪委书记　（ ～2016.08）
胡水发　　党委委员、副镇长（ ～2016.03）
杨德贵　　党委委员、副镇长
程元超　　党委委员
翁　震　　党委委员（2016.01～ ）
虞文胜　　党委委员（2016.03～ ）
邵卫忠　　党委委员、横山派出所所长（2016.06～ ）
陈建伟　　党委委员、纪委书记（2016.08～ ）
洪淑芳（女）党委委员（2016.08～ ）
吴加群　　副镇长
黄界明　　副镇长
虞文胜　　副镇长（2016.03～ ）

【塔石镇】

严明华　　党委书记（ ～2016.06）
汪立云　　党委副书记、镇长（ ～2016.06）
　　　　　党委书记（2016.06～ ）
方晓斌　　党委副书记、镇长（2016.06～ ）
张如斌　　人大主席
王丽芬（女）党委副书记
叶建和　　党委委员、纪委书记（ ～2016.08）
徐永军　　党委委员
盛方清　　党委委员、副镇长（ ～2016.08）
俞志军　　党委委员（ ～2016.01）
平锡华　　党委委员、副镇长
叶小娥　　党委委员（ ～2016.08）
张增强　　党委委员（2016.01～ ）
严晓明　　党委委员、塔石派出所所长（2016.06～ ）

黄爱忠　　党委委员、纪委书记（2016.08～ ）
周其生　　党委委员、副镇长（2016.08～ ）
王　丰　　党委委员（2016.08～ ）
缪富亭　　副镇长（ ～2016.01）
颜文龙　　副镇长（ ～2016.08）
徐国富　　社会服务管理中心专职副主任（副科级，～2016.03）
　　　　　副镇长（2016.03～ ）
赵　鹏　　副镇长（2016.08～ ）

【詹家镇】

倪邵华　　党委书记（ ～2016.06）
项勇明　　党委副书记、镇长（ ～2016.06）
　　　　　党委书记（2016.06～ ）
陈建生　　党委副书记、镇长（2016.06～ ）
徐光海　　人大主席（ ～2016.05）
陈　惠　　党委副书记（ ～2016.05）
　　　　　人大主席（2016.05～ ）
张曙华　　党委副书记（2016.08～ ）
叶文根　　党委委员、纪委书记（ ～2016.08）
汪霄旻（女）党委委员（ ～2016.08）
陈美祥　　党委委员
温连文　　党委委员
祝洪峰　　党委委员（ ～2016.08）
　　　　　党委委员、纪委书记（2016.08～ ）
吴胜春　　党委委员、副镇长（ ～2016.08）
何志刚　　党委委员、詹家派出所所长（2016.06～ ）
傅以平　　党委委员、副镇长（2016.08～ ）
沈建旗　　副镇长（ ～2016.08）
黄水荣　　副镇长（ ～2016.08）
　　　　　党委委员（2016.08～ ）
陈元清　　党委委员（2016.08～ ）
钟群华　　副镇长（2016.08～ ）
吴　江　　副镇长（2016.08～ ）

【罗家乡】

陈怀俊　　党委书记
陈志芳（女）党委副书记、乡长
胡炜鹏　　党委副书记
胡礼刚　　人大主席
张　宁（女）党委委员（ ～2016.01）
陈　敏　　党委委员、纪委书记（ ～2016.03）
江小东　　党委委员
杨　艳（女）党委委员（2016.01～ ）
邵秋萍（女）党委委员（2016.05～ ）
何宝林　　副乡长（ ～2016.08）
徐勇勤　　副乡长
琚建伟　　副乡长（ ～2016.08）
　　　　　党委委员、纪委书记（2016.08～ ）
汪雪斌　　副乡长（2016.08～ ）

【庙下乡】

张海霞（女）党委书记
吴秀军　　党委副书记、乡长
涂光清　　人大主席
张军红　　党委副书记（ ～2016.01）
钟罗谊　　党委副书记（2016.05～ ）
方小建　　党委委员、纪委书记（ ～2016.08）
支利华　　党委委员、副乡长
张曙华　　党委委员（ ～2016.08）
李　鑫　　党委委员（2016.01～ ）
项继忠　　党委委员、纪委书记（2016.08～ ）
叶　俊　　党委委员（2016.08～ ）
吕　平　　党委委员（2016.08～ ）
洪淑芳（女）副乡长（ ～2016.08）
李金生　　副乡长（ ～2016.08）
邱建军　　副乡长（2016.08～ ）
詹　竞　　副乡长（2016.08～ ）

【沐尘畲族乡】

杨红宁　　党委书记、人大主席
蓝芝苇　　乡长（ ～2016.07）
蓝小纯（女）乡长（2016.07～ ）
黄颖朝　　人大主席
王惊宇　　党委副书记
周其生　　党委委员（ ～2016.08）
傅以平　　党委委员（ ～2016.08）
郑建伟　　党委委员、副乡长
周　璇　　党委委员
吴军俊　　党委委员（2016.08～ ）

熊志勇　　　党委委员（2016.08～ ）
张　丽（女）副乡长（2016.01～ ）
蓝建军　　　副乡长（2016.08～ ）

【模环乡】

胡锡清　　　党委书记
柴建明　　　党委副书记、乡长
祝　凯　　　人大主席
马　骏　　　党委副书记（ ～2016.09）
张小花（女）党委委员（ ～2016.09）
　　　　　　党委副书记（2016.09～ ）
郑兴仲　　　党委委员
傅晓明　　　党委委员
杨鹏飞　　　党委委员
范佳杰　　　党委委员
方小建　　　党委委员、纪委书记（2016.08～ ）
王志芳　　　党委委员（2016.08～ ）
沈卫平　　　党委委员（2016.09～ ）
姜朝霞（女）副乡长（ ～2016.09）
钱小忠　　　副乡长（ ～2016.08）
童越清　　　副乡长（2016.09～ ）

【石佛乡】

方伟军　　　党委书记
童　舟（女）党委副书记、乡长（ ～2016.11）
方敏华　　　党委副书记、乡长（2016.11～ ）
吴有才　　　人大主席（ ～2016.06）
王土华　　　党委副书记（ ～2016.06）
　　　　　　人大主席（2016.06～ ）
钱菊红（女）党委副书记（2016.08～ ）
陈金土　　　党委委员、纪委书记
钟群华　　　党委委员（ ～2016.08）
汪国宏　　　党委委员（ ～2016.08）
方树禄　　　党委委员（ ～2016.08）
金　拯　　　党委委员（2016.08～ ）
邱丽娟　　　党委委员（2016.08～ ）
钱小忠　　　党委委员（2016.08～ ）
雷　珍（女）副乡长
徐勇勤　　　副乡长

【社阳乡】

吴水清　　　党委书记、人大主席
吴　浩　　　党委副书记、乡长
沈　涵　　　人大主席（2016.01～ ）
祝红兵　　　党委副书记（ ～2016.08）
李新云（女）党委委员（ ～2016.08）
　　　　　　党委副书记（2016.08～ ）
毛洪飞　　　党委委员、纪委书记
刘　静（女）党委委员（ ～2016.08）
童利鹏　　　党委委员
徐建龙　　　党委委员
叶志强　　　副乡长（ ～2016.08）
　　　　　　党委委员（2016.08～ ）
李建清　　　党委委员（2016.08～ ）
陈建生　　　副乡长
盛小燕　　　副乡长（2016.08～ ）

【大街乡】

严雪峰　　　党委书记（挂职，～2016.05）
方　娉（女）党委书记（2016.05～2016.09）
　　　　　　人大主席（ ～2016.08）
雷建春　　　党委副书记、乡长（ ～2016.09）
　　　　　　党委书记（2016.09～ ）
姜朝霞（女）乡长（2016.09～ ）
邱洪亮　　　人大主席（2016.08～ ）
叶卫军　　　党委副书记（ ～2016.08）
董群燕　　　党委副书记（2016.08～ ）
　　　　　　党委委员（ ～2016.08）
张竹平　　　党委委员、纪委书记（ ～2016.06）
方　婧（女）党委委员
邹群先　　　党委委员
汪国宏　　　党委委员、纪委书记（2016.08～ ）
朱珍琪　　　党委委员（2016.08～ ）
管陆云　　　副乡长（ ～2016.08）
邹引先　　　副乡长
吴胜春　　　副乡长（2016.08～ ）

（余晓整理）

先进集体与先进个人

先进集体

【国家级集体荣誉（含部门）】

荣誉名称	获奖单位	颁奖单位	获奖时间
国土资源节约集约模范县	龙游县	国土资源部	2016.06
地质灾害防治高标准“十有县”	龙游县	国土资源部	2016.12
全国农牧渔业丰收奖、全国农业先进集体	龙游县畜牧兽医局	农业部	2016.12
中国工商银行2015—2016年度安全管理先进支行	工行龙游县支行	中国工商银行	2017.02
全国“五好”工商联	龙游县工商联	全国工商联	2017.03
2015年度离退休工作优秀调研成果三等奖	国网龙游县供电公司	国家电网公司	2016.04
2016年度国网五星级乡镇供电所	国网龙游县供电公司湖镇供电所	国家电网公司	2016.12
《龙游年鉴（2014）》获全国年鉴评比一等奖	龙游县史志办公室	中国地方志指导小组	2016.07
地理科普教育基地	龙游县第二高级中学	中国地理学会	2016.06
2015—2016年度全国安全教育实验区“示范学校”	龙游县实验幼儿园	中国教育学会	2016.09
2016年全国价格监测工作先进单位	龙游县物价局	国家发改委价格监测中心	2017.01
2016年度全国执法质量达标基层单位	龙游县公安消防大队	公安部消防局	2017.01
2016年中国邮政集团级示范网点、全国邮政代理金融储蓄业务发展“千佳”营业机构	中国邮政龙游支公司湖镇营业所	中国邮政集团公司	2016.03
2016年全国邮政代理金融储蓄业务发展“千佳”营业机构	中国邮政龙游支公司大众营业所	中国邮政集团公司	2017.02
工商银行总行四星级网点	工商银行龙游支行营业部、光明路支行	中国工商银行	2017.02

【省级集体荣誉（含部门）】

荣誉名称	获奖单位	颁奖单位	获奖时间
2016年浙江省“清三河”达标县	龙游县	浙江省“五水共治”工作领导小组办公室	2017.01
2015年度浙江省平安县	龙游县	中共浙江省委	2016.03
2016年度浙江省“五水共治”工作优秀县（市、区）“大禹鼎”	龙游县	中共浙江省委、省人民政府	2017.03
2016年浙江省无违建创建先进县（市、区）	龙游县	浙江省人民政府	2016.04
2015年度浙江省市县党政领导人才工作目标责任制考核优秀单位	龙游县	中共浙江省委、浙江省人民政府	2016.12
浙江省第三批传统戏剧特色县	龙游县（婺剧）	浙江省文化厅	2016.12
2015年度浙江省创建法治县工作先进单位、创建法治县工作示范单位	龙游县委政法委员会	中共浙江省委	2016.10
法治浙江建设十周年工作先进集体	龙游县委政法委员会	中共浙江省委办公厅	2016.11
2016浙江省智慧城管工作先进集体	龙游县综合行政执法局	浙江省城建城管协会	2016.12
安全管理先进单位	龙游县人武部	浙江省军区	2017.01
2016年度浙江省“十二五”计生协会工作先进单位	龙游县塔石镇政府	浙江省计划生育协会	2017.01
浙江省城市市容环境卫生工作先进集体	龙游县环境卫生管理所	浙江省住房和城乡建设厅	2016.10
2015年度浙江省文化市场综合执法先进集体	龙游县文化广电新闻出版局	浙江省文化厅	2016.02
浙江省首批特色小镇文化建设示范点	龙游红木小镇	浙江省文化厅	2016.12
2015年浙江省文化产业示范基地	浙江科力印业新技术发展有限公司	浙江省文化厅	2016.08
武警浙江省总队基层建设先进中队	武警四大队龙游县中队	武警浙江省总队	2016.12
2016年基层建设先进大队	龙游县公安消防大队	浙江省公安消防总队	2017.02
2016年基层建设先进中队	龙游县公安消防大队龙游中队	浙江省公安消防总队	2017.02
浙江在线2016年度先进支站	龙游新闻网	浙江在线新闻网站	2017.01
2016年度浙江省县市区域报最佳媒体奖评选“媒体融合案例奖”	中共龙游县委新闻宣传中心	浙江省记协县市区域报工作委员会	2017.03
浙江省创建治安安全单位成绩突出单位	龙游农信联社	浙江省公安厅、浙江省社会治安综合治理委员会办公室、浙江省社会治安综合治理协会	2017.02
浙江省“工人先锋号”	龙游县烟草专卖局（分公司）送货部	浙江省总工会	2016.04
2016年浙江农村生活垃圾治理工作优胜县	龙游县农业和农村工作办公室	浙江省“千村示范万村整治”工作协调小组	2017.01
2016年浙江省社会主义新农村建设优秀单位	龙游县农业和农村工作办公室	浙江省社会主义新农村建设领导小组	2017.01
2016年浙江省农村生活污水治理运维管理工作优秀县	龙游县农业和农村工作办公室	浙江省“千村示范万村整治”工作协调小组	2017.01
2016年浙江省“安全生产月”优秀单位	龙游县安监局	浙江省安委办	2016.10
2015年浙江省地税征管综合工作先进单位	龙游县地税局	浙江省地税局	2016.03
2016年全国纳税人满意度调查表现突出单位	龙游县地税局	浙江省地税局	2017.01

荣誉名称	获奖单位	颁奖单位	获奖时间
“金税三期”工程优化版推广工作表现突出单位	龙游县地税局	浙江省地税局	2017.01
浙江省消费者信得过单位	中国电信龙游分公司	浙江省消费者权益保护委员会	2017.03
集体二等功	龙游县人民法院法警大队	浙江省高级人民法院	2017.01
浙江省党校系统“先进集体”	中共龙游县委党校	中共浙江省委党校	2016.12
浙江省“三八”红旗集体	龙游县国税局纳税服务科	浙江省国税局	2016.12
2015年浙江省交通运输行业百名最美（团队）	龙游县港航管理所	浙江省交通运输厅	2016.04
工行浙江省分行2016年度安全管理星级支行	工行龙游支行	工商银行浙江省分行	2017.02
工行浙江省分行2016年度县域一类支行“十强”单位	工行龙游支行	工商银行浙江省分行	2017.02
工行浙江省分行2016年度小微金融业务优秀支行	工行龙游支行	工商银行浙江省分行	2017.02
工商银行浙江省分行五星级服务网点	工商银行龙游支行营业部	工商银行浙江省分行	2017.02
工商银行浙江省分行四星级服务网点	工商银行龙游光明路支行	工商银行浙江省分行	2017.02
浙江省消费者信得过单位	农行龙游支行	浙江省消保委	2017.03
浙江省工商联系统先进单位	龙游县工商联	浙江省工商联	2016.12
浙江省工商联县级“五优”工商联	龙游县工商联	浙江省工商联	2016.12
2016年度首届浙江省“119消防奖”先进集体、多种形式消防队伍建设先进单位	龙游工业园区综治办、应急救援队	浙江省公安厅、浙江省公安消防总队	2016.11
浙江省公共科技创新服务平台2016年绩效评价优良奖	浙江省龙游特种纸产业技术创新服务平台	浙江省科技厅	2016.12
集体二等功	龙游县公安局“6.2”枪案专案组	浙江省公安厅	2016.10
G20杭州峰会安保先进集体	龙游县公安局白鹤桥公安检查站	浙江省公安厅	2016.10
服务保障G20杭州峰会做出突出贡献集体	龙游县公安局	中共浙江省委、省人民政府	2016.09
2016年度浙江省公安队伍正规化建设示范单位	龙游县公安局	浙江省公安厅	2017.01
2015年度浙江省电力行业统计先进集体	国网龙游县供电公司	浙江电力行业协会	2016.05
2014—2015年度浙江省电力行业审计工作先进单位	国网龙游县供电公司	国网浙江省电力公司	2016.03
“清廉浙电”微廉剧创作活动三等奖	国网龙游县供电公司	中共浙江省电力公司纪检组	2016.12
2015年浙江省巾帼文明岗	国网龙游县供电公司营业班	浙江省妇联	2016.02
2016年度配网运检精品班组	国网龙游县供电公司带电作业班、配电运检一班	国网浙江省电力公司	2016.12
2016年度五星级班组	国网龙游县供电公司溪口供电所	国网浙江省电力公司	2016.12
2016年度浙江省供销社系统综合业绩考核优秀奖、信息宣传工作先进单位	龙游县供销社	浙江省供销社	2017.02
2016年浙江省关心下一代工作先进集体	龙游县关工委	浙江省关工委	2016.12
浙江省农民创富大赛组织奖	龙游县广播电视总台	浙江新闻出版广电局、浙江广电集团	2016.09
2016年度浙江省广播对农节目服务工程建设考核优秀奖	龙游县广播电视总台	浙江新闻出版广电局	2016.12

荣誉名称	获奖单位	颁奖单位	获奖时间
2016年度浙江省广播电视新闻协作县级电视二等奖	龙游县广播电视总台	浙江广电集团	2017.01
浙江省先进基层党组织	龙游县国土资源局党委	中共浙江省委	2016.07
浙江省第三批小城市培育试点	龙游县湖镇镇	浙江省人民政府办公厅	2016.12
浙江省电子商务专业村	龙游县湖镇镇新光村	浙江省商务厅	2016.12
G20杭州峰会交通运输服务保障工作先进集体	龙游县交通运输局	浙江省交通运输局	2016.09
2016省级精品示范道路	G320龙游段	浙江省“三改一拆”办公室	2016.12
2016年度浙江省教育科学和谐发展业绩考核优秀单位	龙游县教育局	浙江省教育厅办公室	2017.03
2016年度浙江省考试招生工作先进集体	龙游县教育局	浙江教育考试院	2017.02
浙江省中小学生艺术节高中组合唱一等奖	龙游县第二高级中学	浙江省中小学生艺术节组委会	2016.10
2015—2016年度浙江省教育系统“三育人”先进集体	龙游实验小学	浙江省教育工会	2016.09
2016年浙江省现代化成人学校	龙游县东华街道成人文化技术学校、湖镇镇成人文化技术学校	浙江省教育厅	2017.03
浙江省现代学徒制试点单位	龙游县职业技术学校	浙江省教育厅办公室、省发改委办公室、省经信委办公室、省人力社保厅办公室、省国资委办公室	2016.06
2016年度浙江省经济和信息化工作优秀县（市、区）	龙游县经济和信息化局	浙江省经济和信息化委员会	2017.01
2016年度浙江省小微企业培育监测工作县考核优秀单位	龙游县经济和信息化局	浙江省经济和信息化委员会	2017.01
2016年度浙江省粮食收购工作先进单位	龙游县粮食局	浙江省粮食局	2017.03
浙江省六五普法创新项目评选优秀奖	“三治融合”版村规民约、创新基层依法治理（龙游县司法局）	浙江省普法领导小组办公室	2016.08
浙江省律师业党建创新项目通报表彰	“法律见证人”和“党员做先锋”项目（龙游县司法局）	浙江省司法厅	2016.01
浙江省法律服务“三改一拆”“五水共治”工作成绩显著单位	龙游县司法局	浙江省司法厅	2016.03
G20杭州峰会森林消防安保工作先进单位	龙游县林业局	浙江省森林消防指挥部、省林业厅	2016.11
2016年浙江省青春健康教育大讲堂示范基地	龙游县龙洲街道姑蔑书画院	浙江省计划生育协会	2015.11
2015年度浙江省规范化建设先进财政所	龙游县龙洲街道财政所	浙江省财政厅	2016.09
民建浙江省社会服务先进集体	民建龙游县基层委	民建浙江省委员会	2016.12
民进浙江省优秀基层组织	民进龙游县总支部	民进浙江省委会	2016.11
民盟浙江省先进盟组织	民盟龙游县总支部	民盟浙江省委	2016.12
民盟思想宣传工作先进集体	民盟龙游县总支部	民盟浙江省委	2016.02
2015年度浙江省水库移民工作考核优秀单位	龙游县水库移民管理办公室	浙江省水库移民管理办公室	2017.02
浙江省民政考核先进单位	龙游县民政局	浙江省民政厅	2017.03
浙江省畜牧业转型升级先进集体	龙游县农业局	中共浙江省委、省人民政府	2016.11
浙江省“十二五”人民防空先进单位	龙游县人民防空办公室	浙江省国动委	2016.12

荣誉名称	获奖单位	颁奖单位	获奖时间
2016年度浙江省人力资源和社会保障宣传工作先进单位	龙游县人力社保局	浙江省人力社保厅	2016.11
2016年度浙江省劳动争议案件处理工作优秀单位	龙游县劳动人事争议仲裁委员会	浙江省劳动人事争议仲裁委员会	2016.12
2016年度浙江省劳动人事争议基层调解优秀单位	龙游县东华街道劳动争议调解委员会	浙江省劳动人事争议仲裁委员会	2016.12
2016年度浙江省劳动保障监察工作目标管理成绩突出单位	龙游工业园区劳动保障监察中队	浙江省人力社保厅	2017.01
浙江省“青年文明号”	龙游县社保中心	浙江省“青年文明号”、“青年岗位能手”活动组委会	2016.06
服务保障G20杭州峰会工作中做出突出贡献	龙游县市场监督管理局	浙江省质量技术监督局	2016.10
组织推进十项帮扶“组合拳”工作综合成绩突出奖	龙游县市场监督管理局	浙江省质量技术监督局	2016.05
浙江省新闻宣传工作先进单位	龙游县市场监督管理局	浙江省工商行政管理局	2017.02
2016年渔业安全生产二类地区渔船安全生产目标管理责任制考核三等奖	龙游县水利局	浙江省海洋与渔业局	2017.02
2016年度浙江省优秀等次水政监察大队	龙游县水政渔政执法大队	浙江省水政监察总队	2016.12
2016年度通讯报道先进集体（先进报道组）	中共龙游县委报道组	浙江日报报业集团	2017.01
2011—2015年浙江省法治宣传教育先进单位	龙游县总工会	中共浙江省委办公厅、浙江省人民政府办公厅	2016.01

【市级集体荣誉（不含部门）】

荣誉名称	获奖单位	颁奖单位	获奖时间
G20杭州峰会维稳安保先进集体	龙游县委政法委、县信访局、县妇联、县总工会、东华街道办事处、东华街道灵江社区、东华街道十里铺村、龙洲街道办事处龙洲街道城角坊社区、塔石镇、小南海镇、社阳乡、石佛乡、工行龙游支行	中共衢州市委、衢州市人民政府	2016.09
衢州市平安示范街道	龙游县东华街道办事处	中共衢州市委、衢州市人民政府	2017.01
2016年度衢州市百个乡镇（街道）分类争先考核经济型（中心镇）二等奖	龙游县湖镇镇	中共衢州市委、市人民政府	2017.01
2016年度衢州市百个乡镇分类争先考核复合型乡镇三等奖	詹家镇	中共衢州市委	2016.12
2016年度百个乡镇（街道）分类争先考核生态型乡镇三等奖	庙下乡人民政府	中共衢州市委、市人民政府	2017.01
2016年度衢州市“五水共治”工作先进集体	龙游县环保局	衢州市委办公室、市人民政府	2017.03
衢州市“巾帼文明岗”	龙游车管所	衢州市人民政府	2016.02
衢州市粮食安全责任制考核优秀单位	龙游县粮食局	衢州市人民政府	2017.04
2016年度“平安衢州”先进集体	龙游县龙洲街道办事处	中共衢州市委、衢州市人民政府	2017.02

荣誉名称	获奖单位	颁奖单位	获奖时间
衢州市"先进基层党组织"	龙洲街道半爿月村党支部、龙游县个体劳动者协会直属分会党支部、龙游县国土资源局党委、龙游县人民政府办公室机关党支部	中共衢州市委	2016.06
2016年衢州市科技进步奖一等奖	龙游县植物保护检疫站	衢州市人民政府	2016.11
2016年度衢州市粮食生产先进乡镇	塔石镇	衢州市人民政府办公室	2016.12
2016年度衢州市党委信息工作先进集体（一等奖）	中共龙游县委办公室	中共衢州市委办公室	2017.03
2016年度衢州市信访工作目标管理考核优秀县	龙游县信访局	中共衢州市委办公室、衢州市人民政府办公室	2017.01
2016年度衢州青年文明号	龙游信用社小南海支行、中国移动龙游分公司网络部	衢州市"青年文明号""青年岗位能手"活动指导委员会	2016.12
衢州市"巾帼文明岗"	中国邮政湖镇营业所	衢州市人民政府	2016.02
2011—2015年衢州市法治宣传教育先进集体	龙游县詹家镇	中共衢州市委	2016.11

【县委、县府颁发的集体荣誉（不含部门）】

荣誉名称	获奖单位	颁奖单位	颁奖时间
2016度龙游县建设"平安龙游"先进集体	东华街道、湖镇镇、小南海镇、溪口镇、横山镇、塔石镇、詹家镇、罗家乡、庙下乡、沐尘乡、石佛乡、社阳乡、大街乡、县政法委、县信访局、县法院、县统计局、县安监局、县商务局、县民政局、县交通运输局、县农业局、县旅委、县教育局、县公安局、县司法局、县综合执法局	中共龙游县委、县人民政府	2017.01
2016年度龙游县信访工作先进集体	龙洲街道、东华街道、湖镇镇、小南海镇、溪口镇、横山镇、塔石镇、詹家镇、罗家乡、庙下乡、沐尘乡、模环乡、石佛乡、社阳乡、大街乡、县政法委、县信访局、县法院、县经信局、县人力社保局、县住建局、县交通运输局、县农业局、县教育局、县卫生计生局、县环保局、县公安局、县司法局、县市场监管局	中共龙游县委、县人民政府	2017.01
2016年度龙游县部门（单位）"最满意"单位	县发改局、县国土局、县高坪桥水库管理处、县国税局、县人力社保局、县民政局、县行政服务中心、县供电局、县农村信用联社、建行龙游县支行	中共龙游县委、县人民政府	2017.02
2016年度龙游县先进基层武装部	湖镇镇、詹家镇、横山镇、大街乡、龙游工业园区	中共龙游县委、县人民政府、龙游县人民武装部	2017.02
2016年度龙游县农业农村工作先进集体	一、新农村建设考核先进集体 一等奖：龙洲街道 二等奖：沐尘乡、大街乡 三等奖：庙下乡、模环乡、东华街道、罗家乡、溪口镇 二、"贺田模式"复制先进集体 湖镇镇地圩村、庙下乡芝坑口村、詹家镇浦山村、溪口镇溪口村、石佛乡石佛村、沐尘乡坑头村 三、农村生活污水治理先进集体 县纪委、县住建局、县农办、县环保局、县监管办、县卫计局、龙洲街道、湖镇镇、塔石镇、沐尘乡	中共龙游县委、县人民政府	2017.02

荣誉名称	获奖单位	颁奖单位	颁奖时间
2016年度龙游县农业农村工作先进集体	四、扶贫攻坚先进集体 县统计局、县民政局、县财税局、县农业局、县国土局、县奔康公司、中国人寿龙游分公司、横山镇、塔石镇、溪口镇、社阳乡、庙下乡、沐尘乡、石佛乡、大街乡 五、农村工作指导员先进集体 县科协、县林业局、县文广新局、县市监局、县国土局、东华街道、横山镇、社阳乡、沐尘乡	中共龙游县委、县人民政府	2017.02
2016年度龙游县“五水共治”先进集体	一、乡镇（街道）先进集体 龙洲街道、湖镇镇、小南海镇、塔石镇、石佛乡 二、部门先进集体 县农办、县农业局、县水利局、县环保局、县住建局、县妇联、县委宣传部 三、行政村先进集体 龙洲街道方门街村、东华街道张王村、湖镇镇大路村、小南海镇周红坂村、溪口镇石角村、横山镇大平坂村、塔石镇勤裕村、詹家镇浦山村、罗家乡芝塘金村、庙下乡芝坑口村、沐尘乡康源村、模环乡五都桥村、石佛乡三门源村、社阳乡金龙村、大街乡横坑村	中共龙游县委、县人民政府	2017.02
2016年度龙游县乡镇（街道）及县机关部门综合考核评价先进奖	一、全县乡镇（街道）综合先进奖 第一组：经济型乡镇（街道） 一等奖：湖镇镇　二等奖：东华街道、龙洲街道 三等奖：湖镇镇 第二组：复合型乡镇 一等奖：模环乡　二等奖：横山镇、詹家镇、小南海镇　三等奖：石佛乡、塔石镇 第三组：生态型乡镇 一等奖：大街乡　二等奖：庙下乡、社阳乡　三等奖：沐尘乡　合格单位：罗家乡 二、县机关部门综合先进奖 1.党群综合部门 一等奖：县委办、县府办、县人大机关、县政协机关、县督考办、县委组织部、县委宣传部 二等奖：县人武部、县纪委（监察局）、县政法委（防范办）、县信访局、县妇联 三等奖：县委统战部、县机关工委、县编委办、县委党校、县工商联、县档案局 2.经济建设综合部门 一等奖：县发改局、县住建局 二等奖：县交通运输局、县经信局、县国土局、县财税局、县农业局 三等奖：县规划局、县水利局、县农办、龙游工业园区、县旅委 3.执法及社会事务管理部门 一等奖：县公安局、县教育局 二等奖：县法院、县检察院、县市场监管局、县民政局、县环保局、县卫生计生局、县统计局、县人力社保局 三等奖：县文广新局、县综合执法局、县行政服务中心、县广电总台、县安监局、县司法局	中共龙游县委、县人民政府	2017.02

荣誉名称	获奖单位	颁奖单位	颁奖时间
2016年度龙游县乡镇（街道）及县机关部门综合考核评价先进奖	4.营业性单位 一等奖：国网龙游供电公司　二等奖：农行龙游支行、建行龙游支行 三等奖：工行龙游支行、龙游信用联社、电信龙游支公司 5. 专项工作临时机构 一等奖：县四边三化办、县上市办 二等奖：县“五水共治”办、县“三改一拆”办、县五连片办 三等奖：县电商办	中共龙游县委、县人民政府	2017.02
2016年度龙游县“四边三化”工作先进集体	一. 乡镇（街道）先进集体 龙洲街道、东华街道、横山镇、詹家镇、模环乡 二. 部门先进集体 县交通运输局、县规划局、县水利局、县农办、县铁办	中共龙游县委、县人民政府	2017.02
2016年度龙游县“三改一拆”工作先进集体	县规划局、县国土局、县住建局、县综合执法局	中共龙游县委、县人民政府	2017.02
2016年度龙游县安全生产工作先进集体	龙洲街道、东华街道、小南海镇、溪口镇、横山镇、塔石镇、詹家镇、石佛乡、县府办、县政法委、县公安局、县安监局、县住建局、县市场监管局、县教育局、县工业园区、县国土局、县卫计局、龙游消防大队	中共龙游县委、县人民政府	2017.02
2016年度龙游县支持重点项目建设工作先进村	龙洲街道兰石村、东华街道小高山村、湖镇镇塘马村、小南海镇翠光岩村、溪口镇扁石村、横山镇贤求朋村、庙下乡庙上新村、沐尘乡康源村、模环乡虎龙村、社阳乡大公村、社阳乡连上村	中共龙游县委、县人民政府	2017.02
2016年度龙游县政府质量奖	浙江培华建设有限公司、浙江特美新材料股份有限公司、浙江龙游道明光学有限公司、维达纸业（浙江）有限公司	龙游县人民政府	2017.01
2016年度龙游县进出口十强企业	维达纸业（浙江）有限公司、龙游塔恩纸业有限公司、龙游新西帝电子有限公司、龙游特美新材料股份有限公司、浙江恒达新材料股份有限公司、捷马化工股份有限公司、浙江家德家居有限公司、龙游亿莱达电器有限公司、浙江茗皇天然食品开发股份有限公司、龙游外贸笋厂有限公司	龙游县人民政府	2017.01
2016年度龙游县工业上台阶奖	龙游伊利乳业有限责任公司	龙游县人民政府	2017.01
2016年度龙游县制造业亩产税收贡献奖	一等奖：龙游塔恩纸业有限公司、浙江特美新材料股份有限公司、浙江龙游新西帝电子有限公司 二等奖：浙江安佑饲料科技有限公司、浙江宜成环保设备有限公司、恒盛能源集团有限公司、浙江禾川科技股份有限公司 三等奖：浙江金龙纸业有限公司、浙江金昌特种纸股份有限公司、浙江凯丰新材料股份有限公司、浙江华邦特种纸业有限公司、浙江龙游道明光学有限公司、浙江恒达新材料股份有限公司	龙游县人民政府	2017.01

荣誉名称	获奖单位	颁奖单位	颁奖时间
2016年度龙游县“经济贡献五十强”企业	维达纸业（浙江）有限公司、龙游县农村信用合作联社、龙游县龙港房地产开发有限公、浙江龙游道明光学有限公司、浙江恒达新材料股份有限公司、龙游华都房地产开发有限公司、衢州市烟草公司龙游分公司、国网浙江龙游县供电公司、龙游塔恩纸业有限公司、浙江广和房地产开发有限公司、浙江华邦特种纸业有限公司、龙游伊利乳业有限责任公司、恒盛能源集团有限公司、光明铁道控股有限公司、浙江东恒工贸有限责任公司、浙江龙游世贸城置业有限公司、龙游碧桂园房地产开发有限公司、浙江金龙纸业有限公司、浙江凯丰新材料股份有限公司、浙江孝福家具有限公司、泰宇控股集团有限公司、龙游恒泰时代置业有限公司、浙江贝尔通信集团有限责任公司、龙游浙农家居建材市场开发有限公司、浙江金昌特种纸股份有限公司、浙江华飞轻纺有限公司、浙江培华建设有限公司、龙游泽龙电力工程有限公司、浙江龙游小溪滩水利枢纽开发有限公司、浙江海景纸业有限公司、浙江万明建设有限公司、浙江龙游新西帝电子有限公司、浙江固特气动科技股份有限公、中国工商银行股份有限公司龙游支行、浙江宜成环保设备有限公司、龙游县交通投资集团有限公司、浙江蓝天废旧家电回收处理有限公司、龙游泽龙房地产开发有限公司、浙江龙游灵山江水电投资有限公司、衢州裕禾商贸有限公司、浙江永春科技股份有限公司、浙江创展电子科技有限公司、浙江禾川科技股份有限公司、浙江特美新材料股份有限公司、浙江茗皇天然食品开发股份有限公司、龙游县茗皇小额贷款有限公司、浙江大盛新材料股份有限公司、浙江凯丰特种纸业有限公司、浙江亿洋工具制造有限公司、浙江龙丽丽龙高速公路有限公司龙丽管理处	龙游县人民政府	2017.01
2016年度龙游县集体三等功单位	县发改局、县住建局、东华街道、县公安局	龙游县人民政府	2017.01
2016年度龙游县“七五”普法工作先进集体	龙洲街道、詹家镇、大街乡、县妇联、县商务局、县民政局、县财税局、县规划局、县公安局、县国土局、县中医院、龙游游龙律师事务所	中共龙游县委办公室、县人民政府办公室	2017.01
2016年度龙游县“大调解”工作先进集体	一、先进集体 龙洲街道、东华街道、詹家镇、小南海镇、大街乡、塔石镇、县公安局、县司法局、龙游工业园区 二、优秀人民调解委员会 龙洲街道兴龙社区人民调解委员会、龙洲街道西门村人民调解委员会、东华街道街路村人民调解委员会、东华街道十里铺村人民调解委员会、湖镇镇人民调解委员会、湖镇镇地圩村人民调解委员会、詹家镇浦山村人民调解委员会、詹家镇芝江村人民调解委员会、小南海镇东塘山村人民调解委员会、小南海镇团石村人民调解委员会、溪口镇人民调解委员会、塔石镇华青村人民调解委员会、模环乡许家村人民调解委员会、模环乡琚家村人民调解委员会、石佛乡石佛村人民调解委员会、社阳乡连上村人民调解委员会、沐尘乡坑头村人民调解委员会、大街乡人民调解委员会、庙下乡毛连里村人民调解委员会、龙游县医疗纠纷人民调解委员会、十里坪强制隔离戒毒所人民调解委员会	中共龙游县委办公室、县人民政府办公室	2017.01

荣誉名称	获奖单位	颁奖单位	颁奖时间
龙游县“六五”普法先进集体	詹家镇、大街乡、县卫生计生局、县公安局、县司法局、县第三中学、县桥下小学、县中医院、道明光学公司	中共龙游县委办公室、县人民政府办公室	2017.01
2016年度龙游县“先进基层党组织”	模环乡党委、县住房和城乡建设局党委、湖镇镇地圩村党支部、塔石镇塔石村党支部、庙下乡庙上新村党支部、沐尘畲族乡双戴村党支部、石佛乡石佛村党支部、社阳乡红光村党支部、县实验小学党支部、县公安局东华派出所党支部	中共龙游县委办公室、县人民政府办公室	2017.02
2016年度龙游县招商引资工作先进集体	东华街道、县公安局、县商务局、县工商联、县规划局、县人力社保局、县农开办、龙游工业园区	中共龙游县委办公室、县人民政府办公室	2017.02
2016年度龙游县信息工作先进集体	一等奖：湖镇镇、县公安局、县住建局、县委宣传部 二等奖：东华街道、溪口镇、县农业局、县信访局、县人力社保局、县卫生计生局、县教育局、县旅委 三等奖：龙洲街道、模环乡、塔石镇、县交通运输局、县农办、县市场监管局、县财税局、县林业局、县经信局、龙游工业园区、县水利局、县国土局	中共龙游县委办公室、县人民政府办公室	2017.02
2016年度龙游县法治政府建设（依法行政）先进单位	龙洲街道办事处、庙下乡人民政府、模环乡人民政府、东华街道办事处、县公安局、县财政局、县住建局、县卫生计生局、县文广新局、县教育局、县市场监督管理局、县交通运输局	龙游县人民政府办公室	2017.01
2016年度龙游县政府信息公开先进单位	县行政服务中心、县人力社保局、县安监局、县气象局、县公安局、县市场监管局、县财政局、湖镇镇、塔石镇、龙洲街道、溪口镇、罗家乡、东华街道	龙游县人民政府办公室	2017.01

先进个人

【国家级个人荣誉（含部门）】

荣誉名称	获奖者	颁奖单位	颁奖时间
全国法院办案标兵	何柏良	最高人民法院	2017.01
全国科教先进校长	邱建军（龙游二高）	中国地理学会	2016.06
全国计划生育协会先进个人	郑素芳	中国计划生育协会	2016.05
民盟社会服务工作先进个人	吴幼平	民盟中央	2016.12
第四届全国中小学外语教师教学能手	胡晓玲	中国教师发展基金会、国家基础教育实验中学外语教育研究会	2016.11
农行系统“三农”工作先进个人	王建坤	中国农业银行	2017.02
农行系统“五一劳动奖章”获得者	夏小波	中国农业银行	2017.02
中国邮政集团级“五星级投递员”	陈荣新	中国邮政集团公司	2016.05
2016年国家安全人民防线建设先进个人	周利民	国家安全委员会	2016.12

【省级个人荣誉（含部门）】

荣誉名称	获奖者	颁奖单位	颁奖时间
服务保障G20杭州峰会工作先进个人	金元玫、吴光林、廖雪祺、吴光林、雷伟斌、吴炜、方伟军、汪立云、汪史唯、傅志平、施歆科、麻浩峰、刘金宽、徐建华	中共浙江省委、省人民政府	2016.10
浙江省“千名好支书”	劳方、吴锡平、李巧华、何益红	中共浙江省委组织部	2016.12
浙江省“万名好党员”	王红玲、袁平华、吴小英、王忠、李非、吴炜	中共浙江省委组织部	2016.12
2016年度浙江省“优秀共产党员”	王红玲	中共浙江省委	2016.12
首批省级社区工作领军人才	劳方	浙江省民政厅	2016.04
“金税三期”工程优化版推广工作表现突出个人	倪群英、翁露萌	浙江省地税局	2017.01
2014—2015年度浙江省基层农技推广优秀工作者	叶翠	浙江省农业厅、浙江省林业厅、浙江省海洋与渔业局、浙江省农业技术推广基金会	2016.03
浙江省优秀网格员	王红祥	浙江省综治办	2016.12
省部级劳动模范	吴松良（浙江华飞轻纺有限公司）	浙江省人民政府、浙江省总工会	2016.05
2016年度世界银行贷款钱塘江流域小城镇环境综合治理项目考核先进个人	占绣华	浙江省城建环保项目领导小组办公室	2017.03
G20杭州峰会维稳安保工作先进个人	童筱俊	浙江省工商行政管理局	20160.2
G20杭州峰会食品药品安全保障工作做出贡献的个人	查丽静	浙江省食品药品监督管理局	2016.09
2011—2015年度浙江省质检系统法治宣传教育先进个人	蓝益星	浙江省质量技术监督局	2016.08
G20杭州峰会食品安全驻点保障监管工作做出贡献监管人员	周庆红	浙江省食品药品监督管理局	2016.09
服务保障G20杭州峰会工作先进个人、服务企业助力众创先进个人	李恩清	浙江省质量技术监督局	2016.10
2016年度工商系统新闻宣传工作先进个人	叶凌豪	浙江省工商行政管理局	2017.02
2016年度工商系统优秀舆情监测员	黄晓园	浙江省工商行政管理局	2017.02
团以上干部三等功	雷建明	浙江省军区	2017.01
G20杭州峰会维稳安保工作个人二等功	方土林	浙江省高级人民法院	2016.10
G20杭州峰会维稳安保工作先进个人	张森明	浙江省高级人民法院	2016.10
个人二等功	何柏良	浙江省高级人民法院	2017.01
浙江省“三八”红旗手	应敏（县委宣传部）	浙江省妇女联合会	2016.03
浙江省交通运输行业百名最美（个人）	王小波	浙江省交通运输厅	2016.04
G20杭州峰会交通运输服务保障工作先进个人	张军红、张志坚	浙江省交通运输局	2016.09
2016年度工行浙江省分行优秀财富顾问	黄飞鸣	工行浙江省分行	2017.02
2016年度工行浙江省分行优秀个人客户经理	严峨君	工行浙江省分行	2017.02
2016年度工行浙江省分行机构业务优秀客户经理	童雪雯	工行浙江省分行	2017.02

荣誉名称	获奖者	颁奖单位	颁奖时间
2016年度工行浙江省分行小企业优秀客户经理	徐俊	工行浙江省分行	2017.02
2016年度工行浙江省分行优秀支行运行主管	祝玲翡	工行浙江省分行	2017.02
2016年度工行浙江省分行优质服务五星级员工	王露、李槐平、项列、	工行浙江省分行	2017.02
2016年度工行浙江省分行优质服务四星级员工	胡奇峰、姜迪安	工行浙江省分行	2017.02
2016年度农行浙江省分行运营管理先进个人	余慧玲	农行浙江省分行	2017.02
二等功	齐锐	浙江省公安厅	2016.10
G20杭州峰会安保先进个人	刘哲明、俞献忠、杨立忠、李景	浙江省公安厅	2016.10
第四届浙江省电力公司劳动模范	刘利平	国网浙江省电力公司	2016.04
2014—2015年度浙江省电力系统优秀思想政治工作者	方凌斌	国网浙江省电力公司	2016.02
2014—2015年度浙江省电力系统优秀党务工作者	方凌斌	国网浙江省电力公司	2016.06
2014—2015年度浙江省电力系统优秀纪检工作者	骆文伟	国网浙江省电力公司	2016.06
2016年浙江省电力系统数据价值挖掘大赛铜铲奖	司海涛、周磊、刘利平	国网浙江省电力公司	2016.12
2015年度浙江省电力系统县级供电企业科技成果三等奖	方雄伟、刘利平、钱宾	国网浙江省电力公司	2016.07
2015年度浙江省电力系统优秀社会责任根植项目成果三等奖	方凌斌、黄林、续雄鹰	国网浙江省电力公司	2016.03
2016年度浙江省电力系统青年创新创意大赛铜奖	李青杉	国网浙江省电力公司	2016.06
2015年度浙江省电力系统统计先进个人	徐建芬	浙江电力行业协会	2016.05
2014—2015年度浙江省电力系统优秀集体企业先进工作者	童良其	国网浙江省电力公司	2016.04
国网浙江省电力公司优秀专家人才	叶瑞军	国网浙江省电力公司	2016.12
2015年浙江省电力系统度调度控制先进个人	金京	国网浙江省电力公司	2016.08
2014—2015年度浙江省电力系统品牌建设工作先进个人	张文强	国网浙江省电力公司	2016.02
浙江省电力系统“六五”普法工作先进个人	俞峰	国网浙江省电力公司	2016.03
2014—2015年度浙江省电力系统审计工作先进个人	余胜明	国网浙江省电力公司	2016.03
2015年度浙江省电力系统优秀团员	邵星驰	国网浙江省电力公司	2016.03
2015年度浙江省电力系统“12·4”国家宪法日普法知识竞赛三等奖	童迟浩、杨志明、胡飞红、周婷婷、雷富林	国网浙江省电力公司	2016.04
2016年国家电网公司第一期新员工集中培训优秀学员、优秀学员干部	俞阳	国网浙江省电力公司	2016.8
浙江省电力系统“我要安全”优秀征文三等奖	徐艳丰	国网浙江省电力公司	2016.02
浙江省电力系统G20 杭州峰会电力保障先进个人	王绍强、屠安卿、周建忠、毛铭、夏伟忠	国网浙江省电力公司	2016.09
浙江省电力系统G20杭州峰会外联品牌工作先进个人	张文强	国网浙江省电力公司	2016.11
2016年度浙江省县级供电企业劳动竞赛先进个人	张建勋	国网浙江省电力公司	2016.12
2016年度依法治企暨审计业务劳动技能竞赛个人优秀奖	周婷婷	国网浙江省电力公司	2016.12

荣誉名称	获奖者	颁奖单位	颁奖时间
2015—2016年度浙江省电力系统后勤工作先进个人	陈为民	国网浙江省电力公司	2016.12
2015—2016年度浙江省电力系统财务工作先进个人	姜贝贝	国网浙江省电力公司	2016.12
2016年度浙江省电力系统物资管理先进个人	许胜蔚	国网浙江省电力公司	2016.12
2016年度浙江省电力系统优秀班组长	夏瑞良	国网浙江省电力公司	2016.12
2016年度浙江省电力系统安全生产先进个人	毛铭	国网浙江省电力公司	2016.12
2016年度浙江省电力系统工会统计年报调查暨统计业务技能竞赛三等奖	廖建平	国网浙江省电力公司	2016.12
浙江省电力公司2015年度优秀QC成果二等奖	严昱、胡伟强、冯少藻	国网浙江省电力公司	2016.04
2016年度浙江省供销社系统信息宣传工作先进个人	舒水明	浙江省供销社	2017.04
2016年度浙江省广电主干传输网技术维护先进个人	郑金荣、孙伟	浙江广播电视集团	2017.02
2016年度浙江华数省级骨干光缆维护先进个人	徐旭中、孙伟	浙江华数广电网络股份有限公司	2017.01
浙江省住房城乡建设系统“六五”普法工作先进个人	应红峰	浙江省建设厅	2016.11
个人二等功	叶丽清	浙江省人民检察院	2016.01
2016年度浙江省考试招生工作先进工作者	胡正茂	浙江省教育考试院	2017.02
浙江省第二届“最美教师”提名奖	方永进	浙江省“最美教师”提名奖组委会、浙江省教育工会	2016.09
浙江省省级优秀教师暨中小学师德楷模	郑丽娟	浙江省教育厅、浙江省人力资源和社会保障厅、省财政厅	2016.09
浙江省优秀教师暨浙江省农村教师突出贡献奖	李芳	浙江省教育厅、浙江省人力资源和社会保障厅、省财政厅	2016.09
浙江省第二十六届“春蚕奖”	雷国友、王志福	浙江省教育厅、浙江省人民教育基金会	2016.09
浙江省中小学生艺术节优秀指导教师奖	徐静	浙江省中小学生艺术节组委会	2016.10
浙江省第二十四届“绿叶奖”	江建新（湖镇镇政府）	浙江省教育厅、浙江省人民教育基金会	2016.09
2016年浙江省中职名师（电子商务）	方荣华	浙江省教育厅	2017.03
2016年度浙江省小微企业培育监测工作县考核优秀个人	陈健	浙江省经济和信息化委员会	2017.01
2013—2015年度浙江省科技工作先进个人	杨敏	浙江省科学技术厅	2017.01
浙江省司法行政系统个人三等功	吴 琼	浙江省司法厅	2016.10
浙江省科技兴林三等奖	黄树荣	浙江省林学会	2016.04
G20杭州峰会森林消防安保工作先进个人	徐黄进、应益山、付招良、李建华	浙江省人民政府、森林消防指挥部	2016.11
民建浙江省社会服务先进个人	陈德轮	民建浙江省委员会	2016.12
民盟浙江省先进盟员	吴幼平	民盟浙江省委员会	2016.12
浙江省优秀导读员	叶国清	浙江省报刊总社	2016.04
2016年浙江省老龄系统优秀调研成果	陈兴荣	浙江省老龄办	2016.12
丽水市遂昌县北界镇苏村“9·28”抢险救援工作省级个人二等功	郑建伟	浙江省人民政府办公厅	2017.02

荣誉名称	获奖者	颁奖单位	颁奖时间
丽水市遂昌县北界镇苏村“9·28”抢险救援工作省级个人三等功	叶鹏皓	浙江省人民政府办公厅	2017.02
农行浙江省分行运营管理先进个人	余慧玲	农行浙江省分行	2017.02
2016年度浙江省农业生态与能源工作目标考核先进个人	徐有祥	浙江省农业生态与能源办公室	2016.12
浙江省金融系统“五一劳动奖章”获得者	詹春林	浙江省金融工会	2017.02
浙江省“最美人社人”	余淑卿	浙江省人力社保厅	2016.12
2016年浙江省人力资源社会保障系统宣传工作先进个人	官磊	浙江省人力社保厅	2016.11
2016年浙江省劳动保障监察工作成绩突出个人	程晶磊	浙江省人力社保厅	2017.01
第二届“浙江省首席水利员”	姜根林	浙江省水利厅	2016.09
2016年度浙江省水电标准化创建工作优秀个人	林光军	浙江省水利厅	2017.01
2016年度浙江省优秀水政监察人员	张雄飞	浙江省水政监察总队	2016.12
2016年浙江省“扫黄打非”工作先进个人	方玉林	浙江省“扫黄打非”工作领导小组办公室	2016.12
武警浙江省总队标兵干部	陈周	武警浙江省总队	2016.12
2016年度浙江省县市区域报好新闻奖消息类二等奖	吴晓龙、袁晓玲；邵美霞、章承月、余柏成、郑永佳、陈雯倩	浙江省记协县市区域报工作委员会	2017.03
2016年度浙江省县市区域报好新闻奖通讯类二等奖	邵美霞、章承月、余柏成、郑永佳、江一帆	浙江省记协县市区域报工作委员会	2017.03
2016年度浙江省县市区域报好新闻奖评论类三等奖	楼林峰、吴森邦	浙江省记协县市区域报工作委员会	2017.03
2016年度浙江省县市区域报好新闻奖系列报道类二等奖	王曙静、叶肖翠	浙江省记协县市区域报工作委员会	2017.03
2016年度浙江省县市区域报好新闻奖副刊作品类二等奖	楼林峰、李土根	浙江省记协县市区域报工作委员会	2017.03
2016年度浙江省县市区域报好新闻奖重大主题报道类二等奖	楼林峰、邵美霞、章承月、林晨	浙江省记协县市区域报工作委员会	2017.03
2016年度浙江省县市区域报好新闻奖热点引导报道类一等奖	楼林峰、余柏成、吴晓龙、江一帆	浙江省记协县市区域报工作委员会	2017.03
2016年度浙江省县市区域报好新闻奖典型报道类二等奖	邵美霞、吴晓龙、葛树印、郑远	浙江省记协县市区域报工作委员会	2017.03
2016年度浙江省县市区域报好新闻奖摄影作品类二等奖	吴森邦、葛树印、邵美霞	浙江省记协县市区域报工作委员会	2017.03
2016年度浙江省县市区域报好新闻奖摄影作品类三等奖	吴森邦、葛树印、邵美霞、郑远	浙江省记协县市区域报工作委员会	2017.03
G20杭州峰会信访工作先进个人	杨琳、沈海燕	浙江省信访工作联席会议办公室	2016.09
浙江省信访督查“百千万”专项行动先进个人	廖旭光	浙江省信访工作联席会议办公室	2017.01
2016年度中国移动浙江公司工会积极分子	吴秀芳	中国移动浙江公司	2016.12
2016年中国移动浙江公司实体渠道一线人员技能竞赛十佳销售经理	陈莹	中国移动浙江公司	2016.11

荣誉名称	获奖者	颁奖单位	颁奖时间
中国邮政浙江省分公司“三星级投递员”	何春苟、朱宝云、严显浩	中国邮政集团公司浙江省分公司	2016.05
2016年中国邮政浙江省分公司优秀中邮保险管理员	夏伟芳	中国邮政集团公司浙江省分公司	2016.12
浙江邮政好党员	何春苟	中国邮政集团公司浙江省分公司	2016.06
浙江省“五水共治”信息工作先进个人	蔼树印	浙江省“五水共治”工作领导小组办公室	2017.03
2015年度中国银行浙江省分行优秀中层干部	胡春文	中国银行浙江省分行	2016.02
2015年度中国银行浙江省分行优秀员工	俞毅丹、吴豪峰	中国银行浙江省分行	2016.02
2016年度“开门红”活动优秀员工	杨仙	中国银行浙江省分行	2016.04
中国银行浙江省分行优秀共产党员	王云和	中国银行浙江省分行	2016.07
中国银行浙江省分行“模范劳动者”	钱岚	中国银行浙江省分行	2016.05
浙江省优秀城市美容师	陈小孙	浙江省住房与城市建设厅	2016.10
浙江省住房与城乡建设系统“六五”普法工作先进个人	姜银海	浙江省住房与城市建设厅	2016.11
2016年度浙江省绿道和园林绿化建设管理先进个人	常 莹	浙江省住房与城市建设厅	2017.02
浙江省智慧城管工作优秀工作者	徐智慧	浙江省城建城管协会	2016.12
2016年度浙江省农信系统新闻工作先进个人	徐小春	浙江省农村信用社联合社	2017.03

【市级个人荣誉（含部门）】

荣誉名称	获奖者	颁奖单位	颁奖时间
衢州市优秀共产党员	黄超、王红玲、王明珠、刘利仙、严福香、邱继成	中共衢州市委	2016.06
衢州市G20杭州峰会维稳安保先进个人	吴峰、虞文胜、余建朝、曾启尧、傅胜华、秦朝晖、陈雪华、徐晓东、张海霞、程晶磊、季建安、章宇夫、洪永健、季君、李一清、吴正兵、王小忠、吴雅芬、童利松	中国衢州市委、市人民政府	2016.09
2016年度衢州市“五水共治”工作先进个人	徐政建、许成、江建新	中共衢州市委办公室、市人民政府办公室	2017.03
2016年度衢州市党委信息工作先进个人	胡悦泓	中共衢州市委办公室	2017.03
衢州市史志工作先进个人	吴旭东	衢州市人民政府办公室	2016.12
2016年衢州市“五一劳动奖章”获得者	池晓军、伍红慧	衢州市人民政府、衢州市总工会	2016.05
2016年度衢州市“平安建设”先进个人	马骏	中共衢州市委、市人民政府	2017.01
衢州市第六届名师	刘伟、余孝忠、陈宣新、方荣华、楼剑芳、赖丽珍、叶惠霞、周伟军、张根菊	衢州市人民政府	2016.09
衢州市优秀乡镇农技员	琚根祥	衢州市人民政府	2016.12
2015年度政协好新闻一等奖	颜运珍	政协衢州市委员会办公室	2016.02
2016年衢州市科技进步奖一等奖	张晨光	衢州市人民政府	2016.11

荣誉名称	获奖者	颁奖单位	颁奖时间
2015年度衢州市优秀乡镇农技员	方延山	衢州市人民政府办公室	2016.12
衢州市创建全国双拥模范城“四连冠”工作先进个人	李一清	中共衢州市委、衢州市人民政府、衢州市人民政府	2016.12
衢州军分区优秀参谋	周琦	衢州军分区	2017.01
衢州军分区优秀专武干部	叶志红、项伟华	衢州军分区	2017.01
衢州军分区优秀职工	徐根财	衢州军分区	2017.01
衢州市农信系统2016年度“银牌通讯员”	王俊	浙江省农信联社衢州办事处	2017.03
2016年度衢州市农信系统“优秀通讯员”	杨梦怡	浙江省农信联社衢州办事处	2017.03
2011—2015年衢州市法治宣传教育先进个人	张赣玉	中共衢州市委办公室、市人民政府办公室	2016.10

【县委、县政府颁发的个人荣誉（不含部门）】

荣誉名称	获奖者	颁奖单位	颁奖时间
2016年度龙游县建设“平安龙游”先进个人	周元鸿、祝根君、何有德、叶雄飞、洪伟忠、项伟华、林文建、翁忠茂、雄军、郑敬杭、汪益平、姚建平、方晓斌、平锡华、陈建生、傅以平、汪雪斌、吴秀军、杨红宁、柴建明、杨鹏飞、张金良、杨一祥、邹群先、郑献丰、欧阳锡龙、郑建清、毛延新、许恒峰、余鹏、雷建龙、夏月梅、杨琳、唐蕾、姜毅、杨响艳、张问期、吕燕、江虹、江涛、叶发根、廖玮玮、陈富香、项小苗、饶文兵、劳开元、金永胜、邵月旭、章建国、吕菊岚、钟慧琼 、胡伟刚、张志坚、傅锡炳、徐雪飞、叶敏捷、蒋黎阳、季建安、徐建丰、吴蔚萍、丁俊、胡远鸣、鄢益富、马丽华、邹敏辉、吴健、童利松、吴峰、葛小锋、叶安、华贵土、毛洪飞、金志军、王爱花、马建平	中共龙游县委、县人民政府	2017.01
2016年度龙游县信访工作先进个人	方舟、钱伟军、余利民、付志平、张宏平、张余伟、徐永军、童明富、王建军、支利华、蓝小纯、邵永军、张日新、吴浩、吴胜春、江波、胡益民、汪灵巧、雷伟斌、何志军、陈焕军、章国良、余家卿、王文华、胡森林、余敏豪、徐汝清、钱荣余、叶红锋、郑惠平、洪士友、姜银海、管伟杰、黄荣宗、徐志丹、刘夏安、张雄飞、方玉林、徐华喜、朱宁、朱建军、杜灵燕、方土新、饶永红、舒水明、童筱俊、徐智慧、洪慧超、叶华民、陈樟霖、周雪祥	中共龙游县委、县人民政府	2017.01
2016年度龙游县农业农村工作先进个人	一、新农村建设先进个人 1. 美丽乡村创建 傅建刚、杨志平、徐兴邦、兰雅琴、袁勇、方利民、叶倩、王树银、吴江、翁震、黄颖朝、江小东、方小建、金献、沈涵、陈毅超、钱程、许瑾、陈曙明、吴雪霞、邱卫民、林献兵、雷栋荣、郑赟 2. 扶贫增收先进个人 沈建旗、王丽芬、商华军、吕平、雷珍、包春全、吴晟琼 3. 优秀农村工作指导员 珺珺、陈俊梁、邱富胜、姜春燕、余东、汪科伟、江向东、韩 彬、王珺、金永胜、程晶磊、黄蔷、潘寅辉、李根土、郑林樵、姜华、徐葶、王启挺、余功金 二、一县一带（五连片）先进个人 张亨荣、叶建清、钟罗谊、珺柏华、洪霞琴、何军、方益民	中共龙游县委、县人民政府	2017.02

荣誉名称	获奖者	颁奖单位	颁奖时间
2016年度龙游县“五水共治”工作先进个人	一、优秀河段长 1. 乡镇（街道）级优秀河段长 王连标、叶剑、郑伟芬、林文建、郑敌杭、汪益平、方晓斌、陈建生、陈志芳、涂光清、蓝小纯、胡锡清、程志龙、徐建龙、董群燕 2. 村级优秀河段长 杨发祥、张荣祥、邵雪源、潘旭东、徐庭友、周德良、周金祥、工向林、张炎林、曹建忠、傅绍敏、吕海金、范玉登、徐松华、黄文华、袁六荣、毛卸卢、周金土、傅方龙、陈建军 二、先进个人 1. 乡镇（街道）先进个人 钱素红、江建新、兰水英、吴水清、金添艳 、王丽芬、胡炜鹏、宋小兵、钱菊红 2. 部门先进个人 邵张准、吴恒凯、郑强、张鹏、施涛、徐佳楠、徐政建、金敏军、徐宁、张柏成、陈小军、蓝俊斌、姜梅子、徐光海、潜伟英、叶敏捷、方伟、姜真、江晨、余浏娟、葛树印、叶宏波、尹群兴、余哲、汪存伟、雷惠清、唐爱红、吴林发、秦久兴 3. 村级先进个人 袁南京、傅小青、郭君健、徐锡茂、邹卫平、李海银、王慧、孙友军、蒋梅文、余忠、邱连珠、胡孝成、汪永胜、曾金生、华为	中共龙游县委、县人民政府	2017.02
2016年度龙游县“四边三化”工作先进个人	袁旭辉、吴建平、谭正、李建平、杨姜成、叶志英、陈岗、张斌、刘意宽、傅俊杰、赖慧东、倪小平、陈连寿、汪效璋、钟建平、翁震、童伟龙、黄水荣、吴春林、陈志芳、席金富、王惊宇、谢雪峰、祝凯、李爱祥	中共龙游县委、县人民政府	2017.02
2016年度龙游县“三改一拆”工作先进个人	叶锋、诸葛青、林秀华、方建明、兰吴涛、郑云金、吴加群、 祝晓爽、王孝忠、何军、胡礼刚、吴伟群、张丽、梅颖安、张灵俐	中共龙游县委、县人民政府	2017.02
2016年度龙游县安全生产工作先进个人	刘红卫、黄金水、袁荣新、张雄军、杨德贵、盛方清、温连文、陈金土、钟宏亮、章宇夫、郑松林、王卫东、吴晓敏、胡小土、胡晓凡、邱利民、徐红斌、陈玕、毛庆华、曾国忠、林华峰、邹积逊、刘湘泽、何健、徐伟、徐红标	中共龙游县委、县人民政府	2017.02
2016年度龙游县工业经济杰出贡献企业家和优秀创新型企业家	一、工业经济杰出贡献企业家 金樟溪（浙江年年红家居有限公司） 施彩莲（浙江金龙纸业有限公司） 楼 钱（浙江华邦特种纸业有限公司） 胡智彪（浙江龙游道明光学有限公司） 尤 卡（龙游塔恩纸业有限公司） 二、工业经济优秀创新型企业家 张林松（光明铁道控股有限公司） 姜文龙（浙江恒达新材料股份有限公司） 王项彬（浙江禾川科技股份有限公司） 徐 伟（浙江特美新材料股份有限公司） 计 皓（浙江凯丰新材料股份有限公司）	中共龙游县委、县人民政府	2017.02

荣誉名称	获奖者	颁奖单位	颁奖时间
2016年度龙游县优秀专武干部和关心武装工作好领导	一、优秀专武干部 俞志军（小南海镇）、叶志红（溪口镇）、童长春（庙下乡）、童利鹏（社阳乡）、 二、关心武装工作好领导 严明华（龙洲街道）、毛祥光（东华街道）、汪立云（塔石镇）、童舟（石佛乡）	中共龙游县委、县人民政府、龙游县人民武装部	2017.02
2016年度龙游县扩大有效投资先进个人	缪建立、王晟、赖宇浩、姜真、何军、陈建军、童建明、胡伟华、石建荣、徐红斌、徐晓飞、项勇明	龙游县人民政府	2017.01
2016年度龙游县企业服务先进个人	黄金水、周颖、刘振、晏京森、姜甘良、江向东、钱焱艳、祝晓红、邵银娣、陈生、缪晨晖、张宁、曾顺福、何益红	龙游县人民政府	2017.01
2016年度龙游县征迁工作先进个人	周巧萍、钱建亮、李兴科、洪永健、袁小红、余文祥、邹虎生、吴茂松、徐晖、张斌、胡洁军、严宏燕、蓝剑锋、倪邵华、应红峰、叶翠、练兆荣、邱樟土、马建平、叶锡荣、李新云、郑伟芬、王爱花、黄琼、郑绍坪、徐庆、方胜祥、姜玲	龙游县人民政府	2017.01
2016年度龙游县招商能手	陈敏、陈小兵、王珺、鲍爱萍、余樟良、洪游游、夏建军、曾顺福、胡樟太、胡炳银、周坤	龙游县人民政府	2017.01
2016年度龙游县“以商招商”先进个人	张林松（光明铁道）、张瑞祥（禾川科技）	龙游县人民政府	2017.01
2016年度龙游县“七五”普法工作先进个人	张杰、王晓辉、徐文姝、徐雄乾、赵藏、阮红霞、钟慧琼、冯建平、周萌、胡盛、陈锦春	中共龙游县委办公室、县人民政府办公室	2017.01
2016年度龙游县“大调解”工作先进个人（优秀人民调解员）	许航、胡金祥、金有潮、袁平华、张渭明、张求水、尹国科、徐土根、方颖、江柏云、龚卸明、毛海荣、胡志发、黄仕良、王建军、邱柏祥、黄胜清、邱发仁、储有新、兰伟富、黄鑫、王明朝、莫航波、陈敏、刘建萍、王德正、徐水耀、童立平、蔡筱筠、叶本立、周森林、傅金水	中共龙游县委办公室、县人民政府办公室	2017.01
龙游县“六五”普法工作先进个人	陈超刚、王超、黄聪、杨建宏、林建平、姜银海、林群军、徐延平、林树华	中共龙游县委办公室、县人民政府办公室	2017.01
2016年度龙游县优秀村党组织书记、优秀村委会主任	一、优秀村党组织书记 吴锡平（龙洲街道半爿月村）、黄宝富（东华街道湖底叶村）、吕军（湖镇镇溪底杜村）、樊雪林（小南海镇泽潭村）、杨晓平（溪口镇扁石村）、韩建和（横山镇下宅村）、雷土荣（詹家镇浦山村）、缪术强（罗家乡缪家村）、马雪祥（石佛乡峰塘山村）、傅新林（大街乡新槽村） 二、优秀村委会主任 曾有生（龙洲街道后田铺村）、徐菊花（横山镇上向徐村）、方海平（塔石镇雅村村）、 徐秀林（詹家镇山后村）、李辰红（罗家乡岭根村）、储成松（庙下乡严村村）、黄松华（沐尘畲族乡双溪村）、王柏清（模环乡白马村）、罗志明（社阳乡金龙村）、曾连祥（大街乡贺田村）	中共龙游县委办公室、县人民政府办公室	2017.02

荣誉名称	获奖者	颁奖单位	颁奖时间
2016年度龙游县信息工作先进个人	王凌霞、朱跃华、陈梦瑶、邵颖、黄正浩、单立新、徐若颖、曾超、姜琳、袁航、石旭君、丁丽、吴莹、严瑜、金献、李甄凯、钱望、邱玉燕、周赟、汪林峰、沈海燕、官磊、黄家驹、叶志仪、游凯、郑曦、吴晟琼、叶凌豪、郑思、方胜刚、华丽芬、杨晨明、叶彩仙、夏冰、陈王兴、周小水、俞海燕、邹敏辉、方燕飞、吴敏、李彬、吴晓敏、冯炜熹、韩敏、郑滢、王玲、司海涛、黄聪、陈丽娟、黄马强、余倩倩、黄温秀、姜洋冬、叶飞	中共龙游县委办公室、县人民政府办公室	2017.02
2016年度龙游县政府信息公开先进个人	琚宇、刘秀清、翁旻睿、陈小松、姜金玲、曾超、夏晓轶、余伯成、黄家驹、高楠、叶凌豪、叶飞、官磊、郑思、傅晨燕	龙游县人民政府办公室	2017.01

最美龙游人·2016年度人物

一、“最美龙游人·2016年度人物”特别荣誉奖

【护航G20平安志愿者群体】 7月开始，由龙游县党员志愿者、青年志愿者、巾帼志愿者、龙游大妈志愿服务队、机关单位志愿者、校园志愿者、行业志愿者、企业志愿者、网格志愿者等组成1.3万人的护航G20平安志愿者队伍，每天组织人员开展平安巡逻、文明劝导等志愿服务活动，充分发挥了群防群治的作用，切实增强了群众安全意识，为护航G20、维护社会平安稳定做出重要贡献。

二、2016年度龙游县“年度人物”

【县规划局建设测绘队救人群体】 2月17日，222省道与龙灵线岔口一辆电瓶车与一辆三轮机动车相撞，事故现场燃起熊熊大火，电瓶车车主被压车底陷入昏迷，路经此地的县规划局测绘队5名队员不畏危险，在油箱爆炸前30秒将受困人员抬至安全区域，直到救护车把伤者运走才悄然离去。省委常委、宣传部部长葛慧君对“最美规划人”先进事迹作出重要批示，各级媒体纷纷转载报道，网友们通过微博、微信转发、评论表达对他们的敬意。

【奋战一线的龙游铁军】 在龙游，有一批战士，扎根基层，攻坚克难，奋斗在服务全县重点工作的一线。他们是：热心服务群众的创卫带头人刘利仙、不畏艰难的老党员刘益明、“高坪桥速度”的践行者方蔚然。刘利仙，女，汉族，中共党员，1965年3月出生，龙洲街道城角坊社区书记。组建社区党员志愿服务队，从“五四三”工作到邻里纠纷调解，让居民和谐生活；成立平安护航巡逻队，义务为居民提供安保服务，助力G20杭州峰会，让居民平安生活；实施网格化保洁，定人、定岗、定责、定时，实现全区域无缝隙保洁，带领创卫团队艰苦奋战，大力提升环境卫生面貌，组织实施朝阳、铁路新村、岑山等小区改造提升，让居民幸福生活。刘益明，男，汉族，中共党员，1957年10月出生，县旧城改造征收指挥部干部。从法院副院长岗位上退居二线，先后参与大南门历史文化街区保护、国有土地房屋收购和小高山征迁工作，作为法纪组一员，在急、难、险、阻的关头，总有他的身影：爬上爬下陪同产权户在各小区看房，耐心细致做各种委托书、笔录；放弃休息调解疑难纠纷，推心置腹与产权户及其家属沟通；为妥善处理大南门一处房产，跨越四千里赶赴内蒙古调查还原真相。方蔚然，男，汉族，中共党员，1976年12月出生，高坪桥水库建设管理处政策处理科科长。作为红光工作组一员，直接参与入户信息核对和协议签约工

作。切实保障移民权益，认真核对每项数据，主动联系业务组更正连当事人都未发现的错误，为群众挽回损失；面对群众疑问，耐心解释政策，提出最优方案供选择；注重收集一线工作中的共性问题，为指挥部决策提供依据；在高质量完成数据核对基础上，仅3天就完成协议签订工作。

【献血路上不停步的公益狱警——马庆喜】 男，汉族，中共党员，1974年12月出生，浙江省十里坪强制隔离戒毒所八大队政治教导员。从警20多年来，一步一个脚印，兢兢业业，做好戒毒矫治工作，先后获得全国劳教系统优秀教师等荣誉称号。在社会公益活动上同样不含糊，坚持10年献血，累计献血量达到2800毫升。最早他为一个8岁的河北小姑娘捐献165毫升造血干细胞悬液，此次捐献为浙江省司法行政戒毒系统首例。

【与病魔抗争的师德模范——方永进】 男，汉族，中共党员，1976年10月出生，兰塘小学教师，先后荣获省市19项荣誉称号。2006年被确诊肌肉萎缩症，已到重度残疾边缘。但他凭着一颗爱心坚守讲台，连治病也充分利用假期和周末时间，为的就是不落下一节课。在与病魔对抗中默默奉献，尽心尽职带学生，自己也成长为县学科带头人。他的“七环组合”教学深深扎根课堂，创建公益性科研云资源“永进云工作室”，无私奉献自己的成果。

【传递平安的爱心使者——伍红慧】 女，汉族，中共党员，1968年8月出生，县公安局交警大队副大队长。多年来，她寓教于乐宣传交通安全常识，每年都为200多家企业、62所学校、100多个农村、7个社区开展平安宣传，赠送交通安全反光车贴10万余张，宣传笔2万支，《驾驶员安全手册》《新手上路》等宣传资料几十万册。20多年来先后结对两名贫困学生，给予其母亲般的关爱和帮助。

【不离不弃的坚强孝媳——吴阿花】 女，汉族，1956年1月出生，小南海镇汀塘圩村村民。12年前，儿媳出走，儿子外出打工，10年前，丈夫精神失常，8年前，丈夫去世，家里剩下公公和5岁孙子。她操持家务，承担农活，坚强撑起这个家。5年前，公公中风瘫痪在床，她一直在身边照顾，喂饭、擦身、端尿样样干。为照顾方便，她搬到公公房间，在对面搭了一张床，公公半夜有事随叫随到。日复一日，年复一年，她的孝心给孙子树立了好榜样。

【敬业精业的新一代造纸人——徐欢】 男，汉族，1982年11月出生，浙江金昌特种纸股份有限公司员工，第七届“金锤奖—龙游杰出职工”。工作16年来，无论在生产岗位还是管理岗位都业绩突出，在“五水共治”、节能减排方面做出较大贡献。积极参与新产品研发，解决众多关键技术难题。在公司推广5s管理模式，明显改善现场管理状况。作为新一代年轻造纸工人，他刻苦敬业，把造纸工作视为终身事业，做出了重要贡献。

【勇挑重担的护水人——罗志明】 男，汉族，中共党员，1962年11月出生，社阳乡金龙村村民主任、金龙村河（段）长。将“保护石斑鱼”列为护水重点，将严禁违法捕鱼电鱼列入村规民约。7月中旬以来，每晚沿河道巡查渔网鱼笼，一忙就到凌晨三点多，有时趁天未亮又到河道边巡查一遍。8月1日晚，听闻有人在河道里偷放渔网，他趁黑夜出门去探查，却在途中意外摔伤，全身十余处骨折，目前仍在医院治疗。他的护水足迹遍布金龙村河段各个角落，这份执着也感染着村民，乱丢垃圾的人少了，村庄干净了，水也更清澈了。

三、“最美龙游人·2016年度人物”提名奖

【合力救助翻车老人群体】 2月27日，东华街道官村村灵山江沿线，一位老人连人带车翻入田间。途经此地发现这一事故的六名陌生汉子，从不同方向不约而同冲了下去，将老人扶起，并将毁坏车辆抬到路边。见老人身体确无碍，六人悄然离去。危急时刻伸援手，助人为乐不留名。他们是县农信联社员工金华峰、私营企业主赵辉、县公安局交警大队城区中队协警方冬良、龙游第二高中老师祝树良、龙三中老师田

志宏、县广播电视总台员工李兵兵。

【关爱昊昊微友众筹群体】 2月25日，一笔为淋巴细胞白血病儿童龙三中学生夏俊昊筹集的善款，在没有媒体关注、不依靠任何社会团体、公益组织帮助的情况下，仅通过微信朋友圈，24小时内就筹得22万元，爱心帮助让昊昊顺利进行手术治疗。微信里捐款的大多数是陌生人，这些素不相识的热心微友还发动自己的朋友、朋友的朋友捐款。微友雪中送炭凸显的正是龙游人正能量。

【胡古明等救人群体】 4月12日晚，溪口镇大垅村胡古明去扁石村同学家途中，隐约听到阵阵呻吟声，便循着声音来到路边水沟旁，借着路灯光亮，发现有人坠入2米多深的沟里，被压电瓶车车底，他急忙跳下沟救人，但车体太重，他一边安慰伤者，一边爬上坡到村里叫人帮忙。邻居方桂英夫妇听到呼救声，穿着睡衣跑了出来，随后胡古明的两个同学也赶来，几人分工合作将伤者救了上来。

【徐校辉、应华救人团体】 徐校辉，男，汉族，1987年4月出生；应华，男，汉族，1977年3月出生，两人均为国网龙游县供电公司输电运检班员工员工。6月14日，正在巡线的徐校辉发现一名老大爷躺在草丛中昏迷不醒，便紧急呼叫一同巡线的应华前来帮忙，并迅速拨打急救电话。受过培训的他们，原地为老人遮挡阳光，洒水降温，购买矿泉水给老人送服，老人渐渐转醒。后急救车赶到，他们与医务人员一起将老人送上急救车，随后默默离开。

【诚实守信的爱心工商户——张金秀】 女，汉族，中共党员，1972年12月出生，溪口镇怡安装潢部业主。从事建材装潢经营20多年，诚信经营，热情服务群众，热心公益事业，经常自己出钱探望孤寡老人。2015年，见村民患重病需要换肾却无经济能力，主动捐赠7000元，让病人顺利换肾渡过难关。积极配合“五四三”工作，出资出力参与镇村建设。G20杭州峰会期间，积极协助政府承担全县所有学校的护栏制作与安装，主动减免部分费用，为“平安龙游”建设贡献力量。

【悉心照顾长辈的好儿媳——柯巧英】 女，汉族，1971年2月出生，石佛乡三和村村民。结婚24年从没和婆婆红过脸，经常陪婆婆拉家常、交流感情，她们亲密和谐的关系让左邻右舍羡慕不已。后来婆婆肢体重残生活不能自理，柯巧英始终悉心照料，与婆婆同吃同住，端屎端尿、擦洗身体，毫无怨言。在当地，谈起她20多年无怨无悔精心服侍瘫痪在床的婆婆，十里八村的村民都会竖起大拇指。

【创造生命奇迹的重症专家——程燕东】 男，1971年4月生，中共党员，县人民医院副主任医师、ICU科主任，“银锤奖—龙游杰出职工”。参与急救网点系统建设，实现全县网点全覆盖。主持开展CPR普及培训工作，有效提高公众急救意识，挽救一大批急重症病人，提高抢救成功率。在20余年的行医生涯中，他始终坚持“不让一分生的机会在我手中溜走”的宗旨，为医院重症医学学科做出重大贡献。

【村民热心的“小棉袄”——詹红菊】 女，汉族，中共党员，1969年10月出生，龙洲街道后田铺村妇女主任。为了全身心投入村务管理，她毅然停办自己收入可观的幼儿园。工作上尽心尽力，出纳、妇联、计生、文化等工作有声有色，文化礼堂工作成为全县典范。村里哪里有纠纷，只要有需要，她义不容辞去调解；村民有请求，她主动给予力所能及的帮助；村民有困难，她主动上门帮忙想办法。她被评为市、县优秀妇代会主任。

【不辞劳苦的拆违先锋——张灵俐】 女，汉族，中共党员，1976年10月生，石佛乡“五四三”专项办公室主任、党政综合办副主任、妇联副主席。“三改一拆”联络员工作繁杂，四年多来中午基本上未休息过，有时拆违数据多白天完成不了就带回家晚上做。在创“无违建乡”最后冲刺阶段，生病住院的她为了不耽误工作，将电脑里数据拷下来带到医院，躺在病床上完成了10个村的100多本台账，顺利通过“无违建乡”的验收。

新事拾遗

【社里村办起“山里人年货节”】 以往，临近新年，都是乡下人进城（镇）买卖年货。2016年，龙游县沐尘畲族乡社里村双溪自然村农林科技有限公司总经理钟毓明看到旗下的农产品不少，农村土货富足，到山里旅游的游客又络绎不绝，决定在社里村举办“山里人年货节”，主打“土”年味，推出笋干、竹筒酒，冬笋、土鸡、土猪肉等各类土特产，借乡村旅游吆喝家乡的土特产，让城里人到乡下买年货。1月1日，“山里人年货节”开集了。沐尘畲族乡社里村文化广场热火朝天：音乐响起来，畲舞舞起来，卖土货的乡亲们忙得不亦乐乎，蒸发糕的，刨甘薯粉的，卖竹筒酒的，吆喝霉干菜的……游客从四面八方汇聚过来，社里村成了一个热闹的大集市，土特产供不应求。城里来的游客既饱览了社里村的美丽风景，观看了颇具畲族风情的表演，体验畲乡风情，还淘到了称心如意的“土”年货，真是一举多得。

【央视《记住乡愁·三门源篇》首播】 1月6日傍晚，龙游县石佛乡三门源村的村民们早早地守候在电视机前，翘首以盼央视中文国际频道百集纪录片《记住乡愁》第二季三门源篇的首播。晚上8时，进入正片，每个人都在静静地看（听）着家乡的故事。30分钟的纪录片中，讲述了三门源村“睦乡邻”祖训的由来——几百年来，翁姓、叶姓两个持不同生活方式和文化理念的大家族比邻而居，修建连心桥，冲破百年结亲障碍。见到电视画面中出现的熟悉的邻居，人群中不时爆发出一阵阵欢笑声。村民翁小正曾作为翁氏家族的代表参与翁氏祭祖活动，当屏幕里出现他为翁氏先祖上香祈愿的画面时，他激动得热泪盈眶。三门源村不仅山好水好，还有好乡邻，人们和谐相处，生活幸福。短短的30分钟短片，勾起了三门源村民浓浓的“乡愁”。

【《舌尖上的新年》首映——龙游发糕香满屏】 1月7日，浙江卫视《钱塘老娘舅》栏目的老娘舅潘申祥受栏目组派遣，到龙游免费送电影，和粉丝们一起观看《舌尖上的新年》首映式。19点零5分，熟悉的音乐响起，《舌尖上的新年》正式开映。19点52分，荧幕上，随着一位老人切开刚蒸好的龙游发糕，龙游发糕的香味似乎就从荧幕中飘散出来，引得观众直流口水。水浸、拉浆、磨粉、灌笼、发酵、汽蒸……龙游发糕的整个制作过程虽然只有短短的4分钟，但在解说员的解说下，却显得无比生动。据前来龙游的《舌尖上的新年》宣传组负责人成灵通介绍，该电影的导演、摄影、作曲、解说由《舌尖上的中国》原班人马打造，历时14个月，剧组脚步遍布全国35个地点，寻访到60多种美食，拍摄了10000多分钟素材，最终85分钟的成片中呈现了24个地点的43种美食，其中，2/3的出镜美食是最资深的饕餮之徒都未必熟悉的。龙游发糕，记忆着龙游人浓浓乡愁的美食！

【龙游县城来了18只“吃”旧衣服的“大熊猫”】 2月，龙游来了18只收纳旧衣服的“大熊猫”（衣服收集箱），它们轮流出现在城区的各个小区。一只“大熊猫”能收纳70～80公斤重的衣服，除了“能吃”外，它们还不“挑食”，无论衣物的新旧厚薄，一律通吃。市民将“大熊猫”“喂饱”后，回收公司派人定期回收这些衣物，经过分类、分拣、消毒、打包等处理程序，那些八成新符合帮困济贫的棉袄、羽绒服、大衣等御寒物品将无偿捐助给贫困地区或需救济的受害地区的群众；而破损、没有穿用价值的旧衣物，将被制作成环保袋和拖布等，进行循环利用。

【文化礼堂唱响地方戏曲】 婺剧在龙游是有着400多年发展历史。近年来，随着农村文化礼堂建设的不断深入，基层文化活动广泛兴起，龙游乡村共组建各类婺剧坐唱班队伍60多支，常年活跃在广大农村，丰富广大群众的精神文化生活。1月31日至2月1日，龙游县文化馆剧场鼓乐声声，婺韵悠扬，县农村文化礼堂婺剧（徽戏）坐唱班大赛在这里举行，来自全县24个坐唱班摆擂开唱。经过激烈角逐，半爿月村坐唱班、后田铺坐唱班、县戏剧协会坐唱班获得金奖。

【两兄弟《一路放荡》受捧】 2015年下半年，一部没有剧本的网络剧《一路放荡》登陆优酷视频，短短几天创下近70万人次的点击量，“快点更新，期待第2集”的网友评论不断刷新留言板。创下这部“火剧”的是龙游的兄弟俩——张忠来、叶葳。张忠来是制片人、策划人，龙游小南海镇雅塘村人，1988年出生；与他搭档的兄弟是比他小1岁的叶葳，东华街道十里铺人，是财务总监、统筹人。

2015年3月，兄弟俩打算进军影视行业，带着9名90后沿着“一路一带”进行考察，寻找灵感，目的地是甘肃。就是这样一趟原本无意的“旅行”，成就了这部“火剧”《一路放荡》。2016年正月初八，兄弟俩的《一路放荡》第二季继续出发，始发站是上海，终点站在云南，中途经过龙游；同时，第一季的后续11集同时在网络上更新。《一路放荡》作为国内少见的公路题材影视作品，开创了独特的拍摄制作模式，以无剧本为前提，剧组组织各种身份的“素人”以自驾形式，以即兴表演的方式，将所经之地的自然风光、人文风俗真实地展现给观众，以“真实”捕获了一波又一波的网友。

【微信朋友圈聚爱成海】 夏俊昊是龙游县第三中学九（2）班的学生，2015年5月12日被省城杭州的一家医院确诊为淋巴细胞白血病。俊昊的爸爸决定为儿子提供骨髓。经过6次化疗，各项检查均已完成，但夏俊昊的父母都是“铭隆化工”的员工，收入有限，家里仅有的一点积蓄早已化完，能变卖的早已变卖，学校、公司已为俊昊捐过款，亲戚、朋友处能借钱的都已借了，手术的医疗费用成了最大的难题。2月24日，一位朋友抱着试试看的心情，在微信朋友圈发了一条在筹款平台为俊昊筹款30万元善款的消息。微信发出后，在没有媒体关注、不依靠任何社会团体和公益组织帮助的情况下，24小时内就为俊昊筹得善款22万元，许多笔善款连捐款人的名字都不知道。“一家有难，大家伸手帮一点就不难了，雪中送炭是龙游人正能量，不需要采访的。”一位不愿透露姓名的微友朴实的话语道出了大家的心声。

【001借“一带一路”出海】 浙江001集团有限公司是一家以研发、生产电视数字天线及电动自行车、数字机顶盒等产品为主的企业。近几年，在国内天线、电动车等传统产业产能过剩的情况下，公司抓住“一带一路”提供的契机，联合其他龙商投资国外资本证券市场，收购越南IVS证券投资股份有限公司，通过控股形式，投资320万元成立越南电动车发展股份公司，把成熟的技术、产品、管理带到海外市场。生产的产品利用IVS证券股份有限公司的平台，打入越南、柬埔寨、印度尼西亚等东南亚国家的市场。2015年，浙江001集团有限公司在证券投资、产业收购两方面各增长2倍以上，产品销售增长4000多万元。2016年，公司与印度尼西亚签订合作协议，2月28日，公司就收到印度尼西亚1万辆电动车、100万台天线的新订单，为公司带来7000多万元的销售额。公司将扩大与境外优质企业的合作，把001集团生产的电线、开关、插座等与其产品融合，借国外市场“走出去”。

【邱剑波痴迷研发中性墨水20载】 邱剑波出生于湖镇镇。1994年，20多岁的他在义乌一家公司从事销售水性圆珠笔工作，那时，中性墨水大部分依赖进口。

凭着多年在义乌打拼的经验，邱剑波决定放弃收入颇丰的工作，自己研发中性墨水。他的决定遭到家人、亲友的强烈反对，妻子甚至以离婚相要挟，但邱剑波没有妥协。但要搞研发谈何容易，尽管邱剑波接触了多年的中性笔，可他只有高中文化程度，搞研发头绪都理不清楚，设备也落后，黏度、pH值、表面张力、稳定性、润滑性……包含了太多的专业性知识。他努力自学相关专业知识，不断尝试，不断改进。长期的研究和投入，很快花光了他的全部积蓄，他又继续打工，到苏州世民科技股份有限公司担任墨水项目部经理，年薪丰厚也没能留住他的心，几年后，邱剑波再次选择离开。经过断断续续的研究，邱剑波终于研制出书写流利、耐候性好、线条清晰的中性墨水。2015年6月，邱剑波回到家乡，在湖镇沙田湖工业区创办龙游百合文具厂。2016年3月，邱剑波和几名合伙人与温州一圆珠笔生产企业达成合作协议，长期供应中性墨水。

【家藏医书3万册的叶金中】 66岁的叶金中今在龙游城区经营着一家诊所，多年来，他硬是把诊所变成了藏书室。每次病人来就诊，都得从书堆里绕道而过。他家的客厅、卧室都被书占得满满的，连床铺也是“嵌”在书堆里，不夸张地说，他那200多平方米的房子，2/3的空间都是书。少年时，叶金中家因病致贫，初一没上完就辍学务农，但他非常爱书。1967年，叶金中省吃俭用，花了2角8分钱到书店买了一本《中国民间畜禽阉割术》。他反复阅读，不断实践，很快就掌握了家禽家畜阉割技术，其手艺在衢州境内远近闻名。从此，他嗜书如命，一发不可收拾。当时，他一天最多能赚90块钱，赚了钱后，就买医书，并宅在家里看医书，等到没钱买医书了，他又背上工具袋四处揽活，周而复始，医书越买越多，他的医学知识也越来越丰富，成了有名的土医生。早些年，因有几本珍贵的医书借丢了，叶金中就变得很“小气”，医书不再外借。除了“恕不外借”，20多年来，叶金中坚持订阅《科技新书目》，发现喜欢的新医书就汇钱去买。自从有了网购后，他每年都要花七八万元钱买书，至2016年4月，他已有藏书3万多册，其中95%是医学类的书籍，比许多医院的藏书还多得多。“有生之年能建一个医学专业的家庭图书馆”，这是叶金中最大的愿望。

【耄耋老人热心村公益】 2010年，因连续大雨冲刷，模环乡蛇塘坞村方氏宗祠内多处漏水，屋后的砖墙眼见就要倒塌。80多岁的方志鸿老人看在眼里急在心里：这祠堂是明朝年间留下的，有保护价值，不能在我这一代人手上倒了。于是，方志鸿带头捐款4万元，并发动族人捐款了10多万元，准备修缮祠堂，为老年人提供一个活动场所。在方老的影响下，村民们积极捐款，共筹集资金20多万元。祠堂修缮完成后，方老主动担起了村老年活动室的管理员，在院子里种上桂花，运来大石头摆在健身区，还自掏腰包购买广场舞的音响。2016年，已90高龄的方志鸿仍担任着村老年人活动室的管理员，平日里，还坚持在村里巡视，检查卫生，见到村道上有垃圾，总要弯腰捡起。

【李克强总理为王学珍送祝福】 王学珍是北京大学原党委书记，龙游人。90高龄的他还经常阅读《浙江日报》《衢州日报》等报纸，了解和关注家乡的发展变化。离休后，王老主持编撰北大校史等，坚持每周到校上班2～3天。2016年4月15日，国务院总理李克强到北京大学视察，王学珍作为学校代表受到总理的亲切接见。李克强总理亲切问候，十分关心王学珍的身体状况，并祝愿他健康长寿。

【46位义工为意外受伤者献血】 4月26日上午，龙游县义工微信群里出现一条求救信息：“昨日，蓝天幼儿园老师董丽卿的丈夫郑剑上班时因爆炸受伤，目前生命垂危，严重缺血，衢州血库告急，请A型血液的人伸出援助之手……”信息发出后，数十位义工踊跃报名，愿为郑剑献血。下午，参加献血的义工们排起了长长的队伍，郑剑的同事、蓝天幼儿园的老师获悉后也纷纷加入。车下，献血者有序地填写个人信息表，车上，医生们按照献血的流程忙碌着。当日下午，46位爱心人士共为郑剑无偿献血11800毫升。

【医警联手传递“绿丝带”】 龙游城区有一支由县人民医院4名医生和龙洲街道派出所4名民警组成的医警小分队。自2016年3月29起，医警小分队开始在龙游城区走访。他们走进单亲、孤寡、贫困等家庭，耐心询问被访问者的病情或身体情况，仔细告知平时生活中的注意事项，用心、用情、用行动传递“绿丝带”的正能量。短短的一个月，医警小分队就走访、排查城区5个社区5个村的120余户家庭，其中有27位病人参加免费服药活动，发现新病人13名。

【违章车主当起“交警”体验现场“执法”】 近年来，电瓶车闯红灯、逆行、乱停乱放等违章行为以及因此酿成的交通事故，越来越引起社会的关注。为提高教育效果，营造畅行的交通环境，县交警大队城区中队实施“换位体验执法”的马路课堂教育。5月3日，城区人民路与文化西路交叉口，几位穿黄马甲的文明骑车劝导员拦下违章行驶的电瓶车车主，耐心地劝导对方：“师傅，你骑错道了，那是机动车道。”“大姐，不能往左行，应该靠右骑。”就在几分钟前，这些穿黄马甲的文明行车劝导员中的两人还是被民警拦下的违章骑车人，在民警为他俩耐心地讲解了电瓶车正确行驶的交规后，两人穿上黄马甲，“换班”成了文明行车劝导员。一些经过“换位体验执法”的违章行驶人脱下黄马甲后，直言这样的“体验执法”比罚款印象深刻，下次肯定不会乱骑车了。让违章的车主体验交警的角色，参与疏导交通和学习交规，有效提高了车主遵守交通规则的意识，推动了交通畅行行动。“换位体验执法”取得了预期的效果。

【龙游人夏建统5.7亿元收购英超老牌俱乐部阿斯顿维拉】 夏建统，1974年出生在龙游县湖镇镇新园村夏家自然村，他从小学习成绩优异，喜欢玩足球，曾先后在美国哈佛大学和麻省理工学院学习6年。毕业之后，他成为国家“千人计划”中首批25位归国创业的海外高层次人才中的一员。2016年5月19日，夏建统以5.7亿元收购了英超老牌俱乐部阿斯顿维拉，43岁的他成为该俱乐部的新任主席，从此，英超俱乐部有了“龙游元素”。收购阿斯顿维拉后，夏建统信心满满，期望尽快带领俱乐部重返英超和欧洲足球的巅峰，致力于把阿斯顿维拉打造成在中国最知名的欧洲足球俱乐部，为俱乐部培养大批的中国球迷。

【龙游县首家垃圾兑换超市运营】 5月22日，龙游县首家垃圾兑换超市在小南海镇泽潭村开始运营。“100只塑料袋兑换鸡精一包，25个塑料瓶兑换牙膏一只，10节旧电池兑换酱油一包……每周日8点到10点对村民开放。”兑换超市墙面上贴着兑换回收项目表及兑换时间。当天上午，村民有的骑着三轮车，载着满满一车的塑料瓶子，有的拿着几大包香烟头，连拄着拐杖的老人也拎来一袋塑料袋，欢欢喜喜地将垃圾兑换成生活用品。村干部分工合作，有的帮忙清点个数，有的忙着登记，有的负责兑换物品。通过垃圾兑换超市引导村民将垃圾进行源头分类，村委会将部分垃圾进行统一集中处理，实现垃圾减量化、资源化和无害化处理的目标。

【龙游人钱学超打破两项世界射击纪录】 钱学超，1997年出生在龙游模环乡兰塘村钱家自然村，后跟随父母在杭州生活。初中时在一次“夏令营”活动中被射击教练相中，仅仅3年时间，钱学超从零开始，一路升到省射击队、国家队。在2015年的全国青少年运动会上，他和队友创造了新的全国青年射击纪录，并代表中国队参加了当年的亚洲射击锦标赛，获得了10米气步枪的个人和团体2枚金牌。2016年5月20日，在国际射联射击世界杯慕尼黑站比赛中，首度参加世界大赛的18岁小将钱学超在男子10米气步枪项目上获得冠军，并打破了决赛和青年决赛的两项世界纪录。有媒体预言，他极有可能成为下一个“朱启南”。

【九鼎：让客户用手机养猪】 衢州九鼎是湖南九鼎科技（集团）有限公司旗下的43家分公司之一，2012年投资落户于龙游县城南工业园区，配备了2条年产18万吨猪饲料生产线。2016年，养猪行情不错，但经过整治，浙江省的养猪场数量和生猪养殖量下降幅度较大，饲料行业竞争异常激烈。在激烈的竞争中，为巩固拓展市场，九鼎公司使用了“秘密武器”，为用户配备最新的科技设备，让饲养员用手机养猪。该设备在每头猪的耳朵上各装着一颗电子耳标，每栋猪舍都装有一台自动饲喂器，有与其配套的电脑手机软件平台。饲养员只要打开手机，登录相关系统后，就能看到每头猪每天的采食时间、采食量、体重和料肉比，可根据数据判断饲料的好坏及猪的健康状况，点击后，投喂器就会自动科学投料。詹家镇的一家规模养殖场是九鼎公司在龙游的首家试验场，安装了2套设备。下一步，九鼎公司将投资60万元引进10套设备，在龙游县5个生猪规模养殖场安装使用。养殖户的肯定为公司带来了销路，6月2日，在衢州九鼎科技有限公司，一条年产18万吨饲料的生产线正在抓紧赶订单，仓库门口，五六台货车正在排队等着装饲料。

【曾渭生捐赠报纸5000种】 5月18日，龙游县档案局领导从《今日龙游》第三版刊登的《报刊收藏：曾渭生一生的财富》一文中获悉，因搬迁新居，年近九旬的曾渭生收藏近30年的报纸无处安放。县档案馆立即与《今日龙游》联系，愿意帮助曾老收藏管理报纸。在档案馆工作人员登门拜访后，曾老同意将自己收藏的老报纸及相关字画无偿捐赠给档案局。县档案馆立即组织人员对3万余份报纸进行初步的整理。据统计，这批收藏的报纸时间跨度达一百多年，最早的一份是清光绪十六年（1890年）出版发行的《申报》，还有很多是创（试）刊和号外，非常珍贵，极具收藏价值，报纸种类近5000种，包括《人民日报》《都市快报》《衢州日报》《龙游报》及其他省、市、自治区及特区的报纸，部分国外报纸亦有收藏。曾老的这一善举，不仅使这些珍贵的老报纸在专业机构得到更好地保存和利用，更好地发挥它们的价值，还丰富了龙游县档案馆的馆藏资源。

【庙下乡兴起重走“红军路”】 7月1日，来自各地人们齐聚龙游县庙下乡长生桥村，参观傅氏故居，重走“红军路”。2天内，长生桥村就接待来自上海、杭州、衢州、江山等地的游客近2000人次。傅氏故居是中共闽浙赣省委城工部龙游支部旧址。“红军路”总长2.5公里，是由大小石块垒砌而成的古道，曾是通往遂昌、江山、福建等地的交通要道，1935年，粟裕曾率红军挺进师转战此地，留下红军标语300多幅。“红军路”沿途至今仍保留有红军石和红军标语墙。红军石下有非常隐蔽的洞穴，当地村民说，“朱毛兵”（即红军）常通过这个洞穴传递情报，转送粮食。庙下乡党委十分重视全乡红色旅游资源的开放，引导村党支部将党建工作和乡村旅游相结合，动员村民们亲手制作红军竹水壶，编草鞋，蒸蒲包饭，让游客们头戴大斗笠，身穿红军服，腰挎红军壶，脚蹬草鞋并绑上绑带，重走红军路，体验当年红军开展革命斗争的艰难困苦，珍惜当今和平美好的幸福生活。

【“热血傻子”林苏华无偿献血十年不间断】 林苏华是龙游县湖镇镇洪畈村王家自然村人。2006年，林苏华相亲不成还遭侮辱，心灰意冷的他经过县城大众路，看到有献血车停着，就去献了400毫升血。恰巧采血的医生是他的同乡，于是建议他去衢州市中心血站献血小板。2个月后，林苏华顺利成为血小板捐献者，此后，他每隔1到3个月都要去血站一次，林苏华成了村民口中的“傻瓜”。爸爸对他的举动不理解，母亲唠叨不停，林苏华就对父母说：“这也是为您好，万一您要用血，就可以免费了。”如今，10年过去了，林苏华依然坚持在献血的路上，因为担心血液不合格，所以他非常注重保养身体，戒了油腻食物，多吃蔬菜、水果，尽量吃得清淡些，酒也很少喝。他说：“我43岁还未成婚，没什么出息，这个身体还好，那就把它保护好，把能给的东西都给他人！”

【六旬猪倌谢友忠“恋上”小壁虎】 龙游县龙洲街道柳村的谢友忠，今年已59岁，曾养过18年猪。2015年，他转行养起了壁虎，特地去南京、山东等地学习壁虎养殖技术。2016年年初，在小南海信用社的支持下，他的二次创业之路正式开始。2月，谢友忠搭建起壁虎的“新居”，从山东引进了500只壁虎进行试养。一个月后，壁虎冬眠期结束，谢友忠拿黄粉虫喂它们，小壁虎们个个抢得欢，谢友忠信心十足，到山东以每只8元的价格引进5万只种苗，同时还引进了500只麻蜥，作对比试养。为照顾好这群小动物，谢友忠经常泡在网上，记录一些重点养殖技巧，还特地加了几个养殖壁虎、蜥蜴的QQ群，从聊天记录中总结一些养殖方法，遇到问题及时向网友求助。端午节后，壁虎开始产下零零落落的类似黄豆粒大小的蛋，谢友忠兴奋得不得了。8月下旬，谢友忠特地跑了一趟山东和安徽的中药市场，了解行情，并与一壁虎养殖公司达成了收购协议。谢友忠的目标是待养殖的壁虎达到七八十万只后，再规模出售。

【农用车变身“消防车”】 7月下旬以来，龙游大地气温高、气候干燥，塔石镇离县消防单位较远，防火形势严峻。8月底，塔石镇党委、政府召开全镇消防安全工作紧急会议，要求各村把小型农用车改成“消防车”，在重点区域待命和巡逻，确保发生火情时可以第一时间组织自救，减少损失。泽随村柯红兵等两位种粮大户当即表示，愿将自己用于喷洒农药和灌溉作物的农用车进行改装。改装成人的“消防车”一车多用，操作起来还简单方便，经济实用又灵活方便。9月3日上午，泽随村村山治安巡逻队开着改装的“消防车”，从真武山下到泽随村一边巡逻，一边试用，格外引人注意。“消防车”车的车斗内载着两只1.5吨容量的水箱，还有柴油机、工具箱和7节水管等。水管每节40米，连接起来可以延伸近300米，装上压力喷头，“消防车”喷出的水柱射程可以达十六七米。

【龙游籍记者琚振华用镜头记录天宫二号升天过程】 琚振华的老家在龙游县龙洲街道官潭村，曾服役于海军东海舰队的他干了6年的军事记者，摄影功底深厚。9月10日，琚振华被列入天宫2号发射采访的记者名单，负责新华社的现场新闻图片。9月13日，他和同事提早两天到甘肃酒泉踩点，熟悉场地，设定拍摄距离，选择设备，确定当日选用的镜头类型等。9月15日，琚振华带了两部相机，早早到达预先踩好的地点，两部相机一部调到自动拍摄功能，另一部由自己手动控制。22时04分09秒，随着“轰”的一声巨响，火箭载着天宫2号顺利升空，“咔嚓咔嚓”他快速按下快门。火箭发射后40秒，他拍的一组照片就由助手经电脑传到了新华社。此后，在网络和纸媒上，人们看到的火箭发射的现场照片都出自琚振华这位龙游人之手。据不完全统计，发射当日和次日，全国共有500多家媒体转载了琚振华拍摄的这组天宫二号升空的照片。

【龙游城市东进策马扬鞭】 龙游县城子鸣社区安居工程位于子鸣路两侧，是县城东进的启动点，是小高山村整体搬迁的安置住宅点，也是龙游县民生工程的一个主要组成部分。该工程用地面积5.71公顷（85.7亩），总投资15亿元。一期投资6.9亿元，2015年10月开工以来，项目组千方百计保质量、抓进度，确保该民生项目建设按时间节点高效有序推进。2016年10月，项目主体建筑全部结顶，进入内部装修阶段。预计至2017年12月底，这个集拆迁安置、城镇住房保障、危旧房改造为一体，可容纳1.2万人的现代新型社区将正式交付使用。为进一步加快城东新区建设速度，年初，由龙游县城市投资公司融资运作的子鸣路、学士路、文靖路、荣昌东路等城东新城主要道路开工建设，至年底，城东新区基础路网框架达到通车条件，年后，将完成人行道建设，保障城市东进战略的稳步推进。

【六旬经纪人夏春根带千名老人轻松赚钱】 夏春根是塔石镇前夏村人，从事来料加工已有23个年头，是龙游县最早一批来料加工经纪人之一。23年来，老夏做的都是串珠这一个品种， 塔石镇的泽随村、前夏村、华青村、雅村村，石佛乡西金源村和小南海镇箬塘村都有他的加工点，他还培养了5名二级来料加工经纪人，来料加工队伍最多时有1000多人。串珠没有技术含量，做来料加工的村民大都在55岁到75岁之间，这些人因年纪大找工作比较困难，忙完家务，顺便做做来料加工，每天赚个五六十元，效益不错，还不会闲着无聊。如今，夏春根已年逾六旬，但他每周都要到义乌去进货，还要到各加工点巡查，不顾劳累，使邻里乡村那些不能外出打工的老人们有事可做，在家门口也能赚到钱。

【生态猪场外墙描彩绘】 湖镇镇龙廻陈村金真俊养

殖场面积有1400余平方米，采用的是“工业化+生态化”治理模式，已累计投入30多万元用于污水治理。2016年年初，金真俊响应县政府的号召，积极创建“美丽牧场”，在养殖场种上桂花、樟树、红叶石楠等树木，铺了草坪，其间还点缀着五颜六色的花卉。看到自家猪场的光光的围墙，总感觉少了点什么，决定用墙绘的形式，给猪场植入人文景观。10月18日，他聘请来的两名专业墙绘师，对猪场围墙进行文化上墙。精致的画面，醒目的标语，霎时构成了一道亮丽的风景。

【龙游县警方破获重大贩毒案】 2016年7月初，县公安局禁毒大队在日常走访中获悉，龙游籍汪某有从外地购买毒品到城区贩卖的嫌疑，于是迅速组织精干力量，成立专案组，对汪某展开调查。经侦查中， 5月以来，汪某多次从江西上饶、鹰潭等地购买毒品运回龙游贩卖，涉案人员达10余人。10月9日，专案组兵分三路，除一组民警继续在龙游布控外，另两组分赴江西上饶、鹰潭开展侦查。10月14日，三路警力同步收网，先后抓获汪某和江西籍的陈某、张某等11名涉毒犯罪嫌疑人，缴获一批冰毒、麻古等毒品，汪某等有关涉案人员被依法拘留，等待他们的将是法律的严惩。

【“双十一”龙游村淘三个单项领跑全省】 如今的“双十一”早已变成了民众的购物狂欢节。在2016年这场“双十一”电商盛宴中，龙游县农村淘宝迎来了交易高峰。据阿里巴巴农村淘宝事业部龙游区域经理项雪娇介绍，“双十一”当天，龙游县村淘“村小二”人均收入2246.5元、人均单量171.86单、“淘帮手”人均收入302.97元，三项指标均位列浙江省第一名，交出了一份漂亮的成绩单。

【征迁安置的“高坪桥速度”】 龙游县高坪桥水库是浙江省“五水共治”的重大民生工程，涉及社阳乡红光村、大公村、连上村、凤溪村4个行政村及金华市婺城区莘畈乡的大立元村，1400多人将进行移民搬迁，土地征收面积约151.07公顷（2266亩），征地拆迁和移民安置任务十分艰巨。自2016年9月中旬起，龙游县抽调108名党员干部组成工作组，进驻社阳乡，蹲山坳、扎田头，发扬“四干”精神，“民”字当头，俯身服务。工作组干部日夜奋战，马不停蹄，并辗转安徽、江苏、杭州、金华等地，做好调查取证工作。截至12月10日16时，全面完成库区560户1400多名村民的移民征迁安置协议签订工作，前后仅为82天，创出征迁安置的“高坪桥速度”。

【“龙游大妈”入村宣讲中共十八届六中全会精神】 12月21日上午10时，溪口镇大沃口村文化礼堂被村民挤得满满的。台上，50多名“龙游大妈”志愿服务队队员穿上艳丽的演出服，化身专业“演员”，轮番上演朗诵、舞蹈、歌曲等10多个精彩节目，用村民喜闻乐见的形式向村民宣讲中共十八届六中全会精神。演出期间，龙游大妈志愿服务队还为村里10多名80岁以上的老人送上蛋糕，祝愿老人们健康长寿。

（以上内容均选自《今日龙游》）

艺　文

2016年诗词楹联新作

●张文龙1首

鹧鸪天·众诗友采风共聚云涧茶苑

庭树深深四月天，低飞紫燕戏屋前。远山袅袅轻烟绕，碧水悠悠青草鲜。　风淡淡，叶翩翩，竹云涧外雨潺潺。酒酣尚未思归去，率性文章信手拈。

（载于《浙江诗联》2016年第4期）

●林峰3首

甘肃虎豹口

大河不改水流东，依旧斜阳带血红。
把盏滩头心欲折，西征往事未朦胧。

水调歌头·甘肃永泰龟城遗址

边塞烟尘古，漠北水云黄。举头残月明灭，野色满胡杨。险设孤城铁瓮，要控龙沙绝域，烽火没穹苍。虎卫关山久，风起笛声长。　人何处，秋未老，事昏茫。心头鼓角悲壮，匹马下西凉。欲效骠姚许国，更羡文渊投笔，旆影耀天光。草白金鹰疾，碧落任翱翔。

沁园春·黄河石林

九折洪波，一线天开，势耸绝峰。尽嶙峋崖壁，神工化女；蜿蜒峡谷，鬼斧横空。狮卧雄关，鹰环紫塞，马踏流星日在东。依稀见，又征帆竞发，浪激苍龙。　回眸清气如虹，更千古风流谁与同。叹汨罗屈子，楚骚安续；沙门玄奘，宝筏难通。剑辟书山，旗辉笔柱，西北从来多俊雄。欣归去，正云来掌上，月到林中。

（以上3首载于2016年12月《中华诗词》）

●周执中8首

卜算子·仙人镜

待月到中秋，深夜人初静。仙子悠悠天界来，飘逸衣衫靓。　倩影满山头，款款知音省。亘古寒光入镜中，望尽冰盘冷。

（载于《中华诗词》2016第5期）

清平乐·灵江秋冬

健身漫步，踏遍灵江路。午后阳光温暖度，直到苍茫日暮。　天年颐养成风，安康深入心中。摄影添来画册，借支微信情衷！

［载于《香港诗词学会网（词楼）》、《浙江诗潮》（2016年第1期）］

江城子·高铁引领世界

中华高铁起旋风，贯西东，碧天空。产权知识，件件自专红。雪域严寒偕热带，经考验，胜飞龙。当年艰苦激心雄，为民宗，解交通。起家白手，万里搏涛冲。引领全球成定局，行世界，畅情衷！

（载于《中华诗词》2016第07期）

忆江南·游轮上白族三道茶

风味好，香溢满船飞。白族舞来情绻绻，雪衣飘逸意菲菲。能不忆滇池？

（载于《香港诗词学会网（春之声）》、《抒写云南昆明—中华诗词优秀作品选》获特等奖、《浙江诗联》2016年第3期）

月宫行·竹云涧

——奔康公司相邀作诗画挥毫处

新篁绿染白墙东，独木桌几红。轻烟薄雾满山峰，结伴采诗风。　村醪野味方吟醉，书画笔、挥写摇空。琼花借酒凤飞龙，犹在梦魂中！

（载于《中华诗词》2016第12期）

破阵子·我建第二艘航母

梦里三山大海，深蓝破浪强军。千万里攻无不克，舰载雄鹰翀汉云。复兴报国魂。　一旦东窗敌影，箭如导的天神。反恐救援天下事，赢得和平世界春。殷殷大国尊！

沁园春·中国春节走向世界

春节中华，影响全球，换尽旧氛。看拥雍春晚，陆离梦境，艺花百姓，美若朝云。醉舞光台，欢歌彩影，传遍天涯海角纷。侨居客，赞盛强祖国，幸福人民！　神州经济朝暾，令国外商家鬻物频。更旅行世界，五洲遍及，巴黎纽约，曼谷伦敦。首尔东京，西兰迪拜，埃及南非销客魂。从今后，与地球共庆，禹甸同温！

七律·飞滇

朵云作伴去昆明，万里蒸腾潇洒行。
七彩云南优雅梦，九霄雨后释怀情。

碧鸡可作春城志，金马牌标花市名。
一片心仪溶客旅，归来应是满身馨！

（以上3首载于2016年12月《浙江诗联选粹》）

●夏希虔5首1联

清丽双臻·草原情

快意穹庐美，草原千里接云天。风卷牛羊翻碧浪，青稞琴曲醉吟鞭。大漠晚霞红，长河明月圆。追古圣，仰高贤。一代天骄挥大纛，金戈铁马踏平川。欧亚纵横图壮丽，大汗帝业古今传。

（该词获2016年8月“蔡丽双杯·草原情”——全球华文内蒙古风情“清丽双臻”填词大奖赛佳作奖）

芰塘金感怀

春日寻芳别有天，龙南深处黛峰连。
清溪一脉桃花绽，雨霁千重竹浪翻。
环堵云岚浮玉影，洞开气象隐神仙。
流风遗韵古村落，驻足宗祠仰圣贤。

（载于2016年12月《浙江诗联选粹》）

行香子·神仙谷

仙谷漂流，一叶轻舟。碧波里、激浪悠游。险滩玉瀑，穿越汀洲。令心儿跳，神儿乱，胆儿浮。重重山影，隐隐龙湫。赏云烟、快意清眸。峰奇峡峻，日丽风柔。正清溪澈，空山静，碧云悠。

白崖山

铁骨嶙峋鬼斧工，疑如百兽态非同。
群芳斗艳开仙境，绿毯披峦连碧空。
日出千重云彩美，春来万顷杜鹃红。
登临绝顶观花海，策杖行吟似梦中。

宝峰寺

古刹倚珠峰，香萦百丈松。
山幽鸣地籁，池碧曳芙蓉。
纵目观红日，扶筇觅旧踪。
悠悠秋色晚，回望白云封。

（以上3首获《中华诗词》杂志社暨靖安县人民政府于2015年10月颁发的“白云深处，靖安人家”全国诗词大奖赛优秀奖证书）

题贺羊亭联

天子山前涵秀色；
状元桥外听秋声。

（该联于2016年秋月刻于溪口镇寺下村贺羊桥亭柱上，徐荣伟书）

（龙游县诗词学会 夏希虔）

2016年新书榜

《龙游文库综述篇》 中共龙游县委宣传部编。主编劳乃强，副主编李景。龙游县委书记方健忠、县长刘根宏分别作序。2016年10月由中国文史出版社出版，大32开本，155万字。丛书包括《岁月纵横话龙游》（鄢卫建编）、《乡贤光辉照龙游》（余怀根编）、《风光名胜看龙游》（李慧编）、《文化遗产传龙游》（刘恩聪编）、《诗文锦绣纪龙游》（余久一编）等5部。这套丛书荟萃了龙游的人文景观、历史文化、风土人情，以文学的笔触记述了龙游的历史画卷、文化遗存、风景名胜、历代名贤。

《水浒另说》 徐金渭著，杂文，21千字，黄国平序，2014年12月中国科学文化音响出版社出版，271页。作品以名著《水浒传》中的人和事为话题，以悲天悯人的情怀，以独特另类视角，以辛辣又不失诙谐的笔触，评说现实社会，系一部可读性强，深受读者喜爱并产生广泛影响的作品。

《心河》 罗俊霞著，散文集24.8千字，2016年6月出版，团结出版社出版，32开本，299页，32开，书号：ISBN 978-7-5126-4157-0。作者是湖南籍土家族妹子，衢州市作家协会会员，龙游县第二高级中学语文教师。

《石佛故事》 邓根林著，长篇小说，23万字，龙游县文联副主席张水祥序，2016年1月由中国出版集团现代出版社出版，32开本，246页，书号ISBN 978-7-5143-3998-7。《石佛故事》以几个平凡龙游人的人生经历为线索，在主人翁的所见所闻中，以龙游这座建县历史十分悠久的千年古城为背景，着重描写了众多的古代建筑，当地的风土人情、民间习俗，融入流传广远的民间传说，神话传说……。作品语言平实，叙述清晰，深受读者喜爱。8月，《石佛故事》

荣获龙游县第二届文艺精品“余绍宋奖”。10月，《石佛故事》改名《龙游故事》，增加2个印张，第三次印刷，32开本，296页。

《万年龙游》 蒋乐平、雷栋荣编著，2016年12月由中国文史出版社出版，16开，190页，书号：ISBN 978-7-5034-8430-8。《万年龙游》是一本介绍龙游荷花山遗址青碓遗址考古过程的书籍。把荷花山，青碓考古和出土文物图片的结集，收录了领导，专家考察和研讨的图片，让人们对荷花山遗址有一个全面清晰的认识。

《龙游年鉴（2016）》 龙游县地方志编纂委员会编，2016年12月由方志出版社出版。大16开本，精装，528页，96.4万字，书号：ISBN 978-7-5144-2316-7。另有彩色图版116页。编纂委员会主任张晓峰，副主任徐宾、陆寿泉，办公室主任黄国平。主编黄国平，副主编吴永建。全书由32个类目组成，是中共龙游县委、县人民政府主办，县史志办公室组织编纂的综合性地方年鉴，是全面、系统、详实地汇辑龙游县年度自然、政治、经济、文化、社会等基本面貌和发展状况的资料性文献。全书以县机关各部门、各乡镇（街道）等为基本记叙主体，如实记载2016年全县各条战线和各项事业的发展情况。

《中国共产党龙游历史（第二卷）》 龙游县史志办公室编著，2016年1月由中共党史出版社出版。16开本，精装，448页，40万字。书号：ISBN 978-7-5098-3422-0。编纂委员会主任方建忠，副主任徐雄强，办公室主任余晓。主编余晓，副主编吴永建、姚金良。全书分4编共18章，详尽记述了自1949年5月龙游解放至1978年12月中国共产党十一届三中全会召开前，龙游人民在党的领导下进行社会主义革命、开展社会主义建设的历史进程，忠实记载了中共龙游党组织加强自身建设、经受各种考验并不断发展壮大的光辉历史，初步总结了龙游社会主义革命和建设正反两方面的经验教训，是读者了解中共龙游历史的红色“家谱”和加强党的传统教育的教科书。

（史志办 邓根林）

庙下风光 （吴永建 摄）

附录一

2016年度重要文件选目

中共龙游县委员会文件

县委〔2016〕2号　关于同意召开中国共产党龙洲街道2015年党员代表会议的批复
县委〔2016〕3号　关于同意召开中国共产党东华街道2015年党员代表会议的批复
县委〔2016〕4号　关于同意召开中国共产党湖镇镇第十一届代表大会第五次会议的批复
县委〔2016〕5号　关于同意召开中国共产党小南海镇第六届代表大会第五次会议的批复
县委〔2016〕6号　关于同意召开中国共产党溪口镇第十四届代表大会第五次会议的批复
县委〔2016〕7号　关于同意召开中国共产党横山镇第十四届代表大会第五次会议的批复
县委〔2016〕8号　关于同意召开中国共产党塔石镇第十三届代表大会第五次会议的批复
县委〔2016〕9号　关于同意召开中国共产党詹家镇第十二届代表大会第五次会议的批复
县委〔2016〕10号　关于同意召开中国共产党罗家乡第十二届代表大会第五次会议的批复
县委〔2016〕11号　关于同意召开中国共产党庙下乡第十二届代表大会第五次会议的批复
县委〔2016〕12号　关于同意召开中国共产党沐尘畲族乡第十二届代表大会第五次会议的批复
县委〔2016〕13号　关于同意召开中国共产党模环乡第十三届代表大会第五次会议的批复
县委〔2016〕14号　关于同意召开中国共产党石佛乡第十三届代表大会第五次会议的批复
县委〔2016〕15号　关于同意召开中国共产党社阳乡第十二届代表大会第五次会议的批复
县委〔2016〕16号　关于同意召开中国共产党大街乡第十届代表大会第五次会议的批复
县委〔2016〕17号　关于召开县十二届人大五次会议的批复
县委〔2016〕18号　关于召开县政协九届五次会议的批复
县委〔2016〕19号　关于建立龙游县十二届人大五次会议和政协龙游县九届五次会议临时党委的通知
县委〔2016〕20号　关于印发方健忠同志在县委十届十次全体（扩大）会议上的报告的通知
县委〔2016〕21号　关于表彰“百日维稳攻坚大会战”先进集体、先进个人的通报
县委〔2016〕22号　关于表彰2015年度建设“平安龙游”先进集体、先进个人的通报
县委〔2016〕23号　关于表彰2015年度信访工作先进集体和先进个人的通报
县委〔2016〕24号　关于“2015年度满意不满意单位”评选结果的通报

县委〔2016〕25号　龙游县党委（党组）意识形态工作责任制考核反馈问题整改报告
县委〔2016〕26号　表彰2015年度先进基层武装部、优秀专武干部和关心武装工作好领导的通报
县委〔2016〕27号　关于表彰2015年度农业农村工作先进集体和个人的通报
县委〔2016〕28号　关于表彰2015年度龙游县“五水共治”工作先进集体、先进个人、优秀河段长的通报
县委〔2016〕29号　关于2015年度乡镇（街道）及县机关部门综合考核评价结果的通报
县委〔2016〕30号　关于表彰龙游县2015年度支持重点项目建设先进村的通报
县委〔2016〕31号　关于表彰县发改局等九个单位的通报
县委〔2016〕32号　关于机关部门的党委委员等列入县委管理序列的通知
县委〔2016〕33号　中共龙游县委关于落实省委巡视组反馈意见整改方案的报告
县委〔2016〕34号　中共龙游县委关于印发《巡视反馈意见整改方案》的通知
县委〔2016〕35号　关于同意对陈卫平予以立案调查的批复
县委〔2016〕36号　关于印发《龙游县调整不适宜担任现职领导干部实施办法（试行）》的通知
县委〔2016〕37号　关于认真做好2016年度龙游县民兵组织整顿工作的通知
县委〔2016〕38号　关于命名表彰2015年度平安乡镇（街道）的通报
县委〔2016〕40号　关于印发《2016年龙游县全面深化改革工作要点》的通知
县委〔2016〕42号　关于党委履行党风廉政建设主体责任情况报告评议意见整改方案的报告
县委〔2016〕43号　关于同意召开龙游县红十字会第四次会员代表大会的批复
县委〔2016〕44号　关于加快推进特色小镇培育建设的若干政策意见
县委〔2016〕45号　关于印发《龙游县加强和改进党的群团工作实施方案》的通知
县委〔2016〕46号　关于给予陈卫平同志党内严重警告处分的请示，县委请示文件头
县委〔2016〕47号　关于龙游县红十字会换届人事安排的批复
县委〔2016〕48号　关于印发《2016年度龙游县乡镇（街道）分类争先综合考核评价办法》的通知
县委〔2016〕49号　关于印发《2016年度龙游县机关部门分类争先综合考核评价办法》的通知
县委〔2016〕50号　关于调整县保健委员会等机构领导职务的通知
县委〔2016〕51号　关于调整部分县委常委分工的通知
县委〔2016〕52号　关于授予傅秀花等34位同志龙游县第三批领军人才荣誉称号的通知
县委〔2016〕53号　关于龙游县乡镇换届领导班子职数设置的报告
县委〔2016〕54号　关于龙游县红十字会第四次代表大会选举结果的批复
县委〔2016〕55号　关于表彰龙游县先进基层党组织、优秀共产党员和优秀党务工作者的决定
县委〔2016〕56号　龙游县关于2015年度落实党风廉政建设责任制和惩防体系建设存在问题整改方案的报告
县委〔2016〕57号　关于党委履行党风廉政建设主体责任情况报告评议意见整改措施推进情况的报告
县委〔2016〕58号　关于党委履行党风廉政建设主体责任情况报告评议意见整改措施推进情况的报告
县委〔2016〕59号　关于要求创建浙江省科普示范县的请示
县委〔2016〕60号　关于省委巡视组反馈意见整改情况的报告
县委〔2016〕61号　关于同意给予廖寿祥开除党籍处分的批复
县委〔2016〕62号　关于同意给予陈富强开除党籍处分的批复
县委〔2016〕63号　关于调整部分县委常委分工的通知
县委〔2016〕64号　关于印发方健忠同志在县委十届十一次全体（扩大）会议上的报告的通知

县委〔2016〕65号　关于劳光荣同志兼任大街乡党委委员的请示
县委〔2016〕67号　印发《关于在全县公民中开展法治宣传教育的第七个五年规划（2016—2020年）》的通知
县委〔2016〕68号　关于确定龙游县领导班子换届会议推荐建议人选名单的报告
县委〔2016〕69号　关于龙游县领导班子换届拟新提拔人选考察对象建议名单的报告
县委〔2016〕71号　关于确定张问期同志公务员身份的请示
县委〔2016〕72号　关于报批《龙游县关于深化供销合作社和农业生产经营管理体制改革构建“三位一体”农民合作经济组织体系实施方案》的请示
县委〔2016〕73号　关于做好2016年乡镇党委换届工作的实施意见
县委〔2016〕74号　关于推进“一区两块”整合发展促进工业大平台建设的实施意见
县委〔2016〕75号　关于同意给予张金寿开除公职处分的批复
县委〔2016〕76号　关于全县G20杭州峰会维稳安保先进集体和先进个人的通报
县委〔2016〕77号　关于同意召开龙游县工商业联合会第七次代表大会的批复
县委〔2016〕78号　关于同意召开中共湖镇镇第十二届代表大会第一次会议的批复
县委〔2016〕79号　关于同意召开中共小南海镇第七届代表大会第一次会议的批复
县委〔2016〕80号　关于同意召开中共溪口镇第十五届代表大会第一次会议的批复
县委〔2016〕81号　关于同意召开中共横山镇第十五届代表大会第一次会议的批复
县委〔2016〕82号　关于同意召开中共塔石镇第十四届代表大会第一次会议的批复
县委〔2016〕83号　关于同意召开中共詹家镇第十三届代表大会第一次会议的批复
县委〔2016〕84号　关于同意召开中共罗家乡第十三届代表大会第一次会议的批复
县委〔2016〕85号　关于同意召开中共庙下乡第十三届代表大会第一次会议的批复
县委〔2016〕86号　关于同意召开中共沐尘畲族乡第十三届代表大会第一次会议的批复
县委〔2016〕87号　关于同意召开中共模环乡第十四届代表大会第一次会议的批复
县委〔2016〕88号　关于同意召开中共石佛乡第十四届代表大会第一次会议的批复
县委〔2016〕89号　关于同意召开中共社阳乡第十三届代表大会第一次会议的批复
县委〔2016〕90号　关于同意召开中共大街乡第十一届代表大会第一次会议的批复
县委〔2016〕91号　关于湖镇镇党委、纪委换届候选人预备人选的批复
县委〔2016〕92号　关于小南海镇党委、纪委换届候选人预备人选的批复
县委〔2016〕93号　关于溪口镇党委、纪委换届候选人预备人选的批复
县委〔2016〕94号　关于横山镇党委、纪委换届候选人预备人选的批复
县委〔2016〕95号　关于塔石镇党委、纪委换届候选人预备人选的批复
县委〔2016〕96号　关于詹家镇党委、纪委换届候选人预备人选的批复
县委〔2016〕97号　关于罗家乡党委、纪委换届候选人预备人选的批复
县委〔2016〕98号　关于庙下乡党委、纪委换届候选人预备人选的批复
县委〔2016〕99号　关于沐尘畲族乡党委、纪委换届候选人预备人选的批复
县委〔2016〕100号　关于模环乡党委、纪委换届候选人预备人选的批复
县委〔2016〕101号　关于石佛乡党委、纪委换届候选人预备人选的批复
县委〔2016〕102号　关于社阳乡党委、纪委换届候选人预备人选的批复
县委〔2016〕103号　关于大街乡党委、纪委换届候选人预备人选的批复

县委〔2016〕104号　关于湖镇镇党委出席中共龙游县委第十一次代表大会代表候选人预备人选的批复
县委〔2016〕105号　关于小南海镇党委出席中共龙游县委第十一次代表大会代表候选人预备人选的批复
县委〔2016〕106号　关于溪口镇党委出席中共龙游县委第十一次代表大会代表候选人预备人选的批复
县委〔2016〕107号　关于横山镇党委出席中共龙游县委第十一次代表大会代表候选人预备人选的批复
县委〔2016〕108号　关于塔石镇党委出席中共龙游县委第十一次代表大会代表候选人预备人选的批复
县委〔2016〕109号　关于詹家镇党委出席中共龙游县委第十一次代表大会代表候选人预备人选的批复
县委〔2016〕110号　关于罗家乡党委出席中共龙游县委第十一次代表大会代表候选人预备人选的批复
县委〔2016〕111号　关于庙下乡党委出席中共龙游县委第十一次代表大会代表候选人预备人选的批复
县委〔2016〕112号　关于沐尘畲族乡党委出席中共龙游县委第十一次代表大会代表候选人预备人选的批复
县委〔2016〕113号　关于模环乡党委出席中共龙游县委第十一次代表大会代表候选人预备人选的批复
县委〔2016〕114号　关于石佛乡党委出席中共龙游县委第十一次代表大会代表候选人预备人选的批复
县委〔2016〕115号　关于社阳乡党委出席中共龙游县委第十一次代表大会代表候选人预备人选的批复
县委〔2016〕116号　关于大街乡党委出席中共龙游县委第十一次代表大会代表候选人预备人选的批复
县委〔2016〕117号　关于印发《龙游县关于深化供销合作社和农业生产经营管理体制改革构建“三位一体”农民合作经济组织体系的实施方案》的通知，含龙游县构建“三位一体”农民合作经济组织体系工作领导小组
县委〔2016〕118号　关于给予童盛鸿等45名公务员记三等功的决定
县委〔2016〕119号　关于同意召开龙游县供销合作社联合社第五届代表大会及人事安排的批复
县委〔2016〕120号　印发《关于实施全域旅游发展战略的意见》的通知，含龙游县全域旅游发展工作领导小组
县委〔2016〕121号　关于印发《中共龙游县委巡察工作实施细则》的通知
县委〔2016〕122号　关于龙游县供销合作社联合社第五届代表大会选举结果的批复
县委〔2016〕125号　关于中共湖镇镇第十二届委员会和纪律检查委员会组成人员的批复
县委〔2016〕126号　关于中共小南海镇第七届委员会和纪律检查委员会组成人员的批复
县委〔2016〕127号　关于中共溪口镇第十五届委员会和纪律检查委员会组成人员的批复
县委〔2016〕128号　关于中共横山镇第十五届委员会和纪律检查委员会组成人员的批复
县委〔2016〕129号　关于中共塔石镇第十四届委员会和纪律检查委员会组成人员的批复
县委〔2016〕130号　关于中共詹家镇第十三届委员会和纪律检查委员会组成人员的批复
县委〔2016〕131号　关于中共罗家乡第十三届委员会和纪律检查委员会组成人员的批复
县委〔2016〕132号　关于中共庙下乡第十三届委员会和纪律检查委员会组成人员的批复
县委〔2016〕133号　关于中共沐尘畲族乡第十三届委员会和纪律检查委员会组成人员的批复
县委〔2016〕134号　关于中共模环乡第十四届委员会和纪律检查委员会组成人员的批复
县委〔2016〕135号　关于中共石佛乡第十四届委员会和纪律检查委员会组成人员的批复
县委〔2016〕136号　关于中共社阳乡第十三届委员会和纪律检查委员会组成人员的批复
县委〔2016〕137号　关于中共大街乡第十一届委员会和纪律检查委员会组成人员的批复
县委〔2016〕138号　印发《关于创新体制机制推进人才集聚加快龙游转型跨越发展的实施意见》的通知
县委〔2016〕139号　关于促进工业经济转型跨越发展若干意见
县委〔2016〕140号　关于召开中国共产党龙游县第十一次代表大会的请示
县委〔2016〕141号　关于中国共产党龙游县第十一次代表大会代表选举工作的通知

县委〔2016〕142号　关于认真做好中国共产党龙游县第十一次代表大会代表提案征集与办理工作的通知
县委〔2016〕143号　关于2015年度落实党风廉政建设责任制和惩防体系建设存在问题整改落实情况的报告
县委〔2016〕144号　关于建立龙游县换届工作领导小组的通知
县委〔2016〕145号　关于龙游县工商业联合会（总商会）换届人事安排的批复
县委〔2016〕146号　关于建立国家统计局龙游调查队党组织的通知
县委〔2016〕147号　关于召开中国共产党龙游县第十一次代表大会的决议
县委〔2016〕148号　关于龙游县县级领导班子换届人事安排问题的请示
县委〔2016〕149号　关于中共龙游县纪委换届人事安排问题的请示
县委〔2016〕150号　关于邀请袁家军副书记出席中浙高铁龙游高端轴承产业园项目开工典礼的请示
县委〔2016〕151号　关于确定龙游县出席中国共产党衢州市第七次代表大会代表候选人预备人选的情况报告
县委〔2016〕152号　关于龙游县第七届工商业联合会（总商会）换届选举结果的批复
县委〔2016〕153号　关于龙游县第十一次党代会及县委、县纪委一次全会选举结果的报告
县委〔2016〕154号　关于印发刘根宏同志在中国共产党龙游县第十一次代表大会上的报告的通知
县委〔2016〕155号　关于选举产生龙游县出席中共衢州市第七次代表大会代表的情况报告
县委〔2016〕156号　关于印发《中共龙游县委关于进一步加强自身建设的决定》的通知
县委〔2016〕157号　关于印发《中国共产党龙游县委员会工作规则》的通知

中共龙游县委办公室文件

县委办〔2016〕2号　关于印发《龙游县党政领导干部履职问责办法（试行）》的通知
县委办〔2016〕4号　关于表彰2015年度“六五”普法教育先进集体和先进个人的通报
县委办〔2016〕5号　关于表彰2015年度龙游县“大调解”工作先进集体和先进个人的通知
县委办〔2016〕6号　关于组织开展2015年度“先进基层党组织”和“优秀村党组织书记”、“优秀村委会主任”评选表彰活动的通知
县委办〔2016〕8号　关于印发《龙游县烟花爆竹禁限燃实施方案》的通知
县委办〔2016〕9号　关于表彰2015年度全县信息工作先进集体和先进个人的通报
县委办〔2016〕10号　中共龙游县委办公室（督考办）专题民主生活会方案
县委办〔2016〕11号　关于对2015年度落实党风廉政建设责任制和惩防体系建设检查考核情况的通报
县委办〔2016〕12号　关于《浙江龙游工业园区工业项目引进实施意见》的补充意见
县委办〔2016〕14号　关于表彰2015年度“先进基层党组织”和“优秀村党组织书记”、“优秀村委会主任”的通报
县委办〔2016〕15号　关于表彰2015年度招商引资先进集体的通报
县委办〔2016〕16号　关于印发《龙游县乡镇（街道）纪（工）委书记提名考察办法（试行）》《龙游县纪委派驻纪检组组长提名考察办法（试行）》的通知
县委办〔2016〕17号　关于印发《龙游县2016年“大干项目、干大项目”领导干部“三挂”活动实施方案》的通知
县委办〔2016〕18号　县委办公室履行党风廉政建设主体责任情况报告
县委办〔2016〕19号　关于县委办公室班子及县管干部工作分工的通知

县委办〔2016〕21号　关于县委县政府美丽龙游建设领导小组组成人员的通知
县委办〔2016〕23号　2016年党风廉政建设和反腐败工作计划
县委办〔2016〕24号　关于进一步落实党风廉政建设主体责任的意见
县委办〔2016〕25号　关于印发《龙游县乡镇（街道）、机关部门干部平时考核办法（试行）》的通知
县委办〔2016〕26号　中共龙游县委理论学习中心组2016年学习计划
县委办〔2016〕28号　关于建立规范村（社区）事务运行“三张清单”的通知
县委办〔2016〕29号　关于印发《2016年龙游县普法依法治理工作要点》的通知
县委办〔2016〕30号　关于调整县纪委派驻第十纪检组监督范围的通知
县委办〔2016〕31号　关于调整县委对台工作领导小组的通知
县委办〔2016〕32号　关于印发《2016年龙游县农业农村暨“五四三”重点工作任务清单》的通知
县委办〔2016〕33号　关于建立完善改革工作机制推进改革举措落地生根的实施意见
县委办〔2016〕34号　关于做好农村基层作风巡查工作的意见
县委办〔2016〕35号　关于进一步明确县纪委派驻机构职责权限的意见
县委办〔2016〕37号　关于开展《龙游年鉴（2016）》编纂工作的通知
县委办〔2016〕38号　关于印发《2016年度县委、县政府领导重点调研课题》的通知
县委办〔2016〕39号　印发《关于建立党员干部改革创新容错免责机制的实施办法（试行）》的通知
县委办〔2016〕40号　关于印发《龙游县柑桔产业转型发展实施意见》的通知
县委办〔2016〕41号　印发《关于在全县党员中开展“学党章党规、学系列讲话，做合格党员”学习教育的实施方案》的通知
县委办〔2016〕43号　关于深化“贺田模式”复制工作的实施意见
县委办〔2016〕44号　关于印发《龙游县美丽乡村“一县一带”建设实施意见》的通知
县委办〔2016〕45号　关于调整县委人才工作领导小组组成成员的通知
县委办〔2016〕46号　关于命名2016年度县级爱国主义教育基地的通知
县委办〔2016〕47号　中共龙游县委办公室印发《关于在全体党员中开展“学党章党规、学系列讲话，做合格党员”学习教育的实施方案》的通知
县委办〔2016〕49号　关于深化生猪养殖整规促进转型升级的通知
县委办〔2016〕50号　印发《关于贯彻落实市委市政府〈关于开展“为官不为”专项整治行动方案〉实施意见》的通知
县委办〔2016〕51号　关于成立龙游县“龙游美食”推广领导小组的通知
县委办〔2016〕53号　关于做好县优秀共产党员、优秀党务工作者、先进基层党组织推荐工作的通知
县委办〔2016〕54号　2016年龙游县招商引资暨浙商回归工作考核办法
县委办〔2016〕55号　关于印发《龙游县创建国家卫生县城工作实施方案》的通知，含县创建国家卫生县城工作领导小组及办公室、专项组成员名单
县委办〔2016〕56号　印发《关于适应经济新常态办好龙游县职业技术学校的若干意见》的通知
县委办〔2016〕59号　关于印发《2016年全域旅游工作乡镇（街道）考核办法》和《2016年全域旅游工作部门考核办法》的通知
县委办〔2016〕60号　关于印发《〈龙游文库〉编纂方案》的通知
县委办〔2016〕61号　关于印发《龙游县党史和地方志工作规划（2016—2020年）》的通知

县委办〔2016〕62号　关于印发《龙游县农村生活污水治理设施运维管理移交工作方案》的通知
县委办〔2016〕63号　关于印发《龙游县创建省科普示范县实施方案》的通知
县委办〔2016〕64号　关于印发《2016年度龙游县党委系统信息工作考核办法》的通知
县委办〔2016〕65号　关于印发《2016年党风廉政建设和反腐败工作组织领导与责任分工》的通知
县委办〔2016〕67号　关于推进精准脱贫巩固“消除4600”成果的通知
县委办〔2016〕68号　关于印发《龙游县2016年度“大干项目、干大项目”专项考核办法》的通知
县委办〔2016〕69号　关于印发《龙游县2016年度“五水共治”共建生态家园工作考核办法》的通知
县委办〔2016〕70号　关于认真贯彻落实省委《党风廉政建设党委（党组）主体责任和纪委（纪检组）监督责任清单》的通知
县委办〔2016〕71号　关于印发《2016年促进农民增收重点任务清单》的通知
县委办〔2016〕72号　关于转发中共浙江省委组织部《换届风气监督工作主体责任清单》的通知
县委办〔2016〕73号　关于印发《补齐短板推进新型工业化建设责任清单》的通知
县委办〔2016〕74号　关于印发《龙游县创建“新一轮全国计划生育优质服务先进单位”实施方案》的通知
县委办〔2016〕75号　关于开展“大干一百天，实现全年红”项目攻坚活动的通知
县委办〔2016〕76号　关于印发《2016年龙游县美丽乡村“一县一带”建设工作考核办法》和《2016年龙游县土地整治连片开发工作考核办法》的通知
县委办〔2016〕78号　关于印发《2016年度综合考核补充办法》的通知
县委办〔2016〕80号　关于成立县小城镇环境综合整治行动领导小组的通知
县委办〔2016〕81号　关于印发《龙游县小城镇环境综合整治行动实施方案》的通知
县委办〔2016〕82号　印发《关于建设乡镇（街道）“四个平台”完善基层治理体系的实施意见》的通知
县委办〔2016〕83号　关于切实做好2017年度党报党刊发行工作的通知
县委办〔2016〕84号　关于开展2016年度县机关部门（单位）“满意不满意单位”评选活动的通知
县委办〔2016〕85号　关于成立中共龙游县第十一次代表大会筹备工作领导小组和工作机构的通知
县委办〔2016〕86号　关于做好2017年春节期间“送温暖、献爱心”活动的通知

龙游县人大常委会文件

龙人大常（2016）1号　龙游县人大常委会关于批准龙游县2016年地方政府债务限额及新增债务预算调整方案的决议
龙人大常（2016）4号　关于批准龙游县2015年地方政府债务限额的决议
龙人大常（2016）9号　龙游县人大常委会2016年监督工作计划
龙人大常（2016）10号　龙游县人大常委会2016年工作要点
龙人大常（20161）5号　关于我县生猪养殖污染治理及监管情况的审议意见
龙人大常（20161）8号　关于我县“六五”普法规划实施情况的审议意见
龙人大常（2016）21号　龙游县人大常委会关于批准龙游县2016年地方政府债务限额及新增债务预算调整方案的决议
龙人大常（2016）28号　关于龙游县2016年上半年国民经济和社会发展计划执行情况的审议意见
龙人大常（2016）29号　关于切实做好“七五”普法宣传教育工作的决议

龙人大常（2016）33号　关于我县基本公共文化服务标准化建设情况的审议意见
龙人大常（2016）41号　关于批准龙游县2016年财政预算调整方案的决议
龙人大常（2016）43号　关于调整县选举委员会组成人员的决定

龙游县人大常委会办公室文件

龙人大常办（2016）3号　印发《关于全县各级人大开展查找“短板”专项活动的方案》的通知
龙人大常办（2016）5号　关于印发《龙游县人大常委会2016年度分月主要工作安排》的通知
龙人大常办（2016）17号　印发《关于开展大气污染防治执法检查和“五水共治”专项监督实施方案》的通知
龙人大常办（2016）22号　关于衢江、灵山江两江治理及生态修复情况的视察意见
龙人大常办（2016）27号　龙游县机关部门人大工作考核评价办法
龙人大常办（2016）26号　龙游县乡镇（街道）人大工作考核评价办法
龙人大常办（2016）28号　关于我县城区教育布局规划实施情况的视察意见
龙人大常办（2016）31号　关于呈送《关于深化我县行政审批制度改革的调查与思考》的报告
龙人大常办（2016）38号　关于呈送《关于我县县乡人大代表换届选举工作的调研报告》的报告
龙人大常办（2016）40号　关于我县“四边三化”实施情况的视察意见
龙人大常办（2016）45号　关于我县重点企业技改项目建设情况的视察意见

龙游县人民政府文件

龙政发〔2016〕2号　关于同意简便农村生活污水治理项目财政审价流程的批复
龙政发〔2016〕3号　关于调整全县最低工资标准的通知
龙政发〔2016〕13号　关于开展第三次农业普查的通知
龙政发〔2016〕14号　关于同意选定高坪桥水库大坝坝型采用混凝土重力坝的批复
龙政发〔2016〕15号　关于同意对浙江雪伦服饰有限公司实行政府挂牌督办的批复
龙政发〔2016〕16号　关于同意动用贮备早稻种子的批复
龙政发〔2016〕17号　关于同意商品有机肥招标相关事宜的批复
龙政发〔2016〕18号　关于同意批准2016年度龙游县安监局安全生产监督检查工作计划的批复
龙政发〔2016〕19号　关于同意批准进一步完善土地整治项目管理补充意见的批复
龙政发〔2016〕20号　关于印发城镇危旧住宅房屋治理改造三年行动专项规划的通知
龙政发〔2016〕21号　关于同意龙游县2016年度国有建设用地供应计划的批复
龙政发〔2016〕22号　关于进一步鼓励龙商回归促进企业并购重组的若干意见
龙政发〔2016〕23号　关于印发《鼓励企业加快进入多层次资本市场的实施意见（试行）》的补充意见
龙政发〔2016〕24号　关于同意龙游县农村饮用水安全巩固提升工程十三五规划的批复

龙政发〔2016〕25号　关于印发《龙游县企业还贷周转专项资金管理办法》的通知
龙政发〔2016〕26号　关于印发龙游县国民经济和社会发展第十三个五年规划纲要的通知
龙政发〔2016〕27号　关于同意解除横山镇富硒农业示范地块《国有建设用地使用权出让合同》的批复
龙政发〔2016〕28号　关于同意对龙游县2016年第一批垦造耕地项目予以立项的批复
龙政发〔2016〕30号　关于变更龙游县民用爆破器材专营公司主管部门（出资金人）的批复
龙政发〔2016〕31号　关于同意市场类资产整合移交实施方案的批复
龙政发〔2016〕32号　关于促进民办教育发展的实施意见的通知
龙政发〔2016〕33号　关于同意龙游县2016年第三批垦造耕地项目予以立项的批复
龙政发〔2016〕34号　关于龙游县城东片区道路工程（一期）项目政府购买服务相关事宜的批复
龙政发〔2016〕35号　关于同意龙游县水利工程标准化实施方案（2016—2020）的批复
龙政发〔2016〕36号　关于龙游县棚户区改革政府购买服务相关事宜的批复
龙政发〔2016〕37号　关于同意龙游县2016年第二批垦造耕地项目予以立项的批复
龙政发〔2016〕38号　关于同意2016年度第一批农村土地整治项目复垦计划的批复
龙政发〔2016〕39号　关于《衢宁铁路龙游南站站区控制性详细规划》的批复
龙政发〔2016〕40号　关于同意对兰石安置小区集体土地实施征收及拨付征地款的批复
龙政发〔2016〕41号　关于同意拨付收储龙游宝源篷袋加工罢工有限公司国有土地资金的批复
龙政发〔2016〕46号　关于2016年地方政府债务限额及新增债券分配方案的批复
龙政发〔2016〕47号　关于同意白姑公路纳入县乡道路建设计划的批复
龙政发〔2016〕48号　关于同意龙游县2016年第四批垦造耕地项目予以立项的批复
龙政发〔2016〕49号　关于印发龙游县基础测绘“十三五”规划的通知
龙政发〔2016〕50号　关于同意对浙江龙游三晟家居有限公司重大灾害隐患单位实行政府挂牌督办的批复
龙政发〔2016〕51号　关于同意对龙游冠龙水晶饰品有限公司等5处县级挂牌重大安全隐患实行摘牌销案的批复
龙政发〔2016〕57号　关于同意对2016年耕地质量提升项目立项的批复
龙政发〔2016〕61号　关于机关事业单位工作人员养老保险制度改革的实施意见的通知
龙政发〔2016〕64号　关于同意发放浙江省村级股份经济合作社证明书的批复
龙政发〔2016〕66号　关于同意完善土地整治项目管护补充意见的批复
龙政发〔2016〕69号　关于同意龙游县石佛乡三和村等三个村土地整理（标准农田建设）项目予以立项的批复
龙政发〔2016〕70号　关于同意2016年度第二批农村土地整治项目复垦计划的批复
龙政发〔2016〕71号　关于同意对龙游彩园建材厂等3处县级挂牌重大安全隐患实行摘牌销案的批复
龙政发〔2016〕72号　关于《龙游县公共交通专项规划（2016—2030）》的批复
龙政发〔2016〕73号　关于同意撤销我县自然保护小区的批复
龙政发〔2016〕74号　关于同意县水务集团2016和2017年度衢江（龙游段）河道疏浚计划指标的批复
龙政发〔2016〕75号　关于划定县级文物保护单位保护范围和建设控制地带的通知
龙政发〔2016〕76号　关于同意《龙游县通信基站布点规划（2015—2030）》的批复
龙政发〔2016〕77号　关于划转综合行政执法处罚事项的通知
龙政发〔2016〕78号　关于同意实施2016年度龙游县水利工程标准化管理和保护范围划界的批复
龙政发〔2016〕79号　关于同意龙游县节水型社会建设工作方案的批复
龙政发〔2016〕81号　关于公布百家四优企业名单的通知

龙政发〔2016〕87号　关于同意衢江河道（龙游段）标准化划界方案的批复
龙政发〔2016〕88号　关于钱塘江上游衢江龙游段河道综合治理工程项目农发重点建设基金投资业务有关事项的批复
龙政发〔2016〕90号　关于同意对龙游五月天足浴店重大火灾隐患实行政府挂牌督办的批复
龙政发〔2016〕91号　关于同意《浙江省龙游县电子商务“十三五”发展规划》的批复
龙政发〔2016〕92号　关于同意龙游县农村饮用水水源保护范围规定方案的批复
龙政发〔2016〕93号　关于印发全民健身实施计划（2016—2020年）的通知
龙政发〔2016〕94号　关于同意将万基检测中心重组纳入县奔康公司的批复
龙政发〔2016〕95号　关于收储龙游县龙港房地产开发有限公司（原龙游镇西湖沿13号）国有土地使用权的批复
龙政发〔2016〕96号　关于2017年度土地储备计划的批复
龙政发〔2016〕98号　关于印发龙游县妇女发展规划（2016—2020年）和龙游县儿童发展规划（2016—2020年）的通知
龙政发〔2016〕99号　关于同意龙游南出口至九里立交道路两侧景观改造提升等三个基础设施建设项目EPC直接发包的批复

龙游县人民政府办公室文件

龙政办发〔2016〕1号　关于印发龙游县2016年政府性投资项目划的通知
龙政办发〔2016〕2号　关于印发龙游县优先发展城乡公共交通实施意见的通知
龙政办发〔2016〕4号　关于做好农村土地承包经营权确权登记颁证工作的实施意见
龙政办发〔2016〕7号　关于印发龙游县四边三化整治行动方案的通知
龙政办发〔2016〕8号　关于印发龙游县“清千塘美百河”春季治水大会战行动方案的通知
龙政办发〔2016〕9号　关于印发龙游县2016年四重双百重点建设项目计划的通知
龙政办发〔2016〕10号　关于开展2015年度土地矿产卫片执法监督检查工作的通知
龙政办发〔2016〕11号　关于印发龙游县2016年度无偿献血工作安排的通知
龙政办发〔2016〕13号　印发关于推进责任医生签约服务工作的实施意见的通知
龙政办发〔2016〕14号　关于印发2016年经济社会发展指标政府重点工作政府实事工程责任分解表的通知
龙政办发〔2016〕15号　关于下发龙游县打击电鱼毒鱼炸鱼专项整治行动工作方案的通知
龙政办发〔2016〕16号　关于印发《龙游县人民政府2015年度政府信息公开工作报告》的通知
龙政办发〔2016〕17号　关于公布《龙游县第一批地名文化遗产保护名录》的通知
龙政办发〔2016〕18号　关于公布龙游县2016年度政府采购目录及标准的通知
龙政办发〔2016〕19号　关于印发进一步加强农村居民建房管理工作意见的通知
龙政办发〔2016〕20号　关于印发《龙游县非法集资风险专项排查活动实施方案》
龙政办发〔2016〕21号　关于下达2016年社会保险扩面征缴工作目标任务的通知
龙政办发〔2016〕22号　关于下达2016年度龙游县高污染燃料锅（窑）炉淘汰改造工作计划的通知
龙政办发〔2016〕23号　关于印发龙游县2016年度依法行政工作要点的通知
龙政办发〔2016〕24号　关于印发2016年政府领导重点议案 建议 提案领办件的通知
龙政办发〔2016〕25号　关于印发《龙游县财政专项资金管理办法（试行）》的通知

龙政办发〔2016〕26号　关于印发龙游县突发性地质灾害应急预案的通知
龙政办发〔2016〕27号　关于印发龙游县2016年地质灾害防治方案的通知
龙政办发〔2016〕28号　关于印发龙游县创建国家卫生县城工作规划的通知
龙政办发〔2016〕29号　关于印发蓝色屋面专项整治行动方案的通知
龙政办发〔2016〕30号　关于对全县已审批尚未动工的农村居民建房重新进行审核的通知
龙政办发〔2016〕31号　关于印发龙游县创建省级慢性非传染病综合防控示范区工作实施方案的通知
龙政办发〔2016〕32号　关于建立省级慢性病综合防控示范区多部门协调制度的通知
龙政办发〔2016〕33号　关于加快推进企业并购重组工作的意见
龙政办发〔2016〕34号　关于印发《2016年重点建设项目五项竞赛活动细则》的通知
龙政办发〔2016〕37号　关于印发龙游县重点项目前期推进部门联席会议制度的通知
龙政办发〔2016〕38号　关于做好国家专项建设基金项目谋划申报和对接争取工作的通知
龙政办发〔2016〕39号　关于推广新型高效燃油添加剂减少机动车排放污染改善空气质量活动方案的意见
龙政办发〔2016〕40号　关于印发建立龙游县政府投资项目契约化管理制度的若干规定（试行）的通知
龙政办发〔2016〕41号　关于印发龙游县“十三五”重点建设项目规划的通知
龙政办发〔2016〕42号　关于做好2016年粮食订单工作的通知
龙政办发〔2016〕43号　关于印发2016年浙江政务服务网龙游平台建设工作要点的通知
龙政办发〔2016〕44号　关于印发龙游县人民政府重大事项决策程序规定的通知
龙政办发〔2016〕46号　关于支持大众创业促进就业的实施意见的通知
龙政办发〔2016〕47号　关于农村居民建房有关问题的通知
龙政办发〔2016〕48号　关于印发龙游县2016年度三改一拆专项工作考核办法的通知
龙政办发〔2016〕49号　关于转发《衢州市人民政府办公室关于全面实施环境监管网格化管理的通知》的通知
龙政办发〔2016〕50号　关于印发龙游县瓶装燃气违法经营执法工作方案的通知
龙政办发〔2016〕51号　关于印发龙游县域城乡建设规划编制工作实施方案的通知
龙政办发〔2016〕52号　关于印发龙游县“多规合一”工作实施方案的通知
龙政办发〔2016〕53号　关于印发龙游县创建浙江省食品安全县工作方案的通知
龙政办发〔2016〕54号　关于印发龙游县保障性住房统筹用于棚户区改造安置指导意见的通知
龙政办发〔2016〕55号　关于加快民宿产业发展的若干意见的通知
龙政办发〔2016〕56号　关于印发2016年度经济建设综合部门执法及社会事务管理部门履行职能考核办法的通知
龙政办发〔2016〕59号　转发县教育局关于龙游县2016学年中小学事业发展计划和招生工作意见的通知
龙政办发〔2016〕61号　关于印发龙游县统一政务咨询投诉举报平台建设实施方案的通知
龙政办发〔2016〕62号　关于没收地上建（构）筑物处置的通知
龙政办发〔2016〕63号　关于印发加强“百家四优”企业培育管理工作意见的通知
龙政办发〔2016〕64号　关于印发龙游县2016年度部门“四边三化”行动考核办法的通知
龙政办发〔2016〕65号　关于印发龙游县2016年度乡镇（街道）“四边三化”行动工作考核办法的通知
龙政办发〔2016〕66号　关于印发加快“五大百亿”产业培育实施意见的通知
龙政办发〔2016〕67号　关于印发推进乡镇（街道）统计基础规范化建设实施意见的通知
龙政办发〔2016〕68号　关于印发《龙游县水禽养殖污染专项整治实施》的通知
龙政办发〔2016〕69号　关于开展非法销售汽油专项整治行动的通知

龙政办发〔2016〕70号 关于印发龙游县政府和社会资本合作（PPP）模式规范管理实施细则的通知
龙政办发〔2016〕71号 关于印发龙游县法治政府建设（依法行政）考核办法的通知
龙政办发〔2016〕72号 关于印发龙游县中小企业“转贷通”管理办法（试行）的通知
龙政办发〔2016〕73号 关于印发2016年龙游县政务公开工作要点实施方案的通知
龙政办发〔2016〕74号 关于印发龙游县收回国有土地使用权管理暂行规定的通知
龙政办发〔2016〕75号 关于印发龙游县促进散装水泥发展和应用管理办法的通知
龙政办发〔2016〕76号 转发县商务局 县住建局关于龙游县推广应用预拌砂浆的实施意见的通知
龙政办发〔2016〕77号 关于印发龙游县耕地保护补偿机制实施意见的通知
龙政办发〔2016〕78号 关于印发龙游县金屋顶光伏富民工程实施方案的通知
龙政办发〔2016〕79号 关于印发开展财政支农领域落实“两个一般”改革示范工作实施意见的通知
龙政办发〔2016〕80号 关于下发龙游县畜牧业绿色发展示范县创建实施方案的通知
龙政办发〔2016〕81号 关于下发龙游县“衢江水道”示范创建实施方案的通知
龙政办发〔2016〕82号 关于下发龙游县2016年大气污染防治计划的通知
龙政办发〔2016〕83号 关于印发《龙游县信息化发展水平提升行动计划》的通知
龙政办发〔2016〕85号 关于成立龙游县职业教育中心理事会的通知
龙政办发〔2016〕86号 关于公布龙游县土地行政划拨价款标准的通知
龙政办发〔2016〕87号 关于建立龙游县政府特邀行政执法监督制度实施办法（试行）的通知
龙政办发〔2016〕88号 关于印发《龙游县2016年度服务业发展工作考核办法》的通知
龙政办发〔2016〕89号 关于印发龙游县职业技术学校合作办学实施意见的通知
龙政办发〔2016〕90号 印发龙游县关于加快推进残疾人全面小康进程的实施意见的通知
龙政办发〔2016〕91号 印发《关于加强集镇建设管理工作的实施意见》的通知
龙政办发〔2016〕92号 关于印发《龙游县科技中小微企业保证保险贷款办法（试行）》的通知
龙政办发〔2016〕93号 关于印发龙游县奔康三期异地搬迁翠竹小区住房安置办法的通知
龙政办发〔2016〕94号 关于印发龙游县高坪桥水库工程建设征地搬迁安置工作实施办法的通知
龙政办发〔2016〕95号 关于转发《浙江省行政执法全过程记录工作办法（试行）》和《浙江省重大行政执法决定法制审核办法（试行）》的通知
龙政办发〔2016〕96号 关于印发龙游县劳动技能等培训资金整合使用办法的通知
龙政办发〔2016〕97号 关于印发《2016年龙游县金融机构支持地方经济发展考核办（试行）》的通知
龙政办发〔2016〕98号 关于印发《2016年人民银行龙游支行、龙游银监办考核办（试行）》的通知
龙政办发〔2016〕99号 关于印发2016年度龙游县美丽县城建设（城市管理）考核办法的通知
龙政办发〔2016〕100号 关于做好龙游县城乡居民基本医疗保险参保缴费代扣代缴工作的通知
龙政办发〔2016〕101号 印发《关于进一步深化工业企业综合评价工作方案》的通知
龙政办发〔2016〕102号 关于印发龙天红木小镇创建国家AAAA级旅游景区实施方案的通知
龙政办发〔2016〕103号 关于印发《龙游县国有企业采购管理暂行办法》的通知
龙政办发〔2016〕104号 关于印发《龙游经济开发区企业服务中心设立工作方案》的通知
龙政办发〔2016〕105号 关于印发龙游县新植珍贵树五年行动计划（2016—2020年）的通知
龙政办发〔2016〕106号 关于印发行政审批（服务）改造提升实施方案的通知
龙政办发〔2016〕107号 关于印发政务地理信息资源采集共享工作方案的通知

龙政办发〔2016〕108号　印发《关于加快推进现代农业种业发展的实施意见》的通知
龙政办发〔2016〕109号　关于印发2016年质量强县建设行动计划的通知
龙政办发〔2016〕111号　关于加强“十三五”期间年森林采伐限额管理的通知
龙政办发〔2016〕112号　关于印发2015年度龙游县绿道规划建设工作考核办法的通知
龙政办发〔2016〕113号　关于印发龙游县城区住宅小区配套幼儿园建设管理办法的通知
龙政办发〔2016〕114号　关于印发龙游县文化发展“十三五”规划的通知
龙政办发〔2016〕115号　关于印发《龙游县综合行政执法局主要职责内设机构和人员规定》的通知
龙政办发〔2016〕116号　关于印发《龙游县人民政府部门职责管理办法》的通知
龙政办发〔2016〕117号　关于印发《龙游县人民政府部门权力清单管理办法》的通知
龙政办发〔2016〕118号　关于印发《龙游县农村生活污水设施运行维护管理工作实施方案》的通知
龙政办发〔2016〕119号　关于印发《龙游县临时救助实施办法》的通知
龙政办发〔2016〕120号　关于印发《龙游县县级部门预算调整管理暂行办法》的通知
龙政办发〔2016〕121号　关于印发龙游县财政涉农资金项目管理办法（试行）的通知
龙政办发〔2016〕122号　关于印发龙游县财政涉农资金项目库管理办法（试行）的通知
龙政办发〔2016〕123号　关于印发龙游县2016年耕地地力保护补贴政策实施办法的通知
龙政办发〔2016〕126号　关于加强建筑业税收征管保障工作的意见
龙政办发〔2016〕127号　关于进一步加强全县电力线路通道树竹清理工作的通知
龙政办发〔2016〕128号　关于实施服务型政府建设“1113”行动计划的通知
龙政办发〔2016〕129号　关于印发《龙游县工业经济杰出贡献企业家和优秀创新型企业家试评选办法》的通知
龙政办发〔2016〕130号　转发《浙江省人民政府办公厅关于全面推行“双随机”抽查监管的意见》的通知
龙政办发〔2016〕132号　关于印发龙游新北建设有限公司组建方案的通知
龙政办发〔2016〕133号　关于开展2016年度经济建设综合部门 执法及社会事务管理等部门履行职能情况年终核查的通知
龙政办发〔2016〕134号　关于印发龙游县服务业发展“十三五”规划的通知
龙政办发〔2016〕135号　关于印发龙游县乡村教师支持计划（2016—2020年）实施办法的通知
龙政办发〔2016〕136号　关于印发《龙游县房屋使用安全常态化网络化监管制度》的通知
龙政办发〔2016〕137号　关于印发《龙游县城乡危旧住宅房屋安全应急抢险工作预案》的通知
龙政办发〔2016〕138号　关于加快学前教育发展实施幼儿园扩容工程和薄弱幼儿园改造工程的意见的通知
龙政办发〔2016〕139号　关于加快推进我县适度普惠型儿童福利体系建设的实施意见（试行）
龙政办发〔2016〕140号　关于做好我县城乡生活无着流浪乞讨人员救助管理工作的实施意见
龙政办发〔2016〕141号　关于印发龙游县“除隐患、保安全、促转型、惠民生”治危拆违攻坚战行动方案的通知
龙政办发〔2016〕143号　关于转发《衢州市人民政府办公室关于加强公共安全气象保障服务能力建设的实施意见》的通知
龙政办发〔2016〕144号　关于印发《龙游县突发事件预警信息发布管理办法》的通知
龙政办发〔2016〕145号　关于印发龙游县全面实施分级诊疗制度的实施意见的通知

政协龙游县委员会文件

龙政协〔2016〕12号　政协龙游县委员会关于持续深化开展“‘五水共治’长效机制建设”民主监督的实施意见
龙政协〔2016〕13号　关于印发《政协第九届龙游县委员会2016年履职议题》的通知
龙政协〔2016〕15 号　关于印发龙游县政协机关相关制度的通知
龙政协〔2016〕19 号　报送县政协关于《创建国家农业公园　补齐农业发展短板》的调研报告
龙政协〔2016〕20 号　报送县政协关于《补短板　强特色　共建美丽县城》的调研报告

政协龙游县委员会办公室文件

龙政协办〔2016〕11号　关于加强县政协九届五次会议重点提案督办工作的通知
龙政协办〔2016〕13号　县政协考核评价机关部门和乡镇街道的实施意见

附录二

2016年度龙游县国民经济若干统计资料

2016年度龙游县社会经济基本指标汇总

指标名称	单位	2016年	2015年
一、土地面积及水资源			
行政区域土地面积	平方千米	1143.33	1143.33
建成区面积	平方千米	14.87	14.42
城市现状建设用地面积	平方千米	14.87	14.42
其中：居住用地	平方千米	4.98	4.84
公共管理与公共服务用地	平方千米	0.62	0.37
商业服务业设施用地	平方千米	1.48	1.46
工业用地	平方千米	3.52	3.52
物流仓储用地	平方千米	0.36	0.36
道路交通设施用地	平方千米	1.90	1.86
公用设施用地	平方千米	0.78	0.78
绿地与广场用地	平方千米	1.23	1.23
本年征用土地面积	平方千米	0.78	1.15
其中：耕地	平方千米	0.47	0.59
水资源总量	万立方米	150148	183132
二、人口与就业			
年末户籍人口	万人	40.68	40.51
其中：乡村人口	万人	29.33	28.47
其中：女	万人	20.12	20.02
年平均人口	万人	40.60	40.47
年出生人口	人	4174	3856
年死亡人口	人	2573	3004
年末总户数	万户	16.44	16.34
常住人口	万人	36.71	36.39
其中：城镇人口	万人	16.99	15.61

指标名称	单位	2016年	2015年
全社会从业人员数	万人	23.83	23.62
其中：第一产业	万人	8.41	8.70
第二产业	万人	8.06	8.01
第三产业	万人	7.36	6.91
从业人员期末人数（城镇）	人	32142	32742
其中：第一产业（农、林、牧、渔业）	人	0	0
第二产业	人	16933	18112
（1）采矿业	人	164	178
（2）制造业	人	10572	11710
（3）电力、燃气及水的生产和供应业	人	598	482
（4）建筑业	人	5599	5742
第三产业	人	15209	14630
（1）交通运输、仓储及邮政业	人	472	546
（2）信息传输、软件和信息技术服务业	人	80	73
（3）批发和零售业	人	1145	562
（4）住宿和餐饮业	人	0	0
（5）金融业	人	515	514
（6）房地产业	人	72	60
（7）租赁和商业服务业	人	756	754
（8）科学研究和技术服务业	人	329	333
（9）水利、环境和公共设施管理业	人	206	276
（10）居民服务、修理和其他服务业	人	34	30
（11）教育	人	3643	3636
（12）卫生和社会工作	人	1780	1740
（13）文化、体育和娱乐业	人	200	195
（14）公共管理、社会保障和社会组织	人	5977	5911
（15）国际组织	人	0	0
城镇私营和个体从业人员	人	53057	52502
城镇登记失业人数	人	1867	1814
三、综合经济			
地区生产总值（当年价格）	万元	2111983	1958590
第一产业增加值	万元	145676	137121
第二产业增加值	万元	1026070	1014391
其中：工业增加值	万元	873418	891679
建筑业增加值	万元	152652	122712
第三产业增加值	万元	940237	807078
地区生产总值（2015年可比价）	万元	2113955	1958590
人均地区生产总值（户籍）	元	52026	48398

指标名称	单位	2016年	2015年
人均地区生产总值（常住）	元	57781	53932
地区生产总值增长率	%	7.3	7.2
公共财政收入	万元	140351	126556
其中：税收收入	万元	110929	103033
其中：企业所得税	万元	9780	9679
个人所得税	万元	4567	3562
公共财政支出	万元	421333	355861
其中：一般性公共服务支出	万元	34397	31472
科学技术支出	万元	9699	8169
教育支出	万元	77346	70486
文化体育与传媒支出	万元	7569	6913
医疗卫生支出	万元	38033	36257
节能保护支出	万元	7278	11237
城乡社区事务支出	万元	44122	25596
交通运输支出	万元	19397	16090
社会保障和就业支出	万元	50940	31384
住房保障支出	万元	12763	4859
年末金融机构人民币各项存款余额	万元	2676484	2440306
其中：住户存款（人民币）	万元	1557448	1391366
年末金融机构人民币各项贷款余额	万元	2264604	2158710
四、规模以上工业			
（一）工业企业数	个	193	198
（1）内资企业	个	186	191
其中：国有企业	个	2	2
私营企业	个	136	139
（2）港、澳、台商投资企业	个	3	3
（3）外商投资企业	个	4	4
（二）工业总产值（当年价）	万元	3101907	2986937
（1）内资企业	万元	2792768	2726517
其中：国有企业	万元	138689	138035
私营企业	万元	1777236	1684924
（2）港、澳、台商投资企业	万元	41113	32063
（3）外商投资企业	万元	268027	228357
（三）企业财务			
从业人员年平均人数	万人	2.83	3.05
流动资产合计	万元	1302451	1290951
固定资产合计	万元	1085887	1046000
主营业务收入	万元	2785077	2780469

指标名称	单位	2016年	2015年
主营业务成本	万元	2318862	2359085
主营业务税金及附加	万元	12504	11283
本年应交增值税	万元	73798	65512
利润总额	万元	201921	189986
规模以上工业增加值	亿元	68.12	63.80
其中：高新技术产业增加值	亿元	14.93	13.67
装备制造业增加值	亿元	9.04	8.90
规模以上工业企业总资产贡献率	%	12.20	11.82
五、交通运输、通信与能源			
公路客运量（全社会，营业性）	万人	776	741
公路货运量（全社会，营业性）	万吨	1493	1338
水运客运量（全社会，营业性）	万人	1.45	1.50
水运货运量（全社会，营业性）	万吨	4.40	2.00
境内公路总里程	公里	1525	1516
其中：高速公路里程	公里	80	80
民用汽车拥有量	辆	49055	41597
其中：私人汽车拥有量	辆	45427	38118
年末邮政局（所）数	处	17	18
邮政业务收入	万元	2524	2117
电信业务收入	万元	24421	28097
固定电话年末用户数	万户	6.23	7.85
移动电话年末用户数	万户	34.43	43.33
其中：3G移动电话用户	万户	20.89	16.62
互联网宽带接入用户数	万户	8.96	9.31
综合能源消费量（规模以上）	万吨/标准煤	139.35	78.94
全社会用电量	万千瓦时	209112	197190
其中：工业用电	万千瓦时	148821	147179
城乡居民生活用电	万千瓦时	25996	21697
六、贸易、外经与旅游			
社会消费品零售总额	万元	1285067	1163455
限额以上批发零售贸易业商品销售总额	万元	744655	724620
限额以上批发零售企业数（法人数）	个	85	65
其中：零售业	个	37	24
货物进口额（海关数）	万美元	10977	10203
货物出口额（海关数）	万美元	37426	35281
外商直接投资合同项目	个	0	3
当年实际使用外资额	万美元	1779	1056
入境游客人数（含一日游游客）	人	66139	52835

指标名称	单位	2016年	2015年
其中：外国人	人		14076
港、澳、台同胞	人		38759
国际旅游（外汇）收入	万美元	3002	2466
国内旅游人数	万人	1251.00	1037.03
国内旅游总收入	万元	768184	613907
七、固定资产投资			
固定资产投资（不含农户）	万元	1613468	1449653
其中：房地产开发投资	万元	108932	110170
其中：住宅	万元	92327	80124
全年新增固定资产	万元	1071236	1583105
商品房销售面积	万平方米	23.70	23.04
其中：住宅	万平方米	20.62	17.26
商品房销售额	万元	182647	123333
其中：住宅	万元	160082	98765
待售面积	万平方米	5.66	5.65
八、教育、科技、文化与卫生			
学校数			
普通高等学校数	所	0	0
中等职业教育学校数	所	2	2
普通中学数	所	15	14
普通小学数	所	36	36
成人高等学校数	所	1	1
专任教师数			
普通高等学校专任教师数	人	0	0
中等职业教育学校专任教师数	人	225	220
普通中学专任教师数	人	1429	1393
普通小学专任教师数	人	1574	1540
成人高等专任教师数	人	13	12
在校学生数			
普通高等学校在校学生数	人	0	0
中等职业教育学校在校学生数	人	3725	3484
普通中学在校学生数	万人	1.63	1.62
普通小学在校学生数	万人	2.00	2.08
成人高等学校在校学生数	人	1886	2009
科技活动人员	人	1516	1546
R&D人员数	人	990	1173
R&D内部经费支出	万元	20759	19377
专利申请受理量	项	614	545

指标名称	单位	2016年	2015年
专利申请授权量	项	312	339
其中：发明	项	24	17
体育场馆数	个	6	6
剧场、影剧院数	个	2	2
公共图书馆图书总藏量	千册、件	157.9	147
订销报刊杂志累计份数	千份	6374	7400
广播节目综合人口覆盖率	%	98.86	98.84
电视节目综合人口覆盖率	%	98.86	98.84
有线电视入户率	%	73.15	74.46
医院、卫生院数	个	38	37
医院、卫生院床位数	张	1647	1596
医生数（执业医师+执业助理医师）	人	914	931
注册护士	人	828	794
九、人民生活			
在岗职工平均人数	万人	2.77	2.79
在岗职工工资总额	万元	209338	190273
在岗职工平均工资	元	75483	68110
工资性收入	元	24654	22135
经营净收入	元	3862	3850
财产性收入	元	1891	1729
转移性收入	元	6927	6475
城镇居民人均可支配收入	元	37334	34189
城镇居民人均消费支出	元	21521	19964
其中：（1）食品烟酒	元	7450	7068
（2）衣着	元	2508	2503
（3）居住	元	1889	1808
（4）生活用品及服务	元	1161	1012
（5）交通和通信	元	3721	3139
（6）教育文化娱乐	元	2157	1894
（7）医疗保健	元	2024	1908
（8）其他用品及服务	元	611	632
每百户居民家庭拥有量			
（1）家用汽车	辆	36	19
（2）消毒碗柜	台	8	7
（3）洗碗机	台	0	3
（4）固定电话	部	88	60
（5）移动电话	部	299	169
（6）计算机	台	107	58

指标名称	单位	2016年	2015年
（7）电冰箱（柜）	台	107	93
（8）彩色电视机	台	177	148
（9）中高档乐器	架	5	2
（10）照相机	架	36	35
（11）摄像机	架	5	6
（12）洗衣机	台	92	83
十、社会保障			
城镇居民人均住房建筑面积	平方米	41	37
城镇职工基本养老保险参保人数	人	100095	86606
城镇居民社会养老保险参保人数	人	185292	188592
城镇职工基本医疗保险参保人数	人	78800	80286
城镇居民基本医疗保险参保人数	人	285582	288207
失业保险参保人数	人	38019	36891
工伤保险参保人数	人	55302	58302
生育保险参保人数	人	39618	32072
社会福利院数	个	13	12
社会福利院床位数	张	3057	2699
社区服务设施数	个	20	20
城市社区综合服务设施覆盖率	%	100.00	100.00
城市居民最低生活保障人数	人	418	268
十一、公共管理			
交通事故死亡人数	人	29	36
交通事故损失额	万元	31	79
火灾事故死亡人数	人	—	—
火灾事故损失额	万元	—	—
刑事案件立案数	件	433	478
罪犯人数	人	523	585
其中：青少年人数（年龄14-25周岁）	人	64	105
十二、市政公用事业			
城市维护建设资金支出	万元	44122	25596
年末实有城市道路面积	万平方米	130.11	129.59
排水管道长度	公里	322.77	315.99
供水综合生产能力（包括自备水源）	万吨/日	11.00	11.00
供水总量	万吨	1485	1294
售水量	万吨	1269	1126
其中：居民家庭用水量	万吨	490	489
用水人口	万人	11.24	10.97
用水普及率	%	100.00	100.00

指标名称	单位	2016年	2015年
供气总量（人工煤气、天然气）	吨	1121	752
其中：居民家庭用气量	吨	85	56
用气人口	人	32000	25000
液化石油气供气总量	吨	5338	5067
其中：居民家庭用量	吨	5335	5064
用液化气人口	人	80000	84000
年末实有公共汽（电）车营运车辆数	辆	71	31
全年公共汽（电）车客运总量	万人次	352	343
年末实有出租汽车数	辆	78	78
绿化覆盖面积	公顷	653.81	647.00
其中：建成区	公顷	581.36	574.55
绿地面积	公顷	504.80	497.99
其中：建成区	公顷	504.80	497.99
公园绿地面积	公顷	120.03	119.00
公园面积	公顷	77.00	77.00
十三、环境保护			
工业废水排放量	万吨	2032	3635
工业废气排放量	万立方米	846073	1279290
工业二氧化硫产生量	吨	5991	6610
工业二氧化硫排放量	吨	3081	4194
工业氮氧化物产生量	吨	2532	3489
工业氮氧化物排放量	吨	1733	3487
工业烟（粉）尘去除量	吨	186677	288495
工业烟（粉）尘排放量	吨	3081	4735
一般工业固体废物综合利用率	%	57.67	72.04
污水处理率	%	92.08	84.52
污水处理厂集中处理率	%	75.36	72.12
生活垃圾无害化处理率	%	100.00	100.00
空气质量达到及好于二级的天数	天	293	291
补充资料			
地区生产总值指数（上年＝100）	%	107.3	107.2
第一产业	%	101.8	101.6
第二产业	%	104.4	105.6
其中：工业	%	104.3	105.2
第三产业	%	112.0	111.1
人均GDP指数（上年＝100）（常住）	%	106.5	106.9
人均GDP指数（上年＝100）（户籍）	%	107.0	107.0
固定资产投资（不含农户）	万元	1613468	1449653

指标名称	单位	2016年	2015年
第一产业	万元	29059	46577
第二产业	万元	758219	745702
#工业	万元	758219	745702
制造业	万元	595802	543509
第三产业	万元	826190	657374
本年施工住宅面积	万平方米	45.49	41.53
本年竣工住宅面积	万平方米	21.12	10.39
农村居民人均可支配收入	元	18621	17099
农村居民人均消费支出	元	10221	9473
食品烟酒	元	3851	3568
衣着	元	791	777
居住	元	1630	1494
生活用品及服务	元	635	621
交通通信	元	1266	1178
教育文化娱乐	元	966	887
其中：教育服务消费支出	元	750	682
医疗保健		824	691
其中：通过互联网购买的商品和服务	元	16	5
农村居民人均居住面积	平方米	62.4	62.0

2016年度龙游县分镇乡（街道）资料

	村民委员会（个）	总户数（户）	总人口（人）	总人口中男性（人）	0～17岁（人）	18～34岁（人）	35～59岁（人）	60岁及以上（人）
合计	262	164359	406753	205598	63806	81080	169616	92251
龙洲街道	20	30254	68910	34599	11418	13505	29966	14021
东华街道	22	12382	27071	13513	4053	5480	11211	6327
湖镇镇	39	21396	51131	25706	8127	10170	21084	11750
小南海镇	18	12730	31994	16062	5261	6362	12949	7422
詹家镇	21	10711	27168	13546	4322	5602	11130	6114
溪口镇	14	8986	22790	11683	3088	4355	9659	5688
横山镇	20	12223	32051	16294	4703	6507	13190	7651
塔石镇	26	16372	42401	21736	6565	8280	17579	9977
罗家乡	10	3874	10009	5220	1556	2030	4212	2211
庙下乡	13	4679	13069	6520	1929	2699	5559	2882
石佛乡	10	6865	17958	9290	2896	3594	7370	4098
社阳乡	8	4961	12360	6405	2069	2448	5098	2745

	村民委员会（个）	总户数（户）	总人口（人）	总人口中男性（人）	0～17岁（人）	18～34岁（人）	35～59岁（人）	60岁及以上（人）
大街乡	8	2728	7548	3834	1194	1446	3234	1674
沐尘乡	10	4297	11875	6023	1685	2336	5109	2745
模环乡	23	11901	30418	15167	4940	6266	12266	6946

2016年度龙游县地区生产总值构成

单位：万元

指标名称	2016年	2015年	发展速度（%）
一、地区生产总值	2111983	1958590	107.3
第一产业	145676	137121	101.8
第二产业	1026070	1014391	104.4
第三产业	940237	807078	112.0
农林牧渔业	147992	138843	102.2
#农林牧渔服务业	2316	1722	133.1
工业	873418	891679	104.3
#开采辅助活动	0	0	—
#金属制品、机械和设备修理业	0	0	—
建筑业	152652	122712	105.2
批发和零售业	196825	164949	111.0
交通运输、仓储和邮政业	65030	58895	106.2
住宿和餐饮业	68033	57745	110.3
信息传输、软件和信息技术服务业	18153	12985	129.7
金融业	106198	102996	101.2
房地产业	91818	81087	108.1
租赁和商务服务业	48056	36547	125.2
科学研究和技术服务业	10315	8252	121.4
水利、环境和公共设施管理业	7614	4882	126.6
居民服务、修理和其他服务业	71343	47187	134.8
教育	69957	62751	110.5
卫生和社会工作	42107	35089	113.1
文化、体育和娱乐业	9405	7585	121.3
公共管理、社会保障和社会组织	133067	124406	112.3
二、地区生产总值构成（%）			
第一产业	6.9	7.0	-0.1
第二产业	48.6	52.0	-3.4
其中：工业	41.4	45.5	-4.1
第三产业	44.5	41.0	3.5

指标名称	2016年	2015年	发展速度（%）
三、人均地区生产总值（户籍人口）	52026	48676	107.0
人均地区生产总值（常住人口）	57781	54243	106.9

说明：绝对数按现价计算，发展速度按可比价计算

2016年度龙游县农林牧渔业总产值

指标名称	2016年	2015年	±%
一、农林牧渔业总产值（万元）	264688	246869	1.7
（一）农业产值	92457	88033	3.7
其中：粮食作物	40558	39293	2.9
油料	5820	5983	-15.0
蔬菜	16680	14431	6.8
茶叶	4088	3944	—
水果	10564	10663	—
#柑 橘	5508	7270	—
（二）林业产值	19420	18621	4.7
其中：林产品	2678	2645	-8.0
竹木采伐	13304	12633	9.8
（三）牧业产值	129166	119720	-2.5
其中：猪	108655	97948	—
家禽饲养	13840	14505	1.3
（四）渔业产值	20606	18421	11.6
（五）农林牧渔服务业	3039	2074	45.1
二、农林牧渔业生产			
（一）粮食总产量（吨）	164361	161147	2.0
其中：稻谷（吨）	147012	142602	3.1
油料产量（吨）	17064	17301	-1.4
其中：油菜籽（吨）	16140	16554	-2.5
水果产量（吨）	82815	108526	-23.7
其中：柑橘（吨）	60345	85432	-29.4
（二）生猪年末存栏（万头）	26.16	31.86	-17.9
生猪年内出栏（万头）	81.82	78.14	4.7
家禽年末存栏（万羽）	341.30	326.15	4.7
家禽年内出栏（万羽）	1162.32	1183.21	-1.8
水产品产量（吨）	19900	18190	9.4

说明：绝对数按现价计算，发展速度按可比价计算

2016年度龙游县社会消费品零售总额

指标名称	2016年	2015年	±%
一、社会消费品零售总额	1285067	1150827	11.7
（1）限上零售额	183090	155396	17.8
（2）限下零售额	1101978	995431	10.7
二、按行业分组：			
1.批发业	219717	185933	18.2
其中：限额以上	57310	46976	22.0
2.零售业	909457	827204	9.9
其中：限额以上	118547	101423	16.9
3.住宿业	9484	8441	12.4
其中：限额以上	2039	1859	9.7
4.餐饮业	146410	129250	13.3
其中：限额以上	5193	5138	1.1

2016年度龙游县固定资产投资完成情况

单位：万元

指标名称	2016年	2015年	±%
固定资产投资合计	1613468	1449653	11.3
第一产业	29059	46577	-37.6
第二产业	758219	745702	1.7
第三产业	826190	657374	25.7
投资项目完成投资	1504536	1339483	12.3
其中：基础设施投资	728042	626826	16.1
工业投资	758219	745702	1.7
房地产开发投资	108932	110170	-1.1

2016年度衢州市各县（市、区）基本情况

指标名称	单位	市本级	柯城区	衢江区	江山市	常山县	开化县	龙游县
行政区域国土面积	平方公里	—	606.57	1747.53	2019.03	1097.32	2230.77	1143.33
镇	个	—	2	10	12	6	8	6
乡	个	—	7	8	5	5	6	7
街道	个	4	6	2	2	3	0	2
城市社区	个	6	39	5	13	8	11	10
行政村	个	51	171	272	292	180	255	262
年末总户数（户籍）	万户	—	17.62	15.56	19.78	11.26	11.62	16.44
年末总人口（户籍）	万人	—	43.81	41.26	61.40	34.36	35.97	40.68
其中：城镇人口（户籍）	万人	—	23.11	6.00	16.25	9.08	5.39	11.34
年末总人口（常住）	万人	—	47.71	34.83	47.47	24.68	24.79	36.71
人口密度（户籍）	人/平方千米	—	722	236	304	313	161	356
人口密度（常住）	人/平方千米	—	787	199	235	225	111	321
出生率（计生口径）	‰	—	10.76	10.97	11.27	12.89	11.62	10.28
死亡率（计生口径）	‰	—	4.90	5.88	5.77	5.80	5.85	6.34
人口自然增长率（计生口径）	‰	—	5.86	5.09	5.50	7.09	5.77	3.94
地区生产总值（当年价格）	亿元	217.30	169.31	146.82	277.30	113.57	109.84	209.93
其中：第一产业	亿元	0.12	8.74	21.78	22.02	8.27	12.68	14.57
第二产业	亿元	129.40	35.72	63.89	134.95	50.91	41.59	103.88
其中：工业	亿元	120.96	19.56	51.99	121.16	40.11	26.79	89.33
第三产业	亿元	87.78	124.86	61.15	120.33	54.40	55.57	91.49
人均GDP（按户籍人口计算）	元	—	88612	36289	45276	33128	30528	51714
人均GDP（按常住人口计算）	元	—	81806	42519	58769	46328	44467	57435
人均GDP折合美元（户籍）	美元	—	13341	5463	6816	4987	4596	7786
人均GDP折合美元（常住）	美元	—	12316	6401	8848	6975	6695	8647
规模以上工业总产值	亿元	563.23	59.54	138.75	352.89	102.72	103.27	309.14
规模以上工业主营业务收入	亿元	614.96	56.00	127.98	318.47	86.49	93.64	264.93
利税总额	亿元	38.10	3.56	14.13	28.92	4.91	9.51	18.81
其中：利润总额	亿元	21.71	2.71	10.16	19.61	2.54	5.44	11.98
固定资产投资	亿元	174.01	104.10	129.23	191.62	127.13	94.31	161.35
其中：基础设施投资	亿元	79.60	47.75	50.86	76.37	43.22	54.19	72.80
工业投资	亿元	65.40	25.43	40.90	88.72	46.67	23.03	75.82
房地产投资	亿元	36.67	17.84	13.06	17.26	16.85	11.67	10.89
商品房销售面积	万平方米	79.75	16.87	29.39	48.89	25.14	20.35	23.70
社会消费品零售总额	亿元	—	174.87	60.58	113.76	60.92	70.67	128.51
其中：餐费收入	亿元	—	14.87	7.71	7.36	13.17	11.91	15.96
商品零售	亿元	—	159.99	52.88	106.40	47.75	58.76	112.55

指标名称	单位	市本级	柯城区	衢江区	江山市	常山县	开化县	龙游县
进出口总额	亿元	105.70	18.83	48.36	45.37	12.92	18.42	32.29
其中：出口总额	亿元	52.98	18.10	34.01	43.68	12.86	15.29	25.04
实际利用外资	万美元	2006	960	0	764	600	0	1779
接待国内游客	万人次	—	1208	654	1244	637	847	1251
接待境外游客	万人次	—	0.21	0.95	3.50	0.68	1.06	6.61
国内旅游收入	亿元	—	72.14	35.86	75.49	40.00	53.12	76.82
旅游外汇收入	万美元	—	107	334	1395	362	758	3002
财政总收入	亿元	54.79	12.32	18.11	24.10	12.72	12.90	20.08
其中：一般公共预算收入	亿元	33.83	8.88	12.40	15.86	9.40	8.16	14.04
财政支出	亿元	52.30	23.82	31.40	42.00	35.15	41.29	42.13
金融机构本外币存款余额	亿元	904.81	—	—	398.11	180.58	186.56	268.76
其中：住户存款	亿元	393.65	—	—	247.39	99.00	102.82	156.23
金融机构本外币贷款余额	亿元	861.32	—	—	302.30	136.45	129.18	226.79
保费收入	亿元	26.06	—	—	10.16	4.08	3.02	5.42
支付各类保险赔付额	亿元	8.54	—	—	3.53	1.30	1.41	2.28
公路总里程	公里	—	697.60	1672.81	1838.72	1046.36	1593.49	1525.39
公路客运量	万人	1981	—	—	990	505	661	776
公路货运量	万吨	3888	—	—	2834	1055	705	1493
电信业务收入	亿元	8.43	—	—	2.82	1.53	1.54	2.44
固定电话用户	万户	18.39	—	—	6.74	3.03	2.64	6.23
移动电话用户	万户	131.43	—	—	57.50	30.84	30.22	44.13
国际互联网用户（不含手机）	万户	32.62	—	—	11.82	6.42	6.91	11.79
高新技术企业	家	118	45	48	71	63	34	52
专利申请受理量	项	—	3388	731	2021	638	516	614
专利申请授权量	项	—	1651	326	946	395	313	312
浙江名牌数	个	20	3	12	33	4	9	17
学校数	个	14	130	137	148	145	120	156
专任教师	万人	0.20	0.34	0.33	0.54	0.26	0.26	0.38
在校学生数	万人	3.10	5.15	4.97	8.22	4.13	4.13	5.04
广播覆盖率	%	—	100.00	98.52	99.56	99.82	94.50	98.86
电视覆盖率	%	—	100.00	98.52	99.56	99.82	96.39	98.86
文物保护单位	个	25	27	43	121	57	98	164
公共图书馆图书藏书量	千册、件	685	—	111	249	286	278	158
卫生机构数	个	—	421	297	276	279	185	380
卫生机构床位数	张	—	5487	996	2448	1058	1383	1647
卫生技术人员数	人	—	6946	1329	2972	1758	1812	2156
其中：医生数	人	—	2495	599	1269	731	772	914
城镇居民人均可支配收入	元	—	38745	17198	38080	30742	29013	37334

指标名称	单位	市本级	柯城区	衢江区	江山市	常山县	开化县	龙游县
城镇居民人均消费支出	元	—	22570	16533	19280	18213	17204	21521
农村居民人均可支配收入	元	—	19416	10452	19956	16713	14371	18621
农村居民人均消费支出	元	—	12240	9669	13450	8062	9135	10221
参加企业职工基本养老保险人数	万人	14.01	8.74	7.29	13.64	6.81	5.31	8.74
参加城镇职工基本医疗保险人数	万人	19.25	7.39	6.14	10.42	7.07	4.99	7.88
参加工伤保险职工人数	万人	10.40	3.64	4.46	6.97	3.50	2.82	5.53
参加生育保险人数	万人	8.88	3.28	2.95	4.96	2.76	2.64	3.96
参加失业保险人数	万人	8.61	2.67	2.29	4.78	2.41	2.04	3.80
参加被征地人员基本生活保障人数	万人	0.45	0.42	0.21	0.53	0.70	0.37	0.69
城镇“三无”对象集中供养率	%	100.00	100.00	100.00	100.00	100.00	100.00	100.00
城镇低保资金支出	万元	—	893	63	324	381	249	177
农村五保人员集中供养率	%	—	97.00	97.00	97.08	98.00	96.00	93.09
农村低保资金支出	万元	—	3003	3675	4858	3792	2903	3457
建成区面积	平方公里	71.30	—	—	17.50	17.70	12.91	14.87
城区（县城）人口	万人	35.90	—	—	15.40	9.32	11.46	11.24
建成区绿化覆盖率	%	41.03	—	—	41.20	36.05	40.62	39.10
人均绿地公园面积	平方米	14.52	—	—	12.27	15.88	12.80	10.68
污水处理率	%	94.64	—	—	95.42	91.08	91.68	92.08
生活垃圾处理率	%	100.00	—	—	100.00	100.00	100.00	100.00
农村自来水受益率	%	—	83.02	90.13	96.52	94.98	99.06	89.58
农村卫生厕所普及率	%	—	94.26	98.48	96.19	98.25	99.46	98.44

说明：1. 某些指标市本级数据包括柯城区、衢江区；
2. 柯城区人均GDP包含市本级；
3. 部分数据为快报数。

（夏水财提供）

索　引

表索引

图索引

中心词索引

一画

五画

六画

七画

八画

九画

十画

十一画

十二画

十二画以上